国学新读本

战 国 策

张彦修 注说

河南大学出版社
·开封·

国学新读本编辑委员会

总策划　马小泉

主　编　李振宏

编　委　(以姓氏笔画为序)

马小泉　王　健　朱绍侯　刘小敏

李中华　李振宏　苏凤捷　何晓明

张云鹏　张富祥　宋会群　杨天宇

杨寄林　杨朝明　赵国华　郑慧生

姜建设　袁喜生　曹　峰　曹础基

曾振宇　戚良德　龚留柱　熊铁基

目　录

序 ·· 李振宏（1）
《战国策》通说 ··································（1）

卷一　东　周　二十八篇 ··················（85）
秦兴师临周而求九鼎 ··························（85）
秦攻宜阳 ····································（86）
东周与西周战 ································（87）
东周与西周争 ································（88）
东周欲为稻 ··································（88）
昭献在阳翟 ··································（89）
秦假道于周以伐韩 ····························（89）
楚攻雍氏 ····································（90）
周最谓石礼 ··································（90）
周相吕仓见客于周君 ··························（91）
周文君免士工师藉 ····························（91）
温人之周 ····································（92）
或为周最谓金投 ······························（93）

周最谓金投 …………………………………… (93)
石行秦谓大梁造 ……………………………… (94)
谓薛公 ………………………………………… (94)
齐听祝弗 ……………………………………… (95)
苏厉为周最谓苏秦 …………………………… (95)
谓周最曰仇赫之相宋 ………………………… (96)
为周最谓魏王 ………………………………… (96)
谓周最曰魏王以国与先生 …………………… (97)
赵取周之祭地 ………………………………… (97)
杜赫欲重景翠于周 …………………………… (98)
周共太子死 …………………………………… (98)
三国隘秦 ……………………………………… (99)
昌他亡西周 …………………………………… (100)
昭翦与东周恶 ………………………………… (100)
严氏为贼 ……………………………………… (101)

卷二 西周 十七篇 ……………………………… (102)
薛公以齐为韩魏攻楚 ………………………… (102)
秦攻魏将犀武军于伊阙 ……………………… (103)
秦令樗里疾以车百乘入周 …………………… (104)
雍氏之役 ……………………………………… (104)
周君之秦 ……………………………………… (105)
苏厉谓周君 …………………………………… (106)
楚兵在山南 …………………………………… (106)
楚请道于二周之间 …………………………… (107)
司寇布为周最谓周君 ………………………… (107)

秦召周君 …………………………………… (108)

犀武败于伊阙 ……………………………… (108)

韩魏易地 …………………………………… (110)

秦欲攻周 …………………………………… (110)

宫他谓周君 ………………………………… (111)

谓齐王 ……………………………………… (111)

三国攻秦反 ………………………………… (112)

犀武败 ……………………………………… (112)

卷三 秦 一 十三篇 ……………………… (114)

卫鞅亡魏入秦 ……………………………… (114)

苏秦始将连横 ……………………………… (115)

秦惠王谓寒泉子 …………………………… (121)

泠向谓秦王 ………………………………… (122)

张仪说秦王 ………………………………… (122)

张仪欲假秦兵以救魏 ……………………… (129)

司马错与张仪争论于秦惠王前 …………… (130)

张仪之残樗里疾 …………………………… (132)

张仪欲以汉中与楚 ………………………… (132)

楚攻魏张仪谓秦王 ………………………… (133)

田莘之为陈轸说秦惠王 …………………… (134)

张仪又恶陈轸于秦王 ……………………… (135)

陈轸去楚之秦 ……………………………… (136)

卷四 秦二 十六篇 ……………………… (138)

齐助楚攻秦 ………………………………… (138)

楚绝齐齐举兵伐楚 ………………………… (141)

秦惠王死公孙衍欲穷张仪 …………………… (142)

义渠君之魏 …………………………………… (143)

医扁鹊见秦武王 ……………………………… (144)

秦武王谓甘茂 ………………………………… (144)

宜阳之役冯章谓秦王 ………………………… (147)

甘茂攻宜阳 …………………………………… (147)

宜阳未得 ……………………………………… (148)

宜阳之役楚畔秦而合于韩 …………………… (148)

秦王谓甘茂 …………………………………… (149)

甘茂亡秦且之齐 ……………………………… (149)

甘茂相秦 ……………………………………… (151)

甘茂约秦魏而攻楚 …………………………… (151)

陉山之事 ……………………………………… (152)

秦宣太后爱魏丑夫 …………………………… (154)

卷五　秦三　十七篇 ………………………… (155)

薛公为魏谓魏冉 ……………………………… (155)

秦客卿造谓穰侯 ……………………………… (156)

魏谓魏冉 ……………………………………… (157)

谓魏冉曰和不成 ……………………………… (158)

谓穰侯 ………………………………………… (159)

谓魏冉曰楚破秦 ……………………………… (159)

五国罢成皋 …………………………………… (160)

范子因王稽入秦 ……………………………… (160)

范雎至秦 ……………………………………… (162)

应侯谓昭王 …………………………………… (170)

秦攻韩围陉 …………………………………… (171)
应侯曰郑人谓玉未理者璞 ………………… (172)
天下之士合从相聚于赵 …………………… (173)
谓应侯曰君禽马服乎 ……………………… (174)
应侯失韩之汝南 …………………………… (175)
秦攻邯郸 …………………………………… (176)
蔡泽见逐于赵 ……………………………… (178)

卷六 秦四 十篇 ………………………… (185)

秦取楚汉中 ………………………………… (185)
薛公入魏而出齐女 ………………………… (186)
三国攻秦入函谷 …………………………… (187)
秦昭王谓左右 ……………………………… (187)
楚魏战于陉山 ……………………………… (189)
楚使者景鲤在秦 …………………………… (189)
楚王使景鲤如秦 …………………………… (190)
秦王欲见顿弱 ……………………………… (191)
顷襄王二十年 ……………………………… (192)
或为六国说秦王 …………………………… (198)

卷七 秦五 八篇 ………………………… (201)

谓秦王 ……………………………………… (201)
秦王与中期争论 …………………………… (203)
献则谓公孙消 ……………………………… (204)
楼䏗约秦魏 ………………………………… (204)
濮阳人吕不韦贾于邯郸 …………………… (205)
文信侯欲攻赵以广河间 …………………… (208)

文信侯出走 …………………………………… (210)

四国为一将以攻秦 …………………………… (214)

卷八 齐一 十七篇 …………………………… (217)

楚威王战胜于徐州 …………………………… (217)

齐将封田婴于薛 ……………………………… (217)

靖郭君将城薛 ………………………………… (218)

靖郭君谓齐王 ………………………………… (219)

靖郭君善齐貌辨 ……………………………… (219)

邯郸之难 ……………………………………… (222)

南梁之难 ……………………………………… (222)

成侯邹忌为齐相 ……………………………… (223)

田忌为齐将 …………………………………… (224)

田忌亡齐而之楚 ……………………………… (225)

邹忌事宣王 …………………………………… (226)

邹忌修八尺有余 ……………………………… (226)

秦假道韩魏以攻齐 …………………………… (228)

楚将伐齐 ……………………………………… (229)

秦伐魏 ………………………………………… (229)

苏秦为赵合从说齐宣王 ……………………… (231)

张仪为秦连横齐王 …………………………… (234)

卷九 齐二 八篇 ……………………………… (236)

韩齐为与国 …………………………………… (236)

张仪事秦惠王 ………………………………… (237)

犀首以梁为齐战于承匡而不胜 ……………… (238)

昭阳为楚伐魏 ………………………………… (239)

秦攻赵 …………………………………………………… (240)

权之难齐燕战 ………………………………………… (241)

秦攻赵长平 …………………………………………… (241)

或谓齐王 ……………………………………………… (242)

卷十 齐三 十二篇 …………………………………… (244)

楚王死 ………………………………………………… (244)

齐王夫人死 …………………………………………… (248)

孟尝君将入秦 ………………………………………… (248)

孟尝君在薛 …………………………………………… (249)

孟尝君奉夏侯章 ……………………………………… (250)

孟尝君谦坐 …………………………………………… (251)

孟尝君舍人有与君之夫人相爱者 …………………… (252)

孟尝君有舍人而弗悦 ………………………………… (253)

孟尝君出行国至楚 …………………………………… (254)

淳于髡一日而见七人于宣王 ………………………… (256)

齐欲伐魏 ……………………………………………… (256)

国子曰秦破马服君之师 ……………………………… (257)

卷十一 齐四 十一篇 ………………………………… (259)

齐人有冯谖者 ………………………………………… (259)

孟尝君为从 …………………………………………… (263)

鲁仲连谓孟尝 ………………………………………… (264)

孟尝君逐于齐而复反 ………………………………… (265)

齐宣王见颜斶 ………………………………………… (266)

先生王斗造门而欲见齐宣王 ………………………… (270)

齐王使使者问赵威后 ………………………………… (271)

齐人见田骈 …………………………………… (272)
管燕得罪齐王 ………………………………… (273)
苏秦自燕之齐 ………………………………… (274)
苏秦谓齐王 …………………………………… (274)

卷十二 齐五 一篇 …………………………… (276)
苏秦说齐闵王 ………………………………… (276)

卷十三 齐六 十篇 …………………………… (287)
齐负郭之民有狐咺者 ………………………… (287)
王孙贾年十五事闵王 ………………………… (289)
燕攻齐取七十余城 …………………………… (289)
燕攻齐齐破 …………………………………… (293)
貂勃常恶田单 ………………………………… (294)
田单将攻狄 …………………………………… (297)
濮上之事 ……………………………………… (298)
齐闵王之遇杀 ………………………………… (299)
齐王建入朝于秦 ……………………………… (300)
齐以淖君之乱 ………………………………… (302)

卷十四 楚一 二十篇 ………………………… (303)
齐楚构难 ……………………………………… (303)
五国约以伐齐 ………………………………… (303)
荆宣王问群臣 ………………………………… (304)
昭奚恤与彭城君议于王前 …………………… (305)
邯郸之难 ……………………………………… (305)
江尹欲恶昭奚恤于楚王 ……………………… (306)
魏氏恶昭奚恤于楚王 ………………………… (307)

江乙恶昭奚恤 …………………………………… (307)
江乙欲恶昭奚恤于楚 ………………………… (308)
江乙说于安陵君 ……………………………… (308)
江乙为魏使于楚 ……………………………… (310)
郢人有狱三年不决者 ………………………… (311)
城浑出周 ……………………………………… (312)
韩公叔有齐魏 ………………………………… (313)
楚杜赫说楚王以取赵 ………………………… (313)
楚王问于范环 ………………………………… (314)
苏秦为赵合从说楚威王 ……………………… (315)
张仪为秦破从连横 …………………………… (318)
张仪相秦 ……………………………………… (322)
威王问于莫敖子华 …………………………… (323)

卷十五　楚二　九篇 …………………………… (329)

魏相翟强死 …………………………………… (329)
齐秦约攻楚 …………………………………… (330)
术视伐楚 ……………………………………… (330)
四国伐楚 ……………………………………… (331)
楚怀王拘张仪 ………………………………… (331)
楚王将出张子 ………………………………… (333)
秦败楚汉中 …………………………………… (333)
楚襄王为太子之时 …………………………… (334)
女阿谓苏子 …………………………………… (337)

卷十六　楚三　十篇 …………………………… (338)

苏子谓楚王 …………………………………… (338)

苏秦之楚三日 …………………………………………（339）
楚王逐张仪于魏 ………………………………………（339）
张仪之楚贫 ……………………………………………（340）
楚王令昭雎之秦重张仪 ………………………………（341）
张仪逐惠施于魏 ………………………………………（342）
五国伐秦 ………………………………………………（343）
陈轸告楚之魏 …………………………………………（344）
秦伐宜阳 ………………………………………………（345）
唐且见春申君 …………………………………………（345）

卷十七　楚四　十三篇 …………………………（347）

或谓楚王 ………………………………………………（347）
魏王遗楚王美人 ………………………………………（348）
楚王后死 ………………………………………………（349）
庄辛谓楚襄王 …………………………………………（349）
齐明说卓滑以伐秦 ……………………………………（353）
或谓黄齐 ………………………………………………（353）
长沙之难 ………………………………………………（354）
有献不死之药于荆王者 ………………………………（354）
客说春申君 ……………………………………………（355）
天下合从 ………………………………………………（357）
汗明见春申君 …………………………………………（358）
楚考烈王无子 …………………………………………（360）
虞卿谓春申君 …………………………………………（363）

卷十八　赵一　十七篇 …………………………（365）

知伯从韩魏兵以攻赵 …………………………………（365）

知伯帅赵韩魏而伐范中行氏 …………………… (366)

张孟谈既固赵宗 ……………………………………… (371)

晋毕阳之孙豫让 ……………………………………… (373)

魏文侯借道于赵攻中山 ……………………………… (375)

秦韩围梁燕赵救之 …………………………………… (376)

腹击为室而钜 ………………………………………… (376)

苏秦说李兑 …………………………………………… (376)

赵收天下且以伐齐 …………………………………… (378)

齐攻宋奉阳君不欲 …………………………………… (381)

秦王谓公子他 ………………………………………… (381)

苏秦为赵王使于秦 …………………………………… (385)

甘茂为秦约魏以攻韩宜阳 …………………………… (385)

谓皮相国 ……………………………………………… (386)

或谓皮相国 …………………………………………… (386)

赵王封孟尝君以武城 ………………………………… (387)

谓赵王曰三晋合而秦弱 ……………………………… (388)

卷十九　赵二　七篇 ………………………………… (391)

苏秦从燕之赵始合从 ………………………………… (391)

秦攻赵 ………………………………………………… (397)

张仪为秦连横说赵王 ………………………………… (400)

武灵王平昼间居 ……………………………………… (403)

王立周绍为傅 ………………………………………… (412)

赵燕后胡服 …………………………………………… (414)

王破原阳 ……………………………………………… (415)

卷二十　赵三　二十三篇 …………………………… (417)

赵惠文王三十年 …………………………………… (417)
赵使机郝之秦 ……………………………………… (419)
齐破燕赵欲存之 …………………………………… (419)
秦攻赵蔺离石祁拔 ………………………………… (420)
富丁欲以赵合齐魏 ………………………………… (421)
魏因富丁且合于秦 ………………………………… (422)
魏使人因平原君请从于赵 ………………………… (423)
平原君请冯忌 ……………………………………… (423)
平原君谓平阳君 …………………………………… (424)
秦攻赵于长平 ……………………………………… (425)
秦攻赵平原君使人请救于魏 ……………………… (429)
秦赵战于长平 ……………………………………… (430)
秦围赵之邯郸 ……………………………………… (431)
说张相国 …………………………………………… (437)
郑同北见赵王 ……………………………………… (438)
建信君贵于赵 ……………………………………… (439)
卫灵公近雍疽弥子瑕 ……………………………… (440)
或谓建信君之所以事王者 ………………………… (441)
苦成常谓建信君 …………………………………… (442)
希写见建信君 ……………………………………… (442)
魏魀谓建信君 ……………………………………… (443)
秦攻赵鼓铎之音闻于北堂 ………………………… (443)
齐人李伯见孝成王 ………………………………… (444)

卷二十一 赵四 十九篇 …………………………… (445)
　为齐献书赵王 …………………………………… (445)

齐欲攻宋 …………………………………………（446）

齐将攻宋而秦楚禁之 ……………………………（449）

五国伐秦无功 ……………………………………（450）

楼缓将使伏事辞行 ………………………………（453）

虞卿请赵王 ………………………………………（454）

燕封宋人荣蚠为高阳君 …………………………（456）

三国攻秦赵攻中山 ………………………………（457）

赵使赵庄合从 ……………………………………（458）

翟章从梁来 ………………………………………（458）

冯忌为庐陵君谓赵王 ……………………………（459）

冯忌请见赵王 ……………………………………（459）

客见赵王 …………………………………………（460）

秦攻魏取宁邑 ……………………………………（461）

赵使姚贾约韩魏 …………………………………（463）

魏败楚于陉山 ……………………………………（464）

秦召春平侯 ………………………………………（464）

赵太后新用事 ……………………………………（465）

秦使王翦攻赵 ……………………………………（468）

卷二十二　魏一　二十八篇 ……………………（469）

知伯索地于魏桓子 ………………………………（469）

韩赵相难 …………………………………………（470）

乐羊为魏将而攻中山 ……………………………（470）

西门豹为邺令 ……………………………………（471）

文侯与虞人期猎 …………………………………（471）

魏文侯与田子方饮酒而称乐 ……………………（472）

魏武侯与诸大夫浮于西河 …………………… (472)

魏公叔痤为魏将 ……………………………… (474)

魏公叔痤病 …………………………………… (476)

苏子为赵合从说魏王 ………………………… (476)

张仪为秦连横说魏王 ………………………… (479)

齐魏约而伐楚 ………………………………… (482)

苏秦拘于魏 …………………………………… (483)

陈轸为秦使于齐 ……………………………… (483)

张仪恶陈轸于魏王 …………………………… (485)

张仪欲穷陈轸 ………………………………… (485)

张仪走之魏 …………………………………… (486)

张仪欲以魏合于秦韩 ………………………… (486)

张子仪以秦相魏 ……………………………… (487)

张仪欲并相秦魏 ……………………………… (488)

魏王将相张仪 ………………………………… (488)

楚许魏六城 …………………………………… (489)

张仪告公仲 …………………………………… (490)

徐州之役 ……………………………………… (491)

秦败东周 ……………………………………… (491)

齐王将见燕赵楚之相于卫 …………………… (492)

魏令公孙衍请和于秦 ………………………… (493)

公孙衍为魏将 ………………………………… (493)

卷二十三　魏二　十八篇 …………………… (494)

犀首田盼欲得齐魏之兵以伐赵 ……………… (494)

犀首见梁君 …………………………………… (495)

苏代为田需说魏王 …………………………（495）
史举非犀首于王 ……………………………（496）
楚王攻梁南 …………………………………（497）
魏惠王死 ……………………………………（497）
五国伐秦 ……………………………………（499）
魏文子田需周宵相善 ………………………（502）
魏王令惠施之楚 ……………………………（503）
魏惠王起境内众 ……………………………（503）
齐魏战于马陵 ………………………………（504）
惠施为韩魏交 ………………………………（506）
田需贵于魏王 ………………………………（506）
田需死 ………………………………………（507）
秦召魏相信安君 ……………………………（508）
秦楚攻魏围皮氏 ……………………………（510）
庞葱与太子质于邯郸 ………………………（511）
梁王魏婴觞诸侯于范台 ……………………（511）

卷二十四　魏三　十一篇 …………………（513）
秦赵约而伐魏 ………………………………（513）
芒卯谓秦王 …………………………………（514）
秦败魏于华走芒卯而围大梁 ………………（515）
秦败魏于华魏王且入朝于秦 ………………（518）
华军之战 ……………………………………（521）
齐欲伐魏 ……………………………………（522）
秦将伐魏 ……………………………………（523）
魏将与秦攻韩 ………………………………（525）

叶阳君约魏 …………………………… (530)

秦使赵攻魏 …………………………… (530)

魏太子在楚 …………………………… (531)

卷二十五 魏四 二十七篇 ………… (534)

献书秦王 ……………………………… (534)

八年谓魏王 …………………………… (535)

魏王问张旄 …………………………… (536)

客谓司马食其 ………………………… (537)

魏秦伐楚 ……………………………… (537)

穰侯攻大梁 …………………………… (538)

白珪谓新城君 ………………………… (538)

秦攻韩之管 …………………………… (539)

秦赵构难而战 ………………………… (540)

长平之役 ……………………………… (541)

楼梧约秦魏 …………………………… (541)

芮宋欲绝秦赵之交 …………………… (542)

为魏谓楚王 …………………………… (542)

管鼻之令翟强与秦事 ………………… (543)

成阳君欲以韩魏听秦 ………………… (543)

秦拔宁邑 ……………………………… (544)

秦罢邯郸 ……………………………… (544)

魏王欲攻邯郸 ………………………… (545)

周肖谓宫他 …………………………… (545)

周㝎善齐 ……………………………… (546)

周㝎入齐 ……………………………… (546)

秦魏为与国 …………………………………… (547)

信陵君杀晋鄙 ………………………………… (548)

魏攻管而不下 ………………………………… (548)

魏王与龙阳君共船而钓 ……………………… (550)

秦攻魏急 ……………………………………… (552)

秦王使人谓安陵君 …………………………… (553)

卷二十六　韩一　二十五篇 ……………… (555)

三晋已破智氏 ………………………………… (555)

大成午从赵来 ………………………………… (555)

魏之围邯郸 …………………………………… (556)

申子请仕其从兄官 …………………………… (556)

苏秦为楚合从说韩王 ………………………… (557)

张仪为秦连横说韩王 ………………………… (559)

宣王谓摎留 …………………………………… (561)

张仪谓齐王 …………………………………… (562)

楚昭献相韩 …………………………………… (562)

秦攻陉 ………………………………………… (563)

五国约而攻秦 ………………………………… (563)

郑彊载八百金入秦 …………………………… (564)

郑彊之走张仪于秦 …………………………… (565)

宜阳之役 ……………………………………… (565)

秦围宜阳 ……………………………………… (566)

公仲以宜阳之故仇甘茂 ……………………… (566)

秦韩战于浊泽 ………………………………… (567)

颜率见公仲 …………………………………… (569)

韩公仲谓向寿 …………………………………… (570)

或谓公仲曰听者听国 …………………………… (572)

韩公仲相 ………………………………………… (574)

王曰向也子曰天下无道 ………………………… (575)

或谓魏王王儆四疆之内 ………………………… (575)

观鞅谓春申 ……………………………………… (576)

公仲数不信于诸侯 ……………………………… (576)

卷二十七　韩二　二十二篇 ……………………… (578)

楚围雍氏五月 …………………………………… (578)

楚围雍氏韩令冷向借救于秦 …………………… (580)

公仲为韩魏易地 ………………………………… (581)

锜宣之教韩王取秦 ……………………………… (582)

襄陵之役 ………………………………………… (582)

公叔使冯君于秦 ………………………………… (583)

谓公叔曰公欲得武遂于秦 ……………………… (583)

谓公叔曰乘舟 …………………………………… (584)

齐令周最使郑 …………………………………… (584)

韩公叔与几瑟争国郑强为楚王使于韩 ………… (585)

韩公叔与几瑟争国中庶子强谓太子 …………… (586)

齐明谓公叔 ……………………………………… (587)

公叔将杀几瑟 …………………………………… (587)

公叔且杀几瑟 …………………………………… (587)

谓新城君曰 ……………………………………… (588)

胡衍之出几瑟于楚 ……………………………… (589)

几瑟亡之楚 ……………………………………… (589)

冷向谓韩咎 …………………………（590）

楚令景鲤入韩 ………………………（590）

韩咎立为君而未定 …………………（590）

史疾为韩使楚 ………………………（591）

韩傀相韩 ……………………………（591）

卷二十八　韩三　二十三篇 ……（596）

或谓韩公仲 …………………………（596）

或谓公仲 ……………………………（597）

韩人攻宋 ……………………………（598）

或谓韩王 ……………………………（599）

谓郑王 ………………………………（601）

韩阳役于三川而欲归 ………………（604）

秦大国 ………………………………（604）

张丑之合齐楚讲于魏 ………………（605）

或谓韩相国 …………………………（605）

公仲使韩珉之秦求武隧 ……………（606）

韩相公仲珉使韩侈之秦 ……………（606）

客卿为韩谓秦王 ……………………（607）

韩珉相齐 ……………………………（609）

或谓山阳君 …………………………（609）

赵魏攻华阳 …………………………（610）

秦招楚而伐齐 ………………………（611）

韩氏逐向晋于周 ……………………（611）

张登请费缊 …………………………（612）

安邑之御史死 ………………………（612）

魏王为九里之盟 …………………………………… (613)

建信君轻韩熙 ……………………………………… (613)

段产谓新城君 ……………………………………… (614)

段干越人谓新城君 ………………………………… (614)

卷二十九 燕一 十四篇 ……………………… (616)

苏秦将为从北说燕文侯 …………………………… (616)

奉阳君李兑甚不取于苏秦 ………………………… (618)

权之难燕再战不胜 ………………………………… (619)

燕文公时 …………………………………………… (619)

人有恶苏秦于燕王者 ……………………………… (621)

张仪为秦破从连横谓燕王 ………………………… (624)

宫他为燕使魏 ……………………………………… (625)

苏秦死其弟苏代欲继之 …………………………… (626)

燕王哙既立 ………………………………………… (629)

初苏秦弟厉因燕质子而求见齐王 ………………… (632)

燕昭王收破燕后即位 ……………………………… (633)

齐伐宋宋急 ………………………………………… (636)

苏代谓燕昭王 ……………………………………… (639)

燕王谓苏代 ………………………………………… (642)

卷三十 燕二 十三篇 ………………………… (644)

秦召燕王 …………………………………………… (644)

苏代为奉阳君说燕于赵以伐齐 …………………… (649)

苏代为燕说齐 ……………………………………… (652)

苏代自齐使人谓燕昭王 …………………………… (653)

苏代自齐献书于燕王 ……………………………… (655)

陈翠合齐燕 …………………………………… (656)

燕昭王且与天下伐齐 ………………………… (658)

燕饥赵将伐之 ………………………………… (658)

昌国君乐毅为燕昭王合五国之兵而攻齐 …… (659)

或献书燕王 …………………………………… (664)

客谓燕王 ……………………………………… (666)

赵且伐燕 ……………………………………… (668)

齐魏争燕 ……………………………………… (668)

卷三十一　燕三　五篇 …………………… (670)

　齐韩魏共攻燕 ……………………………… (670)

　张丑为质于燕 ……………………………… (671)

　燕王喜使栗腹以百金为赵孝成王寿 ……… (671)

　秦并赵北向迎燕 …………………………… (675)

　燕太子丹质于秦亡归 ……………………… (676)

卷三十二　宋卫　十五篇 ………………… (687)

　齐攻宋宋使臧子索救于荆 ………………… (687)

　公输般为楚设机 …………………………… (687)

　犀首伐黄 …………………………………… (689)

　梁王伐邯郸 ………………………………… (690)

　谓大尹曰 …………………………………… (691)

　宋与楚为兄弟 ……………………………… (691)

　魏太子自将过宋外黄 ……………………… (692)

　宋康王之时有雀生鹯 ……………………… (693)

　智伯欲伐卫 ………………………………… (693)

　智伯欲袭卫 ………………………………… (694)

秦攻卫之蒲 …………………………………（694）

卫使客事魏 …………………………………（695）

卫嗣君病 ……………………………………（696）

卫嗣君时胥靡逃之魏 ………………………（697）

卫人迎新妇 …………………………………（698）

卷三十三　中山　十篇 …………………………（699）

魏文侯欲残中山 ……………………………（699）

犀首立五王 …………………………………（699）

中山与燕赵为王 ……………………………（701）

司马憙使赵 …………………………………（703）

司马憙三相中山 ……………………………（704）

阴姬与江姬争为后 …………………………（705）

主父欲伐中山 ………………………………（706）

中山君飨都士 ………………………………（707）

乐羊为魏将 …………………………………（708）

昭王既息民缮兵 ……………………………（708）

序

最近一些年来,一股"国学热"的思潮强劲涌动,在文化学界以至于整个社会上,引起了强烈反响。为什么在这样一个社会的大变革时代,在从传统社会向现代社会的转型期,最为传统的国学,却能引起国人的极大兴趣,这的确是一个值得思考和研究的问题。

"国学"作为一个学术文化概念,产生于近代。从渊源上讲,"国学"概念的产生,与"国粹"有些关联,并且是从对抗西学侵入的角度提出来的。今天,中华民族早已是一个独立于世界民族之林的自立自强的民族,全球经济一体化所带来的世界文化的汇合与交融,也早已是历史发展的必然趋势,而在这样的历史大势中,却会有"国学热"的产生,乍一看来,确有不可思议之处。但实际上,国学的当代走红,则与我们今天所处的历史时代有着一定的关系。

随着改革开放的迅速推进,随着市场经济的强劲发展,传统道德受到了强烈冲击,传统文化与现代文化观念的碰撞也日益强烈。于是,如何看待传统文化的问题,就严峻地提到了国人的面前。传统文化的出路何在,它从何而来,要走向何方,如何对之进行价值重估,一切关心文化问题、有着强烈历史责任感的人们,无不把关注的目光投向中国的传统学术。当然,也不排除一些对改革开放和市场经济所带来的冲击无法理解和接受,对现代经济发展对传统道德的亵渎强烈抗议的人们,自然而然地发出向传统文化复归而倡导国学的呼声。总之,不论是出于积极的思考,还是抱着一种向后看的心态,对国学的重视则成了最近十多年来一种普遍的文化选择。

于是,对待"国学热"就需要有一个分析的态度。对于任何一个民族的发展来说,传统文化都是其牢固的根基,是其一切历史的出发点,摒弃传统、甚至全盘否定传统文化,都是幼稚可笑的,不可取的。但一遇到问题就求助于传统,甚至一味狂热地提倡向传统复归,也是走不通的,过去那句常说的"倒退是没有出路的"话,虽说不是什么至理名言,却也还是有些道理的。这些年来,一些地方出现的中小学生、甚至幼儿园小朋友的读经热,就是一种值得注意的倾向。国学,毕竟是一种学术,需要有一定的文化基础,有一定的分析批判能力,才能对之进行识读、鉴别而决定其取舍。所以,严格地说,对于国学,尤其是经学,在当代中国,需要的是研究以及在此基础上的批判继承,而不是再像传统社会中那样采取唱诗班的方式,对青少年一代进行无分析地灌输。因此,如何弘扬传统文化,就是一个需要思考的问题。

正是基于以上考虑,为着弘扬优秀传统文化的需要,也为着对社会上盲目崇尚读经的风气有所引导,我们组织了这套"国学新读本"丛书,选择一些在中国传统文化中影响较大的国学典籍,对之进行简明扼要的注释,然后在读本前边,用较大篇幅解读该典籍的基本思想文化内涵,评述其在中国文化史上的地位和影响,并对如何阅读该典籍做出读书方法上的引导。通过这样一个较为翔实的导读内容,以批判分析的态度,给青年人的国学典籍阅读提供一个健康的思想导向。根据这样的宗旨,这套丛书,在大的结构上,每本都分为"通说"和"简注"两个部分,"通说"是导读的性质,"简注"在于疏通文字,希望这样的安排,能够为青年朋友和一般社会读者提供一个国学入门的向导。果能如此,也就实现了撰著者和出版者的愿望。

  国学所以是国学,就在于它是我们祖国优秀民族文化和民族精神的载体。在这些国学典籍中,包含着民族文化的基因,蕴藏着民族精神的范型。衷心期待这套丛书能够成为广大读者学习国学精华、体认民族精神、继承祖国优秀文化遗产的良师益友。

李振宏

2008 年 2 月 28 日

《战国策》通说

一 《战国策》成书的历史背景

战国是中国古代历史上社会转型最深刻的时代。如果说春秋时期新观念、新气象对传统的制度与文化产生了强烈的冲击,引起了社会的强烈震颤,那么这种震颤在战国时期则发展为翻天覆地的涤荡,带有时代新鲜气息的政治格局、阶级阶层、思维方式、文化观念春笋般地拔地而起。呈现出学派林立,百家争鸣,一派开放向上的景象。

由春秋争霸战争演变而来的兼并战争是战国历史的突出的特征。春秋时期,战争由数量有限的军队来进行,军事行动规模不大,战车是军队的核心装备,车阵战是战争的主要形式,所以在较短的时间内就能决定战争的胜负。进入战国以后,由于生产力的发展和集权政权的逐步建立,铁质武器取代青铜武器,农民成为军队主要成分,军队数量增加,战争规模增大,步骑兵野战与包围成为主要战争方式,战争旷日持久,更加残酷。残酷的战争给社会带来巨大的痛苦与灾难,这种痛苦与灾难又以一种特殊的方式刺激着社会变化发展。

战国时期的战争不仅直接决定于军事力量,而且还取定于交战国的经济、政治、外交、人口数量与素质、技术水平和民心、民气。所以,寻求富国强兵的良策,谋治图强成为其中关键的一环。治国韬略来自人们的智慧,各国统治集团都在寻觅招徕身怀治国韬略的人才,一时之间,礼贤下士,求贤若渴蔚然成风,具有高度实用性和现实价值的谋略智慧独受钟爱。礼贤下士,独钟智谋的价值取向强烈地刺激着战国时期的士人把精力与目光更多地集中于修炼韬略,于是出现了一批穿梭游说于诸国之间,致力于策划斡旋,排难解纷的士人。

战争是敌对双方政治、经济实力的拼搏,也是双方指挥集团智慧的较量。战国是中国古代史上战争最频繁的时期,韬略智谋在频繁的战争中得到了淋漓尽致的发挥。一个重大战略方针的设计,关键时刻一个奇计异谋,都有可能决定战争的胜负,影响到战争的发展趋势,改变历史的走向。范雎提出的"远交而近攻","毋独攻其地,而攻其人也"①的战略,一改秦国的被动局面,把兼并战争推入了一个新的阶段;孙膑"围魏救赵",避实击虚,攻其必救,大破魏军,创造了中国古代史上著名的战例;孙膑用"减灶诱敌"计,歼灭魏国军队主力,魏国从此一蹶不振;燕将乐毅攻下齐国七十余城,齐亡国在即,田单用"火牛阵"击败燕军,收复失地,解灭国之难。这些典型的事例充分显示了韬略计谋的特殊价值。

由于韬略智谋在战争中居重要地位,战国时期更加注重兵法的讲求与军事学的研究,春秋孙武的《孙子兵法》标志着军事理论的建立,战国吴起、孙膑和尉缭又对其进行了发展。吴起曾受学于曾子,受儒家思想的影响,其战争谋略突出的特点是,以智者为谋主,以收军心治军,以收军心克敌制胜。孙膑受膑刑后退而著《孙

---

① 《战国策·秦策三》。

膑兵法》,其战争谋略立足于对战争规律的探索,在充分把握战争规律的前提下,认为谋要令敌不备,诈要困敌,提出了以寡胜强、争取有利作战态势等谋胜理论。尉缭著《尉缭子》三十一篇,是供梁惠王参考的军事大计方略,是讲求构建政治、军事、战斗和战备等方面必胜形势的谋略。

改革变法是战国的时代主旋律,诸国改革变法的具体内容不尽相同,但都有一个富国强兵的现实价值目标。改革变法是富国强兵大政方略,同时改革变法的设计和推行本身也是一个政治智慧与权术的运作过程。战国时期的各位改革家的变法改革的内容显示了他们的大智大谋,而在推行变法改革的具体过程中又表现出超常的聪慧。商鞅为增强变法的权威性,在国都的南门外立了根三丈长的木杆,宣布:如有人搬到北门,赏十金。人们对这件事不可理解,无人敢搬。后又宣布赏五十金。有一人抱着尝试的心态将木杆扛到了北门,商鞅立刻兑现赏金五十。通过此事,树立了秦国政府说到做到的形象,为新法的推行创造了有利条件。吴起在楚国变法胜利的这一年,支持吴起变法的楚悼王去世。那些在变法中利益受到损害的贵族联合起来追杀吴起,吴起在紧急之中伏在悼王尸体上。结果,在吴起被处死的同时,追杀吴起的贵族因射中王尸"夷宗死者七十余家"①。吴起虽死,但因其临死前的机智使部分贵族随之丧命。

在战国激烈的社会转型与复杂的政治、军事、外交斗争中,士人发展成一个人数众多、亢奋活跃的阶层。战国的士人成分复杂,人格相对独立,没有传统的人身依附关系。他们自由流动,眼界开阔,情趣高雅,思想活跃;他们有强健的体魄、良好的文化素养、强烈的主体意识、非凡的政治才干、精湛的兵法与军事技能、巧妙的

---

① 《史记·孙子吴起列传》。

谋略运作能力。为了实现自己的人生价值，他们踊跃参与各种社会活动，奔走游说于诸侯国之间。然而，即使在士人阶层最得势的战国中期，由穷士成为成功之士决非轻而易举之事。在得势之前先需要努力学习，有一定知识积累之后还要有艰难的经营过程。即使如此，也不是人人都可以得到重用的。战国时期的士人，或源于贵族，或起自庶人，他们的主要财富是智慧，所以必须以智慧去谋生，战国士人也因此而走上了以心术、谋略谋求利禄显达的险途。

战国士人对心术和谋略的追求不仅仅是个人利益的简单驱动，更重要的是社会需要的刺激。战国时期旧的社会秩序与机制已被打破，新的社会秩序与机制尚在建立、健全之中，各邦国之间处于兼并敌对状态，道义、盟誓、联姻、交质都只有相对的暂时意义，唯有强力与诈谋才是最可靠的东西。强力与诈谋的现实价值空前高涨，而强力的造就又离不开诈谋，韬略智谋成为战国的时尚，成为士人入仕成名、实现人生价值的捷径。在这种背景下，各国国君竞相招贤纳士，士人到处奔走游说，争献奇谋良策。士人可因良策奇计一举成名，富累巨万，淳于髡、张仪、公孙衍、苏秦、李斯等人无不是如此。社会的需要和战国士人的执著追求，形成了这样一条轨迹：王者礼贤下士，寻觅富国强兵的奇谋良策；士人努力为仕而学，以说为媒，以谋致仕，很多士人成为专务权术谋略的纵横家。

面对战国时代的社会大变革，各个学派的代表人物纷纷著书立说，议论政治，阐述哲理。各学派之间相互批判、辩驳，又相互影响、吸取，形成了百家争鸣的局面。西汉早期的司马谈把诸子百家总括为阴阳、儒、墨、名、法、道六家，西汉末年的刘歆又将其总括为儒、墨、道、名、法、阴阳、农、纵横、杂、小说十家。十家中除了属于文学范略的小说家外，其他九家都力求从各种事物对政治的制约关系中,寻求正确的富国强兵、兼并天下的良策,形成了以治国处世之谋为中心的学说体系。源于尧、舜、禹时的谋略文化,经夏、商、西周的发展,春秋的补充、丰富,到战国时期完成了它的飞跃,大批士人以治国处世之谋为基点,创建自己的学说。在战国的文化创制洪流中,在合纵连横的平台上,崛起了纵横家。

刘向在《书录》中概括纵与横说:"然当此之时,秦国最雄,诸侯方弱,苏秦结之,时六国为一,以傧背秦。秦人恐惧,不敢阚兵于关中,天下不交兵者,二十有九年。然秦国势便形利,权谋之士,咸先驰之。苏秦初欲横,秦弗用,故东合从。及苏秦死后,张仪连横,诸侯听之,西向事秦。"《韩非子·五蠹》概括纵与横说:"纵者,合众弱以攻一强也;而衡者,事一强以攻众弱也。"根据传统的看法,纵横家的活动范围主要局限于狭义的合纵连横外交活动,主要人物仅有苏秦、张仪、公孙衍等人,在学术上也没有可以与其他学派并驾齐驱的内容。然而,认真地审视战国的历史事实与纵横家的实际活动,不难发现纵横家是一个涵盖范围很广、有自己学术成就的重要流派。

合纵连横是外交斗争,但绝不仅仅是外交斗争,它实际上是战国兼并与反兼并斗争的统称,其中有外交斗争,但更多的却是政治斗争和军事斗争。外交斗争、政治斗争和军事斗争都有各自相对独立的内容,但彼此间又存在着千丝万缕的联系,它们彼此相互支撑、相互摄补,我中有你,你中有我,其中既有各国之间的争斗,又有诸国内部的矛盾斗争,所有这些内容共同构成了兼并斗争与反兼并斗争的广阔画面。这种情况决定了合纵连横范围的广阔性,纵横家活动内容的丰富性和复杂性。一个纵横家若要实现自身的价值,把满腹的经纶化为实践,就必须完成游说—入仕—实施谋略三部曲。这三部曲是荆棘丛生险途,每一步都需绞尽脑汁,认真应对。就普遍情况而言,纵横家都不是专治外交的外交家,而是参与国家重要决策的政治家、谋略家。典型的纵横家张仪,他的主要活动是连横,但他身为秦相国,掌握秦军政大权,连横只是秦国兼并他国的基本策略之一,秦国的政治、军事、经济以及秦最高统治集团内部的人际关系、人事变动等,无不在他的考虑之中。即使单纯的连横活动,也是以秦国的政治、经济、军事和文化为基础的,在制定连横战略部署时不能不认真思忖方方面面的情况。再例如,范雎为秦王献远交近攻之策的同时,以很长的篇幅谈四大权贵对秦国王权的损害,为了秦国的统一事业,必须削夺四大权贵的权势。所以,战国纵横家实质上就是当时兼并和反兼并斗争中最积极的政治家和社会活动家。

以合纵连横为统称的兼并与反兼并斗争是战国时期的社会活动的主题,所有社会成员,或主动或被动,或以这种形式或以那种形式,都参与了这场斗争。纵横家作为最积极、最直接的参与者,逐渐形成了自己特色。《书录》、《七略》、《汉书·艺文志》等在指明纵横家源渊于行人之官的同时,又强调了纵横家精于权术谋略的特质。刘向《书录》说:"故孟子、孙卿儒术之士,弃捐于世,而游说权谋之徒,见贵于俗。是以苏秦、张仪、公孙衍、陈轸、代、厉之属,生从横短长之说,左右倾侧。苏秦为从,张仪为横;横则秦帝,从则楚王;所在国重,所去国轻。"在这里,刘向明确指出纵横者为"游说权谋之徒"。《汉书·艺文志》说:纵横家"其当权事制宜,受命而不受辞,此其所长也"。《隋书·经籍志》说:纵横家"临事而治"。所谓的"权事"、"临事而治"指的都是灵巧多变的智谋权术。认真审视纵横家的历史足迹,不仅可以说纵横家都是当之无愧的谋略家,而且应该说他们的智谋权术是战国谋略文化的杰出标本。虽然战国的各家各派纷纷提出以治国之谋为中心的学说体系,但都没纵横家那么直截了当,灵活明快。在韬略智谋的运作过程中,纵横家朝秦暮楚,相机行事,见势为谋,不拘泥于成说,不固定事主,唯重利害,不择手段,表现出其他学派所无法比拟的彻底性。由于谋无定谋,谋无定主,谋无约束,他们在为谋之时比其他学派都更高明、更机智、更直接,因而也更有理由认为纵横家是战国时期最杰出的谋略家。

纵横家是一个实践性很强的群体,因此很容易认为纵横家没有自己的学术。实际上则不然,纵横家为了更成功的谋略实践,他们有自己的理论总结,形成了系统的短长纵横之术,或简称为"短长"、"长短"。《汉书·张汤传》应劭注曰:"短长术兴于六国时,长短其语,隐谬用相激怒也。"《汉书·张汤传》张晏注曰:"苏秦、张仪之谋,趣彼为短,归此为长,《战国策》名长短术也。"《鬼谷子·忤合》说:"忤合之道,己必自度材能知睿,量长短远近,孰不如,乃可以进,乃可以退,乃可以纵,乃可以横。"由此可知,短长纵横之术,就是道高一尺、魔高一丈,与时仰俯,度势进退,因情为谋的计谋权术,纵横家的短长纵横之术是对他们谋略权术的理论总结。《汉书·艺文志》收录先秦及汉代纵横家典籍书目20家,107篇,但均佚亡,现存的《战国策》是纵横家的重要教科书之一,也是研究战国纵横家及其思想学术的重要著作。

二 《战国策》的成书过程

在战国社会剧烈转型的过程中,身为权谋之士、游说之徒的纵横家异常活跃,个个胸怀治国韬略,手握胜敌奇谋,不辞辛劳,不畏艰险,奔波游说于国君、权贵,斡旋于诸侯国之间,驰骋厮杀于疆场,时而一步登天,傲国君,慢权贵;时而忽落千丈,贱若仆隶,穷极潦倒。纵横家为了成功,就要学习、研究,吸收成功的经验,借鉴失败的教训,训练思维方式,锻造伶牙俐齿,练就揣摩特技。为适应于学习和研究的需要,战国时期史官、策士或门客把历史上和现实中的有关智谋韬略、权变故事、游说之辞汇编成册,"或曰《国策》,或曰《国事》,或曰《短长》,或曰《事语》,或曰《长书》,或曰《修书》"①。西汉后期,刘向整理秘藏的战国史料时,发现上述七种资料"错乱相糅莒,又有国别者八篇,少不足"②。刘向除其重复,补其不足,把这些性质相同而又来源不同的资料依据国别、按照时间顺序分别编入十二个国中,合成一本书,总计三十三篇。刘向认为这些资料是战国时期游士为他们所辅佐之国家贡献的策谋,将其定名为《战国策》。

刘向整理编定的《战国策》三十三篇,分为十二国。习惯上称刘向整理编定的《战国策》为古本。由于《战国策》直言纵横家的韬略智谋,杂有阴诈诡术,不用于教化治国,为儒家所排斥,流传的广泛程度有限,在靠手抄流传的年代非常容易出现遗失残缺,《战国策》流传到北宋时期已经没有完整的善本。东汉高诱曾为《战国策》作注,这个注本到北宋时期也部分散佚。北宋仁宗景祐年间,王克臣等编《崇文总目》时,《战国策》缺十一篇,高诱注本仅存八篇。北宋曾巩"访之士大夫家,始尽得其书,正其误谬,而疑其不可考者,然后《战国策》三十三篇复完"③。曾巩所得之书,可能是刘向编定的《战国策》全本,也可能是对士大夫家藏本的补充再编。习惯称曾巩编定的《战国策》为今本。曾巩之后,李文叔因《战国策》"舛错不可疾读","宜有善本传于世"④,又加以校订。王觉又"借馆阁诸公家藏本参校之。盖十正其六七。凡诸本之不载者,虽杂见于史记他书,然不敢辄为改易,仍从其旧,盖慎之也"⑤。宋哲宗元祐元年(公元1086年),孙元忠取曾巩所校定本,

---

① ② 刘向:《书录》。
③ 《曾子固序》。
④ 李文叔:《书战国策后》。
⑤ 王觉:《题战国策》。

及苏颂、钱藻等不足本,又借刘敞手校书肆印卖本参考校订,比较曾巩的校定本,校定354个字,元祐八年(公元1093年),孙元忠又用各种版本与集贤院的新本,校定196个字。孙元忠两次校定共得550个字。

南宋时期,耿延喜在括苍请人代校《战国策》,世称括苍本。1146年,剡川姚宏以孙元忠校本为底本,参照晋孔衍《春秋后语》、吕祖谦《大事记》作续注,世称姚氏注本。一般认为姚氏注本是传世最好的版本。1147年,南宋鲍彪以《史记》、《汉志》为主要依据,注释《战国策》,称为鲍氏注本。

元朝吴师道于泰定二年(公元1325年)重新为《战国策》作注。吴氏注本是以吕祖谦《大事记》和姚氏本补足鲍氏本,并更正了鲍氏本中的一些错误。

清代黄丕烈、顾千里以姚本、鲍本和当时的流行本进行了合校,并且写有《札记》三卷。金正炜在黄氏本的基础上,参考王念孙《读书杂志》、孙诒让《札迻》等重新核定《战国策》,写成《国策补释》,其中有不少发明。

《战国策》记事,上起周定王十六年(公元前453年),下至秦二世元年(公元前209年)。今流行的《战国策》为:

《东周策》一卷,二十八篇。

《西周策》一卷,十七篇。

《秦策》五卷,六十四篇。

《齐策》六卷,四十九篇。

《楚策》四卷,五十二篇。

《赵策》四卷,六十六篇。

《魏策》四卷,八十四篇。

《韩策》三卷,七十篇。

《燕策》三卷,三十二篇。

《宋卫策》一卷,十五篇。

《中山策》一卷,十篇。

总计十一策,三十三卷,四百九十七篇,原文约十五万字。

三 《战国策》的性质

刘向在编定《战国策》时说:"臣向以为战国时游士辅所用之国,为之策谋,宜为《战国策》。"① 之所以如此,是因为"战国之时,君德浅薄,为之谋策者,不得不因势而为资,据时而为,故其谋,扶急持倾,为一切之权。虽不可以临国教化,兵革救急之势也。皆高才秀士,度时君之所能行,出奇策异智,转危为安,运亡为存,亦可喜。皆可观"②。根据刘向的概括,《战国策》是一部关于战国时期纵横家智谋权变的书籍。

《战国策》所突出的权术谋略,无论是着眼于治国的大智大谋,还是着手于区区小事的雕虫小技,都是根植于战国的时代产物,其情形正如刘向《书录》所说:"仲尼既没之后,田氏取齐,六卿分晋,道德大废,上下失序。至秦孝公,捐礼让而贵战争,弃仁义而用诈谲,苟以取强而已矣。夫篡盗之人,列为侯王,诈谲之国,兴立为强。是以传相放效,后生师之,遂相吞灭,并大兼小,暴师经岁,流血满野。父子不相亲,兄弟不相安,夫妇离散,莫保其命,湣然道德绝矣。晚世益甚,万乘之国七,千乘之国五,敌侔争权,盖为战国。贪饕无耻,竞进无厌。国异政教,各自制断。上无天子,下无方伯。力功争强,胜者为右。兵革不休,诈伪并起。当此之时,虽有道德,不得施谋,有设之强,负阻而恃固,连与交质,重约结誓,以守其国。故孟子、孙卿儒术之士,弃捐于世。而游说权谋之徒,见

---

①② 刘向:《书录》。

贵于俗。是以苏秦、张仪、公孙衍、陈轸、代、厉之属,生从横短长之说,左右倾侧,苏秦为从,张仪为横,横则秦帝,从则楚王。所在国重,所去国轻。"诚如刘向的概括,战国的特殊历史环境造就了纵横家,而《战国策》突出了纵横家的权术谋略。纵横家钟情于韬略智谋不仅在《战国策》中,而且在其他战国史料中也有记载。因此,与其说《战国策》一展战国纵横家智谋者的风姿,倒不如说战国历史塑造了血肉丰满的纵横家及其学术,而纵横家及其学术又折射出了战国的时代特征。

《战国策》突出了纵横家的谋略智慧,但不单单是纵横家的谋略智慧。它在记载各种游说言辞和权变故事的同时,还记载了战国诸侯各国的重大事件,反映了各诸侯国的政治、经济、军事、外交和文化,也记叙了战国史实、众多的历史人物与言论。因此可以说,《战国策》是一部关于战国纵横家短长纵横之术的教科书,同时它又反映了战国的历史进程与时代特征。所以,《战国策》又是研究战国历史的基本史料之一。或许是基于这样的认识,《战国策》被《四库全书》的编者收了入史部。但是由于《战国策》内涵丰富,独具特色,关于它的性质至今仍有争议,除传统的史书说外,还有子书说、史子综合说、故事汇编说、游说脚本说等。

四 《战国策》的流传情况

尽管因为《战国策》与儒家学说大相径庭,历代研究考求者也有限,但是《战国策》凭借自身的独特魅力,以及与中国传统文化的深层面契合,引用和研读者却始终未曾断绝。

宋人洪迈考证,司马迁撰写《史记》取材于《战国策》者92条,约占《战国策》全书内容的1/5。据今人考证,《史记》采自《战国策》者,有149处。司马光修《资治通鉴》,关于战国的材料多取自

《战国策》和《史记》。

《史记》和《资治通鉴》采用《战国策》的材料,不仅丰富了《史记》、《资治通鉴》的内容,而且还在不知不觉中受影响于《战国策》,以间接的形式传播着《战国策》。

《战国策》的底本,也曾经被战国诸子之书所征引,例如:《楚策四》的《张仪说秦》章,见于《韩非子·初见秦》篇;《魏策一》的《文侯与虞人期猎》章,见于《韩非子·说林》篇;《中山策》的《主父欲伐中山》章,见于《韩非子·外储说上》篇;《齐策一》的《靖国君善齐貌辨》章,见于《吕氏春秋·知士》篇;《魏策一》的《魏公叔痤病》章,见于《吕氏春秋·长见》篇;《齐策三》的《孟尝君在薛》章,见于《吕氏春秋·报更》篇;《魏策二》的《魏惠王死》章,见于《吕氏春秋·开春》篇。诸子对《战国策》的引用,不仅说明其材料的真实性、可靠性,而且也表明《战国策》传播渠道的多样性和传播的广泛性。

历代人们除了从《史记》、《资治通鉴》和诸子等书中间接接受《战国策》外,也有一些直接研读者。于邕在《战国策注序》中说:"《战国策》者,经学之终而史学之始也,其书宜无人不读。今学者固无人不读《战国策》,然而考求之者鲜。"吴曾祺在《战国策补注叙附例言》中说:"其文章之美,在乙部中,自《左》、《史》外,鲜有能及者。"

《史记·乐毅列传》记载,西汉的蒯通、主父偃读《战国策》的《乐毅报燕王书》"未尝不废书而泣也"。

《世说新语》记载,晋代袁悦少年时读《论语》、《老子》、《庄子》、《易经》感到头痛,不知读这些书有什么益处,认为"天下要物,正有《战国策》"。

唐代的韩愈、宋代的眉山苏氏父子都深受《战国策》的熏染,苏洵外出总是随身携带《战国策》。

宋代朱熹读了《战国策》之后说："战国策文字豪杰，便见事情。非你杀我，则我杀你。"

明代金圣叹认为："《战国策》实乃俊绝、宕绝、峭绝、快绝之文。"

由于历代都有研读《战国策》者，加之《史记》、《资治通鉴》等史学名著的多处引用，《战国策》中的许多历史故事妇孺皆知，许多典故成语使用频率极高：荆轲刺秦王，触詟说赵太后、聂政刺韩相、苏秦引锥刺股等，都是传诵很广的历史故事；画蛇添足、惊弓之鸟、狐假虎威、狡兔三窟、亡羊补牢、毛遂自荐、鹬蚌相争，渔翁得利、狗兔相逐田人得利、南辕北辙、物以类聚、不遗余力、士为知己者死，女为悦己者容、三人成虎、宁为鸡首，不为牛后、两败俱伤、高枕无忧、居安思危、危若累卵、前事不忘，后事之师、疑事无成，疑行无功等，都是使用频率很高、含义深刻的成语典故。

这些历史故事与成语典故在博大精深的汉语语言中可谓是微不足道的九牛一毛，但是应该看到它们不只是简单的文字、成语和典故，而是历史事实与战国文化的载体，犹如一股轻风，恰似一道暗流，在无声无息之中传播着《战国策》的思想，润化着传统文化的精灵。

五 《战国策》的基本内容

《战国策》是纵横家的教科书，但纵横家是一个时代产物，其本身具有丰富的时代内涵；同时，《战国策》又是一本立足于时代的书籍，它的内容涉及政治、经济、军事、外交、文化等多方面，这就决定了《战国策》具有丰富的基本内容。

1. 崇尚韬略智谋

《战国策》作为纵横家的教科书,突出了纵横家的短长纵横之术,流露出对智谋韬略的高度崇拜。甚至认为智谋韬略为万事的根本,关系到国家社稷的存亡。

陈轸为楚国游说秦王时公开宣称:"计者,事之本也;听者,存亡之机。计失而听过,能有国者寡也。"①陈轸认为,计谋是胜败的根本,国家存亡兴衰的关键,出谋划策错了,或听了不正确的计谋,能保国家安社稷者是很少见的。

苏秦认为,计谋重于攻战,胜过雄兵百万。他胸有成竹地对齐闵王说:"攻战之道非师者,虽有百万之军,比之堂上;虽有阖闾、吴起之将,禽之户内;千丈之城,拔之尊俎之间;百尺之冲,折之衽席之上。故钟皷竽瑟之音不绝,地可广而欲可成;和乐倡优侏儒之笑不之,诸侯可同日而致也。"②在苏秦的心目中,攻战的胜败不在于军队自身。虽然有百万军队,也可以在帷幄运筹之中将其挫败。虽然有阖闾、吴起那样的军事家,也可以通过密室的谋划,把他们俘虏擒获。只要计谋巧妙,可以使千丈高的城墙倒塌于杯觥交错的宴会之间,可以使百尺高的战车折断于卧榻之上。计谋高妙得当,将会在钟、鼓、竽、瑟的音乐不绝于耳之时,扩展土地的愿望可如愿以偿;音乐、舞蹈、优伶与侏儒的笑声还没停止,诸侯各自便会同日前来朝拜。苏秦的这番议论是对智谋韬略的高层次理解,他所关心的不是一般的计谋,而是事关国家兴衰、统一天下大政的谋略,这种大政谋略不仅胜于雄师百万,而且还能四两拨千斤,得胜于弹指一挥之间。

---

① 《战国策·秦策二》。
② 《战国策·齐策五》。

由于《战国策》对韬略智谋的高度崇拜,《战国策》在记载历史人物的时候,特别关注权术计谋的效用与价值。《战国策·秦策四》称赞顿弱之谋说:"北游于燕、赵,而杀李牧。齐王入朝,四国必从,顿子之说也。"《战国策·齐策六》记载:田单率军进攻燕军占领的聊城,历时一年有余,将士死伤甚众而聊城不下。在这种情况下,鲁仲连乃修书一封射入城中,说服燕军将帅,解聊城之危。《战国策·齐策六》评论此事曰:"解齐国之围,救百姓之死,仲连之说也。"《战国策》把解聊城之危归功于鲁仲连的书信,把李牧之死、齐国朝秦归功顿弱之说,实际上就是《战国策》崇尚韬略智谋的坦诚流露。

由于战国现实斗争的残酷性、复杂性和韬略智谋的特殊效应,不拘一格,招揽满腹经纶的谋略英才,成为实现韬略智谋的重要一环。《战国策》以深刻的功利思想提醒国君权贵把握人才、智谋与成功之间的逻辑关系,敦促他们不拘一格,网罗胸怀锦囊妙计的人才。在《战国策·楚策四》中,一位无名策士对春申君阐述了人才与成功内在关系,他说:"昔伊尹去夏入殷,殷王而夏亡。管仲去鲁入齐,鲁弱而齐强。夫贤者之所在,其君未尝不尊,国未尝不荣也。"《战国策·秦策一》也说:"贤人在而天下服,一人用而天下从。"鲁仲连在《战国策·齐策三》中用形象的语言表述了扬长避短的用人策略:"猿猕猴错木据水,则不若鱼鳖;历险乘危,则骐骥不如狐狸。曹沫之奋三尺之剑,一军不能当;使曹沫释其三尺之剑,而操铫耨与农夫居垄亩之中,则不若农夫。故物舍其所长,之其所短,尧亦有所不及矣。今使人而不能,则谓之不肖;教人而不能,则谓之拙。拙则罢之,不肖则弃之,使人有弃逐,不相与处,而来害相报者,岂非世之立教首也哉!"姚贾针对韩非子对自己的攻击,以太公望、管仲、百里溪和中山盗的历史事实为根据,提出了唯才是用的用人原则:"明主不取其汙,不听其非,察其为己用。故可以存社稷者,虽有外诽者不听;虽有高世之名,无咫尺之功者不赏。"①《战国策》的人才观念似乎没有特别突出的地方,但当它被纳入崇尚韬略智谋这条主线的时候,就成为纵横家权术谋略的重要环节。

丰富多彩、变化剧烈、错综复杂的战国社会,犹如滋生万物的沃土,《战国策》则是生长于这片沃土上的一棵大树。在《战国策》中,强化君权的驯臣之术、内部勾斗的争胜之计、外交斗争的制敌之谋等奇谋异策,琳琅满目,变幻莫测。《战国策》对韬略智谋的高度崇拜,以及由此而来的人才谋略、游说之策和各种变化无穷的谋略权术,是《战国策》的灵魂。表面看来,《战国策》思想比较杂驳,各家学说兼而有之。然而,正是这种杂驳兼容了各种思想,并把它们纳入一个体系之中,形成了崇尚韬略智谋的主题思想。

在战国这片沃土上,生于斯、长于斯的战国士人,思若泉涌,奇谋异策绚丽多姿,层出不穷。《战国策》的韬略智谋大致可以概括为强化君权的驯臣之术,锐意于内部争斗的政治权术,外交斗争的制胜之术,军事斗争中的以智取胜等。这些具体的韬略智谋还体现出五条稳定的谋术原则:第一,谨守秘密,含而不露;第二,创造局面,力争主动;第三,以利益为轴心,相互利用,相互倾轧;第四,度势进退,随机应变;第五,为了成功,不择手段。这些基本原则是从实践中总结、抽象出来的,但反转过来又会成为指导为谋者走向成功的法宝。

2. 讲求游说之术

战国时期,进言献谋、权力争斗、外交斡旋、利益攫取等活动很多都是通过游说完成的。通过游说向国君权贵献计献策,在游说

---

① 《战国策·秦策五》。

之中自我推荐,自我实现,是战国许多成功者的必经之路。所以《战国策》刻意展示了战国的游说论辩之术。

了解政治、军事格局,熟知人情世故,把握事物的发展趋向,这是游说获得成功的前提。

张仪第一次外出游说选中了楚国。他看到楚国雄踞南方,疆域辽阔,物产丰富,民人富足,甲士百万,戎车千乘,铁骑过万,积粟可支十年,且楚自春秋称王,素有吞并中原之心。张仪根据这些表面现象,认为游说楚国定会成大气候,欣然入楚,稽留数年。殊不知,楚威王刚愎自用,迷信武力,疏忽政治斗争,沉湎于娱乐、享受,不思奋发,重用嫉贤妒能之辈。虽然张仪用虚言欺诓、无风兴浪的手段从楚威王、南后、郑袖那里骗得不少金玉财宝,但终因"失窃假案"而被驱逐出楚国。

苏秦初次到秦国,看到秦国东拓疆土到黄河,西南取得广袤的巴蜀之地,攻取楚的汉中之地,本土与巴蜀连成了一片,成为仅次于楚的第二大国,显示出吞并关东诸国的磅礴气势。基于这种情况,苏秦以连横之策说秦惠王,可惜连续上书十次而其说不纳。最后苏秦资用乏绝,去秦而归,回到洛阳家中时已是形容枯槁,面目黧黑。看到这种落魄而还的狼狈相,"妻不下纴,嫂不为炊,父母不与言"①。

张仪、苏秦初次游说失利的根本原因是没有全面掌握时势格局与政治内幕。因此,《战国策》记载的成熟游说者都非常注意搜集诸国的军事、经济、地理、外交等方面的信息,作为自己游说的基础。张仪游说魏惠王与秦连横,认真分析了魏国的地势易攻难守、没有超过三十万的兵力不足抵抗进攻、合纵联盟极不可靠等形势,打破了魏惠王合纵与秦抗衡的幻想。张仪能最终说服魏惠王就

---

① 《战国策·秦策一》。

范,在很大程度上是因张仪对魏国、秦国的政治、经济、军事、地理、外交等情况有比较精确的了解。

战国的纵横家所从事的游说活动,面对的是形色不一、性格心态各异的、社会关系复杂的人,其情形远比直接的军事、经济、外交等活动微妙复杂,所以"揣摩"对方的智能、性格和心态更重要、更深奥。司马熹说赵武灵王一事,充分显示了"揣摩"的特殊功效。司马熹首先以赵无美女引发赵武灵王的惊异,他说:"今者,臣来至境,入都邑,观人民谣俗,容貌颜色,殊无佳丽好美者!"①然后又盛赞中山阴姬之美,引起赵武灵王的兴趣,他说:"以臣所行多矣,周流无所不通,未尝见人如中山阴姬者也!不知者,特以为神,力言不能及也。其容貌颜色,固已过绝人矣。若乃其眉目准颊权衡,犀角偃月,彼乃帝王之后,非诸侯之姬也!"②这番对阴姬美貌的形容描绘,说得赵武灵王心旌摇动,表示愿意纳阴姬为嫔妃。司马熹回中山国后,借赵武灵王索要阴姬为借口,使中山王立阴姬为后。司马熹这次成功的游说,关键是揣摩透了赵武灵王好色的心理,巧妙地使其表示出索要阴姬的意向,然后利用中山王对阴姬的宠爱,诱使他立阴姬为后。

在战国这个多变复杂的时代,事物的变化比任何时候都更快。游说者所要谋划解决的问题大多都棘手多变,解决问题的方案需要有准确的预见性或超前性。苏秦说赵国权臣李兑,分析了赵、秦讲合,将会引起"天下争与秦"之后可能出现的六种情况,以及每种情况对赵国、李兑的不利之处,最终说服李兑,使赵绝交于秦国。

《战国策》认为,游说必须抓住"时"、"势"与"权"三个关键点。所谓的"时"就是时机、机遇,客观事物在发展变化过程中形成的条件。所谓的"势"就是事物发展的基本趋势或必然性。所

---

①② 《战国策·中山策》。

谓的"权",即权变,根据事物的发展,采取相应的对策。《战国策》有时把"时"、"势"分别对待,有时则"时势"连用。事实上,"时"与"势"是联系在一起的,现实的机遇是由事物发展的必然趋势酿成的,而机遇本身又影响或预示着新的发展趋势。《战国策·西周策》用"本末更盛,虚实有时"八个字,概括了事物盛衰迭代,虚实隐现的周期性与阶段性,提示游说者要善于把握"时"与"势",及时抓住机遇,获取成功。

机遇,从根本上看是由时势造成的,《战国策·秦策三》说:"圣人不能为时,时至而弗失。舜虽贤,不遇尧也,不得为天子;汤、武虽贤,不当桀、纣不王。故以舜、汤、武之贤,不遭时不得为帝王。"《战国策》认为,虽然圣人英明伟大,但他们只能及时抓住机遇,顺应历史发展潮流才可有所作为。舜是德才兼备的贤人,如若不遇到尧的禅让,当不了天子。汤、武是难得的英才,如若没有桀、纣为乱,不会有汤、武革命。既然时势造就圣人明君,那么就必须善于解决"时"与"权"的问题。《战国策·齐策五》说"是以圣人从事,必藉于权而务兴于时。夫权藉者,万物之率也;而时势者,百事之长也。故无权藉,倍时势,而能成事者寡矣"。《战国策》认为,在时势一定的情况下,能牢抓机遇、权变异常重要,若无善抓机遇的能力,再好的机遇也会悄然滑去。所以,《战国策》特别强调看重时势,牢抓机遇,两者辩证统一,才能成功。《战国策·赵策三》以商贾买卖为例来说明掌握事物发展趋势,及时抓住机遇的重要性,"夫良商不与人争买卖之贾,即谨司时。时贱而买,虽贵已贱矣。时贵而卖,虽贱已贵矣"。商人只要掌握价格变化规律和利用时间差价,及时贱买贵卖,就可以成为成功的商人。

游说者在掌握各方面情况的前提下,可以设计出适时宜的制胜策略,但是要说服其游说或辅佐的对象却不是那么容易。因为他们面对的国君或权贵大都是头脑灵活、智商高、素质好、有主见。

说服他们，不仅要以最佳的谋略为基础，还要能言善辩而又天衣无缝，能随机应变、见风使舵而又不游离主旨。因此，《战国策》总结出了七条游说技巧：

第一，"陈其势，言其方"。楚国军队攻伐孟尝君的封地薛，孟尝君在万分危机之中恳请淳于髡设法解除薛之危。淳于髡面见齐闵王说：先君齐威王之庙在薛，倘若楚军顽强进攻，先君宗庙必危。齐闵王为保护宗庙急速发兵援薛，解除薛的危机。《战国策·齐策三》评论此事说："颠蹶之请，望拜之谒，虽得则薄矣。善说者，陈其势，言其方，人之急也，若自在隘窘之中，岂用强力哉！"这个评论认为，惊慌低下地乞求援助，虽然有可能得到，但却非常少。那些善于游说者，通过陈述形势，盛言其利害，不卑不亢，以理服人，以情动人，以利诱人，使听者进入角色，就像他自己处于困境中一样，若达到这种层次，根本不需要去可怜地乞求。

第二，言忌失时。《战国策·宋卫策》记录了一个很有意思的故事：一宋人结婚，新娘上车后的第一句话是问拉边套的骖马是不是借来的，当知道是借来的马时便嘱咐驾车者鞭打骖马，不要鞭打辕马。到新郎家门口时，新娘对搀扶她的伴娘说，把灶里的火灭掉，防备失火。新娘进房后看到舂米的石臼即说：把它搬到窗下边，不能放在这里妨碍走路。新娘的这几句话引得人们大笑。《战国策》评论此事说："此三言者，皆要言也，然而不免为笑者，蚤晚之时失也。"这个评论是很中肯的，新娘所讲的三句话都很重要，之所以遭到大家嘲笑是因为说的不是时候，讲的不是场合。《战国策》讲述这个故事，是提醒游说者考究时机与场合，以免闹出卫国新娘言失其时的笑话。

第三，分析比较。通过各方面条件的分析与比较，说服对方接受建议，按照自己设计的方案行事。张仪游说楚与秦连横时采用的就是这种方法，他从疆域、兵力、外交、民情等几个方面进行了分析比较,使楚王确信自己的条件远不如秦国,断然决定以国从秦。这种分析比较法是战国游说之士最常用的方法之一。

第四,讲求辩证,晓以利害。用辩证的方法分析事物的两面性或转化性,奉劝不要见其一不见其二,见其表不见其里,见今天不见明日。《战国策·赵策一》记载,魏文侯欲攻中山国,向赵国借路,赵烈侯认为这不利于赵国,欲拒绝。然而赵利辩证地分析了魏借道灭中山的利害关系:魏攻中山而不能取,则魏必然受到创伤,从而会使赵国的地位相对提高。如果魏攻灭了中山国,一定不能越过赵国而占据中山。这样,发兵攻占中山国的是魏国,而得利得地者则是赵国。鉴于这种情况,赵烈侯不仅应该答应魏国借道,而且还要鼓励其借道。如此,魏国有可能意识到借道征伐中山可能有利于赵国,必然中止借道要求。目前最好的办法是答应借道给魏,但要做出一种不得已而为之的姿态。赵利分析的结论是借道有利于赵,同意借道反而会使魏国不借道。这种分析巧妙清晰,令人折服。

第五,循循善诱,步步深入。国君权贵处于一些较特殊场合时,会拒绝一切游说者进辞,即使允许游说者献策,也会固执己见。遇到这种情况时,高明的进说者要适时采用循循诱导的办法,让听者顺着自己的思路一步一步地接近主题。《战国策·赵策四》的《赵太后新用事》展示了这种方法的特殊作用。赵太后主持政务,秦国攻赵国,形势危急。赵国求救于齐,齐国要求以长安君为人质,方可出兵。赵太后不肯。群臣不断进谏赵太后,使赵太后大怒,宣布若有人再提让长安君为人质的事,一定要吐他一脸唾液。面对这种似乎无法逆转的局面,左师触詟采取循循善诱,步步深入的方法规劝赵太后。触詟首先以自己年迈体衰的切身感受,引发对太后的关心,问候太后身体安否。这种富有人情味的问候使赵太后盛怒的情绪得到了缓和。然后,触詟谈自己爱怜儿子,使赵太后对爱子这个话题感兴趣,诱引赵太后切近谈话主题。第三步,触詟认为赵太后爱女儿燕后超过了爱儿子长安君,使赵太后由奇怪而又不得不同意触詟的看法。最后,以历史经验为依据,语重心长地阐述了爱子应该长远的道理,劝赵太后同意长安君为质于齐。触詟言之情深,语之意切,以情动人,以理服人,循循而进,渐切主题,能在赵太后固执成见、盛怒拒谏的情况下使其改变主张,是一次非常成功的游说。

第六,以利诱惑,以害恫吓。趋利避害,小付出大收获,是国君权贵思考问题、处理政务的基本规则。战国游说之士对这点有很清晰的认识,他们游说的时候,经常以种种好处诱惑国君权贵接受其所设计的方案;以种种利害恫吓其不敢越雷池一步,两者或先或后,一张一弛,相成相辅。张仪在游说活动中最喜欢使用这种方法。《战国策·魏策一》记载,张仪游说魏与秦连横时,先威胁魏君如果不臣服秦国,秦将兵攻河外之地,断赵国南通的道路。赵国不能南通,魏国也不能北通。南北断了往来也就等于断绝了合纵之路,魏国没有危险是不可能的。威胁恫吓之后,张仪又以助秦攻楚的好处引诱。张仪说,秦欲削弱的是楚国,而能削弱楚国的是魏国,魏国南伐楚国,一定能够胜利。伐楚,一是能亏损楚而补益于魏,二是能攻伐楚而友善于秦,三是对内能嫁祸安国。魏王经张仪这样一恫吓一诱惑,最终同意与秦连横,攻伐楚国。张仪的这种方法以咄咄逼人的气势先使对方在心理上产生惧怕感,然后再以利益诱惑迫使对方就范。

第七,能言善辩,极尽语言技巧。游说是通过语言说服对方,实施自己的方案,达到预定目标。所以很多游说者都有很好的语言修养和一付能颠倒是非的伶牙俐齿。他们体情状物,生动形象;论证说理,辩赡横肆;铺张扬厉,犹如暴风骤雨;简明犀利,则恰似快刀轻马。言及地形,往往是南、北、东、西;说及国势强弱,每每左、右、内、外俱到；论及武器，革车、奋骑、长弓劲弩样样精通；讲及攻守，越山涉河，固险扼塞如数家珍。苏秦说秦惠王时，铺陈秦国的地理条件和物质军备方面的优势，一气连用十二组排比句，说明欲称雄天下，须废文任武。言辞生动形象，铿锵有力，听者不能不为之动情。游说者的能言善辩，直接关联着成功与失败，难怪张仪在楚受辱回家后的第一件事，就是请其妻视其舌头还在不在，当其妻验查舌头确实还在的时候，张仪表示出了极大的满足。因为三寸不烂之舌是他博取荣华富贵、施展才华的重要工具。

3. 闪光的士人精神

战国不仅造就了不胜枚举的杰出人物，而且孕育出千秋不朽的士人精神，这种精神在《战国策》中得到了淋漓尽致的张扬。

积极进取，建功立业

鲁襄公二十四年，鲁国叔孙豹出使晋国，向范宣子阐述了"人生三不朽"之说："豹闻之，大上有立德，其次有立功，其次有立言，虽久不废，此之谓不朽。"①"三不朽"是一种积极进取、建功立业、流芳百世的入世精神。《战国策》记载的战国士人，在这方面表现得尤为亢奋。苏秦头悬梁，锥刺股，张仪受辱于楚而不气馁，鲁仲连周游诸国排患释难，商鞅、吴起变法图强，不惜以身殉国等，无不体现着积极进取、建功立业的精神。苏秦在游说赵国权臣李兑时为了表白自己的真诚，讲了游说进取的艰辛，他说：洛阳乘轩里人苏秦，家境贫寒，双亲年迈，连个劣马拉的破车都没。推着桑木轮小车，载着茅草编成的箱子，打着裹腿，背着书，挑着袋，冒尘土，越漳水，渡黄河，日行百里，脚打老茧，历尽万险。苏秦讲的只是游说奔波的劳苦，但与游说为谋过程中的挫折失败相比较，只是不足挂

---

① 《左传·襄公二十四年》。

齿的区区小事。苏秦说秦王十次上书而无效,"黑貂之裘弊,黄金百斤尽,资用乏绝,去秦而归。嬴縢履蹻,负书担橐,形容枯槁,面目犁黑,状有归色。归至家,妻不下纴,嫂不为炊,父母不与言。"①张仪游说楚国,因其为谋不老辣而遭诬陷,受笞数百后被逐,仅剩三寸不烂之舌回归故里。面对事业上的惨败,他们不消沉,不怨天,不尤人,而是以无比坚韧的毅力继续进取,苏秦发愤读书钻研,张仪西入秦拼搏。若无强烈的事业心为支柱,若无建功立业的名利思想在驱动,他们极可能就会销声匿迹,老死于碌碌无为之中。

儒家的仁、义、孝、廉、信等是春秋战国时期衡量人们道德的重要准绳。《战国策·燕策一》记载,苏秦谋齐归燕,燕王听信他人的谗言,认为苏秦是无信之小人,态度非常冷淡。苏秦知道燕王欣赏的是"信如尾生,廉如伯夷,孝如曾参"的人才,便向燕王阐发了信、廉、孝等仅是"自覆之术,非进取之道"的看法。他说:"且夫孝如曾参,义不离亲一夕宿于外,足下安得使之之齐?廉如伯夷,不取素飧,汙武王之义而不臣焉,辞孤竹之君,饿而死于首阳之山。廉如此者,何肯步行数千里,而事弱燕之危主乎?信如尾生,期而不来,抱梁柱而死。信至如此,何肯扬燕、秦之威于齐而取大功乎哉?且夫信行者,所以自为也,非所以为人也。皆自覆之术,非进取之道也,且夫三王代兴,五霸迭盛,皆不自覆也。君以自覆为可乎?则齐不益于营丘,足下不踰楚境,不窥于边城之外。且臣有老母于周,离老母而事足下,去自覆之术,而谋进取之道,臣之趣固不与足下合者。足下皆自覆之君也,仆者进取之臣也,所谓以忠信得罪于君者也。"《战国策·燕策一》的《苏代谓燕昭王》借苏代之口也表述了相近的说法:"孝如曾参、孝己,则不过养其亲其。信如尾生高,则不过不欺人耳。廉如鲍焦、史䲡,则不过不窃人之财耳。

---

① 《战国策·秦策一》。

今臣为进取者也。臣以为廉不与身俱达,义不与生俱立。仁义者,自完之道也,非进取之术也。"诚如苏秦、苏代所分析,孝、廉、信、仁、义都是自我提高、自我完善的方法,它可以提高自身的道德修养,做到洁身自好,独善其身,但是却不利于进取。历史事实表明,夏、商、周三代王朝更替,春秋五霸迭兴,无不是发展、进取的结果。倘若君王重用的都是像曾参那样守着老母亲寸步不离,像伯夷那样拒绝吃不劳而获之食,像尾生那样为守信用抱柱而死,无人为国家的事情东奔西走,国家怎么能进步发展。对于战国诸国来说,无不是处于逆水行舟不进则退之中,生存的最好办法是进取发展,所以时代需要的是具有献身精神的进取开拓者,而不是拘泥于礼义,谨小慎微的温雅君子。同样,也只有敢于进取和善于开拓者才受到时代的偏爱。苏秦、苏代对仁、义、孝、廉、信的看法反映了时代的需要与战国士人积极进取的精神面貌。

素有"弘辩智士"之称的蔡泽被逐出赵国,在去韩、魏的途中又遭抢劫,烧饭的器具釜鬲丧失殆尽。听说秦应侯范雎任用的郑安平、王稽等人皆负重罪,范雎深感内疚,蔡泽便入秦见秦昭王。在见秦昭王之前,范雎约蔡泽见面,在两人的谈话中,蔡泽阐发了战国士人的"三愿":

第一愿是:"夫人生手足坚强,耳目聪明圣知",这一愿着重于身体素质与文化素质。强壮的体魄、坚强的意志、渊博的知识与高超的谋略是他们的基本要求。

第二愿是"质仁秉义,行道施德于天下,天下怀乐敬爱,愿以为君王"。这一愿着重于活动的社会目的。辅佐英明的君王,凭借仁、义对天下施行道义德政,让天下的百姓都从内心深处拥戴他,敬重他,这是纵横家追求的现实目标。

第三愿是"富贵显荣,成理万物,万物各得其所;生命寿长,终其年而不夭伤;天下继其统,守其业,传之无穷,名实纯粹,泽流千世,称之而毋绝,与天下终"①。这一愿着重于在个人与社会两个方面的崇高追求,个人富贵显荣,长养万物,各得其所,尽量自然长寿而不夭折;对社会的贡献则是要创造不朽的名与实完美无缺的业绩,让天下人都继承他的传统,守卫他的事业,恩泽流传千代,后人称颂不绝,与日月同辉,与天地共存。

蔡泽的"三愿"说不如叔孙豹的"三不朽"简练精到,但却丰富饱满,具有鲜明的时代特色,把个人与社会、现实与未来、奋斗追求与万世流芳有机地结合起来,突出个人奋斗、个人素质与成功的内在关系,鼓励士人积极进取,建功立业,督促着身居高位的世袭贵族放眼大局,思虑未来,积极为国立功,努力创造辉煌。

积极进取的方式是多样的,个人要建功立业,首先要跻身于政权要位,身居要位则要鼓励国君在开拓中发展,个人则在改革中展现才华。《战国策》记载的秦国的商鞅变法,赵国的胡服骑射等重大改革,都与士人的活动有直接的关系。秦国变法,商鞅是主持者;胡服骑射,肥义是支持、鼓动者,肥义的"疑事无功,疑行无名","夫论至德者,不和于俗;成大功者,不谋于众"②等观点成为武灵王坚持改革的重要理论依据。如果不局限于《战国策》所记载的变法,其他国度的变法改革都是与富有进取开拓精神的士人有关,李悝主持的魏国变法,公仲连主持的赵国变法,吴起在魏国进行的军事改革和楚国的变法,申不害主持的韩国改革,邹忌主持的齐国的改革,不仅表现了战国时代的主旋律,而且还在更广阔的层面上体现了士人的开拓进取精神。

强烈的忧患意识

积极进取、建功立业侧重于行动与实践,而强烈的忧患意识则

---

① 《战国策·秦策三》。
② 《战国策·赵策二》。

是积极进取、建功立业的思想根源。忧患意识萌芽于商末,勃发于西周初年。西周一代的忧患意识着重于"忧位"、"忧君",春秋战国发展为"忧道"、"忧民"、"忧天下"。《战国策》反映的忧患意识突出的是"忧社稷"。战国时期社稷一词除了称有土、谷神的原始含义外,在更多的场合是国家政权的代名词。诸国变法图强,富国强兵,在兼并与反兼并斗争中立于不败之地是战国各国的政治重心,"忧社稷"也因此而成为战国忧患意识的特殊话语。在《战国策·楚策一》中,楚国莫敖子华把士人"忧社稷"概括为五种类型:

第一种,"彼有廉其爵,贫其身,以忧社稷者。"典型者是令尹子文。令尹子文,穿着黑色丝质礼服上朝,回家后赶快换上鹿皮缝制的粗衣;天不亮就站在朝道上等候朝见,天黑后才回家吃饭;家里穷得朝不保夕,没有一个月的存粮。"故彼廉其爵,贫其身,以忧社稷者,令尹子文是也。"这种人廉洁奉公,兢兢业业,只讲奉献,无意于索取,忧患意识特别强烈。

第二种,"有崇其爵,丰其禄,以忧社稷者。"典型者是叶公子高。叶公子高是从民间选拔出来的人才,他平定白公胜之乱,稳定了楚国的局势,扩大楚国的领土,收复方城以北之地,四境不受侵犯。由于叶公子高功勋卓著,楚王封其食禄田地六百畛。叶公子高官厚禄高,但其忧患意识强烈,为楚国建立了不朽的功勋。

第三种:"有断胫决腹,一瞑而万世不视,不知所益,以忧社稷者。"典型者是莫敖大心。公元前506年,吴、楚柏举之战,双方战车、徒兵混战在一起,莫敖大心抚摸着给他驾车人的手,回头长叹说,楚国危在旦夕,我准备驰车深入吴军,能打死一个或活捉一个就够本。如果楚国的人都能这样,国家能灭亡吗!不怕牺牲,为了国家甘愿抛头颅、洒热血,莫敖大心堪称楷模。

第四种,"有劳其身,愁其志,以忧社稷者。"典型者是棼冒勃苏。吴、楚柏举之战,吴军攻入楚都郢。楚昭王与群大夫出逃,百姓离散。棼冒勃苏认为自己披坚甲、握利刃与敌人拼命,只是起到了一个普通士兵的作用,不如到其他诸侯国求救。于是,他身带干粮,攀高山峻岭,越深谷大河,脚破膝伤,日夜兼程,七天到了秦国。在秦王廷外像仙鹤一样站立了七天七夜,滴水未进,哭泣着请求秦国出兵救援,直至气绝身倒,失去知觉,秦王方决定派战车千辆,士兵万人急救楚国。棼冒勃苏为了楚国的存亡,不辞辛劳,心志愁苦,不屈不挠,虽与莫敖大心的形式不同,可同样反映出忧社稷的赤诚之心。

第五种:"亦有不为爵劝,不为禄勉,以忧社稷者。"典型者是蒙谷。柏举之战后,吴军进入郢都,蒙谷脱离战场,潜入楚宫,背起楚国的法律典籍浮江而下,逃亡于云梦泽中。楚昭王返回郢都,五官无法可循,百姓困惑,秩序混乱。蒙谷献出保存的法律典籍,为楚国残败后的迅速稳定恢复做出了重大贡献。鉴于蒙谷的功劳,楚昭王封其执圭之爵,田六百畛。蒙谷生气地认为,自己不仅是君王的臣子,也是国家的臣民,倘若社稷神灵受到祭祀,难道还需要忧虑国家没有君主。蒙谷隐居于磨山之中,其后代也没有身居高官者。

莫敖子华列举的五类忧社稷的典型都是春秋时期楚国人,所以楚威王乃叹息说:"此古之人也。今之人,焉能有之耶?"莫敖子华则不以为然,他认为不是没有,而是更多,关键在于君王的发现。为了说服楚威王,莫敖子华举了两个例子,第一个是先君楚灵王喜欢细腰之人,不少人宁肯受饥挨饿,也要追求苗条;第二个是国君喜欢射箭,其臣子也竞相习射。结论是"君王直不好,若君王诚好贤,此五臣者,皆可得而致之"。换句话说,就是只要君王真心好贤,五种类型的忧社稷之臣会不招而自来。由此看来,莫敖子华所讲的五类忧社稷之臣在战国时期也是人才济济,比比皆是。事实也正是这样,像苏秦、张仪、淳于髡、公孙衍、鲁仲连、范雎、白起、王蒻、蔺相如、廉颇、李牧、李悝、吴起、商鞅、孙膑、乐毅、田单、平原君赵胜、信陵君魏无忌、春申君黄歇、孟尝君田文等这样的杰出人物,在战国时期确实是不胜枚举。

忧患意识是强烈的社会责任感和历史使命感,这种责任感和使命感推动着他们去进取、去立功。同样,这种责任感和使命感还使他们在和平气象中率先察觉隐患,时常提醒君王要居安思危。秦昭王踌躇满志,认为孟尝、芒卯率韩、魏之强兵伐秦必将无奈而还,如耳、魏齐率韩、魏之弱兵伐秦,一定是无果而归。秦臣中期援引智氏恃强而败于韩、赵、魏的历史教训,奉劝秦昭王勿因轻敌而蹈智氏之旧辙。赵之上卿游说楚春申君时,曾特意提醒春申君要"于安思危,危则虑安"①,一定要把居安思危作为考虑问题的基点,而只有居安思危,才能不断发展,长居久安。

英勇无畏,敢于献身

战国士人竞相钻研学问,积极参与社会活动,在个人努力与社会磨砺之下锻造出了英勇无畏、敢于献身的精神,这种精神在《战国策》中得到了充分的体现。

战国士人对他们自身的价值充满了自信,敢在国君面前直呼士贵,王不贵,公开宣称"万乘之君,得罪一士,社稷其危"②。中山国君在自己的亲身经历中对士人的价值有了深刻的认识。中山国君宴请城中的士大夫,司马子期也在其中。分食羊羹时因羊羹不足而司马子期没有得到。盛怒之下司马子期出奔楚国,游说楚王攻中山。中山国君战败逃亡,有两个人执戈紧随其后。中山国君问两个人为什么要这样做,答曰:其父亲在快要饿死的时候,中山君拿出壶中的食物给他吃。父亲临终前嘱咐,如果中山国有战事,

---

① 《战国策·楚策四》。
② 《战国策·楚策一》。

两个人一定效死力为君王战。中山国君从这件事中得出结论，"吾以一杯羊羹亡国，以一壶飱得士二人"①。

战国士人社会价值之高和社会能量之大，不仅是因为他们有丰富的知识、较高的素质，强烈的参与意识和进取精神，而且还因为他们英勇无畏，敢于献身，为了认定的事业，孜孜以求，勇往直前，不怕天，不怕地，不惧官，不畏君，不怕死。这种精神，以及由这种精神形成的气势，是他们增强自身社会价值和社会能量的重要因素。

范雎游说秦昭王，表达了他对生死的看法："臣死而秦治，贤于生也。"②认为献身于有价值的事业是有意义的。

安陵国的唐且直面秦王政怒言："若士必怒，伏尸二人，流血五步，天下缟素，今日是也。"③唐且的无畏精神冲云霄，贯长虹，惊天地，动鬼神。秦王政为唐且的无畏精神所震撼，钦佩之情油然而生。

《战国策·韩策二》记载了聂政在东孟之会上单身刺韩傀之事。聂政的姐姐认为弟弟浩气雄壮，超过了勇士孟贲、夏育和成荆，理应扬名于后世。

战国士人英勇无畏、敢于献身的最高体现是荆轲刺秦王。据《战国策·燕策三》，荆轲一人"提一匕首入不测之强秦"，他舍生取义，撼人肝心，易水之上悲歌而别："风萧萧兮易水寒，壮士一去兮不复还！"送行的"士皆瞋目，发尽上指冠"。在荆轲刺秦王的这个事件中，先后有田光、樊於期、荆轲、高渐离等人献出了生命，展现出了一个英雄群体。

---

① 《战国策·中山策》。
② 《战国策·秦策三》。
③ 《战国策·魏策四》。

战国士人的英勇无畏、敢于献身精神不仅仅反映在向君王权威挑战、行刺拼命,而且还表现为以身殉道的精神。例如,齐人鲁仲连认为秦是"弃礼义而上首功之国也,权使其士,虏使其民"①,倘若秦国为帝统治天下,"则连有赴东海而死矣!吾不忍为之民也"②!秦国为帝统治天下,鲁仲连宁肯跳东海而死也誓不为之臣民。

《战国策》所反映的英勇无畏、敢于拼命的精神,不是简单、肤浅的拼命主义,而是出于一种深沉的理性思考。他们所为之拼命献身的事业,至少他们本人认为是有价值的事业。战国士人正是凭借着这种精神,在思想上自由思考,在行为上无所拘束;在为谋活动中,能设计出空前的计谋,使用绝后的手段。这种英勇无畏、不怕牺牲精神使战国士人显示出了巨大的社会能量,驱动着他们做出了伟大的历史贡献。

4. 宝贵的民本思想

《战国策》讲游说权变,视智谋韬略为万事之本,但是也认识到了人民的价值,透露出独具特色而又浓重的民本思想。

苟无民,何以有君

《战国策·齐策四》记载:齐襄王的使者觐见赵威后,书信没有打开,威后就问齐使者说:"岁亦无恙耶?民亦无恙耶?王亦无恙耶?"齐使者大惑不解地反问:"臣奉使使威后,今不问王,而先问岁与民,岂先贱而后尊贵者乎?"威后曰:"不然。苟无岁,何以有民?苟无民,何以有君?故有问舍本而问末者耶?"然后,赵威后又询问了爱民之臣钟离子和叶阳子、孝顺之女婴儿子、不臣之人于陵子仲的情况。赵威后的问话是按照粮食收成、民、君、爱民之臣、

---

①② 《战国策·赵策三》。

孝顺之女、不臣之人这样的逻辑推下来的。农业收成和人民的疾苦应该是统治集团最关心的问题，"苟无岁,何以有民"，民则是国君的基础，"苟无民,何以有君"，因而爱民、养民之人应该受到重用，不关心人民与社稷之臣该杀。与其他学派的民本思想相比较，赵威后的看法既具体又现实，以现实主义的态度看到了人民的价值，强调社会经济在其中的基础作用。尽管这种观点有很大的局限性，但是对于改变人民的生存环境和促进社会发展都是有积极意义的。赵威后的这段话坦诚、明快且深刻，可以说是《战国策》民本思想的最基本观点。

《战国策》能持这种民本思想，是因为国力的消长、国家的存亡生死与人民的拥护、民心的向背有着直接的联系。《战国策·齐策一》的《邹忌修八尺有余》生动地记述了齐威王认真地接受邹忌的规劝，广泛征求吏民的意见，鼓励吏民参政，集思广益，得取民心，结果政治清明，国力强盛，导致诸侯来朝的重民效果。《战国策》从这件事情中得出"此所谓战胜于朝廷"的结论，旗帜鲜明地指出国家的兴亡，决定于政治清明和人心的向背，表明了人民的社会价值和《战国策》对民本思想的高度重视。

富民、利民、安民

如果说"苟无岁,何以有民？苟无民,何以有君"的民为君本、民为国本是《战国策》民本思想的基本观点，那么富民、利民、安民则是《战国策》民本思想的核心。公元前316年前后，巴蜀发生内乱，秦国的战略重新调整，张仪主张伐韩，司马错主张伐蜀，两者各持己见，争论于秦惠王面前。张仪认为伐韩可"据九鼎,桉图籍,挟天子以令于天下,天下莫敢不听"[①]。司马错认为伐巴蜀可强兵、富民、广地，他说："欲富国者,务广其地;欲强兵者,务富其民;欲王

---

① 《战国策·秦策一》。

者,务博其德。"①秦惠王认真斟酌了伐韩与伐蜀的利弊得失,毅然起兵,十个月取得了伐蜀胜利,"蜀既属,秦益强富厚,轻诸侯"②。秦惠王采纳司马错建议伐蜀,最主要的原因是得蜀可富国、广地、强兵、富民。虽然秦的治国方略与关东诸国有较大的差异,但奖励耕战,强兵,富民则是其坚定不移的政策。商鞅变法,奖励耕战,废井田,开阡陌封疆,平赋税等,都含有富民的因素。秦惠王接受司马错伐蜀的提议,实质上是秦国的富民政策的延伸。

　　利民与富民是紧相连的一个问题,《战国策》中最强调利民的是赵武灵王。赵武灵王在进行胡服骑射军事改革中,多次指出利民厚国的重要性,第一次扼要地对公子成说"夫制国有常,而利民为本";第二次又语重心长地对公子成说"夫服者,所以便用也;礼者,所以便事也。是以圣人观其乡而顺其宜,因其事而制礼,所以利其民而厚其国也"③。利民,即造福于人民,方便于人民。赵武灵王命军队采用胡人服饰,穿短装,束皮带,用带钩,穿皮靴,发展骑兵,训练骑射之术,虽然是军事制度改革,但在思考这个问题的时候,利民与否是他的基本考虑,胡服骑射在服装上便于穿戴行动,在军事上"近可以备上党之形,远可以报中山之怨"。所以,胡服骑射从衣着习惯与军事改革两个方面都立足于利于赵国民人。

　　富民与利民是积极主动进取的策略,安民则是不扰民,给人民创造一个稳定的生活和生产环境。苏秦把安民纳入他的合纵谋略体系,他在游说赵肃侯参加合纵时说:"为大王计,莫若安民无事,请无庸有为也。安民之本,在于择交,择交而得则民安,择交不得则民终身不得安。"④苏秦一生的主要活动是合纵,但在为赵肃侯谋划时仍要把择交与安民相联系,肯定安民是治国安邦的大计。

---

①② 《战国策·秦策一》。
③④ 《战国策·赵策二》。

在这种场合苏秦搬出安民之说作为重要论据,足见民本思想的举足轻重。

富民、利民、安民分别从不同的角度体现了《战国策》的民本思想,富民是从经济上解决人民的生活问题;利民是解决日常生活中的风俗习惯的问题,它能在心理方面给人民带来信赖感;安民是维持人民稳定的生活环境与生存条件,进而促进社会与国家政治的稳定。富民、利民、安民,则政权巩固,国力强盛。反之,则可能亡国灭社稷。

由于《战国策》主张以民为本,所以对于统治集团的荒淫无耻、毒辣残暴等耗民膏血、残民害民的行为予以不客气的揭露与鞭挞。因此,宋康王辱骂直谏重臣、剖劈驼背者脊梁、刀截淌河人小腿,楚怀王令劓魏美人之鼻等均在揭露鞭挞之列。在揭露鞭挞的同时,有作为的战国士人常常提醒最高集团的成员,贵富、粱肉、骄奢会把人引向死亡,酒色美味、高台陂池会导致亡国。魏公子牟将游于秦,应侯语重心长地告诫他:"夫贵不与富期,而富至;富不与粱肉期,而粱肉至;粱肉不与骄奢期,而骄奢至;骄奢不与死亡期,而死亡至。累世以前,坐此者多矣。"①《战国策》强调统治者自身的廉政,倒不是因为国君与权贵乐于艰苦与廉洁,而是因为亡国的利剑高悬,这把利剑的掌握者正是人民。统治集团为政不廉,会在经济上加重人民的负担,在政治上残暴人民,影响人民的正常生活与生产,把人民推到水深火热之中,最终导致人民无视国君,"苟无民,何以有君"!

贵士

《战国策》民本思想,还出现了由民本而"贵士"的新走向。对于各诸侯国最高统治集团来说,民的含义是广义的,包括除自身以

---

① 《战国策·赵策三》。

外所有的人。在所有的人之中，士人是最积极、最活跃的阶层，他们有知识，勇于进取开拓，奇谋异策层出不穷，成为社会注目的精英。这些深受民本思想影响的战国士人由于无视鬼神，立足现实，极尽主观努力，充分发挥个人才能，因而从民本而来的"贵士"又逐渐向人本延伸。《战国策·齐策四》的《齐宣王见颜斶》和《先生王斗造门而欲见齐宣王》把贵士之风表达得淋漓尽致。

齐边邑之人颜斶见齐宣王，齐宣王请颜斶前来拜见，颜斶相持不前而直呼"王前"，让齐宣王前来"趋士"，由此引发了王贵还是士贵的争论。齐宣王认为王贵，颜斶认为"士贵耳，王者不贵"。齐宣王左右的群臣认为"士之贱也"。为了说明士贵、王不贵，颜斶从以下几个方面进行了论辩：

第一，昔日秦攻齐，秦王下令，到柳下惠墓地五十步之内采樵的人处死不赦。同时又下令，取齐王首级者封为万户侯，赏金千镒。活着的齐王之头，价值竟然不如死士的一座坟。

第二，尧有九人辅佐，舜有七个挚友，禹有五个助理，汤有三个帮手，他们有人辅弼，不耻下问，才成就了千秋大业，成为世代称颂的英明君王，可见士之重要。

第三，老子说："虽贵，必以贱为本；虽高，必以下为基。"侯王自称孤家、寡人、不谷，就是以卑贱为本的体现。因为孤、寡原本是卑贱者的称谓，可现在成了侯王的自称，这正是士贵、王者不贵的根据！

颜斶的理论，步步进逼，驳得齐宣王及其臣下哑口无言，心悦诚服，最后不仅承认士贵于王，而且还表示要重用颜斶。

颜斶与齐宣王论士贵之后，王斗与齐宣王又就这个问题进行了讨论。王斗为了显示士人的傲骨，首先要求齐宣王"趋士"。齐宣王从颜斶之事认识到了士的尊贵与重要，即"趋而迎之于门"。即使如此，王斗仍毫不客气地指责齐宣王是爱声色犬马不爱士的乱国之君。他把齐宣王与齐桓公进行了比较,"先君好马,王亦好马。先君好狗,王亦好狗。先君好酒,王亦好酒。先君好色,王亦好色。先君好士,是王不好士"。由于齐宣王不好士,所以不能创造类似齐桓公那样的辉煌业绩。在王斗的奚落与诱导下齐宣王抛开亲近宠幸,选拔五位贤士出任要职,使"齐国大治"。

类似于颜斶见齐宣王、王斗见齐宣王的贵士轻君的事例还有淳于髡见齐宣王,魏牟见赵王,能意见齐宣王等。这些贵士的记载,有的见于《战国策》,有的见于《吕氏春秋》、《史记》。这表明战国时期贵士、重士蔚然成风。最高统治集团尊重、重用掌握文化知识和胸藏文韬武略的士人,是为了探索一条适应新时代的治国之路,近为富国强兵王天下服务,远为建立新统治体制做准备。那些活跃于政治舞台的士人,大部分都具有强烈的进取意识,能自觉自我设计,自我实现,努力奋斗。他们的行为和思想都体现了人本的倾向和强烈的主体意识。

张仪在《战国策·秦策一》的《张仪说秦王》中,提出"贵奋"这样一个命题。他认为,只要人民勇敢、不怕死,就可以一当十王天下。这种"贵奋"精神在士人身上体现为尽其忠心,尽其人事。商鞅、吴起、战国四君子、苏秦、张仪、淳于髡、公孙衍、范雎等人能够殚精竭虑,积极参与兼并和反兼并的斗争,均是以"贵奋"为精神支柱,不辞辛劳,不畏败北,甚至不择手段,他们在责任、使命和利益的驱动下,生命不息,奋争不止。

《战国策》的民本思想,是春秋战国时期民本思潮的奇葩。它的价值不仅体现于自身的独有特征,而且还在于它与士人实践活动的完美结合,以及由这种结合而产生的升腾。

首先,民本思想是战国游说之士设计韬略、构建智谋的基点之一。苏秦的择交安民、司马错论伐蜀的"务富其民"等都是民本思想在韬略智谋中的体现。

其次,由民本思想升华而出的"贵士"观念,促进了统治集团对人才的高度重视,从而引发了人才谋略的发达,为战国游说之士才华的充分发挥创造了难得的社会环境。更重要的是,贵士观念强化了战国士人的主体意识,推动着他们积极参与、认真探索,使他们的智慧水平不断提高,涌现出一批垂青于史册的优秀人才。

再次,《战国策》的民本思想不是西方的人本主义,但它毕竟看到了人的力量,否认鬼神的存在。这种情况使人们进一步认识到自身的价值,特别是人类智慧的力量。因此在民本思想基础之上升华而来的贵士观念,不仅带有明显的以人为中心、肯定个人价值的倾向,而且还突出了个人的社会价值,注重充分发挥个人的能力与主观能动性。《战国策》所凸现的极尽人事,崇韬略智谋,实质上都是对个人价值、个人才能的充分展示,也是对个人价值、个人才能的充分肯定。

《战国策》的民本思想和士人社会实践的完美结合,一方面推动着战国文化达到了前所未有的发展高度,另一方面民本思想又在实践中不断地充实,崭露出了人本思潮的新姿态。这种由民本升华而来的人本思潮是《战国策》民本思想的顶峰,也是战国百家争鸣、改革变法、合纵连横、兼并统一的思想基础之一。

5. 特色鲜明的人性论与道德论

战国时期特殊的历史环境与社会的特殊需要,积极参与,锐意进取,那些活跃在社会大舞台上的人物,表现出了不同的智慧才能与道德品质,反映着人本质属性的"人性"也得到了充分的展示。这种现实使思想们家不得不去探索人的本质属性,讨论道德品质的作用,以及它们的现实价值。《战国策》虽然没有像其他学派那样对人性和道德问题展开专门研究,但《战国策》中的历史人物根据自己的切身体验和认真观察,对人性和道德有着深刻且独到的认识,从而成为参与战国时期道德和人性的讨论流派之一。

承认贪婪的人性论

关于人性问题,孔子直接讲得很少,只是说了:"性相近,习相远也"①和"吾未见好德如好色者也"②这么两句话,没有对人性进行专门探索。孔子之后,其后学弟子世硕、宓子贱、漆雕开等人曾经对人性问题展开讨论。世硕认为人性的善恶取决于政治环境,"性可以为善,可以为不善,是故文武兴则民好善,幽厉兴则民好暴"③。宓子贱和漆雕开认为性善或性不善是天生固有的,"有性善,有性不善,是故以尧为君而有象,以瞽瞍为父而有舜,以纣为兄之子,且以为君,而有微子启、王子比干"④。孟子在构建其仁政王道学说的时候,意识到人性在其学说中的基石作用,他以人的自然情感"怵惕恻隐之心"、"良知"、"良能"为依据,系统地提出了性善论,认为每一个人都具有先天的善端,他说:"无恻隐之心,非人也;无羞恶之心,非人也;无辞让之心,非人也;无是非之心,非人也。恻隐之心,仁之端也;羞恶之心,义之端也;辞让之心,礼之端也;是非之心,智之端也。人之有是四端也,犹其有四体也。有是四端而自谓不能者,自贼者也;谓其君不能者,贼其君者也。凡有四端于我者,知皆扩而充之矣。若火之始然,泉之始达。苟能充之,足以保四海;苟不充之,不足以事父母。"⑤

荀子与孟子截然相反,以人的自然生理和自然心理为基点提出了性恶论。他认为:"饥而欲食,寒而欲煖,劳而欲息,好利而恶害。"⑥"目好色,耳好听,口好味,心好利,骨体肤理好愉佚,是皆生

---

① 《论语·阳货》。
② 《论语·子罕》。
③④ 《孟子·告子上》。
⑤ 《孟子·公孙丑上》。
⑥ 《荀子·荣辱》。

于人之情性者也。"①荀子进一步认为,对于这些自然生理和自然心理需求应该加以引导、约束,限制其恶性膨胀,"今人之性,生而有好利焉,顺是,故争夺生而辞让亡焉;生而有疾恶焉,顺是,故残贼生而忠信亡焉;生而有耳目之欲,有好声色焉,顺是,故淫乱生而礼义文理亡焉。然则从人之性,顺人之情,必出于争夺,合于犯分乱理而归于暴"②。荀子性恶论的最突出特色是"化性起伪",通过礼义限制、引导人的自然生理与自然心理,使性恶转化为性善,"人之性恶,其善者伪也"③。"可学而能、可事而成之在人者,谓之伪。"④"故圣人化性而起伪,伪起而生礼义,礼义生而制法度。"⑤

韩非子以人的私欲为基点,提出了以人性自利为核心的性恶论,他认为人们都是从自己所处环境、地位出发,希望能够谋取最大的利益,"舆人成舆,则欲人之富贵;匠人成棺,则欲人之夭死也。非舆人仁而匠人贼也,人不贵,则舆不售;人不死,则棺不卖。情非憎人也,利在人之死也"⑥。即使那些努力为他人做事情的人,最终还是为了自己获取更多的利益,例如:"夫卖庸而播耕者,主人费家而美食。调布而求易钱者,非爱庸客也,曰:如是,耕者且深,耨者熟耘也。庸客致力而疾耘耕者,尽功而正畦陌畦畤者,非爱主人也,曰:如是,羹且美,钱布且易云也。"⑦因此,人与人之间永远是一种利害关系,"且臣尽死力以与君市,君垂爵禄以与臣市"⑧。"人为婴儿也,父母养之简,子长而怨;子盛壮成人,其供养薄,父母怒而诮之。子,父至亲也,而或谯或怨者,皆挟相为而不周于为己也。"⑨"且父母之于子也,产男则相贺,产女则杀之。此俱出父母之怀衽,然男子受贺,女子杀之者,虑其后便,计之长利也。故父母

---

①②③④⑤ 《荀子·性恶》。
⑥ 《韩非子·备内》。
⑦⑨ 《韩非子·外储说左上》。
⑧ 《韩非子·经一》。

之于子也,犹用计算之心以相待也,而况无父子之泽乎!"①

《战国策》没有直接谈人性的善恶,而是立足于趋利避害,好利恶难,强调人性在财富方面的贪婪。

齐人谭拾子认为,人追求富贵,贪婪财富,远离贫穷是"理之固然"。谭拾子谓孟尝君曰:"事之必至者,死也;理之固然者,富贵则就之,贫贱则去之。此事之必至,理之固然者。"②人对财富的贪婪必然驱使着人们围绕着财富展开争夺、争斗。公元前270年,秦、赵战于阏与,赵胜,"天下之士,合从相聚于赵,而欲攻秦"③。秦相国应侯范雎认为:"秦于天下之士非有怨也,相聚而攻秦者,以己欲富贵耳。"④他们就像一群随时准备争夺骨头的狗,"卧者卧,起者起,行者行,止者止,毋相与斗者;投之一骨,轻起相牙者,何则?有争意也。"⑤

战国著名人物的发展经历强化了《战国策》对人性贪婪与财富特殊价值的认识。苏秦,这个洛阳乘轩里的平民,初次出山到秦国游说:"说秦王书十上而说不行。黑貂之裘弊,黄金百斤尽,资用乏绝,去秦而归。羸縢履蹻,负书担橐,形容枯槁,面目犁黑,状有归色。归至家,妻不下纴,嫂不为炊,父母不与言。"⑥游说失败带来的贫穷、尴尬使苏秦痛苦万分,迫使苏秦头悬梁,锥刺股,发愤练就短长纵横之术。经过数年不懈努力,苏秦受到燕、赵、齐、韩、魏等国君的敬重,担负起了合纵抗秦的重任。苏秦南下游说楚王,路过洛阳时出尽了风头,深切地体会到了财富的特殊价值。苏秦的"父母闻之,清宫除道,张乐设饮,郊迎三十里。妻侧目而视,倾耳而听;嫂蛇行匍伏,四拜自跪而谢。苏秦曰:'嫂,何前倨而后卑

---

① 《韩非子·六反》。
② 《战国策·齐策四》。
③④⑤ 《战国策·秦策三》。
⑥ 《战国策·秦策一》。

也?'嫂曰:'以季子之位尊而多金。'"①苏秦感慨地说:"贫穷则父母不子,富贵则亲戚畏惧。人生世上,势位富贵,盖可忽乎哉!"②魏人江乙与苏秦有相同的感慨:"以财交者,财尽而交绝;以色交者,华落而爱渝。"③

战国时期,农民处于社会的底层,劳作艰辛,收获微薄,他们"解冻而耕,暴背而耨,无积粟之实"④,奋力耕作最多也只能够获取"十倍"之利;商贾虽然"无把铫推耨之势,而有积粟之实"⑤,经营赢利比较高的珠玉,最多能够攫取"百倍"之利;从事政治投机,"立国家之主"则有可能赢得"无数"之利。由于"贵"是"富"的捷径,对财富的贪婪必然延伸为对职官权力的追逐。濮阳商人吕不韦不仅贪婪,而且还精于计算,善于投机取巧,当他发现从赵国送秦质子异人归还秦国,然后有可能立异人为秦王这个巨大的商机之后,就义无反顾地走上了政治投机这条路,他说:"今力田疾作,不得煖衣余食;今建国立君,泽可以遗世。愿往事之。"⑥在吕不韦的策划斡旋下,异人最终被立为秦庄襄王,自己也因此而成为秦的相国,封为文信侯,食蓝田十二县。

基于对人性贪婪的深刻认识,所以许许多多的政治、军事、外交活动都充分利用了人性的贪婪,以土地、城邑、金、钟鼎彝器等贿赂收买成为战国各种活动中的常用手段。例如:张仪为了破坏楚、齐的邦交关系,许诺"请使秦王献商於之地,方六百里"⑦。当楚怀王发觉受骗上当之后,一怒之下要兴兵伐秦。陈轸认为,事已至

---

①② 《战国策·秦策一》。
③ 《战国策·楚策一》。
④⑤ 《战国策·秦策四》。
⑥ 《战国策·秦策五》。
⑦ 《战国策·秦策二》。

此，伐秦不如联秦伐齐，建议楚怀王"赂之一名都，与之伐齐"①。秦国为了拉拢西戎之国的义渠君，"因以文绣千匹，好女百人，遗义渠君"②。赵国夺取东周之祭地，东周君非常不安，为仕于东周的郑朝以三十金贿赂赵国太卜，借赵君患病之际赵国"太卜谴之曰：'周之祭地为祟。'赵乃还之。"③

　　人性，就是人的本质属性，是人所独有的性质和特点。人的生理结构，以及生理结构生存与运行所产生的直接需求属于人的自然属性。人的自然属性是人类存在的生理基础，它主要表现为食欲、性欲、自我保存等。人之所以为人，人之所以区别于其他动物，不仅因为人类特殊的生理结构，更重要的是人类具有独特的社会属性。这也就是说，人性是自然属性、社会属性的综合，社会属性是人的本质属性。劳动创造了人，形成了人类的特殊生理结构，同时也决定了满足人类自然属性需求的方式已经不再是简单地从自然界攫取现成的物品，而只能是生活资料的生产与消费，人类也因此而有了社会属性。人类自然属性即食欲、性欲、自我保护等的满足方式需要通过生产、交换、消费等具有明确的社会属性的方式来实现。生活资料生产与消费的发展，不断地刺激着人类物资欲望的膨胀和精神文化需求的增长，同时也改变着人类的自然属性。《战国策》的人性贪婪说，一方面肯定了自然属性是人性贪婪的生理基础，另一方面认为人类自然属性的满足必须通过社会的方式，承认人性的贪婪。因此，《战国策》的人性贪婪说不仅承认人的自然属性，而且还彰显了人的社会属性。

　　尽管《战国策》没有断然对人性做出"善"或"恶"判定，但人性的贪婪决然不会属于性善论，倒是与荀子、韩非子的性恶论比较接

---

①② 《战国策·秦策二》。
③ 《战国策·东周策》。

近。毋庸置疑,性善是人类的期望与追求,遗憾的是在历史上,在现实社会中,人性恶的体现随处可见,层出不穷。这不仅是因为在文明诞生以来一直存在着产生恶的社会条件,而且还因为在财富方面贪婪有着人类无法摆脱的生理基础与社会条件。这也就是说,人在财富方面的贪婪有其存在的必然性,这种必然性决定了贪婪在人类历史发展过程中的特殊的价值。恩格斯说:"最卑下的利益——无耻的贪欲、狂暴的享受、卑劣的名利欲、对公共财产的自私自利的掠夺——揭开了新的、文明的阶级社会;最卑鄙的手段——偷盗、强制、欺诈、背信——毁坏了古老的没有阶级的氏族社会,把它引向崩溃。"①"鄙俗的贪欲是文明时代从它存在的第一日起直至今日的起推动作用的灵魂;财富,财富,第三还是财富,——不是社会的财富,而是这个微不足道的单个的个人的财富,这就是文明时代唯一的、具有决定意义的目的。"②

作用领域有限的道德论

与人性论密切相关的是伦理道德问题。儒家以性善论为基础,认为道德重于一切,可以取代政治、经济、军事、艺术等规则,通过道德教化提升人们的道德水平,是解决所有社会问题和政治问题的关键。孔子在道德与政治之间筑建起了一座直通的桥梁,把"君君、臣臣、父父、子子"③同列,明确提出"为政以德"④,极力推崇以德治国,认为治理国家"德"、"礼"比"政"、"刑"更有效、更重要。孔子说:"道之以政,齐之以刑,民免而无耻。道之以德,齐之以礼,有耻且格。"⑤孟子把人性、道德直接与政治接轨,"以不忍人

---

① 《马克思恩格斯选集》第4卷,人民出版社1995年版,第97页。
② 《马克思恩格斯选集》第4卷,人民出版社1995年版,第177页。
③ 《论语·颜渊》。
④⑤ 《论语·为政》。

之心,行不忍人之政,治天下可运之掌上"①。"行仁政而王,莫之能御也。"②

荀子以"化性起伪"为起点,演绎出礼义治国,他认为"隆礼贵义者其国治,简礼贱义者其国乱"③。"礼义者,治之始也。"④"国无礼则不正。"⑤荀子的礼义是伦理道德与规章制度的杂糅,其运作机制介于道德与法律之间,弱化了伦理道德在国家政治中的作用。

韩非子立足于性恶论,推演出严刑峻法,以法治民,把"法"、"术"、"势"作为最主要的政治规则,伦理道德基本上退出了韩非子的政治视野。

《战国策》不认同儒家的道德至上论,把伦理道德拉回到了行为规范这个有限的领域。虽然韩非子断定"上古竞于道德,中世逐于智谋,当今争于气力"⑥,但道德作为人们共同生活的行为准则和规范,在战国时期依然发挥着自己的社会功能,儒家所倡导的"孝"、"信"、"廉"备受人们的推崇,《战国策》也记载了几位道德楷模:

曾参和孝己,是孝的楷模。

曾参,即曾子,名参,字子舆,春秋鲁人孔子的著名弟子,以孝顺闻名。在日常生活中,他侍奉父母,"义不离亲一夕宿于外"⑦。陆贾的《新语·慎微》记载:"曾子孝于父母,昏定晨省,调寒温,适轻重,勉之于糜粥之间,行之于衽席之上,而德美重于后世。"曾参

---

① ② 《孟子·公孙丑上》。
③ 《荀子·议兵》。
④ 《荀子·王制》。
⑤ 《荀子·王霸》。
⑥ 《韩非子·五蠹》。
⑦ 《战国策·燕策一》。

主张"不改父之臣与父之政"①;"慎终,追远,民德归厚矣"②;"父母生之,子弗敢杀;父母置之,子弗敢废;父母全之,子弗敢阙。故舟而不游,道而不径,能全支体,以守宗庙;可谓孝矣。"③由于曾参孝其亲,所以"天下愿以为子"④。把他视为孝顺的楷模。

孝己,传说为殷高宗之子,"孝己事亲,一夜而五起,视衣厚薄枕之高卑也"⑤。由于"孝己爱其亲,天下皆欲以为子"⑥。孝己虽然时代久远,没有曾参的名气大,但仍然受到战国人的敬重。

伯夷、鲍焦和史鰌,是清廉刚正,坚守节操的楷模。

伯夷,殷商时期孤竹国的国君之子,拒绝继承君位;周武王伐纣,扣马谏阻;周武王灭商,耻于食周粟,饿死于首阳山。《战国策·燕策一》说:"廉如伯夷,不取素飡,汙武王之义而不臣焉,辞孤竹之君,饿而死于首阳之山。"《史记·伯夷列传》感叹曰:"可谓善人者非邪?积仁絜行如此而饿死。"

鲍焦,春秋隐士,传说鲍焦"饰行非世,廉洁而守,荷担采樵,拾橡充食,故无子胤,不臣天子,不友诸侯。子贡遇之,谓之曰:'吾闻非其政者不履其地,汙其君者不受其利。今子履其地,食其利,其可乎?'鲍焦曰:'吾闻廉士重进而轻退,贤人易愧而轻死。'遂抱木立枯焉。"⑦鲁仲连充分肯定了鲍焦的节操:"世以鲍焦无从容而死者,皆非也。今众人不知,则为一身。"⑧

史鰌,春秋卫国人,《艺文类聚·谏》引《逸礼》曰:"卫史鰌病

---

① 《论语·子张》。
② 《论语·学而》。
③ 《吕氏春秋·孝行览》。
④ 《战国策·秦策五》。
⑤ 《尸子·卷下》。
⑥ 《战国策·秦策一》。
⑦ 《史记·鲁仲连邹阳列传·正义》引《韩诗外传》。
⑧ 《战国策·赵策三》。

且死,谓其子曰:我死,治丧于北堂,吾生不能进蘧伯玉而退弥子瑕,是不能正君也,生不能正君者,死不当成礼,死而置尸于北堂,于我足矣,灵公往吊,问其故,其子以父言闻于灵公,公失容曰:吾失矣,立召蘧伯玉而贵之,召弥子瑕而退之,徙丧於堂,成礼而后去。"《战国策》说:"廉如鲍焦、史鰌。"①把史鰌与鲍焦同列。

尾生,是坚守信用的楷模。

《庄子·盗跖》记载:"尾生与女子期于梁下,女子不来,水至不去,抱梁柱而死。"战国时人们特别看重尾生的"信"。《战国策·燕策一》说:"信如尾生,期而不来,抱梁柱而死。"

孝、廉、信作为个人道德无疑是一种可贵的美德,燕易王、燕昭王、陈轸、鲁仲连等人也都对它们给予了充分的肯定,但是苏秦、苏代却认为,它们仅仅属于个人道德,调节的范围仅限于日常生活中的行为,属于"自覆之术,非进取之道也"②。或谓"仁义者,自完之道也,非进取之术也"③。苏秦、苏代认定,如果将这种"自覆之术"作为行为规则扩展到以合纵连横为主要形式的政治、军事、外交斗争中去,不仅于事无补,反而会成为开拓进取的羁绊。苏秦说:"且夫孝如曾参,义不离亲一夕宿于外,足下安得使之之齐?廉如伯夷,不取素飡,汙武王之义而不臣焉,辞孤竹之君,饿而死于首阳之山。廉如此者,何肯步行数千里,而事弱燕之危主乎?信如尾生,期而不来,抱梁柱而死。信至如此,何肯杨燕、秦之威于齐而取大功乎哉?"④苏代也说:"孝如曾参、孝己,则不过养其亲其。信如尾生高,则不过不欺人耳。廉如鲍焦、史鰌,则不过不窃人之财耳。今臣为进取者也。臣以为廉不与身俱达,义不与生俱立。"⑤"以自忧为足,则秦不出殽塞,齐不出营丘,楚不出疏章。三王代位,五伯改政,皆以不自忧故也。若自忧而足,则亦之周负笼耳,何为烦大

---

①②③④⑤ 《战国策·燕策一》。

王之廷耶？昔者楚取章武，诸侯北面而朝。秦取西山，诸侯西面而朝。曩者使燕毋去周室之上，则诸侯不为别马而朝矣。"①在苏秦、苏代的心目中，孝、廉、信只能应用于独善其身，提升自身道德修养，而不能够跨越日常生活行为规范这个有限的领域，当其跨越了这个领域，上升为政治、军事、外交活动规则的时候，它们将会成为巨大的障碍，不仅不会有扬燕国之威的功绩，而且那些古代的圣王也不可能取得辉煌的历史功勋。或许也正是在这种道德观念的支配下，《战国策》记载的那些活跃于战国舞台的那些重要人物，在他们的政治、军事、外交活动中存在着许多卑鄙、龌龊的道德污点。

同时，那些活跃于历史舞台上的人物，也希望国君在人才使用方面只用其长，不计其短，重视才干，忽略道德。为了挫败楚、齐、燕、代四国联合攻秦，秦王政封魏国人姚贾万户，赐为上卿，率车百辆、金千金，头戴秦王政赏赐的帽子，腰佩秦王政赏赐的佩剑，出使四国，以绝其伐秦之谋。此时，身在秦国的韩非子提出了异议，他认为姚贾出身低贱，曾经当过大盗，不能委以重任，韩非子说："且梁监门子，尝盗于梁，臣于赵而逐。取世监门子，梁之大盗，赵之逐臣，与同知社稷之计，非所以厉群臣也。"②针对韩非子的攻击，姚贾提出了相反的看法，他认为历史上著名的太公望、管仲、百里奚、中山盗等都不是没有缺陷的完人，但他们在英明君主重用之下，都建立了大功大业，"太公望，齐之逐夫，朝歌之废屠，子良之逐臣，棘津之雠不庸，文王用之而王。管仲，其鄙人之贾人也，南阳之弊幽，鲁之免囚，桓公用之而伯。百里奚，虞之乞人，传卖以五羊之皮，穆公相之而朝西戎。文公用中山盗，而胜于城濮。此四士者，皆有垢

---

① 《战国策·燕策一》。
② 《战国策·秦策五》。

丑,大肆诽天下,明主用之,知其可与立功"①。所以,"故明主不取其汙,不听其非,察其为己用。故可以存社稷者,虽有外诽者不听;虽有高世之名,无咫尺之功者不赏"②。姚贾追求功利而忽略道德显然是不正确的,但反对以德代才也不是没有可取之处。

  道德是人们共同生活的行为准则和规范,它的适应范畴是社会生活,它的手段是社会舆论和说服教育,其运行机制是有弹性的自律,它的主要功能是规范人们的日常生活行为,强化其功能的途径是不断提高人们的道德修养水准。由于政治、军事、外交等活动的主体都是具有一定道德修养的人,他们的道德水准与特色必然影响到他们的政治、军事、外交活动,但是道德绝不可能取代政治、军事、外交自身的活动规则。如果把道德的功能无限扩大,甚至用道德替代政治、军事、外交活动规则,不仅无法实现对政治、军事、外交等活动的主动驾驭,而且很有可能致使政治、军事、外交斗争失败。另一方面,用道德替代政治、军事、外交活动规则,使道德承受了过多的、自己根本不能胜任的责任,就会使高洁神圣的道德变得苍白无力,甚至不得不沦落为政治、军事、外交活动的奴婢。《战国策》把伦理道德拉回了它本该发挥作用的日常生活的行为领域。这种看法虽然疏忽了道德对政治、军事、外交等活动主体的影响,但却否定了道德万能论。

6."义士"、"节侠士"与侠义精神

  萌芽于原始社会末期、文明社会早期,酝酿于春秋时期的侠义精神,在战国时期得到了长足的发展。《韩非子·五蠹》把战国侠士与儒士并论,说:"儒以文乱法,侠以武犯禁,而人主兼礼之,此所以乱也。"司马迁在《史记》中专设《游侠列传》和《刺客列传》,把侠

---

①② 《战国策·秦策五》。

士作为一个社会群体,比较系统地阐述了侠义精神。班固沿袭《史记》体例,仍设《游侠列传》,对侠义精神提出了自己的看法。《战国策》把战国侠士称为"节侠士",以浓重的笔墨记载了众多的侠义之士。《战国策》所蕴含的侠义精神不仅以鲜明的形式集中体现在侠义之士身上,而且还以沛然不可抗拒之势扩散到社会的各个阶层。

充分展现侠义精神的"义士"和"节侠士"

游侠、侠士,在《战国策》中称"义士"或"节侠士"。

侠,本义是以强力为形式、以信用为准绳的行为,强调的是行为特征。《说文解字》解释说:"侠,俜也。从人夹声。"段玉裁注曰:"荀悦曰:立气齐作威福,结私交以立彊于世者,谓之游侠。如淳曰:相与信为任,同是非曰侠。所谓权行州里,力折公侯者也。或曰任气力也。"关于"甹"字,段玉裁注曰:"丂部曰:甹,侠也。三辅谓轻财者俜,然则俜、甹音义皆同。"

义,本义是仪仗、威仪,延伸为正义、合乎时宜的道德、行为、道理,突出的是道德追求和行为准则。《说文解字》解释说:"义,己之威仪也。从我从羊。"段玉裁注曰:"古者威仪字作义。今仁义字用之。""义者,我也,谓仁必及人,义必由中断制也。从羊者,与善美同意。"南宋洪迈的《容斋随笔》解释说:"人物以义为名,其别最多。仗正道曰义,义师,义战是也。"

节,本义是竹节,因竹节坚硬而又延伸出气节、节操、操守等含义。《说文解字》解释说:"竹约也。"《左传》成公十五年解释节的延伸含义说:"圣达节,次守节,下失节。"

侠、义联用,是指以正义为准则的行为,其行为特征是强力与信用,其信念特征是高尚的道德追求和坚持正义的行为原则。《战国策》的"节侠士"凸显了侠士的气节、风骨与品质,与"侠义之士"异曲同工。《战国策》记载的重要"节侠士"有豫让、缩高、唐且、聂政、荆轲等。

《战国策·赵策一·晋毕阳之孙豫让》记载了豫让刺杀赵襄子之事：

豫让，晋毕阳之孙，早期曾投奔晋国的范氏、中行氏，但因相处不投机而又投奔知伯，受到知伯的宠爱赏识。三家分晋，知氏失败，知伯被杀。赵襄子与知伯的仇恨最深，把知伯的颅骨制作成饮器。豫让遁逃于山中，发誓说："嗟乎！士为知己者死，女为悦己者容。吾其报知氏之雠矣。"乃变名易姓，装扮为刑徒，入宫涂厕，寻机刺杀赵襄子，被赵襄子发现。赵襄子念其为"义士"，当即释放豫让。被释放了的豫让又以漆涂身，假扮为身上长满毒疮之人，剃掉胡须眉毛，自刑改变容貌，吞炭为哑，改变声音，寻机再次刺杀赵襄子。赵襄子出行，豫让提前隐藏在必经之路的桥旁，准备再次刺杀赵襄子。不巧的是行至桥前，赵襄子的马突然受惊，赵襄子预感到一定又是豫让行刺。抓住豫让后赵襄子质问豫让："子不尝事范、中行氏乎？知伯灭范、中行氏，而子不为报雠，反委质事知伯。知伯已死，子独何为报雠之深也？"豫让回答说："臣事范、中行氏，范、中行氏以众人遇臣，臣故众人报之；知伯以国士遇臣，臣故国士报之。"赵襄子认为，上一次释放了豫让，已经成全了他的名声，这一次就不能够再原谅啦。但是豫让却提出了出乎人们意料的要求，他说："臣闻明主不掩人之义，忠臣不爱死以成名。君前已宽舍臣，天下莫不称君之贤。今日之事，臣故伏诛，然愿请君之衣而击之，虽死不恨。非所望也，敢布腹心。"赵襄子很欣赏豫让的这种义气的做法，脱下自己的衣服，"使使者持衣与豫让。豫让拔剑三跃，呼天击之曰：'而可以报知伯矣。'遂伏剑而死"。豫让之事凸显了"士为知己者死，女为悦己者容"，不怕牺牲，不屈不挠，执著追求的精神。

《战国策·魏策四·魏攻管而不下》记载了缩高恪守"人臣之

义"之事:

魏国攻伐秦占领的韩邑管而不克,魏国得知守城的秦国将领是附属之国安陵缩高的儿子。于是,信陵君无忌派遣使者命令安陵君,赐缩高五大夫爵位,命其担任持节尉之职,由他去说服其儿子向魏国投降。安陵君以"安陵,小国也,不能必使其民"为借口,请使者直接与缩高交涉。缩高首先感谢信陵君无忌的信任,但坚持认为,"夫以父攻子守,人大笑也。是臣而下,是倍主也。父教子倍,亦非君之所喜也。敢再拜辞"。使者将交涉结果报告信陵君无忌,信陵君无忌大怒,又派遣权高位重的使者威胁安陵君说:"安陵之地,亦犹魏也。今吾攻管而不下,则秦兵及我,社稷必危矣。愿君之生束缩高而致之。若弗致也,无忌将发十万之师,以造安陵之城。"安陵君认为这样做属于"子弑父,臣弑君",所以"虽死终不敢行"。缩高听说之后,一方面担心会给安陵带来兵燹之祸,另一方面也为了保全自己的"人臣之义","乃之使者之舍,刎颈而死"。缩高之事突出了不畏强权,正义凛然,恪守"人臣之义",国家利益重于生命的精神。

《战国策·魏策四·秦王使人谓安陵君》记载了唐且怒斥秦王政之事:

秦王政派使者到小国安陵,要求以五百里之地交换安陵之地,由于安陵是魏国的附属国,安陵君以受地于先王,"愿终守之,弗敢易"为理由,婉言谢绝了秦王政的要求。为了避免灭顶之灾,消除秦王政的疑惑,安陵君派遣唐且出使秦国交涉。由于唐且坚持原则,寸土不让,激怒了秦王政,秦王政以"天子之怒,伏尸百万,流血千里"相威胁。唐且针锋相对,盛言布衣之怒。秦王政认为,"布衣之怒,亦免冠徒跣,以头抢地尔。"唐且回答说:"此庸夫之怒也,非士之怒也。夫专诸之刺王僚也,彗星袭月;聂政之刺韩傀也,白虹贯日;要离之刺庆忌也,仓鹰击于殿上。此三子者,皆布衣之士也,怀怒未发,休祲降于天,与臣而将四矣。若士必怒,伏尸二人,流血五步,天下缟素,今日是也。"讲完此话,唐且"挺剑而起",准备拼命。唐且所言的布衣之怒,高度张扬了不畏权贵、不怕武力威胁、为了国家利益敢于拼命、不惜献身的精神。

《战国策·韩策二·韩傀相韩》等记载了聂政刺韩傀之事:

轵城人聂政是著名的勇士,为避仇杀隐居在齐国的屠户之中。韩国严遂为杀仇敌韩傀寻找到聂政,结为知己,但聂政也向严遂讲了自己的苦衷:"臣所以降志辱身,居市井者,徒幸而养老母。老母在,政身未敢以许人也。"后来,聂政母亲去世,在处理好丧事,服丧期满之后,聂政决心履行诺言,为严遂报仇,他说:"嗟乎!政乃市井之人,鼓刀以屠,而严仲子乃诸侯之卿相也,不远千里,枉车骑而交臣,臣之所以待之至浅鲜矣,未有大功可以称者,而严仲子举百金为亲寿,我虽不受,然是深知政也。夫贤者以感忿睚眦之意,而亲信穷僻之人,而政独安可嘿然而止乎?且前日要政,政徒以老母。老母今以天年终,政将为知己者用。"经过精心准备,聂政决定在东孟之会上单身刺韩傀。东孟之会"韩王及相皆在焉,持兵戟而卫者甚众。聂政直入,上阶刺韩傀。韩傀走而抱哀侯,聂政刺之,兼中哀侯,左右大乱。聂政大呼,所杀者数十人。因自皮面抉眼,自屠出肠,遂以死。韩取聂政尸于市,县购之千金。久之莫知谁子。"为了不留下线索连累他人,聂政自己用刀刺脸毁容,挖眼剖腹,肠流满地而死。聂政的姐姐聂荣认为弟弟浩气雄壮,超过了勇士孟贲、夏育和成荆,理应扬名后世,乃抱其遗体哭着说出了聂政的名字,然后自刎于聂政的身旁。聂政刺韩傀表现出了一诺千金、敢做敢当、仗义行侠的精神。

《战国策·燕策三·燕太子丹质于秦亡归》记载了脍炙人口、传诵千古的荆轲刺秦王:

在秦国为人质的燕太子丹从秦国逃回燕国,看到秦兵临易水,灭六国的大势已经无法抗拒,为燕国的命运忧心忡忡,苦心谋求避免亡国的良策。太傅鞠武推荐"燕有田光先生者,其智深,其勇沉,可与之谋也"。田光此时已经年老体衰,"不敢以乏国事也"。他举荐荆轲来担当抗秦重任。田光拖着年老虚弱的身子去拜见荆轲,谈了事情的原委,荆轲欣然应允曰:"谨奉教。"田光说:"光闻长者之行,不使人疑之,今太子约光曰:'所言者,国之大事也,愿先生勿泄也。'是太子疑光也。夫为行使人疑之,非节侠士也。"然后,"遂自刭而死"。田光之死,不仅是为了激励荆轲,同时也是为了表明自己是一个言必信的"节侠士"。

田光死后,荆轲立即去拜见太子丹,太子丹向荆轲谈了自己的计划,"丹之私计,愚以为诚得天下之勇士,使于秦,窥以重利,秦王贪其贽,必得所愿矣。诚得劫秦王,使悉反诸侯之侵地,若曹沫之与齐桓公,则大善矣;则不可,因而刺杀之。彼大将擅兵于外,而内有大乱,则君臣相疑。以其间诸侯,诸侯得合从,其偿破秦必矣。此丹之上愿,而不知所以委命,唯荆卿留意焉。"荆轲认真思考后认为个人能力有限,难以胜任,他说:"此国之大事,臣驽下,恐不足任使。"在太子丹的极力坚持下,荆轲"然后许诺。于是尊荆轲为上卿,舍上舍,太子日日造问,供太牢异物,间进车骑美女,恣荆轲所欲,以顺适其意"。

为了能够顺利得到秦王政的接见,实施刺杀计划,荆轲要求以叛逃的秦将军樊於期的头颅与燕督亢地区的地图作为献给秦王政的觐见礼。督亢地图没有问题,可秦将军樊於期的头颅却有困难,太子丹认为,"樊将军以穷困来归丹,丹不忍以己之私,而伤长者之意,愿足下更虑之"。荆轲知太子丹不忍心,乃私下和樊於期谈了他的计划,"樊於期偏袒扼腕而进曰:'此臣日夜切齿拊心也,乃今得闻教。'遂自刎"。太子丹在万般无奈的情况下"乃遂收盛樊於期之首,函封之"。随后,荆轲与他的副手燕国勇士秦武阳"提一匕首入不测之强秦"。

太子丹及其宾客皆身着白衣白冠送荆轲之至易水之上,举行完祭祀仪式之后,"高渐离击筑,荆轲和而歌,为变徵之声,士皆垂泪涕泣。又前而为歌曰:'风萧萧兮易水寒,壮士一去兮不复还!'复为忼慨羽声,士皆瞋目,发尽上指冠。于是荆轲遂就车而去,终已不顾"。

到秦国后,秦王政决定召见荆轲,秦王政"乃朝服,设九宾,见燕使者咸阳宫。荆轲奉樊於期头函,而秦武阳奉地图匣,以次进至陛下。秦武阳色变振恐,群臣怪之,荆轲顾笑武阳,前为谢曰:'北蛮夷之鄙人,未尝见天子,故振慑,愿大王少假借之,使毕使于前。'秦王谓轲曰:'起,取武阳所持图。'轲既取图奉之,发图,图穷而匕首见。因左手拔秦王之袖,而右手持匕首揕抗之。未至身,秦王惊,自引而起,绝袖。拔剑,剑长,掺其室。时怨急,剑坚,故不可立拔。荆轲逐秦王,秦王还柱而走。群臣惊愕,卒起不意,尽失其度。而秦法,群臣侍殿上者,不得持尺兵。诸郎中执兵,皆陈殿下,非有诏不得上。方急时,不及召下兵,以故荆轲逐秦王,而卒惶急无以击轲,而乃以手共搏之。是时侍医夏无且,以其所奉药囊提轲。秦王之方还柱走,卒惶急不知所为,左右乃曰:'王负剑!王负剑!'遂拔以击荆轲,断其左股。荆轲废,乃引其匕首提秦王,不中,中柱。秦王复击轲,被八创。轲自知事不就,倚柱而笑,箕踞以骂曰:'事所以不成者,乃欲以生劫之,必得约契以报太子也。'左右既前斩荆轲"。

荆轲刺秦王政,展现的是一个英雄群体。为了实现刺杀计划,田光、樊於期、荆轲等人献出了生命,后期又有荆轲的门客高渐离借击筑为名,以乐器击秦王政不中而身亡。荆轲刺杀秦王政失败了,燕国也没有因此而延缓灭亡,但荆轲的舍生取义精神,撼人肝心;易水河上的生死离别,慷慨悲愤,感人肺腑。

《战国策》所记载的"义士"、"节侠士"除了豫让、缩高、唐且、聂政、荆轲之外,还有春秋吴国的专诸、要离,战国时期聂政的姐姐聂荣,参与荆轲刺秦王政的田光、樊於期、秦武阳等。这些"义士"、"节侠士"的壮举可敬可佩,但更重要的是他们身上所体现出来的侠义精神,这种精神不仅成就了他们的侠义之举,而且锻铸出了战国的侠义精神。

侠义精神的扩展

战国的侠义精神是时代精神大河中的一股激流,它荡起了层层涟漪。豫让刺赵襄子,"死之日,赵国之士闻之,皆为涕泣"①。缩高之死,信陵君无忌"素服缟素辟舍,使使者谢安陵君曰:'无忌,小人也,困于思虑,失言于君,敢再拜释罪'"②。唐且的无畏精神,使秦王政大为震动,长跪而谢之说:"先生坐,何至于此,寡人谕矣。夫韩、魏灭亡,而安陵以五十里之地存者,徒以有先生也。"③聂政刺韩傀,聂荣以死相随,"晋、楚、齐、卫闻之曰:'非独政之能,乃其姊者,以列女也。'聂政之所以名施于后世者,其姊不避菹醢之诛,以扬其名也。"④这些"义士"、"节侠士"侠义精神的反响,不是一时的激动,而是侠义精神的强烈震撼与迅猛扩展。

齐人鲁仲连,没有拼命、行刺的壮举,可他身上的侠义精神却异常高亢。他身居被秦军围困的赵国都成邯郸,面对强大的秦国,他公开怒斥秦国暴政,誓不为秦之民,他说:"彼秦者,弃礼义而上首功之国也。权使其士,虏使其民。彼则肆然而为帝,过而遂正于天下,则连有赴东海而死矣。吾不忍为之民也!"⑤并以此说服魏将军辛垣衍,协助平原君解邯郸之围。邯郸之围释解之后,"平原

---

① 《战国策·赵策一》。
②③ 《战国策·魏策四》。
④ 《战国策·韩策二》。
⑤ 《战国策·赵策三》。

君欲封鲁仲连。鲁仲连辞让者三,终不肯受。平原君乃置酒,酒酣,起前以千金为鲁连寿。鲁连笑曰:'所贵于天下之士者,为人排患、释难、解纷乱而无所取也。即有所取者,是商贾之人也,仲连不忍为也。'遂辞平原君而去,终身不复见"①。鲁仲连没有去拼命,可他高风亮节、坚持正义、不顾安危、不取酬劳的做法,堪称侠义精神的另一种体现。李白盛赞鲁仲连:"齐有倜傥生,鲁连特高妙。明月出海底,一朝开光曜。却秦振英声,后世仰末照。意轻千金赠,顾向平原笑。吾亦澹荡人,拂衣可同调。"②

齐国的孟尝君田文,以侠义之心对待他的食客,"食客数千人,无贵贱一与文等"③。贫乏不能自存的冯谖寄食孟尝君的门下,因其无"能"、无"好"而只能委屈地接受"食以草具"④的待遇。成为孟尝君门客之后,冯谖不仅要求"食鱼"、"乘其车",而且还要求供养其老母。孟尝君身边的人认为冯谖"贪而不知足",都非常厌恶他,但孟尝君还是以宽厚的态度满足了他的要求,冯谖则精心策划,为孟尝君营造了薛、梁、齐"三窟"。《战国策·齐策四·齐人有冯谖者》赞叹道:"孟尝君为相数十年,无纤介之祸者,冯谖之计也。"孟尝君与冯谖是权贵与门客的关系,他们彼此以宽厚、诚恳、信义相待,冯谖虽然没有像其他"义士"、"节侠士"那样或挥刀拼命,或言辞怒斥,但蕴含在他身上侠义精神却毫不逊色。

魏国信陵君无忌,"为人仁而下士,士无贤不肖皆谦而礼交之,不敢以其富贵骄士。士以此方数千里争往归之,致食客三千人"⑤。公元前260年秦、赵长平之战后,秦军乘胜包围赵都邯郸,

---

① 《战国策·赵策三》。
② 《李白集校注》,上海古籍出版社1980年版,第12页。
③ 《史记·孟尝君列传》。
④ 《战国策·齐策四》。
⑤ 《史记·魏公子列传》。

力图一举灭赵,赵国危在旦夕。魏王派遣晋鄙率十万军救赵,因畏惧秦军而滞留于河南汤阴不前。平原君赵胜接连派遣使者恳求信陵君无忌"以公子之高义,为能急人之困"①。信陵君无忌采纳隐士侯嬴的建议,窃符救赵。首先请如姬从魏安釐王处盗出兵符,然后信陵君无忌来到汤阴晋鄙军中,"朱亥袖四十斤铁椎,椎杀晋鄙,公子遂将晋鄙军"②。选八万精兵击秦军救赵,适逢楚国援军赶来,在内外夹击之下,秦军大败。在策划窃符救赵时为了坚定信陵君无忌杀晋鄙、夺军权的决心,隐士侯嬴曾许诺:"臣宜从,老不能。请数公子行日,以至晋鄙军之日,北乡自刭,以送公子。"③当信陵君无忌至晋鄙军之日,"侯生果北乡自刭"④。信陵君窃符救赵,"急人之困"的"高义",隐士侯嬴的言必信、行必果、顾大局、讲信用,无不是侠义之气的体现。唐且评价此事说:"今君杀晋鄙,救邯郸,破秦人,存赵国,此大德也。"⑤

鲁仲连、冯谖、信陵君无忌、隐士侯嬴等人,没有豫让、缩高、聂政、荆轲那样直面拼命和牺牲的壮举,可他们身上的侠义精神更深沉、更有力,更能够说明侠义精神已经成为战国时期的具有普遍意义的大众心态。

侠义精神的凝练与流变

《战国策》对侠义精神有翔实而丰富的记载,也不乏充满情感的评价,但最先对战国侠义精神进行概括凝练的却是战国法家的集大成者韩非子。

韩非子认为,战国游侠的突出特色是"群侠以私剑养"⑥。战国时期,盛行蓄养门客之风,门客中那些佩带剑或其他武器、充任

---

① ② ③ ④ 《史记·魏公子列传》。
⑤ 《战国策·魏策四》。
⑥ 《韩非子·五蠹》。

刺客的武勇之人称为"私剑"或"侠"。权贵之所以蓄养"私剑"或"侠",一是为了彰显自己的"威强","为人臣者,聚带剑之客,养必死之士,以彰其威,明为己者必利,不为己者必死,以恐其群臣百姓而行其私,此之谓'威强'"①。二是为了处理那些"公法"无法解决的问题,"其可以罪过诬者,公法而诛之;其不可被以罪过者,以私剑而穷之。是明法术而逆主上者,不憀于吏诛,必死于私剑矣"②。虽然"私剑"或"侠"与权贵存在着蓄养关系,但是他们受到权贵的高度尊重。这种高度尊重不仅是因为他们存在的实际价值,而且还来源于他们的品质:第一,他们不要名,不为利,不追求高官厚禄,看重的是朋友和情意,用韩非子的话说就是"弃官宠交,谓之'有侠'"③。"有侠者,官职旷也"④。第二,他们无拘无束,豪放肆意,磊落坦荡,亦即"人臣肆意陈欲曰'侠'"⑤。第三,他们蔑视权势,敢于反抗,也就是"侠以武犯禁"⑥。或曰"其带剑者,聚徒属,立节操,以显其名,而犯五官之禁"⑦。韩非子对战国"侠"的概括,突出了他们了热爱自由、张扬个性、勇于反抗的性格。

　　战国的侠义精神感动了司马迁,他在《史记》中专设了《刺客列传》和《游侠列传》。尽管游侠与刺客有一些区别,但他们之间的共性更多,在多数场合都应该把刺客视为游侠中的一部分。司马迁在《太史公自序》中谈了撰写《刺客列传》和《游侠列传》的初衷。

　　关于《刺客列传》,司马迁说:"曹子匕首,鲁获其田,齐明其信;豫让义不为二心。作《刺客列传》。"⑧在《刺客列传》里司马迁

---

① 《韩非子·八奸》。
② 《韩非子·孤愤》。
③④⑤ 《韩非子·八说》。
⑥⑦ 《韩非子·五蠹》。
⑧ 《史记·太史公自序》。

肯定了志向高远、仗义行侠的精神,并明确表示不能简单地以成败论英雄,他说:"自曹沫至荆轲五人,此其义或成或不成,然其立意较然,不欺其志,名垂后世,岂妄也哉!"①关于《游侠列传》,司马迁说:"救人于厄,振人不赡,仁者有乎;不既信,不倍言,义者有取焉。作《游侠列传》。"②在《游侠列传》中,司马迁肯定了游侠的正义性,赞扬了他们的仁、义、诚信和献身精神,他说:"今游侠,其行虽不轨于正义,然其言必信,其行必果,已诺必成,不爱其躯,赴士之阸困,既已存亡死生矣,而不矜其能,羞伐其德,盖亦有足多者焉。"③唐朝的司马贞在《史记集解序》的索引中对司马迁概括的侠义精神做了进一步的诠释:"游侠,谓轻死重气,如荆轲、豫让之辈也。游,从也,行也。侠,挟也,持也。言能相从游行挟持之事。"④

司马迁在概括侠义精神的同时,也表述了他对战国侠义精神的敬佩与渴求,他说:"近世延陵、孟尝、春申、平原、信陵之徒,皆因王者亲属,藉于有土卿相之富厚,招天下贤者,显名诸侯,不可谓不贤者矣。比如顺风而呼,声非加疾,其执激也。至如闾巷之侠,修行砥名,声施于天下,莫不称贤,是为难耳。然儒、墨皆排摈不载。自秦以前,匹夫之侠,湮灭不见,余甚恨之。"⑤

司马迁之后,班固的《汉书》中仍有《游侠列传》。班固对战国的评价分为四个层面:

第一,承认游侠产生的历史必然性。班固认为游侠产生的原因有两个方面:第一方面是战国时期急剧的社会变革、复杂的政治斗争和严酷的兼并战争。他说:"周室既微,礼乐征伐自诸侯出,桓文之后,大夫世权,陪臣执命。陵夷至于战国,合纵连横,力政争

---

① 《史记·刺客列传》。
② 《史记·太史公自序》。
③⑤ 《史记·游侠列传》。
④ 《史记·史记集解序》。

疆。繇是列国公子,魏有信陵,赵有平原,齐有孟尝,楚有春申,皆藉王公之势,竞为游侠,鸡鸣狗盗,无不宾礼。"①第二方面是国家政治的混乱,社会正义得不到保障。他说:"故曾子曰:'上失其道,民散久矣。'非明王在上,视之以好恶,齐之以礼法,民曷繇知禁而反正乎!"②既然游侠的出现是历史的必然,那么游侠的存在当然也有着一定的合理性。

第二,游侠有解一时之困厄的特殊价值。他说:"赵相虞卿弃国捐君,以周穷交魏齐之厄;信陵无忌窃符矫命,戮将专师,以赴平原之急;皆以取重诸侯,显名天下。"③虞卿弃相国而救逃亡中的魏齐,信陵君窃符救赵,虽然有悖于常规,但因其救人、救国于危难之中,所以受到人们的赞许。

第三,侠义精神充满反抗的精神,因此它往往会激起人们对现有政治秩序的反叛,"搰掔而游谈者,以四豪为称首。于是背公死党之议成,守职奉上之义废矣"④。

第四,质疑侠义精神自身的矛盾性,他一方面认为游侠私自杀人,按照国家的律令是犯罪,另一方面又认为他们的精神是值得赞扬的。班固分析汉代游侠状况说:"况于郭解之伦,以匹夫之细,窃生杀之权,其罪已不容于诛矣。观其温良泛爱,振穷周急,谦退不伐,亦皆有绝异之姿。惜乎不入于道德,苟放纵于末流,杀身亡宗,非不幸也!"⑤

尽管班固对侠义精神的评价是矛盾的,但他能在《汉书》为游侠立传,说明他还是把游侠作为一个社会群体来认真对待的,不论其主观动机如何,在客观上还是在播散着侠义精神。

《史记》、《汉书》之后,正史不再专载游侠,而魏晋以来,侠的文学作品蓬勃生长,侠的形象在诗歌、小说、杂史中大放异彩,侠义

---

①②③④⑤ 《汉书·游侠传》。

精神也因此承传不已。

7. 深厚的哲学底蕴

《战国策》不是一本哲学著作,但是其中却凝聚着深厚的哲学思想,这些哲学思想从根本上支撑着战国士人导演了有声有色的战国历史,创制了长期影响中国的灿烂文化。

无视鬼神,不信天命

西周、春秋讲天人关系,论天人之辨,总是把人与鬼相对而言,以承认鬼神为基本前提,《战国策》则公然否认鬼神。秦宣太后宠爱魏丑夫,当她病重将死之时,出令让魏丑夫殉葬。庸芮为了说服宣太后放弃殉葬,在与宣太后达成死者无知的共识之后,又说:"若太后之神灵,明知死者之无知矣,何为空以生所爱,葬于无知之死人哉!若死者有知,先王积怒之日久矣,太后救过不赡,何暇乃私魏丑夫乎?"最终说服宣太后放弃了人殉①。《战国策》对这件事没有评价,但能够以赞赏态度记载它,已经间接地表明了《战国策》的无神论倾向。

关于天命,《战国策》持鲜明的否定态度。《战国策·魏策三》记载:公元前273年,秦胜赵、魏联军,围魏都大梁。魏人须贾为说服穰侯撤兵释围,他引用了《尚书·康诰》的"维命不于常",以天命无常,唯人事可靠为主要理由,说服穰侯罢大梁之围。须贾能以天命无常之说释大梁之围,表明天命的脆弱苍白和《战国策》对世俗人事的高度信赖。

《战国策·宋卫策》记载:宋康王时有麻雀在城墙角落孵出了一只凶猛的鹯鸟,宋康王认为这是称霸天下的吉兆,于是出兵灭滕国,攻薛国,以箭射天,砍烧土神、谷神神位,剖罗锅背,断淯河人

---

① 《战国策·秦策二》。

腿,暴虐百姓,国人恐慌不安。齐国乘机伐宋,民散溃,城失守,宋康王被杀。《战国策》据此得出结论说"见祥而不为祥,反为祸"。表露出天命不可信,祥兆不可恃,恃祥反为祸的思想。

无视鬼神,不信天命是无神论的正面反映,而对鬼神的戏弄蔑视则是《战国策》无神论的特殊表现形式。《战国策·齐策三》记载,孟尝君将要去秦国为相,劝止者数千人而不听。苏秦欲制止,无奈孟尝君说:"人事者,吾已尽知之矣;吾所未闻者,独鬼事耳。"苏秦针锋相对地回答说:"臣之来也,固不敢言人事也,固且以鬼事见君。"《战国策·赵策一》又记载,苏秦说赵国李兑,李兑以人事尽知,唯鬼言可听拒绝苏秦。然而,机智的苏秦却说:"臣固以鬼之言见君,非以人之言也。"孟尝君、李兑声明人事尽知,唯鬼事不晓,实际是用一种婉转且又无法逆转的方法拒绝苏秦的进说,而苏秦却针锋相对,在光天化日之下谎称以鬼言、鬼事相见,使鬼神成为他随手拈来任意摆弄的工具,鬼神不仅没有任何神圣的灵光与玄密气息,反而沦落为股掌上的玩物。

战国是一个争于气力,斗于智谋的时代。人们在实践中认识到,恃鬼神者事无成,信天命者亡社稷,国家的兴衰存亡在于人的努力,个人的腾达跌落取决于个人的奋斗。他们挣脱天命、鬼神的思想锁链,确立以人为本的思想观念,自由思考,极尽人事的奋争。他们认为自己有责任、有能力征服世界,战胜社会,左右局面。《战国策》的无神论超越了春秋时期的天人之辨和民为神主,跋涉出盲目崇拜,走向以人为本,一改春秋的拘谨沉闷气氛,给社会注入了活力与激情,为中国古代哲学的发展做出了积极的贡献。

朴素的辩证法

《战国策》认为,宇宙万物是运动变化的,它们的运动变化不以个人意志为转移,其运动变化都是有规律的。蔡泽说:"语曰:'日中则移,月满则亏。'物盛则衰,天之常数也;进退、盈缩、变化,圣人之常道也。'"①春申君认为:"物至而反,冬夏是也。致至而危,累棊是也。"②蔡泽和春申君的观点非常明确,变化与发展是宇宙万物的基本规律,万事万物的运动形成一个变易不息,运动不止的大川,而物极必反,盛极而衰则是运动变化的基本轨迹。

任何事物的发展变化都有一个具体的过程,《战国策》把这个过程概括为"积薄而为厚,聚少而为多"③这样一个由无到有、由少到多、由量变到质变的过程。这种观点,在社会实践活动中又演化为"转祸而为福,因败而为功"④的不懈努力。

一位无名人士把《战国策》朴素辩证法精辟地总结为:"夫因诎为信,旧患有成,勇者义之。摄祸为福,裁少为多,知者官之。夫报报之反,墨墨之化,唯大君能之。祸与福相贯,生与亡为邻,不偏于死,不偏于生,不足以载大名。无所寇艾,不足以横世。"⑤这个总结明确指出,委曲与伸张、祸与福、少与多、生与死,是同处于一个统一体中的双方,它们互为前提、互相对立、相互联系、相互转化。

独特的思维方式

《战国策》的辩证法与同时代其他学派的辩证法相比较似乎没有特别深奥的地方,然而富于进取的士人却能在无视天命鬼神、对朴素辩证法深刻理解与灵活运用的平台之上,打造出具有特色的思维方式,演绎出了通过概念、判断和推理等形式,运用归纳与演绎、分析和综合等思维逻辑去认识事物的发展,把握谋略设计、游说进言和参与政治、军事、外交活动的精髓。

由微知著,是《战国策》常用的思维方法,它的特征是由微小

---

① 《战国策·秦策三》。
②③ 《战国策·秦策四》。
④ 《战国策·燕策一》。
⑤ 《战国策·楚策四》。

推论宏大,从中悟出道理,然后再用这些道理去设计方案,说服权贵国君,采取相应的对策。例如,在韩、赵、魏与智氏的斗争中,智伯联合韩、魏,水攻晋阳,晋阳城危在旦夕。这时,智伯的谋臣郄疵发现韩、魏之君却面带忧色。郄疵由此断定韩、魏将要与智氏决裂。遗憾的是智伯没有听进郄疵的忠告,掉以轻心而亡于韩、赵、魏。由微知著实质上是从表面现象推理出事物的本质和发展趋势,其哲学依据则是通过现象认识本质,从感性到理性的升华。

历史比照法,是《战国策》常用的一种辩证思维方法,游说之士在游说为谋时经常引用夏、商、周、春秋的历史事实,运用历史比照法来达到预期的目的。这种方法的基本模式是由已知的历史事实,推论现实的未知事物,预言其发展趋势。例如:苏秦游说秦惠王,以"神农伐补遂,黄帝伐涿鹿而禽蚩尤,尧伐驩兜,舜伐三苗,禹伐共工,汤伐有夏,文王伐崇,武王伐纣"①来论证连横征伐,就一定能够吞并天下。历史比照法实质上是从一般到特殊的演绎,其推理形式是从历史的经验中概括出事物的共性,然后再把这个一般原理运用到特殊的场合或者具体的事物中,论证自己的观点。

类比推理法,是《战国策》常用的第三种辩证思维方法。它的特点是用已知的事物演绎推理类似的未知事物。这种方法的运用,不是从抽象的定义到抽象的定义,而是以人们熟知的、习见的事物说明道理,然后用这个道理认识有类似属性的新事物。这种类比推理法突出地表现为寓言比喻,通过简单的寓言哲理来说明道理,解决问题。画蛇添足、狐假虎威、惊弓之鸟、南辕北辙等《战国策》中的著名寓言,都是类比推理法的杰作。类比推理法实际上是从一般到特殊的演绎形式,其哲学根基则是对个性与共性、特殊和一般关系的辩证理解以及对辩证思维的灵活运用。

---

① 《战国策·秦策一》。

《战国策》辩证思维的基本模式是从已知到未知,从个别到一般,再从一般到特殊。先从历史、个别或同类事物中悟出道理,概括出他们认为的共性,然后通过类推、比喻、例证的方法把这个道理推及未知事物。在这个过程中,他们特别注重直观体验和具体比喻,在比喻、类比之中进行归纳、演绎、推理,形成重直观、善比喻的特色。

哲学作为世界观、方法论与思维方式,当它一旦形成,必然会运用这些观点去思考问题,使其成为观察、分析、处理问题和指导行动的原则、方法。《战国策》是一部富于实践精神的典籍,它的哲学理念以快捷的速度和简练的形式迅速地扩展到学术领域,外化为精彩的实践活动,使其成为反映战国历史与文化的重要典籍。

六 《战国策》的历史影响

虽然《战国策》因与儒家思想有着水火难以相容的内涵,虽然因主父偃被杀标志着纵横家这个流派的结束,但由于《战国策》内蕴的特殊魅力,由于滋生《战国策》的基本土壤没有发生根本性的变化,《战国策》通过多种渠道,长期影响着中国文化。

1.《战国策》与中国古代专制制度

中国的专制制度历史延续了两千余年,历经兴盛衰亡,改朝换代,乃至农民起义的沉重打击,但不仅没能因此而中止,反而愈益严密和完善。在君主专制的长期运作过程中,尽管从来没有正面对《战国策》进行过肯定,但中国古代专制制度的特点决定了它对《战国策》谋略文化精神的倚重。中国古代专制制度的谋略精神在总体上表现为以冷静、理智和现实的态度来处理政务,统辖万民,在具体运作过程中体现为智谋韬略,权术阴谋,其中既有治国平天下的宏韬伟略,也有具体的权谋计策和官场斗争的政治权术。从其精神实质来看,它们是《战国策》崇尚谋略的文化精神在新的历史条件下的转型。

中国古代历代王朝的建立,基本上都是在血与火的拼杀中用刀剑砍出来的。在刀剑砍杀的建立过程中充满了险恶与血腥,其中有军事力量的拼搏,也有智慧的较量,高超的智谋权术不仅能弥补军事力量的不足,而且总能在关键时刻转败为胜。

在秦末农民大起义的浪潮中,原沛县亭长刘邦能够在众多的起义军将领中脱颖而出,使秦末农民大起义演变为项羽、刘邦两大集团之间的楚汉之争。刘邦能够最终战胜实力强大的项羽集团,与刘邦长于计谋,工于心计,善于用人之谋有直接的关系。在隋末农民大起义中,李世民的战略设计起了重要作用。617年,李渊听李世民计谋,起兵进攻长安,并设计了一个集军事、外交、民心和后勤保障于一体的全面部署计划。进入长安后,按照预定计划,遥尊隋炀帝为太上皇,立西都留守代王杨侑为隋恭帝,既避免隋炀旧部的讨伐,又能利用恭帝名义招降隋官。紧接着,宣布废除隋一切苛政,取得关中人民的拥护,为唐王朝的统一和唐代的鼎盛准备了充分的条件。

王朝的建立需智谋,新政权的巩固更需要过人的智谋。公元960年,赵匡胤陈桥兵变,黄袍加身,建立了北宋王朝。赵匡胤即位后,一方面扩大军队,一方面又为最高军事权力而忧心忡忡。他在禁军人事安排、组织编制和部署等方面作重大调整的同时,筹划了剥夺主要禁军将领兵权的计谋。公元961年的一天晚上,设宴招待禁军主要将领石守信、王审琦、高怀德等人。趁酒酣耳热之时,赵匡胤向他们倾诉了做皇帝的苦衷,提出人生如白驹过隙,应多积钱财,及时行乐的观点。进而要求诸位高级将领交出兵权,置买良田美宅,歌儿舞女,饮酒作乐,安度晚年。如此,君臣无猜,相安无事,各得其所。石守信等人诚惶诚恐,再谢皇上的"生死而肉骨"之恩。第二天,这几个人都"称疾"辞职。赵匡胤则赏赐给他们大量钱财,并结为儿女亲家。宋太祖赵匡胤的"杯酒释兵权"的目的是集中兵权,使用的方法是经济赎买,或曰权钱交换,他的这种做法既不会因政治斗争发生意外的动荡,又不会直接伤害双方的感情,把本来冷酷无情的事情变得温情脉脉,与刘邦的"狡兔死,走狗烹;高鸟尽,良弓藏"相比较,杯酒释兵权可谓大智大谋的杰作。

中国古代专制政权权力高度集中,庞大的国家机器仅仅是皇帝的办事机构,各级官僚是皇帝不可缺少的工具。对于国君而言,既离不开他们,又害怕他们权力膨胀。没他们国家机器不能正常运转,他们权力过大又会威胁到君权。所以,国君对他们只能采取驱使加防范的办法。因此,历代帝王无不倾心于强本弱末、权术驭臣,留心于削夺强臣,抑损相政,驾驭臣下等权术的打造。对于官僚来说,君权无限,不受制约,臣下官僚的升迁废黜乃至身家性命都掌握在国君手中,如何不断晋升,长期受到宠爱重用,是他们一直小心对待的问题。君臣之间的这种利害关系决定了君臣之间、官僚之间存在着错综复杂的权谋勾斗。因此,中国古代的官僚阶层也在锻造着他们的勾斗权术,阿谀奉承,阳奉阴违,拉拢贿赂,假公济私,拉帮结派,构罪陷害,含而不露,沽名钓誉等等,都是他们烂熟的手段。

中国古代的专制制度是一种严密且涵盖面极大的制度,其统治的内容无所不包,人身、土地、工商、文化等均在其统治之中。每个人的谋生手段、人生道路、发展方式、物质生活、文化生活等等,都受到政治权力的强烈干预。中国古代的专制制度之所以会有这样大的威力,首先是因为实现了对人身的支配。专制政权为了牢固地控制形形色色的人,不但建立了严格的惩罚制度,而且还发展出来了君权神授,圣王救世,标榜仁政,外儒内法,教化治心,欺骗蒙蔽等治民权术。

专制政权对人身的控制权术把人们的生存空间挤压到了令人窒息的程度,人们为了生存,为了不被无辜吞噬,为了活着,不得不思考智谋保身的处世哲学。唐代虞世南的《兔园策府》,宋代王应麟的《三字经》,元代许名奎的《劝忍百箴》,元代吴明的《忍经》,明代冯梦龙的《智囊》、《喻世明言》、《警世通言》、《醒世恒言》,明代凌蒙初的《拍案惊奇》初刻与二刻,明代洪应明的《菜根谭》,明代刘基的《郁离子》,明代王艮的《明哲保身论》和《勉仁方》,清代程允升的《增广贤文》和《幼学琼林》,曾国藩的《曾国藩家书》,吴敬梓的《儒林外史》,南亭亭长的《官场现形记》,吴沃尧的《二十年目睹之怪现状》,20世纪30年代骆宾生的《黑幕大观》和李宗吾的《厚黑学》等专论谋略文化的文本,均体现了谋略文化在平民社会的强化与理论化的趋向。

中国古代专制政权的特质决定了它对权术谋略的依赖,同时也推动着谋略文化向社会各个层面的扩散,《战国策》所蕴涵的谋略文化也随之得以传播和发展。

2.《战国策》与传统文化

中国传统文化,深邃阔大,是一个蕴涵多元内容的系统。以孔子为代表的儒家文化是中国传统文化的主干,但是中国传统文化不仅仅是儒家文化,在儒家文化之外还存在着诸多的学术流派。在中国传统文化发展进程中,这些学术流派相互辩难,相互碰撞,同时又相互摄取,相互补充。尽管汉武帝以来独尊儒术,但其他学术文化并非完全断绝,它们或改变形式,或修正内容,仍然生存于传统文化的母体之中,共同构筑起中国传统文化的大厦,并以其自身独特魅力,借助于现实需要,悄然地影响着中国传统文化。

《战国策》与儒学

《战国策》讲求在人与人之间、国与国之间的利害关系中谋求功利,为了达到目的可以不择手段,其动机、手段和目的都非常坦率和明白。儒家则号称重义轻利的仁人君子,孟子斥公孙衍、张仪的所作所为属于"妾妇之道"①。荀子对《战国策》的"利"和"权谋"十分反感,他认为讲求功利,君臣分崩离析;权谋日行,国家危削②。明代宋濂在《宋学士全集·诸子辩》中指出,《战国策》的"揣摩":"是皆小夫蛇鼠之智。家用之则家亡,国用之则国债,天下用之则失天下。"《战国策》中确有一些道德水平不高,滥用权谋,贪恋功利之人。儒家批评《战国策》,并不是说儒家不要功利和权谋。《论语》中有"小不忍,则乱大谋"一句话;孟子学说中也透露出了对权谋的重视。他们与《战国策》的区别在于,不使用雕虫小技,不谋取蝇头小利,着眼于最深刻的谋略,着手于国家社稷大利。从孔子、孟子、荀子到董仲舒、二程、朱熹,历代儒学大师向帝王推荐、解说儒学时,所谈论的不只是伦理道德,而是以伦理道德为基点的治国韬略。儒学本于人的自然属性,天然情感,家族血缘、人伦之常,提出富于人情味的仁、义、孝、悌、忠、恕等,这些命题或许是人类永远需要的道德内容,但关键在于这些道德修养在儒学体系中成为谋治的工具,"君君、臣臣、父父、子子",修身、齐家、治国、平天下等,无不是把伦理道德上升为政治工具。所以,在某种意义上讲,儒家学派是各学术流派中智谋韬略最深刻的一派,它在不言利之中谋求天下大利,在不言权谋之中谋求统治天下,在温情脉脉的仁义孝悌中谋求对人们思想的驯化,在"内圣外王"的旗帜下达到谋心与谋事的完美结合。

---

① 《孟子·滕文公下》。
② 《荀子·王霸》。

儒家的学者，口言仁义道德，可却无法回避人生必需的衣食住行和功名利禄。所以，在日常生活的洒扫应对中，在涉及切身利益的时候，他们从来不会放弃《战国策》张扬的权术谋略。章太炎先生说："儒家不兼纵横，则不能取富贵。余观《汉志》'儒家'所列，有《鲁仲连子》十四篇，《平原君》七篇，《陆贾》二十三篇，《刘敬》三篇，《终军》八篇，《吾丘寿王》六篇，《庄助》四篇。此外，则有郦生，汉初谒者，称为大儒。而其人皆善纵横之术。其关外交者，则鲁仲连说辛垣衍，郦生说田横，陆贾、终军、严助谕南越是也。其关于内事者，则刘敬请都关中是也。吾丘寿王在武帝前'智略辐辏'传中不言其事。寿王既与主父偃、徐乐、庄助同传，其行事实相似。而平原君朱建者，则为辟阳侯审食其事，游说嬖人，其所为愈卑鄙矣。纵横之术，不用于国家，则用于私人，而持书求荐者，又其末流。曹丘通谒于季布，楼护传食于五侯。降及唐世，韩愈以儒者得名，亦数数腾言当道，求为援手，乃知儒与纵横，相为表里，犹手足之相支，毛革之相附也。宋儒稍能自重。降及晚明，何心隐辈又以此术自豪。及满洲而称理学者，无不习捭阖，知避就矣。孔子称'达者，察言观色，虑以下人'，'闻者，色取行违，居之不疑'。由今观之，则闻者与纵横稍远，而达者与纵横最近。达固无以愈于闻也。程、朱末流，惟是闻者，陆、王末流，惟是达者。至于今日所谓名臣大儒，则闻达兼之矣。"①

儒家在重谋略方面受《战国策》的影响，同时又化解了《战国策》非道德主义的一面。这似乎是一种完美的吸收与批判，但与《战国策》直接言利讲谋相比较，却多了几分虚伪。

《战国策》与道家

道家是中国传统文化中的重要一族。与直言利害、积极为谋

---

① 章太炎：《论诸子学》，《章太炎选集》，上海人民出版社1981年版，第380~381页。

的《战国策》不同,也与强调积极入世的儒家不同,它以超然的姿态提出了许多玄远深湛的思想,并在哲学上达到了相当高的水平。但是,如果拨开"玄之又玄"的迷雾,便会发现《老子》始终关心人世利害祸福,谈天道是为了人世,为了谋求天下、应对所有的人;《庄子》努力摆脱束缚,追求自由人生,谈自然是为了超越社会,自我解脱。不论是《老子》还是《庄子》,其深邃玄远的思想仍是以世俗功利为目标的,只不过它的方式更超然、更冷静、更理性、更智慧而已。以心智王天下,长于祸福应对构成了道家谋略文化的特色。

  以道家学说为理论基础的道教,从东汉产生以来就显示出与《战国策》相近的谋略权术。早期道教经典《太平经》表露出重视现实政治、谋求治平之道的诉求,希望天地、社会、家庭、国家太平,人延年益寿。由于道家在学术上受儒学的排挤,在宗教上受佛教的冲击,一直没能成为冠冕堂皇的官学,其政治谋略也未能付诸实践。但是,早期道家学说中的保命、全形、终其天年的观点却逐渐转变为养生术,力图直接谋求生理上的长生不老,并由此衍生出守一、存神、行气、吐纳、导引、辟谷、服食、房中、外丹、内丹等道术。由于这些道术合乎人类自然本能的希冀,很快就成为不同层次社会成员的追求,方士炼丹,贵族乃至皇帝争服金丹,竞相讲求"性命双修"的内丹术。由道教而来的长生术和养生术,负载着《战国策》的文化精神,积极入世、孜孜谋求。

  说道家与《战国策》有联系,最重要是因为道家学说确实有以心智王天下、长于祸福对应、追求长生不老、谋人生、谋永存的谋略。班固对道家文化的谋略性早有察觉,他说:"道家者流,盖出于史官,历记成败、祸福、古今之道,然后知秉要执本,清虚以守,卑弱以自恃,此君人南面之术也。合于尧之克攘,《易》之嗛嗛,一谦而四益。此其所长也。及放者为之,则欲绝去礼学,兼弃礼义,曰独任清虚可以为治。"①班固的这段话,从历史根源和内在逻辑两个方面精到地概括了道家文化谋略性,道家的"君人南面之术"与纵横家短长纵横之术在实质上深深地相契合。

《战国策》与法家

法家积极务实,富于进取,锐意于政治权术,与《战国策》的文化精神有诸多的相通之处。

有人建议秦王嬴政下逐客令,驱逐游说于秦国的游士、宾客。李斯上《谏逐客书》,力陈逐客之弊端,肯定商鞅、张仪、范雎等人的历史贡献。李斯对游说之士的肯定明确地表达了法家与《战国策》在文化精神方面的共同诉求。

《战国策》详细地记载了商鞅游说秦孝公一事:商鞅先说之以"帝道",孝公索然无味,不停地打瞌睡;后又说之以"王道",孝公认为很好却不采用;最后说之以"霸道",连谈数日,孝公不倦。遂重用商鞅,进行变法。法家的代表人物韩非,口吃不善言谈,可对游说之术有独到的研究,在《韩非子·说难》中总结了游说的技巧、方法。商鞅游说秦孝公与韩非子著《说难》表明,游说权变之术是法家在具体实践活动中经常采用的方法。

法家与《战国策》的最深层面的契合是它们对权术谋略的崇尚。在韩非之前,法家的重要代表人物商鞅讲法,申不害讲术,慎到讲势。韩非子集法家之大成,把法、术、势熔为一炉,构成一个完整的学说体系。据韩非子的解释,"法者,宪令著于官府,刑罚必于民心,赏存乎慎法,而罚加乎奸令者也"②。"术者,藏之于胸中以偶众端,而潜御群臣者也。"③"术者,因任而授官,循名而责实,操

---

① 《汉书·艺文志》。
② 《韩非子·定法》。
③ 《韩非子·难三》。

生杀之柄,课群臣之能者也。"①势者,"夫马之所以能任重引车致远道者,以筋力也。万乘之主、千乘之君,所以能制天下而征诸侯者,以其威势也。威势者,人主之筋力也"②。法、术、势中的"术"与"势"实质上就是国君借助于特殊的权势驾驭臣下民人的权术。

法家是战国时期的重要流派之一,由于法家刻意于权术谋略,再加之主张严刑峻法,使法家成为中国古代历史中为谋最阴深的学派,同时又因为法家的这个特质,备受统治集团的青睐,使其学说以"外儒内法"的形式长期延续,《战国策》的文化精神也因此而得到了播散。

《战国策》所反映的文化精神是一种时代精神和历史文化,《战国策》对儒学、道家和法家的影响不在于它们直接从《战国策》中援引了什么,也不在于它们在谋略形式上多么的相近,而是在于《战国策》文化精神的扩散和渗透,强化了儒学、道家和法家对现实社会的注意力,使其本身的谋略倾向进一步强化。《战国策》对儒学、道家和法家的影响也是历史的必然现象,这不仅是因为它们都集中定型于战国时期,而且还因为它们有着共同的经济基础、社会根源和文化背景。也正是它们交相辉映,盘根错节,相互辩难、激励、吸收、融合,才得以共同汇成中国文化的大河。

《战国策》与文化人

《战国策》凭借着它自身的魅力和强劲的渗透性,对文化人也产生了巨大的影响。文化人作为学术的创制者、文化的载体与文化的传播者,也难以跳出《战国策》的影响。《战国策》对文化人的影响主要反映在对文化人本身的作用和对帝王文化策略的影响两个层面。

---

① 《韩非子·定法》。
② 《韩非子·人主》。

《战国策》主张积极入世,通过智慧趋利避祸、谋求少付出大获取,这势必影响到生活于现实之中的文化人。文化人在《战国策》中不仅能看到许多谋略成功的典范,而且还受染于《战国策》积极谋世的精神,忧国、忧民、忧社稷,看重事业上的成功和功名的建树。他们有的以治国安天下为己任,怀着宏伟的抱负辅佐帝王,驯世牧民;有的刻苦读书,谋求利禄功名,使文化人的活动带上了现实功利的色彩。

中国古代社会是以权力为中心的社会,只有跻身于官僚队伍才能升官发财,才能作用于社会,实现自身的价值。因此进入官僚队伍成为文化人的首选,不知有多少文化人为此绞尽了脑汁,费尽了心机,甚至不惜采用阴谋权术,力图用巧妙的智谋求取一官半职。

东汉举孝廉是入仕的途径之一,许武为了取得孝廉这个名义而受荐举,可谓是机关算尽。许武被举为孝廉后,和两个弟弟分家,三份财产自己取最好一份。两个兄弟算是"悌",也被举为孝廉。此后许武大会宾客,宣布自己使两个兄弟成名的本意,接着又把自己的一份财产分给了两个弟弟,许武的名声也因此而大振。另一位读书人赵宣,葬其父母之后,在墓道中居住守灵,一住就是二十余年,乡人称他是孝子,州郡官屡次请他出山做官,他都不出来,名声愈来愈大。后来被郡太守陈蕃查出赵宣在墓道中生了五个儿子,按惑众欺鬼神的罪名给予处罚。

类似于许武、赵宣的诡计属区区小把戏,虽能蒙混一时却不能蒙混一世,所以多数文化人把读书视为步入官僚队伍、升官发财、实现自身社会价值的首选途径。之所以如此,是因为西汉以来,文化人参政逐渐制度化,相继出现了察举、征辟、举贤良、九品中正制等选官制度。隋唐以来,随着科举制度的出现,读书与为官空前地密切了起来,并使学而优则仕制度化。在这种社会环境中,文化人除了发奋读书还能有其他什么办法。发奋读书是最好的祸福应对,也是最佳的成功谋术。这虽然不能算是权术阴谋,但却是既实际又理性的清醒计算,与纵横家四处游说谋取荣华富贵在本质上并无二致。

从帝王的文化策略来看,政治独裁与文化独裁从来都是一致的。中国古代的专制政体,必须用文化专制措施来维护,而维护文化专制首先必须有效地控制住文化人。秦始皇的焚书坑儒、明清时期的文字狱属于血淋淋的屠杀政策,算不上是智慧含量很高的谋略,而"学而优则仕"的科举制度则是最能满足专制制度政治要求的高智慧谋术,它把文化人引上读书做官的道路,使天下的读书人趋之若鹜,主动地成为帝王掌中之物。唐太宗李世民见考进士的举子们鱼贯进入考场,高兴地说:"天下英雄尽入吾彀中。"时人赋诗一首说:"太宗皇帝真长策,赚得英雄尽白头。"①"学而优则仕"的科举制度提高了官僚队伍的文化素质,扩大了统治集团的社会基础,把文化人引上为官而奋斗的道路。在这种制度下读书、应试、做官、发财四件事紧密联系在一起,读书做官成为文化人的价值追求;"两耳不闻天下事,一心只读圣贤书"成了文化人的座右铭,应试内容以外的文化知识谁也无暇顾及,只有热衷于四书五经与科举考试,才能出人头地,升官发财,光宗耀祖。为官而努力读书,不算是绝对的坏事,问题的实质在于它使学术沦落为升官发财的工具,文化人也因此而失去了独立的主体地位,最终成为缺乏主体意识的知识载体。中国古代专制政权的文化策略,谋之精深,计之老道,不见刀光剑影,却能使莘莘学子规规矩矩就范,全身心地钻研八股,心甘情愿为帝王效力。

《战国策》对文化人的影响一方面增强了他们应对现实社会

---

① 《唐摭言·卷一》。

的能力,另一方面帝王的文化策略又给他们戴上了新的枷锁,使文化的发展受到了过多的制约。

《战国策》与文学

战国时期士人思想解放,游说奔走,反映战国时代精神的《战国策》也凝练出内涵丰富、独具特色的文学艺术风格。

由于战国时期形势复杂多变,社会活动内容无奇不有,谋略之士辅佐的国君权贵情况各异,所以《战国策》的文章风格必然具有多样化的特点。《战国策》的长篇说辞和论辩,如《秦策一》的《张仪说秦王》、《司马错与张仪争论于秦惠王前》,《齐策五》的《苏秦说齐闵王》,《齐策六》的《燕攻齐取七十余城》,《赵策三》的《秦攻赵于常平》等,都是淋漓尽致、博辩精微,逻辑严谨,道理明晰透辟之作,表现出游说者和作者的高度组织能力。然而,《东周策》的《温人之周》,《齐策一》的《靖郭君将城薛》,《齐策三》的《孟尝君出行国至楚》、《淳于髡一日而见七人于宣王》,《楚策三》的《苏秦之楚三日》,《楚策四》的《有献不死之药于荆王者》等短小篇章,都是妙语横生,意味隽永,幽默中见机锋,短小中见睿智,显示出了当事者滑稽多智之作。与此相反,《魏策四》中的《秦王使人谓安陵君》是写唐且与秦王当面进行针锋相对斗争,剑拔弩张,怒气十足。同是与君主对话议论,也有雍容徐缓,开诚布公,推心置腹者。《楚策一》的《威王问于莫敖子华》、《赵策二》的《武灵王平昼间居》,或是臣开导君王,或是君诚谕臣下,气氛都是那么的宽松从容。开导君王还可以用另外一种形式,《楚策四》的《庄辛谓楚襄王》通过形象说理,用铺陈的手法,清新婉丽的语言,生动写出蜻蛉、黄雀等悠然自得其乐而不知后患的情态,被称为在《战国策》中的"策赋之流"。《燕策二》的《昌国君乐毅为燕昭王合五国之兵而攻齐》、《燕策三》的《燕王喜使栗腹以百金为赵孝成王寿》,以长篇书信的形式剖析事理,表明心迹,写得深沉蕴藉,委婉动人。这种文章风格各异,形式灵活多姿的结构,恰到好处地承载了战国社会的内容,表露出了战国士人的横溢才华。

《战国策》的许多篇章都有典型而生动的故事情节,读之使人兴趣盎然,如亲临其境。《赵策四》的《赵太后新用事》,情节曲折完整,首尾呼应,极富有小说色彩。《齐策一》的《邹忌修八尺有余》,从邹忌与城北徐公比美到邹忌进谏,情节层层展开,步步深入,从生活细节到齐国大治,既生动又严整。《齐策四》的《齐人有冯谖者》,始终以孟尝君与冯谖相对比,抑扬有致,曲折而有条理,再现了充满生活气息的场面,展示出冯谖与孟尝君、其他门客、薛地民人等复杂关系的图景。故事情节波澜起伏,摇曳多姿。

《战国策》细致而形象地刻画了大量的历史人物,栩栩如生者比比皆是。苏秦、张仪、冯谖、聂政、荆轲、鲁仲连、庄辛、触詟、邹忌、范雎等人物,个个独具特质,个性鲜明。《秦策一》的《苏秦始将连横》,精雕了苏秦的复杂性格。他聪明有知识,刻苦自知,善于论辩、精于世故,但他的根本追求是功名利禄,高官富贵,所以连横不成即合纵。荆轲、聂政是《战国策》浓墨刻画的重义轻生的侠义之士。尽管两人都是冒死为知遇者刺杀政敌,但却是性格迥异。荆轲沉着、机智、倔强而又冷漠;聂政纯孝、仁厚、爽直而又勇于决断。由于《战国策》主要人物的成功刻画,使其文章形象鲜明,动人心魄,魅力无穷。

胸怀经纶的战国士人以说为媒,积极献计献策,为了使自己的主张被国君权贵采纳,不仅要有历史、地理、政治、军事等方方面面的知识,精通时事与各国之情,而且还需要有所向无敌的论辩技巧。不论是倾人之城,谋人之国,还是排难解纷,却敌存危,也不论是单方面的陈述分析,还是双方面对面地说辩质疑,都经过苦心揣摩和反复锤炼。他们的游说之辞,或雄辩奇警,气势磅礴;或旁征博引,条分缕析;或曲折迂回,巧设机彀;或危言耸听,故作惊人,都力求做到审时度势,切中要害,说服力大,鼓动性强,表现出一种真理在握,胜券稳操,鄙夷当代的宏伟气魄。放言无惮,直言不讳;耸人听闻,情真意切;气势雄伟,纵横驰骋;描述细腻、具体、形象;引譬设喻,长于寓言等构成了《战国策》的语言特色。

如果从中国史学和文学发展史的角度看,《战国策》是一部承前启后的著作,它创造性地继承了《左传》的史学和文学成就,给后代的史学与文学带来了深远的影响,特别是它的讽刺手法对谴责小说、侠肝义胆对侠义小说、虚构夸饰对传奇小说、以人系事对史类小说、铺张扬厉对赋体小说、引类譬喻对寓言小说的影响非常明显。

七 如何读《战国策》

《战国策》有多方面的成就,因此可以分别从战国的历史、思想、文化、古代汉语、古代文学等角度来读。不论从哪个角度来读,都应该注意以下几个问题。

掌握时代背景,认识时代精神

《战国策》产生于战国,它所记载的主要人物、言论与事件也都发生在战国,并在这个基础之上形成了一套话语系统,而战国时期特殊历史环境则是这套话语的语境。所以,读《战国策》首先要对战国的时代背景有一个基本的了解。只有这样,才能从宏观上把握《战国策》基本内涵与主要思想产生的环境,了解人物、言论与事件发生的语境,从而准确理解它们的具体内容,客观地认识它们的历史价值,准确地把握《战国策》的话语系统。

战国,是中国历史上最重要的时代之一,不仅杰出的人物层出不穷,而且锻造出来了千年不朽的战国精神。战国精神的内容是非常丰富的。战国精神可以从不同的侧面来理解,但更需要全方位、多维度地认识它,既要认识每一个主要方面的特殊作用,又要认识各个方面综合起来形成的合力,把握住强烈的主体意识、自由思考的百家争鸣、开拓进取的变法改革、不怕牺牲的英勇无畏等战国时代精神的精髓。战国精神是历史文化积淀和战国特殊社会环境共同造就的优秀成果,是华夏民族智慧的结晶。精神的力量是无形的,可它的意义是无法估量的,它给战国的社会转型增添了一个加速度,为我们中华民族留下了一份丰厚的文化遗产。读《战国策》,体会战国精神,将会有更大的收获。

留意于深刻的思想文化内涵

与战国诸子著作相比较,《战国策》更偏重于战国的历史事实、纵横家的活动,但由于记载史实丰富,活动内容复杂,其中自然会蕴含着丰富的思想文化内容。如果说历史事实是《战国策》的骨骼与血肉,那么思想文化则是它的灵魂。前面所谈及的那些思想文化内容仅仅是《战国策》其中的一部分,实际上还有许多内容还可以用不同的方法、从不同的角度进行深入的解读。《战国策》思想文化的综合性比较突出,儒家、法家、道家、名家的思想、观点经常出现在他们的言辞之中,探索纵横家与其他流派的对话和融会,能够加深对《战国策》思想文化的认识。《战国策》中有许多涉及战国社会生活的宝贵资料,如果认真梳理,一定能够弥补这方面研究的不足。《战国策》几乎没有论及物质、技术,但它对政治制度、人们的行为和心态却有充分的表述,这些都是探索战国制度文化、行为文化、心态文化的宝贵资料。《战国策》中有许多寓言与成语,它们短小精炼,鲜活犀利,意蕴深远。这些寓言与成语是时代语言的精华,体现着战国思想文化的特色,因此寓言与成语是阅读《战国策》时需要留意的内容之一。

关注战国社会阶层的变化

战国社会变化剧烈,社会成员对流频繁,社会阶层也随之发生了重大的变化。人是人类社会存在的基本前提,人是历史与社会的唯一的有机创建者,社会成员的阶级、阶层划分与构建直接影响着人的作用的发挥。《战国策》看重人的价值,对战国社会阶层的变化给予了特殊的关注。西周时期,宗法制度和礼乐制度严整,社会成员等级制度森严。春秋时期等级制度有所松动,但基本上维持了传统的格局,原则上仍然是"天有十日,人有十等,下所以事上,上所以共神也。故王臣公,公臣大夫,大夫臣士,士臣皂,皂臣舆,舆臣隶,隶臣僚,僚臣仆,仆臣台。马有圉,牛有牧,以待百事"①。战国时期,社会成员的阶层出现了新的划分。在三晋、齐与燕等国,国君之下分为卿、大夫两个大的等级,卿又分为上卿与亚卿,大夫又分为长大夫、上大夫和中大夫;在楚国,国君之下的最高爵位是执珪,执珪之下设有五大夫与三闾大夫;秦国在商鞅变法的时候建立了二十等军功爵制度。同时,门客、舍人、游侠等新的社会群体也都崭露头角。因此,读《战国策》不仅要注意到战国历史的主体,更需要注意这个主体构成的发展变化。

与《史记》、《战国纵横家书》对照阅读

《战国策》以国分"策",按国叙事,有些事件的时间没有准确的说明,这给战国国别史的研究带来了方便,可也存在着明显的不足。张仪、苏秦、陈轸、范雎等众多的人物奔走于各个诸侯国之间,他们的事迹、言论散见于不同的"策"之中。常平之战涉及秦、韩、赵,相关史实分别出现于不同的"策"中。这种以国分"策",按国叙事的体例,使研读者感到比较散乱,不太容易理出头绪。《史记》在大量引用《战国策》材料的同时,以《本纪》、《世家》、《列传》为单元,或以《书》为形式,对《战国策》记载的主要史实、重要事件和重要人物的具体内容进行了整合、梳理、考订,使其内容更加集

---

① 《左传·昭公七年》。

中,顺序相对清晰。因此,把《战国策》与《史记》有关战国的《本纪》、《世家》、《列传》、《书》对照阅读,将会有助于对战国史实、重大事件、重要人物的精确把握。

1973年12月,在长沙马王堆3号汉墓发现了一部类似于《战国策》的帛书。这本帛书原本没有名字,整理小组根据它的内容和体例把它定名为《战国纵横家书》。经过整理,1976年由文物出版社出版。《战国纵横家书》包括四部分内容:

第一部分是包括译文、注释和附录在内的《战国纵横家书》,全书总计27章,11000余字。《战国纵横家书》二十七章帛书原本没有章名,整理小组按照《战国策》的惯例在释文前面加了章名。《战国纵横家书》二十七章,有十一章的内容见于《战国策》和《史记》,文字也大体相同,有十六章是后人没有见过的佚书。

第二部分是唐兰先生撰写的《司马迁没有见过的珍贵史料》,在文中,唐兰先生介绍了《战国纵横家书》的概况,阐述了《战国纵横家书》的价值,并根据《战国纵横家书》的资料对苏秦进行了重新认识。

第三部分是杨宽先生撰写的《马王堆帛书＜战国纵横家书＞的史料价值》,认为《战国纵横家书》的性质与《战国策》相同,是秦、汉之际编辑的纵横家言论、故事的选本,内容来源比较复杂。杨宽先生特别重视《战国纵横家书》独家所有的苏秦资料,认为那些不见于《战国策》和《史记》的苏秦资料,根据更原始,有可能来源于原始的《苏子》一书。

第四部分是马雍先生的《帛书＜战国纵横家书＞各篇的年代和历史背景》,在文中马雍先生详细考订了每一篇的年代、作者和产生的背景。

阅读《战国策》,参考《战国纵横家书》可以弥补《战国策》的某些缺失,但在史实的辨别上应该持全面、谨慎、客观的态度,不可简单地依据《战国纵横家书》而认定《战国策》的某些记载是失实的。

阅读注意事项和常见注释版本

《战国策》的底本成书于距今两千余年的战国。从战国到现在,汉语语言发生了很大的变化,字的读音、形体、含义,以及语法、修辞与现代汉语都有不小的距离。因此,基本的古代汉语知识是阅读《战国策》的必要条件。基本的古代汉语知识既可以专门学习,也可以在读《战国策》时边读边学,关键是要钻进去,耐下心,及时参考注释,勤于查阅,考究一句话、一个字的具体含义。如果能够做到这些,在《战国策》读完之后,古代文献的阅读能力肯定会有大幅度的提高。

在长期的流传过程中,《战国策》难免出现漏字、衍文、先后顺序颠倒、引文讹误等问题,使本来就不太容易理解的问题变得更加不可思议。对于这个问题没有特别有效的办法,只有参考历代注释和考证,小心推求,对于难于定论的问题就暂时存疑,不要草率地下结论。

由于《战国策》有不少不好解释的地方,有些注释者参考《史记》、《资治通鉴》、《战国纵横家书》或其他文献,进行了校订、修正。这些校订、修正有的因为有其他旁证,是可以肯定的,但也有些仅有一个证据。对于以一证一的校订、修正要谨慎对待,避免盲目取舍,以错误的校订来更正正确的原文。

《战国策》中的一些游说之辞,洋洋洒洒,长篇大论,地名、山名、水名等层出不穷,如果不知道它们的准确位置,必然会影响到对行文的准确理解。但是,岁月如梭,沧海桑田,有的经过考证能够确定它们的沿革,知道它们现在所在,有的则已经无从考释。对于这个问题,如果不是专注于历史地理研究,借助于古今的考证成果,了解其地望所在,知道其战略意义的轻重即可,不必要在这方面耗费过多的精力。

《战国策》版本与注释不少,古代人的注释本主要有高诱注《战国策》,姚宏续注《战国策》,鲍彪注《战国策》,吴师道的《战国策校注补正》。这些版本与注释更接近《战国策》原始文本的本来含义,有很高的价值。但是,一般不容易见到,读起来也不是十分方便。常见的、也是目前使用最多的版本与注释主要有:

上海古籍出版社 1995 年版的《战国策》,它以"姚本为底本,将鲍、吴诸人注文以及清黄丕烈的《战国策札记》汇集起来"①,参考姚、鲍本对"章"和"章名"重新进行了组合,汇集了姚本、鲍本和黄丕烈《战国策札记》中的各家校订和注释,同时又对该书第一版时的标点作了一些更正。因此,这本《战国策》是比较常见的、使用起来比较方便的版本。

诸祖耿先生的《战国策集注汇考》,1985 年由江苏古籍出版社出版,后经过修订 2008 年又由凤凰出版社出版。《战国策集注汇考》以南京姚宏注本为底本,吸收多家的研究成果,在文字校勘、内容注释、史事考辨等方面用功甚深,还附有《战国策逸文》、《考研录》、《人名索引》、《地名索引》等。这本书将各家注解、各种说明汇齐集合,非常便于阅读和研究。

缪文远先生的《战国策新校注》用力甚深,1998 年 9 月由巴蜀书社出版,该书"以黄丕烈《士礼居丛书》覆宋本为底本,校以《四部丛刊》初编影印元刻鲍本及有关典籍,竹简、帛书、铜器、石刻,皆有所资"②。缪先生在各章之前,对其内容作了简要的说明,"旨在介绍本章之年代、真伪及内容概要"③。对行文中的地名择各家说法,注明于今何地,并在书的后面附录了《地名索引》、《人名索引》

---

① 《战国策·重版说明》,贵州人民出版社 1985 年版,第 1 页。
②③ 缪文远《战国策新校注·凡例》,巴蜀书社出版 1998 年版,第 1 页。

和《笔画与四角号码对照表》。《战国策新校注》采用现代版式，注释贴近现代语言，再加之附有检索，给读者来了许多方便。

郭人民先生的《战国策校注系年》，1988年11月由中州古籍出版社出版。本书汇集前人点校成果，考证史实，核定年代，考察重要历史遗迹。郭先生学风严谨，校订精确，言简意赅，字字有据，发明诸多，他的《战国策校注系年》是一本不可多得的好书。

张清常、王延栋的《战国策笺注》1993年3月由南开大学出版社出版，该书以清代黄丕烈读未见书斋重雕剡川姚宏《战国策》为底本，注释严谨细腻，是一本可靠的读本。

另外还有：

何建章：《战国策注释》，中华书局台北三民书局1996年2月版；

戴月：《战国策》，台北锦绣出版社1992年5月版。

今注今译的《战国策》主要有：

王守谦等：《战国策全译》，贵州人民出版社1992年版；

夏侯忠良的文白对照，全译足本《战国策》，贵州人民出版社1994年版。

阅读《战国策》的必要参考书主要的有：

马王堆汉墓帛书：《战国纵横家书》，文物出版社1976年版；

王延栋：《战国策词典》，南开大学出版社2000年版；

缪文远：《战国策考辨》，中华书局1984年版；

郑良树：《战国策研究》，台北学生书局1982年版；

张正男：《战国策初探》，台北商务印书馆1984年版。

阅读《战国策》能切身感受到战国历史与文化的脉搏，加深对中国传统文化的认识。同时，在阅读中会不断提升阅读能力和认识水平，打开一片新的知识视野。

卷一 东　周

○秦兴师临周而求九鼎

秦兴师临周而求九鼎①，周君患之②，以告颜率③。颜率曰："大王勿忧，臣请东借救于齐。"颜率至齐，谓齐王④曰："夫秦之为无道也，欲兴兵临周而求九鼎，周之君臣，内自尽计⑤，与秦，不若归之大国⑥。夫存危国，美名也；得九鼎，厚宝也。愿大王图之。"齐王大悦，发师五万人，使陈臣思⑦将以救周，而秦兵罢。

[注释]①周：东周王城，位于今河南洛阳市。九鼎：传说大禹征九牧之金，铸九鼎，因此九鼎象征着国家政权和对九州的统治权力。成汤灭夏王朝之后，迁九鼎于商邑。周武王灭商又迁九鼎于洛邑。战国时期，秦、楚皆有兴师向周索求九鼎之事。　②周君：周显王。患：担忧害怕。　③颜率：周显王臣，姓颜，名率。　④齐王：齐宣王。　⑤内自尽计：周之君臣进行了充分的思考研究。　⑥大国：对齐国的尊称。　⑦陈臣思：又称田臣思，齐威王时的名将田忌，先后在桂陵之战、马陵之战中大败魏军。

齐将求九鼎，周君又患之。颜率曰："大王勿忧，臣请东解之①。"颜率至齐,谓齐王曰:"周赖大国之义②,得君臣父子相保也,愿献九鼎,不识大国何涂之从而致之齐③?"齐王曰:"寡人将寄径于梁④。"颜率曰:"不可。夫梁之君臣欲得九鼎,谋之晖台之下⑤,少海⑥之上,其日久矣。鼎入梁,必不出。"齐王曰:"寡人将寄径于楚。"对曰:"不可,楚之君臣欲得九鼎,谋之于叶庭⑦之中,其日久矣。若入楚,鼎必不出。"王曰:"寡人终何涂之从而致之齐?"颜率曰:"弊邑固窃为大王患之。夫鼎者,非效醯壶酱甄耳⑧,可怀挟提挈⑨以至齐者;非效鸟集乌飞,兔兴马逝,漓然⑩止于齐者。昔周之伐殷,得九鼎,凡一鼎而九万人挽⑪之,九九八十一万人,士卒师徒,器械被具,所以备者称此。今大王纵有其人,何涂之从而出?臣窃为大王私忧之。"齐王曰:"子之数来者,犹无与耳。"颜率曰:"不敢欺大国,疾定⑫所从出,弊邑迁鼎以待命。"齐王乃止。

[注释]①东解:东至齐国,解除危机。　②周赖大国之义:东周依赖齐国的正义之举。　③不识大国何涂之从而致之齐:不知道齐通过什么途径把九鼎迁移到齐国。涂:通"途"。　④寄径:借路。梁:魏国。　⑤谋:谋划;晖台:梁国的台名。晖,音 huī。　⑥少海:又作沙海,大梁城的地名,位于今河南开封市西北。　⑦叶庭:楚邑,在今河南叶县;一说为华章之庭,位于今湖北监利县。　⑧非效:不像。醯壶:醋壶。醯,音 xī,同"醯"。酱甄:小口酱坛。甄,音 chuí。　⑨怀挟:揣在怀里。提挈:提在手里携带。挈,音 qiè。　⑩漓然:水急流貌。　⑪挽:拉,牵引。　⑫疾定:赶快决定。

○秦攻宜阳

秦攻宜阳①,周君谓赵累②曰:"子以为何如?"对曰:

"宜阳必拔也。"君曰:"宜阳城方八里,材士③十万,粟支④数年,公仲⑤之军二十万,景翠⑥以楚之众,临山而救之,秦必无功。"对曰:"甘茂⑦,羁旅⑧也,攻宜阳而有功,则周公旦也⑨;无功,则削迹于秦⑩。秦王不听群臣父兄之义而攻宜阳,宜阳不拔,秦王耻之。臣故曰拔。"君曰:"子为寡人谋,且柰⑪何?"对曰:"君谓景翠曰:'公爵为执圭⑫,官为柱国⑬,战而胜,则无加焉矣;不胜,则死。不如背秦⑭援宜阳。公进兵,秦恐公之乘其弊⑮也,必以宝事公;公中慕公之为己乘秦也⑯,亦必尽其宝⑰。'"

[注释]①宜阳:位于今河南宜阳县,韩国西陲重镇。 ②周君:周赧王。赵累:周臣。 ③材士:训练有素的军人。 ④支:支持,支撑。 ⑤公仲:韩国相国,名朋,又作公仲倗。 ⑥景翠:楚国将领。 ⑦甘茂:上蔡人,一说为下蔡人,时为秦国将领。 ⑧羁旅:客居于外的人。甘茂为楚国上蔡人,时仕于秦国,故称羁旅。 ⑨周公旦也:如果甘茂攻伐宜阳有功,他就能够像西周初年的周公旦一样,执掌秦国的国政。 ⑩削迹于秦:如果甘茂攻伐宜阳无功而返,将在秦国销声匿迹。 ⑪柰:同"奈"。 ⑫公爵:景翠的爵位。执圭:楚国的最高爵位。 ⑬柱国:楚国最高武职官员,位在令尹之下,诸卿之上。 ⑭背秦:背离秦国。 ⑮乘其弊:利用秦国军队疲惫之机。 ⑯慕公:韩公仲敬慕景翠。乘:进攻,侵犯。 ⑰尽其宝:悉数献出他的宝物。

秦拔宜阳,景翠果进兵。秦惧,遽效煮枣①,韩氏果亦效重宝。景翠得城于秦,受宝于韩,而德东周②。

[注释]①遽效:立刻献上。煮枣:魏邑,在今山东菏泽县。 ②德东周:东周感恩戴德于景翠。

○东周与西周战

东周与西周战,韩救西周。为东周谓韩王曰①:"西周者,故天子之国也,多名器重宝。案兵②而勿出,可以德东周,西周之宝可尽矣。"

[注释]①为:替。东周:周惠王封其少子班于今河南巩义市的"巩",号称东周。从此,春秋始有西周、东周。韩王:韩襄王。　②案兵:按兵不动。

○东周与西周争

东周与西周争,西周欲和①于楚、韩。齐明②谓东周君曰:"臣恐西周之与楚、韩宝③,令之为己求地于东周也。不若谓楚、韩曰,西周之欲入宝,持二端④。今东周之兵不急西周,西周之宝不入楚、韩。楚、韩欲得宝,即且趣我攻西周⑤。西周宝出,是我为楚、韩取宝以德之也⑥,西周弱矣。"

[注释]①和:讲和,建立友好邦交关系。　②齐明:辩士,或为楚人,或为齐人,先后活动于东周、秦、楚、韩。　③与:给予,送给。宝:钟鼎彝器等物。④持二端:在"入宝"与不"入宝"两者之间。　⑤趣:促使抓紧。我:东周。⑥取宝:东周为楚、韩取得西周的宝物。德:施恩德于楚、韩。

○东周欲为稻

东周欲为稻①,西周不下水②,东周患之。苏子③谓东周君曰:"臣请使西周下水可乎?"乃往见西周之君曰:"君之谋过④矣!今不下水,所以富东周也。今其民皆种麦,无他种矣。君若欲害之,不若一为下水⑤,以病其所种⑥。下水,东周必复种稻;种稻而复夺之。若是,则东周之民可令一仰⑦西周,而受命于君矣。"西周君曰:"善。"遂下水。苏子亦得两国之金⑧也。

[注释]①为稻:种植稻谷。　②西周不下水:西周居于水的上游,壅塞东周种植水稻的水源。　③苏子:苏代,洛阳人,苏秦的弟弟。一说为苏秦的另一个弟弟苏厉。　④过:错误。　⑤一为下水:暂时为东周种植稻谷而放水。一:暂时。为:指"为稻"。　⑥病:损害。所种:已经种下的麦子。　⑦一仰:所有的人都依赖、依靠。　⑧金:西周、东周酬劳的钱财。

○昭献在阳翟

昭献在阳翟①,周君将令相国往②,相国将不欲。苏厉为之谓周君曰:"楚王与魏王遇③也,主君令陈封之楚④,令向公⑤之魏。楚、韩之遇也,主君令许公⑥之楚,令向公之韩。今昭献非人主⑦也,而主君令相国往;若其王在阳翟,主君将令谁往?"周君曰:"善。"乃止其行。

[注释]①昭献:楚人,时任韩国相国。阳翟:韩邑,在今河南禹州市。②相国:周王室的最高执政长官。往:与昭献会面。　③遇:会晤。　④主君:周君。陈封:仕于周者,位在相国之下。之楚:出使楚国。　⑤向公:仕于周者,位在相国之下。　⑥许公:仕于周者,位在相国之下。　⑦非人主:昭献仅是韩的相国,而不是国君。

○秦假道于周以伐韩

秦假道①于周以伐韩,周恐假之而恶②于韩,不假而恶于秦。史黡③谓周君曰:"君何不令人谓韩公叔④曰:'秦敢绝塞⑤而伐韩者,信⑥东周也。公何不与周地⑦,发重使⑧使之楚,秦必疑⑨,不信周,是韩不伐⑩也。'又谓秦王曰:'韩强与周地⑪,将以疑周于秦⑫,寡人不敢弗受。'秦必无辞而令周弗受,是得地于韩而听于秦也⑬。"

[注释]①假道:借路。 ②恶:得罪。 ③史黡:韩国史官。黡,音yǎn,又作厌。 ④韩公叔:韩国的公族,国君家族的成员。 ⑤绝塞:跨越边塞的屏障。 ⑥信:信任。 ⑦与周地:割韩国之地给东周。 ⑧重使:权位高的重要使者。 ⑨疑:怀疑楚国另有企图。 ⑩韩不伐:韩国不遭受秦国的攻伐。 ⑪强:强制,韩国强制性的送给周土地。 ⑫疑周于秦:引起秦国对周的猜忌。 ⑬得地于韩而听于秦:得到了韩国的土地,又顺从了秦国的意愿。

○楚攻雍氏

楚攻雍氏①,周粻②秦、韩,楚王③怒周,周之君患之。为周谓楚王曰:"以王之强而怒周,周恐,必以国合于所与粟之国,则是劲④王之敌也。故王不如速解周恐⑤,彼前得罪而后得解,必厚事王矣。"

[注释]①雍氏:韩邑,在今河南禹州市。 ②粻:音zhāng,粮食,周以粮食供给秦、韩。 ③楚王:楚怀王。 ④劲:增强。 ⑤解:解除。周恐:周对楚王的恐惧。

○周最谓石礼

周最谓石礼①曰:"子何不以秦攻齐?臣请令齐相子②,子以齐事秦,必无处③矣。子因令周最居魏以共之④,是天下制于子也。子东重⑤于齐,西贵于秦,秦、齐合,则子常重矣。"

[注释]①周最：周公子。石礼：又称吕礼，原为秦国五大夫，襄侯魏冉欲杀石礼，石礼逃亡魏国时途经周。 ②请令齐相子：使齐国以相国的礼遇待石礼。 ③处：一作"虑"，忧虑。 ④因：借这个机会，以这个为借口。共之：以齐、魏共同事秦。 ⑤重：受到重用。

○周相吕仓见客于周君

周相吕仓见客①于周君。前相工师藉恐客之伤己也②，因令人谓周君曰："客者，辩士③也，然而所以不可者，好毁人④。"

[注释]①吕仓：周相国。见客：引见客人晋见。见，音 xiàn，介绍，引见。②前相：前任相国工师藉。工师藉：又作工陈藉。伤：伤害，损害。 ③辩士：思维敏捷，能言善辩之士。 ④好毁人：喜欢贬低伤害他人。

○周文君免士工师藉

周文君免士工师藉①，相吕仓②，国人不说也③。君有闵闵④之心。

[注释]①免士工师藉：罢免相国工师藉。士，衍字 ②相吕仓：任命吕仓为相国。 ③国人：居住在城郭内的居民。说，通"悦"。 ④闵闵：忧虑，不悦。

谓周文君曰："国必有诽誉①，忠臣令诽在己②，誉在上③。宋君夺民时以为台④，而民非⑤之，无忠臣以掩盖之也。子罕释相为司空⑥，民非子罕而善其君。齐桓公宫中七市⑦，女闾七百⑧，国人非之。管仲故为三归之家⑨，以掩桓公⑩,非自伤于民也⑪?《春秋》记臣弑君者以百数,皆大臣见誉者也。故大臣得誉,非国家之美也。故众庶成彊⑫,增积成山。"周君遂不免⑬。

[注释]①诽誉:诽谤与褒奖。 ②忠臣令诽在己:忠于国君的臣下使诽谤落在自己身上。 ③誉在上:赞誉在国君身上。 ④夺民时以为台:占用农忙季节建筑高台。 ⑤非:批评,非议。 ⑥子罕释相为司空:子罕辞去相国职务担任主掌土木工程建筑的司空,把筑台之事归罪于自己。子罕:即乐喜,宋戴公六世孙。 ⑦市:进行买卖交易的市场。 ⑧闾:居住区里巷的大门。齐桓公在宫中建立里巷,使女子居住。 ⑨管仲:春秋初期齐国的政治家,名夷吾,字仲,由鲍叔牙推荐,齐桓公任命为卿,尊称"仲父"。辅佐齐桓公改革,对外"尊王攘夷",使齐桓公成为春秋第一位霸主。三归之家:管仲娶三姓之女组成大家庭。 ⑩以掩桓公:为了掩盖齐桓公的污点。 ⑪非自伤于民也:管仲为三归之家,不是自己乐于受到人们贬毁,而是为了替齐桓公遮羞。 ⑫众庶:众多。彊:同"强"。 ⑬不免:不罢免吕仓相国之职。

○温人之周

温①人之周,周不纳②。客③即对曰:"主人也。"问其巷④而不知也,吏因囚之。君使人问之曰:"子非周人,而自谓非客何也?"对曰:"臣少而诵《诗》,《诗》曰'普天之下,莫非王土;率土之滨⑤,莫非王臣。'今周君天下⑥,则我天子之臣,而又为客哉?故曰主人。"君乃使吏出之。

[注释]①温:魏邑,在今河南温县。 ②纳:接纳。 ③客:外来人,此指温人。 ④巷:居住的里巷、地址。 ⑤率土之滨:沿循着国土边界的河流。 ⑥周君天下:周君君临天下,治理万民。

○或为周最谓金投

或为周最谓金投曰①："秦以周最之齐疑天下②,而又知赵之难子③齐人战,恐齐、韩之合,必先合于秦。秦、齐合,则公之国虚矣④。公不如救齐,因佐秦而伐韩、魏,上党长子⑤,赵之有。公东收宝于秦,南取地于韩,魏因以因⑥,徐为之东⑦,则有合矣。"

[注释]①周最:西周武公之子。金投:赵人。 ②以:因为。之齐:到齐国。疑天下:秦怀疑周最与其他国合谋秦国。 ③子:又作予,通"与"。 ④公:金投。国:赵国。虚:废墟,赵国将变为废墟。 ⑤上党:首府在今山西长治市,统辖区域为今山西和顺、榆社以南,沁水流域以东等地。长子:上党的属地,今山西长子县。 ⑥魏因以因:第一个"因"为因此之"因";第二个"因",又作"困",言魏国因此而陷入困境。 ⑦徐:徐徐渐进;东:齐国。

○周最谓金投

周最谓金投曰:"公负令秦①与强齐战。战胜,秦且收齐而封之②,使无多割③,而听天下之战④;不胜,国⑤大伤,不得不听⑥秦。秦尽韩、魏之上党太原⑦,西止秦之有已。秦地,天下之半也,制齐、楚、三晋⑧之命,复国且身危⑨,是何计之道也。"

[注释]①负令秦:依仗着与秦的联合。令,一作合,联合。 ②且:将。收齐:收服齐国。封:划分疆土。 ③割:割地。 ④听:任凭,不加干涉,任其发展。天下之战:各国希望多得地于齐,而齐不多割,则必战。 ⑤国:赵国。 ⑥听:听从,服从。 ⑦尽:全部占有。太原:在今山西太原市东北。

⑧三晋:韩、赵、魏。 ⑨复国且身危:这种做法,将使赵国被颠覆,自身也会处于危险境地。复:又作覆,颠覆。国:赵国。身:金投。

○石行秦谓大梁造

石行秦谓大梁造①曰:"欲决霸王之名,不如备两周辩知之士②。"谓周君曰:"君不如令辩知之士,为君争于秦③。"

[注释]①石行秦:又作右行秦。右行:秦职官。秦:周人,名秦。一说石行为姓。大梁造,又作大良造,秦的第十六级爵位。 ②备:谨慎对待。两周:东周与西周。辩知之士:聪慧善辩的士人。 ③为君争于秦:秦小看周君,使辩士为周君争取得到秦的尊重。

○谓薛公

谓薛公①曰:"周最于齐王也而逐之②,听祝弗③,相吕礼者,欲取秦④。秦、齐合,弗与礼重矣⑤。有周齐⑥,秦必轻君。君弗如急北兵趋赵以秦、魏⑦,收周最以为后行⑧,且反齐王之信⑨,又禁天下之率⑩。齐无秦,天下果⑪,弗必走⑫,齐王谁与⑬为其国?"

[注释]①薛公:齐孟尝君田文,战国四君子之一。沿袭其父田婴的封爵,封于今山东滕州市的薛地,称薛公,号孟尝君。曾为齐闵王的相国,门下有食客数千。先后联合韩、魏击败楚、秦、燕。一度入秦为相国,不久逃归。公元前294年因田甲叛乱,出奔魏,任魏相,主张联秦伐齐,后来与燕、赵等国合纵攻齐。 ②周最于齐王也而逐之:周最与齐闵王交往很深,而遭到驱逐。 ③祝弗:齐人。 ④取秦:通过吕礼取得秦国的支持。 ⑤弗与礼重矣:祝弗

与吕礼受到重用。　⑥有周、齐:得到周、齐支持。一说周为衍文。　⑦君弗如急北兵趋赵以秦、魏:不如紧急向北发兵,促使赵与秦、魏和好。　⑧收周最以为后行:收留周最,壮大力量。后行:又作"厚行"。　⑨反:同"返",挽回。信:信誉,声誉。　⑩率:从,跟随齐国的其他国家。一说"率"又作变,天下局势变化。　⑪果:决,犹言局势已成为不可逆转的定势。　⑫走:祝弗离开齐国。　⑬谁与:依靠谁。

○齐听祝弗

齐听祝弗,外①周最。谓齐王曰:"逐周最、听祝弗、相吕礼者,欲深取秦②也。秦得天下,则伐齐深矣。夫齐合③,则赵恐伐④,故急兵以示秦⑤。秦以赵攻⑥,与之齐伐赵,其实同理,必不处⑦矣。故用祝弗,即天下之理也。"

[注释]①外:排斥。　②深取秦:从根本上得到秦国的支持。　③齐合:齐、秦联合。　④恐伐:害怕遭到秦国征伐。　⑤急兵以示秦:以赵兵紧急攻伐齐国,向秦表示友好。　⑥攻:攻齐国。　⑦处:据,采用。

○苏厉为周最谓苏秦

苏厉为周最谓苏秦①曰:"君不如令王听最②,以地合于魏、赵③,故必怒合于齐④,是君以合齐与强楚吏产子④。君若欲因⑤最之事,则合齐者,君也;割地者,最也。"

[注释]①苏厉:苏秦弟。苏秦:东周洛阳人,字季子,战国著名纵横家。奉燕昭王命入齐,从事反间活动。齐闵王末年被任为齐相国。他曾劝说齐王取消帝号,与赵李兑约五国攻秦,赵封他为武安君。后燕将乐毅联合五国攻齐,苏秦反间活动暴露,被车裂而死。　②最:周最。　③以地合于魏、赵:周割地给魏、赵,换取联合。　④必怒合于齐:苏秦怒周最而联合齐国。　④吏

产子:人丁兴旺,世代相继,比喻齐、楚友好,两国政权绵延不绝。　⑤因:借助,利用。

○谓周最曰仇赫之相宋

谓周最曰:"仇赫之相宋①,将以观秦之应赵、宋②,败三国③。三国不败,将兴赵、宋合于东方以孤秦④。亦将观韩、魏之于齐也。不固⑤,则将与宋败三国,则卖赵、宋于三国⑥。公何不令人谓韩、魏之王曰⑦:'欲秦、赵之相卖⑧乎?何不合周最兼相⑨,视之不可离⑩,则秦、赵必相卖以合于王也。"

[注释]①仇赫:曾为赵相国,现为宋国的相国。仇,音 qiú。　②观秦之应赵、宋:观察秦与赵、宋是如何联合呼应的。　③三国:韩、魏、齐。　④兴:发动,帮助。东方:东方之国韩、魏、齐。孤:孤立。　⑤不固:韩、魏与齐关系不牢固。　⑥卖赵、宋于三国:出卖赵、宋于韩、魏、齐。　⑦韩、魏之王:韩襄王与魏哀王。　⑧相卖:相互出卖。　⑨合:韩、魏联合。兼相:同时任韩、魏的相国。　⑩视:示,显示。不可离:韩、魏联合,不可拆散。

○为周最谓魏王

为周最谓魏王①曰:"秦知赵之难②与齐战也,将恐齐、赵之合也,必阴劲之③。赵不敢战,恐秦不已收④也,先合于齐。秦、赵争齐,而王无人⑤焉,不可。王不去⑥周最,合于收齐⑦,而以兵之急则伐齐,无因⑧事也。"

[注释]①魏王:魏襄王。　②难:畏阻,惧怕。　③阴劲之:暗中支持,使赵强劲。　④不己收:违背诺言,放弃自己的承诺。　⑤王无人:周王室没有

主掌联络齐国事务的人。　⑥去:派遣。　⑦合于收齐:联合齐为友好之国。
⑧因:依据。

○谓周最曰魏王以国与先生

谓周最曰:"魏王以国与先生①,贵②合于秦以伐齐。薛公故主③,轻忘④其薛,不顾其先君之丘墓⑤,而公独修虚信为茂行⑥,明群臣据故主⑦,不与伐齐者,产以忿强秦⑧,不可。公不如谓魏王、薛公曰:'请为王入齐⑨,天下不能伤齐。而有变⑩,臣请为救之;无变,王遂伐之⑪。且臣为齐奴⑫也,如累王之交于天下⑬,不可。王为臣赐厚矣,臣入齐,则王亦无齐之累也。'"

[注释]①魏王以国与先生:魏昭王把国家大事委托给周最。　②贵:看重,努力促使。　③薛公:孟尝君田文。故主:齐闵王。　④轻忘:轻率地忘记。　⑤丘墓:陵墓。　⑥独修:单单学习研究。虚信:虚假的真诚。茂行:美德与善行。　⑦明群臣据故主:明示魏国众臣,要依仗原来的君王。⑧产以忿强秦:引发出对强大秦国的愤恨。产:生出,引发。忿:愤恨。⑨请为王入齐:周最请求为魏昭王到齐国。　⑩变:变故。　⑪伐之:魏伐齐。　⑫臣为齐奴:周最像奴仆那样服侍于齐国。　⑬累:连累,损害。交:邦交。

○赵取周之祭地

赵取周之祭地①,周君患之,告于郑朝②。郑朝曰:"君勿患也,臣请以三十金③复取之。"周君予之,郑朝献之赵太卜④,因告以祭地事。及王病,使卜之。太卜谴⑤

之曰:"周之祭地为祟⑥。"赵乃还之。

[注释]①祭地:供祭祀用的土地。 ②郑朝:郑人,仕于周。 ③金:货币计量单位,二十两或二十四两为一镒,一镒又称为一金。 ④太卜:占卜官之长。 ⑤谴:谪问,转告上天的责备。 ⑥祟:神祸。

○杜赫欲重景翠于周

杜赫欲重景翠于周①,谓周君曰:"君之国小,尽君子重宝珠玉以事诸侯②,不可不察也。譬之如张罗者③,张于无鸟之所,则终日无所得矣;张于多鸟处,则又骇鸟④矣;必张于有鸟无鸟之际,然后能多得鸟矣。今君将施于大人⑤,大人轻⑥君;施于小人⑦,小人无可以求,又费财⑧焉。君必施于今之穷士⑨,不必且为大人者⑩,故能得欲⑪矣。"

[注释]①杜赫:周人,曾在东周、齐、楚、韩活动。重:使其受到重用。景翠:楚国将领。 ②尽:用尽。重宝:钟鼎彝器等。事:交往,服事。 ③张罗者:设置罗网捕鸟的人。张:设置。罗:捕鸟的罗网。 ④骇鸟:鸟受惊吓而远飞。 ⑤大人:位高权重之人。 ⑥轻:轻视,蔑视。 ⑦小人:知识贫乏、无权无势之人。 ⑧费财:小人数量大,能力小,故费用高而收获小。 ⑨穷士:介于大人与小人之间的困窘之士,此指景翠。 ⑩不必且为大人者:很难预料将来能否成为位高权重之人。 ⑪得欲:得到能够为君所用、为国君努力做事之人。

○周共太子死

周共太子①死,有五庶子②,皆爱之,而无適立③也。

司马翦谓楚王曰④："何不封公子咎⑤,而为之请太子?"左成⑥谓司马翦曰："周君不听,是公之知困⑦而交绝于周也。不如谓周君曰:'孰欲立也?微⑧告翦,翦令楚王资之以地⑨。'公若欲为太子⑩,因令人谓相国御展子、廧夫空曰⑪:'王类欲令若为之⑫,此健士⑬也,居中⑭不便于相国。'"相国令之⑮为太子。

[注释]①周共太子:东周武王太子共。 ②庶子:嫡妻所生的长子以外的儿子,妾所生的所有儿子,均为庶子。 ③无適立:没有可以立为国君的嫡长子。適,音dí,通嫡长子之"嫡"。 ④司马翦:楚卿。楚王:楚怀王。 ⑤封:册封,赐以爵位、土地、名号。公子咎:东周武王的五庶子之一。 ⑥左成:楚臣。 ⑦知:通"智"。困:困窘,尴尬。犹言周君不听楚怀王的建议,就显示出了司马翦的谋划缺陷。 ⑧微:悄声,暗中。 ⑨今:一作"令"。资:赞助,资助。 ⑩公若欲为太子:这是左成告司马翦之辞,言司马翦如果想按照他自己的意愿立太子。 ⑪因:利用,通过。相国御展子:適楚相国驾车的人,名展子。廧夫空:廧通"啬",啬夫,小臣,名空。 ⑫王类欲令若为之:楚怀王倾向于你这样做。类:类似,倾向于。若:汝,你,指司马翦。 ⑬健士,有作为之人。 ⑭居中:居于国中。 ⑮之:公子咎。

○三国隘秦

三国隘秦①,周令其相之秦,以秦之轻②也,留③其行。有人谓相国曰:"秦之轻重,未可知也。秦欲知④三国之情,公不如遂见秦王⑤曰:'请谓王听东方之处⑥。'秦必重公。是公重周,重周以取秦也。齐重故⑦有周,而已取齐,是周常不失重国之交⑧也。"

[注释]①三国:韩、赵、魏。隘:隔绝。 ②以:因为。轻:秦国地位降低。

③留:滞留不进,停止。 ④知:了解。 ⑤秦王:秦昭王。 ⑥听:侦察,了解。处:形势,格局。 ⑦故:旧,过去。 ⑧重国:秦、齐等重要国家。交:友好邦交关系。

○昌他亡西周

昌他亡西周①,之东周,尽输②西周之情于东周。东周大喜,西周大怒。冯且③曰:"臣能杀之。"君予金三十斤。冯且使人操金与书,间遗④昌他书曰:"告昌他,事可成,勉⑤成之;不可成,亟亡来亡来⑥。事久且泄,自令身死。"因使人告东周之候⑦曰:"今夕有奸人当入者矣。"候得而献东周,东周立⑧杀昌他。

[注释]①昌他:西周臣;亡:因罪亡逃他国。 ②输:告诉,献出。 ③冯且:且,又作雎,西周臣。且,音jū。 ④间遗:寻找机会送给。遗,音wèi,赠送,给。 ⑤勉:努力。 ⑥亟:急,迅速。亡来:逃回来。 ⑦候:侦探。 ⑧立:立刻。

○昭翦与东周恶

昭翦与东周恶①,或谓照翦②曰:"为公画阴计③。"照翦曰:"何也?""西周甚憎东周,尝欲东周与楚恶,西周必令贼贼公④,因宣言⑤东周也,以西周之于王也⑥。"照翦曰:"善。吾又恐东周之贼己而以轻西周恶之于楚⑦。"遽⑧和东周。

[注释]①恶:关系恶化。 ②照翦:楚臣昭翦。 ③画阴计:策划阴谋诡计。 ④贼贼公:贼,刺客。贼公,刺杀昭翦。 ⑤宣言:宣扬,遍告。 ⑥西

周:又作"以恶"。王:楚怀王。 ⑦贼己而以轻西周恶之于楚:刺杀自己,以表示轻视西周,使西周与楚的关系恶化。 ⑧遽:急忙。

○严氏为贼

严氏为贼①,而阳竖与焉②。道周③,周君留之十四日,载以乘车驷马而遣之④。韩使人让⑤周,周君患之。客谓周君曰:"正语⑥之曰:'寡人⑦知严氏之为贼,而阳竖与之,故留之十四日以待命也。小国不足亦以容贼,君之使⑧又不至,是以遣之也。'"

[注释]①严氏为贼:严氏:韩国严仲子,名遂。为贼:刺杀韩相国侠累。 ②阳竖与焉:阳竖,又作杨坚,聂政刺杀侠累,阳竖为聂政副手。与,参与。 ③道周:逃亡路过周。 ④载以乘车驷马而遣之:载,乘坐。乘车驷马,四匹马驾的车。遣,遣送。 ⑤让:责备,谴责。 ⑥正语:直言。 ⑦寡人:周君自称,意为寡德之人。 ⑧使:使者。

卷二 西　周

○薛公以齐为韩魏攻楚

薛公①以齐为韩、魏攻楚，又与韩、魏攻秦，而藉兵乞食②于西周。韩庆③为西周谓薛公曰："君以齐为韩、魏攻楚，九年而取宛、叶以北以强韩、魏④，今又攻秦以益⑤之。韩、魏南无楚忧，西无秦患，则地广而益重⑥，齐必轻⑦矣。夫本末更⑧盛，虚实有时，窃⑨为君危之。君不如令弊邑阴⑩合于秦而君无攻，又无藉兵乞食。君临函谷而无攻⑪，令弊邑以君之情谓秦王曰：'薛公必破秦以张⑫韩、魏，所以进兵者，欲王令楚割东国⑬以与齐也。'秦王出楚王以为和⑭，君令弊邑以此忠秦，秦得无破，而以楚之东国自免也，必欲之。楚王出，必德齐，齐得东国而益强，而薛世世无患。秦不大弱，而处之三晋⑮之西，三晋必重齐。"薛公曰："善。"因令韩庆入秦，而使三国无攻秦，而使不藉兵乞食于西周。

[注释]①薛：齐邑，今山东滕州市。薛公：田婴，齐威王少子，孟尝君之父，曾为齐相国，封于薛，称薛公，号靖国君。　②藉兵：借兵。乞食：请求支

援粮食。 ③韩庆:西周臣。 ④九:当为六或五。宛:今河南南阳市。叶:今河南叶县。 ⑤益:增强。 ⑥地广:疆域面积大。益重:更加受到尊重。 ⑦轻:被他国轻视。 ⑧更:更迭。 ⑨窃:私下。 ⑩阴:暗中。 ⑪临:守卫。函谷:函谷关,位于今河南灵宝市。无攻:不攻击秦国。 ⑫张:强大。 ⑬东国:接近齐国的楚国东部。 ⑭秦王出楚王以为和:楚怀王三十年,张仪诱楚怀王与秦会晤,秦拘留其为人质。出:归还。和:和解友好。 ⑮三晋:韩、赵、魏。

○秦攻魏将犀武军于伊阙

秦攻魏将犀武军于伊阙①,进兵而攻周。为周最谓李兑②曰:"君不如禁③秦之攻周。赵之上计,莫如令秦、魏复战④。今秦攻周而得之⑤,则众必多伤矣。秦欲待周之得⑥,必不攻魏;秦若攻周而不得,前有胜魏之劳⑦,后有攻周之败,又必不攻魏。今君禁之,而秦未与魏讲⑧也。而全赵令其止,必不敢不听,是君却⑨秦而定周也。秦去周,必复攻魏,魏不能支⑩,必因君而讲⑪,则君⑫重矣。若魏不讲,而疾支之,是君存周而战秦、魏也。重亦尽在赵。"

[注释]①犀武:魏将。犀:"犀"的别体字。伊阙:今河南洛阳龙门。 ②李兑:因功官至赵司寇,后为相国,封为奉阳君。 ③禁:制止。 ④令秦、魏复战:赵、魏为邻国,秦、魏战事再起,赵国则可能平安无事。 ⑤得之:战胜获得土地民人。 ⑥秦欲待周之得:秦希望得到周。 ⑦劳:疲劳。 ⑧讲:和解,媾和。 ⑨却:退却。 ⑩支:支撑,抗衡。 ⑪因君而讲:通过李兑与秦讲和。 ⑫君:李兑。

○秦令樗里疾以车百乘入周

秦令樗里疾①以车百乘入周,周君迎之以卒②,甚敬。楚王③怒,让④周,以其重秦客。游腾⑤谓楚王曰:"昔智伯欲伐厹由⑥,遗之大钟⑦,载以广车⑧,因随入以兵,厹由卒⑨亡,无备故也。桓公伐蔡也,号言⑩伐楚,其实袭蔡。今秦者,虎狼之国⑪也,兼有吞周之意;使樗里疾以车百乘入周,周君惧焉,以蔡、厹由戒之,故使长兵⑫在前,强弩在后,名曰卫疾⑬,而实囚之也。周君岂能无爱国哉?恐一日之亡国,而忧大王。"楚王乃悦。

[注释]①樗里疾:秦惠王异母弟,因其居住的"里"有大樗树,故号樗里疾。樗,音 chū。 ②卒:百人组成的仪仗队。 ③楚王:楚怀王。 ④让:谴责。 ⑤游腾:周臣。 ⑥智伯:晋卿伯瑶。厹由:狄人之国。厹,音 qiú。 ⑦遗:赠。大钟:青铜制作的打击乐器。 ⑧广车:大型的车。 ⑨卒:迅速。 ⑩号言:声称。 ⑪虎狼之国:秦素有吞并其他诸侯国之野心,故称其为虎狼之国。 ⑫长兵:持戈矛等进攻型武器的士兵。 ⑬卫:护卫。疾:樗里疾。

○雍氏之役

雍氏之役①,韩征甲与粟②于周。周君患之,告苏代③。苏代曰:"何患焉?代能为君令韩不征甲与粟于周,又能为君得高都④。"周君大悦曰:"子苟能⑤,寡人请以国听⑥。"苏代遂往见韩相国公中⑦曰:"公不闻楚计乎?昭应谓楚王曰⑧:'韩氏罢⑨于兵,仓廪空,无以守城,吾收⑩

之以饥,不过一月必拔⑪之。'今围雍氏五月不能拔,是楚病⑫也。楚王始不信昭应之计矣,今公乃征甲及粟于周,此告⑬楚病也。昭应闻此,必劝楚王益兵守雍氏,雍氏必拔。"公中曰:"善。然吾使者已行矣。"代曰:"公何不以高都与周。"公中怒曰:"吾无征甲与粟于周,亦已多矣。何为与高都?"代曰:"与之高都,则周必折⑭而入于韩,秦闻之必大怒,而焚周之节⑮,不通其使,是公以弊⑯高都得完周也,何不与也?"公中曰:"善。"不征甲与粟于周而与高都,楚卒不拔雍氏而去。

[注释]①雍:韩国别邑,在今河南禹州市。役:战事。 ②征:索要,征收。甲:铠甲等军事装备。粟:本义为"谷子",此为粮食的统称。 ③苏代:河南洛阳人,苏秦之弟,战国纵横家,齐闵王末年曾游说于齐、燕两国,劝燕昭王联秦伐齐。 ④高都:韩邑,在今河南洛阳西南。 ⑤苟能:如果能够做到。 ⑥听:听从。 ⑦公中:韩相国公仲侈。 ⑧昭应:楚将。楚王:楚怀王。 ⑨罢:音pí,疲劳。 ⑩收:收取,取得。 ⑪拔:得城为拔。 ⑫病:困乏,弊弱。 ⑬告:泄露,暴露。 ⑭折:委屈,转而。 ⑮节:符信,示信之物,传达命令、外交使者的凭证。 ⑯弊:破损。

○周君之秦

周君之秦①。谓周最②曰:"不如誉秦王③之孝也,因以应为太后养地④。秦王、太后必喜,是公⑤有秦也。交善,周君必以为公功;交恶,劝周君入秦者,必有罪矣。"

[注释]①之秦:将去秦国。 ②谓周最:有人告诉周最,此人姓名、身份不详。 ③誉:赞扬。秦王:秦昭王。 ④应:又作原,周邑,在今河南济源市。太后:秦昭王母。养地:供给生活资料的封地,又称为汤沐邑。 ⑤公:

周最。

○苏厉谓周君

苏厉①谓周君曰:"败韩、魏,杀犀武,攻赵,取蔺、离石、祁者②,皆白起③。是④攻用兵,又有天命也⑤。今攻梁⑥,梁必破,破则周危,君不若止之。谓白起曰:'楚有养由基⑦者,善射;去柳叶者百步而射之,百发百中。左右皆曰善。有一人过曰,善射,可教射⑧也矣。养由基曰,人皆善,子乃曰可教射,子何不代我射之也。客曰,我不能教子支左屈右⑨。夫射柳叶者,百发百中,而不已善息⑩,少焉气力倦,弓拨矢钩⑪,一发不中,前功尽矣。今公破韩、魏,杀犀武,而北攻赵,取蔺、离石、祁者,公也。公之功甚多。今公又以秦兵出塞⑫,过两周⑬,践韩而以攻梁,一攻而不得,前功尽灭,公不若称病不出也。'"

[注释]①苏厉:苏秦之弟。　②蔺:在今山西吕梁市离石区。离石:今山西吕梁市离石区。祁:今山西祁县。　③白起:秦将军,封为武安君。④是:此,这一次。　⑤有天命:天命相助。　⑥梁:魏都城大梁,在今河南开封。　⑦养由基:姓养,名由基。楚国善射之人。　⑧可教射:可以教养由基学习射箭,暗示养由基应该停止射箭。　⑨支左屈右:左手握弓如距,右手拉弦持箭如附枝,此为善射之法。　⑩不已善息:射箭不停,不知道适可而止。⑪弓拨矢钩:弓拉不正,射出的箭歪曲。　⑫塞:伊阙,即今河南洛阳龙门山。⑬两周:东周和西周。

○楚兵在山南

楚兵在山南①,吾得将为楚王属怒于周②。或谓周君曰:"不如令太子将军正迎吾得于境,而君自郊迎,令天下皆知君之重吾得也。因泄③之楚,曰:'周君所以事吾得者器④,必名曰谋楚⑤。'王必求之⑥,而吾得无效⑦也,王必罪之。"

[注释]①山南:周山之南,泛指河南洛阳南部群山之南。 ②吾得:楚将军。属怒:激怒,结怨。 ③因泄:寻找机会泄露、透露。 ④事吾得者器:以宝贝器物事奉吾得。 ⑤谋楚:谋划楚国。 ⑥王:楚王。求之:索要周奉献给吾得的器物。 ⑦效:致送、献上。

○楚请道于二周之间

楚请道①于二周之间,以临②韩、魏,周君患之。苏秦谓周君曰:"除道属之于河③,韩、魏必恶之。齐、秦恐楚之取九鼎也,必救韩、魏而攻楚。楚不能守方城④之外,安能道⑤二周之间。若四国⑥弗恶,君虽不欲与⑦也,楚必将自取之矣。"

[注释]①请道:借路。 ②临:征伐。 ③除道:清理道路。属:连接,通,使道路通达。河:黄河。 ④方城:楚国山名,是楚国的北部要塞,位于今河南叶县,一说在今河南方城县。 ⑤道:取道进军。 ⑥四国:齐、秦、韩、魏。 ⑦不欲与:不愿献出九鼎。

○司寇布为周最谓周君

司寇布①为周最谓周君曰:"君使人告齐王以周最不肯为太子也,臣为君不取②也。函冶氏为齐太公买良剑③,公不知善④,归其剑而责⑤之金。越人请买之千金,折而不卖⑥。将死,而属⑦其子曰:'必无独知⑧。'今君之使最为太子,独知之契⑨也,天下未有信之者也。臣恐齐王之为君实立果而让之于最⑩,以嫁⑪之齐也。君为多巧⑫,最为多诈,君何不买信货⑬哉?奉养无有爱⑭于最也,使天下见之"。

[注释]①司寇布:周王室掌司法刑狱大臣,名布。 ②不取:这种做法不可取。 ③函冶氏:精通铸剑、相剑之术者。函:姓。冶:官名,因官名为氏,战国姓、氏逐渐合一。齐太公:田常之孙田和,因其开始取代姜姓为齐侯,所以号称齐太公。 ④善:精良。 ⑤责:索要回来。 ⑥折而不卖:折算其价,千金仍不够本身的价值,所以千金不卖。 ⑦属:嘱托。 ⑧独知:自己知道剑的精良,而密不告人。 ⑨契:约定。 ⑩果:周太子。让:假意推让之辞,虚言。 ⑪嫁:转嫁,欺蒙。 ⑫巧:欺诈。 ⑬信货:诚信真实的东西。 ⑭爱:吝,顾惜,珍爱。

○秦召周君

秦召周君,周君难往①。或为②周君谓魏王曰:"秦召周君,将以使攻魏之南阳③。王何不出于河南④?周君闻之,将以为辞于秦而不往⑤。周君不入秦,秦必不敢越河而攻南阳。"

[注释]①难往:心里不愿意前往,感到为难。 ②或:有人。为:代表。 ③南阳:今河南济源至获嘉一带,春秋晋地,战国属魏。 ④出:出兵。河南:位于黄河之南的洛阳。 ⑤将以为辞于秦而不往:以魏国军队在河南为托词而不去秦国。

○犀武败于伊阙

犀武败于伊阙,周君之魏求救①,魏王以上党之急辞之②。周君反③,见梁囿而乐④之也。綦母恢⑤谓周君曰:"温囿不下此⑥,而又近。臣能为君取之。"反见魏王,王曰:"周君怨寡人乎?"对曰:"不怨。且谁怨王?臣为王有患⑦也。周君,谋主⑧也。而设以国为王扞秦⑨,而王无之扞也。臣见其必以国事秦也,秦悉⑩塞外之兵,与周之众,以攻南阳⑪,而两上党绝矣⑫。"魏王曰:"然则奈何?"綦母恢曰:"周君形不小利⑬,事秦而好小利。今王许戍⑭三万人与温囿,周君得以为辞⑮于父兄百姓,而利⑯温囿以为乐,必不合于秦。臣尝闻温囿之利,岁八十金,周君得温囿,其以事王者,岁百二十金,是上党每患而赢四十金⑰。"魏王因使孟卯⑱致温囿于周君而许之成也。

[注释]①犀武败于伊阙:秦将白起在伊阙击败魏将犀武,准备进军周,周君求救于魏。伊阙:今河南洛阳龙门山。 ②以上党之急辞之:以上党形势紧急为借口,推辞不救周。上党:首府在今山西长治市,统辖区域为今山西和顺、榆社以南,沁水流域以东等地。 ③反:同"返"。 ④梁囿:魏的国家园囿。乐:喜欢。 ⑤綦母恢:周臣。綦,音qí。 ⑥温囿:魏国的另一个园囿,位于今河南温县。下:低于,逊色。 ⑦患:忧虑。 ⑧谋主:周君为天子,故称为谋主。 ⑨设:摆开阵势。扞:同"捍",抵御。 ⑩悉:用尽,全部出动。 ⑪南阳:今河南济源至获嘉一带,春秋晋地,战国属魏。 ⑫两上党:上党辖地为韩、魏共有,故称两上党。绝:与其他地方的交通断绝。 ⑬周君形不小利:周在形势格局上不需要小的好处。 ⑭许戍:答应守卫。 ⑮得以为辞:以得到魏国三万人帮助守卫周为借口。 ⑯利:私利,个人得到。 ⑰是上党每患而赢四十金:每,又作"无"。温囿年进贡约八十金,周君得到温囿则每年向魏进贡一百二十金,这样上党没有祸患,还能多得到四十金。 ⑱孟卯:齐人,在魏为臣。

○韩魏易地

韩、魏易①地,西周弗利②。樊余谓楚王曰③:"周必亡矣。韩、魏之易地,韩得二县,魏亡③二县。所以为之者,尽包二周④,多于二县,九鼎存焉⑤。且魏有南阳、郑地、三川而包二周⑥,则楚方城之外危;韩兼两上党以临赵,即赵羊肠⑦以上危。故易成之曰⑧,楚、赵皆轻。"楚王恐,因赵以止易也。

[注释]①易:交换。 ②利:便利。 ③樊余:周臣。楚王:楚怀王。 ③亡:失去。 ④包:包围。二周:东周和西周。 ⑤九鼎存焉:九鼎仍然存放在周。 ⑥郑地:今河南新郑市。三川:黄河、洛河、伊河,大致包括今洛阳、孟津、巩义、荥阳一带。 ⑦羊肠:赵国要塞,联系山西与中原的要道。今羊肠坂遗址有二,一在今山西长治壶关县的羊肠坂,另一遗址位于今河南沁阳市与山西泽州县交界处的古羊肠坂。 ⑧易成:土地交换成功。曰:又作日。

○秦欲攻周

秦欲攻周,周最谓秦王①曰:"为王之国计②者,不攻周。攻周,实不足以利国,而声畏③天下。天下以声畏秦,必东合④于齐。兵弊于周,而合天下于齐,则秦孤而不王矣⑤。是天下欲罢⑥秦,故劝王攻周。秦与天下俱罢,则令不横行⑦于周矣。"

[注释]①秦王:秦昭王。 ②计:设计,谋划。 ③声:名声。畏:令天下畏惧的恶名。 ④合:联合。 ⑤孤:孤立。王:称王,王天下。 ⑥罢:音

pí,疲敝。　⑦横行:向东进军,一说为无所畏忌,横行霸道。

○宫他谓周君

宫他①谓周君曰:"宛②恃秦而轻晋,秦饥而宛亡。郑恃魏而轻韩,魏攻蔡而郑亡。邾、莒亡于齐③,陈、蔡亡于楚④。此皆恃援国而轻近敌也。今君恃韩、魏而轻秦,国恐伤⑤矣。君不如使周最阴合于赵以备秦,则不毁⑥。"

[注释]①宫他:周臣。　②宛:今河南南阳,时属韩国。　③邾:又作邹,亦称邾娄。传说为颛顼后裔挟所建的曹姓诸侯国,拥有今山东费、邹、滕、济宁、金乡等地,都城位于今山东曲阜东南。公元前614年邾文公迁都于今山东邹县东南纪王城的绎。战国时过分依靠齐国,结果被楚所灭。莒:西周初分封的己姓诸侯国,开国君主为兹舆期,建都于今山东胶州市西南的计斤,春秋初年迁到今山东莒县。拥有今山东安丘、诸城、沂水、莒、日照等地。依靠齐国,最终被楚灭。　④陈:周武王灭商后封的妫姓之国。开国君主胡公,名满,相传是舜的后代。建都于今河南淮阳的宛丘,拥有今河南东部和安徽一部分。陈依靠于楚国但最终又被楚所灭。蔡:西周初年分封周武王弟叔度于蔡,因伙同武庚叛乱,被周公放逐。后改封其子蔡仲于此。建都于今河南的上蔡县。春秋时,受楚的逼迫,多次迁徙,公元前447年为楚灭。　⑤伤:损伤。　⑥毁:破坏,损害。

○谓齐王

谓齐王①曰:"王何不以地赍②周最以为太子也。"齐王令司马悍以赂进周最于周③。左尚④谓司马悍曰:"周不听,是公之知困而交绝于周也⑤。公不如谓周君曰:'何欲置⑥?令人微告⑦悍,悍请令王进⑧之以地。'"左尚以此得事⑨。

[注释]①齐王:齐闵王,一说为齐宣王。 ②赍:音jī,进献,送给。③司马悍:齐臣。赂:贿赂,赠送财物。进:举荐。 ④左尚:齐人。 ⑤知:智慧,计谋。困:困窘,穷困。交:邦交。 ⑥置:立,准备立谁为太子。⑦微告:悄悄地相告。 ⑧进:进献。 ⑨得事:得宠重用。

○三国攻秦反

三国攻秦反①,西周恐魏之藉道②也。为西周谓魏王③曰:"楚、宋不利秦之德三国也④,彼且攻王之聚⑤以利秦。"魏王惧,令军设舍速东⑥。

[注释]①反:返,返还。 ②藉道:借道。藉:通"借"。 ③魏王:魏襄王。 ④德:楚、宋采取不利于秦的行动,使齐、韩、魏三国感恩戴德。一说"德"为"听"。 ⑤聚:仓廪。 ⑥设舍速东:拔掉军营,迅速向东开拔。

○犀武败

犀武败①,周使周足之秦②。或谓周足曰:"何不谓周君曰:'臣之秦,秦、周之交必恶③。主君④之臣,又秦重而欲相者⑤,且恶臣于秦⑥,而臣为不能使⑦矣。臣愿免而行⑧。君因相之⑨,彼得相,不恶周于秦矣。'君重秦,故使相往,行而免,且轻秦也,公必不免。公言是⑩而行,交善⑪于秦,且公之成事⑫也;交恶于秦,不善于公且诛矣⑬。"

[注释]①犀武败:魏将犀武战败于伊阙。 ②周足:周相国。之秦:出使

秦国。　③交恶:邦交关系恶化。　④主君:周君。　⑤秦重:得到秦的看重。欲相:希望担任周相国。　⑥恶臣于秦:使秦厌恶周足。　⑦使:使用,完成使命。　⑧愿免而行:自愿免去相国之职,出使秦。　⑨君因相之:周君借此机会任命周足为相国。　⑩言是:这样说。　⑪交善:友好交往。　⑫成事:事情成功。　⑬不善于:不利于。诛:责备,杀戮。

卷三 秦 一

○卫鞅亡魏入秦

卫鞅亡魏入秦①,孝公以为相,封之于商②,号曰商君。商君治秦,法令至行③,公平无私,罚不讳强大④,赏不私亲近⑤,法及太子,黥劓其傅⑥。期年⑦之后,道不拾遗,民不妄取⑧,兵革⑨大强,诸侯畏惧。然刻深寡恩⑩,特以强服之耳⑪。

[注释]①卫鞅:卫国庶孽公子,氏公孙,又称公孙鞅。其父叔痤,为魏惠王相国,病重之际建议卫鞅接替相位,如果不能用其为相,要将其杀掉,避免为他国所用。因此卫鞅从魏逃亡到秦。痤:音 cuó。 ②封之于商:以商之地作为卫鞅的封地,所以又称其为"商君"、"商鞅"。商:位于今陕西商洛市商州区。 ③至行:大流行,畅通无阻。 ④讳:讳忌,回避。强大:强宗大族。 ⑤私:偏袒,枉法。亲近:国君亲近之臣。 ⑥黥劓其傅:时为太子的秦惠王犯法,施黥劓刑于其老师"傅"。黥:音 qíng,以刀割其额,然后用墨涂黑,方法近似于现代的文身。劓:音 yì,割鼻。 ⑦期年:一年。 ⑧民不妄取:非己之物,不擅自取用。 ⑨兵革:泛指军队。兵:武器。革:铠甲。 ⑩刻深寡恩:严峻苛刻,缺少恩仁。 ⑪特以强服之耳:特别注重以强力压制服从。

孝公行之八年,疾且不起,欲传商君①,辞不受。孝公已死,惠王代后,莅政有顷②,商君告归③。

[注释]①欲传商君:希望能够传王位于商鞅。　②莅政有顷:秦惠王即位亲政很短时间。　③商君告归:惧惠王诛之,辞职返魏。告归:辞职告退,返回老家。

人说惠王曰:"大臣太重者国危,左右太亲者身危。今秦妇人婴儿皆言商君之法,莫言大王之法。是商君反为主①,大王更②为臣也。且夫商君,固大王仇雠③也,愿大王图④之。"商君归还⑤,惠王车裂⑥之,而秦人不怜⑦。

[注释]①反为主:上下颠倒,以臣下为国君。　②更:更替换位。　③仇雠:仇人。雠:音 chóu。　④图:图谋,谋划。　⑤归还:自封地商回魏,未成,返回秦。　⑥车裂:以马拉的车撕裂人体的酷刑。　⑦怜:怜悯,同情。

○苏秦始将连横

苏秦始将连横①,说②秦惠王曰:"大王之国,西有巴、蜀、汉中之利③,北有胡貉、代马之用④,南有巫山、黔中之限⑤,东有肴、函之固⑥。田肥美,民殷富⑦,战车万乘⑧,奋击⑨百万,沃野千里⑩,蓄积饶多,地势形便⑪,此所谓天府⑫,天下之雄国⑬也。以大王之贤,士民之众,车骑之用,兵法之教⑭,可以并⑮诸侯,吞天下,称帝而治,愿大王少⑯留意,臣请奏其效⑰。"

[注释]①始:开始,起初。连横:西联秦,东联齐为连横。一说"连关中

之谓横,合关东之谓纵"。 ②说:音 shuì,游说。 ③巴:古国,今四川东部。蜀:古国,今四川西部。汉中:今陕西南部和湖北西北部的汉水流域,首府在今陕西汉中市。利:富饶。 ④胡貉:匈奴居住的地区,盛产貉等动物皮毛。代马:今河北、山西北部盛产的良马。用:军用物资。 ⑤巫山:今重庆市巫山县。黔中:故城在今湖南阮陵县西,包括今湖南西部,贵州东北部。限:险要的屏障。 ⑥肴:音 yáo,通"殽","殽"又通"崤",音 xiáo,崤山,秦岭山脉东段支脉,位于今河南灵宝市、陕县南部。函:函谷关,在今河南灵宝市。固:坚固的关口。 ⑦殷富:殷实富裕。 ⑧乘:音 shèng,计算车辆的量词"辆",这里特指战车。 ⑨奋击:英勇善战的武士。 ⑩沃野千里:关中之地,土地肥沃,面积广袤。 ⑪地势形便:地形优越,易守难攻。 ⑫天府:自然环境富饶,天然的财富聚集之地。 ⑬雄国:称雄于天下的强国。 ⑭教:训练。 ⑮并:兼并。 ⑯少:稍加。 ⑰奏其效:请求实践,一定能取得好的效果。

秦王曰:"寡人闻之,毛羽不丰满者不可以高飞,文章不成者不可以诛罚①,道德不厚②者不可以使民,政教不顺者不可以烦大臣③。今先生俨然不远千里而庭教之④,愿以异日。"

[注释]①文章:法令。成:完备成熟。 ②厚:厚重,高尚。 ③政教:政治教化。顺:教化深入民心,使民人驯顺服从。烦:烦劳。 ④俨然:庄严,郑重其事。庭教:庭同廷,在朝廷上公开指教。

苏秦曰:"臣固疑大王之不能用也。昔者神农伐补遂①,黄帝伐涿鹿而禽蚩尤②,尧伐驩兜③,舜伐三苗④,禹伐共工⑤,汤伐有夏⑥,文王伐崇⑦,武王伐纣⑧,齐桓任战而伯天下⑨。由此观之,恶⑩有不战者乎?古者使车毂击驰⑪,言语相结⑫,天下为一;约从⑬连横,兵革不藏⑭;文士并饬⑮,诸侯乱惑⑯;万端俱起,不可胜理⑰;科条⑱既备,民多伪态⑲;书策稠浊⑳,百姓不足;上下相愁㉑,民无所聊㉒;明言章理㉓,兵甲愈起;辩言伟服㉔,战攻不息;繁称文辞㉕,天下不治;舌弊㉖耳聋,不见成功;行义约信㉗,天下不亲㉘。于是,乃废文任㉙武,厚养死士㉚,缀甲厉兵㉛,效胜㉜于战场。夫徒处而致利㉝,安坐而广地㉞,虽古五帝、三王、五伯㉟,明主贤君,常欲坐而致之㊱,其势㊲不能,故以战续㊳之。宽㊴则两军相攻,迫则杖戟相橦㊵,然后可建大功。是故兵胜于外,义强于内㊶;威立于上㊷,民服㊸于下。今欲并㊹天下,凌万乘㊺,诎㊻敌国,制㊼海内,子元元㊽,臣㊾诸侯,非兵不可!今之嗣主㊿,忽于至道(51),皆惛于教(52),乱于治(53),迷(54)于言,惑(55)于语,沈于辩(56),溺于辞(57)。以此论之,王固不能行也(58)。"

[**注释**]①神农:传说中农业和医药的发明者,制作耒、耜,教民农业生产,又尝百草,发现医药,教人治病。一说神农氏即为炎帝。补遂:远古部落。②黄帝:华夏始祖轩辕氏。涿鹿:地名,在今河北涿鹿县。禽:擒获。蚩尤:九黎部族首领。 ③尧:陶唐氏,名放勋,华夏族部落联盟首领。驩兜:又名浑敦,曾为尧的司徒,尧晚年时成为反对尧、舜的"四凶"之一,被流放。驩,音huān。 ④舜:有虞氏,名重华,尧之后的部落联盟首领。三苗:远古的苗人部落。 ⑤禹:初为舜臣,治水有功,成为舜之后的部落联盟首领,晚年改禅让制为世袭制,其子启继承君位。共工:曾为尧之臣,后成为反对尧的"四凶"之一,被流放。 ⑥汤:名履,又称成汤、商汤,商族部落首领,夏桀无道,武伤百姓,鸣条之战汤灭夏,建立商王朝。有夏:夏王朝。 ⑦文王:周文王,名昌。崇:商的友好邦国,在今陕西户县,国君崇侯虎助纣为虐,文王伐之。⑧武王:周武王,名发,周文王之子。伐纣:商纣暴虐,武王牧野之战,一举灭商,建立西周王朝。 ⑨齐桓:齐桓公小白,春秋的第一位霸主。任:用,充分使用。伯天下:伯通"霸",称霸天下。 ⑩恶有:怎么会有。 ⑪车毂击驰:

毂,音 gū,固定辐条,连接车轴的车轮中心。击驰:车辆在高速行驶的时候车毂相互撞击。　⑫言语相结:通过语言进行交流,订立盟约。　⑬约从:相约合纵,齐、楚、燕、韩、赵、魏联合抗秦为合纵。　⑭藏:收藏起来。　⑮文士:文人辩士。并饬:饬,同“饰”,竞相巧饰言辞。　⑯乱惑:混乱疑惑。　⑰胜理:有效治理。　⑱科条:条规法令,条款章程。　⑲伪态:虚伪做作。　⑳书策:文献、法令。稠浊:稠密而混乱。　㉑上下:君臣。相愁:相互愁怨指责。　㉒聊:依靠。　㉓明言:讲清楚要说的话。章理:摆明白道理。　㉔辩言:言辞巧辩的游说之辞。伟服:奇伟的服饰。　㉕繁称文辞:复杂的言辞,华丽的辞藻。　㉖舌弊:磨破舌头。　㉗行义约信:讲义气,守信用。　㉘亲:相亲,和睦。　㉙任:任用,重用。　㉚死士:敢死之士。　㉛缀甲:缝制铠甲。厉兵:磨利武器。厉,“砺”的本字。　㉜效胜:努力争胜。　㉝徒处而致利:处事无所作为,但却获得好处。　㉞安坐而广地:无所事事地坐在那里,就能够扩大疆土。　㉟五帝:黄帝、颛顼、帝喾、尧、舜。颛顼,音 zhuān xū;喾,音 kù。三王:夏禹、商汤、周文王。五伯:春秋五霸。　㊱致之:达到目的。　㊲势:客观情景,形势格局。　㊳续:继续,替代。　㊴宽:两军相遇在宽阔的地方。　㊵迫:近,短兵相接。橦:刺。　㊶义强于内:仁义行于内政而国力强盛。　㊷威:权威。上:国君或统治集团。　㊸服:服从。　㊹并:兼并。　㊺凌:侵略,凌驾于其上。万乘:兵车万辆之国。　㊻诎:音 qū,屈服,降服。　㊼制:统治,控制。　㊽子元元:像父亲对待孩子那样统治黎民。元元:平民百姓。　㊾臣:臣服。　㊿嗣主:三皇五帝之后即位的国君,指当时在位的国君。　(51)忽:疏忽。至道:至善至美的治国方略。　(52)惛:昏乱。教:教化。　(53)乱:混乱。治:国家的治理。　(54)迷:迷乱。　(55)惑:迷惑。　(57)沈:同“沉”,沉湎。辩:雄辩之辞。　(58)溺:沉溺。辞:华丽的辞藻。　(58)固:固然,必定。行:实现称霸天下之事。

说秦王书十上而说不行[1]。黑貂之裘弊[2],黄金百斤尽[3],资用乏绝,去秦而归[4]。羸縢履蹻[5],负书担橐[6],形容枯槁[7],面目犁[8]黑,状有归[9]色。归至家,妻不下纴[10],

嫂不为炊⑪,父母不与言。苏秦喟叹⑫曰:"妻不以我为夫,嫂不以我为叔⑬,父母不以我为子,是皆秦之罪也。"乃夜发⑭书,陈箧⑮数十,得《太公阴符》⑯之谋,伏而诵之,简练以为揣摩⑰。读书欲睡,引锥自刺其股⑱,血流至足。曰:"安有说人主不能出其金玉锦绣⑲,取⑳卿相之尊者乎?"期年揣摩成,曰:"此真可以说当世之君矣!"

[注释]①不行:不被采用。　②弊:坏,破旧。　③尽:用完。　④去:离开。归:回归故里洛阳。　⑤羸縢,音 léi téng,打着绑腿。蹻:音 juē,通"屩",草鞋。　⑥橐:口袋。　⑦形容:面容。枯槁:憔悴。槁,音 gǎo。⑧犂:通"黧",黑黄色。　⑨归:当作"愧",惭愧。　⑩纴:织布帛的纱缕,此指织布机。　⑪炊:做饭。　⑫喟叹:颇有感慨的深叹。　⑬叔:丈夫的弟弟。　⑭发:取出。　⑮陈箧:打开书箱,把书摆开。箧,音 qiè,书箱。⑯《太公阴符》:传说姜太公著的兵法书。　⑰简练:精练概括。揣摩:思考琢磨,抓住要害,随机应变。　⑱股:大腿。　⑲安有:怎么能有。说:游说。人主:国君。　⑳取:取得,得到。

于是乃摩燕乌集阙①,见说赵王于华屋②之下,抵掌③而谈。赵王大悦,封为武安君④。受相印,革车⑤百乘,绵绣千纯⑥,白璧⑦百双,黄金万溢⑧,以随其后,约从散横⑨,以抑强秦。

[注释]①摩:切近,沿循。燕乌集阙:赵国王宫的阙之名,一说为要塞名。②赵王:赵肃侯。华屋:本来为山的名称,此指赵王的宫殿,形容其宏伟豪华。③抵掌:互击手掌,犹言融洽投机。　④武安君:苏秦封号,与秦白起封号相同。武安:赵邑,在今河北武安市。　⑤革车:战车。　⑥绵绣:精美艳丽的丝织品。纯:束,匹。　⑦白璧:璧当为璧,白玉制作的玉璧。　⑧溢:通"镒",重量单位,二十两或二十四两为一镒。　⑨约从散横:联合关东六国合纵抗秦,瓦解秦国连横。

故苏秦相于赵而关不通①。当此之时,天下之大,万民之众,王侯之威,谋臣之权,皆欲决苏秦之策②。不费斗粮,未烦③一兵,未战④一士,未绝一弦⑤,未折一矢⑥,诸侯相亲,贤于⑦兄弟。夫贤人在而天下服,一人用而天下从。故曰:式于政⑧,不式于勇;式于廊庙⑨之内,不式于四境之外。当秦之隆⑩,黄金万溢为用,转毂连骑⑪,炫熿⑫于道,山东之国⑬,从风⑭而服,使赵大重⑮。且夫苏秦特穷巷掘门、桑户棬枢之士耳⑯,伏轼撙衔⑰,横历⑱天下,廷说⑲诸侯之王,杜左右之口⑳,天下莫之能伉㉑。

[注释]①相于赵:担任赵的相国。关:函谷关。不通:秦兵不敢通过函谷关窥测东方。 ②决:取决于。策:策谋,策略。 ③烦:烦劳。 ④战:动用士兵发起战争。 ⑤绝:断。弦:弓弦。 ⑥矢:箭。 ⑦贤于:胜过。 ⑧式:使用,运用。政:政治策略,外交手段。 ⑨廊庙:宫殿、宗庙等国君、大臣议事的场所。 ⑩隆:显赫,鼎盛。 ⑪转毂连骑:车轮转动,车辆连接。 ⑫炫熿:光彩耀眼。 ⑬山东之国:指华山或崤山以东的诸侯国。 ⑭从风:跟随社会风气,随大流而行。 ⑮重:地位提高,受到尊重。 ⑯特:仅仅是。穷巷:贫民居住区。掘门:凿墙为门洞。桑户:桑木为门。棬枢:揉木以为门轴。棬,音quān。 ⑰伏轼撙衔:身子伏在车前的横木上,手拉着缰绳驾驭着马车。轼:车前的横木。撙:顿,拉动。衔:横置在马嘴中驾驭马的马嚼子。 ⑱横历:横行,畅通无阻。历:经过。横:横行。 ⑲廷说:在朝廷上游说。 ⑳杜:塞,堵塞。左右:国君身边的重臣、亲信。 ㉑伉:匹敌,抗衡。

将说楚王①,路过洛阳,父母闻之,清宫除道②,张乐③设饮,郊迎三十里。妻侧目而视,倾耳而听;嫂虵行匍伏④,四拜自跪⑤而谢。苏秦曰:"嫂,何前倨⑥而后卑也?"嫂曰:"以季子⑦之位尊而多金。"苏秦曰:"嗟乎! 贫穷则父母不子,富贵则亲戚畏惧。人生世上,势位富贵,盍可忽乎哉⑧!"

[注释]①楚王:楚威王。　②清宫:打扫房屋。除道:清理道路。　③张乐:布置音乐。　④虵行匍伏:手足并行,连走带爬。虵,同"蛇"。　⑤跪:席地而坐,以臀着脚跟为坐,臀离开脚跟,直起大腿为跪。　⑥倨:音 jù,傲慢,高傲。　⑦季子:小叔子,一说为苏秦字。　⑧盍:何,怎么。忽:轻视,忽视。

○秦惠王谓寒泉子

秦惠王谓寒泉子①曰:"苏秦欺②寡人,欲以一人之智,反覆东山之君③,从以欺秦④。赵固负⑤其众,故先使苏秦以币帛约⑥乎诸侯。诸侯不可一⑦,犹连鸡之不能俱止于栖之明矣⑧。寡人忿然⑨,含⑩怒日久,吾欲使武安子起往喻意焉⑪。"寒泉子曰:"不可。夫攻城堕邑⑫,请使武安子。善我国家使诸侯⑬,请使客卿张仪⑭。"秦惠王曰:"受命⑮。"

[注释]①寒泉子:秦国处士,一说为假托之人。　②欺:以虚言恐吓,欺诈。　③反覆:颠倒过来,再颠倒过去,意为操纵。东山:华山以东,指关东六国。　④从以欺秦:以合纵欺凌秦国。　⑤负:恃,依仗。　⑥约:相约而谋。　⑦一:同一,一致。　⑧连鸡:一群用绳子捆在一起的鸡。止:停留,栖息。栖:栖息的地方。明:清楚,明确。　⑨忿然:愤怒。　⑩含:心怀。　⑪武安子起:秦将白起。往:前往。喻意:告知合纵反秦不可能的现实。　⑫堕邑:毁坏城邑。　⑬善:利于。使:出使。　⑭客卿张仪:为仕于他国官位至卿者称为客卿。张仪:魏人,战国著名纵横家,曾为秦相国。　⑮受命:接受指教。

○泠向谓秦王

泠向谓秦王①曰:"向欲以齐事王②,使攻宋也。宋破,晋国③危,安邑王之有也④。燕、赵恶齐、秦之合,必割地以交于王矣⑤。齐必重于王⑥,则向⑦之攻宋也,且以恐齐而重王⑧。王何恶⑨向之攻宋乎?向以王之明为先知之⑩,故不言。"

[注释]①泠向:又作冷向,秦臣。泠,音 líng。秦王:秦昭王 ②以:让,使。事:服事。 ③晋国:故晋国地之国韩、赵、魏。 ④安邑:魏国故都,在今山西夏县。王:秦昭王。有:拥有。 ⑤割地:割裂土地。交于王:交给齐王。 ⑥重于王:齐畏惧秦之强大,所以非常看重秦王。 ⑦向:泠向。 ⑧恐齐:恐吓齐国。重王:使秦王得到更大的尊重。 ⑨恶:反对。 ⑩明:英明。先知:事先已经知道攻宋的意义。

○张仪说秦王

张仪说秦王①曰:"臣闻之,弗知而言为不智,知而不言为不忠。为人臣不忠当死,言不审②亦当死。虽然,臣愿悉③言所闻,大王裁④其罪。臣闻,天下阴燕阳魏⑤,连荆固齐⑥,收余韩成从⑦,将西南以与秦为难⑧。臣窃笑之。世有三亡⑨,而天下得之⑩,其此之谓乎!臣闻之曰,'以乱攻治者亡,以邪攻正者亡,以逆攻顺者亡'。今天下之府库不盈⑪,囷仓⑫空虚,悉其士民,张⑬军数千百万,白刃在前,斧质在后⑭,而皆去走⑮,不能死⑯,罪⑰其百姓不能死也,其上不能杀也。言赏则不与⑱,言罚则不行⑲,赏罚不行,故民不死⑳也。

[注释]①秦王:秦惠王。 ②审:详细,全面,认真思考。 ③悉:详尽,全部。 ④裁:裁决,判定。 ⑤阴:小,小看。阳:大,高看。一说燕位于北方为阴,魏位于燕之南方为阳。 ⑥连荆固齐:牢固地联合楚国与齐国。荆:楚国的旧称。 ⑦收:收罗。余韩:韩国地多丧,已成为苟延残喘之国,故称"余韩"。成从:形成合纵。 ⑧西南:下文作"西面",即向西对秦发起攻势。难:发难为敌。 ⑨三亡:三种导致亡国的情况,即"以乱攻治者亡,以邪攻正者亡,以逆攻顺者亡"。 ⑩天下得之:得,得到,运用。普天下之国正在践行"三亡"之道。 ⑪府库:藏财货之库。不盈:不满,空虚。 ⑫囷仓:藏粮之库。圆廪为囷,方库曰仓。囷,音qūn。 ⑬张:布置战阵。 ⑭斧质:斧,斩头之武器。质:通"锧",行刑用的砧板。后:殿后,用斧锧诛杀后退者。 ⑮去走:退却,逃跑。 ⑯死:冒死相战,拼命作战。 ⑰罪:归罪于。一作"非",不是。 ⑱与:给予,兑现。 ⑲行:行使,实施。 ⑳不死:不冒死战斗。

今秦出号令而行赏罚,不攻无攻相事也①。出其父母怀衽②之中,生未尝见寇也③,闻战顿足徒裼④,犯白刃⑤,蹈煨炭⑥,断死于前者比是⑦也。夫断死与断生⑧也不同,而民为之者是贵奋⑨也。一可以胜十,十可以胜百,百可以胜千,千可以胜万,万可以胜天下矣。今秦地形,断长续短⑩,方数千里,名师⑪数百万,秦之号令赏罚,地形利害,天下莫如也。以此与天下⑬,天下不足兼而有也。是知秦战未尝不胜,攻未尝不取,所当⑭未尝不破也。开地数千里,此甚大功也。然而甲兵顿,士民病,蓄积索,田畴荒,囷仓虚,四邻诸侯不服,伯王之名不成,此无异故,谋臣皆不尽其忠也。

[注释]①不攻无功:又作"有功无功"。秦崇尚军功,奖励耕战,作战勇敢而有功者役使无功之人。 ②怀衽:犹言怀抱。衽:衣襟。 ③尝:曾经。寇:进犯之敌。 ④顿足徒裼:顿足:跺脚。徒裼:脱去上衣,袒露身体。 ⑤犯白刃:冒着锃光瓦亮的刀剑戈矛奋勇攻击。 ⑥蹈煨炭:蹈:践踏。煨炭:燃烧着的炭火。 ⑦断死于前者比是:决心拼死于战阵前者比比皆是。 ⑧断生:决心生存者。 ⑨贵奋:崇尚勇敢。贵:看重,珍贵。奋:勇,奋勇。 ⑩断长续短:截长补短。 ⑪名师:骁勇善战的军队。 ⑬与天下:与他国争夺天下。 ⑭当:敌抗,对抗。

臣敢言往昔。昔者齐南破荆,中破宋,西服秦,北破燕,中使韩、魏之君,地广而兵强,战胜攻取,诏令天下①,济清河浊②,足以为限③,长城、钜坊④,足以为塞⑤。齐,五战⑥之国也,一战⑦不胜而无齐。故由此观之,夫战者万乘之存亡也⑧。

[注释]①诏令天下:齐以诏令命天下诸侯之国。 ②济清河浊:济水清澈,黄河混浊。古济水分为黄河南北两部分,黄河以北部分源出河南济源市西王屋山,在今武陟县南入黄河。黄河以南部分为从黄河分出来的一条支派,自今荥阳市北分黄河东流,至山东定陶县西,折东北注入巨野泽,又自泽北出经梁山县东,至东阿旧治西,自此以下至济南市北泺口,略同今黄河河道,自泺口以下至海,略同今小清河河道。 ③限:阻,险阻。 ④长城:战国各国多修有长城,齐国的长城起于平阴,终于琅琊海岸。钜坊:河道上的防守设施。 ⑤塞:险阻,要塞。 ⑥五战:指"南破荆,中破宋,西服秦,北破燕,中使韩、魏之君"的五战五胜。 ⑦一战:公元前284年燕昭王命乐毅联合秦、魏、韩、赵伐齐,攻陷齐国七十余城。 ⑧夫战者万乘之存亡也:胜则存,败则亡,所以战争的胜利是军事强国生死存亡的关键。

且臣闻之曰:'削株掘根①,无与祸邻②,祸乃不存。'

秦与荆人战,大破荆,袭郢③,取洞庭、五都、江南④。荆王亡奔走⑤,东伏于陈⑥。当是之时,随⑦荆以兵,则荆可举⑧。举荆,则其民足贪⑨也,地足利⑩也。东以强⑪齐、燕,中陵⑫三晋。然则是一举而伯王⑬之名可成也,四邻诸侯可朝⑭也。而谋臣不为⑮,引军而退,与荆人和。今荆人收亡国,聚散民,立社主⑯,置宗庙⑰,令帅天下西面以与秦为难,此固已无伯王之道一矣。天下有比志而军华下⑱,大王以诈破⑲之,兵至梁郭⑳,围梁数旬,则梁可拔㉑。拔梁,则魏可举。举魏,则荆、赵之志绝㉒。荆、赵之志绝,则赵危。赵危而荆孤。东以强齐、燕,中陵三晋,然则是一举而伯王之名可成也,四邻诸侯可朝也。而谋臣不为,引军而退,与魏氏和,令魏氏收亡国,聚散民,立社主,置宗庙,此固已无伯王之道二矣。前者穰侯之治秦也㉓,用一国之兵,而欲以成两国之功㉔。是故兵终身暴灵㉕于外,士民潞病㉖于内,伯王之名不成,此固已无伯王之道三矣。

[注释]①削柱掘根:伐树挖根。 ②无与祸邻:不要与惹祸的人为邻。③郢:音yǐng,楚国都城,在今湖北江陵县。 ④洞庭:指洞庭湖一带。洞庭湖为中国五大淡水湖之一,长江中游的吞吐湖泊,位于荆江南岸,跨湘、鄂两省。五都:即五渚,长江、湘江、沅水、资水、澧水及其流域。江南:泛指湖北、四川的长江以南地区。 ⑤荆王:楚顷襄王。亡奔走:逃亡出奔。 ⑥伏:伏藏,藏身。陈:陈国,周武王灭商后册封的妫姓诸侯国,建都于宛丘,拥有今河南淮阳县及安徽亳州等地,公元前478年被楚灭。 ⑦随:跟随,穷追不舍。⑧举:一举攻取。 ⑨其民足贪:楚国之民可以提供足够的物质,满足秦贪婪的需求。 ⑩利:地利与物产。 ⑪强:强力制约。 ⑫陵:侵犯,欺凌。⑬伯王:霸王,霸主。 ⑭朝:朝觐,表示臣服。 ⑮不为:不作为。 ⑯立社

主:立:设立。社:社稷。主:祖先的牌位,又称木主。 ⑰宗庙:供奉祖先木主,祭祀祖先的场所。 ⑱比志:齐心协力合谋。军:军队驻扎。华下:华山之下,一说是今河南新郑、新密一带的华阳。 ⑲诈破:用欺诈的办法粉碎。 ⑳梁郭:魏都大梁的外城,大梁在今河南开封。 ㉑拔:攻陷。 ㉒举魏则荆、赵之志绝:魏位于楚、赵之间,攻取魏,就断绝了楚、赵的友好交往通道,共同抗秦的意图也就无法实现。 ㉓穰侯:名魏冉,楚人,秦宣太后的异父弟,秦昭王母舅。秦武王死后,他拥立秦昭王,初为将军,后担任相国。封于今河南邓州的穰邑,称穰侯,后又加封位于今山东定陶县的陶邑。穰,音ráng。治秦,担任秦相国,执掌国事。 ㉔成两国之功:成:成就。两国:秦和穰侯的封地。功:功效。 ㉕暴灵:暴:暴露。灵:灵魂。言士兵常年在外,风餐露宿,战死后灵魂也难以回归故里。 ㉖潞病:潞,通"露",意为疲惫,因疲惫而染病,亦即羸病。

  赵氏,中央之国①也,杂民②之所居也。其民轻而难用③,号令不治④,赏罚不信⑤,地形不便⑥,上⑦非能尽其民力。彼固亡国之形也,而不忧民氓⑧,悉其士民,军于长平⑨之下,以争韩之上党⑩,大王以诈破之,拔武安⑪。当是时,赵氏上下⑫不相亲也,贵贱⑬不相信,然则是邯郸不守,拔邯郸,完河间⑭,引军而去,西攻修武⑮,逾羊肠⑯,降代⑰、上党。代三十六县,上党十七县,不用一领⑱甲,不苦⑲一民,皆秦之有也。代、上党不战而已为秦矣,东阳河外不战而已反为齐矣⑳,中呼池㉑以北不战而已为燕矣。然则是举赵㉒则韩必亡,韩亡则荆、魏不能独立。荆、魏不能独立,则是一举而坏韩,蠹㉓魏,挟㉔荆,以东弱齐、燕,决白马之口㉕,以流㉖魏氏。一举而三晋亡,从者㉗败。大王拱手以须㉘,天下徧随而伏㉙,伯王之名可成也。而谋臣不为,引军而退,与赵氏为和。以大王之明㉚,秦兵之强,伯王之业,地尊㉛不可得,乃取欺于亡国㉜,是谋臣之拙㉝也。且夫赵当㉞亡不亡,秦当伯不伯,天下固量㉟秦之谋臣一矣。乃复㊱悉卒乃攻邯郸,不能拔也,弃甲兵怒㊲,战栗而却㊳,天下固量秦力二矣。军乃引退,并于李下㊴,大王又并军而致㊵与战,非能厚㊶胜之也,又交罢却㊷,天下固量秦力三矣。内者量吾谋臣,外者极㊸吾兵力。由是观之,臣以天下之从㊹,岂其难矣。内者吾甲兵顿㊺,士民病㊻,蓄积索㊼,田畴荒㊽,囷仓虚,外者天下比志㊾甚固。愿大王有以虑㊿之也。

[注释]①中央之国:赵国都城邯郸位于燕之南,齐之西,魏之北,韩之东,故称其为中央之国。邯郸:在今河北邯郸市。 ②杂民:赵、齐、魏、韩四国之民。 ③轻:轻浮,不坚定。难用:难于使用。 ④不治:有法不依,违法不纠。 ⑤信:讲究信用或诚信。 ⑥不便:赵都邯郸无险要可守。 ⑦上:国君及其统治集团。 ⑧民氓:民众,平民。氓,音 méng。 ⑨军:进军。长平:在今山西高平市。 ⑩以争韩之上党:指公元前 260 年秦、赵长平之战。秦将白起攻韩,韩上党郡守冯亭投奔赵,赵发兵长平抗秦。 ⑪武安:武安君赵括,率赵兵抗秦,赵败,秦坑杀赵军四十余万故称"拔武安"。 ⑫上下:君臣。 ⑬贵贱:贵:高等贵族卿。贱:低级贵族士。 ⑭完河间:完:修整。河间:地在黄河、漳水之间,今河北河间县一带。 ⑮修武:今河南修武县。 ⑯羊肠:赵国要塞,联系山西与中原的要道。今羊肠坂遗址有二,一在今山西长治壶关县的羊肠坂,另一遗址在今河南沁阳市与山西泽州县交界处的古羊肠坂。 ⑰降:降服,制服。代:郡名,赵地,在今山西代县、河北蔚县一带。 ⑱领:铠甲的单位。 ⑲苦:劳苦。 ⑳东阳河外:东阳:太行山以东。河外:大致包括清河、漳河、滏河流域,均属赵地。反为齐:反而为齐所有。 ㉑中呼池:水名,发源于山西繁峙县,经河北境,流入古漳水。 ㉒是举赵:是,此,这样做。举赵:攻陷赵国。 ㉓蠹:像蛀虫那样损害魏国。 ㉔挟:挟制,控制。 ㉕决白马之口:决:决开。白马之口:黄河渡口,在今河南滑县东。

㉖流:灌,水淹。 ㉗从者:合纵的国家。 ㉘拱手以须:唾手可得。拱手:双手合于胸前。须:等待。 ㉙徧随而伏:全部降伏。徧:音 biàn,同"遍",全部。伏:臣服。 ㉚明:英明。 ㉛地尊:疆域辽阔,兵强国盛,国君受到尊重。 ㉜取欺于亡国:取欺,受侮辱。亡国:指赵国。 ㉝拙:愚笨。 ㉞当:应当。 ㉟量:估价,衡量,看透。 ㊱复:再次。 ㊲弃甲:丢去甲胄。兵怒:士兵非常愤怒。 ㊳战栗而却:恐惧而退却。 ㊴并于李下:并:合兵。李下:地名,位于今河南温县。 ㊵致:致力,极力。 ㊶厚:大。 ㊷交罢却:相互消耗,疲惫而退却。 ㊸极:精确估量。 ㊹从:合纵。 ㊺顿:疲惫,困乏。 ㊻病:困顿。 ㊼索:空虚。 ㊽荒:荒芜。 ㊾比志:志趣相投,密切合作。 ㊿虑:思考,谋划。

且臣闻之,战战栗栗,日慎一日。苟①慎其道,天下可有也。何以知其然也?昔者纣为天子,帅天下将甲百万,左饮于淇谷②,右饮于洹水③,淇水竭而洹水不流④,以与周武为难。武王将素甲⑤三千领,战一日⑥,破纣之国,禽其身,据⑦其地,而有其民,天下莫不伤⑧。智伯帅三国之众⑨,以攻赵襄主于晋阳⑩,决水灌⑪之,三年,城且⑫拔矣。襄主错龟⑬,数策占兆⑭,以视利害,何国可降⑮,而使张孟谈⑯。于是潜行而出,反智伯之约⑰,得两国之众,以攻智伯之国,禽其身,以成襄子之功。今秦地断长续短,方数千里,名师数百万,秦国号令赏罚,地形利害,天下莫如也。以此与天下,天下可兼而有也。

[注释] ①苟:假使,如果。 ②淇谷:淇水,发源于今河南辉县市,经淇县入卫河。 ③洹水:发源于河南林州市,经安阳、临漳,至内黄县入卫河。 ④不流:断流。 ⑤素甲:白色盔甲。武王正在为周文王服丧,故全军服白色盔甲。 ⑥一日:甲子这一天。 ⑦据:占领。 ⑧伤:怜悯,哀怜。 ⑨智伯帅三国之众:智伯,春秋晋国执政卿之一,名瑶。三国:智、韩、魏。 ⑩攻

赵襄主于晋阳:攻:攻伐。赵襄主:赵襄子,晋执政卿之一。晋阳:赵氏邑,在今山西太原。　⑪灌:水淹。　⑫且:将要。　⑬错龟:错:设置,凿。龟:占卜用的龟甲。　⑭数策占兆:数策,按照规定数量摆放蓍草茎,推算吉凶。占兆:钻凿龟甲,根据火灼之后的裂纹"兆"判断吉凶。　⑮降:反间降服。⑯张孟谈:赵襄子臣,辅佐赵襄子败智伯。　⑰反智伯之约:撕毁智伯与韩、魏的盟约。

臣昧死①望见大王,言所以举破天下之从②,举赵亡韩,臣荆、魏,亲齐、燕,以成③伯王之名,朝四邻诸侯之道④。大王试听其说,一举而天下之从不破,赵不举,韩不亡,荆、魏不臣,齐、燕不亲,伯王之名不成,四邻诸侯不朝,大王斩臣以徇⑤于国,以主为谋不忠者。"

[注释]①昧死:不知生死,冒死。　②举:一举,谓一次行动。从:合纵。③成:成就,实现。　④朝四邻诸侯之道:这是使四周诸侯国朝觐臣服秦国的办法。　⑤徇:示众。

○张仪欲假秦兵以救魏

张仪欲假秦兵以救魏①。左成谓甘茂曰②:"子不予之。魏不反秦兵,张子不反秦③。魏若反秦兵,张子得志于魏,不敢反于秦矣。张子不去秦,张子必高子④。"

[注释]①假秦兵以救魏:假,借。救魏:当时张仪将要出任魏相国,所以"欲假秦兵以救魏"。　②左成:楚臣。楚下蔡人。一说为齐人,时为秦将军。甘茂:上蔡人,一说为下蔡人,时为秦国将领。　③魏不反秦兵,张子不反秦:魏借秦兵进行战斗,死亡秦兵而不能返回秦,张仪惧怕被诛杀也不敢返回秦。④张子必高子:张仪的地位一定要高于甘茂。

○司马错与张仪争论于秦惠王前

司马错①与张仪争论于秦惠王前。司马错欲伐蜀,张仪曰:"不如伐韩。"王曰:"请闻其说。"

[注释]①司马错:秦人,秦惠王时的将领。

对曰:"亲魏善楚,下兵三川①,塞轘辕、缑氏之口②,当屯留之道③,魏绝南阳④,楚临南郑⑤,秦攻新城、宜阳⑥,以临二周之郊⑦,诛周主之罪⑧,侵楚、魏之地。周自知不救,九鼎宝器必出⑨。据⑩九鼎,桉图籍⑪,挟天子以令天下,天下莫敢不听,此王业也。今夫蜀,西辟⑫之国,而戎狄之长也⑬,弊兵劳众不足以成名⑭,得其地不足以为利。臣闻:'争名者于朝⑮,争利者于市⑯。'今三川、周室,天下之市朝也,而王不争焉,顾⑰争于戎狄,去王业远矣。"

[注释]①下兵:由西向东发兵。三川:黄河、洛河、伊河,大致包括今洛阳、孟津、巩义、荥阳一带,时为韩地。 ②塞轘辕、缑氏之口:塞:断绝。轘辕:山名,在今河南巩义市西南,上有险关。缑氏之口:关名,在今河南偃师市缑氏镇。缑,音gōu。 ③当:挡。屯留:地名,在今山西屯留县。 ④南阳:今河南济源至获嘉一带,春秋晋地,战国属魏。 ⑤南郑:今河南新郑市。 ⑥新城:原为韩邑,后被楚占,又被秦取,在今河南伊川县。宜阳:在今河南宜阳县。 ⑦二周之郊:二周:东周和西周。郊:城外之地为郊。 ⑧诛周主之罪:诛:诛伐,诛讨。周主:周君。 ⑨出:献出。 ⑩据:占有。 ⑪桉图籍:桉:同"案",考察、研求,依据。图籍:地图和户籍。 ⑫西辟:偏僻的西部。 ⑬戎狄之长:戎狄:在此泛指西南少数民族。长:由戎狄首领统治。 ⑭名:

霸王之名。　⑮朝:朝廷。　⑯市:市场。　⑰顾:反而。

司马错曰:"不然。臣闻之,欲富国者,务广其地①;欲强兵者,务富其民;欲王者,务博②其德。三资者备③,而王随之矣。今王之地小民贫,故臣愿从事于易④。夫蜀,西辟之国也,而戎狄之长也,而有桀、纣之乱⑤。以秦攻之,譬如⑥使豺狼逐群羊也。取其地,足以广国也;得其财,足以富民;缮兵⑦不伤众,而彼已服矣⑧。故拔一国,而天下不以为暴;利尽西海,诸侯不以为贪。是我一举而名实两附⑨,而又有禁暴正乱之名。今攻韩劫⑩天子,劫天子,恶名也,而未必利也,又有不义之名⑪,而攻天下之所不欲⑫,危!臣请谒其故⑬:周,天下之宗室⑭也;齐,韩、周之与国⑮也。周自知失九鼎,韩自知亡三川,则必将二国⑯并力合谋,以因于⑰齐、赵,而求解乎楚、魏⑱。以鼎与⑲楚,以地与魏,王不能禁。此臣所谓'危',不如伐蜀之完⑳也。"惠王曰:"善!寡人听子㉑。"

[注释]①务:专心,致力于。广:扩大。　②博:增加,扩展。　③三资者备:三资,地广,民富,德博,此三者是富国王天下的资本。备:具备。　④从事于易:从容易的事情开始。　⑤桀、纣之乱:巴、蜀相攻,故言其有类似于夏桀、商纣之乱政。　⑥譬如:犹如,就像。　⑦缮兵:整治、锻炼军队。　⑧彼已服矣:彼:巴、蜀。服:臣服。　⑨名实两附:名利双收。名:不贪婪、不残暴之名。实:得到征服巴蜀的实际好处。　⑩劫:劫持,胁持。　⑪不义之名:攻韩国,劫天子,将要落下不正义的名声。　⑫攻天下之所不欲:攻伐周王室是天下人们所不愿意看到的事情。　⑬谒其故:谒:说明,陈述。故:原因,理由。　⑭宗室:传统上,周天子既是天下的最高政治首领,又是宗法网络中的最高族长,天下的宗子,所以周王室被称为宗室。　⑮与国:友好国。　⑯二

国:周、韩两国。 ⑰因:借助。 ⑱求解乎楚、魏:求楚、魏斡旋,请秦解兵撤退。 ⑲与:赠与。 ⑳完:万全、完备,可靠稳妥。 ㉑子:司马错。

卒①起兵伐蜀,十月取之,遂定蜀②。蜀主更号为侯③,而使陈庄相蜀④。蜀既属⑤,秦益强富厚⑥,轻⑦诸侯。

[注释]①卒:终于,最终。 ②遂定蜀:很快就把蜀给稳定了下来。 ③更号:更换名号,改称为侯。 ④使陈庄相蜀:使秦臣陈庄担任蜀的相国。 ⑤属:归属,臣服。 ⑥厚:大,厚重。 ⑦轻:轻视。

○张仪之残樗里疾

张仪之残樗里疾也①,重而使之楚②。因令楚王为之请相于秦③。张子④谓秦王曰:"重樗里疾而使之者,将以为国交⑤也。今身在楚,楚王因为请相于秦。臣闻其言曰:'王欲穷仪于秦乎⑥?臣⑦请助王。'楚王以为然,故为请相也。今王诚⑧听之,彼⑨必以国事楚王。"秦王大怒,樗里疾出走⑩。

[注释]①残:害、陷害。樗里疾:秦惠王异母弟,因其居住的"里"有大樗树,故号樗里疾。樗,音 chū。 ②重:重用樗里疾。使:出使。 ③因令楚王为之请相于秦:借此使楚怀王请求秦任命樗里疾为秦相国。 ④张子:张仪。 ⑤为国交:为了国家的外交。 ⑥王:楚怀王。穷:困窘。 ⑦臣:樗里疾。 ⑧诚:的确、确实。 ⑨彼:樗里疾。 ⑩出走:逃离。

○张仪欲以汉中与楚

张仪欲以汉中与楚①,请秦王曰:"有汉中,蠹②。种树不处者③,人必害④之;家有不宜之财⑤,则伤本⑥。汉中南边为楚利,此国累⑦也。"甘茂谓王曰:"地大者,固多忧乎⑧!天下有变⑨,王割汉中以为和楚,楚必畔天下而与王⑩。王今以汉中与楚,即天下有变,王何以市⑪楚也?"

[注释]①汉中:今陕西南部和湖北西北部的汉水流域,首府在今陕西汉中市。与楚:把汉中之地割给楚国。 ②蠹:木之蛀虫,比喻为国害。 ③种树不处者:把树种植在不适宜生长的地方。 ④害:伤害。 ⑤不宜之财:同不义之财,言来路不明或手段不正当得到的财物。 ⑥伤本:从根本上受到损害。 ⑦累:累赘,忧患。 ⑧固多忧乎:必然多忧虑。 ⑨变:不利于秦的变化。 ⑩畔:背叛。与王:与秦王友好。 ⑪市:交易,交换。

○楚攻魏张仪谓秦王

楚攻魏。张仪谓秦王曰:"不如与魏以劲之①,魏战胜,复听于秦,必入西河之外②;不胜③,魏不能守,王必取之④。"

[注释]①劲:帮助强大,使其更加强劲有力。 ②必:必然,一定。入:进献。西河:古称陕西与山西交界地区的黄河西岸地区为西河,战国魏在这里设置郡,文侯时吴起曾为西河守。辖境相当于今陕西华阴以北,黄龙以南,洛河以东,黄河以西地区,首府在今山西河津市。之外:即西河接近秦国的地区。 ③不胜:秦与魏战,魏败。 ④取之:夺取河西之地。

王用仪言,取皮氏卒万人①,车百乘,以与魏。犀首战胜威王②,魏兵罢弊③,恐畏秦,果④献西河之外。

[注释]①取皮氏卒万人:取:征发。皮氏:原魏邑,今山西河津市,公元前

329年被秦夺取。　②犀首:公孙衍,魏人,曾任魏相。威王:楚威王。　③罢弊:疲惫凋敝。罢:音 pí,同"疲"。　④果:果真。

○田莘之为陈轸说秦惠王

田莘之为陈轸说秦惠王曰①:"臣恐王之如郭君②。夫晋献公欲伐郭,而惮舟之侨存③。荀息④曰:'《周书》有言,美女破舌⑤。'乃遗之女乐⑥,以乱其政。舟之侨谏而不听,遂去⑦。因而伐郭,遂破之。又欲伐虞⑧,而惮宫之奇⑨存。荀息曰:'《周书》有言,美男破老⑩。'乃遗之美男,教之恶⑪宫之奇。宫之奇以谏而不听,遂亡⑫。因而伐虞,遂取之。今秦自以为王,能害王者之国者,楚也。楚智横君之善用兵⑬,用兵与陈轸之智⑭,故骄张仪以五国⑮。来⑯,必恶是二人⑰。愿王勿听也。"张仪果来辞,因言轸也,王怒而不听。

[注释]①田莘:秦臣,其事不详。莘:音 shēn。陈轸:齐人,一说为夏人,先后仕于秦、魏、楚。轸:音 zhěn。　②如:像。郭君:郭,通"虢",指虢公丑。西周初年虢始封于陕西宝鸡,西周后期迁到河南三门峡和山西平陆一带,春秋时被晋献公灭。　③惮舟之侨存:惮:害怕,畏惧。舟之侨:虢大夫,极力反对虢公丑的不正确做法。存:存在。　④荀息:晋大夫。　⑤美女破舌:女乐能够阻止谏臣的进言。　⑥遗:音 wèi,赠送。女乐:歌舞伎。　⑦去:出奔,离开虢国。　⑧虞:周文王时始封的诸侯国,位于今山西平陆北,开国之君是古公亶父之子虞仲的后代,公元前655年晋国假道攻虢时灭虞。　⑨宫之奇:虞大夫,反对晋国假虞国之道。　⑩美男破老:年轻貌美的外宠之臣可以制服老成的男子。　⑪教之恶:教唆"美男"中伤宫之奇,挑拨君臣关系。　⑫亡:逃亡他国。　⑬智横君:智:知,了解。横君:秦将。　⑭用兵与陈轸之智:横君在军事方面与陈轸一样有智慧谋略。　⑮骄张仪以五国:重用张仪,

命其处理五国之事。骄:宠。五国:韩、魏、赵、燕、齐。 ⑯来:张仪来到秦。⑰二人:横君与陈轸。

○张仪又恶陈轸于秦王

张仪又恶陈轸于秦王,曰:"轸驰楚、秦之间,今楚不加善①秦而善轸,然则是轸自为②而不为国也。其轸欲去秦而之楚,王何不听③乎?"

[注释]①加善:增加、发展与秦的友好邦交关系。 ②自为:为自己牟利。 ③听:明察。

王谓陈轸曰:"吾闻子欲去秦而之楚①,信乎②?"陈轸曰:"然。"王曰:"仪之言果信③也。"曰:"非独④仪知之也,行道之人皆知之。曰:'孝己爱其亲⑤,天下欲以为子;子胥⑥忠乎其君,天下欲以为臣。卖仆妾售乎闾巷者⑦,良仆妾也;出妇嫁乡曲者⑧,良妇也。'吾不忠于君,楚亦何以轸为忠乎?忠且见弃⑨,吾不之楚,何适⑩乎?"秦王曰:"善。"乃必⑪之也。

[注释]①之楚:到楚国去。 ②信乎:是真的吗。 ③果信:果然可信。④独:独有,仅仅。 ⑤孝己爱其亲:孝己孝顺其母亲。孝己:商王高宗戊丁之子,一夜五次起床,看望亲人衣被的厚薄和枕头的高低是否合适。 ⑥子胥:春秋楚大夫,后出奔吴,为阖闾、夫差臣,数谏夫差毋轻信越人,遭太宰嚭谗言,被迫自杀。 ⑦仆妾:奴仆婢妾。闾巷:街区,社区。 ⑧出妇嫁乡曲者:离了婚的女子再嫁给乡里近邻者。 ⑨见弃:被抛弃。 ⑩适:往。⑪必:一说为"止",制止。

○陈轸去楚之秦

陈轸去楚之秦。张仪谓秦王曰:"陈轸为王臣,常以国情输①楚。仪不能与从事②,愿王逐③之。即复之楚④,愿王杀之。"王曰:"轸安⑤敢之楚也。"

[注释]①输:泄露,输送情报。 ②与从事:交往共事。 ③逐:驱逐。 ④即复之楚:如果从楚复归。 ⑤安:怎么。

王召陈轸告之曰:"吾能听①子言,子欲何之?请为子车约②。"对曰:"臣愿之楚③。"王曰:"仪以子为之楚,吾又自知子之楚。子非楚④,且安之也⑤!"轸曰:"臣出,必故之楚,以顺王与仪之策⑥,而明臣之楚与不也⑦。楚人有两妻者,人挑其长者⑧,詈⑨之;挑其少者⑩,少者许⑪之。居无几何⑫,有两妻者⑬死。客谓挑者曰⑭:'汝取⑮长者乎?少者乎?''取长者。'客曰:'长者詈汝⑯,少者和⑰汝,汝何为取长者?'曰:'居彼人之所⑱,则欲其许我也。今为我妻,则欲其为我詈人也。'今楚王明主也,而昭阳贤相也⑲。轸为人臣,而常以国输楚王,王必不留臣,昭阳将不与臣从事矣。以此明⑳臣之楚与不。"

[注释]①能听:能够听进。 ②车约:准备车辆。 ③之楚:到楚国。 ④子非楚:陈轸你不去楚。 ⑤且安之:将平安无事。 ⑥顺:顺从,依顺。 策:策谋。 ⑦与不:与否。 ⑧挑:挑逗,诱惑。挑:音tiǎo。长者:嫡妻。 ⑨詈之:骂挑逗、诱惑者。詈,音lì。 ⑩少者:妾,小老婆。 ⑪许:答应。 ⑫居无几何:时间不久。 ⑬两妻者:拥有两妻的人。 ⑭客:其他人。挑者:挑逗、引诱他人妻妾者。 ⑮取:娶。 ⑯汝:你。 ⑰和:配合,听从。

⑱居彼人之所:处在她的位置。 ⑲昭阳贤相也:昭阳:楚怀王之相。贤:多才多艺,品行端正。 ⑳明:明白,明了。

  轸出,张仪入,问王曰:"陈轸果安之①?"王曰:"夫轸天下之辩士②也,孰视③寡人曰:'轸必之楚。'寡人遂无奈何也。寡人因问④曰:'子必之楚也,则仪之言果信矣!'轸曰:'非独仪之言也,行道之人皆知之。昔者子胥忠其君,天下皆欲以为臣;孝己爱其亲,天下皆欲以为子。故卖仆妾不出里巷而取者,良仆妾也;出妇嫁于乡里者,善妇也。臣不忠于王,楚何以轸为⑤?忠尚见弃,轸不之楚,而何之乎?'王以为然,遂善待之。"

  [**注释**]①果安之:最终决定要哪里去。 ②辩士:思维敏捷,能言善辩之士。 ③孰视:仔细观察。孰通"熟"。 ④因问:因此而问。 ⑤楚何以轸为:楚为什么会重用我陈轸。何以:为什么。为:使用。

卷四 秦 二

○齐助楚攻秦

齐助楚攻秦,取曲沃①。其后,秦欲伐齐,齐、楚之交善,惠王患之,谓张仪曰:"吾欲伐齐,齐、楚方懽②,子为寡人虑之③,奈何?"张仪曰:"王其为臣约车并币④,臣请试之。"

[注释]①曲沃:时为秦邑,在今山西曲沃县。另一说在今河南陕县。②方懽:刚刚结为友好邦国。懽:同"欢"。 ③子为寡人虑之:寡人:秦惠王。虑:思虑,谋划。 ④约车并币:约车,预备车辆。并币:以币帛为主要内容的礼物。

张仪南见楚王①曰:"弊邑之王所说甚者②,无大大王③;唯仪之所甚愿为臣者④,亦无大大王。弊邑之王所甚憎者,亦无先齐王⑤;唯仪之甚憎者,亦无大⑥齐王。今齐王之罪,其于弊邑之王甚厚⑦,弊邑欲伐之,而大国与之懽,是以弊邑之王不得事令⑧,而仪不得为臣⑨也。大王苟能闭关绝齐⑩,臣请使秦王献商於⑪之地,方⑫六百里。

若此,齐必弱,齐弱则必为王役⑬矣。则是北弱齐,西德⑭于秦,而私商於之地以为利也,则此一计而三利俱至⑮。"

[注释]①楚王:楚怀王。 ②弊邑之王所说甚者:弊邑,张仪对秦国的外交称呼。王:秦惠王。说:通"悦",欣赏。 ③无大大王:无大:无与伦比的伟大。大王:楚怀王。 ④唯仪之所甚愿为臣者:唯:独有。甚:非常。 ⑤无先齐王:无先:没有能够超过。齐王:齐威王。 ⑥无大:没有大于。 ⑦厚:重,深厚。 ⑧事令:服事令人尊重的楚怀王。事:服事。令:善,美好。 ⑨为臣:为楚怀王之臣。 ⑩闭关绝齐:关闭与齐交往的通道,断绝与齐的邦交关系。 ⑪商於:秦地区名,包括陕西商南县、河南西峡县、淅川县、内乡县一带。於,音wū。 ⑫方:方圆,面积。 ⑬役:役使。 ⑭德:施恩德于。 ⑮俱至:全部得到。

楚王大说①,宣言②之于朝廷,曰:"不谷③得商於之田,方六百里。"群臣闻见者毕④贺,陈轸后见⑤,独⑥不贺。楚王曰:"不谷不烦一兵,不伤一人,而得商於之地六百里,寡人自以为智矣!诸士大夫皆贺,子独不贺,何也?"陈轸对曰:"臣见商於之地不可得,而患⑦必至也,故不敢妄⑧贺。"王曰:"何也?"对曰:"夫秦所以重⑨王者,以王有齐⑩也。今地未可得而齐先绝,是楚孤⑪也,秦又何重孤国?且先出地绝齐,秦计必弗为也⑫。先绝齐后责⑬地,且必受欺⑭于张仪。受欺于张仪,王必惋⑮之。是西生⑯秦患,北绝齐交,则两国兵必至矣。"楚王不听,曰:"吾事善矣!子其弭口⑰无言,以待吾事。"楚王使人绝齐,使者未来⑱,又重绝之⑲。

[注释]①说:通悦,高兴。 ②宣言:宣布。宣:公开传播。 ③不谷:不善,古代王侯自称的谦词。 ④毕:尽,全部。 ⑤后见:最后一个出现。

⑥独:独自。　⑦患:灾祸。　⑧妄:随意,荒谬,毫无道理。　⑨重:看重,重视。　⑩有齐:与齐为友好国。　⑪孤:孤立。　⑫秦计必弗为也:秦计:秦许诺的商於之地计划。弗为:不实施。　⑬责:责求。　⑭且:将,将会。欺:毁约欺骗。　⑮惋:惋惜,遗恨。　⑯生:产生。　⑰弭口:闭嘴。弭:停止。　⑱来:还,返回。　⑲又重绝之:再次派遣使者宣布与齐断绝友好邦交关系。

张仪反①,秦使人使齐,齐、秦之交阴合②。楚因使一将军受地③于秦。张仪至④,称病不朝。楚王曰:"张子以寡人不绝齐乎⑤?"乃使勇士往詈⑥齐王。张仪知楚绝齐也,乃出见使者曰:"从某至某,广从⑦六里。"使者曰:"臣闻六百里,不闻六里。"仪曰:"仪固以小人⑧,安得六百里?"使者反报楚王,楚王大怒,欲兴师伐秦。陈轸曰:"臣可以言乎?"王曰:"可矣。"轸曰:"伐秦非计也,王不如因而赂之一名都⑨,与之⑩伐齐,是我亡于秦而取偿⑪于齐也。楚国不尚全事⑫。王今已绝齐,而责欺⑬于秦,是吾合齐、秦之交也⑭,固必大伤⑮。"

[注释]①反:返回秦。　②阴合:暗地里建立友好邦交关系。阴:私下,暗中。合:和好建交。　③因:于是。受地:接收商於之地。　④至:已经回到了秦。　⑤张子以寡人不绝齐乎:张仪认为是楚怀王我不与齐断交。　⑥詈:詈,音lì,骂,责骂。　⑦广从:长与宽。　⑧小人:无德无权之人。　⑨因而赂之一名都:借此机会贿赂秦一座大邑。　⑩与之:与秦联合。　⑪取偿:取得补偿。　⑫不尚全事:还不是很完整、全面的解决方案。尚:犹,还。　⑬责欺:谴责秦的欺骗。　⑭是吾合齐、秦之交也:这样做是我们楚国促成了秦、齐的友好交往。　⑮伤:损伤。

楚王不听,遂举兵伐秦。秦与齐合,韩氏从①之。楚兵大败于杜陵②。故楚之土壤士民非③削弱，仅以救亡者④，计失于陈轸⑤，过听于张仪⑥。

[注释]①从：跟随。　②杜陵：楚邑，在今陕西西安市东南。　③非：不但遭到。　④仅以救亡者：仅仅挽救了、避免了亡国。　⑤计失于陈轸：在计谋方面失败于没有听陈轸的策略。　⑥过听于张仪：在决策方面的过失是轻信了张仪。

○楚绝齐齐举兵伐楚

楚绝齐，齐举兵伐楚。陈轸谓楚王①曰："王不如以地东解②于齐，西讲③于秦。"

[注释]①楚王：楚怀王。　②解：和解。　③讲：讲和，媾和。

楚王使陈轸之秦，秦王谓轸曰："子秦人也①，寡人与子故②也，寡人不佞③，不能亲④国事也，故子弃⑤寡人事楚王。今齐、楚相伐，或谓救之便⑥，或谓救之不便，子独不可以忠为子主计⑦，以其余为寡人乎⑧？"陈轸曰："王独不闻吴人之游楚者⑨乎？楚王⑩甚爱之，病⑪，故使人问之，曰：'诚病乎？意亦思乎⑫？'左右曰：'臣不知其思与不思，诚思则将吴吟⑬。'今轸将为王吴吟。王不闻夫管与之说乎⑭？有两虎诤人而斗者⑮，管庄子⑯将刺之，管与止⑰之曰：'虎者，戾虫⑱；人者，甘饵⑲也。今两虎诤人而斗，小者必死，大者必伤。子待伤虎而刺之，则是一举而兼⑳两虎也。无刺一虎之劳㉑，而有刺两虎之名。'齐、楚今战，战必败㉒。败，王起兵救之，有救齐之利，而无伐楚之害㉓。计听知覆逆者㉔,唯王可也。计㉕者,事之本也㉖;听者㉗,存亡之机㉘。计失而听过㉙,能有国者寡也㉚。故曰:'计有一二者难悖㉛也,听无失本末者难惑㉜。'"

[注释]①子秦人也:陈轸原是齐人,一说为夏人,后曾仕于秦,故称之为秦人。 ②故:故旧,老情谊。 ③佞:很高的才智,巧言谄媚。 ④亲:亲临,事必躬亲。 ⑤弃:抛弃,离去。 ⑥便:便利,更有利。 ⑦子独不可以忠为子主计:陈轸不应该把你的忠诚与计谋单独地献给你的主子。 ⑧以其余为寡人乎:把剩余的计谋也给我秦王一些。 ⑨游楚者:游说为仕于楚之人。 ⑩楚王:楚先王,楚国前代君王。 ⑪病:游说为仕于楚的吴人患病。 ⑫意亦思乎:心里面思念吴吗? ⑬诚思则将吴吟:如果真的思念吴将会吟吴之歌。 ⑭管与之说:管与:姓管,名与,事不详。说:言论,传言。 ⑮诤人而斗者:为争吃人而厮杀。诤:争,争夺。斗:打斗,厮杀。 ⑯管庄子:又作卞庄子,春秋鲁国勇士。 ⑰止:制止。 ⑱戾虫:贪婪暴戾的动物。 ⑲甘饵:甜美的诱饵。 ⑳兼:兼得,同时得到。 ㉑劳:辛劳。 ㉒战必败:齐、楚相战必有失败者。 ㉓害:危害,危险。 ㉔计听知覆逆者:听取他人的计谋,就能够知道事情发展变化的结果。 ㉕计:计谋,韬略。 ㉖事之本也:事物的根本。 ㉗听者:计谋的听取采纳者。 ㉘存亡之机:生死存亡的关键。 ㉙计失而听过:计谋错误,决策者采纳失误。 ㉚能有国者寡也:能够拥有并统治国家者罕见。寡:少。 ㉛一二:反复思考、斟酌。难悖:很难出现失误。悖:误,谬误。 ㉜听无失本末者难惑:采纳他人的计谋但又能够辨别正确与错误、分清主要与次要,就很难被迷惑。

○秦惠王死公孙衍欲穷张仪

秦惠王死,公孙衍欲穷张仪①。李雠②谓公孙衍曰:"不如召甘茂于魏③,召公孙显④于韩,起樗里子于国⑤。

三人者,皆张仪之雠⑥也,公用之⑦,则诸侯必见张仪之无秦矣⑧!"

[注释]①公孙衍:犀首。穷:困厄,困窘。 ②李雠:秦人,事不详。雠,音chóu。 ③召:招回。甘茂:下蔡人,一说为上蔡人,为秦国将领。 ④公孙显:秦人,事不详。 ⑤起樗里子于国:起用樗里疾于国内。起:起用。樗里子:即樗里疾。国:秦国内。 ⑥雠:同"仇",仇敌。 ⑦用之:使用甘茂、公孙显、樗里子。 ⑧诸侯必见张仪之无秦矣:诸侯必然发现张仪在秦失宠。见:显现,发现。无秦:不能左右秦大政。

○义渠君之魏

义渠君之魏①,公孙衍谓义渠君曰:"道远,臣不得复过②矣,请谒事情③。"义渠君曰:"愿闻之。"对曰:"中国无事于秦④,则秦且烧焫获君之国⑤;中国为有事于秦,则秦且轻使重币⑥,而事君之国也。"义渠君曰:"谨闻令。"

[注释]①义渠君之魏:义渠:西戎之国,活动于今陕西西北部、甘肃东北部泾水,渭水以北地区和宁夏少部分地区。之:至,到。 ②复过:再次见面。③谒:告诉,陈述。情:实情。 ④中国:中原之国。无事于秦:无征伐秦之战事。 ⑤烧焫获君之国:犹言将会攻伐、焚烧义渠之国。烧焫:焚烧毁灭。焫:音ruò,烧。获:疑为义渠君之名,一说为衍文。 ⑥轻使:轻装急驰的使者。重币:贵重的币帛等礼物。

居无几何,五国①伐秦。陈轸谓秦王曰:"义渠君者,蛮夷②之贤君,王不如赂之以抚其心③。"秦王曰:"善。"因以文绣④千匹,好女百人,遗义渠君。

[注释]①五国:齐、宋、韩、魏、赵。 ②蛮夷:中原以外部族的泛称。

③赂:贿赂,送给财物。抚:安抚,安慰。 ④文绣:绣有彩色花纹的丝织品。

义渠君致①群臣而谋曰:"此乃公孙衍之所谓②也。"因起兵袭秦,大败秦人于李帛③之下。

[注释]①致:召集通知。 ②谓:言,说。 ③李帛:秦邑,具体地方不详。

○医扁鹊见秦武王

医扁鹊①见秦武王,武王示之病②,扁鹊请除③。左右曰:"君之病,在耳之前,目之下,除之未必已也④,将使耳不聪⑤,目不明。"君以告扁鹊。扁鹊怒而投其石⑥:"君与知之者谋之⑦,而与不知者败之。使此知⑧秦国之政也,则君一举而亡国矣。"

[注释]①扁鹊:战国名医,姓秦,名越人,渤海郡人。 ②示之病:讲述他的病情。 ③除:治疗,医治。 ④除之未必已也:治疗不一定能够痊愈。 ⑤将使:将会致使、导致。聪:耳朵的听觉好。 ⑥石:治病用的石针"砭"。 ⑦君与知之者谋之:国君与智慧明白之人合作谋划,就能谋划成功。谋之:谋划成功。 ⑧使此知:通过这件事情知道、了解。

○秦武王谓甘茂

秦武王谓甘茂曰:"寡人欲车通三川①,以窥周室②,而寡人死不朽③乎?"甘茂对曰:"请之魏,约伐韩。"王令向寿辅行④。

[注释]①车通三川:车通:战车直接达到。三川:黄河、洛河、伊河,大致包括今河南洛阳、孟津、巩义、荥阳一带。 ②以阚周室:窥:窥测,犹言试探性的夺取。阚:同"窥"。周室:周王室所在地河南洛阳。 ③不朽:又作不朽。不朽:流芳千古。 ④向寿:秦宣太后外族,秦武王宠幸之臣。辅行:作为副手随行。

甘茂至魏,谓向寿:"子归告王曰:'魏听①臣矣,然愿王勿攻②也。'事成,尽以为子③功。"向寿归以告王,王迎甘茂于息壤④。

[注释]①听:听从。 ②愿王勿攻:希望秦武王不要攻伐韩。 ③子:向寿。 ④息壤:秦邑,在今陕西咸阳东郊。

甘茂至,王问其故①。对曰:"宜阳,大县②也,上党、南阳积之久矣③,名为县,其实郡也。今王倍数险④,行千里而攻之,难矣。臣闻张仪西并巴、蜀之地,北取西河⑤之外,南取上庸⑥,天下不以为多张仪而贤先王⑦。魏文侯令乐羊将⑧,攻中山⑨,三年而拔之,乐羊反而语功⑩,文侯示之谤书一箧⑪,乐羊再拜稽首⑫曰:'此非臣之功,主君之力也。'今臣羁旅之臣⑬也,樗里疾、公孙衍二人者,挟韩而议,王必听之,是王欺魏,而臣受公仲侈之怨也⑭。昔者曾子处费⑮,费人有与曾子同名族者而杀人,人告曾子母曰:'曾参杀人。'曾子之母曰:'吾子不杀人。'织自若⑯。有顷⑰焉,人又曰:'曾参杀人。'其母尚织自若也。顷之,一人又告之曰:'曾参杀人。'其母惧,投杼逾墙而走⑱。夫以曾参之贤,与母之信⑲也,而三人疑之⑳,则慈母不能信也。今臣之贤不及曾子,而王之信臣又未若㉑曾子之母也,疑臣者不适㉒三人,臣恐王为臣之投杼也。"王曰:"寡人不听也,请与子盟㉓。"于是与之盟于息壤㉔。

[注释]①故:不攻伐韩的原因。　②大县:大的城邑,相当于当时的郡。　③上党:首府在今山西长治市,统辖区域为今山西和顺、榆社以南、沁水流域以东等地。南阳:今河南济源至获嘉一带,春秋晋地,战国属魏。积:积聚,酝酿准备。　④倍数险:倍:背,承担。数险:多种风险。　⑤西河:古称陕西与山西交界地区的黄河西岸地区为西河,战国魏在这里设置郡,文侯时吴起曾为西河守。辖境相当于今陕西华阴以北,黄龙以南,洛河以东,黄河以西地区,首府在今山西河津市。　⑥上庸:楚邑,在今湖北竹山县。　⑦多张仪:有了张仪。贤先王:认为秦惠王英明。　⑧魏文侯:公元前403年魏与韩、赵始为独立诸侯国,魏文侯是魏的开国之君。乐羊:魏将。将:率领军队。　⑨中山:狄人所建之国,位于今河北定县,被魏灭,后又复国,最后被赵所灭。　⑩反:返回魏。语功:讲灭中山的功勋,希望论功行赏。　⑪示之谤书一箧:示:出示。谤书:举报乐羊的信函。箧:音qiè,小箱子。　⑫再拜稽首:两次叩拜,拱手至地,叩头也至地的跪拜礼。稽,音qǐ。　⑬今臣羁旅之臣:甘茂是楚下蔡人,游仕于秦,故称"羁旅之臣"。羁旅:寄宿的旅客,指仕于他国者。　⑭公仲侈:韩相国。愿:意愿。　⑮曾子处费:曾子:名参,字子舆,春秋鲁人,孔子的弟子。处:居住在。费:鲁地,今山东费县。　⑯织自若:泰然自若,织布不止。　⑰顷:顷刻之间。　⑱投杼逾墙而走:投:扔掉。杼:织布的梭子。逾墙:翻墙。　⑲信:信任。　⑳三人疑之:三人言曾参杀人使曾参之母逐渐相信真的是曾参杀了人。　㉑未若:不如,不及,达不到。　㉒适:通"啻",仅仅,只有。啻,音chì。　㉓盟:约定盟约。　㉔息壤:地名,具体位置不详。

果①攻宜阳,五月而不能拔也。樗里疾、公孙衍二人在②,争之王③,王将听之,召甘茂而告之。甘茂对曰:"息壤在彼④。"王曰:"有之。"因悉起兵,复使甘茂攻之,遂拔宜阳。

[注释]①果:果然,果真。 ②在:在言语中隐含相互攻击的弦外之音。③争之王:将要在秦武王面前论辩攻伐宜阳之事。 ④息壤在彼:息壤的约定在那里。

○宜阳之役冯章谓秦王

宜阳之役,冯章①谓秦王曰:"不拔宜阳,韩、楚乘吾弊②,国必危矣!不如许楚汉中以懽之③。楚懽而不进④,韩必孤,无奈秦何矣⑤!"王曰:"善。"果使冯章许楚汉中,而拔宜阳。楚王以其言责⑥汉中于冯章,冯章谓秦王曰:"王遂亡臣⑦,固⑧谓楚王曰:'寡人固无地而许楚王。'"

[注释]①冯章:秦人。 ②乘吾弊:利用秦国的疲敝。 ③许楚汉中以懽之:许,许诺送给。汉中:今陕西南部和鄂西北汉水流域,首府在今陕西南郑县。懽:同"欢",取悦于。 ④不进:不进兵救援宜阳。 ⑤无奈秦何矣:无可奈何于秦。 ⑥以其言责:依据冯章的许诺索要汉中。 ⑦王遂亡臣:王:秦武王。遂:马上,紧接着。亡臣:把冯章驱逐出秦。 ⑧固:一说为"因",因此,借此。

○甘茂攻宜阳

甘茂攻宜阳,三鼓之而卒不上①。秦之右将有尉②对曰:"公不论兵③,必大困④。"甘茂曰:"我羁旅而得相秦者,我以宜阳饵王⑤。今攻宜阳而不拔,公孙衍、樗里疾挫我于内⑥,而公中以韩穷我于外⑦,是无伐⑧之日已!请明日鼓之而不可下⑨,因以宜阳之郭为墓⑩。"于是出私金以益公赏⑪。明日鼓之,宜阳拔。

[注释]①三鼓:三次击鼓进攻。卒:士兵。不上:不冲锋攻城。 ②尉:军尉。 ③论兵:以兵法治军。 ④困:陷入困境。 ⑤我以宜阳饵王:甘茂以攻陷宜阳博得秦王欢心。饵:钓饵,利诱。 ⑥挫我于内:挫:毁坏,失败。内:朝廷之内,秦武王面前。 ⑦公中以韩穷我于外:公中:韩相公仲侈。以韩:韩相公仲侈奋力守卫宜阳。穷:困窘。外:秦国之外。 ⑧伐:战胜立功。 ⑨下:攻陷。 ⑩因以宜阳之郭为墓:就以宜阳的城郭为坟墓,犹言攻不下宜阳,全体将士就会死在宜阳。郭:城郭。 ⑪出私金以益公赏:拿出个人的币帛钱财增加规定赏金的数量。益:增添。

〇宜阳未得

宜阳未得①,秦死伤者众,甘茂欲息兵②。左成③谓甘茂曰:"公内攻④于樗里疾、公孙衍,而外与韩侈为怨⑤,今公用兵无功,公必穷矣⑥。公不如进兵攻宜阳,宜阳拔,则公之功多矣。是樗里疾、公孙衍无事⑦也,秦众尽怨之深矣⑧。"

[注释]①得:拔,攻陷,夺取。 ②息兵:罢兵撤退。 ③左成:楚臣。 ④内攻:在秦国内部受到谮害中伤。 ⑤与韩侈为怨:与韩相公仲侈结下怨恨。 ⑥公必穷矣:因甘茂在宜阳军事失利,必然陷于困窘尴尬的境地。 ⑦无事:无谮毁的借口。 ⑧秦众尽怨之深矣:秦死伤甚众,深深地怨恨于主张攻伐宜阳的樗里疾和公孙衍。

〇宜阳之役楚畔秦而合于韩

宜阳之役,楚畔①秦而合于韩。秦王②惧。甘茂曰:"楚虽合韩,不为韩氏先战③;韩亦恐战而楚有变其后④。韩、楚必相御⑤也。楚言与⑥韩,而不余怨⑦于秦,臣是以知其御⑧也。"

[注释]①畔:通"叛",背叛。 ②秦王:秦武王。 ③先战:首先与秦战。 ④韩亦恐战而楚有变其后:韩也害怕自己正在前边与秦作战,楚违约在后边发难。 ⑤相御:相互观望,相互提防、制约。 ⑥言与:声言结为友好之国。 ⑦余怨:留下怨恨。 ⑧知其御:了解韩、楚相互观望、提防、制约的态度。

○秦王谓甘茂

秦王谓甘茂曰:"楚客来使者多健①,与寡人争辞②,寡人数穷③焉,为之奈何?"甘茂对曰:"王勿患④也!其健者来使者,则王勿听⑤其事;其需弱⑥者来使,则王必听之。然则需弱者用⑦,而健者不用矣!王因而制⑧之。"

[注释]①健:健谈,能言善辩。 ②争辞:言辞争论。 ③数穷:多次理屈词穷。 ④患:忧虑。 ⑤听:听从,接受。 ⑥需弱:懦弱,需同"懦"。 ⑦用:采用,任用。 ⑧制:控制,驾驭。

○甘茂亡秦且之齐

甘茂亡秦①,且之齐②,出关遇苏子③,曰:"君闻夫江上之处女④乎?"苏子曰:"不闻。"曰:"夫江上之处女,有家贫而无烛者,处女相与语⑤,欲去⑥之。家贫无烛者将去矣,谓处女曰:'妾以无烛,故常先至⑦,扫室布席⑧,何爱余明之照四壁者⑨?幸以赐妾⑩,何妨于处女?妾自以有益于处女,何为去我?'处女相语以为然而留之。今臣不肖⑪,弃逐于秦而出关,愿为足下扫室布席,幸无我逐也。"苏子曰:"善。请重⑫公于齐。"

[注释]①亡秦:逃亡出秦。 ②且之齐:且,将要。之:至。 ③关:函谷关。苏子:苏代,河南洛阳人,苏秦之弟,战国纵横家。齐闵王末年曾游说于齐、燕两国,劝燕昭王联秦伐齐。 ④处女:未出嫁之女。 ⑤处女相与语:居住在一块的未出嫁女子相互议论。 ⑥去:使其离去。 ⑦先至:提前到来。 ⑧扫室布席:打扫房屋,铺置席子。 ⑨何爱余明之照四壁者:为何吝啬照在四面墙壁上的余光。 ⑩妾:家贫无烛处女的谦卑自称。 ⑪不肖:不贤,无能。 ⑫重:受到重用,受到尊重。

乃西说秦王曰:"甘茂,贤人,非恒士①也。其居秦累世重矣②,自殽塞、谿谷,地形险易尽知之③。彼若以齐约④韩、魏,反以谋秦,是非秦之利也。"秦王曰:"然则奈何?"苏代曰:"不如重其贽⑤,厚其禄⑥以迎之。彼来则置之槐谷⑦,终身勿出,天下何从图⑧秦。"秦王曰:"善"。与之上卿⑨,以相迎之齐⑩。

[注释]①恒士:平常人,平庸的士人。 ②其居秦累世重矣:长期居住在秦,先后受到秦惠王、秦武王、秦昭王的重用。 ③自殽塞、谿谷,地形险易尽知之:殽塞:殽山,秦岭山脉东段支脉,位于今河南灵宝、陕县南部。谿谷:又作"槐谷"、"鬼谷",今陕西三原县西北清水谷。险易:险要与平坦。谿:音xī,同"溪"。 ④约:盟约约定,交结,联合。 ⑤重其贽:重:多,厚。贽:见面时赠送的礼物。 ⑥厚其禄:厚:丰厚。禄:俸禄,待遇。 ⑦槐谷:谿谷、鬼谷。 ⑧图:图谋。 ⑨上卿:最尊贵的大臣。 ⑩以相迎之齐:以相国的礼遇迎接甘茂于齐。

甘茂辞不往,苏秦伪谓王曰①:"甘茂,贤人也。今秦与之上卿,以相迎之,茂德王②之赐,故不往,愿为王臣。

今王何以礼③之？王若不留，必不德王。彼以甘茂之贤，得擅用④强秦之众，则难图也！"齐王曰："善。"赐之上卿，命而处之⑤。

[注释]①苏秦伪谓王曰：苏秦，一说应为苏代。伪谓王曰：伪通"为"，代表甘茂对齐闵王说。　②德：感恩戴德。　③礼：礼遇。　④得擅用：得：得以。擅用：有权利独立使用。　⑤命而处之：命：下令任命。处：居住。

○甘茂相秦

甘茂相秦。秦王爱公孙衍，与之间有所立①，因自谓之曰："寡人且相子②。"甘茂之吏道而闻之③，以告甘茂。甘茂因④入见王曰："王得贤相，敢再拜贺。"王曰："寡人托国于子⑤，焉更得贤相？"对曰："王且相犀首⑥。"王曰："子焉闻之？"对曰："犀首告臣。"王怒于犀首之泄⑦也，乃逐之⑧。

[注释]①与之间有所立：许诺在合适的时候任命其为相国。间：合适的时候。立：任命。　②且相子：将以公孙衍为相国。　③吏：甘茂下属官吏。道：道路。　④因：因此，借此。　⑤托国于子：把国家重任委托于甘茂。托：同"托"。　⑥犀首：即公孙衍。　⑦泄：泄露，透露。　⑧逐之：驱逐犀首。

○甘茂约秦魏而攻楚

甘茂约秦、魏而攻楚。楚之相秦者屈盖①，为楚和于秦，秦启关而听楚使②。甘茂谓秦王曰："怵于楚而不使魏制和③，楚必曰：'秦鬻④魏'。不悦而合于楚，楚、魏为一，国恐伤矣。王不如使魏制和，魏制和必悦。王不恶于魏，则寄地⑤必多矣。"

[注释]①屈盖:楚人,仕于秦,为相国。 ②启关:开启边塞关卡。听:接纳,接受。 ③怵:音chù,害怕,恐惧。制和:主持建立联合。 ④鬻:音yù,卖,出卖。 ⑤寄地:割地,言魏割地给秦。

○陉山之事

陉山之事①,赵且与秦伐齐。齐惧,令田章以阳武合于赵②,而以顺子为质③。赵王④喜,乃案兵⑤告于秦曰:"齐以阳武赐弊邑⑥而纳顺子,欲以解伐⑦。敢告下吏⑧。"

[注释]①陉山之事:公元前273年秦与韩、赵、魏的陉山之战。陉山:在今河南新郑、密县一带。 ②田章:又为陈章,齐国公族,齐闵王的将领。阳武:齐邑,在今河北沧州市。 ③顺子:齐公子。质:人质。 ④赵王:赵惠文王。 ⑤案兵:按兵不动。 ⑥弊邑:赵惠文王对赵国的谦称。 ⑦解伐:解除秦、赵对齐的征伐。 ⑧下吏:秦王属下的官吏。

秦王使公子他之赵①,谓赵王曰:"齐与大国救魏而倍约②,不可信恃③,大国不义④,以告弊邑,而赐之二社⑤之地,以奉祭祀。今又案兵,且欲合齐而受其地⑥,非使臣之所知⑦也。请益甲⑧四万,大国裁⑨之。"

[注释]①秦王:秦昭王。公子他:秦惠文王之子、秦昭王之兄公子池。 ②大国:指赵国。倍约:齐国违背约定或盟约。倍:同背,背弃、背叛。 ③信恃:信任与依靠。 ④大国不义:赵国认为齐国不讲信义。 ⑤二社:方圆六里为一社,二社当为十二平方里的土地。 ⑥其地:指阳武。 ⑦知:理解。 ⑧益甲:益:增加。甲:甲士,士兵。 ⑨裁:裁定,决断。

苏代为齐献书穰侯①曰:"臣闻往来之者言曰②:'秦且益赵甲四万人以伐齐。'臣窃必③之弊邑之王曰:'秦王明而熟于计④,穰侯智而习于事⑤,必不益⑥赵甲四万人以伐齐。'是何也?夫三晋相结⑦,秦之深雠⑧也。三晋百背⑨秦,百欺秦,不为不信⑩,不为无行⑪。今破齐以肥⑫赵,赵,秦之深雠,不利于秦。一也。秦之谋者必曰:'破齐弊晋⑬,而后制⑭晋、楚之胜。'夫齐,罢⑮国也,以天下⑯击之,譬犹以千钧之弩溃痈也⑰。秦王安能⑱制晋、楚哉!二也。秦少出兵,则晋、楚不信⑲;多出兵,则晋、楚为制⑳于秦。齐恐,则必不走㉑于秦且走晋、楚。三也。齐割地以实晋、楚,则晋、楚安。齐举兵而为之顿剑㉒,则秦反受兵。四也。是晋、楚以秦破齐,以齐破秦,何晋、楚之智而齐、秦之愚㉓!五也。秦得安邑㉔,善齐以安之,亦必无患矣。秦有安邑,则韩、魏必无上党哉。夫取三晋之肠胃与出兵而惧其不反也㉕,孰利㉖?故臣窃必之弊邑之王曰:'秦王明而熟于计,穰侯智而习于事,必不益赵甲四万人以伐齐矣。'"

[注释]①苏代:河南洛阳人,苏秦之弟,战国纵横家,齐闵王末年曾游说于齐、燕两国,劝燕昭王联秦伐齐。穰侯:名魏冉,楚人,秦宣太后的异父弟,秦昭王母舅。秦武王死后,他拥立秦昭王,初为将军,后担任相国。封于今河南邓州的穰邑,称穰侯,后又加封位于今山东定陶县的陶邑。穰,音 ráng。②往来之者言:来往于道路上的行人说的话。　③窃必:私下认为一定。　④明而熟于计:英明且精通于计谋。　⑤智而习于事:智慧且练达于各种政治与军事活动。　⑥益:支援,为赵国军队增添士兵。　⑦三晋:韩、赵、魏。相结:结成联盟。　⑧雠:仇敌。　⑨百背:多次背叛。　⑩信:诚信,讲信

用。　⑪无行:没有德行。　⑫肥:强壮。　⑬破齐弊晋:此"晋"指赵。战败齐,削弱赵。　⑭制:制服。　⑮罢:疲敝。　⑯天下:天下诸国。　⑰譬犹以千钧之弩溃痈也:就好像用千钧力量的强弩击已经溃烂的毒疮。譬犹:比如,就像。千钧之弩:力量很大的弓弩。溃痈:溃烂的毒疮。　⑱安能:怎样能够。　⑲不信:晋、楚不相信秦将伐齐。　⑳为制:以为要受制约。　㉑走:投奔,建立友好邦交关系。　㉒顿剑:以手握剑,随时准备拔剑战斗。　㉓愚:愚笨。　㉔安邑:魏国故都,今山西夏县。　㉕肠胃:腹心地区。反:返回。　㉖孰利:哪一个有利。

○秦宣太后爱魏丑夫

秦宣太后爱魏丑夫①。太后病将死,出令曰:"为我葬,必以魏子为殉②。"魏子患之。庸芮③为魏子说太后曰:"以死者为有知④乎?"太后曰:"无知也。"曰:"若太后之神灵⑤,明知死者之无知矣,何为空以生所爱⑥,葬于无知之死人哉!若死者有知,先王积怒之日久矣⑦,太后救过不赡⑧,何暇乃私⑨魏丑夫乎?"太后曰:"善。"乃止⑩。

[注释]①秦宣太后爱魏丑夫:秦宣太后:楚女,惠王之后,昭王之母,故称太后。爱:宠爱。魏丑夫:魏人,仕于秦。　②魏子为殉:魏子:魏丑夫。为殉:作为人殉陪葬。　③庸芮:秦臣。　④知:知觉,意识。　⑤若:像。神灵:神圣英明。　⑥空:白白的,毫无意义的。生:生前。　⑦积怒:积累下来的愤怒。日久:时间很长。　⑧救过不赡:救过:弥补以前的过失。不赡:没有充足的条件,顾不上。　⑨私:私通。　⑩止:停止,终止。

卷五 秦 三

○薛公为魏谓魏冉

薛公为魏谓魏冉曰①:"文闻秦王欲以吕礼收齐②,以济③天下,君必轻④矣。齐、秦相聚以临⑤三晋,礼必并相之⑥,是君收齐以重吕礼也。齐免于天下之兵,其雠君必深⑦。君不如劝秦王令弊邑卒攻齐之事⑧。齐破,文请以所得封君⑨。齐破晋强,秦王畏晋之强也,必重君以取晋⑩。齐予晋弊邑⑪,而不能支⑫秦,晋必重君以事秦。是君破齐以为功,操晋以为重也⑬。破齐定封⑭,而秦、晋皆重君;若齐不破,吕礼复用,子必大穷⑮矣。"

[注释]①薛公:孟尝君田文。魏冉:即穰侯。 ②秦王:秦昭王。吕礼:秦国五大夫。收齐:争取与联合。 ③济:帮助,挽救。 ④轻:权位降低,受到轻视。 ⑤临:兵临,将以兵攻伐。 ⑥礼:吕礼。并相:同时担任秦、齐的相国。 ⑦其雠君必深:齐国对魏冉的仇恨一定会更加深刻。 ⑧劝:规劝。弊邑卒攻齐之事:孟尝君薛地之兵完成攻伐齐国之事。卒:完成。 ⑨文请以所得封君:田文我请求以所得到的土地为自己的封地。封君:领受封地、封号之人。 ⑩必重君以取晋:必然要重用魏冉以得到韩、赵、魏。 ⑪齐予晋

弊邑:齐国把孟尝君的薛地给韩、赵、魏。　⑫支:抗,抵抗。　⑬操晋以为重也:通过操纵、控制韩、赵、魏来抬高自己的身价。　⑮定封:决定和巩固封地。　⑯大穷:非常尴尬困窘。

○秦客卿造谓穰侯

秦客卿造①谓穰侯曰:"秦封君以陶②,藉君天下③数年矣。攻齐之事成,陶为万乘④,长小国⑤,率以朝天子,天下必听,五伯⑥之事也;攻齐不成,陶为邻恤⑦,而莫之据也⑧。故攻齐之于陶也,存亡之机⑨也。

[注释]①造:客卿名,姓不详。　②陶:穰侯魏冉的另外一个封邑,在今山东定陶县。　③藉君天下:借助魏冉你来控制天下。藉:通"借"。　④陶为万乘:定陶成为拥有万辆战车的地方。　⑤长小国:成为小国的首领。　⑥五伯:春秋五霸。　⑦邻恤:近忧。邻:近得像邻居。恤:忧虑。　⑧莫之据也:没有友好的盟国可以依靠。据:依靠。　⑨机:关键,事情的枢纽。

君欲成之,何不使人谓燕相国①曰:'圣人不能为时②,时至而弗失③。舜虽贤,不遇尧也,不得为天子;汤、武虽贤,不当桀、纣不王④。故以舜、汤、武之贤,不遭时不得帝王。令⑤攻齐,此君之大时⑥也已。因⑦天下之力,伐雠国之齐,报惠王之耻⑧,成昭王之功⑨,除万世之害,此燕之长利⑩,而君之大名也⑪。《书》⑫云,树德莫若滋⑬,除害莫如尽。吴不亡越,越故亡吴⑭;齐不亡燕,燕故亡齐⑮。齐亡于燕,吴亡于越,此除疾⑯不尽也。以非此时也⑰,成君之功,除君之害,秦卒⑱有他事而从齐,齐、赵合,其雠君必深矣。挟君之雠⑲以诛于燕,后虽悔之,不可得也已。君悉燕兵而疾借之⑳,天下之从㉑君也,若报父子之仇。诚能亡齐,封君于河南㉒,为万乘,达途于中国㉓,南与陶为邻,世世㉔无患。愿君之专志㉕于攻齐,而无他虑也。'"

[注释]①燕相国:成安君公孙操。 ②为时:制造天时等有利条件或机遇。 ③弗失:抓住机遇,不能失去。 ④当:适逢,遇到。王:称王于天下。 ⑤令:又作"今"。 ⑥大时:最大、最好的机会。 ⑦因:借用,利用。 ⑧惠王之耻:燕惠王使骑劫替代乐毅为将,齐田单以即墨之军击败燕军,尽收复齐地,故称"惠王之耻"。 ⑨成昭王之功:成就像燕昭王一样的功业。燕昭王令乐毅伐齐,入齐都城临淄,攻陷齐七十余城,故称"昭王之功"。 ⑩长利:长远利益。 ⑪大名:最大的荣誉。 ⑫《书》:《尚书》。 ⑬滋:培植,生长。 ⑭越国故亡吴:吴王夫差没彻底消灭越,越王勾践卧薪尝胆,最终灭吴。 ⑮燕故亡齐:齐宣王乘燕国子之祸乱伐燕,取得大胜,但没有彻底灭燕,后燕昭王使乐毅伐齐,成就"昭王之功"。 ⑯疾:疾病,犹言祸患。 ⑰以非此时也:在这个机会以外,犹言错过这个机遇。 ⑱卒:猝,突然。 ⑲挟:挟制,控制。君之雠:齐国。 ⑳疾借:快速进攻。疾:快速。借:又作"攻"。 ㉑从:追随。 ㉒河南:泛指黄河以南。 ㉓达途于中国:达途:通达的道路,言政令、交往畅通无阻。中国:中原之国。 ㉔世世:世世代代。 ㉕专志:集中精力,专心致志。

○魏谓魏冉

魏谓魏冉曰①:"公闻东方②之语乎?"曰:"弗闻也。"曰:"辛、张阳、毋泽说魏王、薛公、公叔也③,曰:'臣战④,载主契国以与王约⑤,必无患矣。若有败之者,臣请挈领⑥。然而臣有患⑦也。夫楚王之以其臣请挈领然而臣有患也⑧。夫楚王之以其国依冉⑨也,而事臣之主⑩,此臣之甚患也。'今公东而因言于楚⑪,是令张仪之言为禹⑫,而务败公之事也⑬。公不如反公国⑭,德楚而观薛公之为公也⑮。观三国⑯之所求于秦而不能得者,请以号⑰三国以自信也。观张仪与泽之所不能得于薛公者也⑱,而公请之⑲以自重也。"

[注释]①魏谓魏冉曰:魏冉出使楚,魏担心秦、楚联合,所以游说魏冉。②东方:山东,指华山或崤山以东,与当时的关东含义相近。 ③辛、张阳、毋泽说魏王、薛公、公叔也:辛:疑为韩人,事不详。张阳:一作"张仪"。毋泽:疑为齐人,事不详。魏王:魏襄王。薛公:孟尝君田文。公叔:韩国公族,韩襄王之子。 ④臣战:与楚战。 ⑤载主契国以与王约:载主:出征时车载祖先的牌位"木主",用以祭祀祈祷。契国:签订国家之间的盟约、协定。王:魏襄王。约:盟约。 ⑥挈领:伸长脖子以受斧钺砍头之刑。 ⑦患:忧虑,担忧。⑧夫楚王之以其臣请挈领然而臣有患也:楚怀王依靠不怕掉脑袋的人们,但我们仍然是有顾虑的。臣:指辛、张阳、毋泽等人。 ⑨依冉:依靠魏冉。⑩主:韩、魏、齐。 ⑪公:魏冉。东:去位于东方的楚。言:言和。 ⑫禹:大禹,以禹善于计谋比喻张仪。 ⑬务败公之事:专门致力于败坏魏冉联楚之事。 ⑭公国:魏冉所在的秦国。 ⑮德楚:施恩德于楚。观:观察。为公:对待魏冉。 ⑯三国:韩、魏、齐。 ⑰号:号召,倡导。 ⑱观张仪与泽之所不能得于薛公者也:观察张仪所提出的要求在孟尝君那里有哪些不能得到满足。 ⑲公请之:魏冉你却努力地争取。

○谓魏冉曰和不成

谓魏冉曰:"和①不成,兵必出。白起②者,且复将③。战胜,必穷④公;不胜,必事赵从公⑤。公又轻⑥,公不若毋多⑦,则疾到⑧。"

[注释]①和:赵、秦联合。 ②白起:秦将军,封为武安君。 ③且复将:

将复出为将军帅兵。且:将、将要。 ④穷:困窘,尴尬,被动。 ⑤必事赵从公:按照你的主张处理与赵国的事情。 ⑥轻:受到轻视。 ⑦毋多:不要过多地考虑其他问题,专心处理与赵的事务。 ⑧疾到:快速解决赵臣服于秦的事情。

○谓穰侯

谓穰侯①曰:"为君虑封②,若于除宋罪③,重④齐怒;须残伐乱宋⑤,德强齐,定身封。此亦百世之时⑥也已!"

[注释]①穰侯:魏冉。 ②虑封:思考谋划封地问题。 ③若于除宋罪:一说应为"莫若于除宋罪"。若:如。除:解除。 ④重:加重,增添。 ⑤残伐乱宋:摧残性地讨伐混乱的宋国。 ⑥百世之时:千载难逢的机遇。

○谓魏冉曰楚破秦

谓魏冉曰:"楚破秦,不能与齐县衡①矣。秦三世积节②于韩、魏,而齐之德新加与③。齐、秦交争④,韩、魏东听⑤,则秦伐矣。齐有东国⑥之地,方千里。楚苞九夷⑦,又方千里,南有符离⑧之塞,北有甘鱼之口⑨。权县⑩宋、卫,宋、卫乃当阿、甄耳⑪。利有千里者二⑫,富擅越隶⑬,秦乌能⑭与齐县衡韩、魏,支分方城膏腴之地以薄郑⑮?兵休复起,足以伤秦,不必待齐。"

[注释]①县衡:抗衡,较量。县:通悬。 ②秦三世:秦的三代国君。积节:积累下来的过节、战事。 ③加与:增加,给予更多。 ④交争:交互争斗。 ⑤东听:东听于齐。 ⑥东国:楚国东部接近齐国的地方。 ⑦苞九夷:苞,通"包",包括。九夷:居住在淮、泗之间的民族。 ⑧符离:位于今安

徽宿县符离镇。　⑨甘鱼:在今湖北天门市甘鱼陂。口:重要的关口。　⑩权县:权衡。　⑪当阿、甄:当:相当于。阿:齐地,在今山东东阿县。甄:齐地,在今山东鄄城县。　⑫利有千里者二:拥有千里之财富等优势的有齐、楚两个国家。　⑬富擅越隶:独自占有越地的徒隶等富饶的资源。擅:专有。　⑭乌能:怎么能够。　⑮支分方城膏腴之地以薄郑:支分:肢解,分解。方城:山名,楚国的北部要塞,位于今河南叶县,一说在今河南方城县。膏腴:肥沃。薄:接近。郑:韩国都城,在今河南新郑市。

○五国罢成皋

五国罢成皋①,秦王欲为成阳君求相韩、魏②,韩、魏弗听。秦太后为魏冉谓秦王曰③:"成阳君以王之故,穷而居于齐④,今王见其达而收之⑤,亦能翕其心⑥乎?"王曰:"未也。"太后曰:"穷而不收,达而报之,恐不为王用;且收成阳君,失韩、魏之道也⑦。"

[注释]①五国罢成皋:五国:齐、楚、韩、赵、魏。罢:罢兵。成皋:即成皋,在今河南荥阳市。皋:通"皋"。　②秦王:秦昭王。成阳君:韩人之亲秦者。求相:请求为韩、魏的相国。　③秦太后:秦宣太后。　④穷而居于齐:尴尬地居住在齐。　⑤达而收之:达:政治上有作为。收:收留,重用。　⑥翕其心:笼络住他的心。翕:音xī,拢,聚集。　⑦失韩、魏之道也:如果重用成阳君,将是失去韩、魏的友好关系的做法。

○范子因王稽入秦

范子因王稽入秦①,献书昭王曰:"臣闻明主莅正②,有功者不得不赏,有能者不得不官③;劳大者其禄厚,功多者其爵尊,能治众者其官大。故不能者不敢当④其职焉,能者亦不得蔽隐⑤。使以臣之言为可⑥,则行而益利其道⑦;若将弗行,则久留臣无为⑧也。语曰:'人主⑨赏所爱,而罚所恶。明主则不然,赏必加于有功,刑必断⑩于有罪。'今臣之胸不足以当椹质⑪,要不足以待斧钺⑫,岂敢以疑事⑬尝试于王乎?虽以臣为贱而轻辱臣,独不重任臣者后无反覆于王前耶⑭!

[注释]①范子:魏人范雎,字叔,最初为魏大夫须贾的家臣,被诬为盗,鞭笞骨折。后游说秦昭王,任秦相国,封于今河南鲁山县的"应",号应侯。因:通过。王稽:秦谒令者,即传令之官。 ②明主:英明的国君。莅正:莅临君位,处理政务。正:通"政"。 ③官:任命官职。 ④当:担任。 ⑤蔽隐:埋没。 ⑥可:可行,有价值。 ⑦道:治国方略。 ⑧无为:毫无意义。 ⑨人主:国君,一说为"庸主"。 ⑩断:裁决,决断。 ⑪当:承受。椹质:行刑用的砧板。椹同"砧",质通"锧"。 ⑫要:同"腰"。待:等候,承受。斧钺:行刑用的武器。 ⑬疑事:迷惑欺骗之事。 ⑭任:举荐。反覆:食言,说话不算数。

臣闻周有砥厄①,宋有结绿②,梁有悬黎③,楚有和璞④。此四宝者,工之所失也⑤,而为天下名器。然则圣王之所弃⑥者,独不足以厚⑦国家乎?

[注释]①砥厄:周的美玉。 ②结绿:宋国的美玉。 ③悬黎:魏国的美玉。 ④和璞:楚国的美玉。 ⑤工:制玉者。失:因不知其价值而遗弃。 ⑥弃:抛弃不任用。 ⑦厚:有利于,使其强盛。

臣闻善厚家者,取之于国;善厚国者,取之于诸侯。天下有明主,则诸侯不得擅厚①矣。是何故也?为其凋荣②也。良医知病人之死生,圣主明于成败之事,利则行之,害则舍之,疑则少尝之③,虽尧、舜、禹、汤复生,弗能改④已!语之至者⑤,臣不敢载之于书;其浅者⑥又不足听也。意者⑦,臣愚而不阖⑧于王心耶!已其言臣者⑨,将贱⑩而不足听耶!非若是也⑪,则臣之志⑫,愿少赐游观之间⑬,望见足下⑭而入之。"

[注释]①擅厚:专擅权利,独占利益。 ②为其凋荣:犹言为什么会出现这种凋敝与荣华交替的状况。凋:凋谢。荣:草繁盛貌。 ③疑:疑惑,怀有疑虑。少尝:初步尝试,试探性地实践。 ④改:改变现状,解决问题。 ⑤语之至者:非常深刻、入木三分的话。 ⑥浅者:浅显的分析。 ⑦意者:我自己认为。 ⑧阖:合,符合。 ⑨已其言臣者:已经听到那些关于我范雎说的话。 ⑩贱:低贱,意指引荐他见秦昭王的王稽。 ⑪非若是:如果不是这样。 ⑫志:志向,愿望。 ⑬间:暇隙,百忙中抽出一点时间。 ⑭足下:陛下。

书上,秦王说之,因谢王稽说①,使人持车②召之。

[注释]①说:指进言推荐范雎之事。 ②持车:驾车。

○ 范雎至秦

范雎至秦,王庭迎①,谓范雎曰:"寡人宜以身受令久矣②。今者义渠之事急③,寡人日自请太后④。今义渠之事已⑤,寡人乃得以身受命⑥。躬窃闵然不敏⑦,敬执⑧宾主之礼。"范雎辞让。

[注释]①庭迎:在朝廷里迎接。 ②宜以身受令久矣:宜:应该。以身:亲身。受令:聆听范雎的游说。久:时间很长。 ③义渠之事急:秦昭王时,义渠戎王与秦宣太后乱,生二子,宣太后计杀义渠戎王于甘泉,并举兵伐义渠

戎王。急:紧急,急迫。 ④日自请太后:每天亲自向太后请命。 ⑤已:结束。 ⑥以身受命:亲身聆听教诲。 ⑦闵然不敏:闵然:伤悲,忧伤。不敏:迟钝,愚笨。 ⑧执:行,行施。

是日见范雎,见者无不变色易容①者。秦王屏②左右,宫中虚无人,秦王跪③而请曰:"先生何以幸教寡人④?"范雎曰:"唯唯⑤。"有间⑥,秦王复请,范雎曰:"唯唯。"若是⑦者三。

[注释]①变色易容:脸颜色大变。 ②屏:命其退下。 ③跪:席地而坐,以臀着脚跟为坐,臀离开脚跟,直起大腿为跪。 ④幸:有幸,表示尊敬的话。 ⑤唯唯:犹言"好好"、"哦哦"等礼貌性应答。 ⑥有间:一会儿。 ⑦若是:像这样。

秦王跽①曰:"先生不幸教寡人乎?"

[注释]①跽:两膝着地,身子挺直的长跪。跽,音jì。

范雎谢曰:"非敢然也。臣闻始时吕尚之遇文王也①,身为渔父而钓于渭阳之滨②耳。若是者,交疏③也。已一说而立为太师④,载与俱归者,其言深⑤也。故文王果收功⑥于吕尚,卒擅⑦天下而身立为帝王。即⑧使文王疏吕望而弗与深言,是周无天子之德⑨,而文、武无与成其王也⑩。今臣,羁旅之臣也,交疏于王,而所愿陈⑪者,皆匡君之之事⑫,处人骨肉之间⑬,愿以陈臣之陋忠⑭,而未知王心也,所以王三问而不对⑮者是也。臣非有所畏⑯而不敢言也,知今日言之于前,而明日伏诛⑰于后,然臣弗敢畏也。大王信行臣⑱之言,死不足以为臣患,亡不足以为臣忧,漆身而为厉⑲,被发而为狂⑳,不足以为臣耻。五帝之圣而死㉑,三王㉒之仁而死,五伯㉓之贤而死,乌获㉔之力而死,奔、育㉕之勇焉而死。死者,人之所必不免㉖也。处必然之势,可以少有补㉗于秦,此臣之所大愿也。臣何患乎?伍子胥橐载而出昭关㉘,夜行而昼伏,至于陵水㉙,无以饵㉚其口,坐行蒲服㉛,乞食于吴市㉜,卒兴吴国,阖庐为霸㉝。使臣得进谋㉞如伍子胥,加之以幽囚㉟,终身不复见,是臣说之行㊱也,臣何忧乎?箕子㊲、接舆㊳,漆身而为厉,被发而为狂,无益于殷、楚。使臣得同行于箕子、接舆,漆身可以补所贤之主,是臣之大荣㊴也,臣又何耻乎?臣之所恐㊵者,独恐臣死之后,天下见臣尽忠而身蹶㊶也,是以杜口裹足,莫肯即㊷秦耳。足下上畏太后之严,下惑奸臣之态㊸;居深宫之中,不离保傅㊹之手;终身闇惑㊺,无与照奸㊻;大者宗庙灭覆,小者身以孤危。此臣之所恐耳!若夫穷辱之事,死亡之患,臣弗敢畏也。臣死而秦治,贤于㊼生也。"

[注释]①始时:早年。吕尚:姓姜,氏吕,名尚。相传垂钓于渭水之滨,与出猎的周文王相遇,双方谈论投机,同车而归,说"吾太公望子久矣",因号为太公望,立为太师。后又辅佐周武王灭商。西周建立,封于齐,成为齐国的始封之君。文王:周文王。 ②渭阳之滨:渭水北岸。 ③交疏:交:交往,交流。疏:疏远。 ④已一说:谈完一种观点、看法。太师:辅弼国君之官。 ⑤言深:话语深切,分析深刻。 ⑥收功:获得功绩。 ⑦卒擅:卒:猝,很快。擅:专擅,独占。 ⑧即:假如,如果。 ⑨德:德行,造化。 ⑩文、武无与成其王也:文:周文王。武:周武王。无与:没有关系,不发生联系。成:成就王业。 ⑪陈:陈述,阐述。 ⑫皆匡君之事:皆:全部。匡:匡正,帮助。君

之之事:国君必须应对、处理的事务,一说为"皆匡君之事"或"皆匡君臣之事"。 ⑬处:在,处于。骨肉:有血缘亲情者,指太后、穰侯等。 ⑭陋忠:简陋、毫无修饰的忠心、忠诚。 ⑮对:回答。 ⑯畏:畏惧。 ⑰伏诛:伏法诛杀。 ⑱行臣:羁旅之臣。 ⑲漆身而为厉:以漆涂身,使身生毒疮。厉:通"癞",毒疮。 ⑳被发:披头散发,被通"披"。狂:癫狂。 ㉑五帝:黄帝、颛顼、帝喾、尧、舜。之圣:至圣,达到圣人的巅峰。 ㉒三王:夏禹、商汤、周文王。 ㉓五伯:春秋五霸。 ㉔乌获:秦武王时的大力士。 ㉕奔、育:卫国勇士孟奔、夏育,能力举千钧。 ㉖不免:无法避免。 ㉗补:裨益,帮助。 ㉘伍子胥橐载而出昭关:伍子胥:春秋楚大夫,后出奔吴,为阖闾、夫差臣,数谏夫差毋轻信越人,遭太宰嚭谗言,被迫自杀。橐载:藏在车上面的口袋里。出:逃出。昭关:楚边境要塞,在今安徽芜湖含山县。 ㉙淩水:又为溧水,发源于今安徽芜湖,东流入太湖。 ㉚饵:犹言食物。 ㉛坐行蒲服:坐行:用膝行走。蒲服:同"匍匐",爬行。 ㉜吴市:吴国的市场。 ㉝阖庐为霸:阖庐:又作阖闾,春秋吴王光,屡次大败楚军,后与越王勾践战,兵败伤指而死。为霸:为春秋霸主之一。 ㉞进谋:进献智谋韬略。 ㉟加:施加。幽囚:囚禁在阴暗的监狱。 ㊱行:实施。 ㊲箕子:商纣的叔父,名胥余,封于箕。纣暴虐荒淫,箕子强谏而不听,披发佯为癫狂。 ㊳接舆:春秋楚人,佯狂隐居而不为仕。 ㊴大荣:最大的光荣。 ㊵恐:担忧。 ㊶身蹶:身死。蹶:僵死。 ㊷即:接近,到来。 ㊸态:阿谀奉承之媚态。 ㊹保傅:保育、教导太子等贵族子弟的男女官员。 ㊺阇惑:愚昧迷惑。阇:同"暗"。 ㊻照奸:明察奸佞邪僻。 ㊼贤于:胜过,有意义于。

秦王跽曰:"先生是何言也!夫秦国僻远①,寡人愚不肖②,先生乃幸至此,此天以寡人慁③先生,而存先王之庙也。寡人得受命于先生,此天所以幸④先王而不弃其孤也。先生奈何⑤而言若此!事无大小,上及太后,下至大臣,愿先生悉以教寡人,无疑寡人也。"范雎再拜,秦王亦再拜。

[注释]①僻远:偏僻遥远。 ②愚:愚笨。不肖:不贤,无能。 ③恩:音hùn,惊动,打扰,玷辱。 ④幸:福佑。 ⑤奈何:为什么。

范雎曰:"大王之国,北有甘泉、谷口①,南带泾、渭②,右陇、蜀③,左关、阪④;战车千乘,奋击⑤百万。以秦卒之勇,车骑之多,以当诸侯,譬若驰韩卢而逐蹇兔也⑥,霸王之业可致。今反闭而不敢窥兵于山东者⑦,是穰侯为国谋不忠,而大王之计有所失⑧也。"

[注释]①甘泉:山名,在今陕西淳化县。谷口:又称冶谷,在今陕西礼泉县。 ②带:连接。泾:泾水,发源于陕西泾阳,于高陵入渭水。渭:渭水,发源于甘肃渭源县,于陕西华阴入黄河。 ③右陇、蜀:右:西。陇:陇西的陇阪,今陕西陇县和甘肃平凉。蜀:今四川、重庆地区。 ④左:东。关:函谷关,在今河南灵宝市。阪:又作坂,指今河南灵宝、陕县的崤山。 ⑤奋击:作战勇敢的士兵。 ⑥譬若驰韩卢而逐蹇兔也:譬若:犹如。韩卢:善于追捕猎物的犬。蹇兔:病足之兔。 ⑦闭:闭关自守。窥兵:进兵。山东:指华山或崤山以东,与当时的关东含义相近。 ⑧失:失误,失败。

王曰:"愿闻所失计。"

雎曰:"大王越①韩、魏而攻强齐,非计②也。少出师,则不足以伤齐;多之则害于秦。臣意③王之计欲少出师,而悉韩、魏之兵则不义矣④。今见与国之不可亲⑤,越人之国而攻,可乎?疏⑥于计矣!昔者,齐人伐楚⑦,战胜,破军杀将,再辟⑧千里,肤寸⑨之地无得者,岂齐不欲地哉,形⑩弗能有也。诸侯见齐之罢露⑪,君臣之不亲,举兵而伐之⑫,主辱军破,为天下笑。所以然者,以其伐楚而肥韩、魏也。此所谓借贼兵而赍盗食者也⑬。王不如远交而近攻,得寸则王之寸,得尺亦王之尺也。今舍此而远攻,不亦缪乎?且昔者,中山⑭之地,方五百里,赵独擅之,功成、名立、利附,则天下莫能害⑮。今韩、魏,中国之处,而天下之枢⑯也。王若欲霸,必亲中国而以为天下枢,以威楚、赵。赵彊则楚附⑰,楚彊则赵附。楚、赵附则齐必惧,惧必卑辞重币以事秦,齐附而韩、魏可虚⑱也。"

[注释]①越:越过。 ②非计:不是好的策略。 ③意:揣测,推断。 ④悉:全部。不义:不宜,不合适。 ⑤与国:友好的国家。亲:亲密,可靠。 ⑥疏:疏忽。 ⑦齐人伐楚:公元前301年齐闵王伐楚,在重丘大败楚。 ⑧辟:开辟,开拓。 ⑨肤寸:四、五寸。四指宽为扶,扶又作肤。一指宽为寸。 ⑩形:地理形势。 ⑪罢露:疲惫地露宿于野外。 ⑫举兵而伐之:公元前284年,秦、赵、韩、燕伐齐。 ⑬借贼兵而赍盗食:借兵与贼,赍食与盗。赍:音jī,送给。 ⑭中山:狄人所建之国,位于今河北定县,后被魏灭。 ⑮害:损害。 ⑯枢:枢纽之地,交通要道。 ⑰附:主动接近,归附。 ⑱齐附:齐主动与秦友好,附属于秦。虚:同"墟",犹言把韩、魏变为废墟。

王曰:"寡人欲亲①魏,魏多变②之国也,寡人不能亲。请问亲魏奈何?"范雎曰:"卑辞重币以事之。不可,削地③而赂之。不可,举兵而伐之。"于是举兵而攻邢丘④,邢丘拔而魏请附。

[注释]①亲:亲近,建立友好关系。 ②变:变化多端,政策不稳定。 ③削地:割让土地。 ④邢丘:魏地,在今河南温县。

曰:"秦、韩之地形,相错如绣①。秦之有韩②,若木之有蠹③,人之病心腹④。天下有变,为秦害者莫大于韩。王不如收⑤韩。"王曰:"寡人欲收韩,不听,为之奈何?"

[注释]①相错如绣:秦、韩交界,相互交错像丝织品那样错综复杂。②秦之有韩:秦有韩这样一个邻国。 ③蠹:蛀虫。 ④人之病心腹:人的心腹之患。 ⑤收:收留笼络,使其臣服。

范雎曰:"举兵而攻荥阳①,则成皋②之路不通;北斩太行之道则上党之兵不下③;一举而攻荥阳,则其国断而为三④。魏、韩见必亡,焉得不听⑤?韩听而霸事可成也。"王曰:"善。"

[注释]①荥阳:河南荥阳市。 ②成皋:即成皋,在今河南荥阳市。皋:同皋。 ③斩:断,斩断。太行之道:太行山通往河南、河北、山西其他地区的险要通道。上党:首府在今山西长治市,统辖当今山西和顺、榆社以南,沁水流域以东。下:从太行山向其他地方发兵。 ④断而为三:被截断为三部分。⑤焉得:怎么会。听:臣服听命于秦。

范雎曰:"臣居山东,闻齐之内有田单①,不闻其王。闻秦之有太后、穰侯、泾阳、华阳②,不闻其有王。夫擅③国之谓王,能专利害之谓王,制杀生之威之谓王④。今太后擅行不顾⑤,穰侯出使不报,泾阳、华阳击断无讳⑥,四贵⑦备而国不危者,未之有也。为此四者,下⑧乃所谓无王已。然则权焉得不倾⑨,而令焉得从王出乎?臣闻:'善为国者,内固其威,而外重其权。'穰侯使者操王之重,决裂诸侯⑩,剖符⑪于天下,征敌伐国,莫敢不听。战胜攻取,则利归于陶⑫;国弊,御于⑬诸侯;战败,则怨结于百姓,而祸归社稷。《诗》曰:'木实繁者披其枝⑭,披其枝者伤其心⑮。大其都⑯者危其国,尊其臣者卑其主。'淖齿管齐之权⑰,缩闵王之筋⑱,县⑲之庙梁,宿昔⑳而死。李兑用赵㉑,减食主父㉒,百日而饿死。今秦,太后、穰侯用事,高陵㉓、泾阳佐㉔之,卒无秦王㉕,此亦淖齿、李兑之类已。臣今见王独立于庙朝矣,且臣将恐后世之有秦国者,非王之子孙也。"

[注释]①田单:齐人,燕、赵之战,即墨城的守军将领。田单用反间计、火牛阵破赵军,收复失去的七十余城,迎立齐襄王,任齐相国,封平安君。②太后:秦宣太后。泾阳:泾阳君,秦昭王的同母弟公子市。华阳:华阳君,秦宣太后的同母弟、秦昭王的母舅芈戎。 ③擅:专擅,独立掌握。 ④制:控制,掌握。威:权威。 ⑤不顾:不顾及秦王。 ⑥击断无讳:随意行刑,毫无忌讳。击断:行刑。 ⑦四贵:太后、穰侯、泾阳、华阳四个权贵。 ⑧下:臣下,全体臣民。 ⑨倾:倾斜,倾倒。 ⑩决裂诸侯:分割诸侯之地。 ⑪剖符:剖:分开。符:传达、行使军令、政令的凭证"信"、"军符"。 ⑫利归于陶:好处归于穰侯。陶:穰侯魏冉的另外一个封邑,今山东定陶县。 ⑬御于:受制于。 ⑭木实繁者披其枝:木实:树上结的果实。繁:多。披:折断。⑮心:树的根本。 ⑯都:都邑,封地。 ⑰淖齿:楚人,齐闵王臣。因率领楚军救齐而为齐相国。淖,音 nào。管:掌握,专擅。 ⑱缩:抽取。筋:肌腱或骨头上的韧带。 ⑲县:通"悬",悬吊。 ⑳宿昔:一夜。 ㉑李兑:因功官为赵司寇,后为相国,封为奉阳君。用:受重用。 ㉒减食主父:通过减少食物,杀害赵武灵王。主父:赵武灵王,赵武灵王传位于其少子何,自称主父。太子章作乱,公子成、李兑起兵平乱,太子章败逃主父住所,主父被困不能出,百日后饥饿而死。 ㉓高陵:高陵君,秦昭王同母弟。 ㉔佐:辅佐。 ㉕卒无秦王:最终必然是秦王失去权威,乃至失掉王位而身亡。

秦王惧,于是乃废太后,逐穰侯,出①高陵,走泾阳于关外②。

[注释]①出:驱逐。 ②走:赶走,驱逐。关外:函谷关之外。

昭王谓范雎曰:"昔者,齐公得管仲①,时以为仲父②。今吾得子③,亦以为父。"

[注释]①齐公:齐桓公,春秋第一个霸主。管仲:名夷吾,字仲,齐国颍上人,早期辅佐公子纠,后辅佐齐桓公称霸。　②仲父:仲者,夷吾之字;父者,事之如父。　③子:秦昭王对范雎的尊称。

○应侯谓昭王

应侯①谓昭王曰:"亦闻恒思有神丛与②?恒思有悍③少年,请与丛博④,曰:'吾胜丛,丛籍我神三日⑤;不胜丛,丛困⑥我。'乃左手为丛投⑦,右手自为投,胜丛,丛籍其神。三日,丛往求之,遂弗归。五日而丛枯⑧,七日而丛亡⑨。今国者,王之丛⑩;势者,王之神⑪。籍人以此,得无危乎?臣未尝闻指大于臂⑫,臂大于股⑬,若有此,则病必甚⑭矣。百人舆瓢而趋⑮,不如一人持而走疾⑯。百人诚舆瓢,瓢必裂。今秦国,华阳用之,穰侯用之,太后用之,王亦用之。不称瓢为器⑰,则已;已称瓢为器,国必裂矣。臣闻之也:'木实繁者枝必披,枝之披者伤其心。都大者危其国,臣强者危其主。'其令邑中自斗食⑱以上,至尉、内史及王左右⑲,有非相国之人者乎⑳?国无事,则已;国有事,臣必闻见王独立于庭也㉑。臣窃为王恐,恐万世之后有国者,非王子孙也。

[注释]①应侯:秦昭王以应地封范雎,故范雎又称应侯。应:在今河南鲁山县。　②恒思:地名,位置不详。神丛:树林中的神祠或神灵所依托的群树。　③悍:凶顽强悍。　④博:弈棋一类的游戏"局戏"。　⑤丛籍我神三

曰:把树林中神祠的神位借给我三天。籍:通"藉",藉同"借"。 ⑥困:陷入困境。 ⑦为丛投:代替树林掷骰子。 ⑧丛枯:树林枯萎。 ⑨丛亡:树林死亡。 ⑩王之丛:秦王的树林与神祠。 ⑪神:神灵,灵魂。 ⑫指大于臂:指头大于手臂。 ⑬股:大腿。 ⑭甚:更加,极点,严重。 ⑮舆瓢而趋:负载着瓢快走。舆:载,如车载物。瓢:葫芦剖开做成的盛水器皿。趋:快步走。 ⑯持:手拿。疾:快速。 ⑰称:视为,认为。器:器皿,器物。 ⑱斗食:年薪不满一百斛,每日俸禄一斗二升的小官吏。 ⑲尉、内史及王左右:尉:军尉。内史:秦京师的地方行政长官。王左右:秦昭王身边的近臣。 ⑳有非相国之人者乎:有哪一个不是相国魏冉的亲信。 ㉑独立:孤立。庭:朝廷。

"臣闻古之善为政也,其威内扶①,其辅外布②,四③治政不乱不逆,使者直道而行④,不敢为非。今太后使者分裂诸侯,而符布天下⑤,操⑥大国之势,强征兵⑦,伐诸侯。战胜攻取,利尽归于陶⑧;国之币帛,竭⑨入太后之家;竟⑩内之利,分移华阳。古之所谓'危主灭国之道'必从此起。三贵⑪竭国以自安,然则令何得从王出,权何得毋分⑫,是我王果⑬处三分之一也。"

[注释]①扶:牢固树立,不被颠仆。 ②其辅外布:股肱之臣遍布内外。 ③四:一说为"而"。 ④直道而行:直接到达,犹言政令畅通,不打折扣。 ⑤符布天下:传达命令的符节遍布天下。 ⑥操:操纵,掌握。 ⑦强征兵:一作"征强兵"。 ⑧陶:穰侯魏冉的另外一个封邑,在今山东定陶县。 ⑨竭:竭尽,全部。 ⑩竟:同"境"。 ⑪三贵:穰侯、太后、华阳君。 ⑫毋分:不分散。 ⑬果:实际上。

○秦攻韩围陉

秦攻韩,围陉①。范雎谓秦昭王曰:"有攻人者②,有攻地者③。穰侯十攻魏而不得伤者,非秦弱而魏强也,其所攻者,地也。地者,人主所甚爱也。人主者,人臣之所乐为死④也。攻人主之所爱,与乐死者斗,故十攻而弗能胜也。今王将攻韩围陉,臣愿王之毋独攻其地,而攻其人也。王攻韩围陉,以张仪为言⑤。张仪之力⑥多,且削地而以自赎于王⑦,几割地而韩不尽⑧;张仪之力少,则王逐张仪,而更与不如张仪者市⑨。则王之所求⑩于韩者,言可得也⑪。"

[注释]①陉:韩地,在今山西曲沃县。 ②攻人者:以歼灭有生力量为目的的攻伐。 ③攻地者:以占领土地为目的攻伐。 ④乐为死:非常愿意为国君卖命。 ⑤张仪:一说为"张平",此时张仪已经死四十四年,张仪也未曾在韩。为言:以张仪为和谈、谈判的对象。 ⑥力:智商,能力,势力。 ⑦自赎于王:为自己赎罪于秦昭王。 ⑧几割地而韩不尽:不断割地,延缓韩的灭亡。 ⑨更与不如张仪者市:更换谈判对象,与不如张仪的人进行交易。更:更换。市:交换,交易。 ⑩求:求取,渴望得到。 ⑪言可得也:通过谈判就可以得到。言,一说为"尽"。

○应侯曰郑人谓玉未理者璞

应侯曰:"郑人谓玉未理者璞①,周人谓鼠未腊②者朴。周人怀璞过郑贾③曰:'欲买朴乎?'郑贾曰:'欲之。'出其朴,视之,乃鼠也。因谢④不取。今平原君⑤自以贤,显名于天下,然降其主父沙丘而臣之⑥。天下之王尚犹尊⑦之,是天下之王不如郑贾之智⑧也,眩于名⑨,不知其实也。"

[注释]①理:整理,对玉石的加工。璞:未经雕琢的玉。 ②腊:肉腌制

后风干或薰干。　③怀:怀揣。璞:一说应作"朴"。郑贾:郑国商人。
④谢:谢绝。　⑤平原君:赵惠文王弟赵胜,封于东武城,号平原君。东武城位于今山东武城县。　⑥降:贬损,言平原君降低自己的身份,称臣于赵武灵王。主父:赵武灵王。沙丘:位于今河北平乡县,一说在今河北巨鹿县。
⑦尊:尊贵,显赫。　⑧智:智慧。　⑨眩:惑,迷惑。名:名称。

○天下之士合从相聚于赵

天下之士,合从①相聚于赵,而欲攻秦。秦相应侯曰:"王勿忧也,请令废之。秦于天下之士非有怨也②,相聚而攻秦者,以己③欲富贵耳。王见大王之狗,卧者卧,起者起,行者行,止者止,毋相与斗者;投之一骨,轻起相牙者④,何则?有争意也。"于是唐雎载音乐⑤,予之五十金⑥,居武安⑦,高会相与饮⑧,谓:"邯郸人⑨谁来取者?"于是其谋者固未可得予也⑩,其可得与者,与之昆弟矣⑪。

[注释]①合从:合纵。　②非:无,没有。怨:怨恨,仇恨。　③以己:为了自己。　④轻:突然,迅速。起:跳起。牙:以牙相争噬。　⑤唐雎:魏人。音乐:乐人与乐器组成的乐队。　⑥五十金:一说为"五千金"。　⑦武安:赵邑,今河北武安市。　⑧高会相于饮:大会宾客,高朋满座,宴饮作乐。
⑨邯郸人:指相聚在邯郸准备合纵的人们。邯郸:赵都城,今河北邯郸市。
⑩其谋者固未可得予也:那些谋划合纵的人没能够得到他们所希望的财物。
⑪与之昆弟矣:相处犹如兄弟。昆弟:兄弟。

"公与秦计功者①,不问金之所之②,金尽者功多矣。今令人复载五十金随公。"唐雎行,行至武安,散不能三千金③,天下之士,大相与斗矣④。

[注释]①公:唐雎。计功:计算、评价功劳。 ②不问金之所之:不过问金的去向。 ③散不能三千金:贿赂用去的钱财没有超过三千金。 ④大相与斗矣:相互疯狂地争斗。

○谓应侯曰君禽马服乎

谓应侯曰:"君禽马服乎①?"曰:"然。""又即围邯郸乎?"曰:"然。""赵亡,秦王王②矣,武安君为三公③。武安君所以为秦战胜攻取者七十余城,南亡鄢、郢、汉中④,禽马服之军,不亡一甲,虽周吕望⑤之功,亦不过此矣。赵亡,秦王王,武安君为三公,君能为之下乎?虽欲无为之下,固不得之矣。秦尝攻韩邢⑥,困于上党,上党之民皆返为赵⑦。天下之民,不乐为秦民之日固久矣。今攻赵,北地入燕,东地入齐,南地入楚、魏,则秦所得不一几何⑧。故不如因而割之⑨,因以为武安功。"

[注释]①禽:同"擒"。马服:指赵国将领赵括,其父赵奢有功,赐号马服,因以为氏。马服,意为服马,一说马服为"服武事"。 ②王:秦统一天下称王。 ③武安君:秦将白起。三公:古以太师、太傅、太保为三公,秦制以丞相、太尉、御史大夫为三公。此时秦制尚未完善,三公应为泛指位高权重的最高级官员。 ④鄢:楚地,在今湖北宜城市。郢:楚国都城,在今湖北江陵县。汉中:今陕西南部和湖北西北部的汉水流域,首府在今陕西汉中市。 ⑤周吕望:一说为"周召吕望"。周:指周公,武王的弟弟周公旦。召:武王臣召公奭,一说为周文王之子。吕望,周文王、周武王的太师太公望,又称姜太公。 ⑥尝:曾经。邢:一说为"陉",在今山西曲沃县。 ⑦上党之民皆返为赵:指韩上党郡守冯亭投奔赵,赵发兵长平抗秦之事。 ⑧不一几何:非常少,甚至连一都没有达到。一说为"无几何"。 ⑨因而割之:借此允许割地求和。

○应侯失韩之汝南

应侯失韩之汝南①。秦昭王谓应侯曰:"君亡国②,其忧乎?"应侯曰:"臣不忧。"王曰:"何也?"曰:"梁人有东门吴③者,其子死而不忧,其相室④曰:'公之爱子也,天下无有⑤,今子死不忧,何也?'东门吴曰:'吾尝无子,无子之时不忧;今子死,乃即与无子时同也。臣奚⑥忧焉?'臣亦尝为子⑦,为子时不忧;今亡汝南,乃与即为梁余子同也⑧。臣何为忧?"

[注释]①应侯失韩之汝南:应侯范雎失去了他在韩地的封邑汝南。汝南:指汝水之南广大地区,大致包括今河南宝丰县、鲁山县、平顶山市、襄城县。该地区原属于韩国,后被秦夺取,成为范雎的封地,现又归韩国所有。②国:应侯封地汝南。 ③东门吴:魏国人。 ④相室:家臣,管家。 ⑤天下无有:天下没有像东门吴那样爱孩子的人。 ⑥奚:怎么会。 ⑦臣:应侯范雎。子:没有封地的余子。 ⑧乃与即为梁余子同也:于是与刚刚谈到的梁余子东门吴的认识相同。梁余子:东门吴,卿大夫嫡长子以外的儿子称为"余子"。

秦王以为不然①,以告蒙傲②曰:"今也,寡人一城围③,食不甘味,卧不便席④,今应侯亡地而言不忧,此其情⑤也?"蒙傲曰:"臣请得⑥其情。"

[注释]①以为不然:不以为然,不赞同范雎的看法。 ②蒙傲:秦人。 ③一城围:一个城邑被包围。 ④卧不便席:睡觉不安。便:方便,舒服。席:卧席。 ⑤情:真情。 ⑥得:探得,了解。

蒙傲乃往见应侯,曰:"傲欲死。"应侯曰:"何谓也?"曰:"秦王师君①,天下莫不闻,而况于秦国乎!今傲势得秦为王将②,将兵,臣以韩之细也③,显逆诛④,夺君地,傲尚奚生?不若死。"应侯拜蒙傲曰:"愿委⑤之卿。"蒙傲以报于昭王。

[注释]①秦王师君:秦昭王以应侯为师。 ②势得秦为王将:发展到了为秦王将军的地位。势:权势地位。 ③臣以韩之细也:蒙傲认为韩国微不足道而放弃攻伐。细:小。 ④显逆诛:公然逆叛秦,理当诛伐。 ⑤委:委任,任命。

自是之后,应侯每言韩事者,秦王弗听也,以其为汝南虏①也。

[注释]①汝南虏:犹言应侯封地汝南为韩所虏获。

○秦攻邯郸

秦攻邯郸,十七月不下①。庄谓王稽曰②:"君何不赐军吏乎?"王稽曰:"吾与王也③,不用人言。"庄曰:"不然。父之于子也,令有必行者,必不行者。曰'去④贵妻,卖爱妾',此令必行者也;因曰'毋敢思⑤也',此令必不行者也。守间妪⑥曰,'其夕⑦,某孺子内某士⑧'。贵妻已去,爱妾已卖,而心不有⑨。欲教⑩之者,人心固有⑪。今君虽幸⑫于王,不过父子之亲;军吏虽贱,不卑于守间妪。且君擅主轻下⑬之日久矣。闻'三人成虎⑭,十夫楺椎⑮。众口所移,毋翼而飞'。故曰,不如赐军吏而礼之。"王稽不听。军吏穷⑯,果恶王稽、杜挚以反⑰。

[注释]①下:攻陷。　②庄:秦人,姓不详,名庄。王稽:秦谒令者,即传令之官,后因应侯范雎提携,为河东守。　③吾与王也:我与国君的事情。④去:离去,休掉。　⑤思:思念。　⑥姁:姁,音yù,年老的女性。　⑦夕:晚上。　⑧某孺子内某士:一个年轻的妇女招引了一个男子。孺子:一说为"孺子",年轻妇女的美称。　⑨而心不有:心中不情愿。有:犹欲。　⑩教:教化,教导。　⑪人心固有:人内心自然都有自己的思想、观念。　⑫幸:宠幸。⑬擅主轻下:专断而轻视臣下。　⑭三人成虎:三个人说市场上有老虎,人们就会信以为真。　⑮十夫楺椎:十个人就能把木料随意地弯曲拉直。楺:屈伸木料。椎:木棒。　⑯穷:困窘,穷凶极恶。　⑰恶:以恶言相攻击。杜挚:王稽的副手。反:与其他诸侯国私通,有谋反的意图。

秦王大怒,而欲兼诛①范雎。范雎曰:"臣,东鄙②之贱人也,开罪③于楚、魏,遁逃来奔。臣无诸侯之援,亲习之故④,王举臣于羁旅之中,使职事⑤,天下皆闻臣之身与王之举⑥也。今遇惑或与罪人同心⑦,而王明诛之,是王过举显于天下⑧,而为诸侯所议也。臣愿请药⑨赐死,而恩以相葬臣⑩,王必不失臣之罪⑪,而无过举之名。"王曰:"有之⑫。"遂弗杀而善遇之⑬。

[注释]①兼诛:因范雎举荐王稽不当,连坐受惩罚。　②东鄙:魏在秦的东方,所以范雎自称东鄙之贱人。　③开罪:始得罪,最初获罪。　④亲习之故:秦昭王身边的亲近故旧之人。习:狎,亲近而不庄重。　⑤职事:主持秦国军政大事。　⑥举:举荐。　⑦今愚惑或与罪人同心:现在遇到了困难而产生疑惑,或许会与罪人王稽有同样的心思。惑:疑惑。或:或许。罪人:王稽。　⑧过举:举荐方面的过错。显:彰显。　⑨药:毒药。　⑩而恩以相葬臣:恩准以相国的礼仪埋葬臣下。　⑪失臣之罪:失去、放弃惩罚臣下的罪过。　⑫有之:言之有理。　⑬善遇之:善待范雎。

○蔡泽见逐于赵

蔡泽见逐于赵①,而入韩、魏,遇夺釜鬲于涂②。闻应侯任郑安平、王稽③,皆负重罪,应侯内惭,乃西入秦。将见昭王,使人宣言以感怒应侯曰④:"燕客蔡泽,天下骏雄弘辩之士也。彼一见秦王,秦王必相之而夺君位⑤。"

[注释]①蔡泽:燕人,游说诸国,不被重用。入秦,游说秦昭王,昭王使其代替范雎为相国,号刚成君。见:被,表示被动。 ②夺:被抢劫。釜鬲:炊具。涂:通"途",路途。 ③任:任用。郑安平:魏人,入秦后率兵攻赵,兵败降赵。 ④宣言:扬言。感怒:激怒。 ⑤相之而夺君位:以蔡泽为相国而剥夺范雎的相国之职。

应侯闻之,使人召蔡泽。蔡泽入,则揖应侯,应侯固不快,及见之,又倨①。应侯因让②之曰:"子常③宣言代我相秦,岂有此乎?"对曰:"然。"应侯曰:"请闻其说。"蔡泽曰:"吁④!何⑤君见之晚也。夫四时之序,成功者去。夫人生手足坚强,耳目聪明圣知⑥,岂非士之所愿与?"应侯曰:"然。"蔡泽曰:"质仁秉义⑦,行道施德于天下,天下怀乐敬爱,愿以为君王,岂不辩智之期与⑧?"应侯曰:"然。"蔡泽复曰:"富贵显荣,成理⑨万物,万物各得其所;生命寿长,终其年而不夭伤;天下继其统⑩,守其业,传之无穷,名实纯粹⑪,泽流千世,称⑫之而毋绝,与天下终。岂非道之符⑬,而圣人所谓吉祥善事与?"应侯曰:"然。"泽曰:"若秦之商君⑭,楚之吴起⑮,越之大夫种⑯,其卒亦可愿矣。"

应侯知蔡泽之欲困己以说⑰,复曰:"何为不可?夫公孙鞅事孝公,极身毋二⑱,尽公不还私⑲,信赏罚以致治,竭智能,示情素⑳,蒙怨咎㉑,欺旧交,虏魏公子卬㉒,卒为秦禽将㉓,破敌军,攘㉔地千里。吴起事悼王㉕,使私不害公,谗不蔽忠㉖,言不取苟合㉗,行不取苟容㉘,行义不固毁誉㉙,必有伯主强国,不辞祸凶。大夫种事越王㉚,主离困辱㉛,悉忠而不解㉜,主虽亡绝,尽能而不离㉝,多功而不矜㉞,贵富不骄怠。若此三子者,义之至㉟,忠之节也㊱。故君子杀身以成名,义之所在,身虽死,无憾悔,何为不可哉?"蔡泽曰:"主圣臣贤,天下之福也;君明臣忠,国之福也;父慈子孝,夫信妇贞,家之福也。故比干忠㊲,不能存殷㊳;子胥知㊴,不能存吴;申生孝㊵,而晋惑乱。是㊶有忠臣孝子,国家灭乱,何也?无明君贤父以听㊷之。故天下以其君父为戮辱㊸,怜其臣子㊹。夫待死而后可以立忠成名,是微子不足仁,孔子不足圣,管仲不足大也。"于是应侯称善。

[注释]①倨:音jù,傲慢,高傲。 ②让:责备,批评,谴责。 ③常:又作"尝"。 ④吁:疑怪之辞,表示吃惊或不可思议。 ⑤何:为什么。 ⑥圣知:神圣智慧。 ⑦质仁秉义:坚持仁义。质:本,依据。秉:持,掌握。⑧岂不辩智之期与:这不就是智辩之士的期望吗?期:期望,愿望。 ⑨成理:成功的治理、生成。 ⑩继:继承。统:端绪,传统。 ⑪名实纯粹:名利双收,名誉与现实都完美无缺。 ⑫称:称颂,传诵。 ⑬符:合于道,收到良好的效果。 ⑭商君:商鞅,卫国庶孽公子,姓公孙,又称公孙鞅,辅佐秦孝公变法,后被秦惠王车裂而死。 ⑮吴起:卫人,善用兵,仕于魏,进行变法。后入楚,主持变法,失败被杀。 ⑯大夫种:春秋越国大夫,氏文,名种,字少禽,辅佐勾践雪会稽之耻,功成不退,被勾践杀。 ⑰困己以说:以说辞困窘自己。 ⑱极身毋二:竭尽身心,一心一意,忠心耿耿。 ⑲尽公不还私:尽力

辅佐秦孝公。还私:谋求私利。还:反顾,经营,谋求。 ⑳示情素:显示出了自己的真情和诚心。 ㉑蒙怨咎:蒙受怨恨与罪过。 ㉒虏魏公子卬:公元前340年商鞅率秦军战胜魏军,俘虏魏公子卬。 ㉓禽:通"擒",擒获。 ㉔攘:取,夺取。 ㉕悼王:楚悼王。 ㉖谗:谗言。蔽:遮挡,堵塞。 ㉗苟合:无原则地迎合、附和。 ㉘苟容:屈从附和的表情、行为取悦于他人。 ㉙行义固不毁誉:躬行仁义一定不要损伤国君的荣誉。 ㉚越王:越王勾践。 ㉛主离困辱:国君历尽困苦屈辱。离:通"罹"。 ㉜悉忠:贡献出了全部忠心。解:通"懈",懈怠。 ㉝尽能:竭尽能力。离:去,离去。 ㉞矜:自矜,居功自傲。 ㉟至:极点,巅峰。 ㊱节:气节,节操。 ㊲比干忠:商朝末年,纣淫乱暴虐,比干怀着拳拳忠心谏纣,纣听信谗言而剖比干心。 ㊳存殷:使商王朝避免灭亡的命运,继续生存下去。 ㊴子胥知:智慧的伍子胥。子胥:春秋楚大夫,后出奔吴,为阖闾、夫差臣,数谏夫差毋轻信越人,遭太宰嚭谗言,被迫自杀。知:通"智"。 ㊵申生孝:申生为春秋时晋献公的太子。晋献公宠爱骊姬,骊姬诬陷申生毒害晋献公,申生为了不使晋献公生气不作申辩,最后自杀而死。 ㊶是:指上述商鞅、吴起、大夫种、申生这些事例。 ㊷听:听取,采纳。 ㊸戮辱:杀戮与羞辱。 ㊹怜其臣子:使其臣子处于令人怜悯同情的境地。

　　蔡泽得少间①,因曰:"商君、吴起、大夫种,其为人臣,尽忠致功,则可愿②矣。闳夭③事文王,周公辅成王也④,岂不亦忠乎?以君臣论之,商君、吴起、大夫种,其可愿孰与⑤闳夭、周公哉?"应侯曰:"商君、吴起、大夫种不若⑥也。"蔡泽曰:"然则君之主,慈仁任忠⑦,不欺旧故,孰与秦孝公、楚悼王、越王乎?"应侯曰:"未知何如也。"蔡泽曰:"主固亲忠臣,不过⑧秦孝、越王、楚悼。君之为主,正乱、批患⑨、折难⑩,广地殖谷,富国、足家、强主,威盖海内,功章⑪万里之外,不过商君、吴起、大夫种。而君之禄位贵盛,私家之富过于三子⑫,而身不退⑬,窃为君危之。语曰:'日中则移,月满则亏。'物盛则衰,天之常数⑭也;进退、盈缩⑮、变化,圣人之常道也。昔者,齐桓公九合诸侯⑯,一匡天下⑰,至葵丘之会⑱,有骄矜⑲之色,畔者九国。吴王夫差无适⑳于天下,轻诸侯,凌㉑齐、晋,遂以杀身亡国。夏育、太史启叱呼骇三军㉒,然而身死于庸夫㉓。此皆乘至盛不及道理也㉔。夫商君为孝公平权衡、正度量、调轻重㉕,决裂阡陌㉖,教民耕战,是以兵动而地广,兵休而国富,故秦无敌于天下,立威诸侯。功已成,遂以车裂。楚地持戟百万,白起㉗率数万之师,以与楚战,一战举鄢、郢㉘,再战烧夷陵㉙,南并蜀、汉,又越㉚韩、魏攻强赵,北坑马服㉛,诛屠四十余万之众,流血成川,沸声若雷,使秦业帝㉜。自是之后,赵、楚慑服㉝,不敢攻秦者,白起之势也。身所服者㉞,七十余城。功已成矣,赐死于杜邮㉟。吴起为楚悼罢无能,废无用,损不急之官㊱,塞私门之请,壹楚国之俗,南攻杨越㊲,北并陈、蔡㊳,破横散从㊴,使驰说之士无所开其口。功已成矣,卒支解㊵。大夫种为越王垦草刱㊶邑,辟地殖谷,率四方士,上下之力,以禽劲吴,成霸功。勾践终棓㊷而杀之。此四子者,成功而不去㊸,祸至于此。此所谓信而不能诎㊹,往而不能反㊺者也。范蠡知之㊻,超然避世,长㊼为陶朱。君独不观博㊽者乎?或欲分大投㊾,或欲分功㊿。此皆君之所明知也。今君相秦,计不下席,谋不出廊庙,坐制㉛诸侯,利施三川㉜,以实㉝宜阳,决羊肠㉞之险,塞太行之口㉟,又斩范、中行之途㊱,栈道千里于蜀、汉,使天下皆畏秦。秦之欲得矣,君之功极矣。此亦秦之分功㊼之时也！如是不退,则商君、白公、吴起、大夫种是也。君何不以此时归相印,让贤者授之,必有伯夷之廉㊽;长为应侯,世世称孤㊾,而有乔、松之寿㊿。孰与以祸终哉！此则君何居㉛焉?"应侯曰:"善。"乃延入坐为上客㉜。

[注释]①间:间隙,机会。 ②愿:如愿。 ③闳夭:周武王、周文王的贤臣。 ④周公:武王的弟弟周公旦。成王:周武王之子诵,武王死后,年幼的成王即位,周公摄政,成王成人后,周公又返政于成王。 ⑤孰与:与谁,何如,两者相比较哪一个更好。 ⑥不若:不如,逊色于。 ⑦任忠:信任、任用忠臣。 ⑧不过:超不过。 ⑨批患:排除祸患。 ⑩折难:摧毁困难。 ⑪章:彰显。 ⑫三子:商鞅、吴起、大夫种。 ⑬退:退隐。 ⑭常数:一般规则。 ⑮盈缩:充满与缩小。 ⑯九合诸侯:多次组织诸侯会盟。 ⑰一匡天下:统一匡正天下。 ⑱葵丘之会:公元前651年,齐桓公在葵丘与鲁、宋、卫、郑、许、曹等国会盟,周襄王派大臣赐齐桓公祭肉。葵丘:在今河南兰考县。 ⑲骄矜:傲慢自大。 ⑳无適:无敌。適,通"敌"。 ㉑凌:欺凌。 ㉒夏育:卫国勇士,能力拔牛尾。太史启:勇士,事不详。叱呼:大声怒叱。骇:惊骇。 ㉓庸夫:无名之辈。 ㉔乘:凭借。至盛:发展的鼎盛时期。不及:不及时急流勇退。 ㉕平权衡:统一度量衡。正度量:颁布标准的衡器。调轻重:调节赋税的轻重。 ㉖决裂阡陌:破除原来的土地疆界,建立新的土地制度。阡陌:田间小道,南北为阡,东西为陌。 ㉗白起:秦将军,封为武安君。 ㉘鄢:楚地,今湖北宜城市。郢:楚国都城,在今湖北江陵县。 ㉙夷陵:楚先王墓地所在,在今湖北宜昌市。 ㉚越:越过。 ㉛北坑马服:长平之战,射杀赵国将领马服君赵奢之子赵括,坑杀赵军将士四十余万。 ㉜业帝:成就帝王之业。 ㉝慑服:因恐惧而屈服。 ㉞身所服者:亲身所征服、降服。 ㉟杜邮:秦地名,又称杜邮亭,位于今陕西咸阳市。 ㊱不急之官:无用的冗官。 ㊲杨越:即扬越,扬州之越人。 ㊳陈、蔡:春秋陈国、蔡国之地。陈国位于今河南淮阳、安徽亳州。蔡国位于今河南上蔡、新蔡县。 ㊴从:合纵。 ㊵支解:肢解,肢体被分解。 ㊶刱:"创"的异体字。 ㊷棓:

当为"倍"字之误,倍与背同,即背叛。　㊸去:弃官而离去。　㊹信而不能诎:能伸而不能屈。信:同"伸"。诎:同"屈"。　㊺往而不能反:能进而不能退。反:同"返"。　㊻范蠡知之:范蠡聪明。范蠡:楚国宛人,字少伯,为越国大夫,辅佐勾践灭吴国之后,弃官离开越国从事经商,后定居在陶,称陶朱公。㊼长:年龄大了以后。　㊽博:赌博。　㊾大投:下大赌注,以求全胜。投:掷骰子。　㊿分功:下小赌注,分得胜者的小利。　㊿制:制服,控制。　㊿利施三川:利益广收于三川。三川:黄河、洛河、伊河,大致包括今洛阳、孟津、巩义、荥阳一带。　㊿实:充实于。　㊿羊肠:赵国要塞,联系山西与中原的要道。今羊肠坂遗址有二,一在今山西长治壶关县的羊肠坂,另一遗址位于今河南沁阳市与山西泽州县交界处的古羊肠板。　㊿口:出口,重要关口。㊿斩范、中行之途:斩断三晋的出路。范:晋国范氏,晋六卿之一。中行:晋国中行氏,晋六卿之一。　㊿分功:分解功劳。　㊿伯夷:商孤竹君的儿子,拒绝继承君位,周武王伐纣,扣马谏阻。周武王灭商,耻于食周粟,饿死于首阳山。廉:坚守节操。　㊿孤:王侯的自称。　㊿乔、松:乔:王子乔,传说中的长寿不死之人。松:赤松子,传说中的长寿不死之人。　㊿何居:如何选择。㊿延入:引入,请进。坐:坐席,座位。上客:贵宾。

后数日,入朝①,言于秦昭王曰:"客新有从山东来者蔡泽,其人辩士。臣之见人甚众,莫有及者,臣不如也。"秦昭王召见,与语,大说之,拜为客卿②。

[注释]①入朝:应侯范雎入朝。　②客卿:为仕于他国官位至卿者。

应侯因谢病①,请归相印。昭王彊起应侯②,应侯遂称笃③,因免相。昭王新说蔡泽计画,遂拜为秦相,东收周室④。

[注释]①因谢病:借口有病而辞官。　②彊起:强烈希望应侯继续担任相国。　③笃:甚,犹言病情严重。　④东收周室:公元前256年西周尽献其

邑于秦,次年九鼎等宝器入秦,周王室亡。

  蔡泽相秦王数月,人或恶①之,惧诛,乃谢病归相印,号为刚成君。秦十余年②,昭王、孝文王、庄襄王,卒事始皇帝。为秦使于燕,三年而燕使太子丹入质于秦③。

  [注释]①恶:厌恶。　②秦十余年:蔡泽居秦国十余年。　③太子丹入质于秦:太子丹到秦国为人质。太子丹:燕王喜之子,名丹,于公元前239年到秦国为人质。

卷六 秦 四

○秦取楚汉中

秦取楚汉中①,再战于蓝田②,大败楚军。韩、魏闻楚之困③,乃南袭至邓④,楚王引归⑤。后三国⑥谋攻楚,恐秦之救也,或说薛公⑦:"可发使告楚曰:'今三国之兵且去楚⑧,楚能应⑨而共攻秦,虽蓝田岂难得哉⑩!况于楚之故地⑪?'楚疑于秦之未必救己也,而今三国之辞去,则楚之应之也必劝⑫,是楚与三国谋出秦兵矣⑬。秦为知⑭之,必不救⑮也。三国疾攻楚,楚必走秦以急⑯;秦愈不敢出⑰,则是我离秦⑱而攻楚也,兵必有功。"

[注释]①汉中:楚地,今陕西西南部和湖北西北部的汉水流域,首府在今陕西汉中市。 ②蓝田:在今陕西蓝田县。 ③困:军事上的困境。 ④邓:楚地,在今河南漯河市郾城区。一说在今湖北襄樊市。 ⑤引归:引兵而退。 ⑥三国:齐、韩、魏。 ⑦薛公:孟尝君田文,当时为齐相国。 ⑧且去楚:将要离开楚国。 ⑨应:答应,许诺。 ⑩岂难得哉:怎么会难以得到。 ⑪楚之故地:蓝田为楚原有的土地。 ⑫应:对齐、韩、魏的许诺。劝:勉,努力。 ⑬是楚与三国谋出秦兵矣:这样做,就会造成楚与齐、韩、魏共同谋划出兵伐

秦的局面。　⑭知：了解其意图。　⑮救：救楚。　⑯走秦以急：派遣使者去秦国告急。　⑰秦愈不敢出：秦怀疑其中有诈，更不敢出兵。　⑱离秦：离间秦与楚。

　　薛公曰："善。"遂发重使之楚，楚之应之果劝①。于是三国并力攻楚，楚果告急于秦，秦遂不敢出兵。大臣有功②。

　　[注释]①果劝：果然非常卖力。　②大臣有功：一作"大胜有功"。

○薛公入魏而出齐女

　　薛公入魏而出齐女①。韩春谓秦王曰②："何不取③为妻，以齐、秦劫魏④，则上党⑤，秦之有也。齐、秦合而立负刍⑥，负刍立，其母在秦，则魏，秦之县也已⑦。呡⑧欲以齐、秦劫魏而困薛公⑨，佐欲定其弟⑩，臣请为王因⑪呡与佐也。魏惧而复之⑫，负刍必以魏殁世⑬事秦。齐女入魏而怨薛公，终以齐奉事王矣。"

　　[注释]①薛公入魏而出齐女：孟尝君田文来到魏国，因其厌恶齐国而驱逐走了魏公子负刍的母亲。因负刍的母亲来自齐国，故称"齐女"。出：又称大归，犹言离婚。　②韩春：秦臣，事不详。秦王：秦昭王。　③取：同"娶"。　④以齐、秦劫魏：通过联姻，齐、秦结成友好国，共同攻伐魏。　⑤上党：首府在今山西长治市，统辖当今山西和顺、榆社以南，沁水流域以东。　⑥负刍：魏公子，其母就是"齐女"。刍：音chú，同"刍"。　⑦秦之县也已：魏就像秦的一个县一样。　⑧呡：音méng，魏臣。　⑨劫：威胁，要挟。困薛公：使孟尝君田文陷入困境。　⑩佐：负刍之兄。定：定其王位。　⑪因：依靠。　⑫复之：复接回齐国之女。　⑬殁世：终身。

○三国攻秦入函谷

三国①攻秦,入函谷②。秦王谓楼缓③曰:"三国之兵深④矣,寡人欲割河东而讲⑤。"对曰:"割河东,大费⑥也;免于国患,大利也。此父兄之任也⑦。王何不召公子池⑧而闻焉?"

[注释]①三国:齐、韩、魏。 ②函谷:函谷关,位于今河南灵宝市。 ③秦王:秦昭王。楼缓:赵人,当时为秦相国。 ④深:盛,兵力强大,士气旺盛。 ⑤河东:今山西西南部的临汾、永济、解县、霍县、隰县等黄河以东地区。讲:讲和,和解。 ⑥费:代价。 ⑦父兄:公族,国君的亲族。任:责任。 ⑧公子池:又作"公子他",秦惠王之子,秦昭王之兄。

王召公子池而问焉,对曰:"讲亦悔①,不讲亦悔。"王曰:"何也?"对曰:"王割河东而讲,三国虽去,王必曰:'惜矣!三国且去,吾特以三城从之②。'此讲之悔也。王不讲,三国入函谷,咸阳③必危,王又曰:'惜矣!吾爱三城而不讲。'此又不讲之悔也。"王曰:"钧④吾悔也,宁亡三城而悔,无危咸阳而悔也。寡人决⑤讲矣。"卒使公子池以三城讲于三国,之兵乃退。

[注释]①悔:后悔,遗憾。 ②特:独。三城:黄河以东的三个县。从之:随三国而去。 ③咸阳:秦国都城,在今陕西咸阳市东北。 ④钧:均,同样。 ⑤决:一定,决定。

○秦昭王谓左右

秦昭王谓左右曰:"今日韩、魏,孰与始强①?"对曰:

"弗如也②。"王曰:"今之如耳、魏齐③,孰与孟尝、芒卯④之贤?"对曰:"弗如也。"王曰:"以孟尝、芒卯之贤,帅强韩、魏之兵以伐秦,犹无奈寡人何也!今以无能之如耳、魏齐,帅弱韩、魏以攻秦,其无奈寡人何,亦明矣!"左右皆曰:"甚然⑤。"

[注释]①孰与始强:与当初相比较,哪个更强大。 ②弗如也:不如当初。 ③如耳:魏人,韩臣。魏齐:魏臣。 ④孟尝:齐孟尝君田文,曾经为魏相国。芒卯:魏将。 ⑤甚然:确实是这样,非常对。

中期①推琴对曰:"三之料天下过矣②。昔者六晋③之时,智氏最强,灭破范、中行,帅韩、魏以围赵襄子于晋阳④。决晋水以灌晋阳⑤,城不沈者三板耳⑥。智伯出行水⑦,韩康子御⑧,魏桓子骖乘⑨。智伯曰:'始,吾不知水之可亡⑩人之国也,乃今知之。汾水利以灌安邑⑪,绛水利以灌平阳⑫。'魏桓子肘韩康子⑬,康子履魏桓⑭子,蹑其踵⑮。肘足接于车上,而智氏分⑯矣。身死国亡,为天下笑⑰。今秦之强,不能过⑱智伯;韩、魏虽弱,尚贤在晋阳之下也⑲。此乃方其用肘足时也,愿王之勿易⑳也。"

[注释]①中期:一作中旗,秦辩士,先后为秦武王、秦昭王掌琴瑟之官。 ②三:一说为"王"字。料:估计,评价。过:过错,不对。 ③六晋:智氏、范氏、中行氏、魏氏、韩氏、赵氏六卿分治晋国之时。 ④赵襄子:赵简子之子,名毋恤,赵氏之主。晋阳:赵襄子封地,在今山西太原市。 ⑤晋水:发源于山西太原市西南,东流入汾河。灌:水淹。 ⑥城不沈者三板:城墙仅剩下三板之高没有被淹没。城:城墙。沈:淹没。板:长八尺为一板,高三尺为一板。战国一尺约为今0.21米至0.23米。 ⑦智伯:智氏之主。行水:视察水情。 ⑧韩康子:韩氏之主,名虎。御:驾车。 ⑨魏桓子:魏氏之主,魏国的奠基

者,名驹。骖乘:三人共乘一车,位于左边的人称为"骖乘"。 ⑩亡:消灭。 ⑪汾水:发源于今山西宁武县,在今山西河津市入黄河。安邑:魏桓子之邑,在今山西夏县。 ⑫绛水:发源于今山西屯留县,入浊漳水。平阳:韩康子之邑,在今山西临汾市。 ⑬肘韩康子:以肘触韩康子。 ⑭履魏桓:以脚触魏桓子。 ⑮蹑其踵:踩其脚后跟。 ⑯分:三家分智伯。 ⑰笑:耻笑。 ⑱过:超过。 ⑲贤:才能、德才。下:赵国的麾下。 ⑳勿易:不要改变。

○楚魏战于陉山

楚、魏战于陉山①。魏许秦以上洛②,以绝秦于楚。魏战胜,楚败于南阳③。秦责赂于魏④,魏不与。营浅谓秦王曰⑤:"王何不谓楚王⑥曰,魏许寡人以地,今战胜,魏王倍⑦寡人也。王何不与寡人遇⑧。魏畏秦、楚之合,必与秦地矣。是魏胜楚而亡地⑨于秦也;是王以魏地德⑩寡人,秦之楚者多资矣⑪。魏弱,若不出地⑫,则王攻其南,寡人绝⑬其西,魏必危。"秦王曰:"善。"以是⑭告楚。楚王扬言与秦遇,魏王闻之恐,效⑮上洛于秦。

[注释]①陉山:在今河南新郑市、新密市一带。 ②上洛:在今陕西商洛市。 ③南阳:今河南南阳市一带,其地曾分属于楚、韩。 ④秦责赂于魏:秦责求索要魏许诺的上洛之地。 ⑤营浅:秦人。秦王:秦惠王。 ⑥楚王:楚怀王。 ⑦魏王:魏襄王嗣。倍:背叛。 ⑧遇:会晤。 ⑨地:魏许诺割给秦的上洛之地。 ⑩德:施恩德。 ⑪秦之楚者:秦去楚国的使者。资:外交活动时赠送的币帛财物。 ⑫出地:割地。 ⑬绝:断绝,封锁。 ⑭是:此,指营浅的策划。 ⑮效:进献上。

○楚使者景鲤在秦

楚使者景鲤①在秦,从秦王与魏王遇于境②。楚怒秦合③,周冣最为楚王④曰:"魏请无与楚遇而合于秦,是以鲤与之遇也。弊邑之于与遇善之⑤,故齐不合也。"楚王因不罪景鲤而德⑥周、秦。

[注释]①景鲤:楚人,楚怀王的相国。　②从秦王与魏王遇于境:从:陪同。秦王:秦惠王。魏王:魏襄王嗣。境:秦边境。　③楚怒秦合:楚对景鲤参与秦、魏的会晤非常愤怒。　④周冣:即周君之诸公子周最。楚王:楚怀王。　⑤善之:景鲤参与秦、魏的会晤是一件好事。　⑥德:感谢,感恩戴德。

○楚王使景鲤如秦

楚王使景鲤如①秦。客谓秦王曰:"景鲤,楚王使景所甚爱,王不如留之以市地②。楚王听③,则不用兵而得地;楚王不听,则杀景鲤,更不与不如景鲤留④,是便⑤计也。"秦王乃留景鲤。

[注释]①如:入,往,前去。　②留:扣押。市:交换。　③听:答应,同意。　④更不与不如景鲤留:与不如景鲤的人交涉,还不如把景鲤扣留下来。　⑤便:便利。

景鲤使人说秦王曰:"臣见王之权轻天下①,而地不可得也。臣之来使也,闻齐、魏皆且②割地以事秦。所以然者,以秦与楚为昆弟③国。今大王留臣,是示天下无楚也④,齐、魏有何重于孤国也⑤。楚知秦之孤,不与地,而外结交诸侯以图⑥,则社稷必危,不如出⑦臣。"秦王乃出之。

[注释]①权轻天下:权:权势。轻天下:被天下所轻视。　②且:将要。

③昆弟：兄弟。　④示：公开告诉。无楚：与楚国不是兄弟友好国。　⑤齐、魏有何重于孤国也：齐、魏有什么理由看重孤立的秦国。　⑥图：图谋。⑦出：放出，解除扣押。

○秦王欲见顿弱

秦王欲见顿弱①，顿弱曰："臣之义不参拜②，王能使臣无拜，即可矣。不，即不见也。"秦王许之。于是顿子曰："天下有其实而无其名者，有无其实而有其名者，有无其名又无其实者。王知之乎？"王曰："弗知。"顿子曰："有其实而无其名者，商人是也。无把铫推耨之势③，而有积粟之实，此有其实而无其名者也。无其实而有其名者，农夫是也。解冻④而耕，暴背⑤而耨，无积粟之实，此无其实而有其名者也。无其名又无其实者，王乃是也。已立为万乘⑥，无孝之名；以千里养⑦，无孝之实。"秦王悖然⑧而怒。

[注释]①秦王：秦始皇，姓嬴，名政，即位二十六年乃称帝，称帝之前仍称秦王。顿弱：秦人。　②臣之义不参拜：按照臣下心目中的礼仪是不行参拜之礼的。　③铫：音 yáo，锄地的大锄头。耨：音 nòu，锄草的农具。势：使用铫、耨耕地锄草的行为、动作。　④解冻：春天到来，冻土解冻。　⑤暴背：太阳暴晒着脊梁。　⑥已立为万乘：自己已经身为万乘之国的君王。　⑦以千里养：以千里的封地奉养太后。　⑧悖然：勃然。

顿弱曰："山东战国有六①，威不掩②于山东，而掩于母③，臣窃为大王不取也④。"秦王曰："山东之建国可兼与⑤？"顿子曰："韩，天下之咽喉；魏，天下之胸腹。王资臣万金而游⑥,听之⑦韩、魏,入其社稷之臣于秦⑧,即韩、魏从⑨。韩、魏从,而天下可图也。"秦王曰:"寡人之国贫,恐不能给⑩也。"顿子曰:"天下未尝无事也,非从即横也⑪。横成,则秦帝;从成,即楚王。秦帝,即以天下恭养⑫;楚王⑬,即王虽有万金,弗得私⑭也。"秦王曰:"善。"乃资万金,使东游韩、魏,入其将相。北游于燕、赵,而杀李牧⑮。齐王入朝,四国必从⑯,顿子之说也。

[注释]①山东战国有六:山东:指华山或崤山以东,与当时的关东含义相近。战国:能征善战之国。六:韩、赵、魏、齐、楚、燕六国。 ②掩:覆盖,施加于。 ③掩于母:施权威于其母亲。指秦王政九年,其母亲太后勾结嫪毐为乱,禁闭太后于雍宫之事。 ④窃为:个人认为。不取:不采纳正确的做法。 ⑤建国:由封邦建国而来的诸侯国,一说为"战国"。兼:兼并。 ⑥资:给予。游:同"游",游说。 ⑦听:听凭我的安排。之:至,到。 ⑧入其社稷之臣于秦:接纳韩、魏的重臣与秦国友好。入:接纳。 ⑨从:听从,服从。 ⑩给:供给,使对方得到某种东西或某种遭遇。 ⑪从:合纵。横:连横。 ⑫恭养:恭恭敬敬地进献奉养。 ⑬楚王:楚国称霸天下。 ⑭私:个人占有。 ⑮李牧:号武安君,赵国良将,秦王政十八年,秦设反间计,赵杀李牧。 ⑯四国:燕、赵、韩、魏。从:跟随。

○顷襄王二十年

顷襄王二十年①,秦白起拔楚西陵②,或拔鄢、郢、夷陵③,烧先王之墓。王徙东北,保于陈城④。楚遂削弱,为秦所轻。于是白起又将兵来伐。

[注释]①顷襄王二十年:公元前279年。顷襄王:楚顷襄王,楚怀王之子,名横。 ②白起:秦将军,封为武安君。西陵:楚地,今湖北宜昌市西陵

峡。　③鄢：楚地，在今湖北宜城市。郢：楚国都城，在今湖北江陵县。夷陵：楚先王墓地所在，在今湖北宜昌市。　④保于陈城：楚退守陈城，保全政权。陈城：在今河南淮阳县。

楚人有黄歇①者，游学博闻，襄王以为辩，故使于秦。说昭王曰："天下莫强于秦、楚，今闻大王欲伐楚，此犹两虎相斗而驽犬受其弊②，不如善楚。臣请言其说。臣闻之：'物至而反③，冬夏是也。致至而危④，累棋⑤是也。'今大国之地半天下⑥，有二垂⑦，此从生民以来，万乘之地未尝有也。先帝文王、庄王，王之身⑧，三世而不接地⑨于齐，以绝从亲之要⑩。今王三使盛桥守事于韩⑪，成桥以北入燕⑫。是王不用甲，不伸威，而出⑬百里之地，王可谓能⑭矣。王又举甲兵而攻魏，杜大梁之门⑮，举河内⑯，拔燕、酸枣、虚、桃人⑰，楚、燕之兵云翔不敢校⑱，王之功亦多矣。王申息众二年⑲，然后复之，又取蒲、衍、首垣⑳，以临仁、平兵，小黄、济阳婴城㉑，而魏氏服矣。王又割濮、磨之北属之燕㉒，断齐、秦之要㉓，绝楚、魏之脊㉔。天下五合、六聚而不敢救也㉕，王之威亦惮㉖矣。王若能持功守威，省攻伐之心而肥仁义之诚㉗，使无复㉘后患，三王不足四㉙，五伯不足六也。

[注释]①黄歇：春申君，楚考烈王时为相，担任楚相国25年，有食客三千余人。楚考烈王死后，被李园杀害。　②两虎相斗而驽犬受其弊：两虎相斗，劣等的狗因虎疲弱而得到好处。弊：因两虎相斗而疲弱受伤之虎。　③物至而反：物极必反。至：极。反：返。　④致至而危：达到极点将要发生危险。致：招致，达到。　⑤累棋：堆积很高，随时都有可能倒塌的棋子。棋：同"棋"。　⑥半天下：占有半边天下。　⑦二垂：东西的边陲。垂：边陲，边疆。

⑧文王:秦始皇祖父,孝文王,一说为惠文王。庄王:秦始皇父亲,庄襄王,一说为秦武王。王之身:指在世的秦王政。 ⑨接地:土地连接到、连通到。 ⑩绝从亲之要:绝,断绝。从亲:亲密的合纵。要:约,盟约。 ⑪盛桥:秦庄襄王之子,秦始皇之弟。守事:专门守卫、处理韩国之事。 ⑫成桥:即盛桥。以北入燕:使位于北部的燕国到秦臣服。 ⑬出:燕割地给秦。 ⑭能:有才能,英明。 ⑮杜:堵塞。大梁:魏都城,在今河南开封。 ⑯举河内:举:得到,占领。河内:河南沁阳一带。一说为河南省黄河以北地区。 ⑰燕:南燕,位于今河南延津县东北。酸枣:位于今河南延津县西南。虚:殷墟,在河南安阳市。桃人:位于今河南延津县东北。 ⑱云翔:回旋反顾,像云散开一样溃逃。校:较量,交战。 ⑲申:公开宣称。息众:息兵休整。 ⑳蒲:在今河南长垣县。衍:衍城,在今河南郑州市北。首垣:位于今河南长垣县东北。 ㉑临:兵临。仁:在今山东济宁市。平兵:一作"平丘",在今河南长垣县西南。小黄:在今河南开封市东北。济阳:在今河南兰考县东北。婴城:环城布兵守卫。 ㉒濮、磨之北:今河北大名、山东聊城以北地区。属:归属于。 ㉓要:腰,指交通要道。 ㉔脊:脊梁,直接连接的道路。 ㉕五合、六聚:六国聚会,五次合纵。 ㉖悺:令人畏惧。 ㉗省:减少。肥:增加。诫:告诫。 ㉘无复:不再重复出现。 ㉙三王不足四:历史上的三个圣王不难成为四个。犹言秦王政将有可能成为与夏禹、商汤、周文王齐名的圣王。

"王若负①人徒之众,材②兵甲之强,壹毁③魏氏之威,而欲以力臣天下之主④,臣恐有后患。《诗》云:'靡不有初⑤,鲜克有终⑥。'《易》曰:'狐濡其尾。⑦'此言始之易,终之难也。何以知其然也?智氏见伐赵之利,而不知榆次之祸也⑧;吴见伐齐之便,而不知干隧之败⑨也。此二国者,非无大功也,设利⑩于前,而易⑪患于后也。吴之信越也,从⑫而伐齐,既胜齐人于艾陵⑬,还为越王禽于三江之浦⑭。智氏信韩、魏,从而伐赵,攻晋阳之城,胜有日⑮矣,韩、魏反之,杀智伯瑶于凿台⑯之上。今王妒楚之不毁也⑰,而忘毁楚之强魏也⑱。臣为大王虑而不取⑲。《诗》云:'大武远宅不涉⑳。'从此观之,楚国,援㉑也;邻国,敌也。《诗》云:'他人有心,予忖度㉒之。跃跃毚兔㉓,遇犬获㉔之。'今王中道而信韩、魏之善王也㉕,此正㉖吴信越也。臣闻,敌不可易㉗,时不可失。臣恐韩、魏之卑辞虑患㉘,而实欺大国也。此何也?王既无重世㉙之德于韩、魏,而有累世之怨矣。韩、魏父子兄弟接踵而死于秦者,百世矣。本国残,社稷坏,宗庙隳㉚,刳腹折颐㉛,首身分离,暴骨草泽,头颅僵仆㉜,相望于境;父子老弱系房㉝,相随于路;鬼神狐祥无所食㉞,百姓不聊生㉟,族类㊱离散,流亡为臣妾㊲,满海内矣。韩、魏之不亡,秦社稷之忧也。今王之攻楚,不亦失㊳乎!是㊴王攻楚之日,则恶㊵出兵?王将藉路于仇雠之韩、魏乎!兵出之日而王忧其不反也㊶,是王以兵资㊷于仇雠之韩、魏。王若不借路于仇雠之韩、魏,必攻阳、右壤㊸。随阳、右壤,此皆广川大水,山林溪谷不食之地㊹,王虽有之,不为得地㊺。是王有毁楚之名,无得地之实也。

[注释]①负:恃,依仗。 ②材:军事装备,一说"材"为"恃"、"仗"。 ③壹毁:专心、一心一意毁灭、打击。 ④力臣:以强力迫使臣服。主:诸侯。 ⑤靡:无,没有。初:开始,起点。 ⑥鲜:少。克:能够。终:终点,结果。 ⑦狐濡其尾:狐狸在渡河的时候湿了尾巴。濡:湿。犹言事情开头容易,但很难有理想的结果。 ⑧榆次之祸:智伯攻赵襄子的晋阳,战败被杀,葬于榆次。榆次:在今山西晋中市榆次区。 ⑨干隧之败:越王勾践伐吴,吴王夫差战败,自杀于干隧。干隧:在今江苏苏州市吴中区。 ⑩设利:贪图好处。 ⑪易:换得,犹言贪图眼前小利,留下了无穷的后患。 ⑫从:纵,放纵。

⑬艾陵:在今山东莱芜市,一说在今山东泰安市。 ⑭还:伐齐返回。禽:擒。三江之浦:娄江、松江、东江之滨,也即夫差战败自杀的干隧一带。 ⑮有日:指日可待。 ⑯凿台:凿渠灌晋阳,聚土为台居其上,故曰凿台。凿台:位于今山西晋中市榆次区南。 ⑰妬:同妒,嫉妒,一说"妬"为"垢"。毁:损伤。 ⑱忘毁楚之强魏也:忘记了损伤了楚国,实际上是强大了魏国。 ⑲取:采纳。 ⑳大武远宅不涉:虽有善于走路的大脚,但仍然不会无故向遥远的地方跋涉进发的。武:足迹。宅:居地。 ㉑援:助,言楚是对秦有帮助的国家。 ㉒忖度:思考,推测判断。 ㉓跃跃毚兔:跳跃奔走的狡兔。跃跃:跳跃。毚:音chán,狡。 ㉔获:擒获。 ㉕中道:中途,半道。善王:友好于秦王。 ㉖正:正如。 ㉗易:轻信。 ㉘卑辞虑患:卑下的言辞里隐含着险恶的用心。 ㉙重世:累世,世世代代。 ㉚隳:音huī,毁坏。 ㉛刳腹折颐:剖腹断颊。刳:音kū,剖开。颐:面颊。 ㉜僵仆:尸体倒在地上。僵:僵硬的尸体。仆:倒。 ㉝系虏:捆绑俘获。系:捆绑。虏:俘虏。 ㉞狐祥:妖精怪异。狐:成为妖精的狐狸。祥:怪异之类。食:以物品祭祀。 ㉟聊生:生存没有依靠。聊:依赖。 ㊱族类:同一个家族的人。 ㊲臣妾:男女奴仆,男为臣,女为妾。 ㊳失:失误。 ㊴是:此,这次。 ㊵恶:音wù,安,怎么。 ㊶忧:忧虑,担忧。反:返,返还。 ㊷资:帮助。 ㊸阳:位于随水之北的随阳,在今湖北随州市。右壤:随水之西的山林地区。 ㊹不食之地:不产粮食的贫瘠之地。 ㊺不为得地:不算是得到了土地。

"且王攻楚之日,四国必应悉起应王①。秦、楚之构而不离②,魏氏将出兵而攻留、方与、铚、胡陵、砀、萧、相③,故宋必尽④。齐人南面⑤,泗北必举⑥。此皆平原四达,膏腴⑦之地也,而王使之独攻⑧。王破楚于以肥韩、魏于中国而劲齐,韩、魏之强足以校⑨于秦矣。齐南以泗为境⑩,东负⑪海,北倚河⑫,而无后患,天下之国,莫强于齐。齐、魏得地葆⑬利,而详事下吏⑭,一年之后,为帝若未能,于以禁王之为帝有余⑮。夫以王壤土之博⑯,人徒之众,兵革之强,一举众而注地于楚⑰,诎令⑱韩、魏,归帝重于齐,是王失计也。

[注释]①四国:赵、韩、魏、齐。悉:全部。应:出兵响应,随从伐楚。②构而不离:两军交锋,混战在一起,难分难离。 ③留:在今江苏沛县。方与:在今山东鱼台县。铚:在今安徽宿州市。胡陵:在今江苏沛县。砀:在今安徽砀山县。萧:在今江苏萧县。相:在今安徽濉溪县。 ④故宋必尽:上述七邑原为宋地,战国属于楚,故言"宋必尽"。 ⑤齐人南面:齐人从南面进兵。 ⑥泗北必举:泗水以北必然被占领。泗水:发源于山东泗水县,在江苏宿迁市入淮河。 ⑦膏腴:肥沃。 ⑧独攻:齐、魏无所顾忌的攻伐。⑨校:抗衡,较量。 ⑩齐南以泗为境:齐国南边以泗水为边境。 ⑪负:背负,背靠。 ⑫倚河:倚:依靠。河:黄河。 ⑬葆:通"保",保有。 ⑭详事下吏:齐、魏伪装像臣下那样服侍秦国。详:通"佯"。 ⑮于以禁王之为帝有余:于是,他们阻止秦王你为天下之帝则是力量有余的。 ⑯博:同"博",广阔,博大。 ⑰一举众而注地于楚:举全国之兵全力攻伐楚地,一说为"一举众而树怨于楚"。 ⑱诎令:底气不足地命令。诎:通"屈",理亏。

"臣为王虑,莫若善楚。秦、楚合而为一,临以韩①,韩必授首②。王襟③以山东之险,带以河曲之利④,韩必为关中之候⑤。若是,王以十成郑⑥,梁氏寒心⑦,许、鄢陵婴城⑧,上蔡、召陵不往来也⑨。如此,而魏亦关内候⑩矣。王一善⑪楚,而关内二万乘之主注地于齐⑫,齐之右壤可拱手而取也⑬。是王之地一任两海⑭,要绝⑮天下也。是燕、赵无齐、楚,无燕、赵也⑯。然后危动⑰燕、赵,持⑱齐、楚,此四国者,不待痛而服矣⑲。"

[注释]①临以韩:兵临韩国。 ②授首:交出脑袋,表示降服。 ③襟:衣襟,犹言像自己的衣襟一样任意占有与随意支配,或犹言像衣襟一样蔽障着秦国。 ④带:连接,像带子一样环绕。河曲:黄河转弯的地区,大致位于

今陕西华阴、潼关一带。 ⑤关中:东函谷关、南武关、西散关、北萧关之中,一说为函谷关与陇关之间,大致相当于今陕西省管辖之地。候:侦探,哨兵。 ⑥十成郑:一说为"十万成郑",秦以十万大军驻戍于韩国都城郑。 ⑦梁氏寒心:梁氏,魏国。寒心:畏惧。 ⑧许、鄢陵婴城:许、鄢陵环城布兵守卫。许:在今许昌市。鄢陵:今河南鄢陵县。婴城:环城布兵守卫。 ⑨上蔡:在今河南上蔡县。召陵:在今河南漯河市召陵区。 ⑩关内候:在函谷关内为秦侦察与放哨之兵。 ⑪善:友善,友好。 ⑫注地于齐:献土地于齐。一说"齐"为"秦"。 ⑬右壤:西部之地。拱手而取:垂手而得。 ⑭一任两海:一肩担两海。任:担当,一说"任"应为"经"字,意为管束,经略。两海:东海和西海。 ⑮要绝:拦腰断绝。要:通"腰"。 ⑯是燕、赵无齐、楚,无燕、赵也:犹言燕、赵、齐、楚四国无法相互救援。 ⑰危动:以危国亡民要挟。 ⑱持:控制,劫持。 ⑲痛:攻伐之残酷。服:臣服。

○或为六国说秦王

或为六国说秦王①曰:"土广不足以为安,人众不足以为强。若土广者安,人众者强,则桀、纣之后将存②。昔者,赵氏亦尝强矣。曰赵强何若?举左案齐③,举右案魏,厌案④万乘之国,二国,千乘之宋也⑤。筑刚平⑥,卫无东野⑦,刍牧薪采莫敢窥⑧东门。当是时,卫危于累卵⑨,天下之士相从谋曰:'吾将还其委质⑩,而朝于邯郸⑪之君乎!于是天下有称伐邯郸者,莫不令朝行⑫。魏伐邯郸,因退为逢泽之遇⑬,乘夏车⑭,称夏王⑮,朝⑯为天子,天下皆从。齐太公⑰闻之,举兵伐魏,壤地两分⑱,国家大危。梁王身抱质执璧⑲,请为陈侯⑳臣,天下乃释梁。郚威王㉑闻之,寝不寐,食不饱,帅天下百姓,以与申缚遇于泗水之上㉒,而大败申缚。赵人闻之至枝桑㉓,燕人闻之至格道㉔。格道不通,平际绝㉕。齐战败不胜,谋则不得㉖,使陈毛释剑掫㉗,委南听罪㉘,西说㉙赵,北说燕,内喻㉚其百姓,而天下乃齐释㉛。于是夫积薄而为厚,聚少而为多,以同言郢威王于侧纣之间㉜。臣岂以㉝郢威王为政衰谋乱以至于此哉?郢为强㉞,临天下诸侯㉟,故天下乐㊱伐之也!"

[注释]①秦王:秦王政,此时已称秦始皇帝。 ②桀、纣之后将存:夏桀、商纣的后代将会继续为一国之君。桀:夏桀,夏王朝的亡国之君,暴虐无道,武伤百姓。纣:商王朝的最后一位国君,荒淫无道,身死国亡。 ③举左案齐:举兵于东方就可以控制齐国。案:征服,控制。 ④厌案:能够控制。厌:通"压",抑制,压制。 ⑤千乘之宋也:宋在战国时为千乘之国,赵在控制了齐、魏之后也就自然地控制了宋国。 ⑥筑刚平:筑建刚平城。刚平:在今河南清丰县。 ⑦无:失去。东野:卫国东部的乡野。 ⑧刍牧薪采:放牧打柴。窥:窥测,看。 ⑨累卵:堆垒起来鸟卵,比喻局势极其危险。 ⑩还:返还。委质:表示友好的礼物。质:通"贽"。 ⑪邯郸:赵国都城,今河北邯郸市。 ⑫莫不令朝行:没有不是夕令朝行的,犹言伐赵积极性高。一说"莫"为"暮"。 ⑬退:从邯郸撤兵。逢泽之遇:在逢泽与其他诸侯会晤。逢泽:在今河南开封市。 ⑭夏车:中原的战车。夏:华夏,此指中原之国。 ⑮夏王:中原诸国之首领。 ⑯朝:一朝,一旦。 ⑰齐太公:齐威王的祖父田和,谥为太公。 ⑱壤地两分:两次分割魏国的土地。 ⑲梁王身抱质执璧:梁惠王亲自抱着见面礼物"贽",手执玉璧求和。 ⑳陈侯:齐威王。陈氏篡齐,吕氏之齐断绝,齐威王在为齐王之前自称陈侯。 ㉑郢威王:因楚都城在郢,故楚威王又称郢威王。 ㉒申缚:齐将。遇:相遇交战。 ㉓枝桑:地名,具体位置不详。 ㉔格道:地名,具体位置不详。 ㉕平际绝:正常的交往断绝。 ㉖得:得逞。 ㉗使陈毛释剑掫:使将军陈毛放下宝剑和守夜打更的器具,犹言放弃军事自卫,表示卑弱。陈毛:齐将。掫:音zōu,打更的梆子。 ㉘委南听罪:委屈地放弃南面之尊,以罪人的姿态听从于南方的楚国。 ㉙说:游说,解释。 ㉚喻:教化。 ㉛齐释:放弃对齐的征伐。释:舍,放弃。

㉜以同言郢威王于侧纣之间:用同样的方法在马车上就算计了楚威王。同言:同样的方法。纣:马绺,系在马后部用于驾车的皮带,一说"纣"为"牏",侧牏意为侧室。　㉝臣岂以:臣难道以为。　㉞强:强大,争胜好强。　㉟临天下诸侯:以威强之势君临天下诸侯。　㊱乐:乐意。

卷七 秦 五

○谓秦王

谓秦王①曰："臣窃惑王之轻齐易楚②，而卑畜韩③也。臣闻，王兵胜而不骄，伯主约而不忿④。胜而不骄，故能服世⑤；约而不忿，故能从邻⑥。今王广德⑦魏、赵，而轻失⑧齐，骄也；战胜宜阳，不恤楚交⑨，忿也。骄忿非伯主之业⑩也。臣窃为大王虑之而不取也⑪。

[注释]①秦王：秦始皇。 ②惑：疑惑，顾虑。轻：轻视。易：变易，犹言轻易改变对楚的态度。 ③卑畜韩：把韩国视为卑贱的畜生，不以礼相待。 ④伯主：霸主。约：盟约，约束。忿：怨恨。 ⑤服世：使世上所有的人心悦诚服。 ⑥从邻：邻国服从。 ⑦广德：广施恩德。 ⑧轻失：因轻视而失去。 ⑨恤：顾及，顾念。交：交往，友情。 ⑩业：事业。 ⑪虑：思考。取：采纳。

"《诗》云：'靡不有初①，鲜克有终②。'故先王之所重者，唯始与终。何以知其然？昔智伯瑶残③范、中行，围逼晋阳，卒为三家笑④；吴王夫差栖越于会稽⑤，胜齐于艾陵⑥,为黄池之遇⑦,无礼于宋⑧,遂与勾践禽⑨,死于干隧⑩;梁君⑪伐楚胜齐,制赵、韩之兵,驱十二诸侯以朝天子于孟津⑫,后子⑬死,身布冠而拘于秦⑭。三者非无功也,能始而不能终也。

[注释]①靡:无,没有。初:开始,起点。 ②鲜:少。克:能够。终:终点,结果。 ③残:残害,灭。 ④三家:韩、赵、魏。笑:耻笑,嘲笑。 ⑤栖越于会稽:使越王勾践栖身于会稽山上。会稽:会稽山,位于今浙江绍兴市。 ⑥艾陵:在今山东莱芜市,一说在今山东泰安市。 ⑦黄池:位于今河南封丘县。遇:会晤。 ⑧无礼于宋:黄池之会后,吴王夫差欲伐宋,杀其大夫,囚其夫人。 ⑨遂与勾践禽:紧接着就被越王勾践制服。禽:擒,犹言制服。 ⑩干隧:在今江苏苏州市吴中区。 ⑪梁君:梁惠王。 ⑫孟津:今河南孟津县。 ⑬子:梁惠王长子,太子申,公元前341年马陵之战,太子申被俘。 ⑭布冠:因太子申死,梁惠王以丧礼自居,故身着布衣帽。拘:受制。

"今王破宜阳,残三川①,而使天下之士不敢言②;雍③天下之国,徙两周之疆④,而世主不敢交阳侯之塞⑤;取黄棘⑥,而韩、楚之兵不敢进。王若能为此尾⑦,则三王不足四⑧,五伯不足六。王若不能为此尾,而有后患,则臣恐诸侯之君,河、济之士⑨,以王为吴、智之事⑩也。

[注释]①三川:黄河、洛河、伊河,大致包括今洛阳、孟津、巩义、荥阳一带。秦昭王灭东、西周之后,置三川郡。 ②言:议论。 ③雍:通"拥",拥有。 ④徙:迁徙,改变。两周:东周、西周。 ⑤世主:诸侯国的国君。交:交往会晤。阳侯之塞:齐国的穆陵关,位于今山东临朐县,一说为各个诸侯国之关隘。 ⑥黄棘:在今河南新野县。 ⑦尾:终,事情最终结果。 ⑧三王:夏禹、商汤、周文王。不足:不难成为。 ⑨河、济之士:活跃在黄河流域和济水一带的游说之士。 ⑩吴、智之事:吴王夫差、智伯瑶的历史悲剧。

"《诗》云：'行百里者半于九十①。'此言末路之难②。今大王皆有骄色③，以臣之心观之，天下之事，依世主之心④，非楚受兵，必秦也⑤。何以知其然也？秦人援魏以拒⑥楚，楚人援韩以拒秦，四国之兵敌⑦，而未能复战⑧也。齐、宋在绳墨之外以为权⑨，故曰先得齐、宋者伐秦⑩。秦先得齐、宋，则韩氏铄⑪；韩氏铄，则楚孤而受兵⑫也。楚先得齐，则魏氏铄；魏氏铄，则秦孤而受兵矣。若随此计而行之，则两国者必为天下笑矣⑬。"

[注释]①行百里者半于九十：行百里路的人，往往半途而废于九十里的地方。 ②末路之难：最后一段路最艰难。 ③骄色：傲慢、蔑视的表情。 ④依：根据。心：傲慢、蔑视之心。 ⑤非楚受兵，必秦也：如果楚不受到征伐，秦必受到征伐。 ⑥援：援助。拒：抗拒。 ⑦敌：强弱相当，相匹敌。 ⑧复战：再战。 ⑨齐、宋在绳墨之外以为权：齐、宋在秦、楚、韩、魏四国的格局之外，具有举足轻重的作用。绳墨：木工打线的工具，此犹言四国规划、格局。权：权重，举足轻重的作用。 ⑩先得齐、宋者伐秦：首先得到齐、宋援助的国家会征伐秦国。 ⑪铄：音 shuò，熔化，削弱。 ⑫受兵：受征伐。 ⑬两国：秦、楚。笑：耻笑，嘲笑。

○秦王与中期争论

秦王与中期①争论，不胜。秦王大怒，中期徐行而去②。或为中期说秦王曰："悍人③也。中期适④遇明君故也，向者遇桀、纣，必杀之矣。"秦王因不罪⑤。

[注释]①中期：一作中旗，秦辩士，先后为秦武王、秦昭王掌琴瑟之官。②徐行而去：以缓慢的步伐离开。 ③悍人：强悍倔强之人。 ④适：恰好。⑤因不罪：因此而不怪罪中期。

○献则谓公孙消

献则谓公孙消曰①:"公,大臣之尊②者也,数伐有功。所以不为相③者,太后不善公也④。辛戎⑤者,太后之所亲⑥也。今亡于楚,在东周⑦。公何不以秦、楚之重⑧,资而相之于周乎⑨?楚必便⑩之矣。是辛戎有秦、楚之重,太后必悦公,公相必矣⑪。"

[注释]①献则:楚人,为芈戎游说于公孙消。公孙消:秦臣。 ②大臣之尊:具有大臣一样的尊贵。 ③相:秦相国。 ④太后:惠王之妻,昭王之母,宣太后。善:宠幸。 ⑤辛戎:即芈戎,楚人,宣太后的同父弟,秦昭王的舅父,入秦后封为华阳君,又号新城君。 ⑥亲:亲近宠爱之人。 ⑦东周:今河南洛阳。 ⑧重:重要地位。 ⑨资而相之于周乎:帮助辛戎担任东周的相国。 ⑩便:提供便利。 ⑪公相必矣:公孙消担任秦的相国是一定的。

○楼**鼾**约秦魏

楼鼾约秦、魏①,魏太子为质②,纷彊欲败之③。谓太后④曰:"国与还者也⑤,败秦而利魏,魏必负⑥之。负秦之日,太子为粪⑦矣。"太后坐王而泣⑧。王因疑于太子⑨,令之留于酸枣⑩。楼子⑪患之。昭衍为周之梁⑫,楼子告之。昭衍见梁王,梁王曰:"何闻?"曰:"闻秦且⑬伐魏。"王曰:"为期与我约矣⑭。"曰:"秦疑⑮于王之约,以太子之留酸枣而不之⑯秦。秦王之计曰:'魏不与我约⑰,必攻我;我与其处而待之见攻⑱,不如先伐之。'以秦彊折节而下与国⑲,臣恐其害于东周。"

[注释]①楼䀅:魏国谋士。䀅:通"忤"、"悟"、"梧"、"捂",一说为古"伍"字。约:盟约,约定。 ②质:质子,人质。 ③纷彊:魏臣。败:挫败。彊,同"强"。 ④太后:魏太后。 ⑤国与还者也:两国的外交关系变幻不定。还:周旋于利,循环变化不定。 ⑥负:背弃。 ⑦为粪:为:被;粪:弃除。 ⑧太后坐王而泣:太后坐于王前哭泣。 ⑨王因疑于太子:王为太子为质子之事而犹豫不决。疑:犹豫不决,迟疑。 ⑩留:止,停留。酸枣:位于今河南延津县西南。 ⑪楼子:楼䀅。 ⑫昭衍为周之梁:昭衍为周的事情到魏国大梁去。昭衍:楚国的同姓之人。 ⑬且:将要。 ⑭为期与我约矣:已经与秦定好了太子为质时间与其他事宜。 ⑮疑:怀疑。 ⑯之:至,去。 ⑰与我约:履行与我的约定。 ⑱处而待之见攻:束手等待被攻伐。见:被。 ⑲折节而下与国:委屈地与其他小国联合。折节:放下架子。

○濮阳人吕不韦贾于邯郸

濮阳人吕不韦贾于邯郸①,见秦质子异人②,归而谓父曰:"耕田之利③几倍?"曰:"十倍。""珠玉之赢④几倍?"曰:"百倍。""立国家之主赢几倍?"曰:"无数。"曰:"今力田疾作,不得煖衣余食;今建国立君,泽可以遗世⑤。愿往事⑥之。"

[注释]①濮阳:位于今河南濮阳市。吕不韦:淮阳商人。贾:商人,做生意。邯郸:赵都城,今河北邯郸市。 ②质子:为人质之人。异人:秦庄襄王之子孙,孝文王之子,当时为人质于赵。 ③利:赢利。 ④赢:赢利,赚取。 ⑤泽:恩泽。遗世:遗留给后代。 ⑥事:从事,经营。

秦子异人质于赵,处于聊城①。故往说之曰:"子傒有承国之业②,又有母在中③。今子无母于中④,外托于不可知之国⑤,一旦倍约⑥,身为粪土⑦。今子听吾计事⑧,求归⑨,可以有秦国。吾为子使秦⑩,必来请子⑪。"

[注释]①廥城:赵邑,地不详,一说为"聊城",在今山东聊城市。 ②子傒有承国之业:子傒有可能立为太子,继承秦国的王业。子傒:秦孝文王长子,异人的同父异母兄。 ③中:宫中。 ④今子无母于中:异人的母亲夏姬,不得宠,犹如没有在宫中。 ⑤托:托身于。不可知之国:吉凶未卜的国家。 ⑥倍约:背弃盟约、约定。 ⑦身为粪土:身价贱如粪土。 ⑧计事:谋划相关事宜。 ⑨求归:要求回到秦国。 ⑩使秦:犹言到秦国进行斡旋。 ⑪请子:请异人归国。

乃说秦王后弟阳泉君曰①:"君②之罪至死,君知之乎?君之门下无不居高尊位,太子③门下无贵者。君之府藏珍珠宝玉,君之骏马盈外厩,美女充后庭。王之春秋高④,一日山陵崩⑤,太子用事⑥,君危于累卵,而不寿于朝生⑦。说有可以一切而使君富贵千万岁⑧,其宁于太山四维⑨,必无危亡之患矣。"阳泉君避席⑩,请闻其说。不韦曰:"王年高矣,王后无子,子傒有承国之业,士仓又辅之⑪。王一日山陵崩,子傒立,士仓用事,王后⑫之门,必生蓬蒿⑬。子⑭异人贤材也,弃在于赵,无母于内,引领西望⑮,而愿一得归⑯。王后诚请而立之,是子异人无国而有国,王后无子而有子也。"阳泉君曰:"然。"入⑰说王后,王后乃请赵而归之。

[注释]①秦王后:秦孝文王妻子华阳夫人,当时秦孝文王尚为太子。阳泉君:华阳夫人之弟。 ②君:阳泉君。 ③太子:指子傒。 ④王:秦昭王,一说为秦孝文王。春秋高:岁数大。 ⑤一日山陵崩:一日,一旦。山陵:指国君。崩:崩溃,指国君死亡。 ⑥用事:即位治理国家。 ⑦不寿于:寿命不超过。朝生:指灌木"木槿",木槿花早晨开放,晚上凋谢,犹言寿命短暂。

⑧说:指吕不韦的游说之辞。一切:随机应变,掌握主动权。 ⑨宁于太山四维:宁,稳定。太山:泰山。四维:四角。 ⑩避席:离开坐的席子,上前请教。 ⑪士仓:一说为"杜仓",曾为秦相国。辅:辅佐。 ⑫王后:华阳夫人。 ⑬必生蓬蒿:一定长满蓬蒿之类的杂草,形容门前冷落。 ⑭子:异人名,一说"子"意为"王子"。 ⑮引领西望:翘首、伸长脖子,西望秦国,期盼早日归秦。 ⑯愿一得归:盼望有一天归还秦国。 ⑰入:进宫。

赵未之遣①,不韦说赵曰:"子异人,秦之宠子也,无母于中,王后欲取而子之②。使秦而欲屠③赵,不顾一子以留计④,是抱空质也⑤。若使子异人归而得立⑥,赵厚送遣之⑦,是不敢倍德畔施⑧,是自为德讲⑨。秦王老矣,一日晏驾⑩,虽有子异人⑪,不足以结⑫秦。"赵乃遣之。

[注释]①未之遣:没有遣送异人回秦。 ②取:请异人回秦。子之:以其为儿子。 ③屠:屠杀,攻伐。 ④不顾一子以留计:不会因为顾念异人一个人而在攻伐赵国之事上犹豫不决。留:不决,滞留。 ⑤是抱空质:这是挟持了一个没有价值的人质。 ⑥得立:得以立为太子。 ⑦厚送遣之:以隆重的礼仪遣送异人回秦。 ⑧倍德畔施:忘恩负义,背叛赵国的恩德和施与。倍:通"背"。畔:通"叛"。 ⑨德讲:因恩德而与赵国讲和修好。 ⑩晏驾:晚年驾崩。晏:晚。 ⑪虽有子异人:虽然有异人在赵国为人质。 ⑫结:结好。

异人至,不韦使楚服而见①。王后悦其状②,高其知③,曰:"吾楚人也。"而自子之④,乃变其名曰楚。王使子诵⑤,子曰:"少弃捐⑥在外,尝无师傅所教学,不习⑦于诵。"王罢⑧之,乃留止⑨。间⑩曰:"陛下尝轫车于赵矣⑪,赵之豪桀,得知名者⑫不少。今大王反国⑬,皆西面而望⑭。大王无一介之使以存之⑮,臣恐其皆有怨心。使边境早闭晚开。"王以为然,奇其计⑯。王后劝立之⑰。王乃召相,令之曰:"寡人子莫如楚⑱。"立以为太子。

[注释]①楚服而见:身穿楚国的服装去拜见华阳夫人。 ②悦:喜欢。状:身着楚服的模样。 ③高:高度赞扬。知:智慧,聪明。 ④自子之:以异人为自己的儿子。 ⑤诵:朗诵,读书,诵所习之书。 ⑥弃捐:抛弃流离。捐:舍弃,抛弃。 ⑦习:通晓,熟知。 ⑧罢:罢休,停止。 ⑨留止:留异人于宫中。 ⑩间:空闲时间。 ⑪陛下尝轫车于赵矣:秦孝文王曾经为人质于赵国。陛下:秦孝文王。轫车:车停留下来,为人质于赵的婉转说法。轫:音rèn,刹车停留。 ⑫得知名者:秦孝文王知道名字、有交往的赵国豪杰。 ⑬大王反国:秦孝文王返回秦国。 ⑭西面而望:赵国豪杰面向西仰望,犹言思念秦孝文王。 ⑮一介:一个人。存:慰问赵国豪杰。 ⑯奇其计:对异人计谋感到惊奇。 ⑰劝立之:鼓励、支持立异人为太子。 ⑱楚:异人。

子楚立①,以不韦为相,号曰文信侯,食蓝田十二县②。王后为华阳太后,诸侯皆致秦邑③。

[注释]①子楚立:异人立为秦庄襄王。 ②食蓝田十二县:以蓝田十二个县的赋税为俸禄。蓝田:今陕西蓝田县。 ③诸侯皆致秦邑:诸侯致送城邑作为华阳太后的奉养之地。

○文信侯欲攻赵以广河间

文信侯欲攻赵以广河间①,使刚成君蔡泽事燕三年②,而燕太子质于秦③。文信侯因请张唐相燕④,欲与燕共伐赵,以广河间之地。张唐辞曰:"燕者必径⑤于赵,赵人得⑥唐者,受⑦百里之地。"文信侯去而不快⑧。少庶子甘罗⑨曰:"君侯何不快甚也?"文信侯曰:"吾令刚成君蔡泽事燕三年,而燕太子已入质矣。今吾自请张卿⑩相燕,而不肯行。"甘罗曰:"臣行之⑪。"文信君叱去⑫曰:"我自行⑬之而不肯,汝⑭安能行之也?"甘罗曰:"夫项橐生七岁而为孔子师⑮,今臣生十二岁于兹⑯矣!君其试臣,奚以遽言叱也⑰?"

[注释]①文信侯:秦相国吕不韦。广:扩大。河间:地在黄河、漳水之间,今河北河间县一带。 ②刚成君蔡泽:燕人,游说诸国,不被重用。入秦,游说秦昭王,昭王使其代替范雎为相国,号刚成君。 ③燕太子:燕僖王之子太子丹。质:人质。 ④张唐:秦将军,事秦昭王,曾率兵攻伐赵、魏。相燕:为燕相国。 ⑤径:经过,路过。 ⑥得:捕获。 ⑦受:被授予。 ⑧快:快乐,高兴。 ⑨少庶子:官名。甘罗:文信侯吕不韦的家臣,甘茂之孙。 ⑩张卿:张唐。 ⑪行之:使张唐前去燕国。 ⑫叱去:叱责其离去。 ⑬我自行:我亲自让他去燕国。 ⑭汝:你。 ⑮项橐:春秋时人,曾"穷难孔子而为之作师"。生:生长到,年龄。 ⑯于兹:到现在。 ⑰奚:何,为什么。遽言:匆匆忙忙的语言。遽,音 jù。

甘罗见张唐曰:"卿之功,孰与武安君①?"唐曰:"武安君战胜攻取,不知其数;攻城堕②邑,不知其数。臣之功不如武安君也。"甘罗曰:"卿明知功之不如武安君欤?"曰:"知之。""应侯之用秦也③,孰与文信侯专④?"曰:"应侯不如文信侯专。"曰:"卿明知为不如文信侯专欤?"曰:"知之。"甘罗曰:"应侯欲伐赵,武安君难⑤之,去咸阳七里,绞而杀之⑥。今文信侯自请卿相燕,而卿不肯行,臣不知卿所死之处⑦矣?"唐曰:"请因孺子而行⑧!"令库具⑨车,厩具马,府具币⑩,行有日矣。甘罗谓文信侯曰:"借臣车五乘,请为张唐先报⑪赵。"

[注释]①孰与武安君:与武安君相比较,谁的功劳大。武安君:秦将白起。 ②堕:音huī,毁坏。 ③应侯:范雎。用秦:被秦重用为相国。 ④专:专权,擅权。 ⑤难:责难,反对应侯范雎伐赵。 ⑥绞而杀之:指秦昭王赐剑武安君白起,使其自裁,白起自刭死于杜邮。 ⑦所死之处:将被赐死在哪里。 ⑧因:按照。孺子:儿童,童子,指甘罗。 ⑨具:预备。 ⑩币:货财,礼物。 ⑪报:报知,一说为游说。

见赵王①,赵王郊迎。谓赵王曰:"闻燕太子丹之入秦与?"曰:"闻之。""闻张唐之相燕与?"曰:"闻之。""燕太子入秦者,燕不欺②秦也。张唐相燕者,秦不欺燕也。秦、燕不相欺,则伐赵,危矣。燕、秦所以不相欺者,无异故③,欲攻赵而广河间也。今王赍④臣五城以广河间,请归⑤燕太子,与⑥强赵攻弱燕。"赵王立⑦割五城以广河间,归燕太子。赵攻燕,得上谷⑧三十六县,与秦什一⑨。

[注释]①见赵王:甘罗拜见赵悼襄王。 ②欺:欺诈攻伐。 ③异故:其他原因。 ④赍:音jī,以物送人,给。 ⑤请归:请求秦归还。 ⑥与:联合。 ⑦立:立即,马上。 ⑧上谷:燕地,后设置为郡,包括今河北中部、西北部和西部,秦朝其首府在今河北怀来县。 ⑨与秦什一:送给秦十分之一。

○文信侯出走

文信侯出走①,与司空马②之赵,赵以为守相③。秦下甲④而攻赵。

[注释]①文信侯出走:秦始皇十年(公元前237年)文信侯吕不韦被罢免相国,离开秦到他的封地去。 ②与司空马:吕不韦的党羽、亲信。与:党与,同党之人。 ③守相:代理相国。 ④下甲:犹言向下发兵。秦位于西

方,赵在秦之东,秦由西向东攻赵,有居高临下之势,所以言"下甲"。

司空马说赵王曰:"文信侯相秦,臣事之,为尚书①,习②秦事。今大王使守③小官,习赵事。请为大王设④秦、赵之战,而亲观其孰⑤胜。赵孰与秦大⑥?"曰:"不如。""民孰与之众?"曰:"不如。""金钱粟孰与之富?"曰:"弗如。""国孰与之治?"曰:"不如。""相孰与之贤?"曰:"不如。""将孰与之武⑦?"曰:"不如。""律令孰与之明⑧?"曰:"不如。"司空马曰:"然则大王之国,百举而无及秦者⑨,大王之国亡。"赵王曰:"卿不远赵⑩,而悉教⑪以国事,愿于因计⑫。"司空马曰:"大王裂赵之半以赂秦⑬,秦不接刃而得赵之半,秦必悦。内恶赵之守⑭,外恐⑮诸侯之救,秦必受⑯之。秦受地而郤⑰兵,赵守半国以自存。秦衔⑱赂以自强,山东必恐;亡赵自危⑲,诸侯必惧。惧而相救,则从事⑳可成。臣请大王约从㉑。从事成,则是大王名㉒亡赵之半,实得山东以敌㉓秦,秦不足亡㉔。"赵王曰:"前日秦下甲攻赵,赵赂以河间十二县,地削兵弱,卒不免秦患㉕。今又割赵之半以强秦,力㉖不能自存,因以亡矣。愿卿之更㉗计。"司空马曰:"臣少为秦刀笔㉘,以官长而守小官㉙,未尝为兵首㉚,请为大王悉赵兵以遇㉛。"赵王不能将㉜。司空马曰:"臣效愚计,大王不用,是臣无以事大王,愿自请㉝。"

[注释]①尚书:秦相国下属之官。 ②习:熟知。 ③守:任职,职守。 ④设:假设,提前摆阵论证。 ⑤孰:谁。 ⑥赵孰与秦大:赵与秦相比较哪个强盛。孰与:与谁,何如,两者相比较哪一个更好。 ⑦武:武勇善战。

⑧明:严明。　⑨百举:列举许多方面。无及:不及,远远不如。　⑩不远:亲近,不把赵视为感情上很远的国家。　⑪悉教:全部、不保留地讲出关于赵国应对秦国的想法。　⑫愿:愿意。因:接受,遵照执行。　⑬裂:割裂。半:一半,二分之一。　⑭内恶赵之守:秦得赵地,但又担忧这些赵地的守卫者。　⑮恐:恐惧,害怕。　⑯受:接受。　⑰郤:音 xī,通"却",退却,退兵。　⑱衔:持有,依仗。　⑲亡赵自危:赵国衰亡,其他国家也感觉到自己的危机。　⑳从事:合纵抗秦之事。从:同"纵"。　㉑约从:约请山东诸侯合纵。　㉒名:名义上。　㉓敌:抗衡。　㉔秦不足亡:犹言消灭秦国不在话下。　㉕卒不免秦患:最终也没能够避免秦国的征伐之患。　㉖力:国力,兵力。　㉗更:更换。　㉘刀笔:刀笔吏,掌记事于简册之事。　㉙以官长而守小官:以长官的身份统辖小官。　㉚兵首:帅兵的将领。　㉛悉赵兵以遇:出动赵国的全部兵力与秦军交战。　㉜不能将:不能任命司空马为帅兵之将。　㉝自请:自己请求离开赵国。

　　司空马去赵,渡平原①。平原津令郭遗劳而问②:"秦兵下赵,上客③从赵来,赵事何如?"司空马言其为赵王计而弗用,赵必亡。平原令曰:"以上客料④之,赵何时亡?"司空马曰:"赵将武安君⑤,期年⑥而亡;若杀武安君,不过半年。赵王之臣有韩仓⑦者,以曲⑧合于赵王,其交甚亲,其为人疾贤妒功臣。今国危亡,王必用其言,武安君必死。"

　　[注释]①平原:渡口,在今山东平原县西南,当时为齐国的西部边境。②郭遗:管理平原渡口官吏的名字。劳:慰劳,问候。　③上客:对客人的尊称。　④料:预料,预见。　⑤赵将武安君:赵任命武安君为将军。武安君:李牧,号武安君,赵国良将,秦王政十八年,秦设反间计,赵杀李牧。　⑥期年:一年。　⑦韩仓:赵悼襄王的近臣。　⑧曲:邪恶,不正派。

韩仓果恶之①,王使人代②。武安君至,使韩仓数③之曰:"将军战胜,王觞④将军。将军为寿于前而捍匕首⑤,当死。"武安君曰:"缌病钩⑥,身大臂短,不能及地,起居不敬⑦,恐惧死罪于前,故使工人为木材以接手。上若不信,缌请以出示。"出之袖中,以示韩仓,状如振捆⑧,缠之以布。"愿公入明之⑨。"韩仓曰:"受命于王,赐将军死,不赦。臣不敢言。"武安君北面再拜赐死⑩,缩⑪剑将自诛,乃曰:"人臣不得自杀宫中。"遇司空马门⑫,趣甚疾⑬,出诛门⑭也,右举剑将自诛,臂短不能及,衔剑征之于柱以自刺⑮。武安君死。五月赵亡。

[注释]①恶之:谗言诬陷李牧。 ②王:赵王迁。代:代替李牧为将军。 ③数:列举罪状。 ④觞:饮酒的酒具,犹言敬酒。 ⑤为寿于前:上前为赵王祝寿。捍匕首:携带匕首以自卫。 ⑥缌病钩:缌,音 zuǒ,李牧名。病钩:挛曲之病,胳膊无法伸直。 ⑦起居不敬:问候赵王起居,胳膊不能触地为不敬。 ⑧振捆:门槛,门轴。捆,通"梱"。 ⑨入明之:入宫在赵王面前澄清事实。 ⑩再拜赐死:两次拜谢赐死之命。 ⑪缩:抽取,拔。 ⑫遇司空马门:经过司空马门。遇:经过。司空马门:一说为司马门,宫的外门。 ⑬趣甚疾:走得非常快。趣,通"趋"。 ⑭诛门:即棘门,因宫门插戟,故宫门又称棘门。诛,音 chù。 ⑮衔剑征之于柱以自刺:口衔剑端,以剑柄撞击大柱而自杀。

平原令见诸公①,必为言之曰:"嗟嗞乎②,司空马!"又以为司空马逐于秦,非不知③也;去赵,非不肖④也。赵去司空马而国亡。国亡者,非无贤人,不能用也。

[注释]①平原令:平原渡口官吏郭遗。诸公:众公卿。 ②嗟嗞乎:很有感慨的深深叹息。 ③知:智,聪明,明智。 ④不肖:不贤。

○四国为一将以攻秦

四国为一①,将以攻秦。秦王召群臣宾客六十人而问焉,曰:"四国为一,将以图秦,寡人屈于内②,而百姓靡于外③,为之奈何?"群臣莫对。姚贾④对曰:"贾愿出使四国,必绝其谋⑤,而安⑥其兵。"乃资⑦车百乘,金千斤,衣以其衣⑧,冠舞以其剑⑨。姚贾辞行,绝其谋,止其兵,与之为交以报秦⑩。秦王大悦。贾封千户⑪,以为上卿⑫。

[注释]①四国为一:燕、赵、吴、楚联合。一说四国为楚、齐、燕、代。②屈于内:财力困乏于国内。屈:枯竭,困乏。 ③靡:尽,耗尽。外:对外征战。 ④姚贾:魏人,仕于秦。 ⑤绝:断绝,挫败。谋:四国联合伐秦的谋划。 ⑥安:止,息。 ⑦资:提供。 ⑧衣以其衣:秦王给姚贾穿上自己的衣服,以示委以重任,高度重视。 ⑨冠舞以其剑:秦王赏赐姚贾帽子和用于起舞的剑。 ⑩与之为交以报秦:与四国结成了友好邦交关系,回来报告秦国。 ⑪贾封千户:封赐给姚贾千户的大邑。 ⑫上卿:卿中最尊者,最尊贵的大臣。

韩非①知之,曰:"贾以珍珠重宝,南使荆、吴,北使燕、代②之间三年,四国之交未必合也,而珍珠重宝尽于内。是贾以王之权,国之宝,外自交③于诸侯,愿王察之。且梁监门子④,尝盗⑤于梁,臣于赵而逐⑥。取世⑦监门子,梁之大盗,赵之逐臣,与同知⑧社稷之计,非所以厉⑨群臣也。"

[注释]①韩非:韩国公子,战国法家代表人物,著有《韩非子》。 ②代:赵郡,统辖今山西东北部和河北蔚县一带。 ③自交:为自己的私利而交往。 ④梁监门子:魏国守门人的儿子。 ⑤盗:为盗,偷窃。 ⑥臣于赵而逐:为

臣于赵国而被驱逐。　⑦取：重用。世：世代相继。　⑧知：智慧，犹言谋划。⑨厉：通"励"，勉励，激励。

王召姚贾而问曰："吾闻子以寡人财交于诸侯，有诸①？"对曰："有。"王曰："有何面目复见寡人？"对曰："曾参②孝其亲，天下愿以为子；子胥③忠于君，天下愿以为臣；贞女工巧④，天下愿以为妃⑤。今贾忠王而王不知也。贾不归⑥四国，尚焉之⑦？使⑧贾不忠于君，四国之王尚焉用贾之身⑨？桀听谗而诛其良将⑩，纣闻谗而杀其忠臣⑪，至⑫身死国亡。今王听谗，则无忠臣矣。"

[注释]①有诸：有无此事。　②曾参：即曾子，名参，字子舆，春秋鲁人，孔子的弟子，以孝著名。　③子胥：即伍子胥，春秋楚大夫，后出奔吴，为阖闾、夫差臣，数谏夫差毋轻信越人，遭太宰嚭谗言，被迫自杀。　④贞女：纯洁之女。工巧：善于纺织、缝纫等。　⑤妃：音pèi，意为配偶，妻子。　⑥归：财物送给。　⑦尚焉之：会到哪里去。　⑧使：假使，假如，如果。　⑨尚焉用贾之身：怎么会重用姚贾我这个人。　⑩桀：夏桀。听谗：听信谗言。良将：关龙逄。　⑪忠臣：比干，谏纣，纣听信谗言而剖比干心。　⑫至：发展到，以至于。

王曰："子监门子，梁之大盗，赵之逐臣。"姚贾曰："太公望①，齐之逐夫②，朝歌之废屠③，子良之逐臣④，棘津之雠不庸⑤，文王用之而王。管仲⑥，其鄙人之贾人也⑦，南阳之弊幽⑧，鲁之免囚⑨，桓公用之而伯⑩。百里奚⑪，虞之乞人⑫，传卖以五羊之皮⑬，穆公相之而朝西戎⑭。文公用中山盗⑮，而胜于城濮⑯。此四士者，皆有垢丑⑰，大诽天下⑱，明主用之，知其可与立功。使若卞随、务光、申屠狄⑲，人主岂得其用哉！故明主不取其汙⑳，不听其非㉑，察其为己用㉒。故可以存社稷者,虽有外诽㉓者不听;虽有高世之名,无咫尺之功者不赏。是以群臣莫敢以虚愿望于上㉔。"

[注释]①太公望:吕尚,姓姜,氏吕,名尚。 ②齐之逐夫:传说太公望在齐少为人婿,老而被驱逐。 ③朝歌之废屠:传说太公望在殷都朝歌做屠夫卖肉,肉臭而无人买,是一个无能的屠夫。朝歌:殷纣的别都,位于今河南淇县。 ④子良之逐臣:事于子良而被驱逐。子良:事不详。 ⑤棘津之雠不庸:传说太公望在棘津这个地方欲为雇工而没人雇用。雠:音chóu,售,出卖。庸:雇用。 ⑥管仲:即管子,名夷吾,字仲,齐国颍上人,早期辅佐公子纠,后辅佐齐桓公称霸。 ⑦其鄙人之贾人也:他是偏远地方的商人。鄙人:居住在偏远地区的平庸之人。贾人:商人。 ⑧南阳:今山东泰山以南,汶水以北一带。弊幽:穷困而无人知晓。 ⑨鲁之免囚:鲁国免于死刑的囚犯。 ⑩伯:霸。 ⑪百里奚:春秋虞国之臣,晋灭虞,被俘,作为秦穆公夫人陪嫁之人到秦国。 ⑫虞之乞人:百里奚早年曾在虞国当过乞丐。 ⑬传卖以五羊之皮:以五张羊皮的价格辗转将百里奚买回。 ⑭穆公相之而朝西戎:秦穆公以百里奚为相国征服西部族,这些部族来朝觐秦国。 ⑮文公:晋文公。中山盗:中山国的强盗。 ⑯城濮:今山东鄄城县,指城濮之战,晋文公称霸。 ⑰垢丑:羞辱与可耻之事。 ⑱大诽天下:受到天下人的普遍责骂。 ⑲使若:假如。卞随、务光:商汤时期的隐士,传说商汤欲将天下让于二人,二人自沉于深渊而死。申屠狄:商末时人,不忍见纣之无道,抱石自沉于水而死。 ⑳不取其汙:不看重他的污点。汙:同"污"。 ㉑非:非议,谗言。 ㉒察其为自用:明察能够为自己建功立业的长项。 ㉓外诽:外部其他人诽谤。 ㉔虚愿:空虚无功于国,但又认为应该得到肯定和赏赐。望:希望得到赏识、赏赐。

秦王曰:"然。"乃可复使姚贾而诛韩非①。

[注释]①复使:继续任用。诛:谴责处罚,杀戮。

卷八 齐 一

○楚威王战胜于徐州

楚威王战胜于徐州①,欲逐婴子于齐②。婴子恐,张丑③谓楚王曰:"王战胜于徐州也,盼子不用也④。盼子有功于国,百姓为之用。婴子不善⑤,而用申缚⑥。申缚者,大臣与百姓弗为用⑦,故王胜之也。今婴子逐,盼子必用。复整其士卒以与王遇⑧,必不便于⑨王也。"楚王因弗逐。

[注释]①楚威王:名商,楚元王之子,楚怀王之父。徐州:今山东滕县的薛地。 ②逐:驱逐。婴子:田婴,齐威王少子,孟尝君之父,曾为齐相国,封于薛,称薛公,号靖国君。 ③张丑:齐臣。 ④盼子:田盼,田婴同族,齐宣王时的名将。用:重用,担任职官。 ⑤不善:田婴与田盼不友善。 ⑥申缚:齐将。缚:音zhuàn。 ⑦大臣与百姓弗为用:大臣与百姓不为申缚所使用,犹言不服从申缚的管制。 ⑧遇:敌,抗衡,犹言以军队相遇,兵戎相见。⑨便于:利于。

○齐将封田婴于薛

齐将封田婴于薛①。楚王②闻之,大怒,将伐齐。齐王有辍志③。公孙闬④曰："封之成与不,非在齐也,又将在楚。闬说楚王,令其欲封公也又甚于齐⑤。"婴子曰:"愿委⑥之于子。"

[注释]①封田婴于薛:将薛地册封给田婴。 ②楚王:楚怀王,名槐。 ③辍志:中止的意向。 ④公孙闬:齐国公孙,田氏,当时为齐之大臣。闬,音hàn。 ⑤公:田婴。甚于齐:急迫于齐国。 ⑥委:委托,托付。

公孙闬为①谓楚王曰:"鲁、宋事楚而齐不事者,齐大而鲁、宋小。王独利鲁、宋之小,不恶②齐大何也?夫齐削③地而封田婴,是其所以弱也。愿勿止。"楚王曰:"善。"因不止。

[注释]①为:为齐封田婴于薛之事。 ②恶:音wù,厌恶,憎恨。 ③削:分割。

○靖郭君将城薛

靖郭君将城薛①,客多以谏②。靖郭君谓谒者③,无为客通④。齐人有请者曰:"臣请三言而已矣⑤!益⑥一言,臣请烹⑦。"靖郭君因见之。客趋⑧而进曰:"海大鱼。"因反⑨走。君曰:"客有于此⑩。"客曰:"鄙臣不敢以死为戏⑪。"君曰:"亡⑫,更言之⑬。"对曰:"君不闻大鱼乎?网不能止⑭,钩不能牵⑮,荡而失水⑯,则蝼蚁得意焉⑰。今夫齐,亦君之水也。君长有齐阴⑱,奚以薛为⑲?夫齐,虽隆⑳薛之城到于天,犹之无益也。"君曰:"善。"乃辍㉑城薛。

[注释]①靖郭君:田婴。城:修筑城池。 ②谏:进谏劝阻修筑薛城墙之事。 ③谒者:掌管传达通报的官吏。 ④通:通报,报告。 ⑤请:请求。三言:三个字。 ⑥益:多,超出。 ⑦烹:鼎镬烹煮之刑。 ⑧趋:快走。⑨反:同"返",返回。 ⑩客有于此:客人请留步于这里。 ⑪戏:儿戏。⑫亡:无,不要这样。 ⑬更言之:更改刚才的约定。 ⑭止:获,捕获。⑮钩:鱼钩。牵:引,犹言钓住。 ⑯荡而失水:放肆地游荡跳跃而离开水。⑰蝼蚁:蝼蛄和蚂蚁。得意:因饱食鱼肉而满意。 ⑱君长有齐阴:田婴你的发展是因为有齐国的庇护。阴:当为"荫",荫蔽。 ⑲奚以薛为:还要薛地干什么? ⑳隆:高,犹言把城墙修建得高耸入云。 ㉑辍:中止。

○靖郭君谓齐王

靖郭君谓齐王①曰:"五官之计②,不可不日听也而数览③。"王曰:"说五而厌之④。"令与⑤靖郭君。

[注释]①齐王:齐威王。 ②五官:司徒、司空、司马、司士、司寇,此泛指各级官吏。计:登记钱财来往的账目或工作日志。 ③日听:天天检查。数览:经常察看。 ④说五而厌之:一日检查一官,五天就会感到厌烦。⑤与:交给。

○靖郭君善齐貌辨

靖郭君善齐貌辨①。齐貌辨之为人也多疵②,门人弗说③。士尉以证靖郭君④,靖郭君不听,士尉辞而去。孟尝君又窃以谏⑤,靖郭君大怒曰:"划而类⑥,破吾家。苟可慊齐貌辨者⑦,吾无辞为之⑧。"于是舍之上舍⑨,令长子御⑩,旦暮进食⑪。

[注释]①善:因喜爱而善待。齐貌辨:齐人,又作"昆辨"。 ②疵:瑕

疵,毛病。 ③门人:靖郭君的门客。说:悦。 ④士尉:齐人,靖郭君的门客。证:进谏劝说。 ⑤孟尝君:靖郭君之子田文。窃:私下。 ⑥刬而类:翦灭你们这类人。刬:音 chǎn,灭除,铲除。 ⑦苟:如果,假如。慊:音 qiè,满足,满意。 ⑧吾无辞为之:我没有言辞为之推脱。 ⑨舍之上舍:居住在上等馆舍。 ⑩御:服侍,侍奉。 ⑪旦暮进食:早晚按时进献饭菜。

数年,威王薨①,宣王②立。靖郭君之交③,大不善于宣王④,辞⑤而之薛,与齐貌辨俱留⑥。无几何,齐貌辨辞而行,请见宣王。靖郭君曰:"王之不说婴甚⑦,公往必得死焉。"齐貌辨曰:"固⑧不求生也,请必行。"靖郭君不能止。

[注释]①薨:音 hōng,君死曰薨。 ②宣王:齐威王之子,名辟疆。 ③交:交谊。 ④大不善于宣王:宣王与靖国君关系极度恶化。 ⑤辞:辞官。 ⑥俱留:一块留居在薛。 ⑦说:悦。婴:靖国君田婴。 ⑧固:固然,本来。

齐貌辨行至齐,宣王闻之,藏怒①以待之。齐貌辨见宣王,王曰:"子,靖郭君之所听爱夫②!"齐貌辨曰:"爱则有之,听则无有。王之方为③太子之时,辨谓靖郭君曰:'太子相④不仁,过颐豕视⑤,若是者信反⑥。不若废太子,更立卫姬婴儿郊师⑦。'靖郭君泣而曰:'不可,吾不忍也。'若听辨⑧而为之,必无今日之患也。此为一⑨。至于薛,昭阳请以数倍之地易薛⑩,辨又曰:'必听之。'靖郭君曰:"受薛于先王⑪,虽恶于后王⑫,吾独谓先王何乎⑬!且先王之庙⑭在薛,吾岂可以先王之庙与楚乎",又不肯听辨。此为二⑮。"宣王大息⑯,动于颜色⑰,曰:"靖郭君之于寡人一⑱至此乎！寡人少⑲，殊不知此。客肯为寡人来⑳靖郭君乎？"齐貌辨对曰："敬诺。"

[注释]①藏怒:胸怀怒气。 ②听爱:宠爱而听信其言。夫:助词,表示感叹。 ③方为:刚刚被立为太子之时。 ④相:相貌,面相。 ⑤过颐豕视:过颐,腮帮子特别大,在耳朵后边都能看到。豕视:眼睛下斜偷视。 ⑥若是:这样的面相。信反:说话不算数,反复无常,始信而后反。 ⑦更:改变。郊师:卫姬之子,齐宣王庶弟。 ⑧辨:齐貌辨的自称。 ⑨此为一:这是第一次不听我的奉劝。 ⑩昭阳:楚将。易:交换。 ⑪先王:齐宣王之父齐威王。 ⑫恶:厌恶,得罪。后王:齐宣王。 ⑬吾独谓先王何乎:我无辞以对先王的封赐。 ⑭先王之庙:齐威王之庙。 ⑮此为二:这是第二次不听我的奉劝。 ⑯太息:长声叹息。 ⑰动于颜色:脸颜色骤然变化。 ⑱一:一心一意,执著忠诚。 ⑲少:年少。 ⑳来:请来。

靖郭君衣威王之衣①，冠舞其剑②，宣王自迎靖郭君于郊，望之而泣。靖郭君至，因请相之③。靖郭君辞，不得已而受④。七日，谢病强辞⑤。靖郭君辞不得⑥，三日而听⑦。

[注释]①衣威王之衣:穿上齐威王赏赐的衣服。 ②冠舞其剑:佩带上齐威王赏赐的帽子与用于起舞的剑。 ③因请相之:请其担任相国。 ④受:接受。 ⑤谢病强辞:以有病为借口坚决辞去相国之职。 ⑥不得:没有得到应允。 ⑦听:接受靖郭君的辞职请求。

当是时，靖郭君可谓能自知人①矣！能自知人，故人非之不为沮②。此齐貌辨之所以外生乐患趣难者也③。

[注释]①自知人:自己有一套了解、认识他人的方法。 ②非:非议。沮:终止,停止。 ③外生:置生死于度外。乐患:乐于解救祸患。趣难:勇于

赴难。

○邯郸之难

邯郸之难①,赵求救于齐。田侯②召大臣而谋曰:"救赵孰与③勿救?"邹子④曰:"不如勿救。"段干纶⑤曰:"弗救,则我不利。"田侯曰:"何哉?""夫魏氏兼⑥邯郸,其于齐何利哉!"田侯曰:"善。"乃起兵,曰:"军⑦于邯郸之郊。"段干纶曰:"臣之求利且⑧不利者,非此也。夫救邯郸,军于其郊,是赵不拔而魏全也⑨。故不如南攻襄陵以弊魏⑩,邯郸拔而承⑪魏之弊,是赵破而魏弱也。"田侯曰:"善。"乃起兵南攻襄陵。七月,邯郸拔。齐因承魏之弊,大破之桂陵⑫。

[注释]①邯郸之难:魏国攻伐邯郸。邯郸:赵国都城,今河北邯郸。②田侯:齐威王。③孰与:与谁,何如,两者相比较哪一个更好。④邹子:齐臣邹忌,齐威王封邹忌于下邳,号成侯。⑤段干纶:齐臣,将军,复姓段干,名纶。⑥兼:兼并,吞并。⑦军:军队驻扎。⑧且:与,和。⑨赵不拔而魏全:赵国邯郸不被攻陷,魏国不受到损失。⑩襄陵:魏邑,位于今河南睢县。弊:疲敝,消耗。⑪承:继其后,乘机。⑫大破之桂陵:大败魏军于桂陵。桂陵:魏邑,在今河南长垣县,一说在今山东菏泽市。

○南梁之难

南梁之难①,韩氏请救于齐。田侯②召大臣而谋曰:"早救之,孰与晚救之便?"张丐③对曰:"晚救之,韩且折④

而入于魏,不如早救之。"田臣思⑤曰:"不可。夫韩、魏之兵未弊,而我救之,我代韩而受魏之兵,顾反⑥听命于韩也。且夫魏有破韩之志,韩见且⑦亡,必东愬⑧于齐。我因阴⑨结韩之亲,而晚承魏之弊⑩,则国可重,利可得,名可尊矣。"田侯曰:"善。"乃阴告韩使者而遣之⑪。

[注释]①南梁之难:公元前341年魏进攻韩的南梁。南梁:韩邑,在今河南汝州市。 ②田侯:齐威王。 ③张丐:齐臣。 ④折:转,转折。 ⑤田臣思:齐臣。 ⑥顾反:反过来。 ⑦且:将要。 ⑧愬:音 sù,同"诉",告诉。 ⑨阴:暗地,私下。 ⑩晚:稍后。承:继其后,乘机。 ⑪告:告知,答应。遣:请其回国。

韩自以专有①齐国,五战五不胜②,东愬于齐,齐因起兵击魏,大破之马陵③。魏破韩弱,韩、魏之君因田婴北面而朝田侯④。

[注释]①自以专有:自恃独自拥有。 ②五战五不胜:与魏五战五败。③大破之马陵:公元前342年马陵之战,魏国大败。马陵:在今河南范县,一说在今河北大名,又一说在今山东鄄城。 ④因:通过。北面而朝田侯:面向北朝见面南而坐的齐威王。

○成侯邹忌为齐相

成侯邹忌①为齐相,田忌②为将,不相说③。公孙闬④谓邹忌曰:"公何不为王谋伐魏?胜,则是君之谋也,君可以有功;战不胜,田忌不进⑤,战而不死,曲挠而诛⑥。"邹忌以为然,乃说王而使田忌伐魏。

[注释]①成侯邹忌:邹忌,齐臣,齐威王封其于下邳,号成侯。 ②田忌:齐将,又作田期、田期思,指挥桂陵之战、马陵之战,大败魏军。 ③说:悦,友好。 ④公孙闬:齐之公孙,田氏,当时为齐之大臣。闬,音 hàn。 ⑤进:奋勇进军。 ⑥曲挠而诛:军队不直接进攻而受到诛戮。

田忌三战三胜,邹忌以告公孙闬,公孙闬乃使人操十金而往卜于市①,曰:"我田忌之人也,吾三战而三胜,声威天下,欲为大事②,亦吉否?"卜者出,因令人捕为人卜者,亦验③其辞于王前。田忌遂走④。

[注释]①操十金:持大量的金。卜:占卜。市:市场。 ②大事:推翻齐王。 ③验:验证,核实。 ④走:离开齐国。

〇田忌为齐将

田忌为齐将,系梁太子申①,禽庞涓②。孙子③谓田忌曰:"将军可以为大事④乎?"田忌曰:"奈何?"孙子曰:"将军无解兵而入齐⑤。使彼罢弊于先弱守于主⑥。主者,循轶之途也⑦,錯击摩车而相过⑧。使彼罢弊先弱守于主,必一而当十,十而当百,百而当千。然后背太山⑨,左济⑩,右天唐⑪,军重踵高宛⑫,使轻车锐骑冲雍门⑬。若是,则齐君可正⑭,而成侯可走⑮。不然,则将军不得入⑯于齐矣。"田忌不听,果不入齐。

[注释]①系梁太子申:马陵之战擒获魏太子申。 ②禽庞涓:擒获魏将庞涓。 ③孙子:齐人,孙武的孙子孙膑,时为田忌军师,著有《孙膑兵法》一书。 ④大事:大的军事行动。 ⑤无解兵:不使士兵解甲,犹言处于战备状态。入齐:回到齐国。 ⑥使彼罢弊于先弱守于主:让那些疲惫与老弱的士

兵扼守住险要之地"主"。主:地名,不详,一说为"任",在今山东济宁市。
⑦循轶之途也:道路狭窄,车辆只能沿着车辙而行。轶:车辙,车迹。 ⑧锗击摩车而相过:两车相遇,车轴相撞击,车身相摩擦才能通过。锗:同"辖",安装在车轴两端管制车轮的铁圈。 ⑨背:背靠。太山:泰山,在今山东泰安市。 ⑩左济:东边为济水。济:当指济水下游,大致相当于今山东平阴县至今山东高青县一带。 ⑪右天唐:西边为天唐。天唐:在今山东禹城市。 ⑫军重踵高宛:军重,辎重。踵:至,运送到。高宛:在今山东博兴县。 ⑬雍门:齐国都城临淄西门。 ⑭正:正君位,清君侧。 ⑮成侯:邹忌。走:离开齐国。 ⑯入:进入,回到。

〇田忌亡齐而之楚

田忌亡齐而之楚,邹忌代之相①。齐恐田忌欲以楚权复于齐②,杜赫③曰:"臣请为留楚④。"

[注释]①代之相:犹言全面主持齐国政务与军务。 ②以楚权复于齐:以楚国的势力报复齐。 ③杜赫:周人,曾在东周、齐、楚、韩活动。 ④为留楚:使田忌留在楚国。

谓楚王①曰:"邹忌所以不善楚者,恐田忌之以楚权复于齐也。王不如封田忌于江南,以示田忌之不返②齐也,邹忌以齐厚事楚③。田忌亡人④也,而得封,必德⑤王。若复于齐⑥,必以齐事楚。此用二忌之道也⑦。"楚果封之于江南。

[注释]①楚王:楚宣王,名良夫。 ②返:返回。 ③以齐厚事楚:使齐国以厚重的礼感谢楚国。 ④亡人:逃亡到他国之人。 ⑤德:感恩戴德。 ⑥若复于齐:田忌如果返回齐国。 ⑦二忌:邹忌、田忌。道:方法。

○邹忌事宣王

邹忌事宣王,仕人众①,宣王不悦。晏首贵而仕人寡②,王悦之。邹忌谓宣王曰:"忌闻以为有一子之孝,不如有五子之孝。今首③之所进仕者,以几何人?"宣王因以晏首壅塞之④。

[注释]①仕人众:邹忌推荐他人为官者很多。 ②晏首贵而仕人寡:晏首地位显赫但他很少举荐他人为官。晏首:齐臣,事不详。 ③首:晏首。 ④壅塞之:堵塞贤人入仕为官之道。

○邹忌修八尺有余

邹忌修①八尺有余,身体昳丽②。朝服衣冠窥镜③,谓其妻曰:"我孰与城北徐公美④?"其妻曰:"君美甚⑤,徐公何能及公也!"城北徐公,齐国之美丽者也。忌不自信,而复问其妾曰:"吾孰与徐公美?"妾曰:"徐公何能及君也!"旦日⑥客从外来,与坐谈,问之客曰:"吾与徐公孰美?"客曰:"徐公不若君之美也!"

[注释]①修:长,身高。 ②身体昳丽:身体:相貌。昳丽:光彩照人。昳:音yì,光鲜艳丽。 ③朝:早晨。窥镜:照镜子。 ④我孰与城北徐公美:我与城北的徐公谁更英俊。 ⑤甚:非常,很多。 ⑥旦日:天亮,一说为明天。

明日,徐公来。孰视①之,自以为不如;窥镜而自视,又弗如远甚②。暮③,寝而思之曰:"吾妻之美我④者,私⑤

我也;妾之美我者,畏⑥我也;客之美我者,欲有求于我也。"

[注释]①孰视:熟视。孰,同"熟"。 ②远甚:相差得非常远。 ③暮:晚上。 ④美我:称赞我很美。 ⑤私:偏爱,发自内心的爱与亲。 ⑥畏:畏惧,害怕。

于是入朝见威王曰:"臣诚知①不如徐公美,臣之妻私臣,臣之妾畏臣,臣之客欲有求于臣,皆以美于徐公。今齐地方千里,百二十城,宫妇左右②,莫不私王;朝廷之臣,莫不畏王;四境之内,莫不有求于王。由此观之,王之蔽③甚矣!"王曰:"善。"乃下令:"群臣吏民,能面刺寡人之过者④,受上赏⑤;上书谏寡人者,受中赏;能谤议于市朝⑥,闻寡人之耳者⑦,受下赏。"

[注释]①诚知:确实知道。 ②宫妇左右:国君后宫的妃嫔和国君的身边的近臣。 ③蔽:受他人所蒙蔽。 ④面刺:当面指责。过:过错。 ⑤上赏:重赏。 ⑥谤议:批评议论。市朝:市场与朝廷。 ⑦闻寡人之耳者:能够传到齐威王的耳朵里。

令初下,群臣进谏,门庭若市。数月之后,时时而间进①。期年②之后,虽欲言③,无可进者④。燕、赵、韩、魏闻之,皆朝于齐。此所谓战胜于朝廷⑤。

[注释]①时时而间进:时有时无地进谏。 ②期年:一年。 ③虽欲言:虽然想进谏。 ④无可进者:没有什么事情可以提出批评。 ⑤战胜于朝廷:战胜的关键在于朝廷,只要国君精心治理国家,政和民平,四国之朝拜,不待兵而成。

○秦假道韩魏以攻齐

秦假道①韩、魏以攻齐,齐威王使章子将而应之②。与秦交和而舍③,使者数④相往来,章子为变其徽章⑤,以杂⑥秦军。候者言章子以齐入秦⑦,威王不应⑧。顷之间⑨,候者复言章子以齐兵降秦,威王不应。而此者三。有司⑩请曰:"言⑪章子之败者,异人而同辞。王何不发将而击之⑫?"王曰:"此不叛寡人明⑬矣,曷为⑭击之!"

[注释]①假道:借路。 ②章子:齐国名将匡章。将:帅军。应:抗击。 ③交和:两军相对恃。交:俱。和:军营之门。舍:驻扎,屯住。 ④数:多次。 ⑤变:变易,改变。徽章:军旗与士卒衣服。 ⑥杂:混杂于。 ⑦候者:侦探。以齐入秦:率领齐军投奔秦。 ⑧应:应答。 ⑨顷之间:顷刻之间。 ⑩有司:国君下属的职能部门。 ⑪言:说,传言,议论。 ⑫发将而击之:派遣将军率领军队攻打章子。 ⑬明:清楚,明确。 ⑭曷为:为什么。

顷间,言齐兵大胜,秦军大败,于是秦王拜西藩之臣而谢于齐①。左右曰:"何以知之?"曰:"章子之母启②得罪其父,其父杀之而埋马栈③之下。吾使者章子将也④,勉⑤之曰:'夫子之强,全兵而还,必更葬将军之母。'对曰:"'臣非不能更葬先妾⑥也。臣之母启得罪臣之父。臣之父未教⑦而死。夫不得父之教而更葬母,是欺⑧死父也。故不敢。'夫为人子而不欺死父,岂为人臣欺生君⑨哉?"

[注释]①秦王拜西藩之臣而谢于齐:秦昭王下拜,自称偏远西部的小臣,谢罪于齐。 ②启:章子母亲的名。 ③马栈:马棚。 ④吾使者章子将也:我任命这个章子为将军。 ⑤勉:鼓励。 ⑥先妾:章子对其母的谦称。

⑦教:留下遗嘱。　⑧欺:欺骗。　⑨生君:活着的国君。

○楚将伐齐

楚将伐齐,鲁亲之①,齐王患之。张丐②曰:"臣请令③鲁中立。"乃为齐见鲁君。鲁君曰:"齐王惧乎?"曰:"非臣所知也,臣来吊足下④。"鲁君曰:"何吊?"曰:"君之谋过⑤矣。君不与⑥胜者而与不胜者,何故也?"鲁君曰:"子以齐、楚为孰⑦胜哉?"对曰:"鬼且⑧不知也。""然则子何以吊寡人?"曰:"齐,楚之权敌⑨也,不用⑩有鲁与无鲁,足下岂如令众而合二国之后哉⑪!楚大胜齐,其良士选卒必殪⑫,其余兵足以待天下;齐为胜,其良士选卒亦殪。而君以鲁众合战胜后⑬,此其为德⑭也亦大矣,其见⑮恩德亦其大也。"鲁君以为然,身退师⑯。

[注释]①鲁亲之:鲁亲附于楚。　②张丐:齐臣。　③令:使。　④吊:同"吊",慰问。足下:指鲁君。　⑤过:失,错误。　⑥与:友好,帮助。　⑦孰:谁,哪一个国家。　⑧且:尚且。　⑨权敌:势均力敌。　⑩用:需要,在意。　⑪令众:命令众臣。合二国之后哉:视二国的胜负再决定与哪国亲近友好。　⑫良士选卒:精选出来武勇善战者。殪:音 yì,死。　⑬合战胜后:亲近友好于战后的胜利之国。　⑭为德:布施的恩德。　⑮见:表现出,体现出。　⑯身退师:亲自率军队撤退。

○秦伐魏

秦伐魏,陈轸合三晋而东谓齐王曰①:"古之王者之伐也,欲以正天下而立功名,以为后世也。今齐、楚、燕、赵、韩、梁六国之递甚②也,不足以立功名,适足以强秦而自弱也③,非山东之上计也④。能危山东者,强秦也。不忧强秦,而递相罢弱⑤,而两归⑥其国于秦,此臣之所以为山东之患。天下为秦相割⑦,秦曾不出力⑧;天下为秦相烹⑨,秦曾不出薪⑩。何秦之智而山东之愚耶⑪?愿大王之察也。

[注释]①陈轸:齐人,一说为夏人,时仕于魏,先后仕于秦、魏、楚。轸,音zhěn。合:联合,合纵。三晋:韩、赵、魏。齐王:齐闵王。 ②递甚:更甚,犹言征伐更加剧烈。递:轮流,交替。 ③适足以强秦而自弱也:恰好达到使秦强大,使六国衰弱的程度。 ④山东:华山或崤山以东,与当时的关东含义相近。上计:上策,好的计谋。 ⑤递相罢弱:交替相互削弱。罢,同"疲"。 ⑥两归:两败俱伤,好处却让秦国得到。 ⑦天下为秦相割:山东六国因为秦而相互剥割残杀。 ⑧出力:付出军事力量。 ⑨相烹:自相烹煮。 ⑩薪:柴。 ⑪智:智慧,聪明。愚:愚笨,愚蠢。

"古之五帝、三王、五伯之伐也①,伐不道②者。今秦之伐天下不然,必欲反之③,主必死辱④,民必死虏⑤。今韩、梁之目未尝干⑥,而齐民独不也,非齐亲而韩、梁疏也⑦,齐远秦而韩、梁近⑧。今齐将近矣!今秦欲攻梁绛、安邑⑨,秦得绛、安邑以东下河⑩,必表里河⑪而东攻齐,举齐属之海⑫,南面而孤⑬楚、韩、梁,北向而孤燕、赵,齐无所出其计⑭矣。愿王熟虑⑮之!

[注释]①五帝:黄帝、颛顼、帝喾、尧、舜。颛顼,音zhuān xū;喾,音kù。三王:夏禹、商汤、周文王。五伯:春秋五霸。 ②不道:暴虐无道。 ③反之:与五帝、三王、五伯相反。 ④主:国君。死辱:或死或遭到侮辱。 ⑤死虏:或死或被掳掠。 ⑥目未尝干:悲凄眼泪还没有擦干,犹言战死人太多。

⑦亲:亲近。疏:疏远。 ⑧远:空间上离秦较远。近:空间上离秦很近。 ⑨绛:魏邑,在今山西侯马市。安邑:魏的故都,在今山西夏县。 ⑩以东下河:秦向绛、安邑以东的黄河下游地区征伐。 ⑪表里河:犹言沿着黄河内外。 ⑫举齐属之海:一举取得齐国之地直到海边。举,得。属,至,连接。 ⑬孤:孤立。 ⑭无所出其计:束手无策,拿不出相互应对的计谋。 ⑮熟虑:深入思考。

"今三晋已合矣,复为兄弟约①,而出锐师以戍②梁绛、安邑,此万世之计也。齐非急③以锐师合三晋,必有后忧。三晋合,秦必不敢攻梁,必南攻楚。楚、秦构难④,三晋怒齐不与己⑤也,必东攻齐。此臣之所谓齐必有大忧,不如急以兵合于三晋。"

[注释]①兄弟:像兄弟那样。约:盟约,约定。 ②锐师:精锐部队。戍:驻守。 ③非急:不着急,不抓住机会。 ④构难:交兵。 ⑤不与己:不与自己合作。

齐王敬诺,果以兵合于三晋。

○苏秦为赵合从说齐宣王

苏秦为赵合从①,说齐宣王曰:"齐南有太山②,东有琅邪③,西有清河④,北有渤海⑤,此所谓四塞⑥之国也。齐地方⑦二千里,带甲⑧数十万,粟如丘山。齐车之良⑨,五家⑩之兵,疾如锥矢⑪,战如雷电⑫,解如风雨⑬,即有军役⑭,未尝倍⑮太山、绝⑯清河、涉⑰渤海也。临淄⑱之中七万户,臣窃度⑲之,下户⑳三男子,三七二十一万,不待发于远县,而临淄之卒,固以二十一万矣。临淄甚富而实,其民无不吹竽、鼓瑟、击筑、弹琴、斗鸡、走犬、六博、蹹鞠者㉑;临淄之途㉒,车毂击㉓,人肩摩㉔,连衽成帷㉕,举袂成幕㉖,挥汗成雨;家敦㉗而富,志高而扬㉘。夫以大王之贤与齐之强,天下不能当㉙。今乃西面事㉚秦,窃为大王羞之。

[注释]①苏秦为赵合从:苏秦主持以赵为核心的合纵。苏秦:东周洛阳人,战国著名纵横家。从:通"纵"。　②太山:泰山。　③琅邪:音 láng yá,琅邪山,在今山东诸城市。　④清河:指济水,在齐国西部边境,为齐、赵的界限。　⑤渤海:以渤海为齐的北部边境。　⑥四塞:四方皆有险要关塞。⑦方:方圆,面积。　⑧带甲:身着铠甲的武装人员。　⑨车:战车。良:精良。　⑩五家:齐国的五个城市。一说为基层行政单位,管仲作军令,五家为一轨。　⑪疾如锥矢:像疾速飞箭一样锐不可当。　⑫战如雷电:作战像雷电那样威猛。　⑬解如风雨:撤退像风雨那样神速。　⑭军役:外敌入侵。⑮倍:背,背靠,犹言入侵的外敌未尝接近过泰山。　⑯绝:渡过。　⑰涉:蹚。　⑱临淄:齐国都城,位于今山东临淄市。　⑲度:音 duó,推测,估算。⑳下户:人口少的小户。　㉑竽:笙类乐器。瑟:乐琴,弦类乐器。筑:似瑟而大,用竹子敲击。琴:五弦琴。走犬:斗狗。六博:一种博戏的棋,共十二个棋子,六白、六黑,两人对弈,每人六个棋子。蹹鞠:音 tà jū,一种习武的游戏。蹹:同"踢"。　㉒途:道路。　㉓车毂击:车毂相互撞击。毂,彀的别体字,毂,音 gǔ,车轮中心安装辐条、穿插车轴的圆木。　㉔摩:相互摩碰。　㉕连衽成帷:衣襟连接起来就成为帷幔。衽:音 rèn,衣襟。　㉖举袂成幕:举起袖子就成为幕帐。袂:音 mèi,衣服袖子。　㉗敦:厚,殷实。　㉘志高而扬:志向高远,扬眉吐气。　㉙当:抗衡。　㉚事:服事,事奉。

"且夫韩、魏之所以畏秦者,以与秦接界也。兵出而相当①,不至十日,而战胜存亡之机决矣②。韩、魏战而胜秦,则兵半折③,四境不守;战而不胜,以亡④随其后。是故韩、魏之所以重与秦战而轻为之臣也⑤。

[注释]①当:挡,抵抗。 ②机:关键。决:决定胜败。 ③半折:损失过半。 ④亡:国家灭亡。 ⑤重:重视,谨慎。轻:容易,轻易。

"今秦攻齐则不然,倍①韩、魏之地,至闱阳晋之道②,径亢父③之险,车不得方轨④,马不得并行,百人守险,千人不能过也。秦虽欲深入,则狼顾⑤,恐韩、魏之议⑥其后也。是故恫疑虚猲⑦,高跃⑧而不敢进,则秦不能害齐,亦已明矣。夫不深料⑨秦之不奈我何也,而欲西面事秦,是群臣之计过⑩也。今无臣事秦之名⑪,而有强国之实,臣固愿大王之少留计⑫。"

[注释]①倍:背后。 ②至闱阳晋之道:经过卫国旧地阳晋之地。闱:一作卫,指原来的卫国之地。阳晋:原卫地,后属魏,又被秦取,在今山东曹县。 ③径:道路通过。亢父:齐地,位于今山东济宁市。 ④方轨:两辆车并行。 ⑤狼顾:狼生性多疑,行走时不断回头张望。顾:转头后看。 ⑥议:议论,谋划,算计。 ⑦恫疑虚猲:恐惧疑虑,虚声恐吓。恫:音dòng,恫吓,威吓。猲:音hè,喘息,恐惧貌。 ⑧高跃:作势,虚张声势。 ⑨深料:深刻地认识。 ⑩计:计谋,策略。过:过错。 ⑪名:名声。 ⑫少:稍微。留计,留意谋划。

齐王曰:"寡人不敏①,今主君以赵王之教诏之②,敬奉社稷以从。"

[注释]①敏:聪明,敏捷。 ②主君:苏秦。教:教诲。诏:告诉。

○张仪为秦连横齐王

张仪为秦连横齐王曰①:"天下强国无过齐者,大臣父兄殷②众富乐,无过③齐者。然而为大王计者,皆为一时说而不顾万世之利④。从人⑤说大王者,必谓齐西有强赵,南有韩、魏,负海之国也,地广人众,兵强士勇,虽有百秦,将无奈我何!大王览其说⑥,而不察其至实⑦。

[注释]①张仪为秦连横齐王曰:一说为"张仪为秦连横说齐王曰"。张仪:魏人,战国著名纵横家。连横:西联秦,东联齐为连横。一说"连关中之谓横,合关东之谓纵"。 ②殷:兴盛富裕。 ③过:超过。 ④一时说:眼前的利益。说:通"悦"。顾:顾念,长远考虑。 ⑤从人:合纵之人,主要指苏秦。 ⑥览:接受。说:苏秦等合纵之人的游说之辞。 ⑦至实:实质,最关键部分。

"夫从人朋党比周①,莫不以从为可②。臣闻之,齐与鲁三战而鲁三胜,国以危,亡随其后,虽有胜名而有亡之实③,是何故也?齐大而鲁小。今赵之与秦也,犹齐之于鲁也。秦、赵战于河漳④之上,再战而再胜秦;战于番吾⑤之下,再战而再胜秦。四战之后,赵亡卒数十万,邯郸仅⑥存。虽有胜秦之名,而国破矣!是何故也?秦强而赵弱也。今秦、楚嫁子取妇⑦,为昆弟⑧之国;韩献宜阳⑨,魏效河外⑩,赵入朝黾池⑪,割河间⑫以事秦。大王不事秦,秦驱韩、魏攻齐之南地,悉赵涉河关⑬,指搏关⑭,临淄、即墨⑮非王之有也。国一日被攻,虽欲事秦,不可得也。是故愿大王熟计⑯之。"

[注释]①夫从人朋党比周:从事合纵的人结党营私,拉帮结派。 ②可:可行。 ③亡之实:鲁有亡国之实。 ④河:黄河。漳:漳水,发源于山西长治,分为清漳、浊漳二河,东南流经河南、河北两省交界,在林州市合流为漳河,东南流至河北大名市入卫河。 ⑤番吾:赵邑,在今河北磁县。番,音 bō。 ⑥仅:才,才得以。 ⑦秦、楚嫁子取妇:秦、楚两国通婚不断。取,同"娶"。 ⑧昆弟:兄弟。 ⑨宜阳:韩邑,今河南宜阳县。 ⑩效:献出。河外:春秋晋人称黄河以北为河内,黄河以南为河外。战国魏人称黄河以南、黄河以西为河外,大致指黄河以南今陕西华阴至河南陕县一带。战国赵人称黄河以南为河外,大致包括今河南郑州市与滑县一带。 ⑪赵入朝黾池:赵国臣服于秦国,朝见秦于黾池。黾池:即今河南渑池县。黾:同"渑"。 ⑫河间:地在黄河、漳水之间,今河北河间县一带。 ⑬河关:黄河之关口。一说河关为清河,指位于齐国西部边境的济水。 ⑭指抟关:兵锋指向抟关。抟关:一说为博关,在今山东聊城市。 ⑮即墨:齐邑,在今山东平度市。 ⑯熟计:认真考虑、谋划。

齐王曰:"齐僻陋隐居①,讬②于东海之上,未尝闻社稷之长利③。今大客④幸而教之,请奉社稷以事秦。"献鱼盐之地三百于秦也⑤。

[注释]①僻陋隐居:偏僻荒凉而闭塞。 ②讬:同托,附着,栖身。 ③长利:长远的利益。 ④大客:尊贵的客人,上宾。 ⑤鱼盐之地三百:盛产鱼盐的地方三百平方里。

卷九 齐 二

○韩齐为与国

韩齐为与国①。张仪②以秦、魏伐韩。齐王③曰:"韩,吾与国也。秦伐之,吾将救之。"田臣思④曰:"王之谋过⑤矣,不如听之⑥。子哙与子之国⑦,百姓不戴⑧,诸侯弗与⑨。秦伐韩,楚、赵必救之,是天下以燕赐我也。"王曰:"善。"乃许韩使者而遣之⑩。

[注释]①与国:友好结盟之国。 ②张仪:此时为秦相国。 ③齐王:齐宣王。 ④田臣思:齐臣田忌。 ⑤过:错,不妥。 ⑥听之:听之任之。 ⑦子哙与子之国:子哙把燕国王位禅让给子之。子哙:燕王哙,燕易王之子,燕昭王之父。哙,音 kuài。子之:曾任燕相国,燕王哙让给君位于子之,太子平和将军市被叛乱,被挫败。齐宣王乘机攻破燕国,子之被杀。 ⑧戴:拥戴。 ⑨与:交往。 ⑩许:答应。遣:请其回国。

韩自以①得交于齐,遂与秦战。楚、赵果遽②起兵而救韩,齐因③起兵攻燕,三十日而举④燕国。

[注释]①自以:自己以为。 ②遽:音 jù,匆忙,立即。 ③因:因此,乘

机。④举:拔,攻陷。

○张仪事秦惠王

张仪事秦惠王①。惠王死,武王②立。左右恶张仪③,曰:"仪事先王不忠。"言未已,齐让④又至。

[注释]①秦惠王:秦孝公之子,名驷。　②武王:秦惠王之子,名荡。③左右:秦武王的近臣。恶:憎恨。　④让:责备,谴责。

张仪闻之,谓武王曰:"仪有愚计,愿效之王。"王曰:"奈何?"曰:"为社稷计者,东方有大变①,然后王可以多割地②。今齐王甚憎张仪,仪之所在③,必举兵而伐之。故仪愿乞不肖身而之梁④,齐必举兵而伐之。齐、梁之兵连⑤于城下,不能相去⑥,王以其间⑦伐韩,入三川⑧,出兵函谷而无伐⑨,以临周⑩,祭器必出⑪,挟⑫天子,案图籍⑬,此王业也。"王曰:"善。"乃具革车⑭三十乘,纳⑮之梁。

[注释]①大变:重大军事行动。　②割地:割取东方诸侯国之地。③所在:所服事的国家。　④不肖:不贤,无能。之:至。梁:魏国都城大梁,在今河南开封。　⑤连:士兵交战在一起。　⑥去:撤离。　⑦间:齐、魏交战的时机。　⑧三川:黄河、洛河、伊河,大致包括今洛阳、孟津、巩义、荥阳一带,时为韩地。　⑨函谷:函谷关,位于今河南灵宝市。无伐:不战而进军。⑩周:西周王城,在今河南洛阳。　⑪祭器:祭祀所用的钟、鼎等礼器。出:拿出,献出。　⑫挟:挟持。　⑬案图籍:掌握地图、户籍与财物登记表册。案:同"按",掌握,控制。　⑭革车:兵车。　⑮纳:送,送进。

齐果举兵伐之。梁王①大恐。张仪曰:"王勿患,请令罢齐兵。"乃使其舍人冯喜之楚②,借使③之齐。齐、楚之事已毕④,因⑤谓齐王:"王甚憎张仪,虽然,厚矣王之讬仪于秦王也⑥。"齐王曰:"寡人甚憎仪,仪之所在⑦,必举兵伐之。何以讬仪也?"对曰:是乃⑧王之讬仪也。仪之出秦,因与秦王约曰:'为王计者,东方有大变,然后王可以多割地。齐王甚憎仪,仪之所在,必举兵伐之。故仪愿乞不肖身而之梁,齐必举兵伐梁。梁、齐之兵连于城下不能去,王以其间伐韩,入三川,出兵函谷而无伐,以临周,祭器必出,挟天子,案图籍,是王业也。'秦王以为然,与革车三十乘而纳仪于梁。而果伐之,是王内自罢而伐与国⑨,广邻敌以自临⑩,而信仪⑪于秦王也。此臣之所谓讬仪也。"王曰:"善。"乃止。

[注释]①梁王:魏襄王。　②舍人:掌家族事务的家臣。冯喜:事不详。③借使之齐:借用楚国的使者出使齐国。　④事:楚使者要处理的事务。毕:结束,完成。　⑤因:乘机。　⑥厚:宽厚。讬仪于秦王:为张仪在秦王面前开脱。讬:同"托",托付,嘱托。　⑦所在:张仪所在之国。　⑧乃:你。⑨自罢:自我消耗。罢:音pí,同疲。与国:友好邦国。　⑩广邻敌以自临:在邻近树立更多的敌国,使自己面对。广:扩大。　⑪信仪:提高张仪的信义。

○犀首以梁为齐战于承匡而不胜

犀首以梁为齐战于承匡而不胜①。张仪谓梁王不用臣言②以危国。梁王因相仪③,仪以秦、梁之齐合横亲④。犀首欲败⑤,谓卫君⑥曰:"衍非有怨于仪也,值所以为国者不同耳⑦。君必解衍⑧。"卫君为⑨告仪,仪许诺,因与之参坐⑩于卫君之前。犀首跪行⑪,为仪千秋之祝⑫。明日张子行,犀首送之至于齐疆。齐王闻之,怒于仪,曰:"衍也吾仇,而仪与之俱⑬,是必与衍鬻⑭吾国矣。"遂不听⑮。

[**注释**]①犀首:公孙衍,魏人,曾任魏相。以梁为齐战:率领魏国的军队与齐交战。承匡:位于今河南睢县。　②臣言:张仪的策略、谋划。　③相仪:任命张仪为相国。　④仪以秦、梁之齐合横亲:张仪以秦、魏的名义与齐连横亲近。　⑤败:挫败。　⑥卫君:卫嗣君,卫平侯之子,秦贬其号为君。⑦值:同"直",仅仅,只不过。为国:效力服务的国家。　⑧解衍:替公孙衍向张仪解释。　⑨为:代表犀首,替犀首。　⑩参坐:三人并坐。　⑪跪行:跪地向前行进。　⑫千秋之祝:祝张仪长寿万年。　⑬俱:同行,犹言沆瀣一气。　⑭鬻:音 yù,卖,出卖。　⑮不听:不听信张仪。

○昭阳为楚伐魏

昭阳①为楚伐魏,覆军杀将②得八城。移兵而攻齐。陈轸③为齐王使,见昭阳,再拜贺战胜,起而问:"楚之法④,覆军杀将,其官爵何也?"昭阳曰:"官为上柱国⑤,爵为上执珪⑥。"陈轸曰:"异贵于此者⑦何也?"曰:"唯令尹⑧耳。"陈轸曰:"令尹贵矣!王非⑨置两令尹也,臣窃为公譬⑩可也。楚有祠⑪者,赐其舍人卮酒⑫。舍人相谓曰:'数人饮之不足,一人饮之有余。请画地为蛇,先成者饮酒。'一人蛇先成,引酒且饮之⑬,乃左手持卮,右手画蛇,曰:'吾能为之足。'未成,一人之蛇成,夺其卮曰:'蛇固无足,子安⑭能为之足。'遂饮其酒。为蛇足者,终亡⑮其酒。

今君相楚而攻魏,破军杀将得八城,不弱兵⑯,欲攻齐,齐畏公⑰甚,公以是为名居足矣⑱,官之上非可重也⑲。战无不胜而不知止⑳者,身且㉑死,爵且后归㉒,犹为蛇足也。"昭阳以为然,解军而去㉓。

[注释]①昭阳:楚怀王之将。 ②覆军杀将:战败魏军,杀死魏将军。覆:覆灭。 ③陈轸:齐人,一说为夏人,先后仕于秦、魏、楚。轸,音zhěn。 ④楚之法:楚国赏赐、职官晋升规定。 ⑤上柱国:楚国的最高武官,职位仅次于令尹。 ⑥上执珪:楚国的最高爵位。珪:同"圭",臣下朝见国君时手执的长条玉器。 ⑦异贵于此者:比上柱国、上执珪更尊贵的职务、爵位。 ⑧令尹:楚国的百官之长,相当于其他国家的相国。 ⑨非:不会。 ⑩譬:打个譬喻。 ⑪祠:祭祀。 ⑫舍人:掌家族事务的家臣。卮酒:一杯酒。卮:盛酒的容器。 ⑬引酒:手持酒卮。且:将,将要。 ⑭安:怎么。 ⑮终:最终,终于。亡:失去。 ⑯不弱兵:军队依然强盛。 ⑰公:昭阳。 ⑱是为名居足矣:这样的名誉地位已经足够了。名居:名誉与地位。 ⑲官之上:上柱国、上执珪之上的令尹。重:重复设置。 ⑳止:适可而止。 ㉑且:将。 ㉒后归:归属于后人。 ㉓解:解除军事行动。去:撤军离开。

○秦攻赵

秦攻赵。赵令楼缓以五城求讲于秦①,而与②之伐齐。齐王③恐,因使人以十城求讲于秦。楼子恐,因以上党二十四县许秦王④。赵足⑤之齐,谓齐王曰:"王欲秦、赵之解⑥乎?不如从合于赵⑦,赵必倍⑧秦。倍秦则齐无患矣。"

[注释]①楼缓:赵人,曾经为秦相国。五城:割五个城市给秦国。求讲:请求讲和。 ②与:参与。 ③齐王:齐王建。 ④上党:首府在今山西长治市,统辖当今山西和顺、榆社以南,沁水流域以东。许:许诺割给。秦王:秦惠

文王。　⑤赵足:赵人。　⑥解:和解。　⑦从合于赵:与赵合纵。　⑧倍:通"背",背叛。

○权之难齐燕战

权之难①,齐、燕战。秦使魏冉②之赵,出兵助燕击齐。薛公使魏处之赵③,谓李向④曰:"君助燕击齐,齐必急。急必以地和于燕,而身⑤与赵战矣。然则是君自为燕东兵⑥,为燕取地⑦也。故为君计者,不如按兵勿出。齐必缓⑧,缓必复与燕战。战而胜,兵罢弊⑨,赵可取唐、曲逆⑩;战而不胜,命悬⑪于赵。然则吾中立而割穷齐与疲燕也⑫,两国之权⑬,归于君⑭矣。"

[注释]①权:在今河北正定县。难:齐、燕战于权,故曰难。　②魏冉:穰侯,楚人,秦宣太后的异父弟,秦昭王母舅。秦武王死后,他拥立秦昭王,初为将军,后担任相国。封于今河南邓州的穰邑,称穰侯,后又加封位于今山东定陶县的陶邑。穰,音 ráng。③薛公:孟尝君田文,时为齐相国。魏处:齐臣或孟尝君的宾客。　④李向:掌握赵国政事者。一说为李兑。　⑤身:亲自,指齐国。　⑥是君自为燕东兵:你不自觉地成就了燕国军队东进。　⑦取地:夺取齐地。　⑧缓:缓解,暂缓出兵与赵战。　⑨罢弊:疲惫凋敝。罢:通"疲"。　⑩唐:今河北唐县。曲逆:在今河北顺平县。　⑪悬:系,悬挂。⑫吾:我们赵国。割:割地。穷:困窘。疲:疲惫不堪。　⑬权:权柄。⑭君:李向。

○秦攻赵长平

秦攻赵长平①,齐、楚救之。秦计曰:"齐、楚救赵,亲②,则将退兵③;不亲,则且遂攻之④。"

[注释]①长平:在今山西高平市。 ②亲:交亲,建立友好关系。 ③则将退兵:如果齐、楚、赵三国确实非常亲近,秦军就会撤退。 ④攻之:秦军进攻赵的长平。

赵无以食,请粟于齐,而齐不听①。苏秦②谓齐王曰:"不如听之以却③秦兵,不听则秦兵不却,是秦之计中④,而齐、燕之计过⑤矣。且赵之于燕、齐,隐蔽⑥也,齿之有唇也,唇亡则齿寒。今日亡赵,则明日及齐、楚矣。且夫救赵之务⑦,宜若奉漏甕⑧,沃焦釜⑨。夫救赵,高义⑩也;却秦兵,显名⑪也。义救亡赵,威却强秦兵,不务⑫为此,而务爱粟,则为国计者过矣。"

[注释]①听:听从,听到之后作出回应。 ②苏秦:东周洛阳人,战国著名纵横家。一说此时苏秦死多年,《史记·田完世家》作"周子"。 ③却:退却。 ④中:音zhòng,因恰到好处而得逞。 ⑤过:错,过失。 ⑥隐蔽:屏障,言赵为燕、齐的屏障之国。 ⑦务:当务之急。 ⑧奉漏甕:捧着漏水的瓮。奉:侍奉。甕:应为"罋","罋"又简化为"瓮",盛水的容器。 ⑨沃焦釜:水浇烧干的锅。沃:水浇。釜:煮饭的器皿。 ⑩高义:崇高的正义。 ⑪显名:彰显名声。 ⑫务:致力于。

〇或谓齐王

或谓齐王①曰:"周、韩西有强秦,东有赵、魏。秦伐周、韩之西②,赵、魏不伐,周、韩为割③,韩却周害也④。及⑤韩却周割之,赵、魏亦不免与秦为患⑥矣。今齐、秦伐赵、魏,则亦不果于赵、魏之应秦而伐周、韩⑦。令齐入于秦⑧而伐赵、魏,赵、魏亡之后,秦东面⑨而伐齐,齐安得救天下乎⑩!"

[注释]①齐王:齐王建。 ②西:西部。 ③为割:被迫割地。 ④却:退却。害:受损失。 ⑤及:等到。 ⑥患:受秦国之害。 ⑦果:结束。应:响应。 ⑧入于秦:加入秦国的征伐行列。 ⑨东面:面向东部进军。 ⑩安得:怎么能够。救:挽救。

卷十 齐 三

○楚王死

楚王死①,太子在齐质②。苏秦谓薛公曰③:"君何不留楚太子,以市其下东国④。"薛公曰:"不可。我留太子,郢⑤中立王,然则是我抱空质⑥而行不义于天下也。"苏秦曰:"不然。郢中立王,君因谓其新王曰:'与我下东国,吾为王杀太子。不然,吾将与三国共立之⑦。'然则下东国必可得也。"

[注释]①楚王死:公元前296年楚怀王死于秦。 ②太子:太子横,公元前300年为人质于齐,归国后立为楚顷襄王。质:人质。 ③苏秦:一作苏子,下同。薛公:孟尝君田文。 ④市:交易,交换。下东国:楚国东部接近齐国的地方。 ⑤郢:音yǐng,楚国都城,今湖北江陵县。 ⑥空质:毫无价值的人质。 ⑦三国:秦、韩、魏。共立之:共同拥立太子横。

苏秦之事①,可以请行②;可以令楚王亟入③下东国;可以益割④于楚;可以忠太子⑤而使楚益入地;可以为楚王走⑥太子;可以忠太子使之亟去⑦;可以恶⑧苏秦于薛公;可以为苏秦请封⑨于楚;可以使人说薛公以善⑩苏子;可以使苏子自解⑪于薛公。

[注释]①苏秦之事:指谋楚下东国的计划。 ②行:实施。 ③亟:快速。入:楚向齐进献下东国之地。 ④益:更多。割:割地。 ⑤忠太子:忠实、诚信于太子。 ⑥走:赶跑,驱逐。 ⑦亟去:迅速让太子离开。 ⑧恶:败坏苏秦名声,恶化两者关系。 ⑨封:封爵与封地。 ⑩善:友善,善待。 ⑪自解:有理由为自己开脱、解释。

苏秦谓薛公曰:"臣闻谋泄①者事无功,计不决②者名不成。今君留太子者,以市下东国也。非亟得下东国者,则楚之计变③,变则是君抱空质而负名④于天下也。"薛公曰:"善。为之奈何⑤?"对曰:"臣请为君之⑥楚,使亟入下东国之地。楚得成⑦,则君无败⑧矣。"薛公曰:"善。"因遣之⑨。

[注释]①谋:策谋。泄:泄露。 ②决:决断,果断。 ③计变:计谋、计划发生变化。 ④负名:承受不义之名。 ⑤为之奈何:这件事应该怎么办。 ⑥之:至,去到。 ⑦楚得成:齐、楚缔结友好关系。成:媾和。 ⑧无败:立于不败之地。 ⑨遣之:派遣他去楚国。

谓楚王①曰:"齐欲奉太子②而立之。臣观薛公之留③太子者,以市下东国也。今王不亟入下东国,则太子且倍王之割而使齐奉已④。"楚王曰:"谨受命。"因献下东国。故曰可以使楚亟入地也。

[注释]①楚王:具体哪位楚王未详。从"苏秦之事"以下所言均为虚拟假设之事,所以"楚王"也为假设之人。 ②太子:太子横。 ③留:滞留。 ④且:将,将要。倍:加倍。奉己:尊奉自己为楚王。

谓薛公曰:"楚之势①可多割也。"薛公曰:"奈何?""请告太子其故②,使太子谒之君③,以忠太子④,使楚王闻之,可以益入地。"故曰可以益割于楚。

[注释]①势:形势,状况。 ②故:事情的原委。 ③谒之君:拜见薛公。 ④以忠太子:在太子面前表示忠诚。

谓太子曰:"齐奉太子而立之,楚王请割地以留太子,齐少其地①。太子何不倍楚之割地而资齐②,齐必奉太子③。"太子曰:"善。"倍楚之割而延④齐。楚王闻之恐,益割地而献之,尚恐⑤事不成。故曰可以使楚益入地也。

[注释]①齐少其地:齐认为楚割给齐的地太少。 ②倍楚之割:把楚国割地的数量增加一倍。资,与,给予。 ③奉太子:尊奉太子为王。 ④延:聘,犹言建立友好关系。一说延为进献,又一说为饶,使齐更富饶。 ⑤尚恐:尚且还担心。

谓楚王曰:"齐之所以敢多割地①者,挟②太子也。今已得地而求不止③者,以太子权④王也。故臣能去太子⑤。太子去,齐无辞,必不倍⑥于王也。王因驰强齐而为交⑦,齐辞⑧,必听王。然则是王去雠⑨而得齐交也。"楚王大悦,曰:"请以国因⑩。"故曰可以为楚王使太子亟去也。

[注释]①多割地:迫使楚国多割土地给齐国。 ②挟:挟制,控制。 ③止:止境。 ④权:本意是秤砣,为决定物品轻重的关键所在,此犹言要价,要挟,威胁。 ⑤去太子:使太子离开齐国。 ⑥倍:割地加倍。 ⑦驰:亟往,速去。为交:建立友好关系。 ⑧齐辞:齐国的声明。 ⑨雠:引起齐、楚

两国仇恨的罪魁祸首,指太子横。　⑩因:按照苏秦说的做。

谓太子曰:"夫劕①楚者王也,以空名市者太子也②,齐未必信太子之言也,而楚功见矣③。楚交成④,太子必危矣。太子其图⑤之。"太子曰:"谨受命。"乃约车而暮去⑥。故曰可以使太子急去也。

[注释]①劕:同"制",控制,掌握。　②空名:虚名,只是纸上谈兵而无法实施。市:交易,交换。　③功:楚割地给齐的实际行动。见:音xiàn,出现,显露,犹言付诸实践,实施。　④楚交成:楚与齐交易成功。　⑤图:图谋,打算。　⑥约:准备。暮:傍晚。

苏秦使人请①薛公曰:"夫劝留太子者苏秦也。苏秦非诚②以为君也,且以便③楚也。苏秦恐君之知之,故多割楚以灭迹④也。今劝太子者又苏秦也,而君弗知,臣窃为君疑之⑤。"薛公大怒于苏秦。故曰可使人恶苏秦于薛公也。

[注释]①请:一说应为"谓",告诉。　②诚:诚心诚意。　③便:利,利于。　④灭迹:掩盖利于楚的真实意图。　⑤臣窃为君疑之:我私下为薛公你怀疑苏秦的真实意图。

又使人谓楚王曰:"夫使薛公留太子者苏秦也,奉王而代立楚太子①者又苏秦也,割地固约②者又苏秦也,忠王而走太子者又苏秦也。今人恶苏秦于薛公,以其为齐薄而为楚厚也。愿王之知之。"楚王曰:"谨受命。"因封苏秦为武贞君③。故曰可以为苏秦请封于楚也。

[注释]①代立楚太子：代替太子努力争取立为楚王。 ②固约：最后敲定楚、齐的约定。 ③封苏秦为武贞君：此为虚构之事，并非史实。武贞：楚邑。一说"武贞"仅是名誉，而非邑。

又使景鲤①请薛公曰："君之所以重②于天下者，以能得天下之士而有齐权也③。今苏秦天下之辩士也，世与少有④。君因不善苏秦，则是围塞天下士而不利说途也⑤。夫不善君者且奉⑥苏秦，而于君之事殆矣⑦。今苏秦善于楚王，而君不蚤⑧亲，则是身与楚为雠也⑨。故君不如因而亲之，贵而重之，是君有楚也。"薛公因善苏秦。故曰可以为苏秦说薛公以善苏秦。

[注释]①景鲤：楚怀王相国。 ②重：受到重视。 ③士：士人，游说之士。权：权势，掌握齐国大权。 ④世与少有：举世少见的旷世奇才。 ⑤围塞：堵塞、断绝。说：游说。途：途径、渠道。 ⑥且奉：将要侍奉。 ⑦于：对于。殆：危险。 ⑧蚤：通"早"。 ⑨身：薛公田婴。雠：同"仇"，仇敌。

○齐王夫人死

齐王①夫人死，有七孺子皆近②。薛公欲知王所欲立，乃献七珥③，美其一④，明日视美珥所在，劝王立为夫人。

[注释]①齐王：齐宣王。 ②孺子：年轻美貌的妃嫔。近：宠幸。 ③珥：佩戴在耳朵上的珠玉美饰。 ④美其一：其中一珥最美丽。

○孟尝君将入秦

孟尝君将入秦①，止者千数而弗听②。苏秦欲止之，孟尝曰:"人事者,吾已尽知之矣;吾所未闻者,独③鬼事耳。"苏秦曰:"臣之来也,固不敢言人事也,固且以鬼事见君。"

[注释]①孟尝君将入秦:秦昭王听说孟尝君田文贤,请他到秦国相见,故孟尝君将要去秦国。　②止:奉劝放弃入秦的想法。弗听:不接受众人的劝告。　③独:独有,仅有。

孟尝君见之。谓孟尝君曰:"今者臣来,过于淄①上,有土偶人与桃梗相与语②。桃梗谓土偶人曰:'子,西岸之土也,挺③子以为人,至岁八月,降雨下,淄水至,则汝残④矣。'土偶曰:'不然。吾西岸之土也,土则复⑤西岸耳。今子,东国之桃梗也,刻削子以为人,降雨下,淄水至,流⑥子而去,则子漂漂者将何如耳⑦。'今秦四塞之国⑧,譬若虎口,而君入之,则臣不知君所出⑨矣。"孟尝君乃止。

[注释]①淄上:淄水之滨。淄:水名,发源于山东泰沂山脉及鲁山山脉,在广饶县汇入小清河。　②土偶人:人捏的泥人。桃梗:桃木枝雕刻的人。③挺:治,拔,言挖之于土中,捏之为人。　④残:毁坏。　⑤复:复归于。⑥流:流水漂浮。　⑦漂漂者:水上的漂浮物。何如:何往。　⑧四塞之国:四面都有关口要塞扼守。　⑨出:离开秦国。

○孟尝君在薛

孟尝君在薛①,荆②人攻之。淳于髡③为齐使于荆,还反④过薛。而孟尝令人体貌而亲郊迎之⑤。谓淳于髡曰:"荆人攻薛,夫子弗忧⑥,文无以复侍矣⑦。"淳于髡曰:"敬闻命。"

[注释]①薛:孟尝君封邑,在今山东滕州市。 ②荆:楚国。 ③淳于髡:复姓淳于,名髡。髡,音 kūn。齐之赘婿,传说其人滑稽多变,为齐稷下学士之一。 ④还反:从楚国返回齐国。 ⑤体貌:穿戴上正规的礼服,行施正式的礼仪。郊:城外,郊区。 ⑥忧:忧虑,担忧。 ⑦文:孟尝君田文自称。复侍:再次服侍,犹言如果楚再次攻伐薛,将以死相拼。

至于齐,毕报①。王曰:"何见于荆?"对曰:"荆甚固②,而薛亦不量其力。"王曰:"何谓也?"对曰:"薛不量其力,而为先王立清庙③。荆固而攻之,清庙必危。故曰薛不量力,而荆亦甚固。"齐王④和其颜色曰:"嘻⑤!先君之庙在焉!"疾兴兵救之。

[注释]①毕报:汇报完毕。 ②固:顽固,坚决不改变做法。 ③先王:齐威王。清庙:祖庙肃然清净,故又称为清庙。 ④齐王:齐宣王。 ⑤嘻:惊惧声,表示惊叹。

颠蹶之请①,望拜之谒②,虽得则薄③矣。善说者,陈其势④,言其方⑤,人之急也⑥,若自在隘窘之中⑦,岂用强力哉。

[注释]①颠蹶之请:慌忙仓促的请求。颠:倒。蹶:音 jué,僵直,摔倒。②望拜之谒:仰望式的拜见。谒:谒见。 ③薄:少。 ④陈其势:陈述、分析形势、时局。 ⑤方:大略,谋略。 ⑥人之急也:他人的急难。 ⑦若:像,就像。自:自己。隘窘:危险困窘。

○孟尝君奉夏侯章

孟尝君奉夏侯章以四马百人之食①,遇之甚欢②。夏侯章每言未尝不毁③孟尝君也。或以告孟尝君④,孟尝君曰:"文有以事夏侯公矣⑤,勿言,董⑥之。"繁菁以问夏侯公⑦,夏侯公曰:"孟尝君重⑧非诸侯也,而奉我四马百人之食。我无分寸之功而得此,然吾毁之以为之⑨也。君所以得为长⑩者,以⑪吾毁之者也。吾以身为孟尝君⑫,岂得持言也⑬。"

[注释]①孟尝君奉夏侯章以四马百人之食:孟尝君用四匹马与一百人的食禄奉养夏侯章。奉:奉养。夏侯章:齐人,孟尝君的门客。 ②遇之甚欢:夏侯章对这种待遇感到很满意。 ③毁:贬低,诽谤。 ④或以告孟尝君:有人将此事告诉孟尝君。 ⑤文:孟尝君自称。有以事,就是这样服事、对待。 ⑥董:尊重。 ⑦繁菁:齐人,事不详。夏侯公:夏侯章。 ⑧重:尊贵。 ⑨为之:为了孟尝君。 ⑩长:贤。 ⑪以:因为。 ⑫吾以身为孟尝君:我不惜牺牲自己来为孟尝君换取贤者的名声。 ⑬岂得持言也:难道需要经常谈论这件事吗。

○孟尝君谳坐

孟尝君谳坐①,谓三先生②曰:"愿闻先生有以补之阙者③。"一人曰:"訾④天下之主,有侵⑤君者,臣请以臣之血湔其衽⑥。"田瞀⑦曰:"车軼⑧之所能至,请掩足下之短者⑨,诵⑩足下之长;千乘之君与万乘之相,其欲有⑪君也,如使而弗及也⑫。"胜瞽⑬曰:"臣愿以足下之府库财务,收天下之士,能为君决疑应卒⑭,若魏文侯之有田子方、段干木也⑮。此臣之所为君取⑯矣。"

[注释]①谳坐:闲居叙谈。谳,音yàn,同"宴",安闲。 ②先生:长老,年长者。 ③有以补之阙者:有什么办法弥补我的过失、不足。阙:同"缺",

缺失,过错。　④訾:音 zǐ,不满意,不称意。　⑤侵:凌,欺凌。　⑥渐:音 jiàn,溅洒。祍:衣襟。　⑦田瞀:郑人,名游贩。瞀:音 mào,本意为眼睛昏花。　⑧轶:通"辙",车辙。　⑨掩:掩盖。足下:指孟尝君。短:不足之处。　⑩诵:念诵,宣扬。　⑪有:拥有,重用。　⑫如使而弗及也:如有重用,唯恐来不及。　⑬胜瞀:齐人。一作胜瞽。　⑭卒:猝,突然变化,突发事件。　⑮魏文侯:名斯,战国初年的魏国之君。田子方:名无择,子贡的弟子,曾为魏文侯的师与友。段干木:姓段干,名木,子夏的弟子,曾为魏文侯的师与友。　⑯取:采取的措施,犹言随时听从调遣。

○孟尝君舍人有与君之夫人相爱者

孟尝君舍人有与君之夫人相爱者①。或以问孟尝君曰:"为君舍人而内与夫人相爱,亦甚不义矣,君其杀之。"君曰:"睹貌而相悦者②,人之情也,其错③之勿言也。"

[注释]①舍人:掌家族事务的家臣。夫人:孟尝君夫人的陪嫁之女。爱:倾慕。　②睹貌:观看相貌。悦:喜欢,爱慕。　③错:同"措",意为置,搁置。

居朞年①,君召爱夫人者而谓之曰:"子与文游久矣②,大官③未可得,小官公又弗欲。卫君与文布衣交④,请具车马皮币⑤,愿君以此从卫君游。"于卫甚重⑥。

[注释]①朞年:一年。朞:同"期"。　②子:倾慕夫人之人。文:孟尝君自称。游:交往。　③大官:高级职务。　④卫君:卫国的嗣君。布衣交:身为平民时候建立的朋友关系,犹言多年的贫贱之交。　⑤具:准备。皮币:皮革金帛之类的礼物。皮:鹿皮。币:束帛。　⑥于卫甚重:在卫国很受重视。

齐、卫之交恶①,卫君甚欲②约天下之兵以攻齐。是人谓卫君曰:"孟尝君不知臣不肖③,以臣欺君。且臣闻齐、卫先君,刑马压羊④,盟曰:'齐、卫后世无相攻伐,有相攻伐者,令其命如此。'今君约天下之兵以攻齐,是足下倍⑤先君盟约而欺孟尝君也。愿君勿以齐为心⑥。君听臣则可;不听臣,若臣不肖也⑦,臣辄以颈血湔足下衿⑧。"卫君乃止。

[注释]①交恶:两国关系恶化。 ②甚欲:非常想。 ③不肖:不贤。 ④刑马压羊:杀马宰羊,喢血以为盟。 ⑤倍:背叛。 ⑥以齐为心:以伐齐为自己的心愿。 ⑦若臣不肖也:像臣下这样的不贤之人。 ⑧辄:即,就。湔:音jiàn,溅洒。衿:衣襟。

齐人闻之曰:"孟尝君可语①善为事矣,转祸为功②。"

[注释]①语:评价,认为。 ②转祸为功:不杀舍人是转祸,舍人使齐不受伐为功。

○孟尝君有舍人而弗悦

孟尝君有舍人而弗悦①,欲逐之。鲁连②谓孟尝君曰:"猿猕猴错木据水③,则不若鱼鳖;历险乘危,则骐骥④不如狐狸。曹沫⑤之奋三尺之剑,一军不能当⑥;使曹沫释其三尺之剑,而操铫鎒与农夫居垅亩之中⑦,则不若农夫。故物舍其所长,之⑧其所短,尧亦有所不及矣。今使人而不能⑨,则谓之不肖;教人而不能⑩,则谓之拙⑪。拙则罢⑫之,不肖则弃之,使人有弃逐⑬,不相与处⑭,而来害相报者⑮,岂非世之立教首也哉⑯!"孟尝君曰:"善。"乃弗逐。

[注释]①悦:喜欢、欣赏。 ②鲁连:齐人,善于计谋策划,排纷解难。又作鲁仲连。 ③错木据水:离开树木而居于水上。错:错置,离开。据:处,居于。 ④骐骥:千里马。 ⑤曹沫:春秋时期鲁国人,以武勇事鲁庄公。相传齐君与鲁君在今山东阳谷的柯举行盟会,他持剑相从,挟持齐君订立盟约,收回失地。 ⑥当:挡,抵挡。 ⑦操:持。铫:音yáo,锄地的大锄头。鎒:音nòu,同"耨",锄草的农具。垅亩:田亩。垅:田间的地埂。 ⑧之:用,发挥。 ⑨使,使用。不能:弱点。 ⑩教人而不能:强使人去做他不能做的事情。 ⑪拙:拙笨。 ⑫罢:罢黜不用。 ⑬弃逐:抛弃驱逐。 ⑭不相与处:因其被弃逐,其他人不愿与其交往相处。 ⑮而来害相报者:被弃逐者去到他国,设法损害弃逐他的人,报被弃逐之仇。 ⑯世:当代社会。立:树立。教:教化、告诫。首:第一,最重要的一条戒律。

○孟尝君出行国至楚

孟尝君出行国①,至楚,献象床②。郢之登徒③,直使送之④,不欲行。见孟尝君门人⑤公孙戍曰:"臣,郢之登徒也,直⑥送象床。象床之直⑦千金,伤此若发漂⑧,卖妻子不足偿之。足下能使仆无行,先人⑨有宝剑,愿得献之。"公孙曰:"诺。"

[注释]①出行国:离开齐国,到其他诸侯国巡行。行:巡行,兼任他国的相国,故巡行。 ②象床:象牙制作的床。 ③郢:音yǐng,楚国都城,今湖北江陵县。登徒:职官名,一说登徒为复姓。 ④直使送之:恰好被命令去送象床。直:通"值",恰值。 ⑤门人:门客,食客。 ⑥直:恰值。 ⑦直:价值。 ⑧伤此若发漂:象床如果有丝毫的损伤。发漂:细若丝发。 ⑨先人:祖先。

入见孟尝君曰:"君岂受楚象床哉?"孟尝君曰:"然①。"公孙戍曰:"臣愿②君勿受。"孟尝君曰:"何哉?"公孙戍曰:"小国所以皆致相印于君者③,闻君于齐能振达贫穷④,有存亡继绝之义⑤。小国英桀之士⑥,皆以国事累君⑦,诚说⑧君之义,慕君之廉也⑨。今君到楚而受象床,所未至⑩之国,将何以待⑪君?臣戍愿君勿受。"孟尝君曰:"诺⑫。"

[注释]①然:是,正是这样。 ②愿:希望。 ③小国:其他各国。致:送。 ④于齐:在齐国。振达:犹言救助。 ⑤义:正义之举。 ⑥英桀之士:才智杰出的士人。才能超越千人为英,超过万人曰桀。桀,通"杰"。 ⑦累君:累:委之于事,连累,添加麻烦。君:孟尝君。 ⑧诚:确实。说:通"悦",欣赏,赞赏。 ⑨慕:仰慕。廉:廉正。 ⑩至:行踪所到。 ⑪待:接待。 ⑫诺:好,行,意为答应。

公孙戍趋而去。未出,至中闺①,君召而返之,曰:"子教文无受象床,甚善。今何②举足之高,志之扬也?"公孙戍曰:"臣有大喜三,重③之宝剑一。"孟尝君曰:"何谓也?"公孙戍曰:"门下④百数,莫敢入谏,臣独入谏,臣一喜;谏而得听,臣二喜;谏而止君之过⑤,臣三喜。输⑥象床,郢之登徒不欲行,许戍以先人之宝剑。"孟尝君曰:"善。受⑦之乎?"公孙戍曰:"未敢。"曰:"急⑧受之。"因书门版曰⑨:"有能扬文之名⑩,止文之过,私⑪得宝于外者,疾⑫入谏。"

[注释]①中闺:宫中上圆下方的小门。 ②今何:今天你为什么。 ③重:外加,另外还有。 ④门下:孟尝君蓄养的门客。 ⑤止:制止。过:过

失。 ⑥输:运送。 ⑦受:接受。 ⑧急:赶紧,立刻。 ⑨因:因此,借此机会。书门版:书写通告于版上,公布于门口。 ⑩扬:宣扬,张扬。文:孟尝君自称。名:名声。 ⑪私:私自,私下。 ⑫疾:立即,马上。

○淳于髡一日而见七人于宣王

淳于髡一日而见七人于宣王①。王曰:"子来,寡人闻之,千里而一士,是比肩②而立;百世而一圣③,若随踵而至也④。今子一朝而见七士,则士不亦众⑤乎?"淳于髡曰:"不然。夫鸟同翼者而聚居,兽同足者而俱行⑥。今求柴葫、桔梗于沮泽⑦,则累世⑧不得一焉。及之睪黍、梁父之阴⑨,则郄车⑩而载耳。夫物各有畴⑪,今髡贤者之畴也。王求士于髡,譬若挹水于河⑫,而取火于燧⑬也。髡将复⑭见之,岂特七士也⑮。"

[注释]①淳于髡:复姓淳于,名髡。髡,音 kūn。齐之赘婿,传说其人滑稽多变,为齐稷下学士之一。见,音 xiàn,举荐。 ②比肩:肩并肩,犹言比比皆是。 ③百世而一圣:百代人只能出一个圣人。 ④若:就像。随踵:脚连着脚,犹言一个接一个。踵:脚后跟。 ⑤众:多。 ⑥俱行:相伴而行。 ⑦柴葫、桔梗:生长于山地的植物。沮泽:沼泽,湿地。 ⑧累世:数代人。 ⑨及之:到达。睪黍:山名,地不详。梁父:位于今山东泰安市东南。阴:山南为阳,山北为阴。 ⑩郄车:犹言车装载得满满的,一点空隙都没有。郄:音 xì,同"隙"。 ⑪畴:类别,范围。 ⑫譬若:比如。挹:音 yì,汲水,舀水。 ⑬燧:燧石,又称火石。 ⑭复:多次。 ⑮岂:怎么会。特:独,仅仅有。

○齐欲伐魏

齐欲伐魏。淳于髡谓齐王①曰:"韩子庐②者,天下之疾犬③也。东郭逡④者,海内之狡兔也。韩子庐逐东郭逡,环⑤山者三,腾⑥山者五,兔极于前⑦,犬废于后⑧,犬兔俱罢⑨,各死其处。田父⑩见之,无劳勚⑪之苦,而擅⑫其功。今齐、魏久相持,以顿⑬其兵,弊⑭其众,臣恐强秦大楚承其后⑮,有田父之功。"齐王惧,谢将休士也⑯。

[注释]①齐王:齐威王。 ②韩子庐:韩国著名的黑色良犬。 ③疾犬:奔跑速度很快的狗。 ④东郭逡:著名的狡兔。逡:通"夋",一日行五百里的狡兔。 ⑤环:旋,环绕。 ⑥腾:跳跃,向山上奔跑。 ⑦极于前:竭尽全力向前跑。 ⑧废于后:耗尽力量在后面追。 ⑨罢:音pí,同"疲",疲敝。 ⑩田父:农夫。 ⑪劳勚:疲惫困乏。勚:同"倦"。 ⑫擅:独自占有。 ⑬顿:劳顿。 ⑭弊:疲敝。 ⑮承其后:承接于齐、魏后面,犹言齐、魏战,秦、楚会乘机攻伐。 ⑯谢:辞却,犹言取消伐魏的计划。休士:使士卒休息。

○国子曰秦破马服君之师

国子①曰:"秦破马服君之师②,围邯郸。齐、魏亦佐③秦伐邯郸,齐取淄鼠④,魏取伊是⑤。公子无忌为天下循便计⑥,杀晋鄙⑦,率魏兵以救邯郸之围,使秦弗有而失天下。是齐人于魏⑧而救邯郸之功也。安邑⑨者,魏之柱国⑩也;晋阳⑪者,赵之柱国也;鄢郢⑫者,楚之柱国也。故三国欲与秦壤界⑬,秦伐魏取安邑,伐赵取晋阳,伐楚取鄢郢矣。福⑭三国之君,兼二周之地⑮,举韩氏取其地⑯,且⑰天下之半。今又劫⑱赵、魏,疏中国⑲,封卫之东野⑳,兼魏之河南㉑,绝赵之东阳㉒,则赵、魏亦危矣。赵、魏危,则非齐之利也。韩、魏、赵、楚之志㉓,恐秦兼天下而臣其君㉔,故专兵一志以逆秦㉕。三国之与秦壤界而患急㉖,齐不与秦壤界而患缓㉗。是以天下之势㉘,不得不事㉙齐也。故秦得齐,则权重㉚于中国;赵、魏、楚得齐,则足以敌㉛秦。故秦、赵、魏得齐者重㉜,失齐者轻。齐有此势㉝,不能以重于天下㉞者何也?其用者过也㉟。"

[注释]①国子:齐大夫。 ②马服君:赵国将领赵括,因其父赵奢有功,赐号马服,因以为氏。马服:意为服马,一说马服为"服武事"。师:马服君率领的赵国军队。 ③佐:协助。 ④淄鼠:赵地,今地不详。 ⑤伊是:赵地,位于今山西安泽县。 ⑥公子无忌:信陵君,魏昭王之少子,魏安釐王之异母弟。循便计:实施便捷易行之计谋,指信陵君窃符救赵之事。 ⑦晋鄙:魏将军。 ⑧齐入于魏:齐配合魏救赵。 ⑨安邑:魏国故都城,在今山西夏县。 ⑩柱国:都城,国都。 ⑪晋阳:赵国故都城,今山西太原。 ⑫鄢:楚地,今湖北宜城市,楚惠王即位之初曾迁都于鄢。郢:楚国都城,今湖北江陵县。 ⑬壤界:国土、边界相连接。 ⑭福:又作"逼",强迫。 ⑮兼:兼并,侵吞。周:东周和西周。 ⑯举:攻占。取:占有。 ⑰且:几,几乎,接近。 ⑱劫:威胁逼迫。 ⑲疏:离间友好国家,使其疏远。中国:中原之国,具体指关东六国。 ⑳封:取其地而封之。东野:卫国的东部之地。 ㉑河南:魏国黄河以南之地。 ㉒绝:断绝。东阳:战国卫地,后属赵,大致相当于今河北太行山以北地区。 ㉓志:想法,思想观念。 ㉔臣其君:使其君为秦之臣。 ㉕专兵一志以逆秦:集中兵力一致抗秦。逆:抗拒。 ㉖患急:祸患很急迫,马上就要降临的灾祸。 ㉗缓:迟缓,稍慢。 ㉘是:这种,这样的。势:局势,格局。 ㉙事:侍奉,服事。 ㉚权重:权势、势力强大。 ㉛敌:抗衡,对抗。 ㉜重:势力强大。 ㉝此势:举足轻重之作用。 ㉞重于天下:在天下事务中发挥重要作用。 ㉟用者:权利的掌握者,谋略的策划者。过:失误。

卷十一　齐　　四

○齐人有冯谖者

　　齐人有冯谖①者,贫乏不能自存②,使人属③孟尝君,愿寄食门下④。孟尝君曰:"客何好⑤?"曰:"客无好也。"曰:"客何能⑥?"曰:"客无能也。"孟尝君笑而受之曰:"诺。"左右以君贱⑦之也,食以草具⑧。

　　[注释]①冯谖:谖,音 xuān,又作喧、煖、骉。　②贫乏:贫困。自存:自我生存。　③属:音 zhǔ,通"嘱",意为嘱托,托付。　④寄食门下:犹言投奔孟尝君,为其门客。寄食:借食。门下:门庭之下。　⑤好:特长。　⑥能:能耐,本领。　⑦贱:轻视。　⑧食以草具:供应他以粗劣的饭菜。食:音 sì,以食物给他人吃。草:粗食草菜。具:餐具。

　　居有顷①,倚柱弹其剑②,歌曰:"长铗归来乎③!食无鱼。"左右以告。孟尝君曰:"食之,比门下之客④。"居有顷,复弹其铗,歌曰:"长铗归来乎!出⑤无车。"左右皆笑之,以告。孟尝君曰:"为之驾,比门下之车客⑥。"于是乘其车,揭⑦其剑,过⑧其友曰:"孟尝君客我⑨。"后有顷,复弹其剑铗,歌曰:"长铗归来乎!无以为家⑩。"左右皆恶⑪之,以为贪而不知足。孟尝君问:"冯公有亲乎?"对曰:"有老母。"孟尝君使人给其食用,无使乏⑫。于是冯谖不复歌。

[注释]①有顷:不久。顷:顷刻,很短时间。 ②倚:靠着。弹:轻轻敲击。 ③长铗归来乎:长长的剑柄回到你来的地方。铗:音jiá,剑柄。 ④比门下之客:与食鱼之门客相同。孟尝君对门客的食物供应分为三等,上客食肉,中客食鱼,下客食菜。比:同列,相同。 ⑤出:出行。 ⑥车客:乘车之门客。 ⑦揭:把剑从腰间拿出高高举起来。 ⑧过:拜访。 ⑨客我:以上等门客待我。 ⑩无以为家:不能赡养其家人。 ⑪恶:音wù,厌恶。 ⑫乏:缺乏,贫乏。

后孟尝君出记①,问门下诸客:"谁习计会②,能为文收责于薛者乎③?"冯谖署④曰:"能。"孟尝君怪⑤之,曰:"此谁也?"左右曰:"乃歌夫长铗归来者也。"孟尝君笑曰:"客果有能也⑥,吾负⑦之,未尝见⑧也。"请而见之,谢曰:"文倦于事⑨,愦于忧⑩,而性懧愚⑪,沉⑫于国家之事,开罪⑬于先生。先生不羞⑭,乃有意欲为收责于薛乎?"冯谖曰:"愿之。"于是约车治装⑮,载券契⑯而行,辞曰:"责毕收,以何市而反⑰?"孟尝君曰:"视吾家所寡有⑱者。"

[注释]①记:告示。 ②计会:会计,算账。 ③责:同"债"。薛:孟尝君封地,在今山东滕州市。 ④署:签字于告示。 ⑤怪:感到奇怪。 ⑥果:果然,果真。能:能力,本事。 ⑦负:负疚,感到对不起。 ⑧尝:曾经。见:会见。 ⑨倦于事:忙于杂事。 ⑩愦于忧:昏乱于忧虑。愦:音kuì,糊涂,昏乱。 ⑪懧愚:懦弱愚笨。懧,音nuò,懦弱。 ⑫沉:沉溺。 ⑬开罪:得罪。 ⑭羞:感到受了羞辱。 ⑮约车治装:准备车辆,整理行装。

⑯券契:债务契约。　⑰何市而反:购什么东西回来。市:买,交换。反:返回。　⑱寡有:缺少的东西。寡:少,缺少。

驱而之薛,使吏召诸民当偿者①,悉来合券②。券遍合③,起矫命以责赐诸民④,因烧其券,民称万岁。

[注释]①当偿者:应当偿还债务的人。　②合券:债务契约债权人与债务人各执一半,合券,犹言核对债券。　③遍合:全部核对完毕。　④起矫命以责赐诸民:发出假托孟尝君的命令,免掉人们所欠的债务。矫命:托言孟尝君之令。

长驱①到齐,晨而求见。孟尝君怪其疾也②,衣冠而见之③,曰:"责毕收乎?来何疾也!"曰"收毕矣。""以何市而反?"冯谖曰:"君云'视吾家所寡有者'。臣窃计④,君宫中积珍宝,狗马实外厩,美人充下陈⑤。君家所寡有者以义耳!窃以为君市义。"孟尝君曰:"市义奈何?"曰:"今君有区区之薛,不拊爱⑥子其民,因而贾利⑦之。臣窃矫⑧君命,以责赐诸民,因烧其券,民称万岁。乃臣所以为君市义也。"孟尝君不说⑨,曰:"诺,先生休⑩矣!"

[注释]①长驱:驱车直奔,行不停留。　②怪其疾:为其这么快回来而感到奇怪。疾:快,速。　③衣冠而见之:正其衣冠而接见冯谖,言其郑重其事。④窃计:心中暗暗计谋。　⑤充:充满。下陈:后院,后宫。　⑥拊爱:安抚爱护。拊:音fǔ,轻轻地拍,爱抚。　⑦贾利:像商贾一样取利。　⑧窃矫:私自假借。　⑨说:悦。　⑩休:息,不要再说。

后期年①,齐王②谓孟尝君曰:"寡人不敢以先王之臣为臣。"孟尝君就国③于薛,未至百里,民扶老携幼,迎君道中。孟尝君顾④谓冯谖:"先生所为文市义者,乃今日见之。"冯谖曰:"狡兔有三窟,仅得免其死耳。今君有一窟⑤,未得高枕而卧也。请为君复凿⑥二窟。"孟尝君予车五十乘,金五百斤,西游于梁,谓惠王曰:"齐放⑦其大臣孟尝君于诸侯,诸侯先迎之者,富而兵强。"于是,梁王虚上位,以故相为上将军⑧,遣使者,黄金千斤,车百乘,往聘孟尝君。冯谖先驱诫⑨孟尝君曰:"千金,重币也;百乘,显使也。齐其闻之矣。"梁使三反⑩,孟尝君固辞不往也。齐王闻之,君臣恐惧,遣太傅赍黄金千斤⑪,文车二驷⑫,服剑⑬一,封书谢孟尝君曰⑭:"寡人不祥⑮,被于宗庙之祟⑯,沉于谄谀⑰之臣,开罪于君,寡人不足为也⑱。愿君顾⑲先王之宗庙,姑反国统万人乎⑳?"冯谖诫孟尝君曰:"愿请先王之祭器㉑,立宗庙于薛㉒。"庙成,还报孟尝君曰:"三窟已就,君姑高枕为乐矣。"

[注释]①期年:一年。　②齐王:齐闵王。　③就国:回到封地。④顾:回头。　⑤一窟:指薛。　⑥凿:修建,打造。　⑦放:放逐。　⑧故:旧,过去。上将军:武官的最高职务,类似于元帅。　⑨诫:告诫。　⑩三反:往返三次。　⑪太傅:三公之一,辅佐国君的高级文官。赍:音jī,送给他人东西。　⑫文车:彩绘装饰的车。驷:四匹马拉的车。　⑬服剑:齐闵王的自佩剑。　⑭封书:加泥封的亲笔信。谢:谢罪,道歉。　⑮祥:善。　⑯被:遭遇,受到。祟:鬼神造成的灾祸。　⑰谄谀:音chǎn yú,卑贱地奉承。　⑱不足为也:不值得辅佐帮助。　⑲顾:顾念。　⑳姑反国统万人乎:姑且返回国都统辖国家,治理民人。　㉑请:请求得到。祭器:祭祀用礼器。　㉒立宗庙于薛:靖国君时已在薛建立齐君宗庙,后废置,今再建立其于薛。

孟尝君为相数十年,无纤介①之祸者,冯谖之计也。

[注释]①纤介:纤小细微。

○孟尝君为从

孟尝君为从①。公孙弘②谓孟尝君曰:"君不以使人先观秦王③?意者④秦王帝王之主也,君恐不得为臣⑤,奚暇从以难之⑥?意者秦王不肖之主也,君从以难之,未晚。"孟尝君曰:"善,愿因请公往矣。"

[注释]①从:纵,合纵。 ②公孙弘:齐人。 ③不以使人:为何不派人。先:事先。秦王:秦昭王。 ④意者:设疑之辞,揣测,估计。 ⑤恐:怕,恐怕。为臣:为秦臣。 ⑥奚暇从以难之:哪里有空闲合纵来与秦国为难。

公孙弘敬诺,以车十乘之秦。昭王闻之,而欲愧之以辞①。公孙弘见,昭王曰:"薛公之地,大小几何?"公孙弘对曰:"百里。"昭王笑而曰:"寡人地数千里,犹未敢以有难也②。今孟尝君之地方百里,而因欲难寡人,犹可乎?"公孙弘对曰:"孟尝君好人③,大王不好人。"昭王曰:"孟尝君之好人也,奚如④?"公孙弘曰:"义不臣乎天子⑤,不友乎诸侯⑥,得志不惭为人主⑦,不得志不肯为人臣⑧,如此者三人⑨;而治可为管、商之师⑩,说义听行⑪,能致⑫其如此者五人;万乘之严主⑬也,辱⑭其使者,退而自刎⑮,必以其血洿⑯其衣,如臣者十人。"昭王笑而谢⑰之,曰:"客胡为若此⑱,寡人直与客论耳⑲!寡人善孟尝君,欲客之必谕寡人之志也⑳!"公孙弘曰:"敬诺。"

[注释]①愧:音 kuì,同"愧",羞愧,羞辱。一说愧与丑同。辞:言辞。

②犹:尚且,还。难:与他国发难,犹言征伐他国。 ③好人:热爱人才。好:音hào,喜爱。 ④奚如:何如,如何,又怎么样。 ⑤义不臣乎天子:坚持正义而不向天子臣服。 ⑥不友乎诸侯:坚持正义而不讨好诸侯。 ⑦得志不惭为人主:春风得意,仕途顺利的时候,不愧为民的好主人。 ⑧为人臣:屈尊臣服于他人。 ⑨如此者三人:能够做到这些的仅有三个人。 ⑩治:治理国家。管:管子。商:商鞅。师:老师。 ⑪说义听行:讲述正确的东西,听而行之。 ⑫致:达到。 ⑬严主:威严的国君。 ⑭辱:羞辱,侮辱。 ⑮刎,音wěn,以刀割脖子自杀。 ⑯洿,音wū,污,染。 ⑰谢:谢罪。 ⑱胡:为什么。若此:像这样。 ⑲直:仅仅。论:分析、叙说。 ⑳谕:说明,向孟尝君转告。志:心思、意愿。

公孙弘可谓不侵①矣。昭王,大国也,孟尝,千乘也。立千乘之义而不可陵②,可谓足使③矣。

[注释]①不侵:不可侵犯、凌辱。 ②陵:欺凌。 ③足使:完美的使者。

○鲁仲连谓孟尝

鲁仲连①谓孟尝:"君好士也!雍门养椒亦②,阳得子养③,饮食、衣裘与之同之,皆得其死④。今君之家富于二公⑤,而士未有为君尽游⑥者也。"君曰:"文不得是二人⑦故也。使文得二人者,岂独不得尽⑧?"对曰:"君之厩马百乘,无不被⑨绣衣而食菽粟者,岂有骐麟騄耳⑩哉?后宫十妃,皆衣缟纻⑪,食梁肉⑫,岂有毛嫱、西施哉⑬?色与马取于今之世⑭,士⑮何必待古哉?故曰君之好士未⑯也。"

[注释]①鲁仲连:齐人,善于计谋策划,排纷解难。一作鲁连。 ②雍门

养椒亦:雍门:以齐临淄城门为氏之人。养:供养。椒亦:雍门所养门客,姓椒,名亦。 ③阳得子养:阳得子养的门客。阳得子:人、事均不详。 ④皆得其死:所养门客都可以为他们拼死效力。 ⑤二公:雍门与阳得子。 ⑥尽游:尽心尽力为孟尝君游说。 ⑦是二人:这两个人。 ⑧尽:竭尽全力为孟尝君效力。 ⑨被:披。 ⑩骐麟騄耳:骐麟与騄耳,均为著名的良马。騄,音lù。 ⑪缟纻:缟,音gǎo,丝织的白绢。纻:音zhù,纻麻织成的布。 ⑫梁肉:以粱为饭,以肉为肴的精美食物。粱,通"粱",上等的粟。 ⑬毛嫱:传说中的古代美女。嫱,音qiáng。西施:春秋越国美女。 ⑭色:美女。马:骏马。取:选取。 ⑮士:选士。 ⑯未:未必。

○孟尝君逐于齐而复反

孟尝君逐于齐而复反①。谭拾子②迎之于境,谓孟尝君曰:"君得无有所怨齐士大夫③?"孟尝君曰:"有。""君满意杀之乎④?"孟尝君曰:"然。"谭拾子曰:"事有必至⑤,理有固然⑥,君知之乎?"孟尝君曰:"不知。"谭拾子曰:"事之必至者,死⑦也;理之固然者,富贵则就之⑧,贫贱则去⑨之。此事之必至,理之固然者。请以市谕⑩。市,朝则满⑪,夕则虚⑫,非朝爱市而夕憎之也。求存故往⑬,亡故去⑭。愿君勿怨。"孟尝君乃取所怨五百牒削去之⑮,不敢以为言。

[注释]①逐于齐:被解职,驱逐出朝廷。复反:再次返回齐。 ②谭拾子:齐人。 ③君得无有所怨齐士大夫:你不会不怨恨齐的士人与大夫吧。 ④君满意杀之乎:杀了他们你满意吗。 ⑤必至:必然发展趋势。 ⑥固然:本来就这样。 ⑦死:犹言发展到了极点。 ⑧富贵则就之:富贵了,人们就会去靠近他。就:凑近。 ⑨去:离开。 ⑩市:市场。谕:说明,比喻。 ⑪朝则满:早晨人熙熙攘攘。 ⑫夕则虚:太阳落山市场则空荡无人。

⑬求存故往:所要购买的东西在那里,所以人们都前往。 ⑭亡故去:欲购买的东西没有了,所以人们都离去。亡:无。 ⑮所怨五百牒:记录所怨恨人的名单五百扎,或五百块木简。牒:简扎。削去:削去简上刻的名字。

○齐宣王见颜斶

齐宣王见颜斶①,曰:"斶前②!"斶亦曰:"王前!"宣王不悦。左右曰:"王,人君也。斶,人臣也。王曰'斶前',亦曰'王前',可乎?"斶对曰:"夫斶前为慕势③,王前为趋士④。与使⑤斶为趋势,不如使王为趋士。"王忿然作色⑥曰:"王者贵⑦乎?士贵乎?"对曰:"士贵耳,王者不贵。"王曰:"有说⑧乎?"斶曰:"有。昔者秦攻齐,令曰:'有敢去柳下季垄五十步而樵采者⑨,死不赦。'令曰:'有能得齐王头者,封万户侯,赐金千镒⑩。'由是观之,生王之头,曾不若⑪死士之垄也。"宣王默然⑫不悦。

[注释]①颜斶:齐隐士。斶,音 chù。 ②前:前来,到跟前来。 ③慕势:仰慕权势。 ④趋士:亲近士人。趋:就,接近。 ⑤与使:与其使。 ⑥忿然作色:愤怒的脸都变了颜色。 ⑦贵:尊贵。 ⑧说:说辞,说法。 ⑨柳下季:鲁人柳下惠,氏展,名禽,字季,食采于柳下。垄:冢,坟墓。步:长度单位,八尺为一步。樵采:砍柴。 ⑩镒:重量单位,二十两或二十四两为一镒。 ⑪不若:不如。 ⑫默然:沉默不语。

左右皆曰:"斶来,斶来!大王据千乘之地①,而建千石钟②,万石簴③。天下之士,仁义皆来役处④;辩知并进⑤,莫不来语⑥;东西南北,莫敢不服。求万物不备具⑦,而百⑧无不亲附。今夫士之高⑨者,乃称匹夫⑩,徒步⑪而处农亩,下则鄙野、监门、闾里⑫,士之贱也,亦甚矣!"

[注释]①据千乘之地:拥有可出千辆战车的领土。 ②千石钟:重量达到一千石的青铜大钟。石:重量单位,约为当时的一百二十斤。 ③万石簴:悬挂钟磬的直木能够承受一万石重量。簴:又作虡,音jù,悬挂钟磬直木。 ④仁义:仁义之士。役处:役,役使,犹言服事。处,在其位,担任官职。 ⑤辩知并进:善辩智慧之士蜂拥而至。 ⑥语:进言。 ⑦求万物不备具:征求万物莫不具备。 ⑧百:百姓或众多之人。 ⑨高:高雅,高水平。 ⑩匹夫:一般的布衣平民。 ⑪徒步:无车代步。 ⑫下则鄙野、监门、闾里:下等的士人则处于鄙野、监门、闾里之间。鄙野:郊之外的下邑。监门:看门人。闾里:最基层的社会组织,二十五家为一个单位,位于乡者称之为闾,位于远郊之外者为称之为里。

斶对曰:"不然。斶闻古大禹之时,诸侯万国。何则?德厚之道①,得②贵士之力也。故舜起农亩,出于野鄙,而为天子。及汤之时,诸侯三千。当今之世,南面称寡者③,乃二十四。由此观之,非得失之策④与?稍稍⑤诛灭,灭亡无族之时⑥,欲为监门、闾里,安可得而有乎哉?是故《易传》不云乎:'居上位,未得其实⑦,以喜其为名者,必以骄奢为行。据⑧慢骄奢,则凶从⑨之。是故无其实而喜其名者削⑩,无德而望其福者约⑪,无功而受其禄者辱,祸必握⑫。'故曰:'矜功不立⑬,虚愿不至⑭。'此皆幸乐其名⑮,华⑯而无其实德者也。是以尧有九佐⑰,舜有七友⑱,禹有五丞⑲,汤有三辅⑳,自古及今而能虚㉑成名于天下者,无有。是以君王无羞亟问㉒,不媿下学㉓;是故成其道德而扬功名于后世者,尧、舜、禹、汤、周文王是也。故曰:'无形者㉔,形之君也㉕。无端者㉖,事之本㉗也。'夫上见其原㉘,下通其流㉙,至圣人明学㉚,何不吉之有哉!老子㉛曰:'虽贵,必以贱为本㉜;虽高,必以下为基㉝。是以侯王称孤寡不谷㉞,是其贱之本与㉟?'非夫孤寡者㊱,人之困贱下位也,而侯王以自谓㊲,岂非下人㊳而尊贵士与?夫尧传㊴舜,舜传禹,周成王任周公旦㊵,而世世称曰明主,是以明乎士之贵也。"

[注释]①德厚之道:提高道德修养的方法。 ②得:得益于。 ③南面称寡者:南面,坐北面南。称寡:国君自称为寡人,意为寡德之人,此意为称王。 ④得失之策:得士人与失士人的策略。 ⑤稍稍:逐渐,渐渐。 ⑥灭亡无族之时:衰亡到家族完全衰败的时候。 ⑦实:为官的道德等实质性内容。 ⑧据:倨、倨通用,意为傲慢。 ⑨从:伴随,紧跟其后。 ⑩削:削地,削弱。 ⑪望:声望,名望。约:穷困,困窘。 ⑫握:一说握应作渥,意为厚、重。 ⑬矜功不立:徒有好大喜功之志而无所作为。矜:自大、自夸。 ⑭虚愿不至:空有愿望而不行动,愿望是不会实现的。 ⑮幸乐其名:津津乐道于名声。 ⑯华:华而不实。 ⑰九佐:九位辅佐的人。 ⑱七友:七位亲密的朋友,意为辅佐他的官员。 ⑲五丞:五位辅佐他的重要官员。 ⑳三辅:三位重要的辅佐。 ㉑虚:有虚名而无其实。 ㉒无羞亟问:放下架子,经常地不耻下问。亟:屡次,屡屡。 ㉓不媿下学:不以向臣民学习感到羞愧。媿:音 kuì,同"愧",意为羞愧。 ㉔无形者:没有形状的东西,意为不图虚名,不立虚愿,讲求实际。 ㉕形之君也:道德功名的关键。形:有形状的事物。君:主宰,关键。 ㉖无端者:没有端绪、开端。 ㉗本:根本。 ㉘上:向上追溯。原:源流,本原。 ㉙下:向下发展。流:流变,流传。 ㉚明学:通达睿智的学问。 ㉛老子:春秋思想家李耳,著有《老子》一书。 ㉜本:根本,基点。 ㉝基:墙之始也。墙最下端。 ㉞孤寡不谷:均为国君的自称,孤:孤独之人,寡:寡德之人。不谷:不善之人。 ㉟是其贱之本与:这就是君王卑贱的本质表现。 ㊱非夫孤寡者:君王并非真正的孤寡者。 ㊲自谓:自称。 ㊳下人:礼下贤人。 ㊴传:传君位。 ㊵周成王:周武王之子诵。任:任用。周公旦:周武王的弟弟,先后辅佐周武王与周成王。

宣王曰：“嗟乎！君子焉可侮①哉，寡人自取病②耳！及今闻君子之言，乃今闻细人③之行，愿请受为弟子。且颜先生与寡人游④，食必太牢⑤，出必乘车，妻子衣服丽都⑥。”

[注释]①侮：侮辱。　②病：羞辱，没趣。　③细人：小人，轻视士人的人。　④游：交游，交往。　⑤太牢：牛、羊、猪同时具备为太牢。　⑥丽都：华丽之极。

颜斶辞去曰：“夫玉生于山，制则破焉①，非弗宝贵矣，然夫璞不完②。士生乎鄙野，推选则禄焉③，非不得尊遂④也，然而形神不全⑤。斶愿得归，晚食以当肉⑥，安步⑦以当车，无罪以当贵，清静贞正以自虞⑧。制言⑨者王也，尽忠直言者斶也。言要道已备矣⑩，愿得赐归，安行而反臣之邑屋⑪。”则再拜而辞去也。

[注释]①制：加工制作。破：破坏了玉在璞中的原始之美。　②璞：音pú，包含着玉的石头，含在石中未经加工的玉石。完：完整，本来的面貌。　③推选则禄焉：举荐为官领取俸禄。　④尊遂：尊贵显达。　⑤形神不全：身体与精神都会受到损伤。　⑥晚食以当肉：等到饥饿的时候再吃饭，其味美犹如食肉。晚：超过饭时。当：当做，视为。　⑦安步：从容的步伐。　⑧清静：清闲安静。贞正：坚定而正直。虞：通"娱"。　⑨言：命令。　⑩言要道已备矣：所要讲的主要内容已经说完了。要道：关键内容。备：完备。　⑪安行：从容而走。反：返回。邑屋：家乡的小屋。

斶知足矣，归反朴①，则终身不辱也。

[注释]①归反朴：返璞归真。

○先生王斗造门而欲见齐宣王

先生王斗造门而欲见齐宣王①,宣王使谒者延入②。王斗曰:"斗趋见王为好势③,王趋见斗为好士,于王何如?"使者复还报。王曰:"先生徐④之,寡人请从⑤。"宣王因趋而迎之于门,与入,曰:"寡人奉先君之宗庙,守社稷⑥,闻先生直言正谏不讳。"王斗对曰:"王闻之过⑦。斗生于乱世,事乱君⑧,焉⑨敢直言正谏。"宣王忿然作色⑩,不说⑪。

[注释]①王斗:齐人,一作王升。造门:登门,到门口。 ②谒者:掌宾客往来之事的官吏。延:引,带领。 ③趋:快步走。好势:喜欢趋炎附势。好:音hào,喜爱。 ④徐:慢行。 ⑤从:跟随。 ⑥社稷:土、谷之神,国家政权的建立必先立祭祀社稷的坛壝,习惯以社稷为国家政权的标志。 ⑦过:夸大,言过其实。 ⑧事乱君:侍奉昏乱的国君。 ⑨焉:怎么。 ⑩忿然作色:愤怒的脸变了颜色。 ⑪说:悦。

有间①,王斗曰:"昔先君桓公所好者,九合②诸侯,一匡③天下,天子受籍④,立为大伯⑤。今王有四焉。"宣王说,曰:"寡人愚陋,守齐国,惟恐失抙⑥之,焉能有四焉?"王斗曰:"否。先君好马,王亦好马。先君好狗,王亦好狗。先君好酒,王亦好酒。先君好色,王亦好色。先君好士,是王不好士。"宣王曰:"当今之世无士,寡人何好?"王斗曰:"世无骐麟騄耳⑦,王驷⑧已备矣。世无东国俊、庐氏之狗⑨,王之走狗已具矣。世无毛嫱、西施⑩,王宫已充矣。王亦不好士也,何患无士⑪?"王曰:"寡人忧国爱民,固愿得士以治之。"王斗曰:"王之忧国爱民,不若王爱尺縠⑫也。"王曰:"何谓也?"王斗曰:"王使人为冠⑬,不使左右便辟而使工者何也⑭?为能之⑮也。今王治齐,非左右便辟无使也,臣故曰不如爱尺縠也。"

[注释]①有间:过了一会。 ②合:会盟。 ③匡:匡正。 ④天子受籍:周天子授予齐桓公土地人民簿籍,犹言将管理天下之事的权力交给齐桓公。 ⑤大伯:霸主。 ⑥抎:音yǔn 亡失,堕落。 ⑦骐麟騄耳:骐麟与騄耳,均为著名的良马。騄,音lù。 ⑧驷:四匹马拉的车,犹言为齐王驾车的马中已经有了骐麟騄耳的良马。 ⑨东郭俊:一日行五百里的狡兔。俊,前作"逡"。逡,通"魏"。庐氏之狗:韩国著名的黑色良犬。 ⑩毛嫱:传说中的古代美女。嫱,音qiáng。西施:春秋越国美女。 ⑪何患无士:王既然不喜欢士人,当然就不会担忧没有士人。 ⑫縠:音hú,细纱纺织的带皱纹的丝织品。 ⑬冠:帽子。 ⑭便辟:身边的宠信近臣。工者:工匠。 ⑮能之:有制冠的能力。

宣王谢曰:"寡人有罪国家。"于是举①士五人任官,齐国大治。

[注释]①举:选拔。

○齐王使使者问赵威后

齐王使使者问赵威后①。书未发②,威后问使者曰:"岁亦无恙耶③?民亦无恙耶?王亦无恙耶?"使者不说④,曰:"臣奉使使威后,今不问王,而先问岁与民,岂先贱而后尊贵者乎?"威后曰:"不然。苟⑤无岁,何以有民?苟无民,何以有君?故有问舍⑥本而问末者耶?"乃进而问之曰:"齐有处士曰钟离子⑦,无恙耶?是其为人也,有粮者亦食⑧,无粮者亦食;有衣者亦衣⑨,无衣者亦衣。是助王养⑩其民也,何以至今不业⑪也?叶阳子⑫无恙乎?是其为人,哀鳏寡⑬,恤孤独⑭,振⑮困穷,补不足。是助王息⑯其民者也,何以至今不业也?北宫之女婴儿子⑰无恙耶?彻其环瑱⑱,至老不嫁,以养父母。是皆率民而出于孝情⑲者也,胡为至今不朝也⑳?此二士弗业,一女不朝,何以王㉑齐国,子万民乎㉒?於陵子仲㉓尚存乎?是其为人也,上不臣㉔于王,下不治其家,中不索交㉕诸侯。此率民而出于㉖无用者,何为至今不杀乎?"

[注释]①齐王:齐闵王之子齐襄王,名法章。赵威后:赵惠文王之妻,赵孝成王之母,孝成王年幼即位,曾由赵威后执政。 ②书未发:信封没有拆开。 ③岁:年成,农业收获状况。恙:忧患,疾病。 ④说:悦。 ⑤苟:假如,如果。 ⑥舍:舍弃。 ⑦处士:隐居不仕之人。钟离子:齐人,事不详。 ⑧食:音 sì,给他人食物吃。 ⑨衣:给他人衣服穿。 ⑩养:养育。 ⑪不业:没有官职,无以成其事业。 ⑫叶阳子:齐人,事不详。 ⑬哀:同情怜悯。鳏:无妻者。寡:无夫者。 ⑭恤:怜悯,救济。孤:孤儿。独:无人赡养的老人。 ⑮振:救济,帮助。 ⑯息:生息繁衍。 ⑰北宫之女婴儿子:北宫氏的女儿,名婴儿子,齐国著名的孝女。 ⑱彻:去掉。环:耳环。瑱:音 zhèn,耳坠。 ⑲孝情:真诚的孝顺。情:诚。 ⑳胡:为什么。朝:册封为命妇,参加朝觐。 ㉑王:音 wàng,统治,拥有。 ㉒子万民乎:把万民视为子女。 ㉓於陵子仲:於陵,地名,在今山东邹平县。於,音 wū。子仲:齐人,因不食不义之禄,不居不义之室,避兄离母而享有盛名。 ㉔臣:称臣。 ㉕索交:主动交往。索:寻找,索求。 ㉖出于:犹言处于。

○齐人见田骈

齐人见田骈①,曰:"闻先生高议②,设为不宦③,而愿为役④。"田骈曰:"子何闻之?"对曰:"臣闻之邻人之女。"田骈曰:"何谓也?"对曰:"臣邻人之女,设为不嫁,行年三十⑤而有七子,不嫁则不嫁,然嫁过毕⑥矣。今先生设为不宦,訾养千钟⑦,徒⑧百人,不宦则然矣,而富过毕也。"田子辞⑨。

[注释]①田骈:齐人,治黄老道德之术,齐稷下学者之一。 ②高议:又作高义,崇尚道德,坚持正义。 ③设:设定,拟定。宦:官宦,担任官职。 ④役:被役使。 ⑤行年三十:到了三十岁。 ⑥过毕:超过了已经出嫁的人。 ⑦訾养千钟:供养门客的粮食需要一千钟。訾:音 zǐ,通"赀",钱财。钟:容量单位,田齐时八斛为一钟,十斗为一斛。 ⑧徒:跟在车后边的随从。 ⑨辞:辞谢来拜访的齐人。

○管燕得罪齐王

管燕①得罪齐王,谓其左右曰:"子孰而与我赴诸侯乎②?"左右嘿然莫对③。管燕连然④流涕曰:"悲夫!士何其易得而难用也!"田需⑤对曰:"士三食不得餍⑥,而君鹅鹜有余食⑦;下宫糅罗纨⑧,曳绮縠⑨,而士不得以为缘⑩。且财者君之所轻,死者士之所重,君不肯以所轻与士,而责⑪士以所重事君,非士易得而难用也。"

[注释]①管燕:齐人,事不详。 ②孰:谁。而:能够。赴:投奔。 ③嘿然莫对:默然不语,无人应答。嘿:音 mò,同"默"。 ④连然:泪流不断的样子。连:同"涟",眼泪泣下。 ⑤田需:一说为门尉陈饶,一说为魏相田需。 ⑥餍:音 yàn,吃饱。 ⑦君:管燕。鹜:音 wù,野鸭。 ⑧下宫:后宫的最下层。糅:杂用。罗:质地轻软,带有网眼的丝织品。纨:白色细绢。 ⑨曳:音 yè,拖,拉。绮:带花纹的白色丝织品。縠:音 hú,细纱纺织的带皱纹的丝织

品。 ⑩缘:缘分,犹言与美食华丽衣服的联系。 ⑪责:责成,要求。

○苏秦自燕之齐

苏秦①自燕之齐,见于华章南门②。齐王③曰:"嘻!子之来也。秦使魏冉致帝④,子以为何如?"对曰:"王之问臣也卒⑤,而患之所从生者微⑥。今不听,是恨秦⑦也;听之,是恨天下也。不如听之以卒秦⑧,勿庸称⑨也以为天下。秦称之,天下听之⑩,王亦称之,先后之事,帝名为无伤也。秦称之,而天下不听,王因勿称,其于以收天下⑪,此大资⑫也。"

[注释]①苏秦:东周洛阳人,战国著名纵横家。 ②华章南门:齐临淄城门。 ③齐王:齐闵王。 ④魏冉:楚人,秦昭王母舅。秦武王死后,他拥立秦昭王,初为将军,后担任相国。致帝:致送帝号于齐。 ⑤卒:同"猝",感到突然、仓促。 ⑥而患之所从生者微:祸患丛生是从细小精微之处开始的。微:细小。 ⑦恨秦:取得怨恨于秦。 ⑧卒秦:成就秦称帝之事。 ⑨勿庸称:不要称帝。庸:用。 ⑩听之:服从,不反对。 ⑪收天下:笼络天下诸侯之心。 ⑫资:凭借,资本,本钱。

○苏秦谓齐王

苏秦谓齐王曰:"齐、秦立为两帝①,王以天下为尊秦乎?且②尊齐乎?"王曰:"尊秦。""释帝③则天下爱齐乎?且爱秦乎?"王曰:"爱齐而憎秦。""两帝立,约伐赵,孰与④伐宋之利也?"对曰:"夫约然⑤与秦为帝,而天下独尊秦而轻齐;齐释帝,则天下爱齐而憎秦;伐赵不如伐宋之利。故臣愿王明释帝⑥,以就⑦天下;倍约傧秦⑧,勿使争重⑨;而王以其间举宋⑩。夫有宋则卫之阳城⑪危;有淮北则楚之东国危⑫;有济西则赵之河东危⑬;有阴、平陆则梁门不启⑭。故释帝而贰⑮之以伐宋之事,则国重而名尊,燕、楚以形服⑯,天下不敢不听,此汤、武之举也。敬秦以为名⑰,而后使天下憎之,此所谓以卑易尊⑱者也!愿王之熟虑之也!"

[注释]①两帝:秦称西帝,齐称东帝。 ②且:抑,还是。 ③释帝:放弃称帝。 ④孰与:与谁,何如,两者相比较哪一个更好。 ⑤约然:相约而然,犹言已经相约而称帝。 ⑥明:明智。 ⑦就:靠近,站在一起。 ⑧倍:通"背",背弃。傧:通"摈",摈弃。 ⑨重:重要地位。 ⑩间:间隙,机会。举:攻伐。 ⑪阳城:今河南濮阳一带。 ⑫淮北:淮河以北之地。东国:楚国东部接近齐国的地方。 ⑬济西:济水以西,今山东菏泽、郓城、张寿等地。河东:赵国边邑,位于今山东临清县。 ⑭阴:在今山东菏泽市。平陆:在今山东汶上县。梁门:魏国大梁城的东门"夷门"。启:打开。 ⑮贰:二心,不与秦合。 ⑯形服:因形势所迫而臣服于齐。 ⑰名:名义。 ⑱以卑易尊:以卑贱转化为尊贵。

卷十二 齐 五

○苏秦说齐闵王

苏秦说齐闵王曰："臣闻用兵而喜先天下者忧①,约结而喜主怨者孤②。夫后起者藉③也,而远怨者时也④。是以圣人从事,必藉于权⑤,而务兴于时⑥,夫权藉⑦者,万物之率⑧也;而时势⑨者,百事之长⑩也。故无权藉,倍⑪时势,而能事成者寡矣。

[注释]①用兵而喜先天下者忧:发动战争的人总是比天下其他人先感到忧虑。喜:乐于,爱好,此犹言不可避免,总是。 ②约结而喜主怨者孤:结盟攻伐他国,不得不使人主与他国结下怨恨而感到孤独。 ③夫后起者藉:后兴起者是有所依仗的。藉:凭借,依仗,依靠。 ④远怨者时也:远离怨恨的人是很会把握时机的。时:时机,机遇。 ⑤权:权势,权变,随机应变。 ⑥务兴于时:致力于兴盛发达一定要抓住机遇。 ⑦权藉:依托、依靠于权力、权变。 ⑧率:帅,关键,核心。 ⑨时势:时机与形势。 ⑩长:首要因素。 ⑪倍:通"背",背离。

"今虽干将、莫邪①,非得人力,则不能割刿②矣。坚箭利金③,不得弦机之利,则不能远杀矣。矢非不铦④,而剑非不利也,何则?权借不在焉。何以知其然也?昔者赵氏袭卫,车舍人不休傅⑤,卫国城割平⑥,卫八门土而二门堕矣⑦,此亡国之形也。卫君跣行⑧,告溯于魏⑨。魏王身被甲底剑⑩,挑赵索战。邯郸之中骛⑪,河、山之间乱⑫。卫得是借⑬也,亦收余甲而北面⑭,残刚平⑮,堕中牟之郭⑯。卫非强于赵也,譬⑰之卫矢而魏弦机也。借力魏而有河东之地⑱。赵氏惧,楚人救赵而伐魏,战于州西⑲,出梁门⑳,军舍林中㉑,马饮于大河㉒。赵得是借也,亦袭魏之河北㉓,烧棘沟㉔,坠黄城㉕。故刚平之残也,中牟之堕也,黄城之坠也,棘沟之烧也,此皆非赵魏之欲㉖也。然二国劝㉗行之者,何也?卫明于时权之借㉘也。今世㉙之为国者不然矣。兵弱而好敌㉚强,国罢而好众怨㉛,事败而好鞠㉜之,兵弱而憎下人㉝也,地狭㉞而好敌大,事败而好长诈㉟。行此六者而求伯㊱,则远矣。

[注释]①干将、莫邪:吴国一对善于铸剑的夫妇,为吴王阖庐锻造干将、莫邪二剑。邪,音 yé。 ②刿:利刃刺伤。 ③金:箭镞。 ④矢:箭镞。铦:音 xiān,锋利。 ⑤车舍人不休傅:驿站不断传递告急的消息。车舍人:驿站掌车者。傅:又作"传",驿递,驿站传递的信息。 ⑥城割平:城下割地讲和。平:媾和。 ⑦八门土:八个城门被土壅塞。二门堕:两个城门毁坏。 ⑧跣行:光脚走路。跣:音 xiǎn,光脚。 ⑨溯:同"愬",告诉。 ⑩魏王:魏武侯。被:披。底:通"砥",砥砺。 ⑪骛:音 wù,马纵横奔驰,形容慌乱。 ⑫河:黄河。山:太行山。 ⑬借:指借助于"邯郸之中骛,河、山之间乱"这种局面。 ⑭北面:向北面的赵国进军。 ⑮残:摧毁。刚平,在今河南清丰县。 ⑯中牟:赵邑,在今河南鹤壁市。郭:城墙。 ⑰譬:犹如,比如。 ⑱河东之地:卫国之地,大致相当于今河南浚县、滑县一带。 ⑲州西:州城之西,州城位于今河南沁阳县、修武县。 ⑳出梁门:经过魏大梁的城门。 ㉑舍:驻扎,

安营扎寨。林中:魏地,在今河南新郑市。 ㉒大河:黄河。 ㉓河北:魏国黄河以北的属地。 ㉔棘沟:魏邑,在今河北赵县。 ㉕坠:堕,摧毁。黄城:位于今河南内黄县。 ㉖欲:愿望,欲望。 ㉗劝:勉,鼓励。 ㉘时权之借:机遇与权变的重要意义。 ㉙今世:当代。 ㉚敌:抗衡,对抗。 ㉛国罢而好众怨:国力疲敝却又喜好招惹众人的怨恨。罢:音 pí,同"疲"。 ㉜鞠:穷追不舍,不知适可而止。 ㉝憎:憎恨。下人:身居下位之人。 ㉞地狭:版图狭小。 ㉟长诈:更多地使用欺诈。 ㊱行:实施,践行。伯:霸。

"臣闻善为国者,顺民之意,而料①兵之能,然后从②于天下。故约不为人主怨③,伐不为人挫强④。如此,则兵不费,权⑤不轻,地可广,欲可成也。昔者,齐之与韩、魏伐秦、楚也,战非甚疾⑥也,分地又非多⑦韩、魏也,然而天下独归咎⑧于齐者,何也?以其为韩、魏主怨⑨也。且天下徧⑩用兵矣,齐、燕战,而赵氏兼中山⑪,秦、楚战韩、魏不休,而宋、越专⑫用其兵。此十国者,皆以相敌为意⑬,而独举心⑭于齐者,何也?约而好主怨,伐而好挫强也?

[注释]①料:估计,评价。 ②从:跟随。跟在天下的后边。 ③约不为人主怨:订立盟约而不给国君带来怨恨。 ④挫强:挫败强敌。 ⑤权:权势,地位。 ⑥甚:非常。疾:尽力,激烈。 ⑦多:多于。 ⑧咎:罪过。 ⑨主怨:招致来怨恨。 ⑩徧:同"遍",遍地,到处。 ⑪兼中山:兼并中山国。 ⑫专:专擅,任意。 ⑬意:意愿,愿望。 ⑭举心:齐心关注。

"且夫强大之祸,常以王人为意①也;夫弱小之殃,常以谋人为利②也。是以大国危,小国灭也。大国之计③,莫若后起而重伐不义④。夫后起之籍与多而兵劲⑤,则事以众强適罢寡也⑥,兵必立也⑦。事不塞⑧天下之心,则利必附矣。大国行此,则名号不攘⑨而至,伯王不为而立矣⑩。小国之情,莫如仅静而寡信诸侯⑪。仅静,则四邻不反⑫;寡信诸侯,则天下不卖⑬。外不卖,内不反,则槟祸朽腐而不用⑭,币帛矫蠹而不服矣⑮。小国道此⑯,则不祠而福矣⑰,不贷⑱而见足矣。故曰:"祖⑲仁者王,立义者伯,用兵穷⑳者亡。何以知其然也?昔吴王夫差以强大为天下先,强袭郢而栖越㉑,身从诸侯之君㉒,而卒身死国亡㉓,为天下戮㉔者,何也?此夫差平居而谋王㉕,强大而喜先天下㉖之祸也。昔者莱、莒好谋㉗,陈、蔡好诈㉘,莒恃㉙越而灭,蔡恃晋而亡,此皆内长㉚诈,外信㉛诸侯之殃也。由此观之,则强弱大小之祸,可见于前事矣。

[注释]①以王人为意:以称王统治他人作为自己的愿望。 ②以谋人为利:通过计谋从他国、他人那里获得好处。 ③计:韬略。 ④后起:后发制人。重伐不义:慎重地讨伐不义之国。 ⑤籍与多:凭借、依仗更多,犹言条件更充分。籍:通"藉"。劲:强劲。 ⑥众强:盟国多,力量强。适:通"敌",意为对抗。罢寡:疲惫且国少兵少。 ⑦兵必立也:军威一定能够树立。 ⑧塞:窒息、堵塞,犹言逆天下人心。 ⑨攘:取、夺取。 ⑩伯王:霸王。立:建立。 ⑪仅静:仅仅清静无为,谨言慎行。寡信:少相信,不轻信。 ⑫反:因反感而进犯。 ⑬卖:被出卖。 ⑭槟祸:槟,通"摈",摈弃、避开灾祸。朽腐:腐朽落后势力。 ⑮币帛矫蠹而不服矣:府库中的币帛等财物放到变形蠹蚀都不动用。币帛:泛指府库藏的财物。矫:变形。蠹:蛀虫蠹蚀。服:用,使用。 ⑯道此:行此之道。 ⑰不祠而福:不用祭祀祈求,福佑自然降临。 ⑱贷:向他人求借。 ⑲祖:祖述,继承。 ⑳穷:穷兵黩武。 ㉑郢:音yíng,楚国都城,今湖北江陵县。栖越:吴王夫差大败越国,越王勾践栖身于会稽山。 ㉒身从诸侯之君:吴王夫差身为诸侯合纵之首领。 ㉓卒身死国亡:勾践败夫差,夫差自刎,吴国灭亡。 ㉔戮:羞辱。 ㉕平居而谋王:身居一般的诸侯地位却要谋求天下霸主。 ㉖喜先天下:好大喜功,争为天下霸

主。 ㉗莱：小诸侯国，位于今山东黄县。莒：小诸侯国，在今山东莒县一带。谋：谋划他国。 ㉘陈：诸侯国，位于今河南东部与安徽交界地区。蔡：最初位于今河南上蔡县，后迁到今河南新蔡县，最后又迁徙到安徽凤台县。诈：欺诈。 ㉙恃：依仗。 ㉚长：助长，崇尚。 ㉛信：轻信。

"语曰：'骐骥①之衰也，驽马先之②；孟贲之倦也③，女子胜之。'夫驽马，女子，筋骨力劲，非贤于④骐骥、孟贲也。何则，后起之借也。今天下之相与也不并灭⑤，有而案兵⑥而后起，寄怨而诛不直⑦，微用兵而寄于义⑧，则亡天下可跂足而须也⑨。明于诸侯之故⑩，察于地形之理⑪者，不约亲⑫，不相质而固⑬，不趋而疾⑭，众事而不反⑮，交割⑯而不相憎，俱彊而加以亲。何则？形同忧而兵趋利也⑰。何以知其然也？昔者齐、燕战于桓之曲⑱，燕不胜，十万之众尽。胡人袭燕楼烦数县⑲，取其牛马。夫胡之与齐非素亲⑳也，而用兵又非约质而谋燕也，然而甚于相趋者㉑，何也？何则形同忧而兵趋利也。由此观之，约于同形则利长㉒，后起则诸侯可趋役㉓也。

[注释]①骐骥：良马。 ②驽马先之：劣马也能跑到良马的前面。驽马：跑不快的劣质马。 ③孟贲：又称孟说，秦武王时的秦国大力士。倦：疲倦，疲惫。 ④贤于：优秀于。 ⑤相与：相互交往。并灭：一块灭亡。 ⑥案兵：按兵不动。 ⑦寄怨而诛不直：以他人之手诛伐不正派以报自己的怨恨。寄：托，假借。 ⑧微用兵而寄于义：假借正义之名，隐瞒发动战争的真实目的。微：隐瞒，隐蔽。 ⑨亡天下可跂足而须也：消灭天下诸侯国就在抬脚等待之间。跂足：不用抬脚。跂：音 jú，不伸。须：待，等待。 ⑩故：变故。 ⑪理：地理形势。 ⑫约亲：订立友好盟约。 ⑬相质：相互交换人质。固：牢固，稳固。 ⑭不趋而疾：不用快走而会非常快。 ⑮众事：一起共事。反：反目为仇。 ⑯交割：相互割让土地。 ⑰形同忧：形势格局使大家形成

了共同的忧虑。兵趋利:战争是为了追求利益。 ⑱桓之曲:地名,一说在齐、鲁之间,一说为桓权,在今河北定州市。 ⑲胡人:北边少数民族。楼烦:在今山西宁武县。 ⑳素亲:向来就友好的国家。素:向来,从来。 ㉑甚于:超过。相趋:相一致。 ㉒约:盟约。同形:处于同一形势下。长:长远。 ㉓趋役:快速投靠,乐于被役使。

"故明主察相①,诚欲以伯王也为志②,则战攻非所先③。战者,国之残④也,而都县之费也⑤。残费已先⑥,而能从诸侯⑦者寡矣。彼战者之为残也,士闻战则输私财而富军市⑧,输饮食而待死士,令折辕⑨而炊之,杀牛而觞⑩士,则是路君⑪之道也。中人祷祝⑫,君翳酿⑬,通都小县置社⑭,有市之邑莫不止事而奉王⑮,则此虚中⑯之计也。夫战之明日,尸死扶伤,虽若有功也,军出费,中哭泣,则伤主心矣。死者破家而葬,夷伤者空财而共药⑰,完者内酺而华乐⑱,故其费与死伤者钧⑲。故民之所费也,十年之田而不偿也。军之所出,矛戟折,镮弦⑳绝,伤弩,破车、罢马,亡矢之大半。甲兵之具㉑,官之所私出也㉒,士大夫之所匮㉓,厮养士之所窃㉔,十年之田而不偿也。天下有此再㉕费者,而能从㉖诸侯寡矣。攻城之费,百姓理襜蔽㉗,举冲橹㉘,家杂总㉙,身窟穴㉚,中罢于刀金㉛。而士困于土功㉜,将不释甲,期数而能拔城者为亟耳㉝。上倦于教㉞,士断于兵㉟,故三下城㊱而能胜敌者寡矣。故曰:彼战攻者,非所先㊲也。何以知其然也?昔智伯瑶攻范、中行氏㊳,杀其君,灭其国,又西围晋阳㊴,吞兼二国,而忧一主㊵,此用兵之盛也。然而智伯卒㊶身死国亡,为天下笑者,何谓也?兵先战攻,而灭二子患也㊷。日者㊸,

中山悉起而迎燕、赵㊹,南战于长子㊺,败赵氏;北战于中山,克燕军,杀其将。夫中山千乘之国也,而敌万乘之国二㊻,再战北㊼胜,此用兵之上节㊽也。然而国遂亡,君臣于齐㊾者,何也?不啬㊿于战攻之患也。由此观之,则战攻之败,可见于前事。

[注释]①察相:明智清醒的相国。 ②伯王:霸王。志:志向,理想。 ③先:先发制人。 ④残:有害于国。 ⑤都县之费也:大城小邑都要付出军费。 ⑥先:先期付出。 ⑦从诸侯:使侯服从称臣。 ⑧输:输出,支出。军市:军队中的市场。 ⑨折辕:折断车辕。 ⑩觞:音shāng,酒具,此犹言以酒犒劳军士。 ⑪路君:败家之君。路:羸弱,衰败。 ⑫中人祷祝:国中之人为参战祈祷。 ⑬医酿:酿酒于宫中,以待归饮。医:音yì,掩,隐,此言在宫中。 ⑭通都小县置社:四通八达的大城市和偏远的小城镇举行社祭。社:土地神。 ⑮止事:中断其他事务。奉王,侍奉国君发动的战争。 ⑯虚中:消耗国家实力。 ⑰夷伤:受伤。夷:损害。共:供应。 ⑱完者:全身而归者。酺:聚会狂饮。华乐:奢华的乐舞。 ⑲钧:通"均",相当。 ⑳镮弦:镮:音huán,刀上的圆孔。弦:弓弦。 ㉑具:军事装备。 ㉒官之所私出也:官员私自侵占卖出。 ㉓匿:藏匿、贪污。 ㉔厮养士之所窃:厮养士,劈柴养马的军士。窃:盗窃。 ㉕再:第二次。 ㉖从:使诸侯服从。 ㉗理:制作,修补。檐蔽:遮挡矢石的装备。一说为破旧的短衣。檐,音chān。 ㉘冲橹:带有高架的攻城战车。 ㉙家杂总:所有的家族成员全部出动参与战斗。 ㉚身窟穴:身居洞穴或地道之中。 ㉛中罢于刀金:国家内部疲惫于兵戈之事。 ㉜困:困乏于。土功:修筑营垒等土木工事。 ㉝期数:按照预定时间。亟:速,快。 ㉞上倦于教:政府困倦军事技术的教练。 ㉟断:受伤。兵:兵器。 ㊱下城:攻城。 ㊲先:先发制人。 ㊳智伯:又作知伯,名瑶,春秋晋国执政卿之一。范:春秋晋国的范氏。中行氏:春秋晋国中行氏。 ㊴晋阳:春秋晋国赵襄子封地,在今山西太原市。 ㊵忧一主:使赵襄子感到忧虑。 ㊶卒:猝,突然。 ㊷灭二子患也:智氏消灭范、中行带来的祸患。 ㊸日者:昔日,以前。 ㊹中山:狄人所建之国,位于今河北定州市,

后被魏灭。悉:全部,犹言全国。　㊺长子:上党统辖的地方,在今山西长子县。　㊻敌:抗衡,对抗。国二:赵、燕。　㊼北:一说为"比",连连,接连。㊽上节:上等。　㊾于齐:向齐称臣。　㊿啬:吝啬,不啬,犹言不谨慎,不怕承担。

"今世之所谓善用兵者,终战比胜①,而守不可拔②,天下称为善,一国得而保之③,则非国之利也。臣闻战大胜者,其士多死而兵益弱;守而不可拔者,其百姓罢而城郭露④。夫士死于外,民残于内,而城郭露于境,则非王之乐⑤也。今夫鹄的非愆罪于人也⑥,便⑦弓引弩而射之,中者则善,不中则愧,少长贵贱⑧,则同心于贯之者⑨,何也?恶其示人以难也⑩。今穷战⑪比胜,而守必不拔,则是非徒⑫示人以难也,又且害人者也,然则天下仇之必⑬矣。夫罢士露国,而多与天下为仇,则明君不居⑭也;素⑮用强兵而弱之,则察相不事⑯。彼明君察相者,则五兵不动而诸侯从⑰,辞让而重赂至矣⑱。故明君之攻战也,甲兵不出于军而敌国胜⑲,冲橹不施而边城⑳降,士民不知而王业至矣。彼明君之从事也,用财少,旷日远而为利长者㉑。故曰:兵后起则诸侯可趋役㉒也。

[注释]①终战比胜:到战争结束,连连得胜。终:战事之终。比:一个接一个。　②拔:攻陷。　③得而保之:因常胜不败而得到保全。　④罢:疲惫。露:暴露于无屏障之处。　⑤乐:快乐。　⑥鹄的:箭靶子中间的红心。鹄:音gǔ,箭靶子。愆罪:犹言得罪,获罪。愆:罪过,责备。　⑦便:巧妙地拉开。　⑧少长贵贱:年少者、年长者、尊贵者、卑贱者。　⑨同心:共同的心愿。贯:射中鹄的。　⑩恶:音wù,厌恶,不愿意。难:难堪。　⑪穷战:所有的战事。穷:穷尽。　⑫非徒:不仅仅。　⑬必:必然。　⑭不居:不把自己

置于这样的境地。 ⑮素:素常,经常。 ⑯不事:不做这样的事情。 ⑰五兵:泛指各类兵器、兵种。从:服从,臣服。 ⑱辞让:卑谦的言辞。赂:以物送人。 ⑲敌国胜:战胜敌国。 ⑳边城:敌国之边城。 ㉑旷日远:很长时间。利长:长远利益。 ㉒趋役:竞相为役使。趋:趋向,快走。

"臣之所闻,攻战之道非师①者,虽有百万之军,比之堂上②;虽有阖闾、吴起之将③,禽之户内;千丈之城,拔之尊俎之间④;百尺之冲⑤,折之衽席⑥之上。故钟鼓⑦竽瑟之音不绝,地可广而欲可成⑧;和乐倡优侏儒之笑不之⑨,诸侯可同日而致⑩也。故名配⑪天地不为尊,利制海内不为厚⑫。故夫善为王业者,在劳天下而自佚⑬,乱天下而自安,诸侯无成谋⑭,则其国无宿忧⑮也。何以知其然?佚治⑯在我,劳乱⑰在天下,则王之道也。锐兵⑱来则拒之,患至则趋之⑲,使诸侯无成谋,则其国无宿忧矣,何以知其然矣?昔者魏王⑳拥土千里,带甲㉑三十六万,其强而拔邯郸㉒,西围定阳㉓,又从㉔十二诸侯朝天子,以西谋秦。秦王㉕恐之,寝不安席,食不甘味,令于境内,尽堞中为战具㉖,竟为守备,为死士置将,以待魏氏。卫鞅谋于秦王曰㉗:'夫魏氏其功大,而令行于天下,有十二诸侯而朝天子,其与㉘必众。故以一秦而敌大魏,恐不如。王何不使臣见魏王,则臣请必北㉙魏矣。'秦王许诺。卫鞅见魏王曰:'大王之功大矣,令行于天下矣。今大王之所从十二诸侯,非宋、卫也,则邹、鲁、陈、蔡,此固大王之所以鞭箠㉚使也,不足以王天下。大王不若北取燕,东伐齐,则赵必从矣;西取秦,南伐楚,则韩必从矣。大王有伐齐、楚心,而从㉛天下之志,则王业见矣。大王不如先行王服㉜,然后图齐、楚。'魏王说㉝卫鞅之言也,故身广㉞公宫,制丹衣柱㉟,建九斿㊱,从七星之旟㊲。此天子之位也,而魏王处之。于是齐、楚怒,诸侯奔㊳齐,齐人伐魏,杀其太子,覆其十万之军㊴。魏王大恐,跣行按兵于国㊵,而东次于齐㊶,然后天下乃舍之。当是时,秦王垂拱受西河之外㊷,而不以德㊸魏王。故曰卫鞅之始与秦王计也,谋约不下席,言于尊俎之间,谋成于堂上,而魏将以禽于齐矣㊹;冲橹未施㊺,而西河之外入于秦矣。此臣之所谓比之堂上,禽将户内,拔城于尊俎之间,折冲席上者也。"

[注释]①非师:犹言攻战的根本不是依靠军队。师,军队。 ②比之堂上:败之于朝堂之上。比:一说为败北。堂:朝堂。 ③阖闾:春秋吴国国君,名光,又作阖庐,屡次大败楚军,后与越王勾践战,兵败伤指而死。吴起:卫人,善用兵,仕于魏,进行变法。后入楚,主持变法,失败被杀。 ④拔之尊俎之间:攻陷于酒会宴席之间。拔:攻陷。尊:盛酒器皿。俎:盛放在青铜盘上的肉。 ⑤百尺之冲:百尺高的攻城战车。 ⑥衽席:卧席。 ⑦皷:同"鼓"。 ⑧广:拓宽,扩大。欲:欲望。 ⑨和乐:合奏的音乐。倡优:歌舞伎艺。侏儒:矮个子的人。不之:不绝。 ⑩致:给予,到达,此犹言主动前来朝觐。 ⑪配:匹配,相当于。 ⑫利:利益,好处。制:制服,压倒。厚:富厚。 ⑬在劳天下而自佚:处于天下劳顿之中而能够自身安逸舒适。劳:劳顿,劳苦。自佚:自身安逸。 ⑭无成谋:图我之谋不成。 ⑮宿忧:积忧,长期积累下来的忧虑。 ⑯佚治:轻松安逸的治理。 ⑰劳乱:辛劳而混乱。 ⑱锐兵:锐利之师。 ⑲趋之:急至,迅速应对。 ⑳魏王:魏惠王。 ㉑带甲:身着铠甲的武装人员。 ㉒邯郸:赵国都城,今河北邯郸市。 ㉓定阳:在今陕西洛川县,一说在今陕西宜川县。 ㉔从:联合,合纵。 ㉕秦王:秦孝王。 ㉖尽堞中为战具:所有的城墙上都摆满了武器。堞:音 dié,城墙上的矮墙,又称女儿墙。 ㉗卫鞅:商鞅,卫国庶孽公子,姓公孙,又称公孙鞅,

辅佐秦孝公变法,后被秦惠王车裂而死。秦王:秦孝公。　㉘与:参与者。　㉙北:打败,败北。　㉚箠:马鞭子。　㉛从:使天下服从、臣服。　㉜王服:王者的服饰,犹言施行王者的礼仪。　㉝说:悦,欣赏。　㉞广:扩建。　㉟制丹衣柱:以朱红色帛装饰宫殿的大柱子。　㊱九斿:旗帜上的九条飘带。斿:音yóu,旌旗上的飘带。　㊲七星之旟:画有朱雀或鸟隼的七星大旗。旟,音yú。　㊳奔:投奔,投靠。　㊴覆其十万之军:指齐、魏马陵之战。　㊵跣行:光脚走路。跣,音xiǎn,赤脚。　㊶东次于齐:问东臣服于齐。次:临时住宿。　㊷垂拱:垂衣拱手,毫不费力。西河:古称陕西与山西交界地区南北流向的黄河西岸地区为西河,战国魏在这里设置郡,文侯时吴起曾为西河守。辖境相当于今陕西华阴以北,黄龙以南,洛河以东,黄河以西地区,首府在今山西河津市。之外:西河以外接近秦国的地区。　㊸德:感恩戴德。　㊹魏将:庞涓。以禽:被擒获。　㊺施:使用。

卷十三 齐 六

○齐负郭之民有孤狐咺者

齐负郭之民有孤狐咺者①,正议②闵王,斮之檀衢③,百姓不附④。齐孙室子陈举直言⑤,杀之东闾⑥,宗族⑦离心。司马穰苴⑧为政者也,杀之,大臣不亲。以故燕举兵,使昌国君将而击之⑨。齐使向子⑩将而应之。齐军破,向子以舆一乘亡。达子⑪收余卒,复振,与燕战,求所以偿⑫者,闵王不肯与,军破走。

[注释]①负郭之民:背靠城墙居住的居民。孤狐咺:齐人。咺,音xuǎn。②正议:直言进谏、评论。 ③斮:斩。檀衢:齐市场名。 ④不附:离心离德。 ⑤孙室子陈举:公孙家族的后人陈举。直言:坦言相谏。 ⑥东闾:齐临淄东门。 ⑦宗族:齐闵王的宗室。 ⑧司马穰苴:齐田氏后裔,担任大司马之职。穰苴:音 ráng jū。 ⑨昌国君:乐毅,燕将。中山国灵寿人。乐羊的后代。燕昭王时任亚卿。燕昭王二十八年,率军击破齐国,先后攻下七十多城,因功封于昌国,号昌国君。燕惠王即位,受齐反间计欺蒙,改用骑劫为将,乐毅出奔赵国,封于观津,号望诸君。后死在赵国。将:帅兵。 ⑩向子:齐大臣。 ⑪达子:齐大臣。 ⑫偿:偿还与燕作战的付出。一说偿为赏赐。

王奔莒①，淖齿数之曰②："夫千乘、博昌之间③，方数百里，雨血④沾衣，王知之乎？"王曰："不知。""嬴、博之间⑤，地坼⑥至泉，王知之乎？"王曰："不知。""人有当阙⑦而哭者，求之则不得，去之则闻其声，王知之乎？"王曰："不知。"淖齿曰："天雨血沾衣者，天以告⑧也；地坼至泉者，地以告也；人有当阙而哭者，人以告也。天地人皆以告矣，而王不知戒⑨焉，何得无诛⑩乎？"于是杀闵王于鼓里⑪。

[注释]①莒：小诸侯国，在今山东莒县一带。 ②淖齿：楚国公族，奉楚顷襄王之命率兵救齐，而为齐闵王相国。淖，音 nào。数：数落，批评。 ③千乘：位于今山东高青县。博昌：在今山东博兴县。 ④雨血：天降血雨。 ⑤嬴：位于今山东莱芜市。博：在今山东泰安市。 ⑥坼：音 chè，裂，裂开。 ⑦阙：宫门外的楼观。 ⑧告：告诫，谴告。 ⑨戒：防备。 ⑩诛：诛杀，惩罚。 ⑪鼓里：又作鼓里，莒国地名，接近齐国。

太子乃解衣免服①，逃太史之家为溉园②。君王后③，太史氏女，知其贵人，善事之。田单以即墨之城④，破亡余卒，破燕兵，绐骑劫⑤，遂以复齐，遽⑥迎太子于莒，立之以为王。襄王即位，君王后以为后⑦，生齐王建。

[注释]①太子：名法章，后即位为齐襄王。解衣免服：脱掉太子的服饰。 ②太史：史官，以官为氏，姓后，名敫。敫，音 jiǎo。灌园：管理花园的杂役。 ③君王后：后来的齐襄王夫人。 ④田单：齐将。即墨：在今山东平度市。 ⑤绐：音 dài，大败，打败，欺蒙。骑劫：接替乐毅的燕将军。 ⑥遽：匆忙。 ⑦后：王后。

○王孙贾年十五事闵王

王孙贾年十五①，事闵王。王出走，失王之处②。其母曰："女③朝出而晚来，则吾倚门④而望；女暮出而不还，则吾倚闾⑤而望。女今事王，王出走，女不知其处，女尚何归？"

[注释]①王孙贾：齐闵王家臣。年十五：年龄十五岁。　②失王之处：不知齐闵王的去处。　③女：同"汝"，你。　④门：家门。　⑤闾：闾门。

王孙贾乃入市中，曰："淖齿乱齐国，杀闵王，欲与我诛者，袒右①！"市人从者四百人，与之诛淖齿，刺而杀之。

[注释]①袒右：脱去右衣袖，露出右胳膊。

○燕攻齐取七十余城

燕攻齐，取①七十余城，唯莒、即墨不下。齐田单以即墨破燕，杀骑劫。

[注释]①取：攻夺。

初，燕将攻下聊城①，人或谗②之。燕将惧诛，遂保守聊城，不敢归③。田单攻之岁余，士卒多死，而聊城不下。

[注释]①聊城：今山东聊城市。　②谗：谗言，说他人的坏话。　③归：回燕国。

鲁连乃书①，约之矢②以射城中，遗燕将曰："吾闻之，智者不倍时③而弃利，勇士不怯死而灭名④，忠臣不先身而后君。今公行一朝之忿⑤，不顾燕王⑥之无臣，非忠也；杀身亡聊城，而威不信⑦于齐，非勇也；功废名灭，后世无称⑧，非知⑨也。故知者不再计⑩，勇士不怯死。今死生荣辱，尊卑贵贱，此其一时⑪也。愿公之详计而无与俗⑫同也。且楚攻南阳⑬，魏攻平陆⑭，齐无南面之心⑮，以为亡南阳之害，不若得济北⑯之利，故定计而坚守之⑰。今秦人下兵⑱，魏不敢东面⑲，横秦之势合⑳，则楚国之形危。且弃南阳，断右壤㉑，存济北，计必为之㉒。今楚、魏交退㉓，燕救㉔不至，齐无天下之规㉕，与聊城共据朞年之弊㉖，即臣见公之不能得也㉗。齐必决㉘之于聊城，公无再计。彼燕国大乱，君臣过计㉙，上下迷惑，栗腹㉚以百万之众，五折于外，万乘之国，被围于赵，壤削主困㉛，为天下戮㉜，公闻之乎？今燕王方寒心独立㉝，大臣不足恃㉞，国弊祸多㉟，民心无所归㊱。今公又以弊聊之民㊲，距全齐之兵，朞年不解，是墨翟之守也㊳；食人炊骨㊴，士无反北㊵之心，是孙膑、吴起之兵也㊶。能以见于天下矣！㊷

[注释]①鲁连：齐人，善于计谋策划，排纷解难。一作鲁仲连。书：书写信一封。　②约之矢：缠束书信于箭上。　③倍时：错过机遇。倍：通"背"，违背。　④灭名：毁坏名声。　⑤公：燕军将领。忿：愤怒，犹言因一时的愤怒，坚守聊城，誓不归燕。　⑥燕王：燕惠王。　⑦信：同"伸"，树立，张扬。　⑧称：称颂。　⑨知：明智。　⑩再计：两个计划，犹言三心二意，举棋不定。　⑪一时：一次机会，机不可失，时不再来。　⑫俗：平庸之辈，凡夫俗子。　⑬南阳：今山东泰山以南，汶水以北一带。　⑭平陆：在今山东汶上县。　⑮齐无南面之心：齐国没有向南攻伐楚、魏的意愿。　⑯济北：因聊城位于济

水之北,故济北指聊城。 ⑰坚守之:坚决不放弃聊城。 ⑱下兵:由西向东发兵救援齐。 ⑲东面:东进攻齐。 ⑳横:齐、秦连横。合:形成。 ㉑断:断绝,放弃。右壤:即平陆。 ㉒计必为之:这个战略设计一定要完成。 ㉓交退:交互撤退。 ㉔救:救援之军。 ㉕齐无天下之规:天下没有谋算齐的规划。 ㉖共据:两军对峙。朞年:一年。朞:同"期"。 ㉗臣:鲁仲连。公:燕将军。得:得胜。 ㉘决:决战。 ㉙过计:谋划失误。过:过失。 ㉚栗腹:燕将。 ㉛壤削主困:领土削减,国君困顿。 ㉜戮:羞辱。 ㉝今燕王方寒心独立:燕王喜现在心灰意冷,孤立无援。 ㉞恃:依靠。 ㉟弊:凋敝破败。䘏:同"祸"。 ㊱归:归附,依托。 ㊲弊聊之民:疲惫的聊城人民。 ㊳墨翟:墨家的创始人墨子。守:守备,墨子及其弟子非常善于守城。 ㊴食人炊骨:以人肉为食,以人骨为柴。 ㊵反北:反叛,背叛。北:通"背"。 ㊶孙膑:齐人,孙武的孙子,曾为田忌军师,著有《孙膑兵法》一书。吴起:卫人,善用兵,仕于魏,进行变法。后入楚,主持变法,失败被杀。 ㊷能:能力,本领。见:音 xiàn,展现,显示。

"故为公计者,不如罢兵休士,全车甲,归报燕王,燕王必喜。士民见公,如见父母,交游攘臂①而议于世,功业可明矣。上辅孤主②,以制③群臣;下养④百姓,以资说士⑤。矫国革俗于天下⑥,功名可立也。意者⑦,亦捐燕弃世⑧,东游于齐乎?请裂地定封⑨,富比陶、卫⑩,世世称孤寡⑪,与齐久存,此亦一计也。二者显名厚实⑫也,愿公熟计而审处一也⑬。

[注释]①攘臂:捋起袖子,伸出胳膊,振臂庆贺。 ②孤主:孤立无援的国君。 ③制:钳制,控制。 ④养:养育。 ⑤以资说士:给游说之士提供谈论的资料与良好的借鉴。 ⑥矫国革俗:变革国家的风俗习惯。 ⑦意者:表示鲁仲连认为的另外一种可能性,即另外,又。 ⑧捐燕弃世:放弃燕国,不顾世人的评价。捐:抛弃。 ⑨裂地定封:齐割出土地为你的封地。

⑩陶:天下巨富陶朱公,又说为封于陶地的魏冉。卫:卫鞅,一说为卫公子荆。一说陶、卫是当时富庶的商业中心,留在齐国的燕军将士的富有程度将超出这里的富商。 ⑪孤寡:孤与寡均为国君的自称,犹言燕军守将可以世代在自己的封地内享有最高权力。 ⑫显名厚实:归燕能名扬天下,东游于齐则实惠富有。 ⑬审处一也:认真审视选择做出一个抉择。

"且吾闻,效①小节者不能行大威,恶小耻者不能立荣名。昔管仲射桓公中钩②,篡③也;遗公子纠而不能死④,怯也⑤;束缚桎梏⑥,辱身也。此三行者,乡里不通⑦也,世主不臣⑧也。使管仲终穷抑⑨,幽囚而不出,惭耻而不见,穷年没寿,不免为辱人贱行矣。然而管子并三行之过⑩,据⑪齐国之政,一匡天下,九合诸侯,为五伯首,名高天下,光照邻国。曹沫⑫为鲁君将,三战三北⑬,而丧地千里。使曹子之足不离陈⑭,计不顾后⑮,出⑯必死而不生,则不免为败军禽将。曹子以败军禽将,非勇也;功废名灭,后世无称,非知也。故去⑰三北之耻,退而与鲁君计也,曹子以为遭⑱。齐桓公有天下,朝诸侯。曹子以一剑之任⑲,劫桓公于坛位之上,颜色不变,而辞气不悖⑳。三战之所丧,一朝而反㉑之,天下震动惊骇,威信㉒吴、楚,传名后世。若此二公者,非不能行小节,死小耻也,以为杀身绝世,功名不立,非知也。故去忿恚㉓之心,而成终身之名;除感忿㉔之耻,而立累世之功。故业与三王争流㉕,名与天壤相敝㉖也。公其图之!"

[注释]①效:效忠于,效力于。 ②中钩:射中带钩。钩:腰带钩。 ③篡:篡夺,非法夺取。 ④遗:遗忘。公子纠:齐桓公的弟弟。死:殉死。 ⑤怯:胆怯。 ⑥束缚:捆绑。桎梏:音zhì gù,桎:脚镣。梏:手铐。 ⑦通:

认同,接受。　⑧不臣:不以这样的人为臣。　⑨使:假使,假如。穷抑:困窘压抑。　⑩并三行之过:兼有篡、怯、辱三类过错。　⑪据:掌握。　⑫曹沫:春秋时期鲁国人,以武勇事鲁庄公。　⑬北:败北。　⑭陈:陈列战车的阵地。　⑮后:未来。　⑯出:做出的决策。　⑰去:放弃,不顾。　⑱曹子:曹沫。遭:不可避免的遭遇。　⑲以一剑之任:凭借一柄剑能耐。　⑳悖:谬论,违背道理。　㉑反:挽回。　㉒威信:名声大振。信,伸。　㉓忿恚:愤恨。恚:音huì,怨恨。　㉔感忿:令人羞辱的愤恨。　㉕三王:夏禹、商汤、周文王。流:名流,风流,犹言功业名声。　㉖与天壤相敝:与天地永存。壤:地。敝:凋敝。

燕将曰:"敬闻命矣!"因罢兵到读①而去。故解齐国之围,救百姓之死,仲连之说也。

[注释]①到读:一说为倒椟,整理行装,罢兵而去。椟:函,木柜,木匣。

○燕攻齐齐破

燕攻齐,齐破。闵王奔莒,淖齿杀闵王。田单守即墨之城,破燕兵,复齐墟①。襄王为太子征②。齐以破燕,田单之立疑③,齐国之众,皆以田单为自立④也。襄王立,田单相之。

[注释]①墟:废墟,犹言燕齐之战后的创伤。　②征:征信。淖齿杀齐闵王,太子逃匿民间,此时找回,证实身份并立为王。　③立疑:人们对田单立齐国君的行为产生怀疑、疑心。　④自立:自立为齐王。

过甾水①,有老人涉甾而寒,出不能行,坐于沙中。田单见其寒,欲使后车②分衣,无可以分者,单解裘③而衣之。襄王恶之,曰:"田单之施④,将欲以取我国乎?不早图,恐后⑤之。"左右顾⑥无人,岩下有贯珠者⑦,襄王呼而问之曰:"女闻吾言乎?"对曰:"闻之。"王曰:"女以为何若?"对曰:"王不如因以为己善⑧。王嘉⑨单之善,下令曰:'寡人忧民之饥也,单收而食之;寡人忧民之寒也,单解裘而衣之;寡人忧劳百姓,而单亦忧之,称⑩寡人之意。'单有是善而王嘉之,善单之善,亦王之善已。"王曰:"善!"乃赐单牛酒⑪,嘉其行。

[注释]①淄水:同"淄水",淄水发源于山东泰沂山脉及鲁山山脉,在广饶县汇入小清河。 ②后车:随从之车。 ③裘:皮衣。 ④施:恩施。 ⑤后:晚。 ⑥顾:张望。 ⑦岩下:宫殿岩石之下。贯珠:齐人,姓贯名珠。一说为采珠之人。 ⑧因以为己善:把这件事情转化为自己的对人民的慈祥爱护。 ⑨嘉:嘉奖。 ⑩称:称心,符合。 ⑪牛酒:牛与酒。

后数日,贯珠者复见王曰:"王至朝日①,宜召田单而揖之于庭②,口劳之③。乃布④令求百姓之饥寒者,收谷之⑤。"乃使人听于闾里,闻丈夫之相□⑥与语,举⑦□□□曰:"田单之爱人!嗟,乃王之教泽⑧也!"

[注释]①朝日:群臣朝见之日。 ②揖:音 yī,拱手行礼。庭:朝廷。 ③口劳之:亲口慰劳。 ④布:发布,颁布。 ⑤收谷之:收而养之。 ⑥□:脱文,空字。 ⑦举:皆。 ⑧教泽:教诲的恩泽。

○貂勃常恶田单

貂勃常恶田单①,曰:"安平君②,小人也。"安平君闻之,故为酒而召貂勃,曰:"单何以得罪于先生,故常见誉于朝③?"貂勃曰:"跖之狗吠尧④,非贵跖而贱尧也,狗固吠非其主也。且今使公孙子⑤贤,而徐子⑥不肖。然而使公孙子与徐子斗,徐子之狗,犹时攫公孙子之腓而噬之也⑦。若乃得去⑧不肖者,而为贤者狗,岂特⑨攫其腓而噬之耳哉?"安平君曰:"敬闻命。"明日,任⑩之于王。

[注释]①貂勃:齐人。恶:进谗言。 ②安平君:田单安国平难,故封号安平君。一说田单起家于安平,故号为安平君。安平,在今山东青州市。③誉于朝:赞扬于朝廷。 ④跖:盗跖,春秋鲁国柳下惠的弟子。吠:狂叫。⑤公孙子:虚拟假设之人,犹如现代的张三、李四。 ⑥徐子:虚拟假设之人。⑦犹时:届时,如果到那时候。攫:扑咬。腓:小腿肚。噬:吞噬,吞食。⑧去:离开。 ⑨特:专门。 ⑩任:举荐,使任用。

王有所幸臣九人之属①,欲伤②安平君,相与语于王曰:"燕之伐齐之时,楚王使将军将万人而佐齐③。今国已定,而社稷已安矣,何不使使者谢于楚王?"王曰:"左右孰可?"九人之属曰:"貂勃可。"貂勃使楚。楚王受而觞④之,数日不反⑤。九人之属相与语于王曰:"夫一人身,而牵留万乘者⑥,岂不以据势⑦也哉?且安平君之与王也,君臣无礼⑧,而上下无别。且其志欲为不善。内牧⑨百姓,循抚⑩其心,振⑪穷补不足,布德⑫于民;外怀戎翟⑬、天下之贤士,阴结⑭诸侯之雄俊豪英。其志欲有为⑮也。愿王之察之。"异日,而王曰:"召相单来。"田单免冠徒跣肉袒而进⑯,退而请死罪。五日,而王曰:"子无罪于寡人,子为子之臣礼,吾为吾之王礼而已矣。"

[注释]①幸臣:宠幸之臣。属:属官,或同辈、同类之人。 ②伤:谗言损

毁。　③楚王：楚顷襄王。将军：楚将军淖齿。淖齿：楚国公族，奉楚顷襄王之命率兵救齐，而为齐闵王相国。佐：救助，帮助。　④受：接受。觞：饮酒器皿，犹言以酒款待。　⑤反：返回。　⑥牵留万乘者：滞留于万乘之国。　⑦据势：依仗田单的权势。　⑧无礼：无君臣之礼。　⑨牧：控制，治理。　⑩循抚：不断地安抚。　⑪振：举救，赈济。　⑫布德：布施恩德。　⑬外怀戎翟：对外怀柔安抚戎翟等少数民族。　⑭阴结：暗中结交。　⑮有为：有所作为，暗指有篡逆之心。　⑯徒跣：赤脚徒步。肉袒：袒肩露体，即光着上身，意欲受刑。

　　貂勃从楚来，王赐诸前，酒酣①，王曰："召相田单而来。"貂勃避席稽首②曰："王恶得③此亡国之言乎？王上者孰与周文王④？"王曰："吾不若也。"貂勃曰："然，臣固知王不若也。下⑤者孰与齐桓公？"王曰："吾不若也。"貂勃曰："然，臣固知王不若也。然则周文王得吕尚以为太公⑥，齐桓公得管夷吾以为仲父⑦，今王得安平君而独曰'单'。且自天地之辟⑧，民人之治，为人臣之功者，谁有厚于⑨安平君者哉？而王曰'单，单'。恶得此亡国之言乎？且王不能守先王之社稷，燕人兴师而袭齐墟⑩，王走而之城阳⑪之山中。安平君以惴惴⑫之即墨，三里之城，五里之郭，敝卒⑬七千，禽其司马⑭，而反⑮千里之齐，安平君之功也。当是时也，阖城阳而王⑯，城阳、天下莫之能止⑰。然而计之于道⑱，归之于义⑲，以为不可，故为栈道木阁⑳，而迎王与后于城阳山中，王乃得反，子临百姓㉑。今国已定，民已安矣，王乃曰'单'。且婴儿之计不为此。王不亟杀此九子者以谢安平君㉒，不然，国危矣！"王乃杀九子而逐其家㉓，益封安平君以夜邑万户㉔。

[注释]①酒酣:饮酒到了最尽兴的时候。 ②避席:离开坐的地方站起来,表示郑重和尊重。稽首:叩头至地的跪拜礼。稽,音 qǐ。 ③恶得:怎么能够说出。 ④上:从时间上讲距离现在比较远的。孰与:与谁,何如,两者相比较哪一个更好。 ⑤下:从时间上讲离现在比较近的。 ⑥吕尚,姓姜,氏吕,名尚。相传垂钓于渭水之滨,与出猎的周文王相遇,双方谈论投机,同车而归,说"吾太公望子久矣",因号为太公望,立为太师。 ⑦管夷吾以为仲父:管子,名夷吾,字仲,齐国颍上人,早期辅佐公子纠,后辅佐齐桓公称霸。齐桓公尊称其为仲父。 ⑧天地之辟:开天辟地。 ⑨厚于:大于,超过。 ⑩齐墟:齐国故都。 ⑪城阳:莒国之地,在今山东莒县。 ⑫惴惴:音 zhuì,恐惧担忧,此指摇摇欲坠的即墨。 ⑬敝卒:疲惫的军士。 ⑭禽:擒获。司马:掌兵之官,指燕将骑劫。 ⑮反:光复。 ⑯阖城阳而王:封锁齐闵王所在的城阳而自己称王。 ⑰止:制止。 ⑱道:天下公认的道理。 ⑲义:正义。 ⑳栈道木阁:架木通路为栈道,悬崖峭壁凿山岩而架木版、梁柱为木阁。 ㉑子临百姓:像对待自己的孩子一样安抚百姓。 ㉒亟:立刻,赶快。谢:谢罪。 ㉓逐其家:驱逐其家族成员。 ㉔益封:增加封地。夜邑:在今山东莱州市。

○田单将攻狄

田单将攻狄①,往见鲁仲子②。仲子曰:"将军攻狄,不能下也。"田单曰:"臣以五里之城,七里之郭,破亡余卒,破万乘之燕,复齐墟。攻狄而不下,何也?"上车弗谢而去。遂攻狄,三月而不克之也。

[注释]①将:田单时为齐国大将。狄:又称北胡,北方少数民族。一说为齐邑,春秋时长狄的居住地,故称狄,位于今山东高青县。 ②鲁仲子:鲁仲连。

齐婴儿谣曰:"大冠若箕①,修剑拄颐②,攻狄不能③,下垒枯丘④。"田单乃惧,问鲁仲子曰:"先生谓单不能下狄,请闻其说。"鲁仲子曰:"将军之在即墨,坐而织蒉⑤,立则丈插⑥,为士卒倡⑦曰:'可往⑧矣!宗庙亡矣!云曰尚矣⑨!归于何党矣⑩!'当此之时,将军有死之心,而士卒无生之气⑪,闻若言⑫,莫不挥泣奋臂而欲战,此所以破燕也。当今将军东有夜邑之奉⑬,西有菑上之虞⑭,黄金横带⑮,而驰乎淄、渑之间⑯,有生之乐,无死之心,所以不胜者也。"田单曰:"单有心⑰,先生志⑱之矣。"明日,乃厉气循城⑲,立于矢石之所⑳,乃援枹鼓之㉑,狄人乃下。

[注释]①大冠:武将戴的军盔。箕:簸箕。 ②修剑拄颐:修长的剑支着下巴。修:修长。拄:支撑身体的东西。颐:下巴。 ③不能:不能取胜,没有成功。 ④下垒枯丘:地下枯骨堆垒成丘,言死伤严重。 ⑤蒉:音 kuì,草编制的器物。 ⑥丈:同"杖",肩扛。插:同"锸",挖土工具。 ⑦倡:倡导,号召。 ⑧往:出征,进军。 ⑨云曰尚矣:值得尊崇的白云,犹言要有浩天白云的远大志向,或像漂移的白云。一说白云为魂魄的省文,尚为丧失之丧。一说为"今日之事,盖庶几焉"。 ⑩归于何党矣:何时收复失地回归故乡。乡党,乡里。 ⑪生:生还,贪生。气:念头,想法。 ⑫若言:这样的话。 ⑬夜邑:在今山东莱州市。奉:封地的租税之奉养。 ⑭菑上之虞:淄水上的观游娱乐。菑:同"淄"。虞:娱乐。 ⑮横带:腰带。 ⑯驰:奔走。渑:渑水,发源于山东淄博市临淄区,北流至博兴县汇入时水。 ⑰有心:有拼死之心。 ⑱志:知道。 ⑲厉气:斗志昂扬、振奋。循城:视察围城军队。 ⑳立于矢石之所:站在弓箭、石头能够射到的地方。 ㉑援枹鼓之:手持鼓槌击鼓。枹:同"桴":音 fú,鼓槌。

○濮上之事

濮上之事①,赘子②死,章子走③,盼子谓齐王曰④:

"不如易⑤余粮于宋,宋王必说⑥,梁氏不敢过宋伐齐⑦。齐固⑧弱,是以余粮收⑨宋也。齐国复强,虽复责之宋⑩,可;不偿,因以为辞⑪而攻之,亦可。"

[注释]①濮上之事:公元前312年魏联合秦在濮水之滨围攻齐国。濮:水名,济水的支流,东流入大野泽。 ②赘子:齐将。 ③章子:齐将章匄。走:败走。 ④盼子:齐将田盼。齐王:齐宣王。 ⑤易:移与之,送给。⑥宋王:宋王偃。说:悦。 ⑦梁氏:魏国。过:经过。 ⑧固:确实。⑨收:收买。 ⑩复责之宋:再责宋偿还。 ⑪因以为辞:以此为理由。

○齐闵王之遇杀

齐闵王之遇杀,其子法章变姓名,为莒太史家庸夫①。太史敫②女,奇法章之状貌③,以为非常人,怜而常窃衣食之④,与私⑤焉。莒中及齐亡臣⑥相聚,求闵王子,欲立⑦之。法章乃自言于莒。共立法章为襄王。襄王立,以太史氏女为王后,生子建。太史敫曰:"女无谋⑧而嫁者,非吾种也⑨,汙吾世矣⑩。"终身不覩⑪。君王后贤,不以不覩之故,失人子之礼也⑫。

[注释]①庸夫:雇工,前说为"灌园"。 ②太史敫:太史以官为氏,姓后,名敫。敫,音jiǎo。 ③奇:惊奇。状貌:容貌,长相。 ④怜:可怜,怜悯。窃:偷偷给予。 ⑤私:私通。 ⑥莒中:莒地的人们。亡臣:齐逃亡之臣。⑦立:立为齐王。 ⑧谋:一作"媒"。 ⑨非吾种也:不是我的女儿。 ⑩汙吾世矣:玷污了我的家族。汙:同"污"。 ⑪覩:同"睹",见,相见。 ⑫失人子之礼也:失去做女儿的礼数。

襄王卒,子建立为齐王。君王后事秦谨①,与诸侯信②，以故建立四十有余年不受兵③。

[注释]①谨：谨慎小心。　②信：诚信，讲信用。　③受兵：遭受战争灾祸。

秦始皇尝使使者遗君王后玉连环①，曰："齐多知②，而解③此环不？"君王后以示群臣，群臣不知解。君王后引椎椎破之④，谢⑤秦使曰："谨以解矣。"

[注释]①秦始皇：此事当秦昭王之时，所以秦始皇应为秦昭王。遗：音wèi，赠送。玉连环：两个相套的玉环。　②知：智。　③解：解开。　④引椎椎破之：用椎打破了玉连环。椎：音chuí，同"捶"、"槌"，一种击砸工具，第一个椎是名词，指工具，第二个椎是动词，指捶击的动作。　⑤谢：谢罪。

及君王后病且卒①，诫建②曰："群臣之可用者某。"建曰："请书之。"君王后曰："善。"取笔牍受言③。君王后曰："老妇已亡④矣！"

[注释]①且卒：将死。　②诫：告诫。建：齐王建。　③牍：木简。受言：记录君王后的话。　④亡：病将死，要说的话已经忘了。

君王后死，后后胜相齐①，多受秦间金玉②，使宾客入秦，皆为变辞③，劝王朝秦④，不修攻战之备。

[注释]①后：君王后死后。后胜：此时担任齐相国，一说疑为君王后之族人。　②受：授，给予。间：秦间谍。　③皆为变辞：回来转达的都是改变了本意的欺诈之辞。　④劝王朝秦：鼓动、规劝齐王建去朝觐秦王。

○齐王建入朝于秦

齐王建入朝于秦，雍门司马前曰①："所为立王者，为社稷耶？为王立王耶②？"王曰："为社稷。"司马曰："为社稷立王，王何以去③社稷而入秦？"齐王还车而反。

[注释]①雍门：临淄城门。司马：掌雍门守城士兵的官。前：上前，到齐王建面前。　②为王立王：为你这个王而立的王。　③去：放弃。

即墨大夫与雍门司马谏而听之，则以为可可①为谋，即入见齐王曰："齐地方数千里，带甲数百万。夫三晋②大夫，皆不便③秦，而在阿、鄄④之间者百数，王收而与之百万之众⑤，使收三晋之故地，即临晋之关可以入矣⑥；鄢、郢⑦大夫，不欲为秦，而在城南下⑧者百数，王收而与之百万之师，使收楚故地，即武关⑨可以入矣。如此，则齐威⑩可立，秦国可亡。夫舍南面之称制⑪，乃西面而事秦，为大王不取也。"齐王不听。

[注释]①可可：一说为可与。　②三晋：韩、赵、魏。　③便：听从，接近，服气。　④阿：齐邑，在今山东阳谷县。鄄：音 juàn，齐地，位于今山东鄄城县。　⑤收：收留使用。与：与他们联合起来。　⑥临晋之关：蒲津关，在今山西永济市。入：收复。　⑦鄢：楚地，今湖北宜城县。郢：楚国都城，今湖北江陵县。　⑧城南下：南城之下。南城：齐威王使檀子所守之城。　⑨武关：秦国的重要关隘，在今陕西商洛市。　⑩威：权威，威势。　⑪舍：放弃。南面之称制：南面称王之威仪。

秦使陈驰诱齐王内之①，约与②五百里之地。齐王不听即墨大夫而听陈驰，遂入秦。处之共③松柏之间，饿而死。先是④齐为之歌曰："松邪！柏邪！住建共者，客⑤耶！"

[注释]①陈驰:齐人,在秦,为齐的内奸。内:同"纳",接纳齐王建到秦国。 ②约与:约定给予。 ③共:地名,在今河南辉县市。 ④先是:此事发生以前。 ⑤客:使齐王建客居于共地。

○齐以淖君之乱

齐以淖君之乱秦①。其后秦欲取齐②,故使苏涓③之楚,令任固④之齐。齐明谓楚王曰⑤:"秦王欲楚⑥,不若其欲齐之甚也。其使涓来,以示齐之有楚⑦,以资固于齐⑧。齐见楚,必受固。是王之听⑨涓也,适为固驱以合齐、秦也⑩。齐、秦合,非楚之利也。且夫涓来之辞,必非固之所以之齐之辞也⑪。王不如令人以涓来之辞谩⑫固于齐,齐、秦必不合。齐、秦不合,则王重⑬矣。王欲收⑭齐以攻秦,汉中⑮可得也。王即欲以秦攻齐,淮、泗之间⑯亦可得也。"

[注释]①淖君之乱秦:淖君,即淖齿,淖,音 nào。淖齿:楚国公族,奉楚顷襄王之命率兵救齐,而为齐闵王相国,后杀害齐闵王。乱秦:打乱了秦的格局、计划。 ②取齐:意犹联合齐国。 ③苏涓:秦人。楚王:楚顷襄王。 ④任固:齐人。 ⑤齐明:辩士,或为楚人,或为齐人,先后活动于东周、秦、楚、韩。 ⑥欲楚:联合楚的欲望。 ⑦以示齐之有楚:以向齐表明秦与楚有亲近关系。 ⑧以资固于齐:以秦与楚的亲近关系作为加强秦与齐关系的砝码。 ⑨听:听信,犹言上当。 ⑩适为:恰好为。固:任固。驱:促进。 ⑪必非固之所以之齐之辞也:必然不是任固到齐所说的话,意为两者的话肯定是矛盾的。 ⑫谩:欺骗,陷害。 ⑬重:地位提高。 ⑭收:联合。 ⑮汉中:今陕西南部和鄂西北汉水流域,首府在今陕西汉中市。 ⑯淮、泗之间:楚国以前的东部地区,淮河、泗水流域。

卷十四 楚 一

○齐楚构难

　　齐、楚构难①,宋请中立。齐急②宋,宋许之。子象为楚谓宋王曰③:"楚以缓④失宋,将法⑤齐之急也。齐以急得宋,后将常⑥急矣。是从齐而攻楚⑦,未必利也。齐战胜楚,势必危宋;不胜,是以弱宋干⑧强楚也。而令两万乘之国⑨,常以急求所欲,国必危矣。"

　　[注释]①构难:结下怨恨、仇怨。　②急:施加压力,逼迫。　③子象:楚人。宋王:宋王偃。　④缓:迟缓、缓慢。　⑤法:效法,学习。　⑥常:经常,恒常。　⑦是:此,这一次。从:跟随。　⑧干:冒犯。　⑨两万乘之国:楚、齐两国。

○五国约以伐齐

　　五国约以伐齐①。昭阳谓楚王曰②:"五国以破齐秦③,必南图楚④。"王曰:"然则奈何⑤?"对曰:"韩氏辅国也⑥,好利而恶难⑦。好利,可营⑧也;恶难,可惧⑨也。我厚赂之以利,其心必营。我悉兵以临之,其心必惧我。彼惧吾兵而营我利,五国之事必可败也。约绝⑩之后,虽勿与地⑪可。"

[注释]①五国约以伐齐:燕、秦、韩、赵、魏相约伐齐。 ②昭阳:楚大司马。楚王:楚顷襄王横。 ③齐秦:一说仅有齐,秦字衍。 ④南:向南。图:图谋。 ⑤奈何:怎么办,如何应对。 ⑥韩氏辅国也:伐齐五国中间韩国仅为辅佐之国,不是积极组织伐齐的主要国家。 ⑦好利而恶难:喜欢贪图好处而不愿意给韩国带来伤害。 ⑧营:经营谋求。一说为迷惑。 ⑨惧:恐吓。 ⑩约绝:五国伐齐盟约中断。 ⑪与地:割地。

楚王曰:"善。"乃命大公事①之韩,见公仲②曰:"夫牛阑之事③,马陵之难④,亲王之所见也⑤。王苟无以五国用兵,请劾列城五⑥,请悉楚国之众也,以庐⑦于齐。"

[注释]①大公事:楚臣。 ②公仲:又为公中,韩国相国,名朋,又作公仲佣。 ③牛阑之事:具体内容不详。牛阑,地名,今北京顺义区牛阑山。 ④马陵之难:公元前341年齐、魏马陵之战。 ⑤亲王之所见也:王亲眼所见。 ⑥劾:同效,献上。列城五:城邑五座。 ⑦庐:一说庐为图之误。

齐之反①赵、魏之后,而楚果②弗与地,则五国之事困③也。

[注释]①反:背弃,背叛。 ②果:果然。 ③困:陷入困境。

○荆宣王问群臣

荆宣王①问群臣曰:"吾闻北方之畏昭奚恤也②,果诚何如③?"群臣莫对。江一④对曰:"虎求百兽而食之,得狐。狐曰:'子无敢食我也。天帝使我长百兽⑤,今子食我,是逆天帝命也。子以我为不信⑥,吾为子先行,子随我后,观百兽之见我而敢不走乎?'虎以为然,故遂与之行。兽见之皆走。虎不知兽畏己而走也,以为畏狐也。今王之地方五千里,带甲百万,而专属之昭奚恤⑦;故北方之畏奚恤也,其实畏王之甲兵也,犹百兽之畏虎也。"

[注释]①荆宣王:楚宣王。荆:楚国。 ②北方:北方诸国。昭奚恤:楚相国。 ③果诚何如:实际情况如何。 ④江一:又作江乙、江尹,魏人,仕于楚。 ⑤长百兽:为百兽之长。 ⑥信:诚实、诚信。 ⑦专属之昭奚恤:归属昭奚恤掌管。

○昭奚恤与彭城君议于王前

昭奚恤与彭城君议于王前①,王召江乙而问焉。江乙曰:"二人之言皆善也,臣不敢言其后。此谓虑②贤也。"

[注释]①彭城君:楚人,封于彭城。彭城:春秋宋邑,后属于楚,在今江苏徐州市。议:讨论,争议。 ②虑:疑虑,怀疑。

○邯郸之难

邯郸之难①,昭奚恤谓楚王②曰:"王不如无救赵,而以强魏。魏强,其割赵必深矣③。赵不能听④,则必坚守,是两弊⑤也。"

[注释]①邯郸之难:公元前345年魏围赵都邯郸。 ②楚王:楚宣王良夫。 ③割:割地,损害。深:割地多,损失重。 ④听:服从。 ⑤两弊:两

国相持,必俱疲怠凋敝。

景舍①曰:"不然。昭奚恤不知也。夫魏之攻赵也,恐楚之攻其后②,今不救赵,赵有亡形③,而魏无楚忧,是楚、魏共赵④也,害必深矣!何以两弊也?且魏令兵以深割赵,赵见亡形,而有楚之不救己⑤也,必与魏合而以谋楚。故王不如少出兵,以为赵援。赵恃楚劲⑥,必与魏战。魏怒于赵之劲,而见楚救之不足畏也,必不释⑦赵。赵、魏相弊,而齐、秦应⑧楚,则魏可破也。

[注释]①景舍:楚将。 ②后:背后。 ③形:形势。 ④共赵:共同攻伐赵。 ⑤己:指赵国。 ⑥劲:强大的力量。 ⑦释:放弃攻伐。 ⑧应:根据局势变化,齐、秦将会乘机起兵攻魏。

楚因使景舍起兵救赵。邯郸拔①,楚取睢、浐之间②。

[注释]①邯郸拔:赵都邯郸被魏攻陷。 ②睢、浐之间:睢水与浐水之间的地区,当时属于魏国东南境。睢水,发源于河南睢县,至安徽入淮河。浐:音 huì,浐水,即河南永城的浍河。

○江尹欲恶昭奚恤于楚王

江尹欲恶昭奚恤于楚王①,而力不能②,故为梁山阳君请封于楚③。楚王曰:"诺。"昭奚恤曰:"山阳君无功于楚国,不当封。"江尹因得山阳君与之共恶昭奚恤。

[注释]①江尹:即江一、江乙。恶:谗言陷害。 ②力不能:自己的力量、能力不够。 ③山阳君:魏惠王时封君的山阳君,封于山阳,故名。山阳:魏

邑,在今河南焦作市。封:封地,封邑。

○魏氏恶昭奚恤于楚王

　　魏氏①恶昭奚恤于楚王,楚王告昭子②。昭子曰:"臣朝夕以事听命③,而魏人④吾君臣之间,臣大惧。臣非畏魏也! 夫泄吾君臣之交⑤,而天下信之,是其为人也近苦⑥矣。夫苟不难为之外⑦,岂忘为之内乎⑧? 臣之得罪无日矣⑨。"王曰:"寡人知之,大夫何患⑩?"

　　[注释]①魏氏:因山阳君为魏国人,故又称其魏氏。 ②昭子:昭奚恤。③以事:为了国事。听命:听楚王之命。 ④人:介入。 ⑤泄:漏泄,损害。交:君臣情谊。 ⑥苦:恶,指江尹为人恶毒。 ⑦夫苟不难为之外:如果有其他诸侯国的人做这样谗言害人的事,是没有困难的。 ⑧岂忘为之内乎:怎么敢忘记、忽略内部的朝臣。 ⑨得罪:获罪。无日:不会有多长时间。⑩患:忧患,忧虑。

○江乙恶昭奚恤

　　江乙恶昭奚恤,谓楚王曰:"人有以其狗为有执①而爱之。其狗尝溺②井,其邻人见狗之溺井也,欲入言之③。狗恶之,当门而噬之④。邻人惮⑤之,遂不得入言。邯郸之难,楚进兵大梁⑥,取⑦矣。昭奚恤取魏之宝器⑧,以居魏知之⑨,故昭奚恤常恶臣之见王。"

　　[注释]①有执:忠于职责,善于守护。 ②溺井:便溺于水井之中。溺:音niào,同"尿",便溺。 ③欲入言之:想进入狗的主人家告诉狗的主人。④当门:守门。噬:咬。 ⑤惮:音dàn,害怕,惧怕。 ⑥大梁:魏都城,今河

南开封市。　⑦取：夺取。　⑧宝器：钟鼎彝器等。　⑨以居魏知之：因为我居住在魏国了解这件事。

○江乙欲恶昭奚恤于楚

江乙欲恶昭奚恤于楚，谓楚王曰："下比周①，则上②危；下分争③，则上安。王亦知之乎？愿王勿忘也。且人有好扬④人之善者，于王何如？"王曰："此君子也，近之。"江乙曰："有人好扬人之恶者，于王何如？"王曰："此小人也，远之。"江乙曰："然则且有子杀其父，臣弑其主者，而王终已⑤不知者，何也？以王好闻人之美而恶闻人之恶也。"王曰："善。寡人愿两闻⑥之。"

[注释]①下比周：臣下结党营私，或团结一致。　②上：国君。　③分争：彼此关系疏远并相互争斗。　④扬：宣扬，表扬。　⑤终已：直到最后。　⑥两闻：扬人之善与扬人之恶的言论都要听。

○江乙说于安陵君

江乙说于安陵君①曰："君无咫尺之地②，骨肉之亲，处尊位，受厚禄，一国之众，见君莫不敛衽③而拜，抚委而服④，何以也？"曰："王过举⑤而已。不然，无以至此。"

[注释]①安陵君：楚宣王宠幸之臣。安陵：楚邑，在今河南鄢陵县。　②地：封地，一说"地"为功劳之"功"。　③敛衽：整理衣服，表示尊重。衽：衣襟。　④抚委而服：弯腰鞠躬表示臣服。抚：手抚其冠。委：曲，弯腰。　⑤过举：过分的宠爱。

江乙曰:"以财交①者,财尽而交绝;以色②交者,华落而爱渝③。是以嬖女不敝席④,宠臣不避轩⑤。今君擅楚国之势⑥,而无以深自结于王⑦,窃为君危之。"安陵君曰:"然则奈何?""愿君必请从死⑧,以身为殉⑨,如是必长⑩得重于楚国。"曰:"谨受令。"

[注释]①交:与人交往,取得爱护、尊重。 ②色:姿色,容貌。 ③华:华丽的容颜。渝:变。 ④嬖女不敝席:被宠的女子等不到卧席子破旧就会失去宠爱。 ⑤宠臣不避轩:宠臣在车上就会失宠,犹言在什么场合宠臣都有可能失宠。轩:车辕,又指一种带帷幕的车。避:回避。一说避同敝,意为等不到车子凋敝宠臣就会失宠。 ⑥擅:专擅。势:局势。 ⑦无以深自结于王:没有雄厚的基础使自己与楚王建立深厚的交往。 ⑧从死:为楚王献身。 ⑨以身为殉:以身殉王。 ⑩长:长久,长期。

三年而弗言。江乙复见曰:"臣所为君道①,至今未效②。君不用臣之计,臣请不敢复见矣。"安陵君曰:"不敢忘先生之言,未得间③也。"

[注释]①道:方法,策谋。 ②效:效验,结果。 ③间:机会,机遇。

于是,楚王游于云梦①,结驷千乘②,旌旗蔽③日,野火之起也若云蜺④,兕⑤虎嗥之声若雷霆,有狂兕牂车依轮而至⑥,王亲引弓而射,壹发而殪⑦。王抽旃旄而抑兕首⑧,仰天而笑曰:"乐矣,今日之游也。寡人万岁千秋之后⑨,谁与乐此矣⑩?"安陵君泣数行而进曰⑪:"臣入则编席⑫,出则陪乘⑬。大王万岁千秋之后,愿得以身试黄泉⑭,蓐蝼蚁⑮,又何如得此乐⑯而乐之。"王大说,乃封坛⑰为安陵君。

[注释]①云梦:云梦泽,位于湖北省江汉平原的湖泊群,先秦时这一湖群的范围长约450公里,大致包括今湖南益阳市、湘阴县以北,湖北江陵县、安陆市以南,武汉市以西的广大地区。　②结驷千乘:四匹马拉的车连接起来有千辆。　③蔽:掩盖。　④野火:为围困驱赶野兽烧起的大火。云蜺:彩虹。蜺,音 ní。　⑤兕:犀牛。　⑥佯:音 xiáng,快走。依轮:紧靠车轮。　⑦壹发而殪:一箭发出,射杀了疯狂的犀牛。殪:音 yì,死,杀死。　⑧旃旄:以牛尾装饰的曲柄旗帜。旃:音 zhān,曲柄旗。旄:音 máo,装饰在旗杆头上的牦牛尾巴。抑:按住。　⑨万岁千秋之后:犹言百年之后,死后。　⑩谁与乐此矣:安陵君你跟随着谁能享受到这样的快乐。　⑪泣数行:泪流满面。进:到楚宣王跟前。　⑫编席:陪侍在坐席旁边。　⑬陪乘:陪伴楚王乘车。　⑭以身试黄泉:亲身陪伴楚王到黄泉。黄泉:地下深处泉水涌出的地方,习惯指葬身之处。　⑮蓐蝼蚁:愿成为能够为楚王抵挡蝼蛄、蚂蚁的小草或草垫子。蓐:音 rù,陈草复生,草席,草垫子。　⑯此乐:为楚王殉葬的快乐。　⑰封坛:建立祭祀或举行仪式之坛,犹言以隆重的仪式表彰安陵君。

　　君子闻之曰:"江乙可谓善谋,安陵君可谓知时①矣。"

　　[注释]①知时:审时度势,随机应变,抓住机遇。

○江乙为魏使于楚

　　江乙为魏使于楚①,谓楚王曰:"臣入竟②,闻楚之俗,不蔽③人之善,不言④人之恶,诚⑤有之乎?"王曰:"诚有之。"江乙曰:"然则白公之乱⑥,得无遂⑦乎？诚如是,臣等之罪免矣。"楚王曰:"何也?"江乙曰:"州侯相楚⑧,贵甚矣而主断⑨,左右俱曰'无有',如出一口矣⑩。"

[注释]①江乙为魏使于楚:江乙代表魏国出使于楚国。江乙:魏人,此时居于魏。 ②竟:通境,国境。 ③蔽:掩盖,掩护,护短。 ④言:说,宣扬。 ⑤诚:确实。 ⑥白公之乱:公元前479年楚平王太子建因谗言而出奔郑,郑杀太子建。太子建之子白公胜出奔吴。楚惠王即位,召白公胜回国。后白公胜请兵伐郑,子西等人反对,白公胜杀子西,劫持楚惠王。 ⑦遂:成,成功。 ⑧州侯相楚:州侯辅佐楚国。州侯:楚王宠幸之臣,封邑在州。州:战国楚邑,位于今湖北监利县。 ⑨贵甚:非常尊贵。主断:专断。 ⑩如出一口矣:如同出自一人之口,犹言与"不蔽人之善,不言人之恶"之语如出一辙。

○郢人有狱三年不决者

郢人有狱三年不决者①,故令请其宅②,以卜其罪③。客因为之谓昭奚恤曰④:"郢人某氏之宅,臣愿之⑤。"昭奚恤曰:"郢人某氏,不当服罪⑥,故其宅不得。"

[注释]①郢人有狱三年不决者:郢,音yǐng,楚国都城,在今湖北江陵县。狱:诉讼案件。决:最后判决。 ②请其宅:请求拍卖他的宅子。 ③卜其罪:决定他是否有罪。卜:占卜,此犹言通过此事试探他是否犯罪。 ④客:一位不知姓名的人。因为之:根据"请其宅,以卜其罪"这个决定。 ⑤愿之:愿意购买。 ⑥不当服罪:不应该服罪。

客辞而去。昭奚恤已①而悔之,因谓客曰:"奚恤得事公②,公何为以故③与奚恤?"客曰:"非用故也。"曰:"谓④而不得,有说⑤色,非故如何也?"

[注释]①已:事后。 ②得事公:得以服事你。公:指欲购宅的"客"。 ③故:原因,指设圈套试探。 ④谓:告诉。 ⑤说:悦。

○城浑出周

城浑出周①,三人偶行②,南游于楚,至于新城③。

[注释]①城浑:周人。周:今河南洛阳。 ②三人偶行:一人先行,后又有两人加入结伴而行。 ③新城:原为韩邑,后被楚占,又被秦取,在今河南伊川县。

城浑说其令①曰:"郑、魏者,楚之耎②国;而秦,楚之强敌也。郑、魏之弱,而楚以上梁应之③;宜阳④之大也,楚以弱⑤新城围之。蒲反、平阳相去百里⑥,秦人一夜而袭之,安邑⑦不知;新城、上梁相去五百里,秦人一夜而袭之,上梁亦不知也。今边邑之所恃者⑧,非江南泗上也⑨。故楚王何不以新城为主郡⑩也,边邑甚利之。"

[注释]①令:新城县令。 ②耎:音,ruǎn,软弱。 ③上梁:即南梁,位于今河南汝州市。应:应对,对付。 ④宜阳:在今河南宜阳县,原为韩重要城邑,现被秦占领。 ⑤弱:弱小的。 ⑥蒲反:即蒲坂,在今山西永济市。平阳:在今山西临汾市。相去:相距。 ⑦安邑:魏国故都,在今山西夏县。 ⑧边邑:位于边境附近的城邑。恃:依靠,凭借。 ⑨江南:位于长江以南的楚国腹心地区。泗上:泗水流域,泗水,发源于山东泗水县,在安徽宿迁县入淮河。 ⑩主郡:重要的郡,犹言使新城为该郡的中心城邑。

新城公①大说,乃为具②驷马乘车五百金之楚。城浑得之,遂南交于楚,楚王果③以新城为主郡。

[注释]①公:楚县尹又称为公,亦即前文所说的令。 ②具:备,准备并赠送。 ③果:果然。

○韩公叔有齐魏

韩公叔有齐、魏①,而太子有楚、秦以争国②。郑申为楚使于韩③,矫以新城、阳人予太子④。楚王⑤怒,将罪之⑥。对曰:"臣矫予之,以为国也。臣为太子得新城、阳人,以与公叔争国而得之⑦。齐、魏必伐韩。韩氏急⑧,必悬命⑨于楚,又何新城、阳人之敢求⑩?太子不胜⑪,然而不死,今将倒冠而至⑫,又安敢言地?"楚王曰:"善。"乃不罪也。

[注释]①公叔:韩大臣。有齐、魏:得到齐、魏的援助、支持。 ②太子:韩国太子,名几瑟。争国:争夺国家大权。 ③郑申:楚大臣。使:出使。 ④矫:假托。阳人:楚邑,在今河南汝州市。予:给予。 ⑤楚王:楚怀王槐。 ⑥罪之:治罪惩处他。 ⑦得之:得胜,得掌握韩国的大权。 ⑧急:危机。 ⑨悬命于楚:把韩国的命运前途寄托于楚国。悬:悬挂。 ⑩求:要求得到新城、阳人。 ⑪太子不胜:太子在争国的斗争中败于公叔。 ⑫倒冠而至:歪戴着帽子慌慌张张地逃到楚国。倒冠:歪戴、倒戴、反戴着帽子。

○楚杜赫说楚王以取赵

楚杜赫说楚王以取赵①。王且予之五大夫②,而令私③行。

[注释]①杜赫:周人,曾在东周、齐、楚、韩活动。楚王:楚怀王槐。 ②且:将、将要。予:给予、赐封。五大夫:楚国的高等爵位。 ③私行:暗自行动。

陈轸①谓楚王曰："赫不能得赵②，五大夫不可收③也，得赏无功也。得赵而王无加④焉，是无善⑤也。王不如以十乘⑥行之，事成，予之五大夫。"王曰："善。"乃以十乘行之。

[注释]①陈轸：齐人，一说为夏人，先后仕于秦、魏、楚。轸，音zhěn。②得赵：按预定计划取得赵国。 ③收：收回。授予杜赫的爵位。 ④无加：无法赏赐更高的爵位。 ⑤无善：不赏其善，犹言有功而没得到赏赐。 ⑥十乘：十辆车。

杜赫怒而不行。陈轸谓楚王曰："是①不能得赵也。"

[注释]①是：指杜赫。

○楚王问于范环

楚王问于范环①曰："寡人欲置相于秦②，孰可？"对曰："臣不足以知之。"王曰："吾相甘茂可乎③？"范环对曰："不可。"王曰："何也？"曰："夫史举④，上蔡之监门也。大不如事君⑤，小不如处室⑥，以苛廉⑦闻于世，甘茂事之顺⑧焉。故惠王之明⑨，武王之察⑩，张仪之好谮⑪，甘茂事之，取⑫十官而无罪，茂诚贤⑬者也，然而不可相秦⑭。秦之有贤相也，非楚国之利也。且王尝用滑于越而纳句章⑮，昧之难⑯，越乱⑰，故楚南察濑胡而野江东⑱。计⑲王之功所以能如此者，越乱而楚治也。今王以用之于越矣⑳，而忘之于秦，臣以为王钜速忘㉑矣。王若欲置相于秦乎？若公孙郝㉒者可。夫公孙郝之于秦王㉓，亲㉔也。

少㉕与之同衣,长㉖与之同车,被王衣以听事㉗,真大王之相已㉘。王相之㉙,楚国之大利也。"

[注释]①范环:楚人。 ②置相于秦:为秦推荐一个相国。 ③相:使为相国。甘茂:上蔡人,一说为下蔡人,时为秦将军。 ④史举:甘茂之师,曾为上蔡的监门。 ⑤大:大的事情。如:又作"知",懂得、知道。 ⑥处室:处理家庭事务。 ⑦苛廉:苛刻廉洁,指过度的廉正。 ⑧顺:顺利,顺畅。 ⑨惠王:秦惠王。明:英明。 ⑩武王:秦武王。察:明察。 ⑪张仪:魏人,战国著名纵横家,曾为秦相国。潛:音zèn,以言语诬陷、中伤他人。 ⑫取:获得。 ⑬诚贤:确实贤明。 ⑭相秦:为秦之相。 ⑮用滑于越而纳句章:使滑为越国之相而得到了句章之地。滑:楚人。越:越国。句章:故越地,在今浙江余姚市。 ⑯昧之难:公元前301年秦、齐、韩、魏联合攻楚,楚将唐昧战死。 ⑰越乱:越国混乱。 ⑱察濒胡:拥有并治理濒胡。濒胡:地名,当今何地不详。野东江:以江东之地为楚国的远郊。江东:吴国故地。 ⑲计:计算,评论。 ⑳用之于越:曾经使用于越国的做法。 ㉑钜速忘:又快又彻底的健忘。钜:巨大。 ㉒公孙郝:秦国公族,一说为楚大臣。 ㉓秦王:秦昭王。 ㉔亲:亲近。 ㉕少:少年时代。 ㉖长:长大以后。 ㉗被王衣以听事:身披秦昭王的衣服处理政务。 ㉘真大王之相已:确实是大王您举荐到秦国为相国的最合适人选。 ㉙王相之:王使公孙郝为秦相国。

○苏秦为赵合从说楚威王

苏秦为赵合从①,说楚威王曰:"楚,天下之强国也。大王,天下之贤王也。楚地西有黔中、巫郡②,东有夏州、海阳③,南有洞庭、苍梧④,北有汾陉之塞、郇阳⑤。地方五千里,带甲百万,车千乘,骑万匹,粟支⑥十年,此霸王之资⑦也。夫以楚之强与大王之贤,天下莫能当⑧也。今乃欲西面而事秦,则诸侯莫不南面而朝于章台⑨之下矣。秦之所害⑩于天下莫如楚,楚强则秦弱,楚弱则秦强,此其势不两立。故为王至计,莫如从亲以孤秦⑪。大王不从亲,秦必起两军:一军出武关⑫;一军下黔中。若此,则鄢、郢动矣⑬。臣闻治之其未乱⑭,为之其未有也;患至而后忧之,则无及⑮已。故愿大王之早计之。

[注释]①为赵合从:为赵国进行合纵活动。 ②黔中:楚地,后为秦国所有,下辖湖南沅、澧流域,湖北清江流域,四川黔江流域,贵州东北部。巫郡:战国时楚国设置的郡,首府在今四川巫山县。 ③夏州:位于今湖北武汉市汉阳区。海阳:在今江苏泰州市。 ④洞庭:洞庭湖地区,在今湖南岳阳。苍梧:即九疑山,在今湖南宁远县。 ⑤汾陉:在今河南临颍县。塞:要塞。郇阳:在今陕西旬阳县。 ⑥支:支撑,食用。 ⑦资:资本,凭借。 ⑧当:相当,匹敌。 ⑨章台:秦咸阳离宫的大台。 ⑩害:害怕,惧怕。 ⑪至计:最完美的计谋。从亲:与亲密之国合纵。 ⑫武关:秦国的重要关隘,在今陕西商洛市。 ⑬鄢:楚地,今湖北宜城县。郢:楚国都城,今湖北江陵县。动:动荡不安。 ⑭未乱:混乱没有发生之前。 ⑮无及:来不及。

"大王诚能听臣,臣请令山东之国,奉四时之献①,以承大王之明制②,委③社稷宗庙,练士厉兵④,在大王之所用之⑤。大王诚能听臣之愚计,则韩、魏、齐、燕、赵、卫之妙音⑥美人,必充后宫矣。赵、代良马橐他⑦,必实于外厩。故从合则楚王⑧,横成则秦帝。今释⑨霸王之业,而有事人之名,臣窃为大王不取⑩也。

[注释]①四时之献:一年四季进献不同的财物。 ②承:奉,支持。明制:英明的选择、措施。 ③委:委托,托付。 ④厉:同"砺"。 ⑤在大王之所用之:听任大王随时调用。 ⑥妙音:美妙动听的音乐。 ⑦赵:赵国之地。代:郡名,在今山西代县、河北蔚县一带。橐他:骆驼。 ⑧从合:合纵成

功。王:王天下。 ⑨释:放弃。 ⑩取:选取。

"夫秦,虎狼之国也,有吞天下之心。秦,天下之仇雠①也,横人②皆欲割诸侯之地以事秦,此所谓养仇而奉雠③者也。夫为人臣而割其主之地,以外交强虎狼之秦,以侵④天下,卒有秦患⑤,不顾其祸⑥。夫外挟⑦强秦之威,以内劫⑧其主,以求割地⑨,大逆⑩不忠,无过此者。故从亲,则诸侯割地以事楚;横合,则楚割地以事秦。此两策者,相去远矣,有亿兆之数⑪。两者大王何居⑫焉?故弊邑赵王,使臣效⑬愚计,奉明约⑭,在大王命之。"

[注释]①仇雠:仇人。雠:音 chóu。 ②横人:连横之人。 ③养仇而奉雠:豢养仇人,奉养仇敌。 ④侵:侵害。 ⑤卒:猝,突然。患:祸患。 ⑥不顾其祸:不顾及、不考虑对本国的祸患。 ⑦挟:利用,依仗。 ⑧劫:威胁,控制。 ⑨割地:割地给秦国。 ⑩逆:叛逆。 ⑪亿兆之数:犹言两者差距是一个巨大的天文数字。 ⑫何居:如何选择,选择哪一个。 ⑬效:献上。 ⑭明约:明确无误、英明正确的约定、盟约。

楚王曰:"寡人之国,西与秦接境,秦有举巴蜀、并汉中之心①。秦,虎狼之国,不可亲也。而韩、魏迫于秦患②,不可与深谋③,恐反人以入于秦④,故谋未发⑤而国已危矣。寡人自料⑥,以楚当秦,未见胜焉。内与群臣谋,不足恃也。寡人卧不安席⑦,食不甘味,心摇摇如悬旌⑧,而无所终薄⑨。今君欲一⑩天下,安⑪诸侯,存⑫危国,寡人谨奉社稷以从⑬。"

[注释]①举:攻克,占领。巴蜀:泛指四川重庆一带。并:兼并。汉中:今

陕西南部和鄂西北汉水流域,首府在今陕西汉中市。　②秦患:秦的逼迫。③深谋:进行具有根本性的谋划。　④恐反人以入于秦:恐怕背叛的人把情报泄露给秦国。　⑤发:实施。　⑥自料:自我估计,自我断定。　⑦卧:睡觉。席:卧席,睡觉的席子。　⑧悬旌:高悬在空中的旌旗,飘忽不定。⑨终薄:归宿。薄:归附。　⑩一:统一。　⑪安:安定。　⑫存:保存,使其继续生存。　⑬谨:谨慎小心。从:合纵。

○张仪为秦破从连横

张仪为秦破从连横,说楚王曰:"秦地半天下①,兵敌四国②,被山带河③,四塞以为固④。虎贲⑤之士百余万,车千乘,骑⑥万疋,粟如丘山。法令既明,士卒安难乐死⑦。主严以明⑧,将知以武⑨。虽无出兵甲,席卷常山之险⑩,折天下之脊⑪,天下后服者⑫先亡。且夫为从⑬者,无以异于驱群羊而攻猛虎也。夫虎之与羊,不格明矣⑭。今大王不与猛虎而与群羊,窃以为大王之计过⑮矣。

[注释]①半天下:占有天下土地的二分之一。　②兵敌四国:兵力相当于四方之国。　③被山带河:背靠终南山和太华山,连接黄河,犹言山河环绕。　④四塞以为固:四面皆有险阻。固:牢固。　⑤虎贲:勇士。　⑥骑:马。　⑦安难乐死:坦然面对困难,勇于献身拼命。　⑧明:法令严明。⑨武:武勇。　⑩常山:即恒山,在今河北曲阳县,与太行山相连。　⑪脊:脊梁,指常山。　⑫后服者:晚臣服于秦者。　⑬从:合纵。⑭格:敌,抵抗。⑮过:失误,过错。

"凡天下强国,非秦而楚,非楚而秦。两国敌侔①交争,其势不两立。而大王不与②秦,秦下③甲兵,据宜阳④,韩之上地⑤不通;下河东⑥,取成皋⑦,韩必入臣⑧于秦。

韩入臣,魏则从风而动⑨。秦攻楚之西,韩、魏攻其北,社稷岂得无危哉?

[注释]①敌侔:势均力敌。侔:相等。 ②与:结交,追随。 ③下:由西向东进军。 ④据宜阳:占据宜阳。宜阳:在今河南宜阳县。 ⑤上地:上流之地,最好的地区。一说为位于今山西长治市、晋城市一带的上党之地。 ⑥河东:黄河之东,今山西西南部。 ⑦成皋:位于今河南荥阳市。 ⑧人臣:到秦国称臣。 ⑨从风而动:附和、响应韩国的做法臣服于秦。

"且夫约从①者,聚群弱而攻至②强也。夫以弱攻强,不料敌而轻战③,国贫而骤④举兵,此危亡之术也。臣闻之,兵不如者,勿与挑战;粟不如者,勿与持久。夫从人者⑤,饰辩虚辞⑥,高主之节行⑦,言其利而不言其害,卒⑧有楚祸,无及为已⑨,是故愿大王之熟计之也。

[注释]①约从:盟约合纵。 ②至:最,达到极点。 ③料:准确估计。轻战:轻率发起战争。 ④骤:急速,突然。 ⑤从人者:合纵之人。 ⑥饰辩虚辞:以华丽的辞藻修饰雄辩而虚假的言辞。 ⑦高主之节行:高度赞扬国君的品质与行为。 ⑧卒:猝然。 ⑨无及为已:来不及挽救已经发生的事情。

"秦西有巴蜀,方船①积粟,起于汶山②,循③江而下,至郢④三千余里。舫船⑤载卒,一舫载五十人,与⑥三月之粮,下水⑦而浮,一日行三百余里;里数虽多,不费马汗之劳,不至十日而距扞关⑧;扞关惊,则从竟陵已东⑨,尽城守矣⑩,黔中、巫郡⑪非王之有已。秦举甲出之武关⑫,南面而攻,则北地绝⑬。秦兵之攻楚也,危难⑭在三月之内。而楚恃诸侯之救,在半岁之外⑮,此其势不相及也⑯。夫恃弱国之救，而忘强秦之祸，此臣之所以为大王之患也。且大王尝与吴人五战三胜而亡之⑰，陈卒⑱尽矣，有偏守新城⑲而居民苦矣。臣闻之，攻大者易危，而民弊者怨于上。夫守易危之功⑳，而逆㉑强秦之心，臣窃为大王危之。

[注释]①方船：两舟相并，泛指大船。　②汶山：即岷山，在今四川省中部。　③循：沿。　④郢：音yǐng，楚国都城，今湖北江陵县。　⑤舫船：即方船。　⑥与：与五十人同乘一方船。　⑦下水：顺水。　⑧距：至，到达。扞关：楚重要关隘，在今湖北长阳土家族自治县。扞，音hàn。　⑨竟陵：在今湖北潜江市。已东：以东。　⑩尽城守矣：所有的城邑都要进入戒备状态。　⑪黔中：楚地，后为秦国所有，下辖之地主要有湖南沅、澧流域，湖北清江流域，四川黔江流域，贵州东北部。巫郡：战国时楚国设置的郡，首府在今四川巫山县。　⑫武关：秦国的重要关隘，在今陕西商洛市。　⑬北地：楚国北部地区，大致在今河南信阳市一带。绝：断绝与楚国的联系。　⑭危难：楚灭亡之难。　⑮半岁之外：半年以后。　⑯势：秦灭楚的形势与其他诸侯救秦的形势。相及：相提并论。　⑰亡之：消灭吴国。　⑱陈卒：用来列兵布阵的士兵。　⑲偏守新城：固守偏僻的新得城邑。　⑳易危之功：坚守易攻难守危险之地的做法。　㉑逆：逆反，违背。

"且夫秦之所以不出甲于函谷关十五年以攻诸侯者①，阴谋有吞天下之心也。楚尝与秦构难，战于汉中②。楚人不胜，通侯、执珪死者七十余人③，遂亡汉中。楚王大怒，兴师袭秦，战于蓝田④，又却⑤。此所谓两虎相搏者也。夫秦、楚相弊⑥，而韩、魏以全制其后⑦，计无过⑧于此者矣，是故愿大王熟⑨计之也。

[注释]①函谷关：在今河南灵宝县。十五年：游说者的虚拟之辞，并非具体历史事实。　②汉中：今陕西南部和鄂西北汉水流域，首府在今陕西汉中市。　③通侯：即彻侯，功德达于王室的侯爵。执珪：楚上等爵位。　④蓝

田:在今陕西蓝田县。　⑤却:败退。　⑥弊:伤害。　⑦全:未受损失的韩、魏。制:钳制,控制。　⑧过:失误,错误。　⑨熟:思考成熟。

"秦下兵攻卫、阳晋①,必开扃天下之匈②,大王悉起兵以攻宋,不至数月而宋可举③。举宋而东指④,则泗上十二诸侯⑤,尽王之有已。

[注释]①卫:卫国,先后定都城于河南淇县、滑县和濮阳市。阳晋:原卫地,后属魏,又被秦取,在今山东曹县。　②开扃:开关,犹言控制。扃:音jiōng,门闩,关门。匈:同"胸"。　③举:攻陷。　④东指:兵锋向东。　⑤泗上十二诸侯:泗水流域的各个诸侯国。

"凡天下所信约从亲坚者苏秦①,封为武安君而相燕②,即阴③与燕王谋破齐共分其地。乃佯④有罪,出走入齐,齐王因受而相之⑤。居二年而觉⑥,齐王大怒,车裂⑦苏秦于市。夫以一诈伪反覆之苏秦,而欲经营天下,混一⑧诸侯,其不可成也亦明矣。

[注释]①凡天下所信约从亲坚者苏秦:使各个诸侯国订立盟约,牢固的合纵之人是苏秦。　②武安君:苏秦封号,与秦白起、赵李牧封号相同。武安:赵邑,今河北武安市。　③阴:暗地里。　④佯:假装。　⑤相之:使其为相国。　⑥觉:被发现。　⑦车裂:以马拉的车撕裂人体的酷刑。　⑧混一:统一。

"今秦之与楚也,接境壤界,固形亲之国也①。大王诚能听臣,臣请秦太子入质于楚,楚太子入质于秦,请以秦女为大王箕帚之妾②,效万家之都③,以为汤沐之邑④,长为昆弟之国⑤,终身无相攻击。臣以为计无便⑥于此者。故敝邑秦王⑦,使使臣献书大王之从车下风⑧,须以决事。"

[注释]①形亲之国:地理形势使两国成为天然的亲近之国。 ②箕箒之妾:侍奉洒扫之事的小妾,此是嫁女为人妻的谦恭之辞。箕:簸箕。箒:同帚,扫帚。 ③效:献上。都:都邑。 ④汤沐之邑:以其都邑的赋税作为日常生活的费用。 ⑤长:长期。昆弟:兄弟。 ⑥便:方便实用。 ⑦秦王:秦惠王。 ⑧书:国书。从车:楚王的随从车辆。下风:表示卑下的位置。

楚王曰:"楚国僻陋,讬①东海之上。寡人年幼,不习国家之长计②。今上客幸教以明制③,寡人闻之,敬以国从。"乃遣使车百乘,献鸡骇之犀④、夜光之璧⑤于秦王。

[注释]①讬:同"托",寄身于,栖身于。 ②习:熟悉,精通。长计:长远的思考、计虑。 ③制:秦王之制诏。 ④鸡骇之犀:珍奇的犀牛角,因犀牛角中有一条线的白色纹理,置米与其上喂鸡,鸡欲啄之则又惊骇而止,故名鸡骇犀。 ⑤夜光之璧:黑暗中反光非常好的玉璧。

○张仪相秦

张仪相秦,谓昭雎①曰:"楚无鄢、郢、汉中②,有所更得③乎?"曰:"无有。"曰:"无昭雎、陈轸④,有所更得乎?"曰:"无所更得。"张仪曰:"为仪谓楚王逐昭雎、陈轸⑤,请复⑥鄢、郢、汉中。"昭雎归报楚王,楚王说之。

[注释]①昭雎:楚臣。 ②鄢:楚地,今湖北宜城县。郢:楚国都城,今湖北江陵县。汉中:今陕西南部和鄂西北汉水流域,首府在今陕西汉中市。三者皆为楚的重要地区。 ③更得:再次得到。 ④陈轸:齐人,一说为夏人,先后仕于秦、魏、楚。轸,音 zhěn。 ⑤为仪谓楚王:代表张仪告诉楚王。逐:驱逐。 ⑥复:归还于楚。

有人谓昭雎曰:"甚矣,楚王不察于争名者也①。韩求相工陈籍而周不听②;魏求相綦母恢③而周不听,何以也?周是列县畜我也④。今楚,万乘之强国也;大王,天下之贤主也。今仪曰逐君与陈轸而王听之,是楚自行⑤不如周,而仪重于⑥韩、魏之王也。且仪之所行,有功名者秦也⑦,所欲贵富者魏也⑧。欲为攻于魏⑨,必南伐楚。故攻有道⑩,外绝其交⑪,内逐其谋臣。陈轸,夏⑫人也,习⑬于三晋之事,故逐之,则楚无谋臣矣。今君能用⑭楚之众,故亦逐之,则楚众不用矣。此所谓内攻⑮之者也,而王不知察。今君何不见臣于王⑯,请为王使齐交⑰不绝。齐交不绝,仪闻之,其效鄢、郢、汉中必缓矣⑱。是昭雎之言不信也⑲,王必薄⑳之。"

[注释]①察:明察。争名者:争夺名利之人。　②求相工陈籍:请工陈籍为相国。工陈籍:即工师籍,曾为东周相国。听:同意。　③綦母恢:周臣。綦,音 qí。　④周是列县畜我也:周被韩、魏作为下属的县来对待,因此周不同意工陈籍綦母恢为韩、魏相国。畜:蓄养,待遇。　⑤自行:自己使自己。　⑥重于:重要于。　⑦有功名者秦也:张仪博取功名于秦。　⑧所欲贵富者魏也:张仪欲取得富贵于魏。　⑨欲为攻于魏:欲为魏国攻伐他国。　⑩道:攻伐的规律。　⑪交:结交的友好之国。　⑫夏:中原。　⑬习:熟悉,熟知。　⑭用:使用,指挥。　⑮内攻:是内部混乱,从内部进攻。　⑯今君何不见臣于王:国君为何不使臣下觐见大王。　⑰交:外交关系。　⑱效:献上。缓:推迟实施。　⑲是昭雎之言不信也:张仪的做法必然使楚王不相信昭雎的话。　⑳薄:轻视。

〇威王问于莫敖子华

威王问于莫敖子华曰①:"自从先君文王以至不谷之

身②,亦有不为爵劝③,不为禄勉④,以忧社稷⑤者乎?"莫敖子华对曰:"如华不足知之矣⑥。"王曰:"不于大夫⑦,无所闻之?"莫敖子华对曰:"君王将何问者也?彼有廉其爵⑧,贫其身⑨,以忧社稷者;有崇⑨其爵,丰其禄⑩,以忧社稷者;有断脰决腹⑪,壹瞑⑫而万世不视,不知所益⑬,以忧社稷者;有劳其身⑭,愁其志⑮,以忧社稷者;亦有不为爵劝,不为禄勉,以忧社稷者。"王曰:"大夫此言,将何谓⑯也?"

[注释]①威王:楚威王。莫敖:地位仅次于令尹、司马的职官,职责是传达君令,备君咨询等。子华:楚人,名章,字子华。 ②文王:楚文王。不谷之身:楚威王的自称。 ③爵:爵位。劝:勉励。 ④勉:勉励,努力。 ⑤忧社稷:为国家社稷而忧虑。 ⑥如华不足知之:像我子华这样的人知道的是不多的。 ⑦不于大夫:不询问于大夫。 ⑧廉其爵:为官清廉,不追求爵位。 ⑨贫其身:不聚集财富,身家贫穷。 ⑨崇:崇尚,追求。 ⑩丰其禄:使其俸禄更加丰厚。 ⑪断脰决腹:砍头剖腹。脰:音dòu,项,脖子。 ⑫壹瞑:一下就闭上眼睛。瞑:音míng,闭上眼睛看不见,犹言死亡。 ⑬益:利益,好处。 ⑭劳其身:劳苦自己的身体。 ⑮愁其志:充满愁苦、忧虑的心志。 ⑯何谓:说的是哪些人。

莫敖子华对曰:"昔令尹子文①,缁帛之衣以朝②,鹿裘以处③;未明而立于朝④,日晦⑤而归食;朝不谋⑥夕,无一月之积⑦。故彼廉其爵,贫其身,以忧社稷者,令尹子文是也。

[注释]①令尹:楚百官之长,相当于其他国家的相国。子文:氏斗,名谷於菟,春秋楚成王时的令尹。 ②缁帛之衣:黑色的丝织衣服,朝觐时穿的礼服。朝:朝见国君。 ③鹿裘:鹿皮等皮革缝制的粗劣衣服。处:日常起居。

④未明:天没有亮。朝:朝见之廷。 ⑤日晦:太阳落山,天黑。 ⑥朝不谋夕:朝不保夕,吃过早饭而不知有没有晚饭。 ⑦积:积累,积聚。

"昔者叶公子高①,身获于表薄②,而财于柱国③,定白公之祸④,宁⑤楚国之事;恢先君以揜方城之外⑥,四封不侵⑦,名不挫⑧于诸侯。当此之时也,天下莫敢以兵南乡⑨。叶公子高,食田六百畛⑩,故彼崇其爵,丰其禄,以忧社稷者,叶公子高是也。

[注释]①叶公子高:春秋人,氏叶:叶,音shè,名诸梁,字子高,封于叶。叶,在今河南叶县。 ②身获于表薄:以低贱的出身获得高爵。身获:自身获得高爵。表薄:野外山林之人。 ③财于柱国:才能相当于柱国。财:通"材",才能。柱国:楚最高的武官。 ④白公之祸:公元前479年楚平王太子建因谗言而出奔郑,郑杀太子建。太子建之子白公胜出奔吴。楚惠王即位,召白公胜回国。后白公胜请兵伐郑,子西等人反对,白公胜杀子西,劫持楚惠王。 ⑤宁:平息,平定。 ⑥恢:恢弘,扩大。揜:音yǎn,盖,覆盖,统辖。方城之外:方城以北。方城:山名,楚国的北部要塞,位于今河南叶县,一说在今河南方城县。 ⑦四封不侵:四面边境不被侵略。 ⑧挫:名声受到损害。 ⑨南乡:向南进军。乡:通"向"。 ⑩食田:衣食租税的封地。畛:音zhěn,田间的道路,耕地之间的界限。

"昔者吴与楚战于柏举①。两御之间夫卒交②。莫敖大心③抚其御之手,顾而大息④曰:'嗟乎子乎⑤,楚国亡之月至⑥矣!吾将深入吴军,若扑⑦一人,若捽⑧一人,以与大心者也⑨,社稷其为庶几⑩乎?'故断脰决腹,壹瞑而万世不视,不知所益,以忧社稷者,莫敖大心是也。

[注释]①战于柏举:公元前506年吴、楚战于柏举:楚败。柏举:楚地,位

于今湖北麻城市。　②御:驾车者,此指奔驰的战车。卒:军士。交:交战。
③大心:左司马沈尹戍,叶公子高的父亲。　④大息:深深地叹息。　⑤嗟乎
子乎:深沉而忧虑的声音。　⑥月:时间。又作日。至:到。　⑦扑:打倒。
⑧捽:音 zuó,揪,抓获。　⑨以与大心者也:其他人都像我大心这种样。
⑩庶几:接近危亡。

"昔吴与楚战于柏举,三战入郢①。寡君身出②,大夫悉属③,百姓离散。棼冒勃苏④曰:'吾被坚执锐⑤,赴强敌而死,此犹一卒也,不若奔诸侯。'于是赢粮潜行⑥,上峥山⑦,踰深谿,蹠穿膝暴⑧,七日而薄秦王之朝⑨。雀立不转⑩,昼吟宵哭⑪。七日不得告⑫。水浆无入口,瘨而殚闷⑬,旄不知人⑭。秦王闻而走⑮之,冠带不相及⑯,左奉其首⑰,右濡其口⑱,勃苏乃苏⑲。秦王身问之:'子孰谁也?⑳'棼冒勃苏对曰:'臣非异㉑,楚使新造敖棼冒勃苏㉒,吴与楚人战于柏举,三战入郢。寡君身出,大夫悉属,百姓离散。使下臣来告亡㉓,且求救。'秦王顾令不起㉔:'寡人闻之,万乘之君㉕,得罪一士,社稷其危,今此之谓也。'遂出革车千乘,卒万人,属之子满与子虎㉖,下塞以东㉗,与吴人战于浊水㉘而大败之,亦闻于遂浦㉙。故劳其身,愁其思,以忧社稷者,棼冒勃苏是也。

[注释]①入:攻进。郢:音 yǐng,楚国都城,在今湖北江陵县。　②寡君:楚昭王。身出:出奔逃亡。　③悉:全部。属:附,跟随着楚昭王逃亡。
④棼冒勃苏:氏棼冒,棼,音 fén,名勃苏,又作申包胥,封于申。　⑤被坚执锐:身披坚固的铠甲,手执锐利的武器。　⑥赢粮:带上足够的干粮。　⑦峥山:险峻峥嵘之山。　⑧蹠穿膝暴:脚掌磨穿,膝盖爆裂。　⑨薄:至,到达。秦王:秦哀公。　⑩雀立不转:像鹤鸟那样站在那里不动。　⑪昼吟宵哭:白

天请求救援,晚上失声痛哭。 ⑫告:秦国关于救援的回答。 ⑬瞋而殚闷:气绝昏倒。瞋:音diān,晕倒。殚:音dān,竭尽。闷:喘不上气。 ⑭芒不知人:眼睛紧闭,看不见人。芒:通"毛"、"眊",指眼睛。 ⑮走:快步疾走。 ⑯及:穿戴好。 ⑰左奉其首:左手捧着棼冒勃苏的头。 ⑱右濡其口:右手给棼冒勃苏喂水。 ⑲苏:苏醒。 ⑳孰谁:是谁,是那一位。 ㉑异:他人。 ㉒新造盭:刚刚获罪之人。盭:音zhōu,又音lì,此读lì,通"戾",意为罪戾,罪过。 ㉓告亡:报告楚君逃亡,楚国将亡之事。 ㉔顾令不起:扭头发令请棼冒勃苏站起来,但他坚持不起来。 ㉕万乘之君:万乘大国的君王。 ㉖属:嘱咐。子满、子虎:秦国将领。 ㉗下塞以东:出兵关塞,向东进军。 ㉘浊水:在今湖北襄阳县。 ㉙遂浦:楚地,当今何地不详。

"吴与楚战于柏举,三战入郢。君王身出,大夫悉属,百姓离散。蒙谷给斗于宫唐之上①,舍②斗奔郢曰:'若有孤③,楚国社稷其庶几乎④?'遂入大宫⑤,负鸡次之典以浮于江⑥,逃于云梦⑦之中。郢王反⑧郢,五官失法⑨,百姓昏乱;蒙谷献典,五官得法,而百姓大治。此蒙谷之功,多与存国相若⑩,封之执圭⑪,田六百畛。蒙谷怒曰:'谷非人臣⑫,社稷之臣,苟社稷血食⑬,余岂悉无君乎⑭?'遂自弃于磨山之中⑮,至今无冒⑯。故不为爵劝,不为禄勉,以忧社稷者,蒙谷是也。"

[注释]①蒙谷:楚将。给斗:又作结斗,犹言混战成一团。宫唐:宫廷。 ②舍:舍弃,放弃。 ③孤:楚昭王之子,太子,嗣君。 ④庶几乎:接近灭亡,将会灭亡。 ⑤大宫:王宫,一说为太庙。 ⑥负:背,背负。鸡次之典:楚国的法典,又作离次之典。浮:漂浮。 ⑦云梦:云梦泽,位于湖北省江汉平原的湖泊群,先秦时这一湖泊的范围长约450公里,大致包括今湖南益阳县、湘阴县以北,湖北江陵县、安陆市以南,武汉市以西的广大地区。 ⑧反:返回。 ⑨五官:司徒、司空、司马、司士、司寇,此泛指各级官吏。法:法度。 ⑩多与

存国相若:在很大程度上与保卫国家存亡的功劳相当。 ⑪封:封赐。执圭:楚国的最高爵位。 ⑫谷非人臣:蒙谷不仅是国君的臣下。 ⑬苟:假如,如果。血食:用牺牲祭祀,犹言楚国祭祀不绝。 ⑭余:代词我。悉:又作患,意为担忧。 ⑮自弃:自己主动放弃一切而隐居起来。磨山:在今湖北当阳市。 ⑯冒:显赫的名义。一说为胄,意为后代。

王乃大息①曰:"此古之人也。今之人,焉能有之耶?"

[注释]①大息:深深地叹息。

莫敖子华对曰:"昔者先君灵王好小要①,楚士约食②,冯而能立③,式而能起④。食之可欲⑤,忍而不入⑥;死之可恶⑦,然而不避⑧。章⑨闻之,其君好发⑩者,其臣抉拾⑪。君王直⑫不好,若君王诚⑬好贤,此五臣者⑭,皆可得而致之⑮。"

[注释]①好:喜好。小要:细腰。 ②约食:节俭饮食。 ③冯而能立:依靠着东西才能站立住。冯:凭,依靠。 ④式而能起:扶着车轼才能起来。式:车轼,车前边的扶手。 ⑤欲:欲望,满足欲望。 ⑥忍:强忍饥饿。入:进食,吃东西。 ⑦恶:厌恶,憎恨,可怕。 ⑧避:回避。 ⑨章:子华名。一说章应为华。 ⑩发:射箭。 ⑪抉拾:拉弓射箭。抉:骨、玉制作而成,套在右手上钩拉弓弦的扳指。拾:皮制作的护袖。 ⑫直:只是,仅仅是。 ⑬诚:确实。 ⑭五臣者:上述五种忧社稷之人。 ⑮得而致之:不仅能够得到,而且他们还会自己前来。

卷十五 楚 二

○魏相翟强死

魏相翟强①死。为甘茂谓楚王曰②:"魏之几相③者,公子劲④也。劲也相魏⑤,魏、秦之交必善⑥。秦、魏之交完⑦,则楚轻⑧矣。故王不如与齐约⑨,相甘茂于魏。齐王好高人以名⑩,今为其行人请魏之相⑪,齐必喜。魏氏不听,交恶⑫于齐;齐魏之交恶,必争事⑬楚。魏氏听,甘茂与樗里疾⑭,贸首⑮之仇也;而魏、秦之交必恶,又交重⑯楚也。"

[注释]①翟强:魏相国,亲秦。 ②为:替,为了。甘茂:上蔡人,一说为下蔡人,仕于秦国,为将领。谓:告诉。楚王:楚怀王槐。 ③几相:危害欲为魏相国的人。 ④公子劲:魏国公子,亲秦。一说为秦人。 ⑤相魏:为魏国的相国。 ⑥善:友好。 ⑦完:完美,牢固。 ⑧轻:外交地位无足轻重。 ⑨约:约定。 ⑩齐王:齐宣王。高人:贤人。名:闻名于天下。 ⑪今为其行人请魏之相:今天为这件事派遣使者以齐、楚的名义请魏以甘茂为相国。行人:外交使者。 ⑫交恶:外交弓弦恶化,相互仇恨。 ⑬争事:竞相服事。 ⑭樗里疾:秦惠王异母弟,因其居住的"里"有大樗树,故号樗里疾。樗,音chū。 ⑮贸首:双方仇恨极深,都想得到对方的头颅才甘心。贸:宁肯用脑

袋交换。首：头颅。 ⑯重：看重，重视，重要。

○齐秦约攻楚

齐、秦约攻楚，楚令景翠以六城赂齐①，太子为质②。昭雎③谓景翠曰："秦恐且因景鲤、苏厉而效地于楚④。公出地以取齐⑤，鲤与厉且以收地取秦⑥，公事必败。公不如令王重赂景鲤、苏厉，使入秦，秦恐⑦，必不求地⑧而合于楚。若齐不求，是公与约⑨也。"

[注释]①景翠：楚国将领。赂：贿赂，送给。 ②太子：名横，后为楚顷襄王。质：人质。 ③昭雎：楚臣。 ④且：将要。因：利用，通过。景鲤：楚怀王相。苏厉：东周洛阳人，苏秦弟。效地于楚：逼迫楚向秦进献土地。 ⑤公出地以取齐：景翠献出楚地以取得齐国的友好。 ⑥收地取秦：收取楚地，取悦秦国。 ⑦恐：恐怕齐、楚联合。 ⑧不求地：不再索要楚的土地。 ⑨与约：订立友好盟约。

○术视伐楚

术视①伐楚，楚令昭鼠以十万军汉中②。昭雎胜秦于重丘③，苏厉谓宛公昭鼠④曰："王欲昭雎之乘秦也⑤，必分公之兵以益之⑥。秦知公兵之分也，必出汉中。请为公令辛戎谓王曰⑦：'秦兵且出汉中。'则公之兵全⑧矣。"

[注释]①术视：秦将。 ②昭鼠：宛县尹。汉中：今陕西南部和鄂西北汉水流域，首府在今陕西汉中市。 ③重丘：在今河南泌阳县。 ④宛公昭鼠：即宛县尹昭鼠。宛：在今河南南阳市。公：楚县尹称公。 ⑤王：楚怀王。乘：凌，进犯，攻击。 ⑥益之：增援昭雎。 ⑦辛戎：楚人，贵于秦，一说为芈

戎。谓王:私下告诉楚怀王。　⑧全:不被调去增援昭雎,兵员不受损失。

○四国伐楚

　　四国①伐楚,楚令昭雎将以距秦②。楚王欲击秦,昭侯③不欲。桓臧④为昭雎谓楚王曰:"雎战胜,三国恶楚之强也⑤,恐秦之变而听楚也⑥,必深攻楚以劲秦⑦。秦王⑧怒于战不胜,必悉起⑨而击楚,是王与秦相罢⑩,而以利三国也。战不胜秦,秦进兵而攻。不如益⑪昭雎之兵,令之示⑫秦必战。秦王恶与楚相弊而令天下⑬,秦可以少割而收害也⑭。秦、楚之合,而燕、赵、魏不敢不听,三国可定也。"

[注释]①四国:秦、齐、韩、魏。　②将:为将军率兵。距:通"拒",抗击。③昭侯:昭雎。　④桓臧:昭雎的谋臣,其事不详。　⑤恶:憎恨。强:强大。⑥恐秦之变而听楚也:恐怕秦改变计划而听从于楚国。　⑦深攻:努力的进攻。劲秦:增强秦的力量。　⑧秦王:秦昭王。　⑨悉起:动用全部力量。⑩罢:疲惫,疲敝。　⑪益:增加,增强。　⑫示:显示出必战的样子。⑬恶:不愿意。令天下:使天下知道秦、楚两国相互削弱。　⑭秦可以少割而收害也:秦可以少割楚之地,楚也可以因此而与秦缓和关系,减轻因秦进攻带来的损害。收:息。

○楚怀王拘张仪

　　楚怀王拘张仪①,将欲杀之。靳尚②为仪谓楚王曰:"拘张仪,秦王必怒。天下见楚之无秦③也,楚必轻④矣。"又谓王之幸夫人郑袖⑤曰:"子亦自知且贱于王乎⑥?"郑袖曰:"何也?"尚曰:"张仪者,秦王之忠信有功臣也。今楚拘之,秦王欲出之⑦。秦王有爱女而美,又简择宫中佳翫丽好翫习音者⑧,以懽从之⑨;资⑩之金玉宝器,奉以上庸六县为汤沐邑⑪,欲因张仪内⑫之楚王。楚王必爱,秦女依强秦以为重⑬,挟宝地以为资⑭,势⑮为王妻以临于楚。王惑于虞乐⑯,必厚尊敬亲爱之而忘子⑰,子益贱而日疏矣⑱。"郑袖曰:"愿委⑲之于公,为之奈何?"曰:"子何不急言王⑳,出张子。张子得出,德子无已时㉑,秦女必不来,而秦必重子。子内擅楚之贵㉒,外结秦之交,畜张子以为用㉓,子之子孙必为楚太子矣,此非布衣㉔之利也。"郑袖遽㉕说楚王出张子。

[注释]①楚怀王拘张仪:公元前313年张仪以商於六百里地之事欺骗楚怀王,公元前311年秦、楚讲和,张仪又出使楚,故楚怀王拘留张仪。 ②靳尚:楚怀王宠幸之臣。 ③无秦:失掉了与秦的友好关系。 ④轻:地位降低,受到轻视。 ⑤郑袖:楚怀王宠爱的夫人。 ⑥子:指郑袖。且:将要。贱:地位由宠爱尊贵而变为卑贱。 ⑦出之:解救张仪。 ⑧简择:挑选,选择。佳翫丽:翫同"玩"。一作佳丽,佳丽美人。好翫:擅长游戏玩耍之人。习音者:熟悉音乐舞蹈之人。 ⑨以懽从之:懽,同"欢"。为使秦王的爱女欢心而命她们作为陪嫁者。 ⑩资:为爱女准备嫁妆。 ⑪奉:献。上庸六县:位于今湖北竹山县。汤沐邑:以上庸六县的赋税收入作为日常起居的费用。 ⑫内:纳入。 ⑬依:依靠,依仗。重:地位显赫重要。 ⑭挟:控有。资:资本,资源,依靠。 ⑮势:势必。 ⑯惑:迷惑,沉湎。虞乐:娱乐。 ⑰子:指郑袖。 ⑱益:日益。疏:疏远。 ⑲委:委托。 ⑳急言王:立即、赶快告诉楚怀王。 ㉑德子无已时:张仪永远感谢你的恩德。 ㉒擅:专擅,垄断。贵:尊贵。 ㉓畜:蓄养。用:利用,使用。 ㉔布衣:平民。 ㉕遽:赶紧,匆忙。

○楚王将出张子

楚王将出张子①,恐其败己②也,靳尚谓楚王曰:"臣请随之。仪事王不善,臣请杀之。"

[注释]①张子:即张仪。 ②败己:败坏自己。

楚小臣①,靳尚之仇也,谓张旄②曰:"以张仪之知③,而有秦、楚之用④,君必穷⑤矣。君不如使人微要靳尚而刺之⑥,楚王必大怒仪也。彼仪穷,则子重⑦矣。楚、秦相难⑧,则魏无患矣。"

[注释]①小臣:小官吏或宫中的奴仆。 ②张旄:魏国重臣。 ③知:智慧。 ④用:重用。 ⑤穷:困窘。 ⑥微要:暗中劫持。刺之:刺杀靳尚。 ⑦重:受到重用、重视。 ⑧难:争斗,交战。

张旄果令人要靳尚刺之。楚王大怒,秦构兵①而战。秦、楚争事魏,张旄果大重。

[注释]①构兵:组织军队交战。

○秦败楚汉中

秦败楚汉中。楚王入秦,秦王留之①。游腾②为楚谓秦王曰:"王挟③楚王,而与④天下攻楚,则伤行⑤矣。不与天下共攻之,则失利⑥矣。王不如与之盟而归之。楚王畏,必不敢倍⑦盟。王因与三国攻之⑧,义⑨也。"

［注释］①秦王：秦昭王。留之：拘留楚怀王。　②游腾：游说之士，曾为周游说于楚,其他事不详。　③挟：挟持。　④与：联合。　⑤伤行：伤害德行。　⑥利：利益,好处。　⑦倍：背叛。　⑧王因与三国攻之：如果楚怀王背叛盟约,王因此而与齐、韩、魏攻伐楚。　⑨义：正义。

○楚襄王为太子之时

楚襄王①为太子之时,质②于齐。怀王薨③,太子辞于齐王④而归。齐王隘⑤之："予我东地⑥五百里,乃归子。子不予我,不得归。"太子曰："臣有傅⑦,请追⑧而问傅。"傅慎子曰："献之地,所以为身也。爱地不送死父⑨,不义。臣故曰,献之便⑩。"太子入⑪,致命⑫齐王曰："敬献地五百里。"齐王归楚太子。

［注释］①楚襄王：名横,楚怀王之子。　②质：人质。　③薨：音hōng,国君死曰薨。　④齐王：齐闵王。　⑤隘：阻碍。　⑥东地：楚国东部淮河以北之地。　⑦傅：太子的老师慎子。　⑧追：前往老师之处。一说为退。　⑨送死父：为死去的父亲送葬。　⑩便：便利的做法。　⑪入：问其傅之后返回齐闵王的宫中。　⑫致命：回复齐闵王提出的要求。

太子归①,即位为王。齐使车五十乘,来取东地于楚。楚王告慎子曰："齐使来求东地,为之奈何?"慎子曰："王明日朝群臣,皆令献其计。"

［注释］①归：回到楚国。

上柱国①子良入见。王曰："寡人之得求反②,王坟墓、复群臣、归社稷也③,以东地五百里许齐。齐令使来求地,为之奈何?"子良曰:"王不可不与也。王身出玉声④,许⑤强万乘之齐而不与,则不信⑥,后不可以约结⑦诸侯。请与而复攻之⑧。与之信,攻之武⑨。臣故曰与之。"

[注释]①上柱国:楚国的最高武官,职位仅次于令尹。 ②之得求反:之所以得以返回楚国。 ③王坟墓:掌握先王坟墓、祭祀之事。复:复见。归:回归到。 ④玉声:说出的话像玉的声音一样,犹言说话算数。 ⑤许:许诺,答应。 ⑥信:信用、诚信。 ⑦约结:以盟约结交。 ⑧攻之:通过战争夺回割给齐的东地。 ⑨武:展示楚国的军事力量。

子良出,昭常①入见。王曰:"齐使来求东地五百里,为之奈何?"昭常曰:"不可与也。万乘者,以地大为万乘②。今去东地五百里,是去战国③之半也,有万乘之号而无千乘之用④也,不可。臣故曰勿与。常⑤请守之。"

[注释]①昭常:楚大臣。 ②以地大为万乘:就是因为土地辽阔才得以为万乘之国。 ③战国:战斗之国,善战之国。 ④用:实际力量。 ⑤常:昭常。

昭常出,景鲤①入见。王曰:"齐使来求东地五百里,为之奈何?"景鲤曰:"不可与也。虽然,楚不能独守②。王身出玉声,许万乘之强齐也而不与,负③不义于天下。楚亦不能独守。臣请西索救④于秦。"

[注释]①景鲤:曾为楚怀王相。 ②独守:独立坚守。 ③负:背上。 ④索救:寻找、请求救援。

景鲤出,慎子入,王以三大夫计告慎子曰:"子良见寡人曰：'不可不与也，与而复攻之。'常①见寡人曰：'不可与也，常请守之。'鲤见寡人曰："不可与也，虽然楚不能独守也，臣请索救于秦。'寡人谁用于三子之计②？"慎子对曰："王皆用之。"王怫然作色③曰："何谓也？"慎子曰："臣请效④其说，而王且见其诚然⑤也。王发⑥上柱国子良车五十乘，而北献地五百里于齐。发子良之明日⑦，遣昭常为大司马⑧，令往守东地。遣昭常之明日，遣景鲤车五十乘，西索救于秦。"王曰："善。"乃遣子良北献地于齐，遣子良之明日，立昭常为大司马，使守东地。又遣景鲤西索救于秦。

[注释]①常：昭常。　②寡人谁用于三子之计：三个人计谋寡人采用谁的。　③怫然作色：脸颜色变得很忧愁。怫然：忧愁貌，或愤怒貌。　④效：献上。　⑤诚然：真相，真谛。　⑥发：派出。　⑦发子良之明日：派遣上柱国子良出发的第二天。　⑧遣：派遣。大司马：掌邦政之官。

　　子良至齐，齐使人以甲受东地①。昭常应②齐使曰："我典主东地③，且与死生④。悉五尺至六十⑤，三十余万弊甲钝兵，愿承下尘⑥。"齐王谓子良曰："大夫来献地，今常守之何如⑦？"子良曰："臣身受命弊邑之王⑧，是常矫⑨也。王攻之。"齐王大兴兵，攻东地，伐昭常。未涉疆⑩，秦以五十万临齐右壤⑪。曰："夫隘楚太子弗出，不仁；又欲夺之东地五百里，不义。其缩甲⑫则可，不然，则愿待战。"齐王恐焉。乃请子良南道楚⑬，西使秦，解齐患。士卒不用，东地复全。

[注释]①以甲受东地：使军队接受东地。甲：甲兵，军队。　②应：应对，

回答。　③典:职责,执掌。主:守卫。　④且与死生:将与东地共存亡。⑤悉五尺至六十:动员全部五尺高的儿童与六十岁的老人,犹言全民动员。五尺:儿童。六十:老年人。　⑥下尘:居于战车扬起尘土的下边,犹言愿意接受挑战。　⑦何如:为什么。　⑧臣身受命弊邑之王:臣下亲自受命于凋敝之国的楚襄王。　⑨常矫:昭常假称楚顷襄王的命令。　⑩未涉疆:没有进入东地的疆界。　⑪右壤:齐国西部边境。　⑫缩甲:退兵。　⑬南道楚:踏上回南方楚国之路。

○女阿谓苏子

女阿谓苏子曰①:"秦栖②楚王,危太子者,公也。今楚王归③,太子南④,公必危。公不如令人谓太子曰:'苏子知太子之怨己⑤也,必且务不利太子⑥。太子不如善⑦苏子,苏子必且为太子入⑧矣。'"苏子乃令人谓太子。太子复请善于苏子。

[注释]①女阿:太子的保姆,一说为人名。苏子:苏秦。　②栖:寄身,止息。指秦昭王滞留楚怀王之事。　③归:回归楚国,或指楚怀王薨之事。④南:向南回到楚国,面南为楚王。　⑤怨己:怨恨自己。　⑥必且务不利太子:必将致力于不利于太子的活动。　⑦善:善待。　⑧入:回到楚国。

卷十六　楚　三

○苏子谓楚王

苏子谓楚王曰①："仁人②之于民也,爱之以心,事之以善言。孝子之于亲也,爱之以心,事之以财。忠臣之于君也,必进贤人以辅③之。今王之大臣父兄,好伤贤④以为资,厚赋敛诸⑤臣百姓,使王见疾于民⑥,非忠臣也。大臣播王之过于百姓⑦,多赂诸侯以王之地,是故退王之所爱⑧,亦非忠臣也,是以国危。臣愿无听群臣之相恶也⑨,慎⑩大臣父兄;用民之所善⑪,节⑫身之嗜欲,以百姓⑬。人臣莫难于无妒而进贤⑭。为主死易⑮,垂沙之事⑯,死者以千数。为主辱易⑰,自令尹以下,事王者以千数。至于无妒而进贤,未见一人也。故明主之察⑱其臣也,必知其无妒而进贤也。贤之事其主也,亦必无妒而进贤。夫进贤之难者,贤者用且使己废⑲,贵且使己贱,故人难之。

[注释]①苏子:苏秦。楚王,楚怀王。　②仁人:有仁德、行仁政之人。③辅:辅佐。　④伤贤:贬毁有才能的人才。　⑤诸:之于。　⑥见:音 xiàn,表露出来。疾:恨,怨恨。　⑦播:散布,传播。过:不足,过错。　⑧退:屏

蔽,遮蔽。爱:王所真正喜爱、需要的臣下、人才。 ⑨愿:希望楚怀王。相恶:相互诽谤、倾轧。 ⑩慎:谨慎对待。 ⑪用民之所善:重用人民所信任、赞扬的人。 ⑫节:节制。 ⑬以百姓:以节制自身的嗜欲对待百姓。一说应为"以安百姓"。 ⑭莫:没有。难:困难。妬:同"妒",嫉妒。 ⑮为主死易:为国君献身毫不犹豫,犹言勇于为国君而献身比较容易做到。 ⑯垂沙之事:公元前301年楚与秦、齐、韩、魏战于重丘之役。 ⑰为主辱易:为国君而受屈辱容易做到。 ⑱察:考察。 ⑲用:重用。且:将。己废:自己受到废弃不用。

○苏秦之楚三日

苏秦之楚,三日乃得见乎王。谈卒①,辞而行。楚王曰:"寡人闻先生,若闻古人。今先生乃不远千里而临②寡人,曾不肯留③,愿闻其说。"对曰:"楚国之食贵于玉,薪贵于桂④,谒者难得见如鬼⑤,王难得见如天帝⑥。今令臣食玉炊桂,因⑦鬼见帝。"王曰:"先生就舍⑧,寡人闻命矣。"

[注释]①谈卒:会谈结束。 ②临:亲临相见。 ③曾不肯留:又表示不肯在楚国停留,滞留。 ④薪:柴,柴火。桂:木樨,常绿灌木或小乔木,花芳香,果黑色,花可作香料,较珍贵。 ⑤谒者:掌宾客拜见之事的职官。如鬼:像见鬼一样困难。 ⑥天帝:上帝天神。 ⑦因:通过,依靠。 ⑧就舍:到馆舍休息。

○楚王逐张仪于魏

楚王逐张仪于魏①。陈轸曰:"王何逐张子?"曰:"为臣不忠不信。"曰:"不忠,王无以为臣;不信,王勿与为约。

且魏臣不忠不信,于王何伤?忠且信,于王何益?逐而听则可,若不听,是王令困②也。且使万乘之国免其相,是城下之事③也。"

[注释]①楚王逐张仪于魏:楚怀王七年,张仪为相于魏,因张仪欲以魏联秦、韩攻齐、楚,故怀王欲使魏国驱逐张仪。 ②困:陷入困境。 ③城下之事:犹如兵临城下,被迫驱逐张仪。

○张仪之楚贫

张仪之楚,贫①。舍人怒而归②。张仪曰:"子必以衣冠之敝③,故欲归。子待我为子见楚王。"当是之时,南后、郑袖贵于楚④。

[注释]①贫:张仪初到楚国,备受冷落,所以很贫穷。 ②舍人:主掌家族事务的家臣。归:离张仪而回去。 ③以:因为。敝:破旧。 ④南后:楚怀王的王后。郑袖:郑国善舞之女,深受楚怀王宠爱。袲,同"袖"。

张子见楚王,楚王不说。张子曰。"王无所用臣,臣请北见晋君①。"楚王曰:"诺。"张子曰:"王无求于晋国乎?"王曰:"黄金珠玑犀象出于楚②,寡人无求于晋国。"张子曰:"王徒③不好色耳?"王曰:"何也?"张子曰:"彼郑、周之女,粉白墨黑④,立于衢间⑤,非知⑥而见之者,以为神。"楚王曰:"楚,僻陋之国也,未尝见中国⑦之女如此其美也。寡人之独何为不好色也?"乃资之以珠玉。

[注释]①晋君:指韩、赵、魏之君。一说专指魏君。 ②珠玑:珠:圆的珍珠。玑:不圆的珍珠。犀:犀牛角。象:象牙。出于:盛产。 ③徒:独,仅仅,

竟然。　④粉白墨黑:面色粉白,头发眉毛墨黑。　⑤衢:四通八达的大道。
闾:里巷的大门。　⑥非知:不知实际情况者。　⑦中国:中原之国。

　　南后、郑袖闻之大恐。令人谓张子曰:"妾①闻将军之
晋国,偶②有金千斤,进之左右③,以供刍秣④。"郑袖亦以
金五百斤。

　　[注释]①妾:南后与郑袖的谦称。　②偶:偶尔,恰巧。　③进:献给。
左右:张仪的舍人。　④刍秣:牛马的饲料。

　　张子辞楚王曰:"天下关闭①不通,未知见日②也,愿
王赐之觞③。"王曰:"诺。"乃觞之。张子中饮④,再拜而请
曰:"非有他人于此也,愿王召所便习⑤而觞之。"王曰:
"诺。"乃召南后、郑袖而觞之。张子再拜而请曰:"仪有死
罪于大王。"王曰:"何也?"曰:"仪行天下徧矣,未尝见人
如此其美也。而仪言得⑥美人,是欺王也。"王曰:"子释⑦
之。吾固以为天下莫若⑧是两人也。"

　　[注释]①关闭:各国关卡关闭。　②见日:再相见之日。　③觞:饮酒的
酒具,此犹言饮酒。　④中饮:半醉半醒状态。　⑤便习:左右亲近熟悉之
人。　⑥得:为楚怀王寻找得到。　⑦释:放下此事,不要忧虑。　⑧莫若:
没有比得上。

○楚王令昭雎之秦重张仪

　　楚王令昭雎之秦重张仪①。未至,惠王②死。武王③
逐张仪。楚王因收昭雎以取齐④。桓臧⑤为雎谓楚王曰:
"横⑥亲之不合也,仪贵惠王而善雎也。今惠王死,武王

立,仪走⑦,公孙郝、甘茂贵⑧,甘茂善⑨魏,公孙郝善韩。二人固不善雎也,必以秦合韩、魏。韩、魏之重仪,仪有秦而雎以楚重之⑩。今仪困秦而雎收楚⑪,韩、魏欲得秦,必善二人⑫者。将收韩、魏轻仪而伐楚⑬,方城⑭必危。王不如复⑮雎,而重仪于韩、魏。仪据⑯楚势,挟魏重⑰,以与秦争。魏不合秦,韩亦不从,则方城无患。"

[注释]①昭雎:楚臣。重:使秦重用。 ②惠王:秦惠王。 ③武王:秦武王。 ④收:拘捕。取齐:与齐建立友好关系。 ⑤桓臧:昭雎的谋臣,其事不详。 ⑥横:秦、韩、魏连横。 ⑦走:出走。 ⑧公孙郝:秦国公族,一说为楚大臣。甘茂:楚国上蔡人,一说为下蔡人,为秦国将领。 ⑨善:友好。⑩雎以楚重之:昭雎依靠楚国的力量帮助张仪受到秦国的重用。 ⑪困:指秦武王驱逐张仪之事。收:昭雎被楚拘捕。 ⑫二人:公孙郝、甘茂。⑬收:拉拢,收买。轻:使张仪无足轻重。 ⑭方城:山名,是楚国的北部要塞,位于今河南叶县,一说在今河南方城县。 ⑮复:恢复原来的官职。⑯据:依靠。 ⑰挟魏重:依仗在魏国的重要作用。

○张仪逐惠施于魏

张仪逐惠施①于魏。惠子②之楚,楚王受③之。

[注释]①惠施:宋国人,在魏为相多年,庄子的好友,名家学派的代表人物。 ②惠子:惠施。 ③受:接纳,收留。

冯郝①谓楚王曰:"逐惠子者,张仪也。而王亲与约②,是欺③仪也,臣为王弗取④也。惠子为仪者来⑤,而恶王之交于张仪⑥,惠子必弗行⑦也。且宋王之贤惠子也⑧,天下莫不闻也。今之不善张仪也,天下莫不知也。

今为事之故⑨,弃所贵于雠人⑩,臣以为大王轻⑪矣。且为事耶⑫?王不如举⑬惠子而纳之于宋,而谓张仪曰:'请为子⑭勿纳也。'仪必德⑮王。而惠子穷人⑯,而王奉⑰之,又必德王。此不失为仪之实,而可以德惠子。"楚王曰:"善。"乃奉惠子而纳之宋。

[注释]①冯郝:楚人。 ②亲与约:亲自约见惠施。 ③欺:欺蒙。 ④弗取:不应该采取这种做法。 ⑤为仪来:因为张仪的驱逐而来。 ⑥恶:厌恶,反对。交:交往。 ⑦行:这样做。 ⑧宋王:宋王偃。贤:认为惠施是一个贤人。 ⑨今为事之故:因为现在这件事的缘故。 ⑩弃所贵于雠人:把所看重的人抛弃到仇人那里。雠:同"仇"。 ⑪轻:轻率。 ⑫且为事耶:如果真是为了楚国的事业考虑。 ⑬举:举荐。 ⑭为子:因为张仪的缘故。 ⑮德:感恩戴德。 ⑯穷人:困窘之人。 ⑰奉:尊奉,举荐。

〇五国伐秦

五国①伐秦。魏欲和②,使惠施③之楚。楚将入之秦而使行和④。

[注释]①五国:楚、赵、韩、魏、燕。 ②和:与秦讲和。 ③惠施:当时惠施为魏相国。 ④楚将入秦而使行和:楚将让惠施作为使者去秦国讲和。

杜赫谓昭阳曰①:"凡为②伐秦者楚也。今施以魏来,而公入之秦,是明③楚之伐而信魏之和也。公不如无听惠施,而阴使人以请听秦④。"昭子曰:"善。"因谓惠施曰:"凡为攻秦者魏也,今子从⑤楚为和,楚得其利,魏受其怨。子归,吾将使人因⑥魏而和。"

[注释]①杜赫:周人,曾在东周、齐、楚、韩活动。昭阳:楚相国。 ②凡为:之所以。 ③明:公开告诉秦。 ④阴:暗中。听:听从。 ⑤从:跟随。 ⑥因:通过。

惠子反①,魏王不说②。杜赫谓昭阳曰:"魏为子先战③,折兵之半,谒病④不听,请和不得,魏折⑤而入齐、秦,子何以救之?东有越累⑥,北无晋⑦,而交⑧未定于齐、秦,是楚孤⑨也。不如速和。"昭子曰:"善。"因令人谒和⑩于魏。

[注释]①反:返回。 ②魏王:魏襄王。说:悦。 ③子:昭阳。先战:首先进行战斗。 ④谒:告,请求。病:指魏国折兵之半,处于困境而不能再战。 ⑤折:转,转变态度。 ⑥越:越国。累:拖累,忧患,忧虑。 ⑦无晋:失去了韩、赵、魏的联合。 ⑧交:外交。 ⑨孤:孤立无援。 ⑩谒和:拜见讲和。

○陈轸告楚之魏

陈轸告楚之魏①。张仪恶之于魏王曰②:"轸犹善楚,为求地甚力③。"左爽④谓陈轸曰:"仪善于魏王,魏王甚信之,公虽百说之,犹不听也。公不如以仪之言为资⑤,而得复楚⑥。"陈轸曰:"善。"因使人以仪之言闻于楚。楚王喜,欲复之。

[注释]①陈轸:齐人,一说为夏人,先后仕于秦、魏、楚。轸,音 zhěn。告:告别。之:至,去。 ②恶:进谗言。魏王:魏惠王。 ③为:为楚国。甚力:非常卖力。 ④左爽:又作左华,魏人,其事不详。 ⑤资:张仪说陈轸善楚,陈轸可以借此言来证明自己对楚的忠诚。 ⑥复楚:返回楚国。

○秦伐宜阳

秦伐宜阳①。楚王②谓陈轸曰:"寡人闻韩侈巧士也③,习④诸侯事,殆能自免也⑤。为其必免,吾欲先据之以加德焉⑥。"陈轸对曰:"舍之,王勿据也。以韩侈之知,于此困矣⑦。今山泽之兽,无黠于麋⑧。麋知猎者张罔⑨,前而驱己⑩也,因还走而冒人⑪,至数⑫。猎者知其诈,伪举罔而进之⑬,麋因得矣。今诸侯明知此多诈,伪举罔而进者必众⑭矣。舍之,王勿据也。韩侈之知,于此困矣。"楚王听之,宜阳果拔。陈轸先知之也。

[注释]①宜阳:在今河南宜阳县。 ②楚王:楚怀王槐。 ③韩侈:即公孙侈,韩相国。巧士:干练善辩之人。 ④习:熟知,精通。 ⑤殆:大概。免:免于危亡。 ⑥据:据守。德:对楚国的感激。 ⑦此:秦伐宜阳之役。困:陷入困境。 ⑧黠:聪明而狡猾。麋:麋鹿。 ⑨罔:网,用绳线等编制成狩猎器具。 ⑩驱己:驱逐自己进入张开的大网。 ⑪还走:掉头往回走。冒人:顶撞猎人。 ⑫至数:直到数次。 ⑬伪举罔而进之:佯装张网向前进。 ⑭众:人数众多。

○唐且见春申君

唐且见春申君曰①:"齐人饰身修行得为益②,然臣羞而不学也。不避绝江河③,行千余里来,窃慕大君之义④,而善君之业。臣闻之,贲、诸怀锥刃而天下为勇⑤,西施衣褐而天下称美⑥。今君相万乘之楚,御中国之难⑦,所欲者不成,所求者不得,臣等少也⑧。夫枭棋之所以能为者⑨,以散棊⑩佐之也。夫一枭之不如不胜五散⑪,亦明矣。今君何不为天下枭⑫,而令臣等为散⑬乎?"

[注释]①唐且:又作唐雎,魏国人,且,音 jū。春申君:楚考烈王的令尹黄歇。 ②饰身:装饰自身,犹言追求自身的举止谈吐。修行:智慧道德的修炼。益:好处,功名利禄。 ③不避:不回避,不害怕。绝:尽,走完。 ④慕:仰慕。义:高义。 ⑤贲:孟贲,秦国勇士。诸:专诸,吴人,刺杀吴王僚失败被杀。怀:携带。锥刃:锋利的匕首、短刀。 ⑥西施:越国美女。褐:麻织的粗布衣服。 ⑦御:驾驭,应对。中国:中原之国。难:战事。 ⑧臣等少也:能够胜任重任的臣下太少。 ⑨枭棊:六博棋中的博头,棋子上刻有枭鸟,六博得枭棋者胜,犹如中国象棋中的将、帅。棊:同"棋"。能为:具有大的能力。 ⑩散棊:枭棋之外的五个棋子。 ⑪夫一枭之不如不胜五散:一个枭棋比不上、也战不胜五个散子。 ⑫天下枭:犹如枭棋一样为天下的首领。 ⑬散:六博棋的散棋。

卷十七 楚 四

○或谓楚王

或谓楚王曰:"臣闻从者欲合天下以朝大王①,臣愿大王听②之也。夫因诎为信③,旧患有成④,勇者义之。摄祸为福⑤,裁少为多⑥,知者官之⑦。夫报报之反⑧,墨墨之化⑨,唯大君能之⑩,祸与福相贯⑪,生与亡为邻⑫,不偏于死⑬,不偏于生⑭,不足以载大名⑮。无所寇艾⑯,不足以横世⑰。夫秦捐德绝命⑱之日久矣,而天下不知。今夫横人嗫口利机⑲,上干主心⑳,下牟㉑百姓,公举而私取利㉒,是以国权㉓轻于鸿毛,而积祸重于丘山。"

[注释]①从者:合纵之人。朝:朝见。 ②听:同意,听从。 ③因诎为信:委曲求全。诎:音 qū,通"屈",委屈。信:同"伸"。 ④旧患有成:奋于患难,成就大事。旧:又作奋。 ⑤摄祸为福:转祸为福。摄:收,吸取有利的东西。 ⑥裁少为多:制少以为多。裁:控制,改变。 ⑦知者官之:智慧者主动掌握的方法。官:主,掌握。 ⑧报报之反:反反复复地变化。报:反复。 ⑨墨墨之化:在无声中转化。墨:同"默"。 ⑩大君:伟大英明的君主。能:能够做到。 ⑪贯:相通,连贯。 ⑫邻:临近,接近。 ⑬不偏于死:不偏执

于死亡和患难。偏:专一,偏执。 ⑭生:救生,求生。 ⑮载:承,承载。大名:显赫的名声。 ⑯无所寇艾:不遭受他国侵伐。寇:外兵,入侵之敌。艾:惩创。 ⑰横世:横行于世,犹言无敌于天下。 ⑱捐德绝命:道德丧尽,生命断绝。捐:舍弃,抛弃。 ⑲横人嗛口利机:连横者巧口利舌。嗛:通"滥",指言语过多。 ⑳干:求,迎合于。主:国君。 ㉑牟:取,牟取。 ㉒公举而私取利:假公济私。公:指国家。举:举措。 ㉓国权:国家政权。

○魏王遗楚王美人

魏王遗楚王美人①,楚王说②之。夫人郑袖③知王之说新人也,甚爱新人。衣服玩好,择其所喜而为之;宫室卧具,择其所善而为之。爱之甚于王。王曰:"妇人所以事夫者,色也;而妒④者,其情也。今郑袖知寡人之说新人也,其爱之甚于寡人,此孝子之所以事亲,忠臣之所以事君也。"

[注释]①魏王:魏惠王或魏襄王。楚王:楚怀王。遗:音wèi,馈赠,送给。 ②说:悦。 ③郑袖:郑袖。 ④妒:同"妬",嫉妒。

郑袖知王以己为不妒也,因谓新人曰:"王爱子美矣。虽然,恶子之鼻①。子为见王,则必掩子鼻。"新人见王,因掩其鼻。王谓郑袖曰:"夫新人见寡人,则掩其鼻,何也?"郑袖曰:"妾知也。"王曰:"虽恶②必言之。"郑袖曰:"其似恶闻君王之臭也。"王曰:"悍③哉!"令劓④之,无使逆命⑤。

[注释]①恶:厌恶。子:指新人。 ②恶:恶毒,丑恶。 ③悍:凶暴强悍。 ④劓:割掉鼻子。 ⑤逆命:违抗命令。

○楚王后死

楚王后①死,未立后也。谓昭鱼②曰:"公何以不请立后也?"昭鱼曰:"王不听,是知困而交绝于后也③。""然则不买五双珥④,令其一善⑤而献之王,明日视善珥所在,因请立之。"

[注释]①楚王后:当为楚怀王夫人。 ②昭鱼:楚令尹。 ③知困:智谋穷尽。交:与新立王后的交往。 ④珥:佩戴在耳朵上的珠玉美饰。 ⑤令其一善:使其中有一双最好。

○庄辛谓楚襄王

庄辛①谓楚襄王曰:"君王左州侯②,右夏侯③,辇从鄢陵君与寿陵君④,专⑤淫逸侈靡,不顾国政,郢⑥都必危矣。"襄王曰:"先生老悖⑦乎?将以为楚国祆祥⑧乎?"庄辛曰:"臣诚见其必然者也,非敢以为国祆祥也。君王卒幸四子者不衰⑨,楚国必亡矣。臣请辟⑩于赵,淹留⑪以观之。"庄辛去之赵,留五月,秦果举鄢、郢、巫、上蔡、陈之地⑫,襄王流揜于城阳⑬。于是使人发驺⑭,征⑮庄辛于赵。庄辛曰:"诺。"庄辛至,襄王曰:"寡人不能用先生之言,今事至于此,为之奈何?"

[注释]①庄辛:楚庄王之后裔,以楚庄王的谥为姓。 ②州侯:楚襄王宠臣,封于州。州:在今湖北监利县。 ③夏侯:楚襄王宠臣,封于夏。夏:在今湖北武汉市。 ④辇:车。从:随从。鄢陵君:楚襄王宠臣,封于鄢陵。鄢陵:

在今河南鄢陵县。寿陵君:楚襄王宠臣,封于寿陵。寿陵:在今安徽寿县。⑤专:专一,沉湎于。 ⑥郢:音yǐng,楚国都城,在今湖北江陵县。 ⑦老悖:年老而糊涂。悖:音bèi,混乱。 ⑧袄祥:凶祸的先兆。袄:同"妖"。⑨卒:最终,最后。幸:宠爱。四子:州侯、夏侯、鄢陵君、寿陵君。 ⑩辟:通"避",回避,躲避。 ⑪淹留:滞留。 ⑫果:果然。举:攻陷。鄢:在今湖北宜城县。巫:在今四川巫山县。上蔡:在今河南上蔡县。陈:即城阳,在今河南息县。 ⑬流掩:逃亡躲藏。掩:音yǎn,掩盖,遮蔽。城阳:即陈,在今河南息县。 ⑭发:派出。驺:音zōu,驾车的侍从。 ⑮征:征召。

庄辛对曰:"臣闻鄙语①曰:'见兔而顾犬②,未为晚也;亡羊而补牢,未为迟也。'臣闻昔汤、武以百里昌③,桀、纣以天下亡。今楚国虽小,绝长续短④,犹以数千里,岂特⑤百里哉?

[注释]①鄙语:民间的俗话。 ②顾犬:回头唤狗。 ③汤:商汤。武:周武王。百里:百里之地的小国。昌:昌盛发展。 ④绝长续短:断长补短。⑤特:只有,仅仅有。

"王独不见夫蜻蛉①乎?六足四翼,飞翔乎天地之间,俛啄蚊虻②而食之,仰承甘露而饮之,自以为无患,与人无争也。不知夫五尺童子,方将调铅胶丝③,加己乎四仞之上④,而下⑤为蝼蚁食也。蜻蛉其小者⑥也,黄雀因是以⑦。俯噣白粒⑧,仰栖茂树,鼓翅奋翼,自以为无患,与人无争也。不知夫公子王孙,左挟弹⑨,右摄丸⑩,将加己⑪乎十仞之上,以其类为招⑫。昼游乎茂树,夕调乎酸咸⑬,倏忽⑭之间,坠于公子之手。

[注释]①蜻蛉:蜻蜓。 ②俛:同"俯"。蚊虻:同"蚊虻"。蚊:蚊子。

宜:昆虫的一科,生活在野草丛里,体长椭圆,比苍蝇稍大,雄的吸植物的汁液,雌的吸人、畜的血液。 ③调铅胶丝:调治粘胶。铅:又作饴,麦芽制成的糖稀。 ④加己:用胶粘蜻蜓。仞:长度,七尺为一仞。 ⑤下:粘住蜻蜓后放在地下。 ⑥小者:小昆虫。 ⑦黄雀因是以:黄雀也与蜻蜓一样。 ⑧嚽:同"啄"。白粒:米粒。 ⑨左挟弹:左手持弹弓。 ⑩右摄丸:右手拉住弹丸。摄:拉。 ⑪加己:射着自己。 ⑫以其类为招:以其脖子为目标。类:一说当为颈。招:的,靶子。 ⑬酸醎:泛指各种食物。醎:同"咸"。 ⑭倏忽:突然,忽然。倏,音 shū。

"夫雀其小者也,黄鹄①因是以。游于江海,淹乎大沼,俯嚽鳝鲤②,仰啮菱衡③,奋其六翮④,而凌清风⑤,飘摇乎高翔,自以为无患,与人无争也。不知夫射者,方将修其碆庐⑥,治其矰缴⑦,将加己乎百仞之上。彼礛磻⑧,引微缴⑨,折清风而抎矣⑩。故昼游乎江河,夕调乎鼎鼐⑪。

[注释]①黄鹄:天鹅。 ②鳝鲤:鲇鱼和鲤鱼。鳝:又作鳡,鲇鱼。③菱衡:菱角与香草。 ④翮:音 hé,鸟翎的茎,翎管。 ⑤凌清风:凌驾于清风之上。 ⑥碆庐:黑色的箭镞。碆:又作磻。磻,音 bō,箭镞。庐:黑色。⑦矰缴:系着丝线的箭。矰:音 zēng,通"赠",射鸟的箭。缴:音 zhuó,系在箭上的丝线。 ⑧彼礛磻:天鹅被锋利的箭射中。礛:音 lán,磨制锋利。磻:音 bō,拴在丝线上的箭。 ⑨引微缴:拖着箭上很细的丝线。 ⑩折:折断,从天空中掉下。抎:音 yǔn,同陨,坠落。 ⑪调:烹调。鼎:烹煮器皿。鼐:音 nài,大鼎。

"夫黄鹄其小者也,蔡圣侯①之事因是以。南游乎高陂②,北陵乎巫山③,饮茹谿流④,食湘波⑤之鱼,左抱幼妾,右拥嬖女,与之驰骋乎高蔡⑥之中,而不以国家为事。不知夫子发方受命乎宣王⑦,系己以朱丝而见之也⑧。

[注释]①蔡圣侯:高蔡国之国君。 ②高陂:即高坂,今地不详。③陵:登上。巫山:在今四川巫山县。 ④饮茹谿流:饮吃巫山之溪水及其产物。谿:同"溪"。流:小溪流水。 ⑤湘:湘水,发源于广西灵山县,流入湖南,注入洞庭湖。波:波浪。 ⑥高蔡:蛮越之国,位于今湖南澧县与重庆巫山县一带。 ⑦子发:楚将军。宣王:即楚宣王。 ⑧系己:给自己捆上。朱丝:红色丝线。见:现,明显,显而易见。

"蔡圣侯之事其小者也,君王之事因是以。左州侯①,右夏侯②,辈③从鄢陵君与寿陵君,饭封禄之粟④,而戴方府之金⑤,与之驰骋乎云梦⑥之中,而不以天下国家为事。不知夫穰侯⑦方受命乎秦王,填黾塞之内⑧,而投己乎黾塞之外⑨。"

[注释]①左州侯:在楚襄王左边的是州侯。州侯:楚襄王时的封君、宠臣。 ②右夏侯:在楚襄王右边的是夏侯。夏侯:楚襄王时的封君、宠臣。③辈:又作辇,意为车。 ④饭封禄之粟:衣食依靠封地之禄。 ⑤戴:佩带。一说为载,车载。方府:楚府库名。 ⑥云梦:云梦泽,位于湖北省江汉平原的湖泊群,先秦时这一湖泊群的范围长约450公里,大致包括今湖南益阳县、湘阴县以北,湖北江陵县、安陆县以南,武汉市以西的广大地区。 ⑦穰侯:名魏冉,楚人,秦宣太后的异父弟,秦昭王母舅。秦武王死后,他拥立秦昭王,初为将军,后担任相国。封于今河南邓州的穰邑,称穰侯,后又加封位于今山东定陶县的陶邑。穰,音 ráng。 ⑧填黾塞之内:进军占领黾塞以南。黾塞:又称"冥阨""鄳隘",即今河南信阳市的平靖关。黾,音 méng。 ⑨黾塞之外:黾塞以北。

襄王闻之,颜色变作①,身体战栗。于是乃以执珪而授之为阳陵君②,与淮北之地也③。

[注释]①颜色变作:脸颜色大变。 ②以执珪而授之阳陵君:授以楚上

等爵位执珪,并以执珪的身份封号阳陵君。　③与:封给。淮北:淮河以北的楚地。

○齐明说卓滑以伐秦

齐明说卓滑以伐秦①,滑不听也。齐明谓卓滑曰:"明之来也,为樗里疾卜交也②。明说楚大夫以伐秦,皆受明之说也,唯公弗受也,臣有辞以报樗里子矣。"卓滑因重③之。

[注释]①齐明:东周人,先后仕于秦、楚、韩。卓滑:楚国谋臣。　②樗里疾:秦惠王异母弟,因其居住的"里"有大樗树,故号樗里疾。樗,音 chū。卜交:通过占卜看交情,犹言试探友谊。　③重:卓滑受到重用。

○或谓黄齐

或谓黄齐①曰:"人皆以谓公不善于富挚②。公不闻老莱子之教孔子事君乎③?示之其齿之坚④也,六十而尽相靡也⑤。今富挚能⑥,而公重⑦不相善也,是两尽⑧也。谚曰:'见君之乘,下之⑨;见杖,起之⑩。'今也,王爱富挚,而公不善也,是不臣⑪也。"

[注释]①黄齐:楚人。　②以谓:认为。不善于:不友好于。富挚:楚人。③老莱子:春秋楚人,精通道家学问的隐士。教:教诲。　④坚:坚硬。⑤六十而尽相靡也:以前牙齿非常坚硬,而到六十岁牙齿已经因嘴嚼磨损殆尽。靡:研,研磨。　⑥能:才能过人。　⑦重:权势大。　⑧两尽:双方相互消耗。　⑨下之:见国君的车,就要从自己的车上下来,表示敬意。　⑩起之:看到国君的手杖,赶紧从座位上站起来。　⑪不臣:不是臣下应该做的。

○长沙之难

长沙之难①,楚太子横为质于齐。楚王死,薛公归太子横②,因③与韩、魏之兵,随而攻东国④。太子惧。昭盖⑤曰:"不若令屈署以新东国为和于齐以动秦⑥。秦恐齐之败东国,而令行于天下也⑦,必将救我。"太子曰:"善。"遽⑧令屈署以东国为和于齐。秦王闻之惧,令辛戎⑨告楚曰:"毋与齐东国,吾与子出兵矣。"

[注释]①长沙之难:指公元前300年秦大破楚,楚使太子为人质于齐,楚从此开始衰落。一说此事不详,又一说长沙为垂沙。　②薛公:孟尝君田文。归:太子横回到楚国。　③因:齐国借此机会。　④东国:楚国东部接近齐国的地方。　⑤昭盖:楚大臣。　⑥屈署:楚将领。新东国:一说新字衍,一说为楚后来新得到的东国之地。和:讲和。动:牵动。　⑦而令行于天下也:齐号令通行于天下各国。　⑧遽:匆忙。　⑨辛戎:即芈戎,秦昭王的母舅华阳君。

○有献不死之药于荆王者

有献不死之药于荆王①者,谒者操以入②。中射之士③问曰:"可食乎?"曰:"可。"因夺而食之。王怒,使人杀中射之士。中射之士使人说王曰:"臣问谒者,谒者曰可食,臣故食之。是臣无罪,而罪在谒者也。且客献不死之药,臣食之而王杀臣,是死药也④。王杀无罪之臣,而明人之欺王⑤。"王乃不杀。

[注释]①荆王:楚王。　②谒者:掌管传达通报的官吏。操:持,手拿着。

③中射之士:负责宫中保卫的官吏。　④是死药也:这是置人于死地之药。
⑤明人之欺王:事实说明有人在欺骗王。

○客说春申君

客说春申君①曰:"汤以亳②,武王以鄗③,皆不过百里以有天下。今孙子④,天下贤人也,君籍⑤之以百里势,臣窃以为不便⑥于君。何如?"春申君曰:"善。"于是使人谢孙子。孙子去之赵,赵以为上卿⑦。

[注释]①春申君:楚令尹黄歇。　②汤以亳:商汤凭借着亳。亳:商汤的都城,初在今河南商丘市,后迁徙到今河南偃师市。　③武王以鄗:周武王凭借着鄗。鄗:通"镐",在今陕西长安县。　④孙子:即荀子,赵国人,曾三次为稷下学宫的祭酒,先后两次为楚国的兰陵令。　⑤籍:通"藉",借:借助。　⑥不便:不利于。　⑦上卿:最尊贵的大臣。

客又说春申君曰:"昔伊尹①去夏入殷,殷王②而夏亡。管仲③去鲁入齐,鲁弱而齐强。夫贤者之所在,其君未尝不尊,国未尝不荣也。今孙子,天下贤人也,君何辞之?"春申君又曰:"善。"于是使人请孙子于赵。

[注释]①伊尹:名挚,生于空桑。汤推荐伊尹于夏桀,伊尹告之以尧舜之道,不听,复归于亳,为商汤相,号阿衡。　②王:称王于天下。　③管仲:名夷吾,颍上人,初事公子纠,奔鲁。公子纠败,归于齐,辅佐齐桓公。

孙子为书谢曰:"疠人怜王①,此不恭之语也。虽然,不可不审察也。此为劫弑死亡之主言也②。夫人主年少而矜材③,无法术以知奸④,则大臣主断国私以禁诛于己也⑤,故弑贤长⑥而立幼弱,废正適而立不义⑦。《春秋》戒⑧之曰:'楚王子围聘于郑⑨,未出竟⑩,闻王病,反问疾,遂以冠缨绞王⑪,杀之,因自立也。齐崔杼⑫之妻美,庄公通⑬之。崔杼帅其君党⑭而攻。庄公请与分国⑮,崔杼不许;欲自刃于庙⑯,崔杼不许。庄公走出,踰⑰于外墙,射中其股⑱,遂杀之,而立其弟景公⑲。'近代所见:李兑用赵⑳,饿主父于沙丘㉑,百日而杀之;淖齿㉒用齐,擢闵王之筋㉓,县㉔于其庙梁,宿夕㉕而死。夫厉虽痈肿胞疾㉖,上比前世,未至绞缨㉗射股;下比近代,未至擢筋而饿死也。夫劫弑死亡之主㉘也,心之忧劳,形㉙之困苦,必甚于㉚厉矣。由此观之,疠虽怜王可也㉛。"因为赋㉜曰:"宝珍隋珠㉝,不知佩㉞兮。祎布与丝㉟,不知异㊱兮。闾姝子奢㊲,莫知媒兮㊳。嫫母求之㊴,又甚喜之兮。以瞽㊵为明,以聋为聪,以是为非,以吉为凶。呜呼上天,曷惟其同㊶!"《诗》曰:"上天甚神㊷,无自瘵也㊸。"

[注释]①疠人怜王:麻风病患者反而怜悯国君。疠人:麻风病患者。②此为劫弑死亡之主言也:这是针对被劫持、被弑杀的国君而言的。弑:音shì,臣杀君,子杀父母为弑。　③矜材:自恃有才能。　④法术:方法与权术。知:察。　⑤主断国私:专断国家权力,图谋私利。禁诛于己:禁绝他人对自己的诛伐。　⑥贤长:贤明而年长者。　⑦正適:嫡长子。適:通"嫡"。不义:不正派的邪恶之人。　⑧戒:告诫。　⑨楚王子围:后来的楚灵王。聘:受邀请访问。　⑩竟:通"境",国境。　⑪冠缨:帽子上的带子。绞:勒脖子绞杀。　⑫崔杼:齐惠公宠臣,拥立齐庄公,掌齐国大政。　⑬通:私通。⑭君党:群党。　⑮分国:分国而治。　⑯自刃:自杀。庙:宗庙,祖庙。⑰踰:同"逾",翻越。　⑱股:大腿。　⑲景公:齐灵公子杵臼。　⑳李兑:因功官至赵国司寇,后为相国,封为奉阳君。用:受重用。　㉑饿:断绝食物,饿

杀。**主父**:赵武灵王,赵武灵王传位于其少子何,自称主父。**沙丘**:位于今河北平乡县。　㉒**淖齿**:楚国公族,奉楚顷襄王之命率兵救齐,而为齐闵王相国。淖,音 nào。　㉓**擢闵王之筋**:抽出齐闵王的韧带。擢,音 zhuó,引,拔,抽出。**筋**:肌腱或骨头上的韧带。　㉔**县**:通悬,悬挂,吊。　㉕**宿夕**:一夜。　㉖**夫厉虽癕肿胞疾**:麻风病虽然是胎里带来的毒疮顽症。**厉**:通"癞",麻风病。**癕肿**:痈疽,毒疮。**胞疾**:胎中得的疾病。　㉗**绞缨**:以冠带绞杀。　㉘**死亡之主**:被劫弑而死亡的国君。　㉙**形**:身体。　㉚**甚于**:严重于。　㉛**厉虽怜王可也**:麻风病人同情怜悯那些被劫弑而死亡的国君是有道理的。　㉜**赋**:韵文与散文综合的一种文体。　㉝**隋珠**:传说隋侯见大蛇受伤,为其治伤。蛇痊愈后衔明珠献给隋侯,此指稀世珍宝。　㉞**佩**:佩带。　㉟**祎布**:美好麻织品。**丝**:丝织品。**祎**:音 yī,美好。　㊱**异**:区别,差异。　㊲**闾姝子奢**:居住在闾里的美女子奢。**子奢**:美女,一说又称子都。　㊳**莫知媒兮**:没有人给她做媒。　㊴**嫫母**:丑女子,一说为黄帝之妻。**求**:求婚。　㊵**瞽**:音 gǔ,瞎眼。　㊶**曷惟其同**:为什么这些截然相反的东西却被认为是相同的。**曷**:为什么。**同**:相同。　㊷**神**:神明,英明。　㊸**无自瘵也**:不要自我残害,自找灾祸。**瘵**:音 zhài,痨病。

○天下合从

　　天下合从①。赵使魏加②见楚春申君曰:"君有将③乎?"曰:"有矣,仆欲将临武君④。"魏加曰:"臣少之时好射,臣愿以射譬⑤之,可乎?"春申君曰:"可。"加曰:"异日者,更羸与魏王处京台之下⑥,仰见飞鸟。更羸谓魏王曰:'臣为王引弓虚发而下鸟⑦。'魏王曰:'然则射可至此⑧乎?'更羸曰:'可。'有间⑨,雁从东方来,更羸以虚发而下之。魏王曰:'然则射可至此乎?'更羸曰:'此孽⑩也。'王曰:'先生何以知之?'对曰:'其飞徐⑪而鸣悲。飞徐者,故疮痛也;鸣悲者,久失群也,故疮未息⑫,而惊心未至⑬也。闻弦音,引而高飞⑭,故疮陨⑮也。'今临武君,尝为秦孽,不可为拒秦之将也。"

[注释]①合从:合纵。 ②魏加:赵人。 ③将:将军,将领。 ④仆:春申君的谦称。将:任命将军。临武君:楚将军。 ⑤譬:打比方,比喻。 ⑥更羸:人名,事不详。羸,音 léi。京台:高台。 ⑦引弓虚发:拉弓而不射箭的空射。下鸟:使鸟落地。 ⑧至此:达到这样的境界。 ⑨有间:一会。 ⑩孽:病,有隐痛于身。 ⑪徐:慢。 ⑫息:痊愈。 ⑬至:去,离去。 ⑭引:引颈高飞,一说引同烈,意为猛烈。 ⑮疮陨:疮痛而坠落。

○汗明见春申君

汗明①见春申君,候问②三月,而后得见。谈卒③,春申君大说④之。汗明欲复谈,春申君曰:"仆已知先生,先生大息⑤矣。"汗明憱⑥焉曰:"明愿有问君而恐固⑦。不审君之圣⑧,孰与⑨尧也?"春申君曰:"先生过⑩矣,臣何足以当⑪尧?"汗明曰:"然则君料⑫臣孰与舜?"春申君曰:"先生即舜也。"汗明曰:"不然,臣请为君终言⑬之。君之贤实不如尧,臣之能不及舜。夫以贤舜事圣尧,三年而后乃相知⑭也。今君一时而知臣,是君圣于尧而臣贤于舜也。"春申君曰:"善。"召门吏为汗先生著客籍⑮,五日一见。

[注释]①汗明:春申君门客。 ②候问:等候接见。 ③卒:结束,完毕。 ④说:悦。 ⑤大息:好好休息。 ⑥憱:音 cù,惊讶不安貌。 ⑦愿:希望。固:浅陋。 ⑧审:知道,察知。圣:圣贤。 ⑨孰与:与谁,何如,两者相比较哪一个更好。 ⑩过:错,过分。 ⑪当:相当,相提并论。 ⑫料:估计,评

价。 ⑬终言:说出自己的全部看法。 ⑭知:了解。 ⑮门吏:守门的家吏。著客籍:登录汗明的名字于宾客名册。

汗明曰:"君亦闻骥①乎?夫骥之齿至②矣,服盐车而上太行③。蹄申膝折④,尾湛胕溃⑤,漉汁⑥洒地,白汗交流⑦,中阪迁延⑧,负辕⑨不能上。伯乐遭之⑩,下车攀⑪而哭之,解纻衣以幂之⑫。骥于是俛而喷⑬,仰而鸣,声达于天,若出金石声⑭者,何也?彼见伯乐之知己也。今仆之不肖⑮,陁于州部⑯,堀穴穷巷⑰,沈洿鄙俗之日久矣⑱,君独无意湔拔⑲仆也,使得为君高鸣屈于梁乎⑳?"

[注释]①骥:千里马。 ②齿至:到了可以服役的年龄。齿:马驹每岁生一齿,故以齿计算马的年龄。 ③服:驾。太行:绵延于山西、河南、河北的太行山脉。 ④蹄申膝折:蹄子向前伸,弯曲着膝盖用力拉车。 ⑤尾湛胕溃:马尾被汗浸湿,汗出于肤,如破堤之水。湛:水浸,淹没。胕:同"肤"。 ⑥漉汁:嘴里流出的口水。漉:音 lù,慢慢渗下的液体。 ⑦白汗交流:大汗淋漓。⑧中阪迁延:在山间坡道上缓慢向前。阪:山间小路。迁延:延后耽搁,徘徊不前。 ⑨负辕:背上载着车辕。 ⑩伯乐:善相马者,氏孙,名阳,春秋秦穆公时人。遭:遇,遇到。 ⑪攀:拉住马的缰绳。 ⑫纻衣:麻织的衣服。纻:音 zhù,苎麻纤维织成的布。幂:盖,覆盖。 ⑬俛:同"俯",俯首,低头。喷:马嘘气鼓鼻。 ⑭金石声:铜钟、石磬等乐器铿锵有力的声音。 ⑮不肖:不孝,不贤。 ⑯陁于州部:困陁于社会的最基层。陁:困苦,阻塞。州部:社会基层行政单位。 ⑰堀穴穷巷:居住在贫民区的穴窟之中。堀:音 kū,同"窟"。 ⑱沈洿:埋没于污浊的泥坑。沈:同"沉"。洿:音 wū,不流动的浊水。鄙俗:粗陋的风俗。 ⑲湔拔:清洗污垢,提拔重用。湔:音 jiān,洗刷。⑳高鸣:仰头啸鸣。屈于梁:像千里马一样屈就于太行山的阪坡之间。梁:太行之阪。

○楚考烈王无子

楚考烈王①无子,春申君患②之,求妇人宜子者进之③,甚众,卒④无子。

[注释]①楚考烈王:楚顷襄王之子,名完。 ②患:担忧。 ③宜子者:生育能力强之女。进:进献。 ④卒:始终。

赵人李园,持其女弟①,欲进之楚王,闻其不宜子,恐又无宠。李园求事春申君为舍人②。已而谒归③,故失期④。还谒⑤,春申君问状⑥。对曰:"齐王遣使求⑦臣女弟,与其使者饮,故失期。"春申君曰:"聘入乎⑧?"对曰:"未也。"春申君曰:"可得见乎?"曰:"可。"于是园乃进其女弟,即幸⑨于春申君。知其有身⑩,园乃与其女弟谋。

[注释]①女弟:妹妹。 ②舍人:主掌家族事务的家臣。 ③谒归:告假回赵国。 ④失期:延误了时间,晚于约定的时间。 ⑤还谒:自赵还楚,拜见春申君。 ⑥问状:询问事情的情况。 ⑦求:求婚。 ⑧聘入乎:接受了订婚的聘礼没有。 ⑨幸:受到宠爱而同房。 ⑩有身:有了身孕。

园女弟承间①说春申君曰:"楚王之贵幸君,虽兄弟不如。今君相楚王二十余年,而王无子,即百岁之后将更立兄弟②。即③楚王更立,彼亦各贵其故所亲④,君又安得⑤长有宠乎?非徒然也⑥?君用事久,多失礼于王兄弟,兄弟诚立⑦,祸且及身,奈何以保相印、江东之封乎⑧?今妾自知有身⑨矣,而人莫知。妾之幸君未久,诚以君之重而进妾于楚王,王必幸妾。妾赖天而有男⑩,则是君之子为王也,楚国封尽可得,孰与其临⑪不测之罪乎?"春申君大然之⑫。乃出园女弟谨舍⑬,而言之楚王。楚王召入,幸之。遂生子男,立为太子,以李园女弟立为王后,楚王贵李园,李园用事⑭。

[注释]①承间:乘机。 ②百岁之后:犹言死后。更:改变嫡长子继承制,使兄弟即位为楚王。 ③即:若,如果。 ④各:各自。贵:使其权重位尊。故:故旧。 ⑤安得:怎么能够。 ⑥非徒然也:不就是仅仅如此吗? ⑦诚立:果真被立为楚王。 ⑧奈何:怎么,如何。江东之封:春申君在今江苏省长江下游十二个县的封地。 ⑨有身:有了身孕,已经怀孕。 ⑩赖:依靠上天的保佑。有男:生育一个男孩。 ⑪临:面临,降临。 ⑫大然之:茅塞顿开,认为很有道理。 ⑬谨舍:另设馆舍,周到侍奉,严密守卫。 ⑭用事:受到重用,掌握楚国大权。

李园既入其女弟为王后,子为太子,恐春申君语泄而益骄①,阴养死士②,欲杀春申君以灭口,而国人颇有知之者③。

[注释]①语泄:泄露李园女弟之事。益骄:更加骄横。 ②阴养死士:暗地蓄养刺杀春申君的敢死之士。 ③国人:居住在都城中的人。颇有知之者:有很多人都知道。

春申君相楚二十五年,考烈王病。朱英①谓春申君曰:"世有无妄②之福,又有无妄之祸。今君处无妄之世③,以事无妄之主④,安不有无妄之人⑤乎?"春申君曰:"何谓无妄之福?"曰:"君相楚二十余年矣,虽名为相国,实⑥楚王也。五子皆相诸侯⑦。今王疾甚⑧,旦暮且崩⑨,

太子衰弱,疾而不起,而君相少主,因而代立当国⑩,如伊尹、周公。王长而反政⑪,不⑫,即遂南面称孤⑬,因而有楚国。此所谓无妄之福也。"春申君曰:"何谓无妄之祸?"曰:"李园不治国⑭,王之舅也⑮。不为⑯兵将,而阴养死士之日久矣。楚王崩,李园必先入⑰,据本议制断君命⑱,秉权而杀君⑲以灭口。此所谓无妄之祸也。"春申君曰:"何谓无妄之人?"曰:"君先仕臣为郎中⑳,君王崩,李园先入,臣请为君剸㉑其胸杀之。此所谓无妄之人也。"春申君曰:"先生置㉒之,勿复言已。李园,软弱人也,仆又善之,又何至此?"朱英恐,乃亡去。

[注释]①朱英:赵国观津人,春申君门客。 ②无妄:又作无望,《史记·春申君列传》作"毋望",不期而止,出人意料地突然降临。 ③无妄之世:祸福生死无常之世道。 ④无妄之主:喜怒无常之君。 ⑤无妄之人:为善作恶变幻不定之徒。 ⑥实:实际上,事实上。 ⑦五子皆相诸侯:春申君的五个儿子都是诸侯的相国。 ⑧疾甚:病重。 ⑨旦暮:早晚,近日,朝不保夕。 崩:君王之死,如山崩地裂。 ⑩代立当国:摄政为王,处理国政。 ⑪长:成年。反政:返还政权。 ⑫不:不返还政权。 ⑬南面称孤:面南而坐称王。孤:国君的自称,意为孤家寡人。 ⑭不治国:无治国之能。 ⑮王之舅也:楚考烈王的大舅哥。 ⑯为:统领。 ⑰入:进入宫殿。 ⑱据本议制断君命:根据他的原来的谋划,假托楚考烈王之命令。 ⑲君:春申君。 ⑳仕臣为郎中:使朱英为郎中之官。郎中:国君的左右侍卫。 ㉑剸:音chōng,刺。 ㉒置:搁置。

后十七日,楚考烈王崩,李园果①先入,置②死士,止于棘门③之内。春申君后入,止棘门。园死士夹刺春申君,斩其头,投之棘门外。于是使吏尽灭春申君之家。而李园女弟,初幸春申君有身,而入之王所生子者,遂立为楚幽王也。

[注释]①果:果然。 ②置:布置,安置。 ③棘门:有兵士守卫的宫门。

是岁①,秦始皇立九年矣。嫪毐亦为乱于秦②。觉③,夷三族④,而吕不韦废⑤。

[注释]①是岁:这一年。 ②嫪毐亦乱于秦:吕不韦献嫪毐于太后,嫪毐与太后私通,生二子。秦王政发现,嫪毐欲矫王玉玺,发兵为乱。秦王政攻杀嫪毐。嫪毐,音 lào'ǎi。 ③觉:察觉,发现。 ④夷三族:诛杀父族、母族、妻族。 ⑤废:罢黜职务并流放,饮酖而死。

○虞卿谓春申君

虞卿①谓春申君曰:"臣闻之《春秋》,于安思危,危则虑安。今楚王之春秋高矣②,而君之封地,不可不早定也。为主君虑③封者,莫如远④楚。秦孝公封商君⑤,孝公死,而后不免杀之。秦惠王封冉子⑥,惠王死,而后王夺之⑦。公孙鞅,功臣也;冉子,亲姻也⑧。然而不免夺死者,封近故也。太公望⑨封于齐,邵公奭⑩封于燕,为其远王室矣。今燕之罪大而赵怒深⑪,故君不如北兵以德赵⑫,践⑬乱燕,以定身封⑭,此百代之一时⑮也。"

[注释]①虞卿:赵人,游说之士,曾在赵国为上卿。 ②春秋:指年龄。高:年龄很大。 ③虑:考虑。 ④远:远离。 ⑤商君:商鞅。 ⑥冉子:穰侯魏冉。 ⑦夺之:夺回封地。 ⑧亲姻也:冉子为秦昭王母舅。 ⑨太公望:姓姜,氏吕,名尚。垂钓于渭水之滨,与周文王相遇,双方谈论投机,同车

而归,说"吾太公望子久矣",因号为太公望,立为太师。后又辅佐周武王灭商。西周建立,封于齐,成为齐国的始祖。 ⑩邵公奭:名奭,音shì,辅佐周武王灭商,后封于燕。 ⑪今燕之罪大而赵怒深:燕连年伐赵,罪大恶极,赵对燕的仇恨非常深。 ⑫北兵以德赵:向北发兵援赵,使赵感恩戴德。 ⑬践:蹈伐。 ⑭身封:自己的终身封地。 ⑮百代之一时:百年难遇好机会。

君①曰:"所道②攻燕,非齐则魏。魏、齐新怨③楚,楚君虽欲攻燕,将道何哉?"对曰:"请令魏王可④。"君曰:"何如?"对曰:"臣请到魏,而使所以信⑤之。"

[注释]①君:春申君。 ②道:攻燕的路线。 ③新怨:新结下的怨恨。 ④令:使。可:同意。 ⑤信:信任楚国,建立友好关系。

洇①谓魏王曰:"夫楚亦强大矣,天下无敌,乃且攻燕。"魏王曰:"乡②也,子云天下无敌;今也,子云乃且攻燕者,何也?"对曰:"今为马多力则有矣③,若曰胜千钧④则不然者,何也?夫千钧非马之任⑤也。今谓楚强大则有矣,若越赵魏鬭兵于燕⑥,则岂楚之任也哉⑦?非楚之任而楚为之,是敝⑧楚也。敝楚见⑨强魏也,其于王孰便也?"

[注释]①洇:同"乃"。 ②乡:昔日,过去。 ③马多力:马的力量很大。有:存在。 ④胜千钧:能够承受千钧之重。钧:三十斤。 ⑤任:胜任,所能承担得了。 ⑥越:越过。鬭兵:交战。鬭:同"斗"。 ⑦我:又作哉。 ⑧敝:败坏,衰败。 ⑨见:比较,较量。

卷十八　赵　一

○知伯从韩魏兵以攻赵

知伯从韩、魏兵以攻赵①，围晋阳而水之②，城下不沉者三板③。郄疵④谓知伯曰："韩、魏之君必反矣⑤。"知伯曰："何以知之？"郄疵曰："以其人事⑥知之。夫从韩、魏之兵而攻赵，赵亡，难⑦必及韩、魏矣。今约⑧胜赵而三分其地。今城不没者三板，臼灶生鼃⑨，人马相食⑩，城降有日⑪，而韩、魏之君无憙志而有忧色⑫，是非反如何也⑬？"

[注释]①知伯：又作智伯，名瑶，春秋晋国执政卿之一。从：跟随。②晋阳：春秋晋国赵襄子封地，今山西太原市。水之：以水淹晋阳。　③城下不沉者三板：城墙仅剩下三板之高没有被淹没。城：城墙。沈：淹没。板：又作版，长八尺为一板，高三尺为一板。战国一尺约为今0.21米至0.23米。④郄疵：赵人，知伯谋臣。　⑤韩、魏之君：韩君，韩康子虎；魏君，魏桓子驹。反：背叛。　⑥人事：为人与做事。　⑦难：亡国之祸。　⑧约：约定。⑨臼灶生鼃：舂米的石臼与烧饭的灶台都生了青蛙。鼃：同"蛙"。　⑩人马相食：人们竞相争食战马。　⑪降：投降。有日：指日可待。　⑫憙志：喜悦的心情。憙：同"喜"。忧色，面部有忧虑的颜色。　⑬是非反如何也：这不是反叛的迹象又是什么？

明日,知伯以告韩、魏之君曰:"郄疵言君之且反也①。"韩、魏之君曰:"夫胜赵而三分其地,城今且将拔矣。夫三家虽愚②,不弃美利于前③,背信盟之约,而为危难④不可成之事,其势⑤可见也。是疵为赵计⑥矣,使君疑二主之心,而解⑦于攻赵也。今君听谗臣之言,而离⑧二主之交,为君惜⑨之。"趋⑩而出。郄疵谓知伯曰:"君又何以疵言告韩、魏之君为⑪?"知伯曰:"子安知之?"对曰:"韩、魏之君视疵端而趋疾⑫。"

[注释]①且:将要。反:反叛,撕毁知、韩、魏的盟约。 ②愚:愚笨,愚蠢。 ③前:眼前。 ④为危难:做危害三家之事。 ⑤势:形势,局势。 ⑥为赵计:为赵国在谋划。 ⑦解:通"懈",懈怠,松懈。 ⑧离:离间。 ⑨惜:可惜,遗憾。 ⑩趋:快步走。 ⑪为:相当于表示疑问的语气助词"乎"。 ⑫端:严厉,用仇恨的眼光看。一说为畏,不敢正面相视。疾:快。

○知伯帅赵韩魏而伐范中行氏

知伯帅赵、韩、魏而伐范、中行氏①,灭之。休数年,使人请地②于韩。韩康子③欲勿与,段规④谏曰:"不可。夫知伯之为人也,好利而鸷复⑤,来请地不与,必加兵⑥于韩矣。君其与之。与之彼狃⑦,又将请地于他国,他国不听,必乡⑧之以兵;然则韩可以免于患难,而待事之变。"康子曰:"善。"使使者致万家之邑一于知伯。知伯说,又使人请地于魏,魏宣子欲勿与。赵葭⑨谏曰:"彼请地于韩,韩与之。请地于魏,魏弗与,则是魏内自强⑩,而外怒⑪知伯也。然则其错兵于魏必矣⑫！不如与之。"宣子曰："诺。"因使人致万家之邑一于知伯。知伯说，又使人之赵，请蔡、皋狼之地⑬，赵襄子弗与。知伯因阴结⑭韩、魏，将以伐赵。

[注释]①范：范氏，范氏之主范吉射，士会之后，因士会封于范，故为范氏。中行氏：中行氏之主中行寅，荀林父之后，因荀林父将中行，以官为氏，故为中行氏。　②请：请求，索要。　③韩康子：韩氏之主，名虎。　④段规：韩康子谋臣。规：同"规"。　⑤鸷复：凶狠暴戾。鸷：音zhì，鹰、雕、枭等凶猛的鸟。复：愎的借用字。愎：凶暴，暴戾。　⑥加兵：出兵攻伐。　⑦彼：知伯。狃：音niǔ，习，习惯于，习以为常。　⑧乡：向，兵锋所向。　⑨赵葭：魏宣子谋臣。葭，音jiā。　⑩内自强：不割地给知伯，不会致使魏国力量削弱，故曰内自强。　⑪怒：惹怒。　⑫错：通"措"，布置。必：必然，一定。　⑬蔡：一说为蔺，在今山西武乡县西。皋狼：在今山西武乡县西北。　⑭阴结：暗中结交。

赵襄子召张孟谈而告之曰①："夫知伯之为人，阳亲而阴疏②，三使③韩、魏，而寡人弗与④焉，其移兵⑤寡人必矣。今吾安居⑥而可？"张孟谈曰："夫董阏安于⑦，简主之才臣也⑧，世治晋阳⑨，而尹泽循之⑩，其余政教⑪犹存，君其定居晋阳。"君曰："诺。"乃使延陵王将车骑先之晋阳⑫，君因从之。至，行⑬城郭，案府库⑭，视仓廪⑮，召张孟谈曰："吾城郭之完⑯，府库足用，仓廪实矣，无矢奈何⑰？"张孟谈曰："臣闻董子⑱之治晋阳也，公宫之垣⑲，皆以狄蒿苫楚廧之⑳，其高至丈余，君发㉑而用之。"于是发而试之，其坚则箘簬之劲不能过也㉒。君曰："足矣，吾铜少若何？"张孟谈叶："臣闻董子之治晋阳也，公宫之室，皆以炼铜为柱质㉓,请发而用之,则有余铜矣。"君曰:"善。"号令以定㉔,备守以具㉕。

[注释]①赵襄子:赵鞅之子,名无恤。张孟谈:赵襄子谋臣。 ②阳亲而阴疏:表面亲近而暗地里自有打算。 ③使:派出使者出使。 ④与:参与。 ⑤移兵:转移军队,兵锋指向。 ⑥安居:稳定居住。 ⑦董阏安于:又作董安于,赵简子家臣。阏,音 yān。 ⑧简主:赵简子,名鞅,又名志父,春秋末期战胜范氏、中行氏,奠定赵国的基础。才臣:有才干的家臣。 ⑨晋阳:赵都城,今山西太原市。 ⑩尹泽:又作尹铎,董阏安于的属下。循:遵循赵简子的旧政。 ⑪政教:政治方略与教化。 ⑫延陵王:一说为延陵生,赵襄子家臣。将:率领。 ⑬行:巡行视察。 ⑭案:察看。府库:藏财货之库。 ⑮视:视察。仓廪:藏粮之库。 ⑯完:完好。 ⑰无矢奈何:没有箭怎么办。矢:箭。 ⑱董子:董阏安于。 ⑲垣:墙。 ⑳荻蒿:荻,芦苇之类;蒿,艾类植物。两者皆细小而结实,为制作箭杆的好材料。苫:音 shān,遮盖,建造。楚廧:芦苇、艾等植物做成的墙壁。廧:同"墙"。 ㉑发:发开,打开。 ㉒坚:坚硬。箘簬:音 jùn lù,一种细长节稀的竹子,做箭杆的优质材料。劲:坚韧。过:超过。 ㉓炼铜:冶炼好的铜。质:质地。 ㉔定:敲定,决定。 ㉕具:具备,准备完毕。

三国之兵乘①晋阳城,遂战。三月不能拔,因舒军②而围之,决晋水而灌之③。围晋阳三年,城中巢居④而处,悬釜⑤而炊,财食将尽,士卒病羸⑥。襄子谓张孟谈曰:"粮食匮,城⑦力尽,士大夫病,吾不能守矣,欲以城下⑧,何如?"张孟谈曰:"臣闻之,亡不能存,危不能安,则无为贵知士⑨也。君释⑩此计,勿复言也。臣请见韩、魏之君。"襄子曰:"诺。"

[注释]①乘:迫近,进攻。 ②舒军:军队展开,围而不攻。 ③晋水:今称晋渠,发源于今山西太原市西南的悬瓮山。灌:淹。 ④巢居:在高地搭建

的简易房屋。 ⑤悬釜:做饭的锅悬挂起来。 ⑥羸:音léi,瘦弱。 ⑦城:又作财。 ⑧欲以城下:准备率城投降。下:投降。 ⑨贵知:尊重与充分认识。士:士人。 ⑩释:放弃。

张孟谈于是阴见韩、魏之君曰:"臣闻唇亡则齿寒,今知伯帅二国之君伐赵,赵将亡矣,亡则二君为之次①矣。"二君曰:"我知其然。夫知伯为人也,麁中而少亲②,我谋未遂而知③,则其祸必至,为之奈何?"张孟谈曰:"谋出二君之口,入臣之耳,人莫之知也。"二君即与张孟谈阴约三军,与之期日④,夜⑤,遣入晋阳。张孟谈以报襄子,襄子再拜之。

[注释]①次:依次被知伯消灭。 ②麁中而少亲:心中冷酷而缺少亲近之人,犹言寡恩少义,无情无义。麁:音cū,同粗,粗暴无情。 ③遂:成功。知:被知伯探知。 ④期日:约定好时间。 ⑤夜:当天夜里。

张孟谈因朝知伯而出①,遇知过辕门之外②。知过入见知伯曰:"二主殆将有变③。"君曰:"何如?"对曰:"臣遇张孟谈于辕门之外,其志矜④,其行高⑤。"知伯曰:"不然。吾与二主约谨⑥矣,破赵三分其地,寡人所亲之,必不欺也。子释之,勿出于口。"知过出见二主,入说知伯曰:"二主色动而意变,必背君,不如令杀之。"知伯曰:"兵箸⑦晋阳三年矣,旦暮当拔之而飨其利⑧,乃有他心?不可,子慎勿复言。"知过曰:"不杀则遂亲之⑨。"知伯曰:"亲之奈何?"知过曰:"魏宣子之谋臣曰赵葭⑩,康子之谋臣曰段规⑪,是皆能移⑫其君之计。君其与二君⑬约,破赵则封二子者各万家之县一,如是则二主之心可不变,而君得其所欲矣。"知伯曰:"破赵而三分其地,又封二子者各万家之县一,则吾所得者少,不可。"知过见君之不用也,言之不听,出,更其姓为辅氏,遂去不见⑭。

[注释]①因:因为。朝:朝见知伯。出:出晋阳城。 ②知过:又作知果,知伯之族人。辕门:用车构成的军营之门。 ③二主:韩、魏之君。殆:大概,可能。 ④志矜:神情高傲。 ⑤行高:走路的样子趾高气扬。 ⑥谨:慎重,郑重。 ⑦兵箸:军队围城驻扎。 ⑧旦暮:早晚。飨:音xiǎng,通"享"。 ⑨亲之:进一步亲近他们。 ⑩赵葭:魏宣子谋臣。 ⑪段规:韩康子谋臣。 ⑫移:改变。 ⑬二君:赵葭和段规。 ⑭不见:隐居不复见知伯。

张孟谈闻之,入见襄子曰:"臣遇知过于辕门之外,其视①有疑臣之心,入见知伯,出更其姓②。今暮不击③,必后④之矣。"襄子曰:"诺。"使张孟谈见韩、魏之君曰:"夜期⑤杀守堤之吏,而决水灌知伯军。"知伯军救水而乱,韩、魏翼⑥而击之,襄子将卒犯其前⑦,大败知伯军而禽⑧知伯。

[注释]①视:眼光。 ②出更其姓:出走并变更其姓氏。 ③暮:傍晚。击:攻伐知伯。 ④后:晚。 ⑤期:按照约定的时间。 ⑥翼:左右夹击。 ⑦犯:进犯,进攻。前:正面。 ⑧禽:通"擒"。

知伯身死,国亡地分①,为天下笑,此贪欲无厌也。夫不听知过,亦所以亡也。知氏尽灭,唯辅氏存焉。"

[注释]①国亡地分:知伯灭亡,韩、赵、魏三家分其地。

○张孟谈既固赵宗

张孟谈既固赵宗①，广②封疆，发五百③，乃称简之涂以告襄子曰④："昔者，前国地君之御有之曰⑤：'五百之所以致天下者⑥，约两主势能制臣⑦，无令臣能制主。故贵为列侯⑧者，不令在相位⑨，自将军以上，不为近大夫⑩。'今臣之名显而身尊，权重而众服，臣愿捐功名去权势以离众⑪。"襄子恨然⑫曰："何哉？吾闻辅主者名显，功大者身尊，任国⑬者权重，信忠在己⑭而众服焉。此先圣之所以集⑮国家，安社稷乎！子何为然？"张孟谈对曰："君之所言，成功之美⑯也。臣之所谓，持国之道也⑰。臣观成事⑱，闻往古，天下之美同⑲，臣主之权均⑳之能美，未之有也。前事之不忘，后事之师。君若弗图㉑，则臣力不足㉒。"怆然有决色㉓。襄子去之㉔。卧三日，使人谓之曰："晋阳之政，臣下不使㉕者何如？"对曰："死僇㉖。"张孟谈曰："左司马㉗见使于国家，安社稷，不避其死，以成其忠，君其行之㉘。"君曰："子从事㉙。"乃许之。张孟谈便厚以便名㉚，纳地释事㉛以去权尊，而耕于负亲之丘㉜。故曰，贤人之行，明主之政也。

[注释]①宗：宗庙，家族。 ②广：扩大。 ③发五百：发扬春秋五霸的事业。百：通"伯"，又作霸。 ④称：列举，举例。简：赵简子，名鞅，又名志父，战胜范氏、中行氏，奠定赵国的基础。涂：治国方略。 ⑤国地君：拥有封地的权臣。御：驾车者。 ⑥致天下：称霸天下。 ⑦约两：一说为约令，犹言制定机制与制度。主势：国君的权势。制：制约，约束。 ⑧列侯：公、侯、

伯、子、男等爵位,所领有者,泛指各个爵位的封君。西汉初年专设列侯爵位。⑨相位:担任相国之职。 ⑩不为近大夫:将军以上的职官不能兼任近臣职务。 ⑪捐:献,献出。离众:离开众人的视线,犹言离开政治舞台。 ⑫恨然:遗憾惆怅。 ⑬任国:担任国家重要职务。 ⑭信忠在己:自己恪守信与忠。 ⑮集:通"辑",和睦稳定。 ⑯美:美好和谐的一面。 ⑰持国之道:巩固国家政权的方略。 ⑱成事:成功的事例、范例。 ⑲美同:美好和谐的一面是相同的。 ⑳权均:权势相均等。 ㉑图:考虑,计划。 ㉒力不足:能力不够,无能为力。 ㉓怆然:悲伤的表情,怆:音chuàng,悲伤。决色:坚定不移决断的表情。 ㉔去之:同意张孟谈离去。 ㉕不使:不为赵氏所想、所用。 ㉖死僇:死亡杀戮。僇:通"戮"。 ㉗左司马:掌军政、赋税之职官,指张孟谈。一说为另外一人。 ㉘君其行之:请君对自己做出决断性的处理。 ㉙子从事:请张孟谈按照自己的意愿做。 ㉚便厚以便名:捐弃功名利禄,留下好名声。便厚:捐弃待遇丰厚的功名。便名:为了保留自己的好名声。 ㉛纳地:献出自己的封地。释事:不再参与政务。 ㉜负亲之丘:赵地,位于今何地不详。

耕三年,韩、魏、齐、燕负亲以谋赵①,襄子往见张孟谈而告之曰:"昔者知氏之地,赵氏分则多十城,复来②,而今诸侯孰谋③我,为之奈何?"张孟谈曰:"君其负剑而御臣以之国④,舍臣于庙⑤,授吏大夫⑥,臣试计⑦之。"君曰:"诺。"张孟谈乃行,其妻之楚,长子之韩,次子之魏,少子之齐。四国疑⑧而谋败。

[注释]①燕:一说为楚。负亲:违背友好亲近的约定。谋赵:谋划伐赵。②复来:韩、魏等曾经再次来交涉瓜分知氏土地之事。 ③孰谋:认真谋划。孰,通"熟"。 ④君其负剑而御臣以之国:请君佩带上剑,亲自驾车接臣下回都城。 ⑤舍:住宿。庙:宗庙。 ⑥授吏大夫:授张孟谈属下的小官吏为大夫。 ⑦试计:尝试挫败四国伐赵的计划。 ⑧疑:彼此产生猜疑。

○晋毕阳之孙豫让

晋毕阳①之孙豫让,始事范、中行氏而不说,去而就②知伯,知伯宠之。及三晋分知氏,赵襄子最怨知伯,而将其头以为饮器③。豫让遁逃④山中,曰:"嗟乎!士为知己者死,女为悦己者容⑤。吾其报知氏之雠矣。"乃变姓名,为刑人⑥,入宫涂厕⑦,欲以刺襄子。襄子如厕,心动,执问涂者,则豫让也。刃其扞⑧,曰:"欲为知伯报雠!"左右欲杀之。赵襄子曰:"彼义士也,吾谨避⑨之耳。且知伯已死,无后,而其臣至⑩为报雠,此天下之贤人也。"卒释之。豫让又漆身为厉⑪,灭须去眉⑫,自刑以变其容⑬,为⑭乞人而往乞,其妻不识,曰:"状貌不似吾夫,其音何类吾夫之甚也。"又吞炭为哑⑮,变其音。其友谓之曰:"子之道⑯甚难而无功,谓子有志则然矣⑰,谓子之智⑱否。以子之才,而善事襄子,襄子必近幸子⑲;子之得近而行⑳所欲,此甚易而功必成。"豫让乃笑而应之曰:"是为先知㉑报后知,为故君贼㉒新君,大乱君臣之义者无此矣㉓。凡吾所谓为此者,以明君臣之义,非从易㉔也。且夫委质而事人㉕,而求㉖弑之,是怀二心以事君也。吾所为难㉗,亦将以愧天下后世人臣怀二心者㉘。"

[注释]①毕阳:晋国毕万的后人,侠义之士。　②就:投奔。　③将其头以为饮器:把知伯的颅骨漆制之后作为饮酒的器皿。　④遁逃:逃避。　⑤容:容纳,喜爱。　⑥刑人:受过肉刑的服刑者。　⑦宫:赵襄子家族的住宅。涂:涂饰,修缮。厕:厕所。　⑧刃其扞:以刀刃抵住豫让手中的涂墙工

具。扞:一说为矛戈一类的武器,一说为泥瓦工用抹子。 ⑨谨避:谨慎躲避。 ⑩至:坚持,直至。 ⑪漆身为厉:以漆涂身,使自己像一个麻风病患者。厉,通"疠",恶疮。 ⑫灭须去眉:除去胡须与眉毛。 ⑬自刑:自我刑残。容:容貌。 ⑭为:作为,假扮。 ⑮吞炭为哑:吞食烧红的木炭使声音变嘶哑。 ⑯道:豫让选择的做法。 ⑰谓子有志则然矣:如果从个人的志向、意志来说是值得赞赏的。 ⑱智:明智,聪明。 ⑲近幸子:亲近与宠爱豫让。 ⑳行:实施。 ㉑知:知己,知遇之恩。 ㉒贼:伤害,杀害。 ㉓大乱:肆无忌惮的淆乱。义:正义,标准,为社会所公认的道德、行为或道理。 ㉔易:变易,权宜之计。 ㉕委质而事人:犹言委身,将全部身心交付给某人,献身而臣服于他人。 ㉖求:谋求。 ㉗难:难以做到。 ㉘以愧天下后世人臣怀二心者:使天下那些对主人图谋不轨、怀有二心的人感到愧疚。

居顷之①,襄子当出②,豫让伏所当过桥下。襄子至桥而马惊,襄子曰:"此必豫让也。"使人问之,果③豫让。于是赵襄子面数④豫让曰:"子不尝⑤事范、中行氏乎?知伯灭范、中行氏,而子不为报雠,反委质事知伯。知伯已死,子独何为报雠之深也?"豫让曰:"臣事范、中行氏,范、中行氏以众人遇臣⑥,臣故众人报之⑦;知伯以国士⑧遇臣,臣故国士报之。"襄子乃喟然叹泣曰⑨:"嗟乎,豫子!豫子之为知伯,名既成矣,寡人舍⑩子,亦以足矣⑪。子自为计,寡人不舍子。"使兵环⑫之。豫让曰:"臣闻明主不掩人之义⑬,忠臣不爱死以成名⑭。君前已宽舍臣,天下莫不称君之贤。今日之事,臣故伏诛⑮,然愿请君之衣而击之,虽死不恨⑯。非所望也⑰,敢布腹心⑱。"于是襄子义⑲之,乃使使者持衣与豫让。豫让拔剑三跃,呼天击之曰:"而可以报知伯矣。"遂伏剑而死。死之日,赵国之士闻之,皆为涕泣。"

[注释]①居顷之:没过多久。 ②当出:正在出行之中。 ③果:果然是。 ④数:责备,列举其过错。 ⑤尝:曾经。 ⑥以众人遇臣:以一般人的待遇对待臣。 ⑦臣故众人报之:所以以一般人的态度回报范、中行氏。 ⑧国士:名盖一国的重要士人。 ⑨喟然叹泣:流着眼泪发出深有感慨的叹声。 ⑩舍:释放、放过一次。 ⑪亦以足矣:你也应该满足了。 ⑫环:环绕,包围。 ⑬掩:掩盖,隐藏。义:义举,大义。 ⑭不爱死以成名:不怕死,不珍惜自己的生命来成就自己的名声。 ⑮故:通"固",固然应该。伏诛:认罪受罚。 ⑯恨:遗憾。 ⑰非所望也:这是我不敢奢望的期求。 ⑱敢布腹心:坦率地说出心里的想法,展示自己的侠义之心。 ⑲义:赞赏他的气节和义举。

○魏文侯借道于赵攻中山

魏文侯借道于赵攻中山①。赵侯②将不许。赵利③曰:"过④矣。魏攻中山而不能取⑤,则魏必罢⑥,罢则赵重⑦。魏拔中山,必不能越⑧赵而有中山矣。是⑨用兵者,魏也;而得地者,赵也。君不如许之,许之大劝⑩,彼将知矣利之⑪也,必辍⑫。君不如借之道,而示之不得已⑬。"

[注释]①魏文侯:名斯,战国初年的魏国之君。中山:狄人所建之国,位于今河北定县,被魏灭,后又复国,最后被赵所灭。 ②赵侯:赵烈侯,名籍。 ③赵利:又作赵刻,赵氏族人,策士。 ④过:错,过错。 ⑤取:取胜占领。 ⑥罢:音pí,通"疲",疲惫,疲敝。 ⑦重:作用重要。 ⑧越:越过。 ⑨是:此,指攻伐中山之役。 ⑩大劝:极力支持、鼓励。 ⑪利之:利于赵国。 ⑫辍:停止。 ⑬示不得已:表露出不得不同意借道之意。

○秦韩围梁燕赵救之

秦、韩围梁①,燕、赵救之。谓山阳君②曰:"秦战而胜三国,秦必过周、韩而有梁。三国而胜秦,三国之力,虽不足以攻秦,足以拔郑③。计者不如构三国攻秦④。"

[注释]①梁:魏国都城大梁,在今河南开封。 ②山阳君:韩国封君,封于山阳。山阳,在今河南焦作市。 ③郑:韩哀侯二年韩灭郑,郑国故地新郑等地已成韩国辖地,此名为郑而实为韩国。 ④计:为韩国着想。构三国:韩、赵、魏三国联合。

○腹击为室而钜

腹击为室而钜①,荆敢②言之主。谓腹子曰:"何故为室之钜也?"腹击曰:"臣羁旅③也,爵高而禄轻,宫室小而帑④不众。主虽信臣,百姓皆曰:'国有大事,击必不为用。'今击之钜宫,将以取信于百姓也。"主君曰:"善。"

[注释]①腹击:其他诸侯国之人,仕于赵。钜:同"巨",巨大。 ②荆敢:楚人,仕于赵。 ③羁旅:寄宿的旅客,指仕于他国之人。 ④帑:通孥,家属与子孙。

○苏秦说李兑

苏秦说李兑①曰:"雒阳乘轩车苏秦②,家贫亲老,无罢车驽马③,桑轮蓬篋羸縢④,负书担橐⑤,触尘埃,蒙霜露,越漳、河⑥,足重茧⑦,日百而舍⑧,造外阙⑨,愿见于前,口道天下之事。"李兑曰:"先生以鬼之言见我则可,若以人之事,兑尽知之矣。"苏秦对曰:"臣固⑩以鬼之言见君,非以人之言也。"李兑见之。苏秦曰:"今日臣之来也暮⑪,后郭门⑫,借席⑬无所得,寄宿⑭人田中,傍有大丛。'⑮夜半,土梗与木梗⑯斗曰:'汝⑰不如我,我者乃土也。使我逢疾风淋雨,坏沮⑱,乃复归土。今汝非木之根,则木之枝耳。汝逢疾风淋雨,漂入漳、河,东流至海,氾滥无所止⑲。'臣窃以为土梗胜也。今君杀主父而族之⑳,君之立于天下,危于累卵。君听臣计则生,不听臣计则死。"李兑曰:"先生就舍㉑,明日复来见兑也。"苏秦出。

[注释]①李兑:因功官赵司寇,后为相国,封为奉阳君。 ②雒阳:即洛阳,在今河南洛阳。乘轩车:一说为乘轩里,苏秦在洛阳所居住的里巷。 ③罢车驽马:破车劣马。罢:通"疲"。 ④桑轮:桑木制作的车轮。蓬箧,蓬草编制的箱子。箧:音 qiè,箱子。羸縢:音 léi téng,打着绑腿。 ⑤囊:口袋。 ⑥漳:漳水,发源于山西长治,分为清漳、浊漳二河,东南流经河南、河北两省交界,在林州市合流为漳河,东南流至河北大名县入卫河。河:黄河。 ⑦茧:脚掌上因摩擦或挤压使皮肤角质层变得厚而硬的老趼。 ⑧日百而舍:日行百里才住宿休息。 ⑨造:来到。外阙:宫门外两边的瞭望楼。 ⑩固:肯定,一定。 ⑪暮:傍晚。 ⑫后郭门:到来太晚,入城的大门关闭。 ⑬借席:借宿。 ⑭寄宿人田中:临时借宿于他人的田地中。 ⑮丛:树林中的神祠。 ⑯土梗:泥塑的神像,一说为土偶。木梗:木雕的神像。斗:斗嘴,辩论。 ⑰汝:你。 ⑱坏沮:毁坏,败坏。 ⑲氾滥:随水的流动而任意漂流。止:归宿。 ⑳主父:赵武灵王。族之:赵武灵王的族人也因此被杀。 ㉑就舍:到馆舍休息。

李兑舍人谓李兑曰:"臣窃观君与苏公谈也,其辩过君①,其博②过君,君能听苏公之计乎?"李兑曰:"不能。"

舍人曰:"君即不能,愿君坚塞③两耳,无听其谈也。"明日复见,终日谈而去。舍人出送苏君,苏秦谓舍人曰:"昨日我谈粗而君动④,今日精⑤而君不动,何也?"舍人曰:"先生之计大而规高,吾君不能用也。乃我请君塞两耳,无听谈者。虽然,先生明日复来,吾请资先生厚用⑥。"明日来,抵掌⑦而谈。李兑送苏秦明月之珠⑧,和氏之璧⑨,黑貂之裘,黄金百镒⑩。苏秦得以为用⑪,西入于秦。

[注释]①辩:辩才。过:超过。 ②博:博学。 ③坚塞:牢牢地塞住。 ④粗:粗略。动:被触动。 ⑤精:精致深刻。 ⑥厚用:得到丰厚的财物费用。 ⑦抵掌:击掌或者拉手。 ⑧明月之珠:明珠,夜明珠。 ⑨和氏之璧:犹言与和氏璧一样贵重的玉璧。 ⑩镒:重量单位,二十两或二十四两为一镒。 ⑪用:资用,费用。

○赵收天下且以伐齐

赵收①天下,且②以伐齐。苏秦为齐上书说赵王③曰:"臣闻古之贤君,德行非④施于海内也,教顺慈爱,非布于万民也,祭祀时享,非当于鬼神也。甘露⑤降,风雨时至⑥,农夫登⑦,年谷丰盈,众人喜之,而贤主恶之⑧。今足下功力⑨,非数痛加于秦国⑩,而怨毒积恶⑪,非曾深凌于韩也⑫。臣窃外闻大臣及下吏之议,皆言主前专据⑬,以秦为爱赵而憎韩⑭。臣窃以事观之,秦岂得爱赵而憎韩哉?欲亡韩吞两周之地,故以韩为饵⑮,先出声⑯于天下,欲邻国闻而观之也。恐其事不成,故出兵以佯示⑰赵、魏。恐天下之惊觉,故微韩以贰之⑱。恐天下疑己,故出质以为信⑲。声德于与国⑳,而实伐空韩㉑。臣窃观其图㉒之也,议㉓秦以谋计,必出于是。

[注释]①收:联合。 ②且:将。 ③赵王:赵惠文王。 ④非:未尝,不一定。 ⑤甘露:预示着吉祥的甜美露水。 ⑥时至:顺时而至,风调雨顺。 ⑦登:谷熟,犹言五谷丰登。 ⑧恶之:因为自己没有作出贡献而取得成就,心里不安。 ⑨足下功力:用足了力量去战。 ⑩数痛:重创,严重的伤害。加:施加于。 ⑪怨毒积恶:生出仇恨与积怨。 ⑫凌:欺凌,制服。韩:一说为韩、齐。 ⑬专据:专横独断。 ⑭以秦为爱赵而憎韩:认为秦亲近赵国而憎恨韩国。 ⑮饵:引鱼上钩的食物。 ⑯出声:声言。 ⑰佯示:以假象迷惑。 ⑱微韩:以微小的兵伐韩。贰之:疑之,干扰其他诸侯国的视线。 ⑲出质:送出人质。信:表示诚信。 ⑳声德于与国:号称施恩德于友好的诸侯国。 ㉑空韩:空虚的韩国。 ㉒图:实际图谋。 ㉓议:论议,准确认识。

"且夫说士之计,皆曰韩亡三川①,魏灭晋国②,恃韩未穷③,而祸及④于赵。且物固有势异而患同者⑤,又有势同而患异者。昔者,楚人久伐而中山亡⑥。今燕尽韩之河南⑦,距沙丘⑧,而至钜鹿⑨之界三百里;距于扞关⑩,至于榆中⑪千五百里。秦尽韩、魏之上党⑫,则地与国都邦属而壤挈者七百里⑬。秦以三军强弩坐羊唐之上⑭,即地去邯郸二十里⑮。且秦以三军攻王之上党而危其北,则句注⑯之西,非王之有也。今鲁句注禁常山而守⑰,三百里通于燕之唐、曲吾⑱,此代马胡驹不东⑲,而崐山之玉不出也⑳。此三宝者,又非王之有也。今从㉑于彊秦国之伐齐,臣恐其祸出于是矣。昔者,五国㉒之王,尝合横而谋伐赵,参分㉓赵国壤地,著之盘盂㉔,属之雠柞㉕。五国之兵有日㉖矣,韩乃西师以禁秦国㉗,使秦发令素服而听㉘,反温、枳、高平于魏㉙,反三公、什清于赵㉚,此王之明知也。夫韩事赵宜正为上交㉛;今乃以抵罪取伐㉜,臣恐其后事王者之不敢自必也㉝。今王收㉞天下,必以王为得㉟。韩危社稷㊱以事王,天下必重王。然则韩义王以天下就之㊲,下至韩慕㊳王以天下收之,是一世之命㊴,制于王已。臣愿大王深与左右群臣卒计而重谋㊵,先事成虑而熟图之也。"

[注释]①三川:黄河、洛河、伊河,大致包括今洛阳、孟津、巩义、荥阳一带,时为韩地。 ②魏灭晋国:魏丧失了安邑。晋国:指魏国故都安邑。 ③恃韩未穷:正因为韩国尚未到山穷水尽的地步。一说为"市朝未罢",犹言时间很短。 ④及:波及。 ⑤物:事物。势异:局势格局不同。患:祸患,灾难。 ⑥楚人久伐而中山亡:楚长期受秦国的攻伐,赵无秦患,乘机攻灭中山。中山:狄人所建之国,位于今河北定州市,被魏灭,后又复国,最后被赵所灭。 ⑦尽:全部占有其地。河南:一说为"阳地",指韩国黄河以北之地。 ⑧距沙丘:起自沙丘。沙丘:在今河北平乡县,一说在今河北巨鹿县。 ⑨钜鹿:位于今河北巨鹿县。 ⑩扞关:位于今湖北长阳土家族自治县。扞,音hàn。一说为"挻关",在今陕西延安附近。 ⑪榆中:有三种说法,一说在今陕西省的东北角。一说在今内蒙古河套东北岸。一说在今甘肃兰州市榆中县一带。 ⑫上党:首府在今山西长治市,统辖当今山西和顺、榆社以南,沁水流域以东。 ⑬国都:赵国都城邯郸。邦属:疆界相连属。壤挈者:与秦接壤的领地。 ⑭坐:驻扎。羊唐:即羊肠,赵国要塞,是联系山西与中原的要道,因山形弯曲陡峭,状如羊肠故名。今羊肠坂遗址有二,一在今山西长治壶关县的羊肠坂。另一遗址位于今河南沁阳市与山西泽州县交界处的古羊肠坂。 ⑮即:犹如。去:距离。二十里:一说百二十里。 ⑯句注:山名,又称雁门山,位于今山西代县。 ⑰鲁:一说为踊。禁:禁止,断绝。常山:位于今河北曲阳县。 ⑱唐:今河北唐县。曲吾:在今河北完县。 ⑲代马:代郡所出产的马。代郡:在今山西代县、河北蔚县一带,北邻匈奴、乌桓等族,为北方要地。胡驹:北方匈奴出产的马。不东:无法流通到东方。 ⑳崐山之玉:昆

仑山的玉石。不出:交通断绝,无法运出。　㉑从:跟随。彊:同"强"。
㉒五国:齐、楚、魏、韩、燕。　㉓参分:三分。　㉔著之盘盂:将盟约著录于盘、盂等青铜器上。　㉕属之雠柘:记录于册籍。雠柘:册籍,一说"酬酢",意为劝酒。　㉖有日:成功指日可待。　㉗西师以禁秦国:挥师西进抗击秦国。㉘使秦发令素服而听:秦战败,身着素服表示以丧礼自居,听命于韩国。㉙反:返还。温:魏邑,今河南温县。枳:在今河南济源市南。高平:在今河南济源市西南。　㉚三公、什清:赵地,今地不详。　㉛宜正:适宜于韩、赵双方的正常情况。上交:非常密切的外交关系。　㉜抵罪取伐:因罪过而遭到攻伐。　㉝恐:担心。后事王者,后来服事王的人。自必:自己积极主动。㉞收:统领。　㉟得:得天下。　㊱危社稷:冒着国家受到损失的危险。㊲韩义王:韩国认为王非常仁义。就之:投奔,建立友好关系。　㊳慕:仰慕。㊴一世之命:一个时代的命运。　㊵卒计:全面计划。重谋:慎重谋划。

○齐攻宋奉阳君不欲

齐攻宋,奉阳君①不欲,客请奉阳君曰:"君之春秋高矣②,而封地不定③,不可不熟图④也。秦之贪⑤,韩、魏危⑥,卫、楚正⑦,中山之地薄⑧,宋罪重,齐怒深,残伐乱宋,定身封⑨,德⑩强齐,此百代之一时也⑪。"

[注释]①奉阳君:李兑。　②春秋高:年龄已经很大。　③定:稳定。④熟图:认真地考虑谋划。　⑤贪:贪婪。　⑥危:危险。　⑦卫、楚正:一说为燕、楚僻。僻:偏僻或邪僻。　⑧薄:贫瘠。　⑨定身封:固定自身的封地。⑩德:施恩德。　⑪此百代之一时也:这是百年一遇的最好机会。

○秦王谓公子他

秦王谓公子他曰①:"昔岁殽下之事②,韩为中军③,

以与诸侯攻秦。韩与秦接境壤界,其地不能④千里,展转不可约⑤。日者秦、楚战于蓝田⑥,韩出锐师以佐⑦秦,秦战不利,因转与楚⑧,不固⑨信盟,唯便⑩是从。韩之在我⑪,心腹之疾⑫。吾将伐之,何如?"公子他曰:"王出兵韩,韩必惧,惧则可以不战而深取割⑬。"王曰:"善。"乃起兵,一军临荥阳⑭,一军临太行⑮。

[注释]①秦王:秦昭王。公子他:秦惠文王之子,秦昭王之兄。 ②殽下之事:公元前296年韩、齐、魏等国联合攻秦,战于函谷关,因函谷关与崤山较近,所以言"殽下之事"。殽:即崤山,秦岭山脉东段支脉,位于今河南灵宝市、陕县南部。 ③中军:中路主力军。 ④不能:不够,不足。 ⑤展转不可约:反复无常,不可以盟约取信。 ⑥日:当时。蓝田:今陕西蓝田县。 ⑦佐:帮助,助战。 ⑧因转与楚:韩国因秦在伐楚战争中失利,转而与楚联合。 ⑨固:恪守,遵守。 ⑩便:方便,有利可图。 ⑪在我:对于我们秦国而言。 ⑫疾:疾病,祸患。 ⑬深割取:多割取土地。 ⑭荥阳:即荥阳,今河南荥阳市。 ⑮太行:绵延于山西、河南、河北的太行山脉。

韩恐,使阳城君入谢于秦①,请效上党之地以为和②。令韩阳告上党之守靳黈曰③:"秦起二军以临韩,韩不能有④。今王令韩兴兵⑤以上党入和于秦,使阳言之太守,太守其效之。"靳黈曰:"人有言:挈瓶之知⑥,不失守器⑦。王则有令,而臣太守,虽王与子,亦其猜⑧焉。臣请悉发守⑨以应秦,若不能卒⑩,则死之。"韩阳趋以报王,王曰:"吾始已诺于应侯矣⑪,今不与,是欺之也。"乃使冯亭代靳黈⑫。

[注释]①阳城君:韩桓惠王时的封君。谢:谢罪。 ②效:献上。上党:首府在今山西长治市,统辖当今山西和顺、榆社以南,沁水流域以东。 ③韩

阳:阳城太守。上党之守靳黈:上党太守靳黈,字书无黈字。 ④有:继续生存。 ⑤兴兵:举兵,起兵。 ⑥挈瓶之知:用瓶子汲水的智慧。挈:音 qiè,持,提。 ⑦守器:持有的瓶子。 ⑧猜:猜忌,疑虑。 ⑨悉发守:动用全部守上党之兵。 ⑩卒:守上党之战胜利。 ⑪诺:答应。应侯:范雎。 ⑫冯亭:韩国大臣,毕公之后,封邑于冯。代:取代。

冯亭守三十日,阴使人请赵王曰①:"韩不能守上党,且以与秦,其民皆不欲为秦,而愿为赵。今有城市之邑七十②,愿拜内③之于王,唯王才④之。"赵王喜,召平原君⑤而告之曰:"韩不能守上党,且以与秦,其吏民不欲为秦,而皆愿为赵。今冯亭令使者以与寡人,何如?"赵豹对曰:"臣闻圣人甚祸无故之利⑥。"王曰:"人怀吾义⑦,何谓无故乎?"对曰:"秦蚕食韩氏之地,中绝⑧不令相通,故自以为坐受上党⑨也。且夫韩之所以内赵者,欲嫁其祸也。秦被其劳⑩,而赵受其利,虽强大不能得之于小弱,而小弱顾能得之强大乎?今王取之,可谓有故乎?且秦以牛田⑪,水通粮⑫,其死士皆列之于上地⑬,令严政行,不可与战。王自图之!"王大怒曰:"夫用百万之众,攻战踰年历岁,未见一城也。今不用兵而得城七十,何故不为?"赵豹出。

[注释]①阴:暗中,秘密。请:谒见,拜见。赵王:赵孝成王,名丹。②城市之邑:有城郭与市场的大邑。七十:一说为十七。 ③内:纳入,献给。④才:同裁,裁决,决断。 ⑤平原君:赵胜。平原君又作平阳君,平阳君指的是赵豹,而不是赵胜。 ⑥甚祸无故之利:无故得利,圣人以为祸,犹言非常担忧无故获利很有可能带来灾祸。 ⑦怀:归附,怀恋。义:仁义,恩德。⑧中绝:拦腰断绝。 ⑨坐受上党:秦不用发兵可坐而得到上党。 ⑩被其劳:遭受辛劳。 ⑪牛田:以牛耕种,犹言农业生产发达。⑫水通粮:水漕

运输粮食。 ⑬死士:不怕死之兵士。上地:地之上者,犹言高地,一说上地即上党。

王召赵胜、赵禹而告之曰①:"韩不能守上党,今其守②以与寡人,有城市之邑七十。"二人对曰,"用兵踰年,未见一城,今坐而得城,此大利也。"乃使赵胜往受地③。

[注释]①赵胜:平原君。赵禹:赵大臣。 ②守:上党太守冯亭。 ③受地:接受上党之地。

赵胜至曰:"敝邑之王,使使者臣胜,太守有诏①,使臣胜谓曰:'请以三万户之都封太守②,千户封县令③,诸吏皆益④爵三级,民能相集者⑤,赐家六金⑥'"冯亭垂涕而勉⑦曰:"是吾处三不义也⑧:为主守地而不能死⑨,而以与人,不义一也;主内⑩之秦,不顺主命,不义二也;卖主之地而食之⑪,不义三也。"辞封而入韩⑫,谓韩王曰:"赵闻韩不能守上党,今发兵已取之矣。"

[注释]①太守有诏:有赵孝成王转告给太守的命令。 ②三万户之都:有三万户居民的大城邑。封太守:封为太守的采邑。 ③千户封县令:现为县令者封与千户的采邑。 ④益:增加。 ⑤民能相集者:能相团聚为家者。⑥金:重量单位,与镒相等,二十两或二十四两为一镒。 ⑦勉:尽力做,犹言这样做的难处。 ⑧处:处于。不义:不正当,非正义。 ⑨死:以死相守。⑩内:纳,献给。 ⑪食之:衣食采邑封户。 ⑫辞封而入韩:辞去赵国的封地、封君而回到韩国。一说赵封冯亭为华阳君,与韩将赵括共同抗秦,战死于长平。

韩告秦曰:"赵起兵取上党。"秦王怒,令公孙起、王齮以兵遇赵于长平①。

[注释]①公孙起:秦将白起,封武安君。王齮:秦将王齕。齮,音yǐ。长平,在今山西高平县。

○苏秦为赵王使于秦

苏秦为赵王使于秦,反①,三日不得见②。谓赵王曰:"秦乃者过柱山③,有两木④焉。一盖呼侣⑤,一盖哭。问其故,对曰:'吾已大矣,年已长矣。吾苦夫匠人⑥,且以绳墨案规矩刻镂我⑦。'一盖曰:'此非吾所苦也,是故吾事也⑧。吾所苦夫铁钻然,自入而出夫人者⑨。'今臣使于秦,而三日不见,无有谓臣为铁钻者乎⑩?"

[注释]①反:返回赵国。 ②见:赵王接见。 ③秦:苏秦。乃:往日,从前。过:经过。柱山:即今河南三门峡市三门峡大坝黄河中的砥柱山。 ④木:树。 ⑤盖:大概,好像。侣:伙伴。 ⑥苦:遭受痛苦。匠人:手工业工人。 ⑦且:将,将要。绳墨:木匠的画线工具。规:同"规",画圆的工具。矩:画方的工具。 ⑧故吾事也:是我避免不了的必然遭遇。故通"固",必然。 ⑨自入而出夫人者:任凭人们使用铁钻任意地钻进钻出。 ⑩臣为铁钻者:臣就像被铁钻任意钻进钻出的树木。

○甘茂为秦约魏以攻韩宜阳

甘茂为秦约魏以攻韩宜阳①,又北之赵②,冷向谓强国曰③:"不如令赵拘甘茂④,勿出⑤,以与齐、韩、秦市⑥。齐王欲求救宜阳,必效县狐氏⑦。韩欲有宜阳,必以路、涉、端氏赂赵⑧。秦王欲得宜阳,不爱名宝,且⑨拘茂也,且以置公孙赫、樗里疾⑩。"

[注释]①宜阳:今河南宜阳县。 ②北之赵:向北去赵国。 ③冷向:赵臣,曾游宦于齐、秦。强国:赵臣。 ④拘:拘留。甘茂:上蔡人,一说为下蔡人,仕于秦国,为秦将领。 ⑤勿出:不放他离开。 ⑥市:交换。 ⑦狐氏:齐地,今地不详。 ⑧路:在今山西黎城县。涉:位于今河北涉县。端氏:在今山西沁水县。 ⑨且:抑,或者。 ⑩且:将要。置:使用。公孙赫:秦臣。樗里疾:秦惠王异母弟,因其居住的"里"有大樗树,故号樗里疾。樗,音 chū。

○谓皮相国

谓皮相国①曰:"以赵之弱而据之建信君②,涉孟之雠③然者何也?以从为有功也④。齐不从,建信君知从之无功。建信者安能以无功恶秦哉⑤?不能以无功恶秦,则且出兵助秦攻魏,以楚、赵分齐⑥,则是强毕⑦矣。建信、春申⑧从,则无功而恶秦。秦分齐,齐亡魏,则有功而善秦⑨。故两君者⑩,奚择有功之无功为知哉⑪?"

[注释]①皮相国:赵的相国。 ②据:任用。建信君:赵宠幸之臣。③涉孟:赵大臣。雠:涉孟与建信君素有怨恨。 ④从:合纵。功:功劳,成效。 ⑤安能:怎么能够。恶秦:伤害秦国。 ⑥分齐:瓜分齐地。 ⑦强毕:图强之计非常完备。 ⑧春申:春申君赵胜,曾经组织合纵。 ⑨善秦:利于秦,有助于秦。 ⑩两君者:建信君与涉孟。 ⑪奚择:怎么选择。知:明白,明了。

○或谓皮相国

或谓皮相国曰:"魏杀吕辽而卫兵①,亡其北阳而梁危②,河间封不定而齐危③,文信④不得志,三晋倍之忧也⑤。今魏耻未灭⑥,赵患又起,文信侯之忧大矣。齐不从⑦,三晋之心疑矣。忧大者不计而构⑧,心疑者事秦急。秦、魏之构⑨,不待割⑩而成。秦从⑪楚、魏攻齐,独吞赵,齐、赵必俱亡矣。"

[注释]①吕辽:亲秦的魏臣。卫兵:卫国将遭受兵燹之祸。 ②北阳:在今河南唐河县。梁:魏都大梁,在今河南开封。 ③河间:地在黄河、漳水之间,今河北河间县一带,接近齐国。封:疆域。定:巩固,稳固。 ④文信:文信侯吕不韦。 ⑤三晋:韩、赵、魏。倍之忧:加倍忧虑。 ⑥魏耻:文信侯吕不韦在魏国之事上的耻辱,具体是指"魏杀吕辽而卫兵"之事。灭:雪职,报仇。 ⑦从:合纵。 ⑧忧大者不计而构:忧患大的诸侯国不认真计划就会与秦媾和。 ⑨构:媾和,讲和。 ⑩割:割地。 ⑪从:跟随。

○赵王封孟尝君以武城

赵王封孟尝君以武城①。孟尝君择舍人以为武城吏②,而遣之曰:"鄙语③岂不曰,借车者驰之④,借衣者被之哉⑤?"皆对曰:"有之。"孟尝君曰:"文甚不取也⑥。夫所借衣车者,非亲友,则兄弟也。夫驰亲友之车,被兄弟之衣,文以为不可。今赵王不知文不肖⑦,而封之以武城,愿大夫之往也,毋伐树木,毋发⑧屋室,訾然使赵王悟而知文也⑨。谨使可全而归之⑩。"

[注释]①赵王:赵惠文王。孟尝君:齐国田文。武城:在今山东武城县。 ②择:挑选,选择。舍人:主掌家族事务的家臣。 ③鄙语:俗语,俗话。 ④借车者驰之:借他人的车就会快速奔驰,犹不爱惜他人的车。 ⑤借衣者被之:借他人的衣服就要穿,犹言不爱惜他人的衣服。 ⑥文:孟尝君的自

称。取:采纳。　⑦不肖:不贤。　⑧发:一说为废,意犹破坏。　⑨訾然:勤勉谨慎,但不期望使赵惠王满意。訾:音zī,考虑、希求。　⑩谨使:使者要谨慎行事。全:不受损害。

○谓赵王曰三晋合而秦弱

谓赵王①曰:"三晋合②而秦弱,三晋离③而秦强,此天下之所明④也。秦之有⑤燕而伐赵,有赵而伐燕;有梁而伐赵,有赵而伐梁;有楚而伐韩,有韩而伐楚;此天下之所明见也。然山东不能易其路⑥,兵弱也。弱而不能相壹⑦,是何楚之知⑧,山东之愚⑨也。是臣所为山东之忧⑩也。虎将即禽⑪,禽不知虎之即己也,而相斗两罢⑫,而归⑬其死于虎。故使禽知虎之即己,决不相斗矣。今山东之主不知秦之即己也,而尚相斗两敝⑭,而归其国于秦,知⑮不如禽远矣。愿王熟虑之也。

[注释]①赵王:赵武灵王,名雍。　②合:联合。　③离:分裂。　④明:清楚,明了。　⑤有:联合,与对方建立友好关系。　⑥山东:指华山或崤山以东六国:韩、赵、魏、楚、齐、燕。易其路:改变它们的策略。　⑦壹:联合。⑧楚:一说为秦。知:通"智",聪明。　⑨愚:愚笨,迟钝。　⑩忧:忧虑。⑪即:接近,靠近。禽:鸟兽总称。　⑫罢:音pí,疲惫。　⑬归:终归,结局。⑭敝:衰败。　⑮知:智慧。

"今事有可急①者,秦之欲伐韩、梁,东阚于周室甚②,惟寐亡之③。今南攻楚者,恶三晋之大合也④。今攻楚休而复之⑤,已五年矣,攘⑥地千余里。今谓楚王⑦:'苟来举玉趾而见寡人⑧,必与楚为兄弟之国,必为楚攻韩、梁,反楚之故地⑨。'楚王美秦之语⑩,怒韩、梁之不救己,必入于秦⑪。有谋故杀使之赵⑫,以燕饵赵⑬,而离⑭三晋。今王美秦之言,而欲攻燕,攻燕,食未饱而祸已及⑮矣。楚王入秦,秦、楚为一,东面而攻韩。韩南无楚⑯,北无赵,韩不待伐⑰,割挈马兔而西走⑱。秦与韩为上交⑲,秦祸安移于梁矣⑳。以秦之强,有楚、韩之用㉑,梁不待伐矣。割挈马兔而西走,秦与梁为上交,秦祸案攘于赵矣㉒。以强秦之有韩、梁、楚㉓,与燕之怒㉔,割必深矣㉕。国之举此㉖,臣之所为来。臣故曰:事有可急为者。

[注释]①急:当务之急。 ②阚:同"窥",窥测,伺机占有。甚:占有欲望非常强烈。 ③惟寐亡之:只有睡着的时候才能忘掉。亡:通忘。 ④恶:厌恶,反对。合:联合。 ⑤休而复之:罢兵而又重新攻伐。 ⑥攘:侵夺,侵犯。 ⑦楚王:楚怀王。 ⑧苟:如果。玉趾:对楚怀王出行秦国的尊称之辞,犹言移步。寡人:秦昭王自称。 ⑨反楚之故地:返还楚国以前被割去的领土。 ⑩美秦之语:赞赏秦昭王的话。 ⑪入于秦:到秦国去。 ⑫有谋故杀使之赵:杀又作发,意为秦又谋划派出使者到赵国。 ⑬以燕饵赵:以燕国为诱饵来引诱赵国。 ⑭离:离间,分裂。 ⑮及:到达。 ⑯无楚:失去了楚国的援助。 ⑰不待伐:等待不到攻伐。 ⑱割挈马兔而西走:割地挈辔策马,快如疾兔,向西投奔秦国。 ⑲上交:特别友好的外交关系。 ⑳祸:兵祸。安:于是。移:转移到。 ㉑用:为秦所用。 ㉒案:秦所设计的计谋方案。一说同安,于是。攘于:侵夺、侵犯于。一说攘于作"环中"。 ㉓有韩、梁、楚:拥有韩、梁、楚三国的支持。 ㉔怒:怒韩、梁、楚助秦。 ㉕割必深矣:秦割赵地必然很多。 ㉖国:赵国。举此,执行这个计划。

"及楚王之未入①也,三晋相亲相坚②,出锐师以戍韩、梁西边③,楚王闻之,必不入秦,秦必怒而循攻楚④,是秦祸不离楚也,便于⑤三晋。若楚王入,秦见三晋之大合而坚也,必不出楚王⑥,即多割⑦,是秦祸不离楚也,有利于三晋。愿王之熟计之也急⑧!"

[注释]①入:去秦国。 ②相坚:共同严格遵守盟约。 ③戍:防守。西边:西部边境。 ④循攻楚:按照以前的方略继续攻伐楚国。 ⑤便于:有利于。 ⑥不出楚王:拘留楚怀王于秦。 ⑦割:割地。 ⑧急:当务之急。

赵王因起兵南戍韩、梁之西边。秦见三晋之坚也,果不出楚王卬①,而多求地。

[注释]①果:果然。卬:一说卬为衍字。

卷十九 赵 二

○苏秦从燕之赵始合从

苏秦从燕之赵,始合从①,说赵王②曰:"天下之卿相人臣,乃至布衣之士,莫不高贤大王之行义③,皆愿奉教陈忠于前之日久矣④。虽然,奉阳君妒⑤,大王不得任事⑥,是以外宾客游谈之士⑦,无敢尽忠于前⑧者。今奉阳君捐馆舍⑨,大王乃今然后得与士民相亲,臣故敢献其愚,效愚忠。为大王计,莫若安民无事⑩,请无庸有为也⑪。安民之本⑫,在于择交⑬。择交而得⑭则民安,择交不得则民终身不得安。请言外患:齐、秦为两敌⑮,而民不得安;倚⑯秦攻齐,而民不得安;倚齐攻秦,而民不得安。故夫谋人之主,伐人之国,常苦出辞断绝人之交⑰,愿大王慎无出于口也⑱。

[注释]①始:开始。从:纵,合纵。 ②赵王:赵肃侯。 ③高贤:高度称赞与崇尚。行义:践行仁义。 ④奉教:奉献自己的见解。陈忠:表示自己的忠诚。 ⑤奉阳君:赵肃侯的弟弟,赵的相国,一说奉阳君即李兑。妒:同"妒",嫉贤妒能。 ⑥任事:处理重大事务。 ⑦外:疏远,排斥,排挤。宾

客:投奔的门客。游谈之士:游说论辩的社会活动家。 ⑧前:赵肃侯面前。 ⑨捐馆舍:死亡的别称。 ⑩无事:无扰民之事。 ⑪无庸有为:不需要有所作为。庸,用,需要。 ⑫本:根本。 ⑬择交:采取正确的外交策略,选择可靠的国家,建立牢固的邦交关系。 ⑭得:得当,适宜,正确。 ⑮齐、秦两敌:齐、秦两国与赵为敌。 ⑯倚:仗势,依靠。 ⑰苦:煞费苦心,精心锤炼。出辞:说出断绝与他国交往的游说之辞。 ⑱慎无出于口:讲话谨慎,不要说出不得当的话。

"请屏①左右,曰言所以异②,阴阳而已矣。大王诚能听臣,燕必致毡裘狗马之地③,齐必致海隅鱼盐之地,楚必致橘柚云梦④之地,韩、魏皆可使致封地汤沐之邑⑤,贵戚父兄皆可以受封侯⑥。夫割地效实⑦,五伯之所以覆军禽将而求也⑧;封侯贵戚,汤、武之所以放杀⑨而争也。今大王垂拱而两有之⑩,是臣之所以为大王愿也。大王与⑪秦,则秦必弱⑫韩、魏;与齐,则齐必弱楚、魏。魏弱则割河外⑬,韩弱则效宜阳⑭。宜阳效则上郡绝⑮,河外割则道⑯不通。楚弱则无援。此三策⑰者,不可不熟计⑱也。夫秦下轵道则南阳动⑲,劫韩包周则赵自销铄⑳,据卫取淇则齐必入朝㉑。秦欲已得行㉒于山东,则必举甲㉓而向赵。秦甲涉河逾漳㉔,据番吾㉕,则兵必战于邯郸之下㉖矣。此臣之所以为大王患也。

[注释]①屏:屏退,隐退。 ②异:不同于他人。 ③致:致送,献上。毡裘狗马之地:盛产毡裘狗马的地方。毡:用兽毛压制而成的片状防寒用品。裘:制衣用的皮革。 ④橘柚:盛产橘柚。云梦:云梦泽,位于湖北省江汉平原的湖泊群,先秦时这一湖泊群的范围长约450公里,大致包括今湖南益阳县、湘阴县以北,湖北江陵县、安陆县以南,武汉市以西的广大地区。 ⑤封

地:韩、魏的封君之地。汤沐之邑:封君收取租税作为私人生活开支的封邑。⑥受封侯:领受封地,封爵为侯。 ⑦效实:进献各种实物、特产。 ⑧五伯之所以覆军禽将而求也:五霸冒着军队覆灭、将领被擒获的风险也就是为了得到这些东西。 ⑨放杀:商汤放逐夏桀,周文王诛纣。 ⑩垂拱:垂衣拱手,安然而坐,犹言不用劳神费力。两有:土地与进献的实物双丰收。⑪与:结为盟友,依附于。 ⑫弱:削弱。 ⑬河外:春秋晋人称黄河以北为河内,黄河以南为河外。战国魏人称黄河以南、黄河以西为河外,大致指黄河以南今陕西华阴至河南陕县一带。战国赵人称黄河以南为河外,大致包括今河南郑州市与滑县一带。 ⑭宜阳:在今河南宜阳县。 ⑮上郡:战国魏文侯置,今山西长治为其中心地区。绝:交通与联系断绝。 ⑯道:道路。⑰策:策略,计策。 ⑱熟计:认真谋划。 ⑲枳道:道路名,在今河南济源市。南阳:今河南济源至获嘉一带,春秋晋地,战国属魏。动:受到牵动。⑳劫:劫持,要挟。包:包围。销铄:熔化消失。铄:音shuò,熔化。 ㉑据卫:立足于卫地。卫,在今河南濮阳市。淇:淇水,发源地为山西陵川县,在浚县入黄河,淇应指河南浚县及其淇水流域。 ㉒得行:犹言得逞。 ㉓举甲:兴兵,发兵。 ㉔河:黄河。逾:渡过。漳:漳水,发源于山西长治,分为清漳、浊漳二河,东南流经河南、河北两省交界,在林州市合流为漳河,东南流至河北大名县入卫河。 ㉕番吾:赵地,在今河北磁县。番,音bō。 ㉖下:城下。

"当今之时,山东之建国①,莫如赵强。赵地方二千里,带甲②数十万,车千乘,骑万匹,粟支十年③;西有常山④,南有河、漳⑤,东有清河⑥,北有燕国。燕固弱国,不足畏也。且秦之所畏害⑦于天下者,莫如赵。然而秦不敢举兵甲而伐赵者,何也?畏韩、魏之议其后也⑧。然则韩、魏,赵之南蔽⑨也。秦之攻韩、魏也,则不然⑩。无有名山大川之限⑪,稍稍蚕食之,傅之国都而止矣⑫。韩、魏不能支⑬秦,必入臣⑭。韩、魏臣于秦,秦无韩、魏之隔⑮,祸中⑯于赵矣。此臣之所以为大王患也。

[注释]①山东:华山或崤山以东,与当时的关东含义相近。建国:由分封而来的诸侯国。 ②带甲:身着铠甲的武装人员。 ③粟:泛指粮食。支:支撑使用。 ④常山:即恒山,在今河北曲阳县。 ⑤河:黄河。漳:漳水。 ⑥清河:源出今河南内黄县南,是战国时介于齐、赵两国之间的河流。 ⑦畏害:畏惧害怕。 ⑧议其后:图谋于其背后。 ⑨蔽:屏障。 ⑩不然:不是这种情况。 ⑪限:限制。 ⑫傅:迫近。止:军队止于国都附近。 ⑬支:抗衡,抗击。 ⑭入臣:归顺称臣于秦国。 ⑮隔:阻隔。 ⑯中:被射中的靶子,犹言兵锋将会指向赵。

"臣闻,尧无三夫之分①,舜无咫尺②之地,以有天下。禹无百人之聚③,以王诸侯。汤、武之卒不过三千人,车不过三百乘,立为天子。诚得其道④也。是故明主外料⑤其敌国之强弱,内度⑥其士卒之众寡、贤与不肖,不待两军相当⑦,而胜败存亡之机节⑧,固已见于胸中矣,岂掩⑨于众人之言,而以冥冥决事哉⑩!

[注释]①三夫之分:三个农夫耕种的土地。一般认为,一夫授耕地百亩。②咫尺:八寸到一尺。 ③百人之聚:居住百人的村落。 ④道:得天下与治国之方略。 ⑤料:正确估计。 ⑥度:音 duó,计算,揣度。 ⑦相当:直接对阵。 ⑧机节:关键。 ⑨掩:蒙蔽。 ⑩冥冥决事:在昏暗糊涂中决断事务。冥:音 míng,昏暗,模糊。

"臣窃以天下地图案①之。诸侯②之地五倍于秦,料诸侯之卒,十倍于秦。六国并力为一,西面③而攻秦,秦破必矣。今见④破于秦,西面而事之⑤,见臣于秦⑥。夫破人之与破于人也⑦,臣人之与臣于人也,岂可同日而言之哉!

夫横人者⑧,皆欲割诸侯之地以与秦成⑨。与秦成,则高台,美宫室,听竽瑟⑩之音,察五味之和⑪,前有轩辕⑫,后有长庭⑬,美人巧笑,卒⑭有秦患,而不与其忧⑮。是故横人日夜务以秦权恐猲诸侯⑯,以求割地。愿大王之熟计之也。

[注释]①案:视,察看。 ②诸侯:秦以外的六个诸侯国。 ③西面:面向西。 ④见:被。 ⑤事之:服事于秦。 ⑥见臣于秦:向秦称臣,表示臣服。 ⑦破人:攻破他人之国。破于人:被他人所攻破。 ⑧横人者:连横之人。 ⑨成:媾和,讲和。 ⑩竽瑟:竽,吹奏的簧管乐器;瑟,拨弦乐器,形似古琴。 ⑪五味:甜、酸、辛、苦、咸。和:调和。 ⑫轩辕:装饰华丽的乘车。 ⑬长庭:一说为长娇,即美女。 ⑭卒:猝,突然。 ⑮不与其忧:没有因秦的行为而带来的忧虑。 ⑯务:致力于。恐猲:恐吓。猲,音gé,一种吃人的怪兽。

"臣闻,明王绝疑去谗①,屏流言之迹②,塞朋党③之门,故尊主广地强兵之计,臣得陈忠于前矣。故窃为大王计,莫如一④韩、魏、齐、楚、燕、赵,六国从亲⑤,以傧畔秦⑥。令天下之将相,相与会于洹水之上⑦,通质刑白马以盟之⑧。约⑨曰:秦攻楚,齐、魏各出锐师以佐之⑩,韩绝食道⑪,赵涉河、漳⑫,燕守常山⑬之北。秦攻韩、魏,则楚绝其后⑭,齐出锐师以佐之,赵涉河、漳,燕守云中⑮。秦攻齐,则楚绝其后,韩守成皋⑯,魏塞午道⑰,赵涉河、漳、博关⑱,燕出锐师以佐之。秦攻燕,则赵守常山,楚军武关⑲,齐涉渤海,韩、魏出锐师以佐之。秦攻赵,则韩军宜阳,楚军武关,魏军河外⑳,齐涉渤海,燕出锐师以佐之。诸侯有先背约者,五国共伐之。六国从亲以摈㉑秦,秦必不敢出兵于函谷关以害山东矣！如是则伯业㉒成矣！"

[注释]①明：英明。绝疑：断绝猜疑。去谗：消灭谗言。　②屏：除去。流言：无根据的传言。迹：痕迹，影响传播的途径。　③朋党：为争夺权利、排斥异己互相勾结而成集团、派别。　④一：统一。　⑤从亲：亲密的合纵。⑥偄：通"摈"，排斥，抛弃。畔：叛，背叛。　⑦洹水之上：洹水之滨。洹水：今名安阳河。发源于林州市隆虑山，东流经安阳市到内黄县北入卫河。洹，音huán。　⑧通质：交换人质。刑白马：杀白马以祭祀、宣誓。　⑨约：盟约，共同约定。　⑩佐之：辅助攻秦。　⑪食道：粮食供给运输线。　⑫赵涉河、漳：赵国越过黄河、漳水。　⑬常山：即恒山，在今河北曲阳县。　⑭楚绝其后：楚国出兵武关，断绝秦军供给与后退之路。　⑮云中：赵武灵王建置的郡，秦代治所在内蒙古托克托东北，统辖范围约为今山西、陕西两省北部到内蒙古黄河南岸的伊克昭盟。　⑯成皋：在今河南荥阳市。　⑰午道：黄河以北纵横交错的道路。一说午道为齐、赵交界地区，大致在今山东聊城一带。⑱博关：在今山东茌平县。　⑲武关：秦国的重要关隘，在今陕西商洛市。⑳河外：春秋晋人称黄河以北为河内，黄河以南为河外。战国魏人称黄河以南、黄河以西为河外，大致指黄河以南今陕西华阴至河南陕县一带。战国赵人称黄河以南为河外，大致包括今河南郑州市与滑县一带。　㉑摈：摈斥，斥退。　㉒伯业：霸业。

赵王曰："寡人年少，莅国之日浅①，未尝得闻社稷之长计。今上客有意存天下，安诸侯，寡人敬以国从②。"乃封苏秦为武安君，饰车③百乘，黄金千镒，白璧④百双，锦绣千纯⑤，以约诸侯。

[注释]①莅国：即位掌管国家政治。浅：时间短，经验少。　②从：听从。③饰车：装饰豪华的乘车。　④白璧：白色玉璧。　⑤纯：音tún，布帛的计量单位，相当于匹。

○秦攻赵

秦攻赵,苏子①为谓秦王曰:"臣闻明王之于其民也,博论而技艺之②,是故官无乏事而力不困③;于其言也,多听而时用④之,是故事无败业而恶不章⑤。臣愿王察臣之所谒⑥,而效之于一时之用也⑦。臣闻怀重宝⑧者,不以夜行;任大功者,不以轻敌。是以贤者任重而行恭⑨,知者功大而辞顺⑩。故民不恶其尊⑪,而世⑫不妒其业。臣闻之:百倍之国者⑬,民不乐后也⑭;功业高世者⑮,人主不再行⑯也;力尽之民⑰,仁者不用⑱也;求得而反静⑲,圣主之制⑳也;功大而息民㉑,用兵之道也。今用兵终身不休,力尽不罢㉒,赵怒必于其己邑㉓,赵仅存哉㉔!然而四轮㉕之国也,今虽得邯郸㉖,非国之长利㉗也。意者㉘,地广而不耕,民赢而不休㉙,又严㉚之以刑罚,则虽从而不止矣㉛。语曰:'战胜而国危者,物不断也㉜。功大而权轻㉝者,地不入也㉞。'故过任之事㉟,父不得于子;无已之求㊱,君不得于臣。故微之为著者强㊲,察乎息民之为用者伯㊳,明乎轻之为重者王㊴。"

[注释]①苏子:苏秦。 ②博论而技艺之:以广博的知识进行教化,并传授实际本领。 ③乏事:荒废或耽误政务。力不困:不困顿疲惫。 ④多听而时用之:广泛听取并且适时使用。 ⑤恶:过错。章:彰显,犹言效果明显。 ⑥察:细看详审。谒:进言,陈述个人看法。 ⑦效:献出,尽力。用:功用。 ⑧重宝:贵重的宝物。 ⑨行恭:行为恭敬。 ⑩辞顺:言辞有道理、顺畅。 ⑪尊:尊贵。 ⑫世:社会,世人。 ⑬百倍之国者:疆域辽阔之国。 ⑭民不乐后也:争先归附,唯恐晚于他人。 ⑮功业高世者:犹言功高盖世。

⑯不再行:一举成功,不再重复。 ⑰力尽之民:耗尽民力的做法。 ⑱用:采用。 ⑲求得而反静:以清静无为的方法取得更大的成就。 ⑳制:规制,基本治国方略。 ㉑息民:使民休养生息。 ㉒罢:罢休。 ㉓赵怒必于其己邑:激怒赵国,必然要与赵相战,使赵成为秦的一个邑。 ㉔赵仅存哉:犹言赵所存无几。 ㉕四轮:四通八达。轮,车轮可以达到的地方,犹言交通。 ㉖邯郸:赵国都城,今河北邯郸。 ㉗长利:长远利益。 ㉘意者:个人认为,个人的预料。 ㉙羸:音léi,瘦弱,贫困。休:休养生息。 ㉚严:严厉实施。 ㉛从:服从。止:安心地生活。 ㉜物不断也:战事不止。物,事务。断,断绝。 ㉝权轻:权力很小。 ㉞地不入也:不能增添新的土地。 ㉟过任之事:超过自己承受能力的事情。 ㊱无已之求:没有止境的要求,贪得无厌。 ㊲微之为著者强:微小的变化能够使显著者变强大。 ㊳察乎息民之为用者伯:了解与民休息意义的人能成为霸主。 ㊴明乎轻之为重者王:明白权利由小变大规律的人能为天下之王。

秦王曰:"寡人案兵息民,则天下必为从①,将以逆②秦。"

[注释]①从:合纵。 ②逆:抗拒,对抗。

苏子曰:"臣有以知①天下之不能为从以逆秦也。臣以田单、如耳为大过也②。岂独田单、如耳为大过哉?天下之主亦尽过矣!夫虑收亡齐、罢楚、敝魏与不可知之赵③,欲以穷秦折韩④,臣以为至愚⑤也。夫齐威、宣⑥,世之贤主也,德博⑦而地广,国富而用民⑧,将武⑨而兵强。宣王用之,后富韩威魏⑩,以南伐楚,西攻秦,为齐兵困于殽塞⑪之上,十年攘⑫地,秦人远迹不服⑬,而齐为虚戾⑭。夫齐兵之所以破⑮,韩、魏之所以仅存⑯者,何也?是则伐楚攻秦,而后受其殃也⑰。今富非有齐威、宣之余也⑱,精兵非有富韩劲魏之库也⑲,而将非有田单、司马之虑⑳也。收破齐、罢楚、弊魏、不可知之赵,欲以穷秦折韩,臣以为至误㉑。臣以从一㉒不可成也。客有难者㉓,今臣有患于世。夫刑名之家㉔,皆曰'白马非马㉕'也。已如白马实马㉖,乃使有白马之为也㉗。此臣之所患也。

[注释]①有以知:有根据地知道、了解。 ②田单、如耳为大过也:田单、如耳的做法是非常错误的。田单:齐将,燕将乐毅破齐,他坚守即墨。后施反间计,使燕惠王改用骑劫为将,田单用火牛阵击败燕军,收复七十多城,齐襄王任为相国,封安平君。后入赵,为相国,封平都君。如耳:魏臣。过:过错。 ③虑收:思考、谋划收罗、联合。亡齐:曾经几乎被燕灭的齐国。罢楚:疲惫的楚国。敝魏:衰败的魏国。不可知之赵:前途未卜的赵国。 ④穷秦折韩:使秦陷入困境,韩受到重创。 ⑤至愚:最愚蠢,愚蠢到极点。 ⑥威:齐威王。宣:齐宣王。 ⑦德博:广施恩德,德高望重。 ⑧用民:民乐意为上所使用。 ⑨将武:将军个个都非常武勇。 ⑩富韩威魏:一说富应为"逼"字,逼近韩国,威胁魏国。 ⑪殽塞:又作崤函,即崤山与函谷关。崤山,秦岭山脉东段支脉,位今河南灵宝市、陕县南部。函谷关,在今河南灵宝市。 ⑫攘:拓,拓展。 ⑬远迹不服:因畏惧而远避,但始终不臣服。 ⑭虚戾:国家空虚,人民蒙受祸患。戾:疾病,祸患。 ⑮破:被击败。 ⑯仅存:受到重大损失,仅仅能够勉强存在。 ⑰后:然后,随后。殃:灾祸。 ⑱富:丰裕,财富拥有量大。余:剩余,多余。 ⑲库:兵车所藏之处,犹言兵力储备。 ⑳司马:司马穰苴,齐田氏后裔,担任大司马之职。穰苴,音 ráng jū。虑:思虑,智谋。 ㉑至误:极端的错误。 ㉒从一:合纵为一。 ㉓客:说客。难者:难对付的人。 ㉔刑名之家:惠施、公孙龙等名家。 ㉕白马非马:白马不是马。 ㉖已如白马实马:如果已经承认白马是实际上存在的马。 ㉗乃使有白马之为也:最终才有了白马非马之说。为:谓,说法,观点。

"昔者,秦人下兵攻怀①,服其人②,三国从之③。赵奢、鲍佞将④,楚有四人起⑤而从之。临⑥怀而不救,秦人去而不从⑦。不识⑧三国之憎秦而爱怀邪?忘其⑨憎怀而爱秦邪?夫攻而不救,去而不从,是以三国之兵困,而赵奢、鲍佞之能⑩也。故裂地⑪以败于齐。田单将齐之良⑫,以兵横行于中⑬十四年,终身不敢设兵以攻秦折韩也,而驰于封内⑭,不识从之一成恶存也⑮。"

[注释]①下兵:由西向东发兵。怀:魏地,在今河南武陟县。 ②服其人:迫使怀地之人屈服。 ③三国从之:赵的赵奢、齐的鲍佞与楚国合纵抗秦。 ④赵奢:赵将,善用兵。赵惠文王时,秦军进攻阏与,奉命救援,大破秦军,因功封马服君。鲍佞:齐将。将:率领。 ⑤起:起兵。 ⑥临:到达。 ⑦去:撤退。从:追击。 ⑧识:认识,知道。 ⑨忘其:忘记了,不知道。 ⑩能:智慧与能耐。 ⑪裂地:割地。 ⑫将齐之良:率齐国精兵良将。 ⑬中:齐国境内。 ⑭封内:国境之内。 ⑮从之一成恶存:合纵为一成功的可能性是否存在。

于是秦王解兵①不出于境,诸侯休,天下安,二十九年不相攻。

[注释]①解兵:放松军事活动。解,通"懈"。

○张仪为秦连横说赵王

张仪为秦连横,说赵王曰:"弊邑秦王使臣敢献书于大王御史①。大王收率天下以傧秦②,秦兵不敢出函谷关③十五年矣。大王之威,行于天下山东④。弊邑恐惧慑伏⑤,繕甲厉兵⑥,饰⑦车骑,习⑧驰射,力田⑨积粟,守四封之内,愁居慑处⑩,不敢动摇,唯大王有意督过⑪之也。

今秦以大王之力⑫,西举⑬巴蜀,并⑭汉中,东收两周而西迁九鼎⑮,守白马之津⑯。秦虽辟远⑰,然而心忿悁⑱含怒之日久矣。今宣君有微甲钝兵⑲,军于渑池⑳,愿渡河踰漳㉑,据番吾㉒,迎战邯郸之下。愿以甲子之日合战㉓,以正殷纣之事㉔。敬使臣先以闻于左右㉕。

[注释]①御史:国君近臣,掌文书记事等。 ②收率天下以傧秦:收罗并率领他国抗击秦国。傧,通"摈",排斥,抛弃。 ③函谷关:在今河南灵宝市。 ④行:行使。山东:指华山或崤山以东,与当时的关东含义相近。 ⑤慴伏:因害怕而按兵不动。 ⑥厉兵:同"砺兵"。 ⑦饰:整治。 ⑧习:训练。 ⑨力田:奋力耕作。 ⑩愁居慑处:时刻处于愁苦恐惧之中。 ⑪督过:责备过错。 ⑫今秦以大王之力:因赵限制了秦的发展,故说秦借助了赵的力量。 ⑬举:攻占。 ⑭并:兼并。 ⑮两周:东周、西周。九鼎:传说禹铸造,为夏、商、周国家政权的象征。 ⑯白马之津:黄河的白马渡口,在今河南滑县。津:渡口。 ⑰辟远:偏僻而遥远。 ⑱忿悁:愤恨恼怒,悁,音juān,愤怒。 ⑲宣君:又作寡君。微甲钝兵:少量的军队,破旧的武器。 ⑳军:驻扎,布置军阵。渑池:今河南渑池县,渑,音miǎn。 ㉑河:黄河。漳:漳水。 ㉒番吾:赵地,在今河北磁县。番,音bō。 ㉓合战:交战。 ㉔以正殷纣之事:匡正赵国所做的那些类似于殷纣的暴虐之事。 ㉕左右:左右近臣。

"凡大王之所信以为从者①,恃苏秦之计。荧惑②诸侯,以是为非,以非为是,欲反覆③齐国而不能,自令车裂于齐之市④。夫天下之不可一亦明矣⑤。今楚与秦为昆弟⑥之国,而韩、魏称为东蕃⑦之臣,齐献鱼盐之地,此断赵之右臂也。夫断右臂而求与人斗,失其党而孤居⑧,求欲无危,岂可得哉?今秦发三将军,一军塞午道⑨,告齐使兴师度清河⑩,军于邯郸之东;一军军于成皋⑪,殴韩、魏而军于河外⑫;一军军于渑池。约曰,四国为一以攻赵,破赵而四分其地。是故不敢匿意隐情⑬,先以闻于左右。臣切⑭为大王计,莫如与秦遇⑮于渑池,面相见而身相结⑯也。臣请案兵无攻,愿大王之定计。"

[注释]①信:相信,信任。从:合纵。 ②荧惑:迷惑。荧,眼光迷乱而产生的眩晕感。 ③反覆:颠覆。 ④自令:自己的所作所为产生的后果。车裂:以马拉的车撕裂人体的酷刑。市:市场。 ⑤一:团结一致。明:明了,明白。 ⑥昆弟:兄弟,友好亲爱的兄弟。 ⑦蕃:通"藩",屏障,周边的守卫者。 ⑧党:亲近之国。孤居:孤独自处。 ⑨塞:扼守。午道:黄河以北纵横交错的道路。一说午道为齐、赵交界地区,大致在今山东聊城。 ⑩兴师:出动军队。度:同渡,渡河。清河:源出今河南内黄县南,是战国时介于齐、赵两国之间的河流。 ⑪成皋:在今河南荥阳市。 ⑫敺:同"驱",驱使。河外:春秋晋人称黄河以北为河内,黄河以南为河外。战国魏人称黄河以南、黄河以西为河外,大致指黄河以南今陕西华阴至河南陕县一带。战国赵人称黄河以南为河外,大致包括今河南郑州市与滑县一带。 ⑬匿意隐情:隐匿自己的想法与实际情况。 ⑭切:恳切,深切。一说切为"窃",私下。 ⑮遇:会晤。 ⑯身相结:亲身参与结盟。

赵王曰:"先王之时,奉阳君相①,专权擅势,蔽晦②先王,独制官事③。寡人宫居④,属于师傅⑤,不能与⑥国谋。先王弃群臣⑦,寡人年少,奉祠祭之日浅⑧,私心固窃疑焉⑨。以为一从⑩不事秦,非国之长利也。乃且愿变心易虑⑪,剖地谢前过以事秦⑫。方将约车趋行⑬,而适闻使者之明诏⑭。"于是乃以车三百乘入朝渑池,割河间⑮以事秦。

[注释]①奉阳君相:奉阳君李兑为相国。 ②蔽晦:蒙蔽隐瞒。 ③官

事:国家政务。 ④宫居:居于深宫。 ⑤属于师傅:归属于师傅教育和管理。 ⑥与:参与。 ⑦先王弃群臣:犹言先王撒手人寰,抛弃群臣而去。⑧奉祠祭:掌握国家祭祀之权。浅:时间短。 ⑨私心固窃疑焉:自己私下对合纵之事确实存在着疑虑。 ⑩一从:一致合纵。 ⑪易虑:改变思路。⑫剖地:割地。谢:谢罪。前过:以前的罪过。 ⑬方将约车趋行:正在准备车辆,加快行走。 ⑭诏:告诫。 ⑮河间:地在黄河、漳水之间,今河北河间县一带。

○武灵王平昼间居

武灵王平昼间居①,肥义②侍坐,曰:"王虑③世事之变,权④甲兵之用,念简、襄之迹⑤,计胡、狄之利乎⑥?"王曰:"嗣立不忘先德⑦,君之道也;错质务明主之长⑧,臣之论也。是以贤君静而有道民便事之教⑨,动有明古先世之功⑩。为人臣者,穷有弟长辞让之节⑪,通⑫有补民益主之业。此两者,君臣之分⑬也。今吾欲继襄主之业,启胡、翟之乡⑭,而卒世不见也⑮。敌弱者,用力少而功多,可以无尽百姓之劳⑯,而享往⑰古之勋。夫有高世之功⑱者,必负遗俗之累⑲;有独知之虑者⑳,必被庶人之恐㉑。今吾将胡服骑射㉒以教百姓,而世必议寡人矣。"

[注释]①武灵王:名雍。公元前302年进行军事改革,胡服骑射。先后攻灭中山国,攻破林胡、楼烦等,传位给赵惠文王,自称主父。后被李兑围困于沙丘宫饿死。平昼间居:白天无事闲坐。间,通"闲",闲暇。 ②肥义:赵相。 ③虑:思考。 ④权:权衡,计算。 ⑤简:赵简子,名鞅,又名志父,春秋末期战胜范氏、中行氏,奠定赵国的基础。襄:赵襄子,赵简子之子,名毋恤,赵氏之主。迹:事迹。 ⑥计:算计。胡、狄:北方少数民族。 ⑦嗣立:后即位的国君。先德:先君之德。 ⑧错质务明主之长:委质为臣要锐意于

宣扬君主的优秀品质。错质:委质为臣。 ⑨静而有道民便事之教:国家无事安静之时,引导民众,进行如何做事的教化。 ⑩动:行动。明:彰显。 ⑪穷有弟长辞让之节:在困窘的情况下要讲究恭顺和尊敬长者的礼节。弟:同"悌",敬爱哥哥,顺从长上。 ⑫通:通达顺畅。 ⑬分:名分。 ⑭启胡、翟之乡:开拓胡与狄的土地。 ⑮而卒世不见也:而举世之人都没有看到这件事情的价值。 ⑯无尽:不会全部用尽。劳:民力、辛劳。 ⑰往:过去。 ⑱高世之功:盖世的功劳。 ⑲必负遗俗之累:必然要承受传统风俗的拖累。 ⑳独知之虑:独到见解。 ㉑必被庶人之恐:必然遭到一般人恐惧与怨恨。 ㉒胡服骑射:穿胡人的衣服,骑马射箭。

肥义曰:"臣闻之,疑①事无功,疑行无名。今王即定负遗俗之虑②,殆毋顾③天下之议矣。夫论至德④者,不和⑤于俗;成大功者,不谋于众。昔舜舞有苗⑥,而禹祖入裸国⑦,非以养欲而乐志也⑧,欲以论德而要功也⑨。愚者闇于成事⑩,智者见于未萌⑪,王其遂行⑫之。"王曰:"寡人非疑胡服也,吾恐天下笑⑬之。狂夫⑭之乐,知者⑮哀焉;愚者之笑,贤者戚⑯焉。世有顺⑰我者,则胡服之功未可知也⑱。虽敺世⑲以笑我,胡地中山吾必有之⑳。"

[注释]①疑:犹豫不决。 ②即定负遗俗之虑:立即确立承受传统风俗压力的决心。 ③殆毋顾:就要不顾忌。 ④至德:最好的道德,道德之极。 ④和:简单的附和。 ⑥舜舞有苗:舜跳有苗的干羽之舞,顺应有苗风俗,有苗乃服。有苗:远古时期南方的少数民族"三苗"。 ⑦禹祖入裸国:禹尊重裸国风俗,脱去上衣进入裸国。裸国:传说中尚未开化的原始部落。 ⑧养欲:满足自己的欲望。乐志:娱乐自己的心志。 ⑨论德:比较并依靠道德,以德服人。要功:邀功,获取成功。要,通"邀"。 ⑩闇于成事:迷惑蒙蔽于现实的事物。 ⑪未萌:尚未萌芽的新事物。 ⑫遂行:适时实施。 ⑬笑:嘲笑,讥讽。 ⑭狂夫:狂妄无知之徒。 ⑮知者:智慧聪明之人。 ⑯戚:

忧愁,悲哀。 ⑰顺:顺从,支持。 ⑱未可知:不可估量。 ⑲毆世:驱使世上所有的人。毆:同"驱"。 ⑳胡地:胡人居住之地。中山,狄人所建之国,位于今河北定县,被魏灭,后又复国,最后被赵所灭。

王遂①胡服。使王孙绁告公子成曰②:"寡人胡服,且将以朝,亦欲叔之服之也。家听于亲,国听于君,古今之公行③也;子不反亲,臣不逆主,先王之通谊④也。今寡人作教易服⑤,而叔不服⑥,吾恐天下议之也。夫制国有常⑦,而利民为本;从政有经⑧,而令行为上⑨。故明德在于论贱⑩,行政在于信贵⑪。今胡服之意,非以养欲而乐志也。事有所出,功有所止⑫。事成功立,然后德且见⑬也。今寡人恐叔逆从政之经⑭,以辅公叔之议⑮。且寡人闻之,事利国者行无邪⑯,因贵戚者名不累⑰。故寡人愿募公叔之义⑱,以成胡服之功。使绁谒⑲之叔,请服焉。"

[注释]①遂:于是,就。 ②王孙绁:赵国公族,国君家族成员。绁,音xiè,同"绁"。公子成:赵肃侯之子,武灵王之弟。 ③公行:社会公认的正确行为。 ④通谊:社会普遍认可的道理。谊,通"义"。 ⑤作教易服:兴起改穿胡服的教化。 ⑥服:穿。 ⑦常:常规,基本规则,基本国策。 ⑧经:准则,基本原则。 ⑨上:上策,最好。 ⑩论贱:正确看待地位低下的人。 ⑪信贵:信任贵族。 ⑫所止:归宿,目的。 ⑬且见:将会显示出来。 ⑭叔:公子成。逆:叛逆,背叛。 ⑮以辅公叔之议:帮助公子成树立正确的观念。 ⑯行无邪:实践的时候坚定不移,没有其他不正确的念头。 ⑰因贵戚者名不累:依靠国君家族成员与贵族,名声就不会受到拖累损伤。 ⑱募:求得,得到。义:正义的支持。 ⑲谒:拜见。

公子成再拜曰:"臣固闻王之胡服也,不佞寝疾①,不能趋走,是以不先进②。王今命之,臣固敢竭其愚忠。臣闻之,中国者③,聪明睿知之所居④也,万物财用之所聚⑤也,贤圣之所教⑥也,仁义之所施⑦也,诗书礼乐之所用⑧也,异敏技艺之所试也⑨,远方之所观赴⑩也,蛮夷之所义行也⑪。今王释⑫此,而袭⑬远方之服,变古之教,易古之道,逆人之心,畔⑭学者,离⑮中国,臣愿大王图⑯之。"

[注释]①不佞寝疾:不才之人因病卧床不起。佞:才智。 ②先进:先去拜见赵武灵王,及时表达自己的看法。 ③中国者:位于中原之国。 ④居:生成与发展的地方。 ⑤聚:聚集。 ⑥教:教育,教化。 ⑦施:实践,实施。 ⑧用:运用,使用。 ⑨异敏技艺:特殊的高效率技术、技巧。试:试验发明。 ⑩观赴:竞相前往观摩学习。 ⑪蛮夷:南方与东方的少数民族,此泛指周遍少数民族。义行:效法、模仿、学习。 ⑫释:放弃。 ⑬袭:接受袭用。 ⑭畔:通"叛",背叛。 ⑮离:背离。 ⑯图:再思考。

使者报王。王曰:"吾固闻叔之病也。"即之①公叔成家,自请之曰②:"夫服③者,所以便④用也;礼者,所以便事也。是以圣人观其乡而顺宜⑤,因其事而制礼,所以利其民而厚⑥其国也。被发文身⑦,错臂左衽⑧,瓯越⑨之民也。黑齿雕题⑩,鳀冠秫缝⑪,大吴⑫之国也。礼服不同,其便一⑬也。是以乡异而用变⑭,事异而礼易⑮。是故圣人苟⑯可以利其民,不一⑰其用;果⑱可以便其事,不同其礼。儒者一师而礼异,中国同俗而教离⑲,又况山谷之便⑳乎?故去就㉑之变,知者不能一;远近之服㉒,贤圣不能同。穷乡多异㉓,曲学多辩㉔,不知而不疑㉕,异于己而不非㉖者,公于求善也㉗。今卿之所言者,俗也。吾之所言者,所以制俗㉘也。今吾国东有河、薄洛之水㉙,与齐、中山同之㉚,而无舟楫㉛之用。自常山以至代、上党㉜,东有燕、东胡之境㉝,西有楼烦、秦、韩之边㉞,而无骑射之备㉟。故寡人且㊱聚舟楫之用,求水居之民,以守河、薄洛之水;变服骑射,以备其参胡㊲、楼烦、秦、韩之边。且昔者简主不塞晋阳㊳,以及上党,而襄王兼戎取代㊴,以攘诸胡㊵,此愚知㊶之所明也。先时中山负㊷齐之强兵,侵掠吾地,系累㊸吾民,引水围鄗㊹,非社稷之神灵,即鄗几㊺不守。先王忿㊻之,其怨未能报也。今骑射之服,近可以备上党之形㊼,远可以报中山之怨。而叔也顺中国之俗以逆简、襄之意㊽,恶㊾变服之名,而忘国事之耻,非寡人所望于子!"

[注释]①即之:立即到。 ②自请之曰:亲自告诉他说。 ③服:衣服,服装。 ④便:方便,便于。 ⑤观其乡而顺宜:考察当地的风俗而顺应于当地的习惯。乡:地方以及地方的风俗习惯。 ⑥厚:富厚。 ⑦被发文身:披散头发,身刺花纹。 ⑧错臂左衽:两臂交错,右臂袒露。 ⑨瓯越:东南沿海一带的百越人。一说为海南岛的越人。瓯,音 ōu。 ⑩黑齿雕题:用草染黑牙齿,以丹青纹饰额头。 ⑪鳀冠秫缝:以大鳀鱼皮做帽子,用粗拙的大针缝制衣服。鳀:音 tí,生长在海里的大鳀鱼。秫:音 shú,大而长的针。 ⑫吴:春秋时期的吴国地区,大致包括今江苏、上海大部地区和安徽、浙江的部分地区。 ⑬便一:方便于行事是一致的。 ⑭乡异而用变:因地区与风俗的不同而应对的方式也要随之变化。 ⑮礼易:礼法制度应该变化。 ⑯苟:如果能够。 ⑰一:统一。 ⑱果:确实。 ⑲同俗而教离:风俗相同但政教、法令、制度却不一样。离:分离,差异。 ⑳山谷之便:地理环境不同,有不同的风俗习惯和不同的需要。㉑去就:舍弃与采纳。㉒服:服饰。㉓穷乡多异:穷乡僻壤的风俗习惯差异多。㉔曲学多辩:邪僻学说善于诡辩。㉕不知而不疑:不懂得就不怀疑。㉖非:非议,反对。㉗公于求善:为公正、正确而追求美好的东西。㉘制俗:控制、驾驭风俗。

㉙河:黄河。薄洛之水:古漳水的河北段,大致在今河北巨鹿县与平乡县。 ㉚同之:一样,相同。 ㉛舟楫:船只。楫:船桨。 ㉜常山:即恒山,在今河北曲阳县。代:郡名,在今山西代县、河北蔚县一带。上党:首府在今山西长治市,统辖当今山西和顺、榆社以南,沁水流域以东。 ㉝东胡:活动在匈奴之东的乌桓、鲜卑等族。境:边境。 ㉞楼烦:古代部落。春秋末与战国时期,分布于今山西省宁武、岢岚等地,精骑射,善畜牧。边:边境。 ㉟备:军事装备。 ㊱且:将要。 ㊲参胡:指林胡、东胡、楼烦。一说是赵国与胡人在边境地区参错居住。 ㊳不塞:不堵塞,犹言对外开放,不闭塞。晋阳:赵氏邑,今山西太原。 ㊴襄王:一作襄主,即赵襄子。兼戎取代:兼并戎地取得代郡。 ㊵攘:抗拒。诸胡:不同分支的胡人。 ㊶愚知:智商很低的人。 ㊷负:依靠,恃仗。 ㊸系累:掳俘捆绑。 ㊹鄗:音hào,赵邑,在今河北柏乡县。 ㊺几:几乎。 ㊻忿:愤恨,愤怨。 ㊼形:险要之地。 ㊽顺:顺应,顺从。逆:叛逆,违反。意:意志,遗愿。 ㊾恶:厌恶,讨厌。

公子成再拜稽首①曰:"臣愚不达于王之议②,敢道世俗之间③。今欲继简、襄之意,以顺先王之志,臣敢不听今④。"再拜。乃赐胡服。

[注释]①再拜稽首:拱手拜两次,然后叩头至地的跪拜礼。 ②达:理解,通晓。议:思想,观点,言论。 ③敢道世俗之间:才敢说出流行于民间的看法。 ④今:又作令。

赵文①进谏曰:"农夫劳而君子养焉②,政之经③也。愚者陈意而知者论焉④,教之道也⑤。臣无隐忠,君无蔽言⑥,国之禄⑦也。臣虽愚,愿竭其忠。"王曰:"虑无恶扰⑧,忠无过罪⑨,子其言乎。"赵文曰:"当世辅俗⑩,古之道也。衣服有常,礼之制也。修法无愆⑪,民之职也。三者,先圣之所以教。今君释此,而袭远方之服,变古之教,易古之道,故臣愿王之图之。"王曰:"子言世俗之间。常民溺于习俗⑫,学者沉于⑬所闻。此两者,所以成官而顺政也⑭,非所以观远而论始⑮也。且夫三代不同服而王⑯,五伯不同教而政⑰。知者作教⑱,而愚者制⑲焉。贤者议⑳俗,不肖者拘㉑焉。夫制于服之民㉒,不足与论心㉓;拘于俗之众,不足与致意㉔。故势与俗化㉕,而礼与变俱㉖,圣人之道也。承教而动㉗,循法无私㉘,民之职也。知学之人,能与闻迁㉙;达㉚于礼之变,能与时化㉛。故为己者不待人㉜,制今者不法古㉝,子其释㉞之。"

[注释]①赵文:赵国公族,国君家族成员。 ②劳:劳作。养:供养君子。 ③经:准则,基本原则。 ④陈意:阐述自己的看法。论:评论,评价。 ⑤教:教化。道:基本原则。 ⑥蔽言:隐瞒自己的观点。 ⑦禄:福,福分。 ⑧虑无恶扰:思虑问题不应该害怕不同意见的干扰。 ⑨过罪:过错与犯罪。 ⑩当世辅俗:顺应时代需要,跟随社会风俗。 ⑪愆:过错。 ⑫常民:一般平民。溺于:沉溺于。 ⑬沉于:沉湎于。 ⑭成官而顺政:忠于职守,循章办事。 ⑮观远而论始:高瞻远瞩,研究治国根本问题。 ⑯王:王天下。 ⑰政:治行天下,政令通行。 ⑱作教:主动教化,改变现实。 ⑲制:受制于风俗和教化。 ⑳议:评价、研究、努力改变。 ㉑拘:拘泥,固守。 ㉒制于服之民:受服饰等风俗习惯制约的民人。 ㉓论心:谈论、交流高深的道理。 ㉔致意:阐述讨论深刻的看法。 ㉕势与俗化:形势与风俗都在变化。 ㉖礼与变俱:礼法与时俱进,不断变化。 ㉗承教而动:秉承教诲而行动。 ㉘循法无私:遵循法令,不敢有私意。 ㉙能与闻迁:能够随着新的见闻而改变。 ㉚达:通晓,了解。 ㉛与时化:随时代变化而改变。 ㉜为己者不待人:有自己主见的人不依赖他人。 ㉝制今者不法古:控制当代社会者不简单地模仿古代。 ㉞释之:放弃自己的观点。

赵造①谏曰:"隐忠不竭②,奸之属也③。以私诬国,贱④之类也。犯奸者身死,贱国者族宗⑤。反此两者⑥,先圣之明刑⑦,臣下之大罪也。臣虽愚,愿尽其忠,无遁⑧其死。"王曰:"竭意不讳⑨,忠也。上无蔽言⑩,明也。忠不辟危⑪,明不距人⑫。子其言乎。"

[注释]①赵造:赵国公族,国君家族成员。 ②隐忠不竭:隐匿自己的忠心,不竭尽全力。 ③奸之属也:属于犯法作乱之徒。 ④贱:蔑视国家政治。一说贱作贼,窃国,危害国家安全。 ⑤族宗:灭其家族。 ⑥反:又作"有"。两者:犯奸者与贱国者。 ⑦明刑:明确、合理的刑罚规定。 ⑧遁:逃避。 ⑨竭意不讳:竭尽全心地忠诚于国君就应该无所忌讳隐瞒。 ⑩蔽言:闭塞进言之路。 ⑪忠不辟危:忠臣不回避危险。 ⑫明不距人:明君不拒绝他人进谏。

赵造曰:"臣闻之,圣人不易民而教①,知者不变俗而动②。因民③而教者,不劳而成功;据④俗而动者,虑径而易见也⑤。今王易初不循俗⑥,胡服不顾世⑦,非所以教民而成礼也。且服奇者志淫⑧,俗辟⑨者乱民。是以莅国者不袭奇辟之服⑩,中国不近蛮夷之行,非所以教民而成礼者也。且循法无过,修礼无邪,臣愿王之图之。"

[注释]①易:改变。教:教化。 ②动,行动,实践。 ③因民:根据民人的实际情况。 ④据:依据。 ⑤虑径:思路敏捷,寻找捷径。易见:容易收到功效。 ⑥易初不循俗:从根本上改变传统习惯,不遵循习惯风俗。 ⑦不顾世:不顾忌世人的议论。 ⑧服奇者志淫:穿奇装异服者心术邪恶。 ⑨俗辟:风俗习惯怪僻。 ⑩莅国者:君临天下的国君。袭:穿着。奇辟:怪异邪僻。

王曰:"古今不同俗,何古之法①?帝王不相袭,何礼之循？宓戏、神农教而不诛②，黄帝、尧、舜诛而不怒③。及至三王④，观时⑤而制法，因事⑥而制礼，法度制令，各顺其宜；衣服器械，各便其用。故礼世不必一其道⑦，便国不必法古。圣人之兴也，不相袭而王。夏、殷之衰也，不易⑧礼而灭。然则反古未可非⑨，而循礼未足多⑩也。且⑪服奇而志淫，是邹、鲁无奇行也⑫；俗辟而民易⑬，是吴、越无俊民⑭也。是以圣人利身之谓服⑮，便事之谓教⑯，进退之谓节⑰，衣服之制⑱，所以齐常民⑲，非所以论⑳贤者也。故圣与俗流㉑，贤与变俱㉒。谚曰：'以书为御者㉓，不尽于马之情㉔。以古制今者㉕，不达㉖于事之变。'故循法之功㉗，不足以高世㉘；法㉙古之学，不足以制㉚今。子其勿反㉛也。"

[注释]①何古之法：怎能够效法古代。　②宓戏：伏羲，传说中的部落首领。宓：音 fú，通"伏"。诛：诛杀。　③诛而不怒：虽用兵刑除害，仍以教化为主。　④三王：夏禹、商汤、周文王。　⑤观时：研究时代的具体情况。⑥因事：根据实际状况。　⑦礼世：以礼治理国家。一其道：统一治理国家的模式。　⑧易，改变。　⑨反古：反对古代的传统。非：非议，谴责。　⑩未足多：不足以赞扬。　⑪且：抑或，如果说。　⑫是：这就是说，那么。奇行：不合传统法度、习惯的行为。　⑬易：轻慢，轻浮。　⑭俊民：优秀人才。⑮利身之谓服：有利于身体行动的衣服才能够称为衣服。　⑯便事之谓教：便利于行事的教化才可以称为教化。　⑰进退之谓节：根据实际情况采取相应的措施才可以说是符合礼节仪式。　⑱制：制式，服饰制度与习惯。⑲齐常民：整齐划一普通平民。　⑳论：衡量，评价。　㉑流：顺其风俗，与俗同流。　㉒俱：同时并存。　㉓以书为御者：按照书本的规定驾驭马车的人。㉔不尽于马之情：不能充分了解马的性情与发挥马的能力。　㉕以古制今者：以古代的礼法制度治理当代社会的人。　㉖达：通晓，深刻的认识。㉗循法之功：因循传统制度的效果。　㉘高世：创造当代奇迹，超越其他诸侯

国。　㉙法:效法。　㉚制:控制,驾驭。　㉛反:反对,违背。

○王立周绍为傅

王立周绍为傅①,曰:"寡人始行县②,过番吾③,当子为子之时④,践石以上者皆道子之孝⑤。故寡人问子以璧⑥,遗⑦子以酒食,而求见子。子谒病而辞⑧。人有言子者曰:'父之孝子,君之忠臣也。'故寡人以子之知虑⑨,为辨足以道人⑩,危足以持难⑪,忠可以写意⑫,信可以远期⑬。诗云:'服难⑭以勇,治乱以知,事之计也。立傅以行⑮,教少以学⑯,义之经也。循计之事⑰,失而累⑱;访议之行⑲,穷而不忧⑳。'故寡人欲子之胡服以傅王乎。"

[注释]①王:赵武灵王。周绍:赵人,赵武灵王之何的老师。傅:辅佐。一说傅为国君或太子的老师。　②行县:巡视,视察。　③番吾:赵邑,在今河北磁县。番,音bō。　④当子为子之时:当周绍你还是一个小孩子的时候。　⑤践石:乘马石,犹言能够乘马车的人。道:称道,赞扬。　⑥问:赠送。璧:玉璧。　⑦遗:音wèi,馈赠。　⑧谒:告。辞:辞而不见。　⑨知虑:智慧,智商。　⑩辨:通辩,说辩,辩论。道:引导。　⑪危足以持难:危难之中坚贞不屈。持难:挽救危难局面。　⑫写意:坦诚地表述自己的观点。　⑬远期:久而不渝,永远不变。　⑭服难:征服困难。　⑮立傅以行:选择"傅"依据的是品行。　⑯教少以学:教育少年依靠的学识。　⑰循计之事:遵循着事前的计谋行事。　⑱失而累:失败而且有负担,犹言非常看重成败。一说为虽然失败但是心中无累。　⑲访议之行:调查讨论之后的行动。　⑳穷而不忧:困窘但不忧愁。

周绍曰:"王失论①矣,非贱臣所敢任也。"王曰:"选子莫若父,论臣莫若君。君,寡人也。"周绍曰:"立傅之道六。"王曰:"六者何也?"周绍曰:"知虑不躁达于变②,身行宽惠③达于礼,威严不足以易于位④,重利不足以变其心,恭于教而不快⑤,和于下而不危⑥。六者,傅之才,而臣无一焉。隐中不竭⑦,臣之罪也。傅命仆官⑧,以烦有司⑨,吏之耻也。王请更⑩论。"

[注释]①失论:看法失当。 ②躁:焦躁,浮躁。达:通晓,深刻的认识。③宽惠:宽厚仁慈。 ④威严不足以易于位:权势、权威都不能够改变改变立场。易于位:素位而行,不为威严而动摇。 ⑤教:教化。快:纵逸,放纵。⑥危:危害他人。一说"危"通"诡",虚伪狡诈。 ⑦隐中不竭:隐瞒心中的想法,不坦率地说出。 ⑧傅命仆官:任命我为"傅",是玷污了这个职官。仆:侮辱,玷污。 ⑨有司:中央下属的职能机构。 ⑩更:改变。

王曰:"知此六者,所以使①子。"周绍曰:"乃国未通②于王胡服。虽然,臣,王之臣也,而王重命之,臣敢不听令乎?"再拜,赐胡服。

[注释]①使:任用。 ②通:达,理解,接受。

王曰:"寡人以王子为子任①,欲子之厚爱之,无所见丑②。御道③之以行义,勿令溺苦于学④。事君者,顺其意,不逆其志。事先⑤者,明其高⑥,不倍其孤⑦。故有臣可命⑧,其国之禄⑨也。子能行是⑩,以事寡人者毕⑪矣。《书》云:'去邪无疑,任贤勿贰。'寡人与子,不用人矣⑫。"遂赐周绍胡服衣冠,具带黄金师比⑬,以傅王子也。

[注释]①以王子为子任:把教育王子的重任交给你。 ②无所见丑:不要沾染上丑恶的东西。 ③御道:驾驭、教育、引导。 ④溺苦:沉溺困苦。

⑤先:先君。 ⑥明其高:彰显先王的高风亮节。 ⑦倍:通"背",背叛。孤:先王的后代。 ⑧有臣可命:有贤臣可以任命使用。 ⑨禄:福。 ⑩行是:这样做。 ⑪毕:完备,全面。 ⑫不用人矣:不用其他人,犹言既然重用周绍,就要用人不疑。 ⑬带:胡服的腰带。师比:胡服的带勾。

○赵燕后胡服

赵燕后胡服①,王令让②之曰:"事主之行,竭意尽力,微谏而不诽③,应对④而不怨,不逆上以自伐⑤,不立私以为名。子道顺而不拂⑥,臣行让⑦而不争。子用私道者家必乱⑧,臣用私义⑨者国必危。反亲以为行⑩,慈父不子⑪;逆主以自成⑫,惠主不臣也⑬。寡人胡服,子独弗服,逆主罪莫大焉。以从政为累⑭,以逆主为高⑮,行私莫大焉。故寡人恐亲⑯犯刑戮之罪,以明有司之法。"赵燕再拜稽首曰:"前⑰吏命胡服,施及贱臣,臣以失令过期⑱,更不用侵辱教⑲,王之惠⑳也。臣敬循衣服,以待今日。"

[注释]①赵燕:赵国公族,国君家族成员。后:晚于他人。 ②让:责备。 ③微谏而不诽:用精确且寓意深远的语言进谏而不喧哗张扬。诽:同"哗"。 ④应对:回答,响应。 ⑤自伐:自吹自擂,自以为是。 ⑥道顺:自觉顺应通行的规则。拂:违背。 ⑦让:谦让。 ⑧私道:个人认为正确的规则。家:家族。 ⑨私义:个人的观点、看法。 ⑩反亲以为行:把反抗父母视为正当行为。 ⑪不子:不把其当做孩子看待。 ⑫逆主:叛逆国君。自成:成就自己的事情。 ⑬惠主:仁慈的国君。不臣:不以其为臣子。 ⑭从政:服从胡服之政令。累:累赘,拖累。 ⑮高:崇高,高尚。 ⑯亲:因赵燕为公族成员,所以称其为亲。 ⑰前:前日,前些时候。 ⑱失令过期:违反穿胡服的命令,超过改穿胡服的期限。 ⑲更不用侵辱教:赵燕没有在规定的时间内穿胡服,理应受到刑罚处置,但赵武灵王不用刑罚而教化之。更:改变。侵

辱：刑罚。教：教育，教化。 ⑳惠：仁慈，恩惠。

○王破原阳

王破原阳①，以为骑邑②。牛赞③进谏曰："国有固籍④，兵有常经⑤，变籍则乱，失经则弱。今王破原阳，以为骑邑，是变籍而弃经也。且习其兵者轻其敌⑥，便其用者易其难⑦。今民便其用而王变之⑧，是损君而弱国也。故利不百⑨者不变俗，功不什⑩者不易器。今王破卒散兵，以奉骑射，臣恐其攻获之利⑪，不如所失之费也。"

[注释]①破：改变原来的建制。原阳：赵邑，在今山西大同市。 ②骑邑：骑兵训练基地。 ③牛赞：赵人。 ④固籍：固定不变的法令制度。 ⑤常经：稳定的准则。 ⑥习：通晓，熟悉。轻：轻视，蔑视。 ⑦便其用：使用起来习惯、方便的武器、作战方式等。易：改变。难：使用起来不习惯、不方便的武器、作战方式等。 ⑧变之：改变已经习惯了的武器、作战方式等。 ⑨百：百倍。 ⑩什：十倍。 ⑪攻获之利：攻伐所取得好处。

王曰："古今异利，远近易用。阴阳不同道①，四时不一宜②。故贤人观时③，而不观于时④；制兵⑤，而不制于⑥兵。子知⑦官府之籍，不知器械之利；知兵甲之用，不知阴阳之宜。故兵不当⑧于用，何兵之不可易⑨？教不便于事，何俗之不可变？昔者先君襄主与代交地⑩，城境封之⑪，名曰无穷之门⑫，所以昭后而期远也⑬。今重甲循兵⑭，不可以踰险⑮，仁义道德⑯，不可以来朝⑰。吾闻信不弃功⑱，知不遗时⑲，今子以官府之籍，乱寡人之事，非子所知。"

[注释]①道:规律。 ②宜:适宜。 ③观时:主动观察、研究、驾驭时代的变化。 ④不观于时:不在时代变化面前消极被动。 ⑤制兵:主动控制、掌握武器与作战方式。 ⑥制于:受制约于。 ⑦知:了解,懂得。 ⑧当:适宜,适当。 ⑨易:改变。 ⑩襄主:赵襄子。代:郡名,在今山西代县、河北蔚县一带。交地:疆域交界。 ⑪城境封之:筑城于边境,守卫边疆。 ⑫无穷之门:代郡以北为塞外,荒漠千里,故称边疆城郭之门为无穷之门。 ⑬昭后而期远也:明示后代,希望他们开拓代国以北的辽阔之地。 ⑭重甲循兵:沉重的铠甲,传统的兵器。 ⑮踰险:跨越险要之地。 ⑯仁义道德:仅仅依靠仁义道德。 ⑰朝:胡人朝觐赵,表示臣服。 ⑱信不弃功:讲究诚信但不抛弃实际功利。 ⑲知不遗时:明智但不错过机遇。

牛赞再拜稽首曰:"臣敢不听令乎?"至①遂胡服,率骑入胡,出于遗遗之门②,踰九限之固③,绝五径④之险,至榆中⑤,辟地千里。

[注释]①至:又作王,指赵武灵王。 ②遗遗之门:要塞挺关,在今陕西榆林。 ③九限:即九原,位于今内蒙古包头市。固:险要坚固之地。 ④五径:又作五径,即井径关,位于今河北鹿泉市。 ⑤榆中:有三种说法,一说在今陕西省的东北角,一说在今内蒙古河套东北岸,一说在今甘肃兰州市榆中县一带。

卷二十 赵 三

○赵惠文王三十年

赵惠文王三十年①,相都平君田单问赵奢曰②:"吾非不说③将军之兵法也,所以不服④者,独将军之用众⑤。用众者,使民不得耕作,粮食挽赁不可给也⑥。此坐而自破⑦之道也,非单之所为也。单闻之,帝王之兵,所用者不过三万,而天下服矣。今将军必负⑧十万、二十万之众乃用之,此单之所不服也。"

[注释]①赵惠文王三十年:一说应当为赵孝成王二年,一说三十年下有缺文。 ②都平君田单:即安平君田单。齐国田单于赵孝成王元年入赵为相国。赵奢:赵将,善用兵。赵惠文王时,秦军进攻阏与,奉命救援,大破秦军,因功封马服君。 ③说:通"悦",欣赏。 ④服:服气,佩服。 ⑤用众:用兵数量众多。 ⑥挽:同"挽",拉车,此指运输。赁:取之于民的赋税。给:供给。 ⑦自破:自取灭亡。 ⑧负:依靠,依仗。

马服①曰:"君非徒不达于兵也②,又不明其时势③。夫吴干之剑④,肉试⑤则断牛马,金试则截盘匜⑥;薄⑦之柱上而击之，则折为三，质之石⑧上而击之，则碎为百。今以三万之众而应强国之兵，是薄柱击石之类⑨也。且夫吴干之剑材⑩，难夫毋脊之厚⑪，而锋不入⑫，无脾之薄，而刃不断⑬。兼有是两者，无钩甲镡蒙须之便⑭，操其刃而刺，则未入而手断。君无十余、二十万之众，而为此钩甲镡蒙须之便，而徒以三万行于天下⑮，君焉能乎？且古者，四海之内，分为万国。城虽大，无过三百丈者；人虽众，无过三千家者，而以集兵三万，距此奚难哉⑯！今取古之为万国者，分以为战国七，能具⑰数十万之兵，旷日持久，数岁，即君之齐已⑱。齐以二十万之众攻荆⑲，五年乃罢。赵以二十万之众攻中山⑳，五年乃归。今者，齐、韩相方㉑，而国围攻焉㉒，岂有敢曰，我其以三万救是者㉓乎哉？今千丈之城，万家之邑相望也，而索㉔以三万之众，围千丈之城，不存其一角㉕，而野战㉖不足用也，君将以此何之？"都平君喟然太息㉗曰："单不至㉘也！"

[注释]①马服：赵奢封号。　②非徒：不仅。达：通晓，了解。兵：用兵之道。　③时势：七国的格局与各国的特点。　④吴干之剑：吴王使用干将所铸之剑。一说为吴国、干国所铸之剑。　⑤肉试：以割肉来试验。　⑥截：斩断。盘匜：盥洗用的青铜器皿。匜，音 yí。　⑦薄：迫近，接近。　⑧质之石：以石为锧。　⑨类：同类，类似。　⑩剑材：铸造剑的材料。　⑪难夫毋脊之厚：难以做到没有剑脊那样的厚度。脊：剑脊，剑刃中间的隆起部分。　⑫锋不入：因剑脊太薄，剑缺乏一定的强度，故剑锋难以刺入。锋：剑锋，剑前面的尖刃。　⑬无脾之薄，而刃不断：没有很薄的剑面，剑刃迟钝，就难以砍断东西。脾：接近剑刃的剑面。　⑭钩：又作钩，剑柄与剑身连接处的剑环。甲通 "
鄂，鄂通 "锷"，剑刃。镡：音 xín，又称剑鼻，即剑柄和剑身连接处的两旁突出部分。蒙须：剑绳，装饰在剑柄末端的穗子。　⑮徒：仅仅，单单。行：征战。

⑯距:通拒,抗拒。奚难哉:有什么困难。奚:何,什么。　⑰具:拥有。　⑱即君之齐已:就是您的国家齐国。　⑲荆:楚国。　⑳中山:狄人所建之国,位于今河北定州市,被魏灭,后又复国,最后被赵所灭。　㉑相方:力量相当。　㉒国围攻焉:齐、韩两国或围或伐,相互攻伐。　㉓是者:这种局面、形式。　㉔索:求,索求,要求。　㉕不存之一角:城大兵少,三万之兵不够包围城的一个角。　㉖野战:在旷野上作战。　㉗喟然太息:很有感慨地深深叹息。　㉘不至:不及,犹言没有达到这个境界,远远不如赵奢。

○赵使机郝之秦

赵使机郝①之秦,请相魏冉②。宋突③谓机郝曰:"秦不听,楼缓④必怨公。公不若阴辞楼子曰⑤:'请无急秦王⑥。'秦王见赵之相魏冉之不急也,且不听公⑦言也,是事而不成,魏冉固德⑧公矣。"

[注释]①机郝:又作仇郝,赵臣。　②请相魏冉:请秦王任命魏冉为相国。魏冉:穰侯,楚人,秦宣太后的异父弟,秦昭王母舅。秦武王死后,他拥立秦昭王,初为将军,后担任相国。封于今河南邓州的穰邑,称穰侯,后又加封位于今山东定陶县的陶邑。穰,音 ráng。　③宋突:齐人,仕于赵。一说为赵臣。　④楼缓:赵人,此时为秦相国。　⑤阴辞:暗地里告诉。楼子:楼缓。　⑥无急秦王:不要急于请求秦昭王。　⑦公:机郝。　⑧德:感恩戴德。

○齐破燕赵欲存之

齐破燕①,赵欲存②之。乐毅谓赵王曰③:"今无约④而攻齐,齐必雠赵。不如请以河东易燕地于齐⑤。赵有河北⑥,齐有河东,燕、赵必不争矣。是二国亲也。以河东之地强齐⑦,以燕以赵辅⑧之,天下憎之⑨,必皆事⑩王以伐齐。是因⑪天下以破齐也。"王曰:"善。"乃以河东易齐,楚、魏憎之,令淖滑、惠施之赵⑫,请伐齐而存燕。

[注释]①齐破燕:公元前314年,燕王哙让国于子之,燕国内乱,齐乘机而攻,五旬破燕。 ②存:使燕国继续存在下去。 ③乐毅:燕将。中山国灵寿人。乐羊的后代。燕昭王时任亚卿。燕昭王二十八年,率军击破齐国,先后攻下七十多城,因功封于昌国,号昌国君。燕惠王即位,中齐反间计,改用骑劫为将,乐毅出奔赵国,封于观津,号望诸君。后死在赵国。赵王:赵武灵王。 ④无约:与其他国家没有盟约。 ⑤河东:今河北省近齐之地。易:交换。 ⑥河北:今河北省近赵之地。 ⑦强齐:齐有河东之地则更加强大。 ⑧辅:辅助,帮助。 ⑨憎之:憎恨齐国强大。 ⑩事:服事。 ⑪因:借助于。 ⑫淖滑:楚臣。惠施:宋国人,在魏为相多年,庄子的好友,名家学派的代表人物。

○秦攻赵蔺离石祁拔

秦攻赵,蔺、离石、祁拔①。赵以公子郚为质于秦②,而请内焦、黎、牛狐之城③,以易蔺、离石、祁于赵。赵背④秦,不予焦、黎、牛狐。秦王⑤怒,令公子缯请地⑥。赵王乃令郑朱对曰⑦:"夫蔺、离石、祁之地,旷远于赵,而近于大国。有先王之明与先臣之力⑧。故能有之。今寡人不逮⑨,其社稷之不能恤⑩,安能收恤蔺、离石、祁乎?寡人有不令之臣⑪,实为此事也,非寡人之所敢知。"卒倍秦⑫。

[注释]①蔺:在今山西离石县西。离石:在今山西离石县。祁:在今山西祁县。 ②公子郚:赵公子。郚,音wú。质:人质。 ③内:纳,献给秦。焦:在今河南三门峡市。黎:在今河南浚县。牛狐:赵地,今地不详。 ④背:背弃约定。 ⑤秦王:秦昭王。 ⑥公子缯:秦公子。 ⑦赵王:赵惠文王。郑朱:赵臣。 ⑧有:因为有,依靠。明:英明。力:强力。 ⑨不逮:能力不及

先王。　⑩恤:抚恤,照顾,犹言很好地治理。　⑪不令之臣:不善之臣属。令:善。　⑫卒:终于,最终。倍:违背原来的约定。

秦王大怒,令卫胡易①伐赵,攻阏与②。赵奢③将救之。魏令公子咎以锐师居安邑④,以挟⑤秦。秦败于阏与,反攻魏几⑥,廉颇⑦救几,大败秦师。

[注释]①胡易:又作胡伤,卫国人,时为秦将领。　②阏与:地名,初属魏,后归赵,位于今山西和顺县。　③赵奢:赵将,善用兵。　④公子咎:魏公子。安邑:魏国故都,在今山西夏县。　⑤挟:要挟,牵制。　⑥反攻魏几:秦反过来进攻魏国的几邑。几:在今河北大名县。　⑦廉颇:赵名将。赵惠文王时任上卿,屡次战胜齐、魏等国。长平之战,坚壁固守三年,后赵孝成王改用赵括为将,赵大败。赵孝成王十五年,廉颇战胜燕军,任相国,封信平君。赵悼襄王时奔魏居大梁,后老死于楚。

○富丁欲以赵合齐魏

富丁①欲以赵合齐、魏,楼缓②欲以赵合秦、楚。富丁恐主父③之听楼缓而合秦、楚也。

[注释]①富丁:赵臣。　②楼缓:赵人,此时为秦相国。　③主父:赵武灵王。

司马浅①为富丁谓主父曰:"不如以顺齐②。今我不顺齐伐秦,秦、楚必合而攻韩、魏。韩、魏告急于齐,齐不欲伐秦,必以赵为辞③,则伐秦者赵也,韩、魏必怨赵。齐之兵不西④,韩必听秦违齐。违齐而亲⑤,兵必归于赵矣⑥。今我顺而齐不西,韩、魏必绝齐⑦,绝齐则皆事我。且我顺齐,齐无而西。日者⑧,楼缓坐魏⑨三月,不能散齐、魏之交。今我顺而齐、魏果西,是罢齐敝秦也⑩,赵必为天下重国⑪。"主父曰:"我与三国攻秦,是俱敝也。"曰:"不然。我约三国而告之秦,以未构⑫中山也。三国欲伐秦之果也,必听我,欲合我。中山听之,是我以王因饶中山而取地也⑬。中山不听,三国必绝之,是中山孤也。三国不能和我,虽少出兵可也。我分兵而孤乐⑭中山,中山必亡。我已亡中山,而以余兵与三国攻秦,是我一举而两取地于秦、中山也。"

[注释]①司马浅:赵臣。 ②顺齐:顺应齐国伐秦之意。 ③以赵为辞:以赵国不同意与齐伐秦为借口。 ④西:西进伐秦。 ⑤亲:秦亲近韩。 ⑥兵必归于赵矣:秦国军队必然攻伐赵国。 ⑦绝齐:与齐断绝联系。 ⑧日者:昔日。 ⑨坐魏:在魏国斡旋。 ⑩罢:音pí,同"疲"。敝:疲惫困乏。 ⑪重国:重要之国。 ⑫构:媾和,讲和。 ⑬王因:一说应为"三国",指赵、齐、魏。饶:益,犹言取中山之地,赵国受益。 ⑭孤:孤立。乐:一说应为"烁",意为销铄,熔化。

○魏因富丁且合于秦

魏因富丁且合于秦①,赵恐,请效地于魏而听薛公②。教子欬谓李兑曰③:"赵畏横之合④也,故欲效地于魏而听薛公。公不如令主父以地资周最⑤,而请相之于魏。周最以天下辱⑥秦者也,今相魏,魏、秦必虚⑦矣。齐、魏虽劲,无秦不能伤赵。魏王听,是轻齐也。秦、魏虽劲,无齐不能得赵。此利于赵而便于周最也。"

[注释]①因:通过,因为富丁的缘故。且:将,将要。 ②效:进献。薛公:齐人,孟尝君田文,时仕于魏。 ③教子欬:赵人。欬,音 kài。李兑:因功官赵司寇,后为相国,封为奉阳君。 ④横之合:连横成功。 ⑤资:资助,犹言送给。周最:周君公子,主张亲齐。 ⑥辱:羞辱,憎恨。 ⑦虚:秦、魏不合,力量减弱。

〇魏使人因平原君请从于赵

魏使人因平原君请从于赵①。三言之②,赵王③不听。出遇虞卿④曰:"为⑤入必语从。"虞卿入,王曰:"今者平原君为魏请从,寡人不听。其于子何如⑥?"虞卿曰:"魏过矣。"王曰:"然,故寡人不听。"虞卿曰:"王亦过矣。"王曰:"何也?"曰:"凡强弱之举事⑦,强受其利,弱受其害。今魏求从,而王不听,是魏求害,而王辞⑧利也。臣故曰,魏过,王亦过矣。"

[注释]①平原君:赵胜,此时平原君刚刚为相国于魏。从:合纵。②三言之:三次进言。 ③赵王:赵孝成王。 ④虞卿:赵人,游说之士,时为赵上卿。 ⑤为:为魏使者。 ⑥其于子何如:你对这件事有什么看法。⑦强弱之举事:强国与弱国共同行动。 ⑧辞:推辞掉。

〇平原君请冯忌

平原君请冯忌曰①:"吾欲北伐上党②,出兵攻燕,何如?"冯忌对曰:"不可。夫以秦将武安君公孙起乘七胜之威③,而与马服之子战于长平之下④,大败赵师,因以其余兵⑤,围邯郸⑥之城。赵以亡败之余众,收破军之敝守⑦,

而秦罢⑧于邯郸之下,赵守而不可拔者,以⑨攻难而守者易也。今赵非有七克之威也,而燕非有长平之祸也。今七败之祸未复⑩,而欲以罢赵攻强燕,是使弱赵为⑪强秦之所以攻,而使强燕为弱赵之所以守。而强秦以休兵承赵之敝⑫,此乃强吴之所以亡,而弱越之所以霸。故臣未见燕之可攻也。"平原君曰:"善哉!"

[注释]①请:客气礼貌地告诉。一说作谓,告诉。冯忌:游说之士,事迹不详。 ②上党:首府在今山西长治市,统辖区域为山西和顺、榆社以南,沁水流域以东。 ③武安君公孙起:即秦将白起。七胜之威:七次战胜赵国之威名。 ④马服之子:赵括,马服君赵奢之子,率赵四十余万兵抗秦,赵败,秦坑杀赵四十余万。长平:今山西高平市。 ⑤因以其余兵:长平之战后秦将白起率其剩余的军队。 ⑥邯郸:赵国都城,在今河北邯郸市。 ⑦敝守:以其疲惫之兵固守邯郸。 ⑧罢:同"疲",疲惫。 ⑨以:因为。 ⑩复:恢复。 ⑪为:被。 ⑫休兵:经过休整的军队。敝:疲敝。

○平原君谓平阳君

平原君谓平阳君曰①:"公子牟游于秦②,且东③,而辞应侯④。应侯曰:'公子将行矣,独无以教⑤之乎?'曰:'且微君之命命之也⑥,臣固且有效⑦于君。夫贵不与富期⑧,而富至,富不与粱肉⑨期,而粱肉至;粱肉不与骄奢期,而骄奢至;骄奢不与死亡期,而死亡至。累世⑩以前,坐⑪此者多矣。'应侯曰:'公子之所以教之者厚⑫矣。'仆⑬得闻此,不忘于心。愿君之亦勿忘也。"平阳君曰:"敬诺。"

[注释]①平原君:赵胜。平阳君:赵惠文王母弟赵豹。 ②公子牟:即魏

牟，魏公子。游：游历。　③且东：将要东归魏国。　④辞：告辞。应侯：范雎，秦昭王以应地封范雎，故称应侯。应：在今河南鲁山县。　⑤教：教诲，犹言最后告辞的话。　⑥且：如果。微君：指应侯。命命之也：发布命令命令我。　⑦效：进言。　⑧贵：尊贵。富：富有财富。期：约定，期望。　⑨粱肉：以粱为饭，以肉为肴的精美食物。粱：粟的优良品种。　⑩累世：数代。　⑪坐：坐罪，骄奢而犯罪。　⑫厚：犹言受益匪浅。　⑬仆：平原君的自称。

○秦攻赵于长平

秦攻赵于长平，大破之，引兵而归①。因使人索六城于赵而讲②。赵计未定。楼缓新从秦来③，赵王与楼缓计之曰："与秦城何如？不与何如？"楼缓辞让曰："此非人臣④之所能知也。"王曰："虽然，试言公之私⑤。"楼缓曰："王亦闻夫公甫文伯母乎⑥？公甫文伯官⑦于鲁，病死。妇人为之自杀于房中者二八⑧。其母闻之，不肯哭也。相室⑨曰：'焉⑩有子死而不哭者乎？'其母曰：'孔子，贤人也，逐⑪于鲁，是人不随⑫。今死，而妇人为死者十六人。若是者，其于长者薄⑬，而于妇人厚⑭？'故从⑮母言之，之为贤母也；从妇言之，必不免为妒妇也。故其言一⑯也，言者异⑰，则人心变矣⑱。今臣新从秦来，而言勿与⑲，则非计也；言与之，则恐王以臣之为秦也。故不敢对⑳。使臣得为王计之㉑，不如予㉒之。"王曰："诺。"

[注释]①引兵而归：公元前262年秦包围韩的上党，上党郡守冯亭地献于赵，引发秦赵长平大战。赵将廉颇坚守长平三年。后赵国中秦反间计，改用赵括为将，盲目出击，秦将白起在正面诈败后退，以两支奇兵袭击赵军后路，包围赵军，赵军困守46日，赵括被射死，赵军四十多万人被俘坑杀。

②索:索要。讲:讲和。 ③楼缓:赵人,曾为秦相国。新:刚刚。 ④人臣:国君的臣下。 ⑤公之私:楼缓你个人的看法。 ⑥公甫文伯:春秋鲁国季康子的叔伯兄弟,名歜。母:公甫文伯之母,名敬姜。 ⑦官:为仕当官。 ⑧二八:十六人。 ⑨相室:负责辅导、保育贵族子弟的家相傅母,多由老年妇人担任。 ⑩焉:怎么。 ⑪逐:被驱逐 ⑫是人:指公甫文伯。随:跟随。 ⑬长者:年长者。薄:情薄义寡。 ⑭厚:情深意长。 ⑮从:根据,依照,从母亲这个角度看。 ⑯言一:同一句话。 ⑰言者异:讲同一句话的人不同。 ⑱人心变矣:表达的内涵是有变化的。 ⑲勿与:不赞同割地给秦。 ⑳对:回答。 ㉑使:假使,如果。得:得以为,能够为。 ㉒予:给予。

虞卿①闻之,入见王,王以楼缓言告之。虞卿曰:"此饰说②也。"秦既③解邯郸之围,而赵王入朝④,使赵郝约事于秦⑤,割六县而讲⑥。王曰:"何谓也?"虞卿曰:"秦之攻赵也,倦⑦而归乎?王以其力尚能进⑧,爱王⑨而不攻乎?"王曰:"秦之攻我也,不遗余力矣,必以倦而归也。"虞卿曰:"秦以其力攻其所不能取,倦而归。王又以其力之所不能攻以资之⑩,是助秦自攻⑪也。来年秦复攻王,王无以救矣。"

[注释]①虞卿:赵人,游说之士,时为赵上卿。 ②饰说:经过认真修饰的游说之辞。 ③既:已经。 ④赵王入朝:赵孝成王朝觐秦王表示臣服。 ⑤赵郝:赵臣。约事:约定解决赵与秦的争端。 ⑥讲:讲和。 ⑦倦:疲惫。 ⑧以:认为。其力:秦军的进攻能力。进:起进攻。 ⑨爱王:秦爱护赵王。 ⑩以其力之所不能攻:秦的军事力量所不能攻取的地方,指欲割给秦的六个县。资:资助,帮助。 ⑪自攻:赵自己进攻自己。

王又以虞卿之言告楼缓。楼缓曰:"虞卿能尽知秦力之所至①乎?诚知秦力之不至,此弹丸之地,犹不予也,令秦来年复攻王,得无割其内而媾乎②?"王曰:"诚听子割矣,子能必来年秦之不复攻我乎?"楼缓对曰:"此非臣之所敢任③也。昔者三晋之交于秦,相善也。今秦释④韩、魏而独攻王,王之所以事⑤秦必不如韩、魏也。今臣为足下解负亲之攻⑥,启关通敝⑦,齐交⑧韩、魏。至来年而王独不取于秦⑨,王之所以事秦者,必在韩、魏之后也。此非臣之所敢任也。"

[注释]①至:及,秦力所能及。 ②内:与边境之地相对而言的内部之地。媾:媾和,讲和。 ③任:承担,承诺。 ④释:放弃。 ⑤事:服事,以臣属的关系处理秦、赵之事。 ⑥负亲之政:赵曾亲近于秦,后又背离秦,所以秦、赵之战是背离了亲情的攻伐。 ⑦启关通敝:开启边境关卡,双方互通使者。敝:又作币,指使者往来带的见面礼。 ⑧齐交:同时交往。 ⑨不取于秦:不为秦所攻伐夺取。

王以楼缓之言告。虞卿曰:"楼缓言不媾,来年秦复攻王,得无更割其内而媾。今媾,楼缓又不能必秦之不复攻也,虽割何益?来年复攻,又割其力①之所不能取而媾也,此自尽之术②也。不如无媾。秦虽善攻,不能取六城;赵虽不能守,而不至失六城。秦倦而归,兵必罢③。我以五城收天下④以攻罢秦,是我失之于天下⑤,而取偿⑥于秦也。吾国尚利,孰与坐而割地⑦,自弱⑧以强秦?今楼缓曰:'秦善韩、魏而攻赵者,必王之事秦不如韩、魏也。'是使王岁以六城事秦也⑨,即坐而地尽矣。来年秦复求割地,王将予之乎?不与,则是弃前贵而挑秦祸也⑩;与之,则无地而给之。语曰:'强者善攻,而弱者不能自守。'今坐而听秦,秦兵不敝而多得地,是强秦而弱赵也。以益愈⑪强之秦,而割愈弱之赵,其计固不止矣⑫。且秦虎狼之国也,无礼义之心。其求无已⑬,而王之地有尽⑭。以有尽之地,给无已之求,其势必无赵矣。故曰:此饰说也。王必勿与。"王曰:"诺。"

[注释]①其力:秦国的力量。 ②自尽之术:自取灭亡的办法。 ③罢:音pí,通"疲"。 ④收天下:收买其他诸侯国。 ⑤失之于天下:为收买其他诸侯损失五城。 ⑥取尝:取得补偿。 ⑦孰与:与谁,何如,两者相比较哪一个更好。坐:坐而不动,束手而待。 ⑧自弱:自我削弱。 ⑨岁以六城事秦:每一年都要割六城来服事秦国。 ⑩贵:因割地与秦而提高了赵在秦国面前的地位。挑:挑起祸端。 ⑪益愈:更加。 ⑫其计固不止矣:按这种计谋来做,赵将会无止境地割地。 ⑬无已:没有止境。 ⑭有尽:有限。

楼缓闻之,入见于王,王又以虞卿言告之。楼缓曰:"不然,虞卿得其一,未知其二也。夫秦、赵构难①,而天下皆说②,何也?曰'我将因强而乘弱③'。今赵兵困④于秦,天下之贺战⑤者,则必尽在于秦矣。故不若亟⑥割地求和,以疑⑦天下,慰⑧秦心。不然,天下将因秦之怒,秦赵⑨之敝而瓜分之。赵且亡,何秦之图⑩?王以此断⑪之,勿复计也。"

[注释]①构难:结成怨恨。 ②说:通"悦",高兴。 ③因强而乘弱:依仗强势,乘机欺凌弱小。 ④困:陷于困境。 ⑤贺战:祝贺秦战胜。 ⑥亟:赶快,迅速。 ⑦疑:疑惑,迷惑。 ⑧慰:慰藉,安抚。 ⑨秦赵:秦国与赵国。一说秦又作乘,乘机。 ⑩何秦之图:如何与秦国设谋周旋。 ⑪断:决断。

虞卿闻之，又入见王曰："危矣，楼子①之为秦也！夫赵兵困于秦，又割地为和，是愈疑天下②，而何慰秦心哉？是不亦大示天下弱乎③？且臣曰勿予者，非固④勿予而已也。秦索六城于王，王以五城赂齐。齐，秦之深雠也，得王五城，并力⑤而西击秦也，齐之听王⑥，不待辞之毕⑦也。是王失于齐而取偿于秦，一举结三国⑧之亲，而与秦易道⑨也。"赵王曰："善。"因发虞卿东见齐王⑩，与之谋秦。

[注释]①楼子：楼缓。　②是愈疑天下：使其他诸侯国更加迷惑，不肯亲赵。　③大示：公开显示。弱：赵之弱。　④非固：并非一定。　⑤并力：合力，齐心协力。　⑥听王：接受赵王的意见。　⑦辞之毕：话说完。　⑧三国：韩、魏、齐。　⑨易道：改变格局，更换位置。　⑩发：派遣。齐王：齐王建。

虞卿未反①，秦之使者已在赵②矣。楼缓闻之，逃去。

[注释]①反：同"返"，从齐返赵。　②在赵：在赵国与赵讲和。

○秦攻赵平原君使人请救于魏

秦攻赵，平原君①使人请救于魏。信陵君②发兵至邯郸城下，秦兵罢③。虞卿为平原君请益地④，谓赵王⑤曰："夫不斗⑥一卒，不顿一戟⑦，而解二国患者，平原君之力也。用人之力，而忘人之功，不可。"赵王曰："善。"将益之地。公孙龙⑧闻之，见平原君曰："君无覆军⑨杀将之功，而封以东武城⑩。赵国豪杰之士，多在君之右⑪，而君为相国者以亲故⑫。夫君封以东武城不让无功⑬，佩赵国相印不辞无能⑭,一解国患⑮,欲求益地,是亲戚受封,而国人计功⑯也。为君计者,不如勿受便。"平原君曰:"谨受令。"乃不受封。

[注释]①平原君:赵胜,时为赵之相国。 ②信陵君:公子无忌,魏昭王之少子,魏安釐王的异母弟。 ③罢:罢兵而去。 ④益地:增加封地。 ⑤赵王:赵孝成王。 ⑥鬭:同"斗",战斗。 ⑦顿:坏,损坏。戟:戈与矛为一体的长柄兵器。 ⑧公孙龙:赵人,名家代表人物,提出"白马非马"、"离坚白"等命题。时为平原君门客。一说此公孙龙是与名家代表人物公孙龙同名之人,非名家之公孙龙。 ⑨覆军:颠覆敌军。 ⑩东武城:平原君为公子时候的封地,在今山东武城县。 ⑪右:表示尊贵的位置,犹言受到国君的尊重。 ⑫以亲故:因为平原君是惠文王之弟,所以才得以受封。 ⑬不让无功:不因无功受封而辞让。 ⑭不辞无能:不以能力有限而推辞。 ⑮一解国患:刚刚为国解除祸患。 ⑯国人计功:当初于国无功,因亲戚关系而受封,今有功于国还要像一般的国人一样根据功劳受封,犹言受封不计功,有功却要再受封。

○秦赵战于长平

秦、赵战于长平①,赵不胜,亡一都尉②。赵王召楼昌与虞卿曰③:"军战不胜,尉复④死,寡人使卷甲而趋之⑤,何如?"楼昌曰:"无益也,不如发重使而为媾⑥。"虞卿曰:"夫言媾者,以为不媾者军必破⑦,而制⑧媾者在秦。且王之论秦⑨也,欲破王之军乎?其不邪?"王曰:"秦不遗余力矣,必且破赵军。"虞卿曰:"王聊⑩听臣,发使出重宝以附楚、魏⑪。楚、魏欲得王之重宝,必入吾使⑫。赵使入楚、魏,秦必疑天下合从⑬也,且必恐。如此,则媾乃可为

也。"

[注释]①长平:今山西高平市。　②都尉:军队中低于将军的中级军官。③赵王:赵孝成王。楼昌:赵臣。虞卿:时为赵相国。　④复:又作系,一说系为都尉之名。　⑤卷甲而趋之:悉发全国甲兵袭击秦军。趋:同"趋"。⑥重使:重要的使者。媾:媾和,讲和。　⑦破:失败。　⑧制:控制主动权。⑨论秦:估计、判断秦的意向与力量。　⑩聊:姑且,暂且。　⑪重宝:重要的宝物、宝器。附:归附,建立友好关系。　⑫入吾使:接纳我国的使者,使其进入他们的国家。　⑬合从:合纵。

　　赵王不听,与平阳君①为媾,发郑朱②入秦,秦内③之。赵王召虞卿曰:"寡人使平阳君媾秦,秦已内郑朱矣,子以为奚如④?"虞卿曰:"王必不得媾,军必破矣,天下之贺战胜者皆在秦矣。郑朱,赵之贵人⑤也,而入于秦,秦王与应侯必显重以示天下⑥。楚、魏以赵为媾,必不救王。秦知天下不救王,则媾不可得成也。"赵卒⑦不得媾,军果⑧大败。王入秦,秦留赵王而后许之媾⑨。

[注释]①平阳君:赵豹。　②郑朱:赵人。　③内:同"纳",接纳。④奚如:何如,怎么样。　⑤贵人:尊贵之人。　⑥秦王:秦昭王。应侯:范雎,秦昭王以应地封范雎,故称应侯。应:在今河南鲁山县东。显重:显示秦国在秦、赵格局中的重要地位。　⑦卒:最终。　⑧果:果然。　⑨留:扣留,滞留。许:许诺,答应。

○秦围赵之邯郸

　　秦围赵之邯郸①。魏安釐王使将军晋鄙救赵②。畏③秦,止于荡阴④,不进。魏王使客将军新垣衍间入邯郸⑤,

因平原君谓赵王曰:"秦所以急围赵者,前与齐湣王争强为帝⑥,已而复归帝⑦,以齐故⑧。今齐闵王已益弱。方今唯秦雄天下⑨,此非必贪邯郸,其意欲求为帝。赵诚发使尊秦昭王为帝,秦必喜,罢兵去。"平原君犹豫未有所决。

[注释]①秦围赵之邯郸:事在公元前257年。 ②鳌:音 xī。晋鄙:魏国凤将。 ③畏:畏惧,惧怕。 ④荡阴:在今河南汤阴县。 ⑤客将军新垣衍:新垣衍为他国人仕于魏者,故称其为客将军。新垣衍:又作辛垣衍,复姓辛垣,名衍。间人:寻找机会潜入。 ⑥前:以前。为帝:公元前288年,秦、齐约定,秦昭王称西帝,齐湣王称东帝。 ⑦已而复归帝:不久,齐湣王去帝号仍称王,秦昭王也因此废除西帝称号。 ⑧故:原因。 ⑨雄天下:称雄于天下。

此时鲁仲连适游赵①,会②秦围赵。闻魏将欲令赵尊秦为帝,乃见平原君曰:"事将奈何③矣?"平原君曰:"胜④也何敢言事?百万之众折于外⑤,今又内围邯郸而不能去⑥。魏王使将军辛垣衍令赵帝秦⑦。今其人在是,胜也何敢言事?"鲁连曰:"始吾以君为天下之贤公子也,吾乃今然后知君非天下之贤公子也。梁客辛垣衍安在⑧?吾请为君责而归之⑨"平原君曰:"胜请召而见之于先生。"平原君遂见辛垣衍曰:"东国有鲁连先生,其人在此,胜请为绍介⑩,而见之于将军。"辛垣衍曰:"吾闻鲁连先生,齐国之高士⑪也。衍,人臣也,使事有职⑫。吾不愿见鲁连先生也。"平原君曰:"胜已泄⑬之矣。"辛垣衍许诺。

[注释]①鲁仲连:又称鲁连,齐人,善于计谋策划,周游各国,排难解纷。适:恰巧。 ②会:碰上,遇到。 ③奈何:怎么办,有什么对策。 ④胜:平原君的名。 ⑤百万之众折于外:指长平之战,赵国大败。 ⑥去:解邯郸之

围。　⑦令赵帝秦:迫使赵尊秦为帝。　⑧安在:在哪里。　⑨责而归之:谴责他的作法,使回到魏国。　⑩绍介:引见介绍。　⑪高士:高风亮节,智谋超群之人。　⑫职:职责。　⑬泄:答应,承诺。

　　鲁连见辛垣衍而无言。辛垣衍曰:"吾视居北①围城之中者,皆有求于平原君者也。今吾视先生之玉貌②,非有求于平原君者,曷③为久居此围城之中而不去也?"鲁连曰:"世以鲍焦④无从容而死者,皆非⑤也。今众人不知⑥,则为一身⑦。彼秦者,弃礼义而上首功⑧之国也。权使⑨其士,虏使⑩其民。彼则肆然⑪而为帝,过而遂正于天下⑫,则连⑬有赴东海而死矣。吾不忍⑭为之民也!所为见将军者,欲以助赵也。"辛垣衍曰:"先生助之奈何?"鲁连曰:"吾将使梁及燕助之。齐、楚则固⑮助之矣。"辛垣衍曰:"燕则吾请以从⑯矣。若乃梁⑰,则吾乃梁人也,先生恶能⑱使梁助之耶?"鲁连曰:"梁未睹秦称帝之害故⑲也,使梁睹秦称帝之害,则必⑳助赵矣。"辛垣衍曰:"秦称帝之害将奈何?"鲁仲连曰:"昔齐威王尝为仁义矣,率天下诸侯而朝周㉑。周贫且微㉒,诸侯莫朝,而齐独朝之。居岁余,周烈王崩㉓,诸侯皆吊㉔,齐后往。周怒,赴㉕于齐曰:'天崩地坼㉖,天子下席㉗,东藩之臣田婴齐㉘后至,则斮㉙之。'威王勃然怒曰:'叱嗟㉚,而母婢㉛也。'卒为天下笑㉜。故生则朝周,死则叱之,诚不忍其求也㉝。彼天子固然,其无足怪㉞。"辛垣衍曰:"先生独未见夫仆㉟乎?十人而从㊱一人者,宁力不胜㊲,智不若㊳耶?畏之也。"鲁仲连曰:"然梁之比于秦若仆耶?"辛垣衍曰:"然。"鲁仲连曰:“然吾将使秦王烹醢梁王㊴。”辛垣衍怏然㊵不悦曰:“嘻㊶,亦太甚㊷矣,先生之言也!先生又恶能㊸使秦王烹醢梁王?”

[**注释**]①北:又作此。 ②玉貌:面部表情镇静从容,不卑不亢。③曷:为什么。 ④鲍焦:春秋隐士,耕而食,井而饮,非妻所织不衣,子贡讥之,抱木而死。 ⑤非:不对,错误。 ⑥不知:不了解实际情况。 ⑦则为一身:认为鲍焦无能力自养而死。 ⑧上首功:崇尚砍头的功劳。 ⑨权使:以权术使用。 ⑩虏使:视民人若虏获之人驱赶使用。 ⑪肆然:公然,肆无忌惮。 ⑫过:进一步发展。正:通“政”,统治,治理。 ⑬连:鲁仲连自称其名。 ⑭不忍:无法忍耐、容忍。 ⑮固:必然,一定。 ⑯从:同意你的意见。 ⑰若乃梁:至于魏国。 ⑱恶能:怎么能够。 ⑲睹:亲眼看到。故:原因。 ⑳必:一定,必然。 ㉑朝周:朝觐周王。 ㉒贫且微:贫穷与微弱。㉓崩:天子死曰崩。 ㉔弔:同“吊”,吊唁。 ㉕赴:赴齐报丧。 ㉖天崩地坼:形容天子之死犹如天崩地裂。坼,音 chè,裂开。 ㉗下席:先君周烈王死,新即位的周显王要离开宫室,居于草庐苫蓆上守丧。 ㉘田婴齐:齐威王的姓名,这是对齐威王的不尊重称呼。 ㉙斮:音 zhuó,同“斫”,斩断。㉚叱嗟:怒斥声。 ㉛母卑:辱骂周显王的母亲是一个低贱之人。 ㉜卒:最后,最终。笑:嘲笑。 ㉝诚不忍其求也:真是一点都不能容忍、宽容他人的请求。 ㉞其无足怪:其他人这样做更没有什么可奇怪的。 ㉟仆:仆人。㊱从:跟随,随从。 ㊲宁:岂,难道。胜:胜过,超过。 ㊳若:如。 ㊴烹:烧煮。醢:音 hǎi,剁制成肉浆。梁王:魏国国君。因鲁仲连讲的都是一种假设,所以“梁王”不是具体指魏国的哪一位国君。 ㊵怏然:不满意与不服气。㊶嘻:表示惊讶的叹词。 ㊷太甚:太过分。 ㊸恶能:怎么能够。

鲁仲连曰:“固也①,待吾言之。昔者,鬼侯之鄂侯、文王②,纣之三公③也。鬼侯有子而好④,故入之于纣,纣以为恶⑤,醢鬼侯。鄂侯争之急,辨之疾⑥,故脯⑦鄂侯。文王闻之,喟然而叹⑧,故拘之于牖里之车⑨,百日而欲舍⑩之死。曷为⑪与人俱称帝王,卒就脯醢之地也⑫?齐闵王将之鲁,夷维子执策而从⑬,谓鲁人曰:'子将何以待吾君?'鲁人曰:'吾将以十太牢⑭待子之君。'维子曰:'子安取礼⑮而来待吾君?彼吾君者,天子也。天子巡狩⑯,诸侯辟舍⑰,纳于筦键⑱,摄衽抱几⑲,视膳于堂下⑳,天子已食,退而听朝㉑也。'鲁人投其籥㉒,不果纳㉓。不得入于鲁,将之薛㉔,假涂于邹㉕。当是时,邹君死,闵王欲入吊。夷维子谓邹之孤㉖曰:'天子吊,主人必将倍殡柩㉗,设北面于南方㉘,然后天子南面吊也。'邹之群臣曰:'必若此,吾将伏剑而死。'故不敢入于邹。邹、鲁之臣,生则不得事养㉙,死则不得饭含㉚。然且欲行天子之礼于邹、鲁之臣,不果纳。今秦万乘之国,梁亦万乘之国。俱据万乘之国㉛,交㉜有称王之名,赌㉝其一战而胜,欲从而帝之㉞,是使三晋之大臣不如邹、鲁之仆妾㉟也。且秦无已而帝㊱,则且变易㊲诸侯之大臣。彼将夺其所谓不肖㊳,而予其所谓贤;夺其所憎㊴,而与其所爱。彼又将使其子女谗妾为诸侯妃姬㊵,处梁之宫,梁王安得晏然㊶而已乎?而将军又何以得故宠㊷乎?"

[注释]①固也:一定能够。 ②鬼侯:又作九侯,魏姓赤狄首领,活动在今山西西北部。之:与、和。鄂侯:鄂族首领,活动在今河南沁阳一带。文王:周文王昌,活动在陕西周原。 ③三公:三个重要的封国。 ④子:女儿。好:美丽。 ⑤恶:丑陋。 ⑥辨:同辩,辩护。 ⑦脯:制成肉干。 ⑧喟然而叹:很有感慨地深深叹息。 ⑨牖里:又作羑里,在今河南汤阴县。车:又作库,监狱。 ⑩舍:安置,安排。舍又作令,发布命令。 ⑪曷为:为什么。

⑫卒就:最终归宿。地:境地。　⑬夷维子:齐人,居于夷人之地,故号夷维子。策:马鞭子,又泛指驾马车的工具。　⑭太牢:牛、羊、猪各一为一太牢。　⑮安取礼:依据什么礼法。　⑯巡狩:视察诸侯国。　⑰辟舍:避开正殿而居住于外,犹言诸侯国的国君在天子视察期间不敢以国君的姿态自居。　⑱纳于筦键:交出钥匙与锁。　⑲摄衽抱几:提起衣襟,摆设几案。几:席地而坐时有靠背的坐具。　⑳视膳于堂下:站在正堂之下,伺候天子吃饭。　㉑听朝:处理诸侯国的政事。　㉒投其籥:关门落锁。籥,音yuè,锁的钥匙。　㉓不果纳:最终没有接待。　㉔薛:齐国的薛地,在今山东滕州市。　㉕假涂:借路。涂通途。邹:齐、鲁之间的曹姓小国。　㉖孤:邹君的嫡子,将继立为君。　㉗倍殡柩:把灵柩调换到相反的位置。按照正常葬礼,灵柩停放在西阶,主人处于东阶,面对灵柩。天子来吊唁,主人则立于西阶上面北而哭。倍:通"背"。殡:停柩。柩:音jiù,装有尸体的棺材。　㉘设北面于南方:把灵柩原来的坐北面南改放为坐南面北,天子则在灵柩的北面,面南吊唁。　㉙生则不得事养:活着的时候不能对国君尽心侍奉供养。　㉚死则不得饭含:死后不得履行完整的葬礼。饭含:以米放在死人口中为饭,以珠玉放在死人口中称含,此泛指丧礼。　㉛俱据万乘之国:都是拥有万辆战车的国家。　㉜交:交互、相互。　㉝䁘:又作睹,目睹,看到。　㉞欲从而帝之:准备服从于秦,做秦的附属之国,拥戴秦称帝。　㉟仆妾:仆人与女奴。　㊱无已而帝:贪得无厌而称帝。　㊲变易:更换。　㊳不肖:不孝,不贤。　㊴憎:憎恨之人。　㊵子女:女子。逸姿:善讲逸言之女。妃姬:配偶嫔妃。　㊶安得:怎么能够得到。晏然:平静,安逸。　㊷故宠:过去的宠爱。

于是,辛垣衍起,再拜谢曰:"始以先生为庸人,吾乃今日而知先生为天下之士也①。吾请去,不敢复言帝秦②。"秦将闻之,为却③军五十里。

[注释]①士:贤士,真正的士人。　②帝秦:拥戴秦为帝。　③却:后退。

适会魏公子无忌夺晋鄙军①以救赵击秦,秦军引而去②。于是平原君欲封③鲁仲连。鲁仲连辞让者三④,终不肯受。平原君乃置酒,酒酣⑤,起前以千金为鲁连寿⑥。鲁连笑曰:"所贵于天下之士者⑦,为人排患、释难、解纷乱而无所取⑧也。即有所取者,是商贾⑨之人也,仲连不忍为也。"遂辞平原君而去,终身不复见。

[注释]①适会:恰好碰到。魏公子无忌:信陵君,魏昭王之少子,魏安釐王的异母弟。 ②引而去:赐领军队撤离邯郸。 ③封:赐爵封地。 ④辞让者三:多次辞让。 ⑤酒酣:酒喝到最畅快高兴之时。 ⑥起前:站起来到鲁仲连跟前。寿:祝鲁仲连长寿。 ⑦所贵于天下者士者:天下士人最看重的、最珍贵的。 ⑧而无所取:不收取报酬。 ⑨商贾:行商坐贾,泛指各种商人。

○ 说张相国

说张相国①曰:"君安能少②赵人,而令赵人多③君?君安能憎赵人,而令赵人爱君乎?夫胶漆,至剸也④,而不能合远⑤;鸿毛⑥,至轻也,而不能自举⑦。夫飏⑧于清风,则横行四海。故事有简而功成者,因也⑨。今赵万乘之强国也,前漳、滏⑩,右常山⑪,左河间⑫,北有代⑬,带甲百万,尝抑⑭强齐,四十余年而秦不能得所欲。由是观之,赵之于天下也不轻。今君易⑮万乘之强赵,而慕思不可得之小梁⑯,臣窃为君不取也⑰。"君曰:"善。"自是之后,众人广坐⑱之中,未尝不言赵人之长者⑲也,未尝不言赵俗之善者也。

[注释]①张相国:魏国人,仕于赵为相国,常怀念梁而鄙视赵。 ②少:

轻视,薄待。 ③多:尊重,厚待。 ④至黏也:最黏的东西。黏:同"黏"。
⑤合远:把两个相距很远的东西粘连起来。 ⑥鸿毛:鸿雁之毛,非常轻。
⑦自举:自己飞上天。 ⑧飘:同"飘"。 ⑨因也:依靠,依凭。 ⑩漳:漳水,发源于山西长治,分为清漳、浊漳二河,东南流经河南、河北两省交界,在林州市合流为漳河,东南流至河北大名县入卫河。滏:滏水,今称滏阳河,发源于今河北磁县西北石鼓山,在沧州的献县与滹沱河汇流。 ⑪常山:位于今河北曲阳县。 ⑫河间:地在黄河、漳水之间,今河北河间县一带。
⑬代:郡名,在今山西代县、河北蔚县一带。 ⑭抑:抑制、压制。 ⑮易:轻慢,轻视。 ⑯小梁:弱小的魏国。 ⑰窃为:私下认为。取:采纳。 ⑱众人广坐:大庭广众。 ⑲长者:长处,优点。

○郑同北见赵王

郑同北见赵王①。赵王曰:"子南方之传士也②,何以教③之?"郑同曰:"臣南方草鄙之人④也,何足问?虽然,王致之于前⑤,安敢不对乎?臣少之时,亲尝教以兵⑥。"赵王曰:"寡人不好兵。"郑同因抚手⑦仰天而笑之曰:"兵固天下之狙喜⑧也,臣故意⑨大王不好也。臣亦尝以兵说魏昭王,昭王亦曰:'寡人不喜。'臣曰:'王之行能如许由乎⑩?许由无天下之累⑪,故不受⑫也。今王既受先王之传,欲宗庙之安,壤地不削,社稷之血食⑬乎?'王曰:"然。"今有人操随侯之珠⑭,持丘之环⑮,万金之财,时宿于野⑯,内无孟贲⑰之威,荆庆之断⑱,外无弓弩之御⑲,不出宿夕⑳,人必危之矣。今有强贪之国,临㉑王之境,索王之地,告以理㉒则不可,说以义㉓则不听。王非战国守圉之具㉔,其将何以当㉕之?王若无兵,邻国得志矣。"赵王曰:"寡人请奉教。"

[注释]①郑同:郑国游说之士。赵王:赵惠文王。 ②南方:因郑在赵之南,故曰其为南方。传士:又作博士,犹言博学之士。 ③教:指教,教导。 ④草鄙之人:来自荒野之人。 ⑤致之于前:提出的问题摆到了面前。 ⑥亲:父亲。兵:兵法。 ⑦抚手:摩手,搓手。 ⑧狙喜:狡黠奸诈之人所喜好。 ⑨故意:故通"固",已经预料到。 ⑩行:道德与行为。许由:又作许繇,尧时的隐士,传说尧要把君位让贤给他,他逃至箕山,农耕而食。尧又请他做九州长官,他到颍水洗耳。 ⑪累:忧虑和牵挂。 ⑫不受:不接受尧欲传给他的君位。 ⑬血食:祭祀时现场宰杀牺牲,献给神灵与祖先。 ⑭随侯:随国国君。珠:宝珠。 ⑮持:拿着。丘:一说应为百丘,具体内容不详。环:玉环。 ⑯时宿于野:经常住宿于野外。一说时又作特,意为独自。 ⑰内:自身。孟贲:又称孟说,秦武王时的秦国大力士。 ⑱荆庆之断:敢死之士成荆与庆忌的勇敢果断。一说荆庆即荆轲。 ⑲御:防御,保卫。 ⑳宿夕:傍晚与夜晚,犹言在很短时间内。 ㉑临:军队接近进行攻伐。 ㉒理:道理。 ㉓义:正义、是非标准。 ㉔战国:善战之国。守圉:守卫防御。圉,通御。具:器具与准备。 ㉕当:对抗,抵挡。

○建信君贵于赵

建信君①贵于赵。公子魏牟过赵②,赵王③迎之,顾反至坐④,前有尺帛⑤,且令工以为冠⑥。工见客来也,因辟⑦。赵王曰:"公子乃驱后车⑧,幸以临寡人,愿闻所以为天下。"魏牟曰:"王能重王之国若此尺帛,则王之国大治矣。"赵王不说,形于颜色⑨,曰:"先生不知寡人不肖,使奉⑩社稷,岂敢轻国若此?"魏牟曰:"王无怒,请为王说之。"曰:"王有此尺帛,何不令前郎中⑪以为冠?"王曰:"郎中不知为冠。"魏牟曰:"为冠而败之,奚亏于王之国⑫? 而王必待工而后乃使之⑬。今为天下之工⑭,或非也⑮,社稷为虚戾⑯,先王不血食,而王不以予工⑰,乃与幼艾⑱。且王之先帝⑲,驾犀首而骖马服⑳,以与秦角逐㉑。秦当时适其锋㉒。今王憧憧㉓,乃辇建信以与强秦角逐㉔,臣恐秦折王之椅㉕也。"

[注释]①建信君:赵孝成王时的相国。 ②公子魏牟:魏公子牟。过:经过,路过。 ③赵王:赵孝成王。 ④顾反至坐:起身迎接客人,请客人坐下,自己返回原来的座位。 ⑤尺帛:小块丝织物。 ⑥工:百工,此指缝纫工。为冠:为赵孝成王制作帽子。 ⑦辟:回避。 ⑧驱:驱使,驱动。后车:随从的车队。 ⑨形于颜色:面部表情发生了变化。 ⑩奉:敬奉。 ⑪郎中:国君的左右侍卫。 ⑫奚:为什么。亏:损,损害。 ⑬使之:使缝纫工制冠。 ⑭天下之工:治理国家的工匠。 ⑮或非也:或许不会这样做。 ⑯虚戾:人民灭绝,废墟遍地。 ⑰予工:给予认真的治理。工:治理。 ⑱幼艾:年少的美女或年幼的男宠。 ⑲先帝:赵惠文王。 ⑳驾犀首而骖马服:犀首御马,马服为车右,犹言当时的一些著名的人物都听从赵惠文王的指令。犀首:公孙衍,魏人,曾任魏相。马服:赵国将领赵奢。 ㉑角逐:角斗追逐。 ㉒秦当时适其锋:秦国恰巧遇到了势不可挡的赵国兵锋所指。时适:正好遇到。锋:锐不可当的军队。 ㉓憧憧:心神不定,惶惶不可终日。 ㉔辇建信:使建信乘车奔波。辇:乘车。 ㉕椅:又作輢,车两旁依凭的木版、栏杆。

○卫灵公近雍疽弥子瑕

卫灵公近雍疽、弥子瑕①。二人者,专君之势以蔽左右②。复涂侦③谓君曰:"昔日臣梦见君。"君曰:"子何梦?"曰:"梦见灶君④。"君忿然作色⑤曰:"吾闻梦见人君者,梦见日⑥。今子曰梦见灶君而言君也,有说⑦则可,无说则死。"对曰:"日,并烛⑧天下者也,一物不能蔽⑨也。

若灶则不然,前之人炀⑩,则后之人无从见也⑪。今臣疑人之有炀于君者⑫也,是以梦见灶君。"君曰:"善。"于是,因废雍疽、弥子瑕,而立司空狗⑬。

[注释]①卫灵公:卫襄公之子,名元。近:亲近,宠爱。雍疽:又作雍疽,卫灵公近臣,专治理疮、痈、疽、疖等的外科医生。弥子瑕:卫灵公近臣,子路的连襟。 ②专:专擅。蔽:欺蒙。 ③复涂侦:又作侏儒,因其身体异常矮小,古代常为杂技艺人。 ④灶君:灶神,灶王爷。 ⑤忿然作色:愤怒得脸都变了颜色。 ⑥梦见日:梦见太阳,太阳才意味着国君。 ⑦说:说法,合理的解释。 ⑧并烛:犹言万烛同时点燃,光芒万丈,照耀天下。 ⑨蔽:被遮蔽。 ⑩前人之炀:前面的人在灶前烤火。炀,音 yáng,烤火取暖。 ⑪后人:后边的人。见:看到。 ⑫炀于君者:意为在国君面前制造假象,隐蔽真相。 ⑬司空狗:又称史狗,即史朝之子文子。

○或谓建信君之所以事王者

或谓建信①:"君之所以事王者,色也②。胥③之所以事王者,知也④。色老而衰,知老而多。以日多之知,而逐⑤衰恶之色,君必困⑥矣。"建信君曰:"奈何?"曰:"并骥而走者⑦,五里而罢⑧;乘骥而御之⑨,不倦而取道多⑩。君令胥乘独断⑪之车,御独断之势,以居邯郸;令之内治国事,外刺⑫诸侯,则胥之事有不言者⑬矣。君因言王而重责之⑭,胥之轴今折矣⑮。"建信君再拜受命,入言于王,厚任胥以事能⑯,重责之。未期年而胥亡走矣。

[注释]①建信:建信君,赵孝成王时的相国。 ②色也:颜色,美色。 ③胥:音 qì,同"茸",赵人。 ④知也:智慧。 ⑤逐:角逐,追逐。 ⑥困:困窘,被动。 ⑦并骥而走者:两匹良马并列赛跑。 ⑧罢:音 pí,疲惫。

⑨乘骥而御之:乘在良马拉的车上驾驭着它。 ⑩不倦而取道多:不但不疲倦而且行进的速度很快。 ⑪独断:专擅国家权力。 ⑫刺:刺探,探候,犹言处理。 ⑬不言者:事务繁忙,必然有些事情无暇上报国君。 ⑭因言王:抓住这些事情上报国君。责:责备。 ⑮轴:胥所乘的独断之车轴,犹言"胥"独断的权势。今:现在。折:折断。 ⑯事能:赋予重任,展示才能。

○苦成常谓建信君

苦成常①谓建信君曰:"天下合从②,而独以赵恶秦③,何也?魏杀吕遗④,而天下交⑤之。今收河间⑥,于是与杀吕遗何以异?君唯释虚伪疾⑦,文信犹且知之也⑧。从⑨而有功乎,何患不得收河间?从而无功乎,收河间何益⑩也?"

[注释]①苦成常:春秋晋大夫郤犨的后代。 ②合从:合纵。 ③独以赵恶秦:合纵各国皆仇恨秦国,为什么单单都说赵仇恨秦国。 ④吕遗:亲秦,受秦国器重的人。 ⑤交:友好交往。 ⑥收:收回。河间:地在黄河、漳水之间,今河北河间县一带。 ⑦释虚伪疾:放弃收回河间,托病不理政事。 ⑧文信:文信侯吕不韦。知:了解。 ⑨从:合纵。 ⑩益:益处,好处。

○希写见建信君

希写①见建信君。建信君曰:"文信侯之于仆②也,甚无礼。秦使人来仕,仆官之丞相③,爵五大夫。文信侯之于仆也,甚矣其无礼也。"希写曰:"臣以为今世用事者④,不如商贾。"建信君悖然⑤曰:"足下卑用事者而高商贾乎⑥?"曰:"不然。夫良商不与人争买卖之贾⑦,而谨司时⑧。时贱而买,虽贵已贱矣;时贵而卖,虽贱已贵矣。昔者,文王之拘于牖里⑨,而武王羁于玉门⑩,卒断纣之头而县于太白者⑪,是武王之功也。今君不能与文信侯相伉以权⑫,而责⑬文信侯少礼,臣窃为君不取也。"

[注释]①希写:赵人。 ②仆:建信君自称。 ③仆官之丞相:建信君使其官为丞相。 ④用事者:执政者,掌握政权者。 ⑤悖然:迷惑不解。悖,音bèi,惑乱,荒谬。 ⑥卑:小看,轻视。高:高看,尊重。 ⑦贾:通"价",价格。 ⑧司时:掌握时机,等待机会。 ⑨牖里:又作羑里,在今河南汤阴县。 ⑩羁:羁押。玉门:在今河南荥阳市。 ⑪卒:最终。县:通悬,悬挂。太白:一种旗帜的名称。 ⑫相伉以权:以权势、计谋相抗衡。 ⑬责:责备。

○魏魀谓建信君

魏魀①谓建信君曰:"人有置系蹄者而得虎②。虎怒,决蹯而去③。虎之情,非不爱其蹯也。然而不以环寸④之蹯,害七尺之躯者,权也⑤。今有国,非直⑥七尺躯也。而君之身于王⑦,非环寸之蹯也。愿公之熟图⑧之也。"

[注释]①魏魀:人名,事不详。魀,音jiè。 ②置:设置。系蹄者:以绳索套兽蹄的捕兽器具。得虎:捕捉到了老虎。 ③决:断。蹯:音fán,野兽的足掌。 ④环寸:周长一寸。 ⑤权:权宜之计。 ⑥直:只有,仅仅是。 ⑦君之身与王:建信君自身对于国君而言。 ⑧熟图:认真思考,谨慎谋划。

○秦攻赵鼓铎之音闻于北堂

秦攻赵,鼓铎之音闻于北堂①。希卑②曰:"夫秦之攻赵,不宜急如此③。此召兵④也。必有大臣欲衡⑤者耳。

王欲知其人,旦日赞群臣而访之⑥,先言横者,则其人也。"建信君果先言横。

[注释]①铎:大铜铃。北堂:贵族家庭主妇居住的地方。 ②希卑:赵人。 ③不宜:不应该。急:紧急。 ④召兵:赵兵作为内应,以鼓铎为信号,召唤秦兵。 ⑤衡:连横。 ⑥旦日:天亮时。赞:召见。访:询问。

○齐人李伯见孝成王

齐人李伯①见孝成王。成王说②之,以为代郡守③。而居无几何④,人告之反⑤。孝成王方馈⑥,不堕食⑦。无几何,告者复至,孝成王不应。已⑧,乃使使者⑨言:"齐举兵击燕,恐其以击燕为名,而以兵袭赵,故发兵自备。今燕、齐已合⑩,臣请要其敝⑪,而地可多割。"自是之后,为孝成王从事于外者⑫,无自疑于中者⑬。

[注释]①李伯:事不详。 ②说:通"悦",喜欢,欣赏。 ③代郡:赵武灵所置,在今山西代县、河北蔚县一带。守:又称太守,郡的最高长官。 ④居无几何:没有过多长时间。 ⑤反:谋反。 ⑥方馈:刚刚开始用膳。馈:饮食之事。 ⑦不堕食:不停止进食。堕:毁坏,废弃。 ⑧已:随后。 ⑨使使者:李伯派遣使者。 ⑩合:燕、齐两军交战在一起。 ⑪要:邀击,中途拦截袭击。敝:交战中疲敝的一方。 ⑫从事于外者:在都城以外任职的官员。 ⑬中:心中。

卷二十一　赵　　四

○为齐献书赵王

为齐献书赵王①,使臣与复丑②曰:"臣一见③,而能令王坐而天下致名宝④。而臣窃怪王之不试见臣⑤,而穷⑥臣也。群臣必多以臣为不能者,故王重⑦见臣也。以臣为不能者非他⑧,欲用王之兵,成其私者也⑨。非然⑩,则交有所偏者也⑪;非然,则知不足⑫者也;非然,则欲以天下之重恐王⑬,而取行于王者也⑭。臣以齐循事⑮王,王能亡燕,能亡韩、魏,能攻秦,能孤⑯秦。臣以为齐致⑰尊名于王,天下孰敢不致尊名于王?臣以齐致地于王,天下孰敢不致地于王?臣以齐为王求名于燕及韩、魏,孰敢辞⑱之?臣之能也,其前可见已⑲。齐先重王,故天下尽重王;无齐,天下必尽轻王也。秦之彊,以无齐之故⑳重王,燕、魏自以无齐故重王。今王无齐独安㉑得无重天下?故劝王无齐者,非知不足也,则不忠者也。非然,则欲用王之兵成其私者也;非然,则欲轻王以天下之重,取行于王者也;非然,则位尊而能卑㉒者也。愿王之熟虑无齐之利害

也。"

[注释]①赵王:赵惠文王。　②使臣与复丑:一说此五字为衍文。③见:见赵惠王。　④坐:垂手而得。致:送,进献。名宝:名器重宝。⑤怪:怪罪。试:尝试。　⑥穷:困窘,困于不得接见。　⑦重:难。　⑧非他:没有其他原因。　⑨成:成就。私:个人意图与利益。　⑩非然:如果不是这样。　⑪则交有所偏者也:处理外交事务总是带有偏颇之心,犹言出卖赵国利益谋取私利。　⑫知不足:智商不够。　⑬以天下之重恐王:以天下重大的事件、严峻的形势恐吓赵王。　⑭取行于王者也:因赵王畏惧,必行其说。　⑮循事:顺从服事。　⑯孤:孤立。　⑰致:致送。　⑱辞:推辞,拒绝。　⑲其前可见已:其功效可见于未实施之前。　⑳故:原因。　㉑安:怎么能够。　㉒能卑:能力低下。

○齐欲攻宋

齐欲攻宋①,秦令起贾禁之②。齐乃捄③赵以伐宋。秦王④怒,属怨⑤于赵。李兑约五国以伐秦⑥,无功,留天下之兵于成皋⑦,而阴构于秦⑧。又欲与秦攻魏,以解其怨而取封⑨焉。

[注释]①齐欲攻宋:齐闵王听苏秦之说举兵攻宋。　②起贾:秦国御史。禁之:制止齐攻宋。　③捄:音 jiū,原始含义为盛土于器皿中,在此同"收",意为联合。　④秦王:秦昭王。　⑤属怨:结怨恨。　⑥李兑:因功官赵司寇,后为相国,封为奉阳君。五国:韩、赵、魏、燕、齐。　⑦成皋:在今河南荥阳市。　⑧阴:私下,暗中。构:媾和,勾结。　⑨取封:取得私人封地。

魏王①不说。之齐②,谓齐王曰:"臣为足下③谓魏王曰:'三晋皆有秦患,今之攻秦也,为赵也。五国伐赵,赵必亡矣。秦逐④李兑,李兑必死。今之伐秦也,以救李子⑤之死也。今赵留天下之甲于成皋，而阴鬻⑥之于秦，已讲⑦，则令秦攻魏以成其私封⑧，王之事赵也何得矣⑨？且王尝济于漳⑩，而身朝于邯郸⑪，抱阴、成⑫，负蒿、葛、薜⑬，以为赵蔽⑭，而赵无为王行⑮也。今又以何阳、姑密封其子⑯，而乃令秦攻王，以便取阴。人比然而后如贤不⑰，如王若用所以事赵之半收齐⑱，天下有敢谋⑲王者乎？王之事齐也，无入朝之辱⑳，无割地之费㉑。齐为王之故㉒，虚国㉓于燕、赵之前，用兵于二千里之外，故攻城野战，未尝不为王先被矢石㉔也。得二都㉕，割河东㉖，尽效之于王。自是之后，秦攻魏，齐甲未尝不岁至于王之境也㉗。请问王之所以报㉘齐者可乎？韩呡㉙处于赵，去齐三千里，王以此疑齐㉚，曰有秦阴㉛。今王又挟故薛公以为相㉜，善韩徐以为上交㉝，尊虞商以为大客㉞，王固可以反㉟疑齐乎？'于魏王听此言也甚诎㊱，其欲事王也甚循㊲。其怨于赵㊳。臣愿王之曰闻魏而无庸见恶也㊴，臣请为王推其怨㊵于赵，愿王之阴重赵㊶，而无使秦之见㊷王之重赵也。秦见之且亦重赵。齐、秦交㊸重赵，臣必见㊹燕与韩、魏亦且重赵也，皆且无敢与赵治㊺。五国事赵，赵从亲㊻以合于秦，必为王高㊼矣。臣故欲王之偏劫天下㊽，而皆私甘㊾之也。王使臣以韩、魏与燕劫赵，使丹㊿也甘之；以赵劫韩、魏，使臣也甘之；以三晋劫秦，使顺(51)也甘之；以天下劫楚，使呡(52)也甘之。则天下皆偪(53)秦以事王，而不敢相私(54)也。交(55)定，然后王择焉。"

［**注释**］①魏王：魏昭王。　②之齐："之齐"上有缺文，当为人名。一说为苏秦之齐。　③足下：对齐王的尊称。　④逐：驱逐，排斥，设法陷害。

⑤李子:李兑。 ⑥鬻:音 yù,卖,出卖。 ⑦讲:讲和。 ⑧私封:李兑私人封地。 ⑨事赵:指魏参与赵伐秦之事。何得:得到什么收获。 ⑩尝:曾经。漳:漳水,发源于山西长治,分为清漳、浊漳二河,东南流经河南、河北两省交界,在林州市合流为漳河,东南流至河北大名县入卫河。 ⑪身朝于邯郸:亲身朝觐于赵国都城邯郸。 ⑫抱:前面拥有。阴:地名,在今山东定陶县。成:魏地,在今山东菏泽,一说阴、成连读,为一个地名。 ⑬负:背后拥有。蒿:地不详,一说为衍文。葛:古葛国,在今河南宁陵县。薜:薛字之误,在今山东滕州市,一说葛、薜连读,应为葛孽,在今河北肥乡县。 ⑭蔽:屏障。 ⑮赵无为王行:赵不为魏王实施任何实际行动。 ⑯何阳:又作河阳,在今河南孟州市西。姑密:即姑蔑,位于河南孟州市东北。封其子:为李兑之子的封地。 ⑰人比然而后如贤不:人只有在相互比较之后才能够知道贤明与否。 ⑱事赵之半收齐:用服事赵国的二分之一来拉拢齐国。 ⑲谋:图谋。 ⑳入朝:去齐国朝觐。辱:屈辱,羞辱。 ㉑费:费用,代价。 ㉒故:故交。 ㉓虚国:发全国之兵相助。 ㉔被矢石:冒着被箭与石头击中的危险。 ㉕得二都:五国伐秦,秦返还温、轵、高平等地于魏。 ㉖割河东:秦返赵国漳河以东之地。 ㉗甲:甲兵。岁:每一年。 ㉘报:回报。 ㉙韩呡:韩人,曾为齐相,主张亲秦。呡,音 wěn。 ㉚疑齐:怀疑韩呡以赵亲齐。 ㉛有秦阴:私下与秦交往。 ㉜王:魏王。挟:挟持。薛公:孟尝君田文。相:魏国之相。 ㉝韩徐:赵臣,主张攻齐。上交:非常亲近的朋友。 ㉞虞商:人名,不善齐者,事不详。大客:尊贵的客人。 ㉟反:反而。 ㊱诎:音 qū,辞塞,无话可说。 ㊲王:齐王。循:顺,顺畅。 ㊳其怨于赵:魏将结怨于赵国。 ㊴王:齐王。闻魏:听到魏国对齐国的怨言。见恶:恼怒。 ㊵推其怨:转移魏对齐的怨恨。 ㊶重赵:尊重赵国,犹言强化与赵的友好关系。 ㊷见:知道。 ㊸交:交互。 ㊹见:预见,断定。 ㊺治:较量,敌对。 ㊻从亲:亲密的合纵。 ㊼高:赵的地位居于齐之上。 ㊽偏劫天下:挟制天下诸侯。偏:又作遍。 ㊾私甘:暗中以美言安抚。甘:美言说服。 ㊿丹:齐大臣公玉丹。 (51)顺:齐臣顺子。 (52)呡:韩呡。 (53)偪:同“逼”,逼迫。 (54)相私:私下相互交往。 (55)交:邦交。

○齐将攻宋而秦楚禁之

齐将攻宋,而秦、楚禁①之。齐因欲与赵②,赵不听。齐乃令公孙衍说李兑以攻宋而定封焉③。李兑乃谓齐王曰:"臣之所以坚④三晋以攻秦者,非以为齐得利秦之毁⑤也,欲以使攻宋也。而宋置⑥太子以为王,下亲其上而守坚⑦,臣是以欲足下之速归休士民也⑧。今太子走⑨,诸善太子者,皆有死心。若复攻之,其国必有乱,而太子在外,此亦举⑩宋之时也。

[注释]①禁:制止。 ②因:利用秦、楚制止齐攻宋之事。与:建立友好邦交关系。 ③公孙衍:犀首,魏人,曾任魏相。李兑:因功官赵司寇,后为相国,封为奉阳君。以攻宋而定封:攻取宋国,扩大李兑的封地。 ④坚:坚持,坚决。 ⑤毁:损害。 ⑥置:安置。 ⑦下:臣民,民人。上:国君。守坚:守备、防守坚固。 ⑧足下:对齐王的尊称。休:休息,休养生息。士民:军士与民众。 ⑨太子:宋国太子。走:逃亡。 ⑩举:攻占。

"臣为足下使公孙衍说奉阳君①曰:'君之身老矣,封不可不早定也。为君虑封,莫如于宋,他国莫可。夫秦人贪,韩、魏危②,燕、楚辟③,中山之地薄④,莫如于阴⑤。失今之时,不可复得已。宋之罪重,齐之怒深,残⑥乱宋,得大齐,定身封,此百代之一时⑦也。'以奉阳君甚食⑧之,唯得大封⑨,齐无大异⑩。臣愿足下之大发⑪攻宋之举,而无庸致兵⑫,姑待已耕⑬,以观奉阳君之应⑭足下也。县阴以甘之⑮,循有燕以临之⑯,而臣待忠之封⑰,事必大成。臣又愿足下有地效于襄安君以资臣也⑱。足下果⑲残宋,此两地⑳之时也,足下何爱焉?若足下不得志于宋,与国何敢望也㉑。足下以此资臣也,臣循燕观赵㉒,则足下击溃而决天下矣㉓。"

[注释]①奉阳君:李兑。　②危:因其近秦,所以处于一种危险的境地。③辟:偏僻,偏远。　④中山:时中山国已灭,此指中山故地。薄:贫瘠。⑤阴:即定陶,在今山东定陶县。　⑥残:摧毁。　⑦百代一时:百年一遇的机会。　⑧甚食:很贪吃,犹言胃口很大,贪婪。一说食为受纳,接纳。⑨大封:扩大封地,更大的封地。　⑩大异:奉阳君扩大封地,与齐攻伐宋之利没有大的差别。　⑪大发:大张旗鼓的发动。　⑫无庸致兵:不用等待赵国军队的到来。　⑬姑待已耕:犹言坐而待收,静观其变。　⑭应:回应,反应。　⑮县:通"悬",许诺但却没有给予。甘:以阴之地作为甘甜美味引诱。⑯循有燕:顺应燕国的意图。临之:制约、挟持赵国。　⑰臣:指李兑。忠之封:兑现已经承诺的封地。　⑱效:进献。襄安君:燕昭王的弟弟,当时为人质于齐。资:资助,帮助。　⑲果:果然,当真。　⑳两地:有齐又得宋。一说为齐与赵共同得到宋地,又一说为两块封地。　㉑与国:友好邦国赵、燕。望:寄托希望。　㉒循燕观赵:顺从燕国的意愿,观察赵国的动向,相机行事。㉓击溃:打击使溃败。决天下:决定天下的命运。

○五国伐秦无功

五国①伐秦无功,罢于成皋②。赵欲媾③于秦,楚与魏、韩将应④之,秦弗欲。苏代谓齐王曰⑤:"臣以为足下见奉阳君矣。臣谓奉阳君曰:'天下散而事秦,秦必据⑥宋。魏冉必妒君之有阴也⑦。秦王贪,魏冉妒,则阴不可得已矣。君无媾⑧,齐必攻宋。齐攻宋,则楚必攻宋,魏必攻宋,燕、赵助之。五国据宋,不至一二月⑨,阴必得矣。得阴而媾,秦虽有变,则无君患矣。若不得已而必媾,则愿五国复坚约⑩。愿得赵⑪，足下雄飞⑫，与韩氏大吏东免⑬，齐王必无召珉⑭也。使臣守约⑮，若与有倍约者⑯，以四国攻之。无倍约者，而秦侵约⑰，五国复坚而宾之⑱。今韩、魏与齐相疑⑲也，若复不坚约而讲⑳，臣恐与国之大乱也。齐、秦非复合㉑也，必有踦重㉒者矣。后合㉓与踦重者，皆非赵之利也。且天下散而事秦㉔，是秦制㉕天下也。秦制天下，将何以天下为㉖？臣愿君之蚤计也㉗。

[注释]①五国：赵、燕、韩、魏、齐。 ②成皋：在今河南荥阳市。 ③搆：同"构"，媾和，讲和。 ④应：呼应，响应。 ⑤苏代：河南洛阳人，苏秦之弟，战国纵横家。齐闵王末年曾游说于齐、燕两国，劝燕昭王联秦伐齐。齐王：齐闵王。 ⑥据：占据。 ⑦魏冉：穰侯，楚人，秦宣太后的异父弟，秦昭王母舅。秦武王死后，他拥立秦昭王，初为将军，后担任相国。封于今河南邓州的穰邑，称穰侯，后又加封位于今山东定陶县的陶邑。穰，音 ráng。阴：定陶，在今山东定陶县。 ⑧无搆：不与秦媾和。 ⑨不至一二月：不超过一到二个月。 ⑩复：再次。坚约：巩固盟约。 ⑪得赵：得与赵国建立友好邦交关系。 ⑫雄飞：振奋雄威。 ⑬大吏：重要官员。东免：努力向东进发。免：通"勉"，奋力。 ⑭珉：韩珉。 ⑮使臣守约：设置专门机构，监督五国遵守盟约情况。 ⑯与：与国，友好邦国。倍：通"背"，背叛，背弃。 ⑰侵约：进犯盟约之国。 ⑱复坚：再次重申盟约的严肃性。宾：通"摈"，摈弃，弃绝。 ⑲疑：疑惑，猜忌。 ⑳讲：讲和，与秦讲和。 ㉑合：联合，和好。 ㉒踦重：偏重。踦，通"倚"。 ㉓后合：复合，再次联合。 ㉔散：五国联合解散。事秦：臣服、服事秦国。 ㉕制：控制。 ㉖将何以天下为：将如何对待天下诸国。 ㉗蚤计：及早做打算。蚤，通"早"。

"'天下争秦有六举①，皆不利赵矣。天下争秦，秦王受负海内之国②，合负亲之交③，以据中国④，而求利于三晋，是秦之一举也。秦行是计，不利于赵，而君终不得阴⑤,一矣。天下争秦,秦王内韩珉于齐⑥,内成阳君⑦于韩,相魏怀于魏⑧,复合衍交两王⑨,王贲、韩他之曹⑩,皆起而行事,是秦之一举也。秦行是计也,不利于赵,而君又不得阴,二矣。天下争秦,秦王受齐受赵,三疆三亲⑪,以据魏而求安邑⑫,是秦之一举也。秦行是计,齐、赵应之,魏不待伐,抱安邑而信秦⑬,秦得安邑之饶⑭,魏为上交,韩必入朝秦,过赵已安邑矣⑮,是秦之一举也。秦行是计,不利于赵,而君必不得阴,三矣。天下争秦,秦坚⑯燕、赵之交,以伐齐收楚,与韩珉而攻魏⑰,是秦之一举也。秦行是计,而燕、赵应之。燕、赵伐齐,兵始用,秦因收楚而攻魏,不至一二月,魏必破矣。秦举安邑而塞女戟⑱,韩之太原绝⑲,下轵道、南阳、高⑳,伐魏,绝韩,包二周㉑,即赵自消烁㉒矣。国燥㉓于秦,兵分于齐,非赵之利也。而君终身不得阴,四矣。天下争秦,秦坚三晋之交攻齐,国破曹屈㉔,而兵㉕东分于齐,秦桉兵㉖攻魏,取安邑,是秦之一举也。秦行是计也,君桉㉗救魏,是以攻齐之已弊㉘,救与秦争战也㉙;君不救也,韩、魏焉免西合㉚?国在谋之中㉛,而君有终身不得阴,五矣。天下争秦,秦按为义㉜,存亡继绝,固危扶弱,定㉝无罪之君,必起中山与胜焉㉞。秦起中山与胜,而赵、宋同命㉟,何暇㊱言阴?六矣。故曰君必无讲㊲,则阴必得矣。'"

[注释]①争秦:竞相事秦。举:举措,行为。 ②秦王:秦昭王。受:接受,接纳。负海内之国:齐背负大海而居,此指齐国。 ③合负亲之交:联合曾经背叛过秦国的各国。负:背弃。亲:曾与秦亲密连横之国。 ④据:控制。中国:中原之国。 ⑤阴:地名,在今山东定陶县。 ⑥内:纳。韩珉:韩

呡。　⑦成阳君:韩釐王时的封君,主张联合秦、魏。　⑧相:使魏怀为相国。魏怀:魏人,亲秦,具体事迹不详。　⑨衍:公孙衍。交:交往。两王:秦、魏两王。　⑩王贲:秦将王翦之子。韩他:秦臣,一说为韩人。之曹:等等之辈。曹:等,辈。　⑪三:秦、齐、赵。疆:又作强。　⑫据魏而求安邑:以兵临魏国索求安邑。安邑:魏国故都,在今山西夏县。　⑬抱:奉献,把安邑献给秦国。信:信任,一说信又作倍,意为益,更加。　⑭饶:富饶的物产。　⑮过赵已安邑矣:秦得魏国安邑,与赵国相比较已经居于明显的优势地位。过:超过。　⑯坚:巩固。　⑰与韩呡而攻魏:此假设韩呡为齐相,率齐伐魏。　⑱举:占领。塞:堵塞。女戟:魏地,位于太行山西部,接近韩国,具体位置不详。　⑲太原:一说为太行。绝:交通断绝。　⑳轵道:道路名,在今河南济源市。南阳:今河南济源至获嘉一带,春秋晋地,战国属魏。高:高平,在今河南济源市西南。　㉑包二周:包围东周、西周。　㉒消烁:销铄,熔化,削弱。　㉓燥:又作烁,损伤。　㉔曹屈:又作财屈,财富消耗殆尽。　㉕兵:三晋之兵。　㉖桉兵:指挥军队。桉:同"案"。　㉗桉:案兵。　㉘已弊:齐疲惫凋敝之兵。　㉙救与秦争战也:救援与秦争战之国。一说为"与秦争战也",无救字。　㉚焉免:怎么能够避免。西合:向西部的秦国讲和。　㉛在谋之中:在秦国的谋划之中。　㉜秦按为义:秦国的意志就是正义。　㉝定:改治。　㉞起:起用,重振。中山:泛指中山等已经消灭的国家。胜:中山国君之后,一说胜为滕字,指已经灭亡的滕国。　㉟赵、宋同命:赵国将与弱小的宋国命运相同。　㊱暇:空闲,闲暇,机会。　㊲讲:与秦讲和。

"奉阳君①曰:'善。'乃绝和于秦,而收齐、魏以成②取阴。"

[注释]①奉阳君:李兑。　②成:成就,完成。

○楼缓将使伏事辞行

楼缓将使①,伏事②,辞行,谓赵王③曰:"臣虽尽力竭知④,死不复见于王矣。"王曰:"是何言也?固且为书而厚寄卿⑤。"楼子⑥曰:"王不闻公子牟夷⑦之于宋乎?非肉不食⑧。文张善宋⑨,恶⑩公子牟夷,寅然⑪。今臣之于王非宋之于公子牟夷也,而恶臣者过⑫文张。故臣死不复见于王矣。"王曰:"子勉行⑬矣,寡人与子有誓言矣。"楼子遂行。

[注释]①楼缓:赵人,曾为秦相国。 ②伏事:以隐秘之事言于王。一说伏事与服事同,犹言接受任务。 ③赵王:赵惠文王。 ④知:通"智"。 ⑤书:书写书信。厚寄卿:对楼缓寄托以厚望。卿:对楼缓的尊称。 ⑥楼子:楼缓。 ⑦公子牟夷:春秋时宋襄公庶兄。 ⑧非肉不食:言其待遇优厚,地位尊贵。 ⑨文张:人名,事不详。善宋:与宋君关系密切。 ⑩恶:厌恶。 ⑪寅然:摈弃,排斥。 ⑫过:超过。 ⑬勉行:努力地去做。

后以中牟反①,入梁②。候者③来言,而王弗听,曰:"吾已与楼子有言矣。"

[注释]①中牟:魏地,在今河南鹤壁市。反:返回,一说为反叛。 ②梁:魏国都城大梁,在今河南开封市。 ③候者:侦探,探子。

○虞卿请赵王

虞卿请赵王曰①:"人之情②,宁朝人乎③?宁朝于人④也?"赵王曰:"人亦宁朝人耳,何故宁朝于人?"虞卿曰:"夫魏为从主⑤,而违者范座⑥也。今王能以百里之地,若万户之都⑦,请杀范座于魏。范座死,则从事可移于赵⑧。"赵王曰:"善。"乃使人以百里之地,请杀范座于魏。魏王许诺,使司徒执范座⑨,而未杀也。

[注释]①虞卿:赵人,游说之士,曾为赵上卿。赵王:赵惠文王。 ②情:性情,心态。 ③宁:宁愿。朝人:使他人来朝见。 ④朝于人:去朝觐他人。 ⑤从主:合纵的领袖。 ⑥违:违反合纵盟约。范座:魏人,曾为魏相。 ⑦若:或,或者。万户之都:有一万户居民的城邑。 ⑧移于赵:合纵的领袖由魏转移到赵。 ⑨司徒:掌管国家的土地和人民之官。执:拘留,羁押。

范座献书魏王曰:"臣闻赵王以百里之地,请杀座之身。夫杀无罪范座,座薄故①也;而得百里之地,大利也。臣窃为大王美②之。虽然,而有一③焉,百里之地不可得,而死者不可复生也,则主必为天下笑④矣!臣窃以为与其以死人市⑤,不若以生人市使⑥也。"。

[注释]①薄故:细节,小事,犹言因无所谓的小事情而杀自己。 ②美:赞美,感到高兴。 ③一:可以肯定的一点。 ④笑:嘲笑。 ⑤死人:被杀死的范座。市:交易,交换。 ⑥使:运用,使用。言与活着的人交易更有价值。一说使字为衍文。

又遗其后相信陵君书曰①:"夫赵、魏,敌战②之国也。赵王以咫尺之书来,而魏王轻③为之杀无罪之座,座虽不肖④,故魏之免相望也⑤。尝以魏之故,得罪于赵。夫国内无用臣⑥,外虽得地,势不能守⑦。然今能守魏者,莫如君矣。王听赵杀座之后,强秦袭赵之欲⑧,倍赵之割⑨,则君将何以止⑩之?此君之累⑪也。"信陵君曰:"善。"遽言之王而出之⑫。

[注释]①遗:音wèi,给,写信给。后相:继范座为相国者。信陵君:公子无忌,魏昭王之少子,魏安釐王之异母弟。 ②敌战:力量相当而又相互敌对争斗。 ③轻:轻率。 ④不肖:不贤。 ⑤免相:罢免范座相国。望:一说

望字为衍文。 ⑥用臣:可任用的、有能力的人。 ⑦势:形势使之必然,势必。守:守卫,保有。 ⑧袭赵之欲:袭击赵国的欲望更强烈。 ⑨倍:加倍。割:割地。 ⑩止:遏止,制止。 ⑪累:拖累,难题。 ⑫遽:音 jù,立刻,马上。出之:释放范座。

○燕封宋人荣蚠为高阳君

燕封宋人荣蚠为高阳君①,使将②而攻赵。赵王因割济东三城令庐、高唐、平原陵地城邑市五十七③,命以与齐④,而以求安平君而将之⑤。马服君谓平原君曰⑥:"国奚无人甚哉⑦!君致安平君而将之⑧,乃割济东三令城市邑⑨五十七以与齐,此夫子⑩与敌国战,覆军杀将之所取、割地于敌国者也。今君以此与齐,而求安平君而将之,国奚无人甚也!且君奚不将奢也⑪?奢尝抵罪⑫居燕,燕以奢为上谷守⑬,燕之通谷⑭要塞,奢习知⑮之。百日之内,天下之兵未聚,奢已举⑯燕矣。然则君奚求安平君而为将乎?"平原君曰:"将军释之⑰矣,仆已言之仆主矣⑱。仆主幸以听仆也。将军无言已。"马服君曰:"君过⑲矣!君之所以求安平君者,以齐之于燕也,茹肝涉血之仇耶⑳。其于奢不然㉑。使安平君愚㉒,固不能当㉓荣蚠;使安平君知㉔,又不肯与燕人战。此两言者,安平君必处一㉕焉。虽然,两者有一也。使安平君知,则奚以赵之强为㉖?赵强则齐不复霸矣。今得强赵之兵,以杜㉗燕将,旷日持久数岁,令士大夫余子㉘之力,尽于沟垒㉙,车甲羽毛裂敝㉚,府库仓廪虚,两国交以习之㉛,乃引其兵而归。夫尽两国之兵,无明此者矣。"夏,军也县釜而炊㉜。得三城也,城大无能过百雉㉝者。果如马服之言也。

[注释]①荣蚠:宋人,事不详。蚠,音 fén。高阳君:荣蚠被燕武成王封于高阳,故称高阳君。高阳,位于今河北高阳县。　②使将:使其为将军率兵。　③济东:济水以东。令庐:赵地,在今山东济南市长清区。高唐:赵地,在今山东禹城市。平原:赵地,在今山东平原县。陵地:丘陵高地。城邑:城镇与居民聚居地。　④与齐:给予齐国。　⑤安平君:齐将田单。将之:率兵抗燕。　⑥马服君:赵将赵奢。平原君:赵胜。　⑦国奚无人甚哉:国家怎么会没有人才了这种地步。奚:疑问代词,何,为什么。　⑧致:招致,求得。将之:率领赵国之兵。　⑨三令城市邑:三座重要的城镇。　⑩夫:发语词。子:指平原君等人。　⑪奚不将奢:为什么不以赵奢我为将军。　⑫尝:曾经。抵罪:抵偿罪过。　⑬上谷:燕地,包括今河北中部、西北部和西部。守:郡守,又尊称为太守,战国时的郡守多由武官充任,有征发壮丁出征的权力。　⑭通谷:交通道路。一说为通往上谷的道路。　⑮习知:熟知。　⑯举:攻占。　⑰释之:放弃自己的观点。　⑱仆:平原君赵胜的谦称。仆主:赵孝成王。　⑲过:错。　⑳茹肝涉血之仇耶:指齐、燕即墨之役,食肝喋血,大恨深仇。　㉑其于奢不然:对于赵奢则不是这样。　㉒使:假使,假如。愚:愚蠢。　㉓当:抗衡,抵挡。　㉔知:智慧,聪明。　㉕处一:两者选择其一。　㉖赵之强为:为了赵国的强盛而攻伐燕国。　㉗杜:拒,抗拒。　㉘余子:大臣之庶子,多担任下级军官。　㉙尽于沟垒:耗尽于战壕营垒。　㉚车甲羽毛裂敝:车,战车。甲,铠甲。羽毛,弓箭或羽旄。裂敝,开裂破损。　㉛交:交互。习:反复交战,视用兵为儿戏。　㉜军也县釜而炊:安平君田单率领的军队把饭锅悬挂起来做饭,犹言无所作为,不积极进军。县:通"悬"。　㉝雉:面积单位,方丈曰堵,三堵为雉。

○三国攻秦赵攻中山

三国①攻秦,赵攻中山②,取扶柳③,五年以擅乎沲④。齐人戎郭、宋突谓仇郝曰⑤:"不如尽归中山之新地⑥。中山案⑦此言于齐曰,四国将假道于卫⑧,以过章子之路⑨。齐闻此,必效鼓⑩。"

[注释]①三国:齐、韩、魏。 ②中山:狄人所建之国,位于今河北定州市,被魏灭,后又复国,最后被赵所灭。 ③扶柳:中山地名,在今河北冀州市。 ④擅:固有,专有。乎沱:即今滹沱河。沱,音 tuó,同"沱"。 ⑤戎郭:齐人,又作宋郭,背齐亲赵之人。宋突:齐人,背齐亲赵之人。仇郝:又作仇赫,先后为赵国、宋国的相国。仇,音 qiú。 ⑥新垼:新占领的土地。垼,同"地"。 ⑦案:据,根据。 ⑧四国:赵、齐、韩、魏。假道:借路。 ⑨章子之路:齐将章匡扼守之路。 ⑩效:进献。鼓:齐邑,位于今山东淄博市,一说在今河北晋州市。

○赵使赵庄合从

赵使赵庄合从①,欲伐齐。齐请效地,赵因贱②赵庄。齐明③为谓赵王曰:"齐畏从人④之合也,故效地。今闻赵庄贱,张懃贵⑤,齐必不效地矣。"赵王曰:"善。"乃召赵庄而贵之。

[注释]①赵庄:赵臣。合从:合纵。 ②贱:轻视,小看。 ③齐明:东周臣。 ④从人:合纵之人。 ⑤张懃贵:张懃受到重用。张懃:事不详。懃,音 qín,同"勤"。

○翟章从梁来

翟章从梁来①,甚善赵王。赵王三延之以相②,翟章辞不受。田驷谓柱国韩向曰③:"臣请为卿刺④之。客⑤若死,则王必怒而诛建信君⑥。建信君死,则卿必为相矣。

建信君不死，以为交⑦，终身不敝⑧，卿因以德⑨建信君矣。"

[注释]①翟章：魏人。梁：魏国都城，在今河南开封市。　②延：聘请。相：相国。　③田驷：赵臣。柱国：战国时楚国设此官职，原为保卫国都之官，后为楚的最高武官，地位仅次于令尹。大概此时赵也设置柱国之官。韩向：赵柱国，事不详。　④刺：刺杀。　⑤客：指翟章。　⑥建信君：赵孝成王宠幸之臣。　⑦交：好友。　⑧敝：衰败。　⑨德：施恩德。

○冯忌为庐陵君谓赵王

冯忌为庐陵君谓赵王曰①："王之逐②庐陵君，为燕也。"王曰："吾所以重者，无燕、秦也③。"对曰："秦三以虞卿为言④，而王不逐也。今燕一以庐陵君为言，而王逐之。是王轻强秦而重弱燕也。"王曰："吾非为燕也，吾固⑤将逐之。""然则王逐庐陵君，又不为燕也。行⑥逐爱弟，又兼无⑦燕、秦，臣窃为大王不取也。"

[注释]①冯忌：事不详。庐陵君：赵孝成王母弟，封为庐陵君。赵王：赵孝成王。　②逐：驱逐。　③无燕、秦也：所看重的事情并不是惧怕燕国与秦国。　④三：三次。虞卿：赵人，游说之士，曾为赵上卿。为言：让虞卿为秦国说话。　⑤固：本来。　⑥行：且，将。　⑦无：无视。

○冯忌请见赵王

冯忌请见赵王，行人见之①。冯忌接手免首②，欲言而不敢。王问其故，对曰："客有见人于服子者③，已而请其罪。服子曰：'公之客独有三罪：望我而笑，是狎④也；谈语而不称师⑤,是倍⑥也;交浅而言深,是乱⑦也。'客曰:'不然。夫望人而笑,是和⑧也;言而不称师,是庸说⑨也;交浅而言深,是忠也。昔者尧见舜于草茅之中,席陇亩而荫庇桑⑩,阴移而授天下传⑪。伊尹负鼎俎而干汤⑫,姓名未著而受三公⑬。使夫交浅者不可以深谈,则天下不传,而三公不得也。'"赵王曰:"甚善。"冯忌曰:"今外臣交浅而欲深谈可乎?"王曰:"请奉教⑭。"于是冯忌乃谈。

[注释]①行人:掌外交、朝觐聘问之官。见之:引而见赵王。 ②接手:两手相交,拱手。免首:低头,免,又作俛,俛同"俯"。 ③客:外来的求见之人。见:引见,推荐。服子:又作宓子,事不详。 ④狎:亲近而不庄重。 ⑤不称师:不称服子为师。 ⑥倍:悖乱。 ⑦乱:迷惑。 ⑧和:和蔼,亲和。 ⑨庸说:常人之言。 ⑩席陇亩:设席坐于田地之间。荫庇桑:寻找树阴于桑树之下。 ⑪阴移:树阴移动。授:授予。传:禅让。 ⑫伊尹:商初大臣。名伊,一说名挚。原为有莘氏女的陪嫁之臣,为汤的"小臣",后来任以国政,辅佐汤灭夏桀。负:背负,携带。鼎:烹食器,又做礼器。俎:砧板,又做礼器。干:谒见。汤:商族的领袖,商王朝的创建者。 ⑬著:知道,明了。三公:太师、太傅、太保,均为王朝重臣。 ⑭奉教:接受您的教诲。

○客见赵王

客见赵王曰:"臣闻王之使人买马也,有之乎?"王曰:"有之。""何故至今不遣①?"王曰:"未得相马之工②也。"对曰:"王何不遣建信君③乎?"王曰:"建信君有国事,又不知相马。"曰:"王何不遣纪姬④乎?"王曰:"纪姬妇人也,不知相马。"对曰:"买马而善⑤,何补⑥于国?"王曰:"无补于国。""买马而恶⑦,何危⑧于国?"王曰:"无危于国。"对曰:"然则买马善而若⑨恶,皆无危补于国。然而王之买马也,必将待工。今治天下,举错非也⑩,国家为虚戾⑪,而社稷不血食⑫,然而王不待工,而与建信君,何也?"赵王未之应也。客曰:"燕郭之法⑬,有所谓桑雍⑭者,王知之乎?"王曰:"未之闻也。""所谓桑雍者,便辟⑮左右之近者,及夫人优爱孺子⑯也。此皆能乘⑰王之醉昏,而求所欲于王者也。是能得之乎内⑱,则大臣为之枉法于外矣⑲。故日月晖于外⑳,其贼㉑在于内,谨备其所憎㉒,而祸在于所爱㉓。"

[注释]①遣:派遣买马之人。　②相马之工:善于相马者。　③建信君:赵孝成王的宠幸之臣。　④纪姬:赵王的宠爱嫔妃。　⑤善:良马。　⑥补:利于,有益于。　⑦恶:劣马。　⑧危:危害,损害。　⑨若:或,或者。　⑩举错非也:举措非其道,犹言治国方略不当。错,通"措"。　⑪虚戾:国家空虚,人民蒙受祸患。戾:疾病,祸患。　⑫血食:祭祀时现场宰杀牺牲,献给神灵与祖先。　⑬燕郭之法:燕郭的治国之道。一说燕郭疑为郭偃,即辅佐晋文公的郭偃。　⑭桑雍:桑树中的蠹虫,排泄物流于外,犹如人之痈疽大疮。雍:同"痈"。　⑮便辟:善于阿谀奉承的身边亲信小臣。　⑯优爱:优笑倡俳。孺子:年轻美貌的嫔妃。　⑰乘:趁机,利用。　⑱得之乎内:能够在国君或宫廷内部得到。　⑲枉法:执法者对法律的曲解和破坏。外:宫廷之外。　⑳日月晖于外:日月光辉照耀于宫廷之外。晖:日月周围的光环。　㉑贼:作乱危害国家之人。　㉒谨备其所憎:严谨防范所憎恨的人。　㉓祸在于所爱:祸患的根源在于宠爱之人。

○秦攻魏取宁邑

秦攻魏,取宁邑①,诸侯皆贺。赵王②使往贺,三反不得通③。赵王忧之,谓左右曰:"以秦之强,得宁邑,以制齐、赵。诸侯皆贺,吾往贺而独不得通,此必加兵④我,为之奈何?"左右曰:"使者三往不得通者,必所使者非其人⑤也。曰谅毅⑥者,辨⑦士也,大王可试使⑧之。"

[注释]①宁邑:魏邑,在今河南修武县。一说为安邑,在今山西夏县。②赵王:赵惠文王。 ③三反:往返三次。通:通报于秦王。 ④加兵:以兵攻伐。 ⑤非其人:用人不当。 ⑥谅毅:赵国辩士。 ⑦辨:通"辩"。⑧试使:使其为使者再进行尝试。

谅毅亲受命而往。至秦,献书秦王①曰:"大王广地宁邑,诸侯皆贺,敝邑寡君亦窃嘉②之,不敢宁居③,使下臣奉其币物④三至王廷,而使不得通。使若无罪,愿大王无绝其欢⑤;若使有罪,愿得请之⑥。"秦王使使者报曰:"吾所使⑦赵国者,小大皆听吾言⑧,则受书币⑨。若不从吾言,则使者归矣。"谅毅对曰:"下臣之来,固愿承大国之意也⑩,岂敢有难⑪?大王若有以令之,请奉而西行之⑫,无所敢疑⑬。"

[注释]①秦王:秦昭王。 ②嘉:赞赏,祝贺。 ③宁居:安闲而无反应。④币物:礼物。 ⑤绝:拒绝。欢:为秦的宁邑而高兴。 ⑥请之:请求处罚,请罪。 ⑦使:要求。 ⑧小大:赵国的大小事务。 ⑨书币:书信与礼物。⑩承:秉承,接受。意:意图,意愿。 ⑪难:制造困难。 ⑫奉:奉命。西行:西行到秦国聆听号令。 ⑬疑:犹豫,迟疑。

于是秦王乃见使者,曰:"赵豹、平原君①,数欺弄寡人。赵能杀此二人,则可。若不能杀,请今率诸侯受命邯郸城下②。"谅毅曰:"赵豹、平原君,亲寡君之母弟也,犹大王之有叶阳、泾阳君也③。大王以孝治④闻于天下,衣服使之便于体⑤,膳啖使之嗛于口⑥,未尝不分⑦于叶阳、泾阳君。叶阳君、泾阳君之车马衣服,无非⑧大王之服御者。臣闻之:"有覆巢毁卵,而凤皇不翔⑨;刳胎焚夭⑩,而骐麟⑪不至。'今使臣受大王之令以还报⑫,敝邑之君,畏惧不敢不行,无乃伤叶阳君、泾阳君之心乎⑬?"

[注释]①赵豹:平阳君,赵惠文王母弟。平原君:赵胜。 ②受命邯郸城下:言将率诸侯伐赵。邯郸:赵国都城,今河北邯郸市。 ③叶阳:叶阳君,又称高陵君,秦昭王母弟公子悝。泾阳君:秦昭王母弟公子市。 ④孝治:以孝治国,以孝待人。 ⑤便于体:方便于身体。 ⑥膳啖:膳食,食物。啖,音dàn,同"啖",食物,吞食食物。嗛:音xián,通"慊",惬意,满意。 ⑦分:分给,使叶阳君、泾阳君分享。 ⑧无非:不外,没有不是。 ⑨凤皇不翔:凤凰不再飞翔到这里。凤凰,传说中的神鸟,百鸟之王。 ⑩刳胎焚夭:剖开腹中的胚胎,焚烧幼小的动物。刳:音kū,剖开。胎:腹中未出生者。夭:已经出生者。 ⑪骐麟:又作麒麟,传说中象征吉祥的神兽。 ⑫还报:返回报告给赵惠文王。 ⑬无乃:岂不是。伤:伤害。

秦王曰:"诺①,勿使从政②。"谅毅曰:"敝邑之君,有母弟不能教诲,以恶③大国,请黜④之,勿使与政事,以称⑤大国。"秦王乃喜,受其弊而厚遇之⑥。

[注释]①诺:同意。 ②勿使从政:不让赵豹与平原君参与政治活动。 ③恶:伤害,损害。 ④黜:罢黜,罢免。 ⑤称:称其心愿。 ⑥弊,又作币,礼物。厚遇:高规格接待。

○赵使姚贾约韩魏

赵使姚贾约韩、魏①,韩、魏以友②之。举茅为姚贾谓赵王曰③:"贾也,王之忠臣也。韩、魏欲得之,故友之,将使王逐之,而己因受之④。今王逐之,是韩、魏之欲得,而王之忠臣有罪也。故王不如勿逐,以明王之贤⑤,而折韩、魏招之⑥。"

[注释]①姚贾:魏人,梁监门之子,曾经为盗于梁,仕于赵被逐,秦始皇时仕于秦。约:盟约。 ②友:友好。友,又作反,意为背叛。 ③举茅:赵人,事不详。赵王:赵悼襄王。 ④己因受之:韩、魏利用赵驱逐姚贾而接受他。 ⑤贤:贤明。 ⑥折:挫败。招:招引姚贾的计划。

○魏败楚于陉山

魏败楚于陉山①,禽唐明②。楚王③惧,令昭应奉太子以委和于薛公④。主父欲败之⑤,乃结秦连楚、宋之交⑥,令仇郝相宋⑦,楼缓⑧相秦。楚王禽⑨赵、宋,魏之和卒败⑩。

[注释]①陉山:楚地,位于今河南新郑市、新密市一带。 ②禽:擒,擒获。唐明:楚将,又作唐昧、唐蔑。 ③楚王:楚怀王。 ④昭应:楚臣。奉:侍奉,服侍。太子以委和于薛公:太子到薛公那里为人质讲和。薛公:孟尝君田文,曾为齐相国。 ⑤主父:赵武灵王。败:挫败。 ⑥交:邦交。 ⑦仇郝:又作仇赫,先后为赵国、宋国的相国。仇,音qiú。相宋:为宋的相国。 ⑧楼缓:赵人,曾为秦相国。 ⑨禽:擒,犹言赵、宋臣服。一说禽为离之误,言离间楚与赵、宋的关系。 ⑩卒败:最终失败。

○秦召春平侯

秦召春平侯①,因留②之。世钧为之谓文信侯曰③:

"春平侯者,赵王之所甚爱也,而郎中④甚妒之,故相与⑤谋曰:'春平侯入秦,秦必留之。'故谋而入之秦。今君留之,是空绝赵⑥,而郎中之计中⑦也。故君不如遣春平侯而留平都侯⑧。春平侯者言行于赵王⑨,必厚割⑩赵以事君,而赎平都侯。"文信侯曰:"善。"因与接意⑪而遣之。

[注释]①春平侯:赵太子,曾为赵相国。 ②留:拘留,滞留。 ③世钧:秦人,又作泄钧。文信侯:吕不韦。 ④郎中:国君左右的侍卫,管理宫廷车、骑、门户,并内充侍卫,外从作战。 ⑤相与:相互。 ⑥空绝赵:在毫无收获的情况下破坏了与赵的邦交关系。 ⑦中:得逞。 ⑧遣:遣返。平都侯:悼襄王时的封君,其他事不详。 ⑨言行与赵王:其意见与行为对赵王产生影响。 ⑩厚割:割地数量很大。 ⑪接意:厚意相接,趣味相近。

○赵太后新用事

赵太后新用事①,秦急攻之。赵氏求救于齐。齐曰:"必以长安君为质②,兵乃出。"太后不肯,大臣强谏。太后明谓③左右:"有复言令长安君为质者,老妇必唾其面④。"

[注释]①赵太后:赵惠文王之妻威后,赵孝成王的母亲。用事,主持国政。 ②长安君:赵太后少子,封于饶阳,号长安君。质:人质。 ③明谓:明确告诉。 ④唾其面:往人的脸上吐唾沫,表示愤怒。

左师触詟愿见太后①。太后盛气而揖之②。入而徐趋③,至而自谢④,曰:"老臣病足⑤,曾不能疾走⑥,不得见⑦久矣。窃自恕⑧,而恐太后玉体之有所郄⑨也,故愿望见太后。"太后曰:"老妇恃辇而行⑩。"曰:"日食饮得无衰乎⑪?"曰:"恃鬻⑫耳。"曰:"老臣今者殊⑬不欲食,乃自强步⑭,日三四里,少益耆食⑮,和于身也⑯。"太后曰:"老妇不能。"太后之色少解⑰。

[注释]①左师:官名,优待老臣的荣誉官职。一说为当政掌权的大臣。触詟:又作触龙。詟,音zhé。 ②盛气:怒气旺盛。揖之:礼貌地接待。一说揖之为胥之,犹言等待。 ③徐趋:小步快走。 ④谢:谢罪,表示歉意。⑤病足:脚有病。 ⑥疾走:快走。 ⑦见:拜见太后。 ⑦窃自恕:私下自我宽恕。 ⑨郄:音xì,通"郤"、"隙",疲羸,身体不十分健康。 ⑩恃辇:依靠车子。 ⑪得无:没有,能够保持。衰:衰减。 ⑫鬻:同"粥",米或面等煮成的半流质食品。 ⑬殊:特别。 ⑭强步:勉强地努力慢走。 ⑮少益耆食:食欲多少有点增加。耆,通"嗜"。 ⑯和于身:身体谐调舒适。 ⑰解:缓解。

　　左师公曰:"老臣贱息舒祺①,最少,不肖②。而臣衰③,窃爱怜之。愿令得补黑衣之数④,以卫王官⑤,没死以闻⑥。"太后曰:"敬诺。年几何矣?"对曰:"十五岁矣。虽少,愿及未填沟壑而托之⑦。"太后曰:"丈夫亦爱怜其少子乎?"对曰:"甚于⑧妇人。"太后笑曰:"妇人异⑨甚。"对曰:"老臣窃以为媪之爱燕后贤于长安君⑩。"曰:"君过⑪矣,不若长安君之甚。"左师公曰:"父母之爱子,则为之计⑫深远。媪之送燕后也,持其踵为之泣⑬,念悲其远也⑭,亦哀⑮之矣。已行,非弗思也⑯,祭祀必祝⑰之,祝曰:'必勿使反⑱。'岂非计久长,有子孙相继为王也哉⑲?"太后曰:"然。"左师公曰:"今三世⑳以前,至于赵之为赵㉑,赵主之子孙侯者㉒,其继有在者乎㉓?"曰:"无有。"曰:"微独㉔赵,诸侯有在者乎?"曰:"老妇不闻也。""此其近者祸及身㉕,远者及㉖其子孙。岂人主之子孙则必不善㉗哉?位尊而无功,奉厚而无劳㉘,而挟重器多也㉙。今媪尊长安君之位,而封之以膏腴㉚之地,多予之重器,而不及今㉛令有功于国。一旦山陵崩㉜,长安君何以自托㉝于赵?老臣以媪为长安君计短㉞也,故以为其爱不若燕后。"太后曰:"诺,恣㉟君之所使之。"于是为长安君约㊱车百乘质于齐,齐兵乃出。

[注释]①贱息:息,儿子。贱:对自己儿子谦称。舒祺:左师触詟儿子的名。 ②不肖:不贤,没有才华。 ③衰:衰老。 ④补:补充,充当。黑衣:赵宫廷侍卫穿的制服,犹言充当宫廷侍卫。 ⑤王官:又作王宫。 ⑥没死以闻:冒死请求太后的答复。 ⑦及未填沟壑:趁还没有死亡。填沟壑:死亡埋葬的婉转说法。讬:同"托",托付于。 ⑧甚于:超过。 ⑨异:异常,特别。 ⑩媪:音ǎo,对老年妇女的尊称。燕后:赵太后之女,嫁于燕国,为燕王后。贤于:胜过。 ⑪过:错,过错。 ⑫计:计划,考虑。 ⑬持其踵为之泣:登车告别,赵太后扶住燕后的车尾痛哭流涕。 ⑭念悲:惦念悲伤。远:远嫁于燕国。 ⑮哀:爱怜悲痛。 ⑯非弗:不是不。思:思念。 ⑰祝:祭祀时候的祈祷词。 ⑱反:同"返",返回。 ⑲相继为王:继承为燕王。 ⑳三世:三代。 ㉑赵之为赵:赵国之所以成为赵国,犹言赵国的创建者。 ㉒赵主:赵国的国君。子孙侯者:其子孙封为侯者。 ㉓继:继承爵位。在:存在。 ㉔微独:非但,不仅仅。 ㉕祸及身:祸害殃及自身。 ㉖及:殃及。 ㉗不善:不能善终。 ㉘奉:俸禄,待遇。劳:功劳。 ㉙挟:拥有。重器:钟鼎金玉等象征权力与地位的器物。 ㉚膏腴:肥沃,肥美。 ㉛今:现在。 ㉜山陵崩:婉转的比喻赵太后去世。 ㉝自托:自己立足、托身。 ㉞计短:计划短浅。 ㉟恣:恣意,听凭。 ㊱约:准备。

子义①闻之曰:"人主之子也,骨肉之亲也,犹不能恃无功之尊,无劳之奉,而守金玉之重②也,而况人臣③乎?"

[注释]①子义：赵国贤人。　②重：重器。　③人臣：国君的臣下。

○秦使王翦攻赵

秦使王翦①攻赵，赵使李牧、司马尚御之②。李牧数破走秦军③，杀秦将桓齮④。王翦恶⑤之，乃多与赵王宠臣郭开等金⑥，使为反间，曰："李牧、司马尚欲与⑦秦反赵，以多取封⑧于秦。"赵王疑⑨之，使赵葱及颜聚代将⑩，斩李牧，废司马尚。后三月，王翦因急击，大破赵，杀赵军⑪，虏赵王迁及其将颜聚⑫，遂灭赵。

[注释]①王翦：战国末年秦将，频阳人，受秦王政重用，先后率军攻破赵国、燕国和攻灭楚国，封武成侯。频阳：在今陕西富平县。　②李牧：赵国良将。司马尚：赵大将。御：防御，抵抗。　③数：数次，多次。破走：战败退逃。　④桓齮：秦将。齮，音yǐ。　⑤恶：憎恨。　⑥与：给予，贿赂。郭开：赵王宠幸之臣。　⑦与：联合。　⑧取封：取得封地。　⑨疑：怀疑。　⑩赵葱：赵将。葱，又作怱、蔥。颜聚：齐将，后事于赵为将。聚，又作最、聚。　⑪赵军：《史记》作赵葱。　⑫虏：俘虏，虏获。赵王迁：赵王，名迁。

卷二十二 魏 一

○知伯索地于魏桓子

知伯索地于魏桓子①,魏桓子弗予②。任章③曰:"何故弗予?"桓子曰:"无故索地,故弗予。"任章曰:"无故索地,邻国必恐;重欲无厌④,天下必惧。君予之地,知伯必憍⑤。憍而轻敌,邻国惧而相亲⑥。以相亲之兵,待轻敌之国,知氏之命不长矣!《周书》曰:'将欲败之,必姑辅之⑦;将欲取之,必姑与⑧之。'君不如与之,以憍知伯⑨。君何释以天下图知氏⑩,而独以吾国为知氏质⑪乎?"君曰:"善。"乃与之万家之邑一⑫。知伯大说⑬。因索蔡、皋梁于赵⑭,赵弗与,因围晋阳。韩、魏反于外⑮,赵氏应之于内⑯,知氏遂亡。

[注释]①知伯:又作智伯,名瑶,春秋晋国执政卿之一。魏桓子:魏氏之主,魏国的奠基者,名驹。 ②予:给予。 ③任章:魏人,魏桓子之相。 ④重欲无厌:无法满足的贪欲。 ⑤憍:同"骄",骄横,傲慢。 ⑥惧而相亲:因惧怕知伯而相互亲近、接近。 ⑦姑:姑且,暂且。辅:辅助,帮助。 ⑧与:给予。 ⑨以憍知伯:以此来使知伯更加骄横。 ⑩何:为什么。释:

舍弃,放弃。图:图谋。 ⑪质:椹质,斩人时垫在下面的木板;箭靶子。 ⑫万家之邑:有一万家人口的城邑。 ⑬说:悦。 ⑭蔡、皋梁:赵地,具体位置不详。 ⑮反:反叛知伯。外,晋阳城之外。 ⑯应:呼应。内:晋阳城内。

○韩赵相难

韩、赵相难①。韩索兵于魏曰:"愿得借师以伐赵。"魏文侯②曰:"寡人与赵兄弟,不敢从③。"赵又索兵以攻韩,文侯曰:"寡人与韩兄弟,不敢从。"二国不得兵,怒而反④。已乃知文侯以讲于己也⑤,皆朝⑥魏。

[注释]①难:交兵相战。 ②魏文侯:魏国的建立者,名斯。 ③从:服从,听从。 ④怒而反:恼怒而返回。 ⑤已乃知:事后才知道。讲于己:为自己讲和。 ⑥朝:朝觐,朝见。

○乐羊为魏将而攻中山

乐羊为魏将而攻中山①。其子②在中山,中山之君烹其子而遗之羹③,乐羊坐于幕下而啜之④,尽一杯。文侯谓覩师赞⑤曰:"乐羊以我之故,食其子之肉。"赞对曰:"其子之肉尚⑥食之,其谁不食!"乐羊既罢⑦中山,文侯赏其功而疑其心⑧。

[注释]①乐羊:宋乐喜裔孙,魏文侯封其于灵寿。中山:狄人所建之国,位于今河北定州市,被魏灭,后又复国,最后被赵所灭。 ②其子:乐羊之子。 ③烹:烹煮。羹:带汁的肉。 ④幕:帐幕,篷帐。啜:音 chuò,喝,饮。 ⑤覩师赞:魏人,复姓覩师,名赞。 ⑥尚:尚且。 ⑦罢:攻取中山之后回到魏国。 ⑧疑其心:对乐羊的人品与忠诚产生了怀疑。

○西门豹为邺令

西门豹为邺令①,而辞②乎魏文侯。文侯曰:"子往矣,必就③子之功,而成④子之名。"西门豹曰:"敢问就功成名,亦有术⑤乎?"文侯曰:"有之。夫乡邑老者而先受坐之士⑥,子入而问其贤良之士而师事之⑦,求其好掩人之美而扬人之丑者而参验之⑧。夫物多相类而非也⑨,幽莠之幼也似禾⑩,骊牛之黄⑪也似虎,白骨疑象⑫,武夫类玉⑬,此皆似之而非⑭者也。"

[注释]①西门豹:魏文侯时的邺令,复姓西门,名豹。西门豹到任后破除当地"河伯娶妇"陋习,开凿水渠十二条,引漳水灌溉。邺:魏邑,在今河北临漳县。 ②辞:前往邺就任之前辞行。 ③就:成就,实现。 ④成:完成,实现。 ⑤术:方法。 ⑥乡邑老者:乡间年老而望重者。先受坐之士:因年老首先就座。 ⑦问:调查了解。师事之:以对待师长的态度、礼遇服事他们。 ⑧好:喜好。掩:掩盖、隐蔽、遮盖。扬:宣扬、张扬。参验:比较参照检验。 ⑨相类而非:表面相类似而实质不同。 ⑩幽莠之幼也似禾:颜色比较深的狗尾巴草很像粟。幽:色茂。莠:音yǒu,草本植物狗尾巴草。禾:草本植物粟,俗称谷子。 ⑪骊牛之黄:黑黄色的牛。 ⑫白骨疑象:白色的骨头疑似象牙。 ⑬武夫类玉:武夫石类似于玉石。武夫:又作武砆,似玉的美石。 ⑭似之而非:似是而非。

○文侯与虞人期猎

文侯与虞人期猎①。是日,饮酒乐②,天雨。文侯将出,左右曰:"今日饮酒乐,天又雨,公将焉之③?"文侯曰:

"吾与虞人期猎,虽乐,岂可不一会期哉④!"乃往,身自罢之⑤。魏于是乎始强。

[注释]①虞人:掌山林川泽之官。期猎:约定好狩猎的时间。 ②乐:高兴,畅快。 ③公将焉之:文侯您将去哪里。 ④不一会期:不按照约定时间。一:一致。 ⑤身自罢之:亲身前往相告,因雨而罢猎。

○魏文侯与田子方饮酒而称乐

魏文侯与田子方饮酒而称乐①。文侯曰:"钟声不比②乎,左高③。"田子方笑。文侯曰:"奚笑?"子方曰:"臣闻之,君明则乐官④,不明则乐音⑤。今君审于声⑥,臣恐君之聋于官也⑦。"文侯曰:"善,敬闻命。"

[注释]①田子方:名无择,曾从学于子贡,为魏文侯师。称乐:谈论音乐。②比:和谐,谐调。 ③左高:左边的声音高。 ④明:英明,明智。乐官:以官吏的治理为快乐,重视官吏的治理。 ⑤音:音乐,声音。 ⑥审:明察。声:声音,音乐。 ⑦恐:恐怕。聋于官:在官吏治理方面听力迟钝。

○魏武侯与诸大夫浮于西河

魏武侯与诸大夫浮于西河①,称②曰:"河山之险,岂不亦信固③哉!"王钟侍王④,曰:"此晋国之所以强也。若善修之⑤,则霸王之业具⑥矣。"吴起⑦对曰:"吾君之言,危国之道也⑧;而子又附⑨之,是⑩危也。"武侯忿然⑪曰:"子之言有说⑫乎?"

[注释]①魏武侯:魏文侯之子,名击。浮:游泳。西河:古称西部地区南

北流向的黄河为西河,战国魏在这里设置郡,文侯时吴起曾为西河守。辖境相当于今陕西华阴以北、黄龙以南、洛河以东、黄河以西地区,首府在今山西河津市。　②称:高兴地称赞。　③信固:实实在在的、可以依赖的坚固要塞。信:确实,实际存在。　④王钟:又作王错,曾进吴起逸言于魏武侯,其他事不详。侍:侍奉。　⑤善修之:认真地修建,充分发挥它们的作用。⑥具:条件具备。　⑦吴起:卫人,善用兵,仕于魏,进行变法。后入楚,主持变法,失败被杀。　⑧危国之道:危害国家的方略。　⑨附:附和。　⑩是:此,指简单附和魏武侯的这种行为。　⑪忿然:愤怒。　⑫说:解释,根据。

吴起对曰:"河山之险,信不足保也①;是伯②王之业,不从此③也。昔者,三苗④之居,左彭蠡⑤之波,右有洞庭⑥之水,文山⑦在其南,而衡山⑧在其北。恃此险也,为政不善,而禹放逐之。夫夏桀⑨之国,左天门之阴⑩,而右天谿⑪之阳,庐、睪在其北⑫,伊、洛出其南⑬。有此险也,然为政不善,而汤⑭伐之。殷纣⑮之国,左孟门而右漳、釜⑯,前带河⑰,后被山⑱。有此险也,然为政不善,而武王⑲伐之。且君亲从臣而胜降城⑳,城非不高也,人民非不众也,然而可得并者㉑,政恶故也。从是观之,地形险阻,奚足以霸王矣!"

[注释]①信:确实。保:保障,依靠,凭借。　②伯:通"霸"。　③从此:以河山之险为基点,依靠天然的险要地势。　④三苗:远古的苗族部落。⑤左:面向南时的东边。彭蠡:古泽名,今鄱阳湖。一说在今长江以北,鄂东、皖西一带的滨江诸湖。蠡,音lǐ。　⑥洞庭:洞庭湖,今洞庭湖是中国的第二大淡水湖,跨湖南湖北两省,北连长江,南接湘、资、沅、鄽四水。　⑦文山:又作汶山、岷山,在今四川松潘县,延绵于川、甘两省交界。　⑧衡山:位于今湖南衡阳市南岳区。　⑨夏桀:夏王朝的亡国之君,暴虐无道,戕伤百姓。⑩天门:今山西晋城天井关。阴:天门的北面。　⑪天谿:一说即天池,位于

今山西宁武县。一说即黄河、济水之间。 ⑫庐、罢:山名,位于今山西太原、交城等地。罢,音 gāo。 ⑬伊:伊河,发源于熊耳山南麓的河南栾川县,流经嵩县、伊川,穿伊阙而入洛阳,东北至偃师注入洛水。洛:洛河,源出陕西省洛南县。东流经过河南的卢氏县、洛宁县、宜阳县,到偃师市与伊河汇流,称伊洛河,在河南巩义市入黄河。 ⑭汤:名履,又称成汤,商族部落首领,夏桀暴虐无道,鸣条之战汤灭夏,建立商王朝。 ⑮纣:商王朝的最后一位国君,荒淫无道,牧野之战败,身死国亡。 ⑯孟门:太行山的隘道,位于今河南修武县。漳:漳水,发源于山西长治,分为清漳、浊漳二河,东南流经河南、河北两省交界,在林州市合流为漳河,东南流至河北大名县入卫河。釜:滏水,今称滏阳河,发源于今河北磁县西北石鼓山,在山东沧州的献县与滹沱河汇流。 ⑰前带河:黄河环流于朝歌之南,与朝歌相连接。 ⑱后被山:朝歌北面背靠太行山,以太行山为屏障。 ⑲武王:周武王发。 ⑳且君亲从臣而胜降城:国君亲自率领臣下攻陷敌方城池。 ㉑得并者:被攻取兼并的城池。

武侯曰:"善。吾乃今日闻圣人之言也!西河之政①,专委之子矣②。"

[注释]①政:政务。 ②专委:专门委任,犹言特别委派。子:吴起。

○魏公叔痤为魏将

魏公叔痤①为魏将,而与韩、赵战浍北②,禽乐祚③。魏王说④,迎郊⑤,以赏田百万禄之⑥。公叔痤反走⑦,再拜辞⑧曰:"夫使士卒不崩⑨,直而不倚⑩,挠拣而不辟者⑪,此吴起余教⑫也,臣不能为也。前脉形埊⑬之险阻,决利害之备⑭,使三军之士不迷惑者,巴宁、爨襄之力也⑮。县赏罚于前⑯,使民昭然信之于后者⑰,王之明法也。见敌之可也鼓之⑱,不敢殆倦者,臣也。王特为臣之右手不倦赏臣⑲,何也？若以臣之有功,臣何力之有乎？"王曰:"善。"于是索吴起之后⑳,赐之田二十万。巴宁、爨襄田各十万。

[注释]①公叔痤:氏公叔,名痤,魏武侯相国。 ②浍:浍水,发源于今山西翼城,流经绛县、曲沃、侯马,在新绛县入汾河。 ③禽:擒获。乐祚:赵将。 ④魏王:魏惠王䓨。说:悦。 ⑤迎郊:亲自到郊外迎接。郊:城外为郊。 ⑥以赏田百万禄之:赏赐田百万作为俸禄。 ⑦反走:反身退走。 ⑧辞:辞赏赐的田百万。 ⑨崩:崩溃,溃散。 ⑩直而不倚:勇往直前而不退缩。倚,邪行。 ⑪挠栋:又作栋挠,大梁弯曲折断,犹言大敌压境。不辟者:不回避逃跑。 ⑫余教:流传下来的教育。 ⑬前脉形埊:提前查勘地形。脉:地形之幽暗玄机。形:地形之表面概况。埊:同"地"。 ⑭决:决断,决定。备:准备。 ⑮巴宁、爨襄:军中贤能之士。爨,音 cuàn。 ⑯县:通"悬"。前:事前。 ⑰昭然:明白。信:相信,诚信。后:事后兑现赏罚。 ⑱可也:可以进攻,有利于攻击。鼓:同"鼓",击鼓进攻。 ⑲特:特意。右手不倦:右手持鼓槌持续击鼓不敢怠倦。 ⑳索:求索,寻找。后:后裔。

王曰:"公叔岂非长者①哉！既为寡人胜强敌矣,又不遗②贤者之后,不揜能士之迹③,公叔何可无益④乎？"故又与田四十万,加之百万之上,使百四十万。故《老子》曰:"圣人无积⑤,尽以为人⑥,己愈有⑦;既以与人,己愈多。"公叔当之⑧矣。

[注释]①长者:有德行、受尊重的人。 ②遗:遗忘,遗漏。 ③揜:掩盖,遮掩。能士:贤能之人。迹:事迹,功劳。 ④无益:没有赏赐。 ⑤积:积累,积蓄,谋私利。 ⑥尽以为人:竭尽全力为他人。 ⑦己愈有:自己拥有的更多。 ⑧当之:当之无愧。

○魏公叔痤病

魏公叔痤病,惠王往问之。曰:"公叔病,即不可讳①,将奈社稷何?"公叔痤对曰:"痤有御庶子公孙鞅②,愿王以国事听③之也。为④弗能听,勿使出竟⑤。"王弗应,出而谓左右曰:"岂不悲哉!以公叔之贤,而谓寡人必以国事听鞅,不亦悖⑥乎!"

[注释]①讳:忌讳谈论死亡之事。 ②御庶子:家臣。一说为公叔痤妾所生之子。公孙鞅:即后来的商鞅。 ③听:听从,犹言掌握国政。 ④为:若,如果。 ⑤竟:通"境",国境。 ⑥悖:混乱,荒谬。

公孙痤死,公孙鞅闻之,已葬①,西之秦,孝公受而用之②。秦果③日以强,魏日以削④。此非公叔之悖也,惠王之悖也。悖者之患⑤,固⑥以不悖者为悖。

[注释]①已葬:葬事完毕。 ②受而用之:接受公孙鞅的思想,任命其为左庶长进行变法。 ③果:果然。 ④削:削弱。 ⑤患:祸患。 ⑥固:必然。

○苏子为赵合从说魏王

苏子为赵合从①,说魏王②曰:"大王之地③,南有鸿沟、陈、汝南④,有许、鄢、昆阳、邵陵、舞阳、新郪⑤;东有淮、颍、沂、黄、煮枣、海盐、无疎⑥;西有长城⑦之界;北有河外、卷、衍、燕、酸枣⑧,地方千里。地名虽小,然而庐田庐舍⑨,曾无所刍牧牛马之地⑩。人民之众,车马之多,日夜行不休已⑪,无以异于三军之众⑫。臣窃料⑬之,大王之国,不下于⑭楚。然横人谋王⑮,外交⑯强虎狼之秦,以侵⑰天下,卒有国患⑱,不被其祸⑲。夫挟强秦之势⑳,以内劫㉑其主,罪无过此者。且魏,天下之强国也;大王,天下之贤主也。今乃有意西面而事秦,称东藩㉒,筑帝宫㉓,受冠带㉔,祠春秋㉕,臣窃为大王愧㉖之。

[注释]①苏子:苏秦,东周洛阳人,战国著名纵横家。合从:合纵。②魏王:魏惠王。 ③坐:同"地"。 ④鸿沟:古运河,自今河南荥阳市引黄河水,东流至河南淮阳县入颍水。陈:今河南淮阳县。汝南:今河南南部汝水中游一带。 ⑤许:在今许昌市。鄢:今河南鄢陵县。昆阳:在今河南叶县。邵陵:即召陵,在今河南漯河市郾城区。舞阳:在今河南舞阳县。新郪:在今安徽太和县。郪,音qī。 ⑥淮:淮水流域。颍:颍水,发源于河南登封市,东南至安徽寿县入淮水。沂:沂河,发源于山东鲁山。黄:即外黄,位于今河南民权县。煮枣:在今山东菏泽市。海盐:西汉曾在今江苏邳县置海盐,两者是否有关尚待讨论。无疏:《史记》作无胥,疑为宿胥口,在今河南滑县。 ⑦长城:魏国西部边界长城。 ⑧河外:春秋晋人称黄河以北为河内,黄河以南为河外。战国魏人称黄河以南、黄河以西为河外,大致指黄河以南今陕西华阴至河南陕县一带。战国赵人称黄河以南为河外,大致包括今河南郑州市与滑县一带。卷:在今河南原阳县。衍:衍城,今河南郑州市北。燕:魏邑,在今河南延津县。酸枣:位于今河南延津县西南。 ⑨庐田庑舍:田舍相间,错落有致。庐田:田间小屋。庑舍:带有廊檐的房屋。 ⑩曾无所刍牧牛马之地:曾经没有草原和牧放牛马的草场,犹言人口稠密。刍:草料。牧:放牧。 ⑪休已:停留休息。 ⑫无以异于三军之众:人数众多,与聚集在一起的三军人数一样密集。 ⑬料:估价,估计。 ⑭下于:实力与地位低于。 ⑮横人:魏国主张连横的人。谋:图谋。 ⑯外交:对外交往。 ⑰侵:侵凌,进犯。 ⑱国患:魏国遇到祸患。 ⑲不被其祸:主张连横者不会因魏国的祸患而受到牵连。被:遭受,蒙受。 ⑳夫挟强秦之势:以强大秦国的势力来要挟、牵

制。　㉑劫：胁迫，劫持。　㉒藩：臣属之国。　㉓筑帝宫：为秦建筑帝王宫殿，备巡幸之用。　㉔受冠带：接受秦国的服装。冠：帽子。带：腰带。㉕祠春秋：春秋供奉，助秦祭祀。一说为立祠祭祀秦王。　㉖媿：同"愧"，羞愧。

"臣闻越王勾践以散卒三千①，禽夫差于干遂②；武王③卒三千人，革车三百乘，斩纣于牧之野④。岂其士卒众哉？诚能振其威也。今窃闻大王之卒，武力⑤二十余万，苍头二千万⑥，奋击⑦二十万，厮徒⑧十万，车六百乘⑨，骑五千疋⑩。此其过越王勾践、武王远矣⑪！今乃劫于辟臣之说⑫，而欲臣事秦。夫事秦必割地效质⑬，故兵未用而国已亏⑭矣。凡群臣之言事秦者，皆奸臣，非忠臣也。夫为人臣，割其主之埊以求外交⑮，偷取一旦之功而不顾其后⑯，破公家而成私门⑰，外挟彊秦之势以内劫其主以求割埊，愿大王之熟察之也。

[注释]①勾践：春秋越国之君，败于吴，卧薪尝胆，灭吴雪耻。散卒：懒散疲怠之兵，非骁勇善战之士。　②禽夫差于干遂：越王勾践伐吴，吴王夫差战败，自杀于干隧。干隧：在今江苏吴县。　③武王：周武王发。　④纣：商王朝的最后一位国君，荒淫无道，牧野之战败，身死国亡。牧之野：即牧野，在今河南新乡市。　⑤武力：受过特种训练的武卒。　⑥苍头：以青巾裹头。或戴青色帽子的士兵。二千万：又作二十万。　⑦奋击：英勇善战的武士。⑧厮徒：军中杂役之贱者。　⑨乘：辆。　⑩疋：同"匹"。　⑪过：超过。远：很多。　⑫劫：受制于。辟臣：邪僻之臣。　⑬效质：进献人质。一说为效实，谓贡献名器重宝。　⑭亏：损伤。　⑮外交：个人的外部朋友。　⑯偷：苟且。一旦之功：眼前的蝇头小利。后：长远利益。　⑰破：损害。公家：国家。私门：权臣的家宅。

"《周书》曰:'绵绵不绝①,缦缦奈何②;毫毛不拔③,将成斧柯④。'前虑⑤不定,后有大患,将奈之何?大王诚能听臣。六国从亲⑥,专心并力,则必无强秦之患。故敝邑赵王⑦使使臣献愚计,奉明约⑧,在大王诏⑨之。"魏王曰:"寡人不肖,未尝得闻明教⑩。今主君⑪以赵王之诏诏之,敬以国从⑫。"

[注释]①绵绵不绝:细微而又不断绝。绵绵:细微但又连续不断,此指细小的藤蔓。 ②缦缦奈何:滋长蔓延的时候又无可奈何。缦:通蔓,滋长延伸。奈:同"奈"。 ③毫毛不拔:细小的萌芽不拔除。毫毛:刚刚萌生的小树。 ④将成斧柯:将会成为必须斧头砍伐的大树。一说将会长成斧柄之材。斧:砍伐工具,也指类似的武器。柯:斧柄。 ⑤前虑:事前的思考、谋划。 ⑥从亲:亲密的合纵。 ⑦赵王:赵肃侯。 ⑧奉明约:奉献上明了英明的盟约。 ⑨诏:国君发布的文告命令。 ⑩明教:明确的教诲,良好的教育。 ⑪主君:指苏秦。 ⑫从:跟随执行。

○张仪为秦连横说魏王

张仪为秦连横①,说魏王曰:"魏地方不至千里,卒不过三十万。垒四平②,诸侯四通③,条达辅凑④,无有名山大川之阻⑤。从郑至梁⑥,不过百里;从陈⑦至梁,二百余里。马驰人趋,不待倦而至梁⑧。南与楚境⑨,西与韩境,北与赵境,东与齐境,卒戍⑩四方,守亭障者参列⑪。粟粮漕庾⑫,不下十万。魏之地势,故⑬战场也。魏南与⑭楚而不与齐,则齐攻其东;东与齐而不与赵,则赵攻其北;不合⑮于韩,则韩攻其西;不亲于楚,则楚攻其南。此所谓四分五裂之道⑯也。

[注释]①张仪:魏人,战国著名纵横家。连横:西联秦,东联齐为连横。一说"连关中之谓横,合关东之谓纵"。 ②四平:四面平坦,无险要可据。③四通:四通八达。 ④条达:如树枝分布,周边诸侯国密集复杂。辅凑:四方集聚于魏,如辐条凑集于车毂。 ⑤阻:险阻。 ⑥郑:今河南新郑市。梁:魏国都城,在今河南开封市。 ⑦陈:陈国故地,位于今河南睢县及安徽亳县一带。 ⑧待:等到,达到。倦:疲倦。 ⑨境:边境相连接。 ⑩戍:守卫边疆。 ⑪亭障:边塞要地的堡垒,一说为住有一般居民的边境关塞。参列:交错排列。 ⑫漕:水运。庾:音yǔ,漕运的粮仓。 ⑬故:传统,过去,以前。 ⑭与:联合,建立友好邦交。 ⑮合:联合,建立友好邦交。 ⑯道:地理位置。

"且夫诸侯之为从者①,以安社稷、尊主、强兵、显名也②。合从者,一天下、约为兄弟、刑白马以盟于洹水之上以相坚也③。夫亲昆弟④,同父母,尚有争钱财。而欲恃诈伪反覆苏秦之余谋⑤,其不可以成亦明矣。

[注释]①从:合纵。 ②尊主:提高国君的地位。显名:提高自己的名声。 ③一天下:使各个诸侯国统一行动。刑:杀。洹水:发源于河南林州,经安阳、临漳,至内黄县入卫河。坚:使盟约更加牢固。 ④昆弟:兄弟。⑤诈伪反覆:欺诈伪装,反复无常。余谋:残留下来的计谋。

"大王不事秦,秦下兵攻河外①,拔卷、衍、燕、酸枣②,劫卫取晋阳③,则赵不南④;赵不南,则魏不北;魏不北,则从⑤道绝;从道绝,则大王之国欲求无危不可得也。秦挟韩而攻魏,韩劫于秦,不敢不听。秦、韩为一国,魏之亡可立而须也⑥,此臣之所以为大王患也。为大王计,莫如事秦,事秦则楚、韩必不敢动⑦;无楚、韩之患,则大王高枕而卧,国必无忧矣。

[注释]①河外:春秋晋人称黄河以北为河内,黄河以南为河外。战国魏人称黄河以南、黄河以西为河外,大致指黄河以南今陕西华阴至河南陕县一带。战国赵人称黄河以南为河外,大致包括今河南郑州市与滑县一带。②拔:攻取。卷:在今河南原阳县。衍:衍城,今河南郑州市北。燕:魏邑,位于今河南延津县。酸枣:位于今河南延津县西南。③劫:劫持,胁迫。晋阳:赵邑,在今山西太原市。④南:向南发展,向南面援助魏国。⑤从:合纵。⑥立:马上,立刻。须:片刻,指日可待。⑦动:进行损害魏国的行动、活动。

"且夫秦之所欲弱莫如①楚,而能弱楚者莫若②魏。楚虽有富大③之名,其实空虚;其卒虽众,多言而轻走④,易北⑤,不敢坚战⑥。魏之兵南面而伐,胜楚必矣。夫亏楚而益⑦魏,攻楚而适⑧秦,内嫁祸安国⑨,此善事也。大王不听臣,秦甲出而东⑩,虽欲事秦而不可得也。

[注释]①莫如:不如,没有能够超过。②莫若:不如。③富大:富足与强大。④多言:叫嚣的声音很大;又作多然,意为虽然数量很多。轻走:临阵脱逃。⑤北:败北。⑥坚战:硬仗。⑦益:增强。⑧适:适应,迎合,归附。⑨内嫁祸安国:攻楚以转移国内矛盾焦点,稳定国内秩序。⑩甲:甲兵,军队。东:向东进攻。

"且夫从人多奋辞而寡可信①,说一诸侯之王,出而乘其车;约一国而反②,成而封侯之基③。是故天下之游士,莫不日夜搤腕瞋目切齿以言从之便④,以说人主。人主览⑤其辞,牵其说⑥,恶得无眩哉⑦?臣闻积羽沉舟⑧,群轻折轴⑨,众口铄金⑩,故愿大王之熟计之也。"

[注释]①从人:合纵之人。奋辞:大话,充满激情与美好的游说之辞。

寡:少,缺少。信:诚信,信用。 ②约一国而反:与一个诸侯国订立合纵盟约而返回。 ③而:代词尔。封侯:有爵位与土地的封君。基:基础。 ④搤腕:搤,同"扼",扼腕,以一手握持另一手腕部,形容焦虑、愤怒、激动等。瞋目:瞪大眼睛表示愤怒。瞋,音 chēn。切齿:咬牙,表示极端愤怒。从:合纵。便:好处,便当。 ⑤览:观看。 ⑥牵其说:受其游说之辞牵制、诱导。 ⑦恶得无眩哉:怎么会不眼花迷惑。眩:眼花,迷乱。 ⑧积羽沉舟:尽管羽毛很轻,但积累多的时候也能使船沉没。 ⑨群轻折轴:即使很轻的东西,堆积多的话也能压断车轴。 ⑩众口铄金:众人之口能够把金属融化,犹言人言可畏。铄,音 shuò,融化金属。

魏王曰:"寡人蠢愚,前计失①之。请称东藩,筑帝宫,受冠带,祠春秋,效河外②。"

[注释]①失:失误。 ②效河外:进献上河外之地。

○齐魏约而伐楚

齐、魏约①而伐楚,魏以董庆为质于齐②。楚攻齐,大败之,而魏弗救。田婴③怒,将杀董庆。盱夷④为董庆谓田婴曰:"楚攻齐,大败之,而不敢深入⑤者,以魏为将内之于齐而击其后⑥。今杀董庆,是示楚无魏也⑦。魏怒合⑧于楚,齐必危矣。不如贵董庆以善魏,而疑⑨之于楚也。"

[注释]①约:约定。 ②董庆:魏人,事不详。质:人质。 ③田婴:齐威王少子,孟尝君之父,曾为齐相国,封于薛,称薛公,号靖国君。 ④盱夷:又作肝夷,魏人,事不详。盱,音 gàn。 ⑤深入:向齐国的纵深进军。 ⑥以:因为。内之于齐:楚军如果深入到齐国内部。 ⑦示:表达,告诉。无魏:齐失去了魏国的联合。 ⑧合:联合。 ⑨疑:迷惑。

○苏秦拘于魏

苏秦拘于魏①,欲走②而之韩,魏氏闭关③而不通。齐使苏厉④为之谓魏王曰:"齐请以宋地封泾阳君⑤,而秦不受⑥也。夫秦非不利有齐而得宋埊也⑦,然其所以不受者,不信⑧齐王与苏秦也。今秦见齐、魏之不合也如此其甚也,则齐必不欺⑨秦,而秦信齐矣。齐、秦合而泾阳君有宋地⑩,则非魏之利也。故王不如复东苏秦⑪,秦必疑齐而不听也⑫。夫齐、秦不合,天下无忧,伐齐成⑬,则埊广矣。"

[注释]①拘于魏:齐灭宋,东侵三晋,故魏拘留苏秦。 ②走:离开魏国。 ③关:关塞,城门。 ④苏厉:苏秦弟。 ⑤泾阳君:秦昭王的同母弟公子市。 ⑥受:接受。 ⑦夫秦非不利有齐而得宋埊也:因为齐国的支持而得到宋国之地,对秦国不是没有好处的。埊,同"地"。 ⑧信:信任。 ⑨欺:欺凌。 ⑩有宋地:封有宋地,以宋地为封地。 ⑪复东苏秦:再次使苏秦回到位于东部的齐国。 ⑫疑:怀疑。不听:不听从齐国的意见。 ⑬成:成功。

○陈轸为秦使于齐

陈轸①为秦使于齐,过魏,求见犀首②。犀首谢③陈轸。陈轸曰:"轸之所以来者,事④也。公不见轸,轸且⑤行,不得待异日矣⑥。"犀首乃见之。陈轸曰:"公恶⑦事乎?何为饮食而无事?无事必来。"犀首曰:"衍不肖⑧,不能得事⑨焉,何敢恶事?"陈轸曰:"请移⑩天下之事于公。"犀首曰:"奈何?"陈轸曰:"魏王使李从⑪以车百乘使于楚,公可以居其中而疑⑫之。公谓魏王曰:'臣与燕、赵故⑬矣,数令人召臣也⑭,曰无事必来。今臣无事,请谒而往⑮。无久⑯,旬、五之期⑰。'王必无辞⑱以止公。公得行,因自言于廷⑲曰:'臣急使燕、赵,急约车为行具⑳。'"犀首曰:"诺。"谒魏王,王许之,即明言㉑使燕、赵。

[注释]①陈轸:齐人,一说为夏人,先后仕于秦、魏、楚。轸,音 zhěn。②犀首,公孙衍,魏人,曾任魏相。　③谢:谢绝会见。　④事:政事,公务。⑤且:将,将要。　⑥待:等待。异日:他日。　⑦恶:厌恶,讨厌。　⑧不肖:不贤。　⑨得事:参与政事,更好地处理政事。　⑩移:移交。　⑪李从:一说即田需,又作田缗,曾为魏相国。　⑫疑:迷惑魏王。　⑬故:故交。⑭数:数次,多次。召:招徕,邀请。　⑮谒而往:前往拜见。一说为请假前往。　⑯无久:时间不长。　⑰旬、五之期:期限为十天到五天。　⑱无辞:没有理由。　⑲廷:朝廷。　⑳行具:出行所需要的装备。　㉑明言:公开说,公开声明。

诸侯客①闻之,皆使人告其王曰:"李从以车百乘使楚,犀首又以车三十乘使燕、赵。"齐王闻之,恐后天下得魏②,以事属③犀首,犀首受④齐事。魏王止其行使⑤。燕、赵闻之,亦以事属犀首。楚王闻之,曰:"李从约寡人,今燕、齐、赵皆以事因⑥犀首,犀首必欲寡人⑦,寡人欲之。"乃倍⑧李从,而以事因犀首。魏王曰:"所以不使⑨犀首者,以为不可⑩。令⑪四国属以事,寡人亦以事因焉。"犀首遂主天下之事,复相魏⑫。

[注释]①客:其他诸侯国客居在魏的使者。　②后:晚于其他诸侯国。得魏:结交魏国。　③属:通"嘱",嘱咐,托付。　④受:接受。　⑤止:停止,

制止。行使:出行为使者。一说行使即行李,使者。　⑥因:依靠,委托。
⑦欲寡人:希望楚王我也像其他诸侯国一样,将事情托付给他。　⑧倍:背弃,背叛。　⑨不使:不重用。　⑩不可:没有能力,不能胜任。　⑪令:又作今。　⑫复相魏:再次担任魏的相国。

○张仪恶陈轸于魏王

张仪恶①陈轸于魏王曰:"轸善事②楚,为求壤垡也③,甚力之④。"左华⑤谓陈轸曰:"仪善于魏王,魏王甚爱之。公虽百说⑥之,犹不听也。公不如仪之言为资⑦,而反⑧于楚王。"陈轸曰:"善。"因使人先言于楚王。

[注释]①恶:中伤,陷害。　②善事:友善于。　③求:索求,得到。壤垡:土地。　④甚力之:对此事非常用力。　⑤左华:又作左爽,魏人,事不详。　⑥百说:多次游说、劝说。　⑦资:依据。　⑧反:反馈。

○张仪欲穷陈轸

张仪欲穷①陈轸,令魏召而相之②,来将悟之③。将行,其子陈应止其公之行④,曰:"物之湛者⑤,不可不察也。郑疆出秦曰⑥,应为知⑦。夫魏欲绝楚、齐,必重迎公⑧。郢⑨中不善公者,欲公之去也,必劝王多公之车⑩。公至宋,道称疾⑪而毋行,使人谓齐王曰:'魏之所以迎我者,欲以绝齐、楚也。'"

[注释]①穷:使其困窘。　②召:从楚国召回。相:欲使他为魏相国。　③来将悟之:陈轸一旦来到魏国,将要被囚禁起来。悟:又作圄,囹圄,囚禁。　④陈应:陈轸之子。公:陈轸。　⑤物:事。湛:精深。　⑥郑疆:魏人,游说

于秦、楚之间。另有一郑彊,郑国公族,韩灭郑,成为韩人。出秦曰:郑彊离开秦国时说的话。 ⑦应:陈应。知:知道,了解。 ⑧重迎公:为了离间楚、齐关系,隆重迎接陈轸。 ⑨郢:音 yǐng,楚国都城,在今湖北江陵县。 ⑩王:楚怀王。多公之车:为使陈轸早日离开楚,多为其准备车辆等。 ⑪道称疾:途中谎称生病。

齐王曰:"子果无之魏而见寡人也①,请封②子。"因以鲁侯之车③迎之。

[注释]①果:果然。无之魏:没有去魏国。 ②封:封赏。 ③鲁侯之车:迎接鲁国之君曾经使用过的车,犹言齐宣王以鲁君之礼接待陈轸。

○张仪走之魏

张仪走之魏①,魏将迎之。张丑②谏于王,欲勿内,不得于王③。张丑退,复谏于王曰:"王亦闻老妾事其主妇者乎④?子长⑤色衰,重家⑥而已。今臣之事王,若老妾之事其主妇者。"魏王因不纳张仪。

[注释]①走之魏:离开秦国到魏国。 ②张丑:曾为齐臣。 ③不得于王:魏王不听张丑建议。 ④老妾:年老色衰的小老婆。主妇:嫡妻,正妻。⑤子长:妾年老。 ⑥重家:以家为重。一说家又作嫁。

○张仪欲以魏合于秦韩

张仪欲以魏合于秦、韩而攻齐、楚。惠施欲以魏合于齐、楚以案兵①。人多为张子于王所②。惠子谓王曰:"小事也,谓可者谓不可者正半③,况④大事乎?以魏合于秦、韩而攻齐、楚,大事也,而王之群臣皆以为可。不知是其可也⑤,如是其明耶⑥?而群臣之知术⑦也,如是其同耶⑧?是其可也,未如是其明⑨也,而群臣之知术也,又非皆同⑩也,是有其半塞也⑪。所谓劫主者⑫,失其半者也⑬。"

[注释]①惠施:宋国人,在魏为相多年,庄子的好友,名家学派的代表人物。案兵:安排军事部署。 ②张子:张仪。于王所:到魏惠王的居处,为张仪说好话。 ③可者:可行,可以做。正半:各占二分之一。 ④况:何况,况且。 ⑤不知是其可也:不知道可行的原因。 ⑥如是其明耶:这样的道理不是非常明白吗。 ⑦知术:智慧与谋术,智商与能力。 ⑧如是其同耶:竟然这样相同、一致。 ⑨明:清楚,认识事物的原因。 ⑩皆同:完全相同。⑪半:二分之一。塞:昏庸糊涂,不明事理。 ⑫劫主:胁迫、劫持国君。⑬失其半者也:失之于这二分之一昏庸糊涂的臣下。

○张子仪以秦相魏

张子仪以秦相魏①,齐、楚怒②而欲攻魏。雍沮谓张子曰③:"魏之所以相公者④,以公相则国家安,而百姓无患。今公相而魏受兵⑤,是魏计过也⑥。齐、楚攻魏,公必危矣。"张子曰:"然则奈何?"雍沮曰:"请令齐、楚解⑦攻。"雍沮谓齐、楚之君曰⑧:"王亦闻张仪之约秦王⑨乎?曰:'王若相仪于魏,齐、楚恶⑩仪,必攻魏。魏战而胜,是齐、楚之兵折⑪,而仪固得魏⑫矣;若不胜魏,魏必事秦以持⑬其国,必割地以赂王⑭。若欲复攻,其敝不足以应秦⑮。'此仪之所以与秦王阴相结⑯也。今仪相魏而攻之,是使仪之计当于秦⑰也,非所以穷仪之道也。"齐、楚之王曰:"善。"乃遽⑱解攻于魏。

[注释]①张子仪:即张仪。以秦相魏:以秦国人的身份担任魏国的相国。②怒:怒魏以张仪为相国。 ③雍沮:魏人。张子:张仪。 ④之所以相公者:之所以以张仪为相国。 ⑤公:张仪。受兵:蒙受兵燹之祸。 ⑥计:计谋,策略。过:过失。 ⑦解:解除,放弃。 ⑧齐、楚之君:齐宣王、楚怀王。⑨约秦王:与秦武王有约定。 ⑩恶:憎恨。 ⑪折:损伤。 ⑫固得魏:必然得到魏国的相位。 ⑬持:保持,支撑。 ⑭赂:贿赂。王:齐宣王、楚怀王。 ⑮敝:疲敝,受到损伤。应:应对,对抗。 ⑯阴相结:暗地相互勾结。⑰当于秦:适应秦的需要,正合秦的心意。 ⑱遽:音 jù,立刻,马上。

○张仪欲并相秦魏

张仪欲并相秦、魏①。故谓魏王曰:"仪请以秦攻三川②,王以其间约南阳③,韩氏亡。"史厌谓赵献曰④:"公何不以楚佐仪求相之于魏⑤,韩恐亡,必南走楚⑥。仪兼相秦、魏,则公亦必并相楚、韩也。"

[注释]①并相秦、魏:同时担任秦与魏的相国。 ②三川:黄河、洛河、伊河,大致包括今河南洛阳、孟津、巩义、荥阳一带,当时三川部分地区属于韩国。 ③其间:秦攻伐三川中间。约南阳:迫使韩把南阳之地割给魏。南阳:韩地,大致包括今河南南阳市部分地区。 ④史厌:韩国史官,又作史黡。赵献:疑为昭献,楚人,曾任韩国相国。 ⑤佐:辅佐。仪:张仪。 ⑥必南走楚:必然向南投奔楚国。

○魏王将相张仪

魏王将相张仪,犀首弗利①,故令人谓韩公叔②曰:"张仪以合秦、魏矣。其言曰:'魏攻南阳③,秦攻三川④,韩氏必亡。'且魏王所以贵张子者⑤,欲得垫⑥,则韩之南阳举⑦矣。子盍少委焉⑧，以为衍⑨功，则秦、魏之交可废矣⑩。如此，则魏必图秦而弃仪⑪，收⑫韩而相衍。"公叔以为信⑬，因而委之⑭，犀首以为功，果相魏。

[注释]①犀首：公孙衍，魏人，曾任魏相。弗利：处于被动地位。　②韩公叔：韩国公族，曾执韩国之政。　③南阳：南阳，韩地，大致包括今河南南阳市部分地区。　④三川：黄河、洛河、伊河，大致包括今河南洛阳、孟津、巩义、荥阳一带，当时三川部分地区属于韩国。　⑤贵：看重，尊重。张子：张仪。　⑥墬：同"地"。　⑦举：被攻陷，被占领。　⑧盍：何不。少委：以国事委托于犀首，但不要交给他太多。　⑨衍：犀首。　⑩交：交往，邦交。废：废止，中断。　⑪图：图谋。仪：张仪。　⑫收：联合，拉拢，笼络。　⑬公叔：韩公叔。信：可靠，切实可行。　⑭委之：委托国事于犀首。

○楚许魏六城

楚许①魏六城，与之伐齐而存燕②。张仪欲败之③，谓魏王曰："齐畏三国之合也④，必反燕墬以下楚⑤，楚、赵必听之，而不与魏六城。是王失谋于楚、赵，而树怨⑥而于齐、秦也。齐遂伐赵⑦，取乘丘⑧，收侵地⑨，虚、顿丘危⑩。楚破南阳九夷⑪，内沛⑫，许、鄢陵危⑬。王之所得者，新观⑭也。而道涂宋、卫为制⑮，事败为赵驱⑯，事成功县宋、卫⑰。"魏王弗听也。

[注释]①许：许诺给予。　②与：与楚一块。存：支援，帮助。　③败之：挫败楚、魏伐齐存燕的计划。　④畏：畏惧，害怕。三国：楚、魏、赵。　⑤必反燕墬以下楚：一定会返回夺取的燕国土地，向楚国表示臣服。　⑥树怨：结下怨恨。　⑦齐遂伐赵：楚、魏、赵三国联合，齐伐赵以抗三国。　⑧乘丘：春秋鲁地，在今山东兖州西北，但此地与赵相去甚远。一说乘丘疑为斥丘，在今

河北邯郸市的邱县。 ⑨侵地:被侵占之地。 ⑩虚:殷墟,在今河南安阳市。一说位于今河南延津县。顿丘:在今河南清丰县。危:处于危险状态。 ⑪南阳:齐地,在泰山以南,汶水以北。九夷:位于齐、楚交界处的淮、泗之间。 ⑫内:进入。沛:在今江苏沛县。 ⑬许:位于今许昌市。鄢陵:在今河南鄢陵县。 ⑭新观:在今河南清丰县。 ⑮道涂宋、卫为制:进军的路线经过宋、卫之地,必然要受制于两国。涂:通"途"。 ⑯败:伐齐失败。为:被。驱:逐遣,驱赶。 ⑰县:通"悬",悬挂,系于,关键在于。

○张仪告公仲

张仪告公仲①,令以饥故②,赏韩王以近河外③。魏王惧,问张子。张子曰:"秦欲救齐,韩欲攻南阳④,秦、韩合而欲攻南阳,无异⑤也。且以遇卜王⑥,王不遇秦,韩之卜也决⑦矣。"魏王遂尚⑧遇秦,信韩、广魏、救赵⑨,尺⑩楚人,遽于莝下⑪。伐齐之事遂败。

[注释]①公仲:韩相公仲朋,又作公仲佣。 ②以饥故:以饥荒为理由。 ③赏韩王以近河外:奉劝韩王令民到河外近魏之地。赏:劝,勉励,鼓励。韩王:韩宣惠王。河外:春秋晋人称黄河以北为河内,黄河以南为河外。战国魏人称黄河以南、黄河以西为河外,大致指黄河以南今陕西华阴至河南陕县一带。战国赵人称黄河以南为河外,大致包括今河南郑州市与滑县一带。 ④南阳:位于今河南济源市至获嘉县一带。 ⑤无异:双方看法一致,没有异议。 ⑥且以遇卜王:秦准备通过与韩王会晤来摸清楚韩王的意图。遇:会晤。卜:占卜,判断、估计对方的意图。 ⑦决:毫不犹豫做出决断。 ⑧遂尚:非常急切。 ⑨信韩:取信于韩国。广:缓解忧虑。 ⑩尺:又作斥,排斥,斥责。 ⑪遽于莝下:在莝下,有驿站传来消息说楚国同意割地,但魏斥责之。遽:传,负责通讯的驿站与人。莝下:地名,大致位于今山东南部。莝:音bì。

○徐州之役

徐州之役①,犀首谓梁王曰②:"何不阳与齐而阴结于楚③?二国恃④王,齐、楚必战。齐战胜楚,而与乘⑤之,必取方城之外⑥;楚战胜齐败,而与乘之,是太子之雠⑦报矣。"

[注释]①徐州之役:公元前333年,楚、齐战于徐州。徐州,在今山东滕县薛地。 ②犀首:公孙衍,魏人,曾任魏相。梁王:梁惠王。 ③阳:公开。与:联合,帮助。阴:暗中。结:结好。 ④恃:依靠,有求于。 ⑤乘:乘机联合齐国,欺凌楚国。 ⑥方城之外:方城以北。方城:山名,楚国的北部要塞,位于今河南叶县,一说在今河南方城县。 ⑦太子之雠:指公元前341年,齐、魏马陵之战,魏太子申生被杀一事。

○秦败东周

秦败东周,与魏战于伊阙①,杀犀武②。魏令公孙衍乘胜而留于境③,请卑辞④割埊,以讲⑤于秦。为窦屡⑥谓魏王曰:"臣不知衍之所以听于秦之少多⑦,然而臣能半衍之割⑧,而令秦讲于王。"王曰:"奈何?"对曰:"王不若与窦屡关内侯⑨,而令赵⑩。王重其行而厚奉之⑪。因扬言曰:'闻周、魏令窦屡以割魏于奉阳君⑫,而听秦矣。'夫周君、窦屡、奉阳君之与穰侯⑬,贸首⑭之仇也。今行⑮和者,窦屡也;制⑯割者,奉阳君也。太后恐其不因穰侯也⑰,而欲败⑱之,必以少割请合于王,而和于东周与魏也。"

[注释]①伊阙:今河南洛阳龙门。 ②犀武:魏将。 ③魏令公孙衍乘胜而留于境:秦军乘胜魏之机驻扎在魏国境内,魏派遣公孙衍前去讲和。 ④卑辞:低声下气的语言。 ⑤讲:讲和。 ⑥窦屡:魏人。 ⑦衍:公孙衍。听于秦之少多:犹言与秦谈判讲和,最终割地多少。 ⑧半衍之割:把公孙衍答应给秦的割地减少二分之一。 ⑨关内侯:战国韩、魏、秦的爵位。 ⑩令赵:派遣其出使赵国。 ⑪重:重视,看重。厚奉:以丰厚的待遇对待窦屡。 ⑫割魏:割魏地。奉阳君:李兑,因功官赵司寇,后为相国,封为奉阳君。 ⑬穰侯:名魏冉,楚人,秦宣太后的异父弟,秦昭王母舅。秦武王死后,他拥立秦昭王,初为将军,后担任相国。封于今河南邓州的穰邑,称穰侯,后又加封位于今山东定陶县的陶邑。穰,音 ráng。 ⑭贸首:以头颅相贸易,犹言以死相争,不共戴天。 ⑮行:实施。 ⑯制:制止,反对。 ⑰太后:穰侯魏冉的姐姐,秦昭王母宣太后。因:按照穰侯的意图处理。 ⑱败:挫败。

○齐王将见燕赵楚之相于卫

齐王①将见燕、赵、楚之相于卫,约外②魏。魏王惧,恐其谋伐魏也,告公孙衍。公孙衍曰:"王与臣百金,臣请败之③。"王为约车④,载百金。犀首期齐王至之日⑤,先以车五十乘至卫间齐⑥,行以百金⑦,以请先见齐王,乃得见。因久坐安⑧,从容谈三国之相怨⑨。

[注释]①齐王:齐威王。 ②外:排除在外。 ③败之:挫败齐、燕、赵、楚排斥魏的约定。 ④约车:准备车辆。 ⑤期齐王至之日:又作期齐王至之日,犹言估计齐闵王到达卫的时间。 ⑥间齐:寻找机会私下会见齐人。 ⑦行以百金:行贿于齐人百金。 ⑧安:平静,舒适。 ⑨从容:舒缓,不慌不忙,不紧不慢。三国:燕、赵、楚。相怨:相互之间的矛盾怨恨。

谓齐王曰:"王与三国约外魏,魏使公孙衍来,今久与之谈,是王谋三国也也①。"齐王曰:"魏王闻寡人来,使公孙子劳寡人②,寡人无与之语也③。"三国之不相信齐王之遇④,遇事遂败。

[注释]①谋:图谋,设谋算计。也也:应为也已。　②公孙子:公孙衍。劳:慰劳。　③无与之语:没有与公孙衍进行秘密会谈。　④遇:会晤。

○魏令公孙衍请和于秦

魏令公孙衍请和于秦,綦母恢①教之语曰:"无多割②。曰,和成③,固有秦重和④,以与王遇⑤;和不成,则后必莫能以魏合与秦者矣⑥。"

[注释]①綦母恢:周臣。綦,音qí。　②割:割地。　③和成:讲和成功。④固有秦重和:魏国必然因与秦讲和而受到秦国的重视。　⑤遇:会晤。⑥则后必莫能以魏合与秦者矣:以后再也没有能够使魏与秦国讲和的人了。

○公孙衍为魏将

公孙衍为魏将,与其相田繻不善①。季子为衍谓梁王曰②:"王独不见夫服牛骖骥乎③？不可以行④百步。今王以衍为可使将,故用之也;而听相之计,是服牛骖骥也。牛马俱死,而不能成其功,王之国必伤⑤矣！愿王察⑥之。"

[注释]①田繻:又作田需,魏相国。不善:相处不融洽,关系恶化。②季子:事不详。梁王:梁惠王。　③服牛骖骥:牛驾辕,马拉车,犹言牛马并驾一车。服:驾辕的牲口。骖:两旁拉车的牲口。骥:良马。　④行:行走。⑤伤:损伤,伤害。　⑥察:调查,思考,分析。

卷二十三　魏　二

○犀首田盼欲得齐魏之兵以伐赵

犀首、田盼欲得齐、魏之兵以伐赵①，梁君与田侯不欲②。犀首曰："请国③出五万人，不过④五月而赵破。"田盼曰："夫轻⑤用其兵者，其国易⑥危；易⑦用其计者，其身易穷⑧。公今言破赵大易，恐有后咎⑨。"犀首曰："公之不慧⑩也。夫二君者，固已不欲矣。今公又言有难以惧⑪之，是赵不伐，而二士之谋困也⑫。且公直言易⑬，而事已去⑭矣。夫难构而兵结⑮，田侯、梁君见其危，又安敢释卒不我予乎⑯？"田盼曰："善。"遂劝两君听犀首。犀首、田盼遂得齐、魏之兵。兵未出境，梁君、田侯恐其至而战败也，悉⑰起兵从之，大败赵氏。

[注释]①犀首：公孙衍，魏人，曾任魏相。田盼：又称盼子，齐国名将。②梁君：梁惠王。田侯：齐威王。　③国：齐、魏两国。　④过：超过。⑤轻：轻率，草率。　⑥易：容易，可能性很大。　⑥易：轻易，草率。　⑧穷：穷困，困境。　⑨咎：灾祸，仇怨。　⑩慧：智慧，聪明。　⑪难：困难，即所谓的后咎。惧：恐吓。　⑫二士：犀首、田盼。困：陷入困境。　⑬直言易：直接

讲伐赵的谋划应该改变。　⑭已去:该发生的事情已经发生,已经过去。
⑮难搆而兵结:战事发生,两军混战在一处。搆:同"构"。　⑯释:置,闲置,
按兵不动。不我予:不给予我,不让我用兵伐赵。　⑰悉:尽,全部,此指梁惠
成王与齐威王。

○犀首见梁君

犀首见梁君①曰:"臣尽力竭知②,欲以为王广土取尊名③,田需从中败君④,王又听之,是臣终无成功也。需亡⑤,臣将侍⑥;需侍,臣请亡。"王曰:"需,寡人之股掌⑦之臣也。为子之不便⑧也,杀之亡之,毋谓天下何⑨,内之无若群臣何也⑩!今吾为子外之⑪,令毋敢入⑫子之事。入子之事者,吾为子杀之亡之,胡如⑬?"犀首许诺。于是东见田婴⑭,与之约结⑮;召文子⑯而相之魏,身⑰相于韩。

[注释]①梁君:梁惠王。　②知:通"智",智慧。　③广土:扩大国土。取:博取。　④田需:即田缛,曾任魏相国。败:败坏,损害。　⑤需亡:田需出走逃亡。　⑥侍:留在魏国侍奉魏王。　⑦股掌:犹如股肱,最值得信赖。一说为可玩弄于股掌之上的宠幸者。　⑧子:犀首。不便:不方便,不顺当。
⑨毋谓天下何:对天下人没有理由解释。　⑩内之无若群臣何也:对亲近之人也没办法解释。内:亲近之人。　⑪外之:排斥田需。　⑫入:参与,干预。
⑬胡如:何如,怎么样。　⑭田婴:孟尝君之父靖国君,时执掌齐国之政。
⑮约结:缔结盟约。　⑯文子:孟尝君田文。　⑰身:指犀首自己。

○苏代为田需说魏王

苏代为田需说魏王①曰:"臣请问文之为魏②,孰与③其为齐也?"王曰:"不如其为齐也。""衍之为魏,孰与其为

韩也?"王曰:"不如其为韩也。"而苏代曰:"衍将右韩而左魏④,文将右齐而左魏。二人者,将用王之国,举事⑤于世,中道⑥而不可,王且无所闻之⑦矣。王之国虽渗乐而从之可也⑧。王不如舍需于侧⑨,以稽二人者之所为⑩。二人者曰:'需非吾人也⑪,吾举事而不利于魏,需必挫⑫我于王。'二人者必不敢有外心矣。二人者之所为之,利于魏与不利于魏,王厝⑬需于侧以稽之,臣以为身⑭利而便于事。"王曰:"善。"果厝需于侧。

[注释]①苏代:河南洛阳人,苏秦之弟,战国纵横家。齐闵王末年曾游说于齐、燕两国,劝燕昭王联秦伐齐。魏王:魏惠王。 ②文:孟尝君田文。为:助,帮助。 ③孰与:与谁,何如,两者相比较哪一个更好。 ④衍:公孙衍。右:近,亲近。左:远,疏远。 ⑤举事:有所作为,策划与实施一些活动。 ⑥中道:中立,折中之道。一说为行至中途,犹言半途而废。 ⑦无所闻之:不了解他们心中的真实想法。 ⑧渗乐:国力逐渐衰弱。渗:如器皿渗漏,逐渐变弱。乐:盲目乐观,感觉良好。一说应为操药,言国病比较严重。从:合纵。 ⑨舍:安置。需:田需。侧:身旁。 ⑩稽:考察,考核。二人:公孙衍与孟尝君田文。 ⑪需非吾人也:田需不是我的同党亲近之人。 ⑫挫:摧折,伤害。 ⑬厝:音 cuò,安置,措置。 ⑭身:魏惠王。

○史举非犀首于王

史举非犀首于王①。犀首欲穷之②,谓张仪曰:"请令王让先生以国③,王为尧、舜矣;而先生弗受,亦许由④也。衍请因令王致万户邑于先生⑤。"张仪说,因令史举数⑥见犀首,王闻之而弗任⑦也,史举不辞而去。

[注释]①史举:河南下蔡人,甘茂之师,曾为下蔡监门。非:非议,指责。

②穷之：使史举陷入困境。　③请令王让先生以国：请求魏王把国君的位置禅让给张仪。　④许由：一作许繇，尧时代的隐士，传说尧要把君位让贤给他，他逃至箕山，农耕而食。尧又请他做九州长官，他到颍水洗耳。　⑤衍请因令王致万户邑于先生：不接受魏王的禅让，犀首请求魏王送万户的城邑给张仪。　⑥数：数次，多次。　⑦任：信任。

○楚王攻梁南

楚王攻梁南①，韩氏因围蔷②。成恢为犀首谓韩王曰③："疾④攻蔷，楚师必进⑤矣。魏不能支⑥，交臂而听楚⑦，韩氏必危，故王不如释⑧蔷。魏无韩患，必与楚战，战而不胜，大梁⑨不能守，而又况⑩存蔷乎？若战而胜，兵罢敝⑪，大王之攻蔷易⑫矣。"

[注释]①楚王：楚怀王。梁南：魏国南部重镇襄陵。襄陵，在今河南睢县。　②因：利用，借此机会。蔷：魏地，一说在今河南新安县，一说又作黄，即今河南潢川县。　③成恢：魏人。韩王：韩宣惠王。　④疾：快速，急速。　⑤进：深入进攻。　⑥支：支持，支撑。　⑦交臂：拱手。听：臣服听命。　⑧释：放弃。　⑨大梁：魏国都城，位于今河南开封市。　⑩况：何况，况且。　⑪罢敝：疲敝，疲惫。　⑫易：容易。

○魏惠王死

魏惠王死，葬有日①矣。天大雨雪，至于牛目②，坏城郭，且③为栈道而葬。群臣多谏太子④者，曰："雪甚如此而丧行⑤，民必甚病⑥之。官费又恐不给⑦，请弛期更日⑧。"太子曰："为人子，而以民劳与官费用之故，而不行先王之丧,不义也。子勿复言。"

[注释]①有日:时间已经定了下来。　②至于牛目:雪深及牛眼。③且:将要。　④太子:即位为魏襄王。　⑤行:举行。　⑥病:不满,责备。⑦给:音jǐ,供给,充足。　⑧弛期更日:缓期改变时间。

群臣皆不敢言,而以告犀首。犀首曰:"吾未有以言之也①,是其唯惠公②乎!请告惠公。"

[注释]①未有以言之:没有可以讲得出的理由,没有可说之话。　②惠公:惠施,宋国人,在魏为相多年,庄子的好友,名家学派的代表人物。

惠公曰:"诺。"驾①而见太子曰:"葬有日矣。"太子曰:"然。"惠公曰:"昔王季历葬于楚山之尾②,栾水啮其墓③,见棺之前和④。文王曰:'嘻!先君必欲一见群臣百姓也夫,故使栾水见⑤之。'于是出而为之张于朝⑥,百姓皆见⑦之,三日而后更葬。此文王之义也。今葬有日矣,而雪甚,及牛目,难以行,太子为及日⑧之故,得毋嫌于欲亟葬乎⑨?愿太子更日。先王必欲少留而扶社稷、安黔首也⑩,故使雪甚。因弛期而更为日,此文王之义也。若此而弗为,意者羞法文王乎⑪?"太子曰:"甚善。敬弛期,更择日。"

[注释]①驾:驾车。　②王季历:周太王幼子,周文王之父。楚山:位于今陕西商洛市商州区。一说在今陕西户县。　③栾水啮其墓:墓葬被漏水所侵蚀。栾水:漏流,浸渍。一说栾水,即陕西岐水。啮:同"啮",本意为"咬",在此意为"侵蚀"。　④前和:棺木的前额。　⑤见:出,露出。　⑥出:发掘出,将棺木从墓中挖出。张于朝:搭建像朝廷一样的大帐篷。　⑦见:朝见。

⑧及日:遵照预定的时间,抓紧埋葬。 ⑨得毋:有没有。嫌:嫌疑。亟:急切。 ⑩少留:少许停留。黔首:民人。 ⑪意者:您的意思是。羞法:羞于效法。

惠子非徒①行其说也,又令魏太子未葬其先王而因又说②文王之义。说文王之义以示天下,岂小功也哉!

[注释]①徒:空,仅仅。 ②说:阐述。

○五国伐秦

五国①伐秦,无功而还。其后,齐欲伐宋,而秦禁之。齐令宋郭②之秦,请合而以伐宋。秦王③许之。魏王畏齐、秦之合也,欲讲④于秦。

[注释]①五国:燕、齐、魏、赵、韩。 ②宋郭:宋人,仕于齐。 ③秦王:秦昭王。 ④讲:讲和。

谓魏王曰①:"秦王谓宋郭曰:'分宋之城,服宋之强者②,六国也。乘宋之敝③,而与王争得者④,楚、魏也。请为王毋禁楚之伐魏也,而王独举宋。王之伐宋也,请刚柔⑤而皆用之。如⑥宋者,欺之不为逆⑦者,杀之不为雠⑧者也。王无与之讲以取垫⑨,既已得垫矣,又以力⑩攻之,期于啗宋而已矣⑪。'

[注释]①谓魏王曰:苏秦告诉魏昭王说。 ②服:降服。强者:强大的势力。 ③敝:疲敝,衰败。 ④王:齐闵王。得:取得的胜利成果。 ⑤刚柔:征伐与欺骗软硬两手。 ⑥如:到,往,进入。 ⑦逆:大逆不道。 ⑧雠:结

下怨恨。　⑨讲:讲和。取垒:割取土地。　⑩力:以力量强大的军队,猛烈攻伐。　⑪期于:寄期望于。啗:音 dàn,同"啖",吞食食物,此犹言吞噬。

"臣闻此言,而窃为王悲,秦必且①用此于王矣。又必且曰王以求垒,既已得垒,又且以力攻王。又必谓王曰使王轻②齐,齐、魏之交已丑③,又且收齐以更索④于王。秦尝用此于楚矣,又尝用此于韩矣,愿王之深计⑤之也。秦善魏不可知也已⑥。故为王计,太上⑦伐秦,其次宾⑧秦,其次坚约而详讲⑨,与国无相离也⑩。秦、齐合,国不可为也已⑪。王其听臣也,必无与讲。

[注释]①且:将。　②轻:轻视,犹言疏远。　③丑:恶,恶化,交恶。　④更索:再次索取。　⑤深计:深思熟虑。　⑥善:友善。不可知:居心叵测。　⑦太上:最上策。太:极点。　⑧宾:通"摈",排斥,弃绝。　⑨坚约:坚守盟约。详讲:伪装讲和。详,通"佯",假装。　⑩与国:友好邦国。离:分离。　⑪为也已:难以长期维持。

"秦权重魏①,魏再明熟②,是故又为足下伤秦者③,不敢显④也。天下可令伐秦,则阴劝而弗敢图也⑤。见天下之伤秦也⑥,则先鬻与国而以自解也⑦。天下可令宾⑧秦,则为劫于⑨与国而不得已者。天下不可⑩,则先去⑪,而以秦为上交以自重也⑫。如是人者,鬻王以为资者也⑬,而焉⑭能免国于患?免国于患者,必穷三节⑮,而行其上。上不可,则行其中,中不可,则行其下;下不可,则明⑯不与秦。而生以残秦⑰,使秦皆无百怨百利,唯已之曾安⑱。令足下鬻之以合于秦⑲,是免国于患者之计也。臣何足以当之⑳?虽然,愿足下之论㉑臣之计也。

[注释]①秦权重魏:权衡秦国的力量重于、大于魏国。 ②明熟:明确与熟知。 ③又:通"有",有人。足下:魏昭王。伤秦:在秦国面前伤害魏昭王。 ④显:公开,暴露。 ⑤阴劝而弗敢图:暗地相互奉劝、鼓励而又不敢图谋秦国。 ⑥天下:各个诸侯国。伤:损害。 ⑦鬻:音yù,卖;出卖。与国:友好之国。自解:自我解脱。 ⑧宾:通"摈",排斥,弃绝。 ⑨劫于:受胁迫于。 ⑩不可:意见不一致,办不到。 ⑪先去:背离诸国,率先与秦建立友好邦交。 ⑫上交:最好的邦交。自重:保全自己。 ⑬鬻王以为资者也:出卖魏王的利益而为自己谋取资本。 ⑭焉:如何,怎么。 ⑮必穷三节:必须努力运用好"太上伐秦,其次宾秦,其次坚约而详讲,与国无相离也"这上中下三策。 ⑯明:公开。 ⑰生以残秦:国家尚存,与秦国拼死相战到底。 ⑱唯已之曾安:只有阻止了魏国拼死相战,才能保证秦国的安宁。 ⑲鬻之:出卖友好的诸侯国。合:适应,顺应。 ⑳臣何足以当之:臣下怎么知道它是非常合适的。当:适当。 ㉑论:研究,思考。

"燕,齐雠①国也;秦,兄弟之交也②。合雠国以伐婚姻③,臣为之苦④矣。黄帝战于涿鹿之野⑤,而西戎⑥之兵不至;禹攻三苗⑦,而东夷之民不起⑧。以燕伐秦,黄帝之所难⑨也,而臣以致燕甲而起齐兵矣⑩。

[注释]①雠:同"仇"。 ②兄弟之交也:秦与燕、秦与齐分别为兄弟友好邦国。 ③雠国:燕国与齐国。婚姻:互通婚姻之国,指秦国与燕国。 ④苦:难,感到非常困难。 ⑤黄帝:传说中华夏族的祖先。姬姓,号轩辕氏、有熊氏。少典之子。在阪泉打败炎帝,后又率领各部落在涿鹿击杀蚩尤,被各部落首领被拥戴为部落联盟领袖。涿鹿:位于今河北涿鹿县。 ⑥西戎:西北部部族的泛称。 ⑦三苗:远古的苗族部落。 ⑧东夷:东部各部族的泛称。起:起兵。 ⑨难:困难,难以办到。 ⑩以:使。致:送,派出。

"臣又偏事三晋之吏①,奉阳君、孟尝君、韩呡、周冣、周、韩余为徒从而下之②,恐其伐秦之疑③也。又身自丑于秦④,扮之请焚天下之秦符者⑤,臣也;次传焚符之约者⑥,臣也;欲使五国约闭秦关者⑦,臣也。奉阳君、韩余为既和矣⑧,苏修、朱婴既皆阴在邯郸⑨,臣又说齐王而往败之⑩。天下共讲⑪,因使苏修游⑫天下之语,而以齐为上交⑬,兵请伐魏,臣又争之以死⑭。而果西因苏修重报⑮。臣非不知秦劝⑯之重也,然而所以为之者,为足下也。"

[注释]①偏事:专门辅佐。三晋:韩、赵、魏。吏:官员,大臣。 ②奉阳君:李兑,因功官赵司寇,后为相国,封为奉阳君。孟尝君:齐国田文,此时刚刚为魏相国。韩珉:曾为齐相国。周宬:即周最,周君公子。周:此字后有脱漏的字,或此字为衍文。韩余:疑为赵臣韩徐,主张攻齐。为徒:结为徒友同党。从:合纵。下:折节为下,犹言自己委屈居于下位。 ③疑:疑惑,犹豫不决。 ④身:亲身。自丑:自我丑化,言与秦为恶。 ⑤扮:扮演,主张。秦符:秦国与他国约盟的信物。 ⑥次:第二次。传:传之诸国,相互约定。符之约者:以秦符为凭证的盟约。 ⑦约:共同约定。闭秦关:封闭秦国的关塞。 ⑧为既和:经过努力已经讲和,能够和睦相处。 ⑨苏修、朱婴:楚国使者,亲秦。一说两人均为三晋之吏。阴在邯郸:暗自集结在赵国都城邯郸。 ⑩往败之:前往邯郸,挫败苏修、朱婴合秦之谋。 ⑪共讲:诸国一块儿讲和。 ⑫游:揄扬,宣扬。 ⑬上交:重要的友好邦交。 ⑭争之以死:以死相争。 ⑮果西因苏修重报:果然苏修从西部传来齐不伐魏的重要信息。西:邯郸在齐之西面,故称西。 ⑯劝:又作权,势力,力量。

○魏文子田需周宵相善

魏文子、田需、周宵相善①,欲罪犀首②。犀首患③之,谓魏王④曰:"今所患者,齐也。婴子言行于齐王⑤,王欲得齐,则胡不召文子而相之⑥?彼必务⑦以齐事王。"王曰:"善。"因召文子而相之。犀首以倍田需、周宵⑧。

[注释]①魏文子:孟尝君田文。田需:即田繻,曾任魏相国。周宵:魏人,曾与孟子相问答。善:友好,亲近。 ②罪:陷罪于。犀首:公孙衍,魏人,曾任魏相。 ③患:忧虑,担忧。 ④魏王:魏襄王。 ⑤婴子言行于齐王:田婴的话,齐宣王非常听。婴子:齐靖国君田婴,孟尝君之父。 ⑥胡:为什么。文子:孟尝君田文。 ⑦必务:一定致力于。 ⑧犀首以倍田需、周宵:田需、周宵与田文亲近友好,田文因犀首荐其为魏相国,也与犀首亲近友好,而田需、周宵则因此而与田文疏远。以:因此。倍:背离。

○魏王令惠施之楚

魏王令惠施之楚①,令犀首之齐。钧二子者②,乘③数钧,将测交也④。楚王闻之,施⑤因令人先之楚,言曰:"魏王令犀首之齐,惠施之楚,钧二子者,将测交也。"楚王闻之,因郊迎⑥惠施。

[注释]①魏王:魏惠王。惠施:又称惠公,宋国人,在魏为相多年,庄子的好友,名家学派的代表人物。之:至。 ②钧二子者:钧:通"均",平均,使惠施、犀首车乘相当,恩礼相等。 ③乘:车乘。 ④测:犹卜,通过齐、楚对待使者的态度,判断其对魏国远近。交:邦交关系。 ⑤施:惠施。 ⑥郊迎:亲自到城外迎接。

○魏惠王起境内众

魏惠王起境内众①,将②太子申而攻齐。客谓公子理之传曰③:"何不令公子泣王太后④,止太子之行⑤?事成则树德⑥,不成则为王⑦矣。太子年少,不习⑧于兵。田盼宿将也⑨,而孙子⑩善用兵,战必不胜,不胜必禽⑪。公子争⑫之于王,王听公子,公子不封⑬;不听公子,太子必败;败,公子必立;立必为王也。"

[注释]①起:调动,集结。众:所有的军事力量。 ②将:任命为将。③公子理:太子申之弟。传:又作傅,即公子理的老师。 ④泣王太后:到太后面前哭泣请求。 ⑤止:制止。行:为将之事。 ⑥事成:制止太子为将成功。树德:为自己树立美好的道德形象。 ⑦为王:公子理即位为国君。⑧习:通晓,熟知。 ⑨田盼:齐国名将。宿将:战争经验丰富的老将。⑩孙子:孙武的后代孙膑,战国兵家的代表人物之一,著有《孙膑兵法》。⑪禽:通"擒",被擒获。 ⑫争:争执,坚持制止太子申为将的立场。 ⑬不封:得不到封地、封君。又作必封,一定能够得到封地、封君。

○齐魏战于马陵

齐、魏战于马陵①,齐大胜魏,杀太子申,覆②十万之军。魏王召惠施而告之曰:"夫齐,寡人之雠③也,怨④之至死不忘。国虽小,吾常欲悉⑤起兵而攻之,何如?"对曰:"不可。臣闻之,王者得度⑥,而霸者知计⑦。今王所以告臣者,疏于度而远于计⑧。王固先属怨于赵⑨,而后与齐战⑩。今战不胜,国无守战之备,王又欲悉起而攻齐,此非臣之所谓⑪也。王若欲报齐乎,则不如因变服折节而朝齐⑫,楚王必怒矣⑬。王游人而合其斗⑭,则楚必伐齐。以休楚而伐罢齐⑮,则必为楚禽矣。是王以楚毁齐也。"魏王曰:"善。"乃使人报于齐,愿臣畜⑯而朝。

[注释]①齐、魏战于马陵:公元前341年齐、魏马陵之战。马陵:位于今河南范县。 ②覆:覆灭。 ③雠:仇敌。 ④怨:怨恨,仇怨。 ⑤悉:尽,

全部。　⑥度:法度,适度。　⑦计:计谋。　⑧疏:疏忽。远:远离。　⑨属怨于赵:公元前342年魏惠王联合宋、韩伐赵,围邯郸,结怨于赵国。　⑩与齐战:公元前341年齐救赵国,齐、魏战于桂陵,魏大败。　⑪所谓:所说的,指惠施所提议的"王者得度,而霸者知计"。　⑫变服:改变服装,表达自己不与齐抗衡的意思。折节:放下架子,委曲求全。　⑬楚王:楚威王。怒:怒魏臣服于齐。　⑭游人:派游说之士活动于齐、楚之间。合其鬭:使齐、楚发生争斗。鬭:同"斗"。　⑮休楚:养精蓄锐的楚国。罢齐:疲惫的齐国。　⑯臣畜:作为臣下,准备礼品。畜:通蓄,蓄养。

　　田婴①许诺。张丑②曰:"不可。战不胜魏③,而得朝礼④,与魏和而下楚⑤,此可以大胜也。今战胜魏,覆十万之军,而禽太子申;臣⑥万乘之魏,而卑⑦秦、楚,此其暴于戾定矣⑧。且楚王之为人也,好用兵而甚务名⑨,终为⑩齐患者,必楚也。"田婴不听,遂内⑪魏王,而与之并朝齐侯再三。

　　[注释]①田婴:靖国君,时执掌齐国之政。　②张丑:齐臣。　③战不胜魏:假设之词,假如齐没有战胜魏。　④朝礼:魏朝觐齐之礼遇。　⑤和:和谐相处,联合。下:降服。　⑥臣:迫使魏国臣服。　⑦卑:鄙视,小看。　⑧暴于戾定:齐王因残暴而得到暴戾之名是一定的。　⑨务名:喜欢博取好的名声。　⑩终为:最终将会成为。　⑪内:接纳。

　　赵氏丑①之。楚王②怒,自将而伐齐,赵应之,大败齐于徐州③。

　　[注释]①丑:感到耻辱。　②楚王:楚威王。　③徐州:今山东滕县的薛地。

○惠施为韩魏交

惠施为韩、魏交①,令太子鸣为质于齐②。王③欲见之,朱仓④谓王曰:"何不称病?臣请说婴子⑤曰:'魏王之年长⑥矣,今有疾⑦,公不如归太子以德之⑧。不然,公子高⑨在楚,楚将内而立之⑩,是齐抱空质⑪行不义也。'"

[注释]①为韩、魏交:为了使韩、魏结交于齐。 ②太子鸣:魏太子,名鸣,其他文献不见记载。质:人质。 ③王:魏惠王。 ④朱仓:魏人。 ⑤婴子:靖国君田婴,时执掌齐国之政。 ⑥年长:年事已高。 ⑦疾:疾病。 ⑧德之:归还太子鸣,施恩德于魏王,使其感恩戴德。 ⑨公子高:魏公子,名高。 ⑩内:同"纳",送其回魏国。立之:立其为国君。 ⑪空质:没有价值的人质。

○田需贵于魏王

田需贵于魏王①,惠子②曰:"子必善左右③。今夫杨④,横树之则生⑤,倒树之则生,折而树之又生。然使十人树杨,一人拔之,则无生杨矣。故以十人之众,树易生⑥之物,然而不胜⑦一人者,何也?树之难而去之易也⑧。今子虽自树于王,而欲去子者众,则子必危矣。"

[注释]①田需:即田缛,曾任魏相国。贵:尊贵,受到重用。 ②惠子:惠施。 ③善:友善,善待。左右:身边的近臣。 ④杨:杨树。 ⑤树:种植,栽种。生:成活,生长。 ⑥易生:容易成活、生长。 ⑦胜:战胜,胜过。 ⑧去:拔除,破坏。易:容易,简单。

○田需死

　　田需死。昭鱼谓苏代曰①："田需死,吾恐张仪、薛公、犀首之有一人相魏者②。"代曰："然则相者以谁而君便之也③?"昭鱼曰："吾欲太子之自相也④。"代曰："请为君北见梁王⑤,必相之矣。"昭鱼曰："奈何?"代曰："君其为梁王⑥,代请说君。"昭鱼曰："奈何?"对曰："代也从楚来,昭鱼甚忧。代曰:'君何忧?'曰:"田需死,吾恐张仪、薛公、犀首有一人相魏者。'代曰:'勿忧也。梁王,长主⑦也,必不相张仪。张仪相魏,必右秦而左魏⑧。薛公相魏,必右齐而左魏。犀首相魏,必右韩而左魏。梁王,长主也,必不使相也。'代曰:'莫如太子之自相。是三人皆以太子为非固⑨相也,皆将务⑩以其国事魏,而欲丞相之玺⑪。以魏之强,而持三⑫万乘之国辅之,魏必安矣。故曰,不如太子之自相也。'"遂北见梁王,以此语告之,太子果自相。

[注释]①昭鱼:楚相国。苏代:河南洛阳人,苏秦之弟,战国纵横家。齐闵王末年曾游说于齐、燕两国,劝燕昭王联秦伐齐。　②张仪:魏人,战国著名纵横家。薛公:孟尝君田文。犀首:公孙衍。　③相者以谁:以谁为相。便:方便,有利。　④太子:魏太子,名遫,后即位为魏昭王。遫,音 sù。自相:自己担任相国。　⑤梁王:魏襄王。　⑥君其为梁王:昭鱼你假设为魏襄王。⑦长主:年长且成熟的国君。　⑧右:帮助,亲近。左:贬低,损害。　⑨固:稳固,长久。　⑩务:致力于。　⑪丞相之玺:秉承、承接相国之印章。玺:印,印章。一说秦国在秦武王时置丞相,但三晋仍无丞相之称。　⑫三:三个。

○秦召魏相信安君

秦召魏相信安君①,信安君不欲往。苏代为②说秦王曰:"臣闻之,忠不必当③,当必不忠。今臣愿大王陈臣之愚意④,恐其不忠于下吏⑤,自使有要领⑥之罪。愿大王察之。今大王令人执事于魏⑦,以完其交⑧,臣恐魏交之益疑⑨也。将以塞赵也⑩,臣又恐赵之益劲⑪也。夫魏王之爱习魏信也⑫,甚矣。其智能而任用之也⑬,厚矣;其畏恶严尊秦也⑭,明矣。今王之使人入魏而不用⑮,则王之使人入魏无益也。若用⑯,魏必舍所爱习而用所畏恶,此魏之所以不安也。夫舍万乘之事而退⑰,此魏信之所难行也。夫令人之君处所不安,令人之相行所不能⑱,以此为亲⑲,则难久矣。臣故恐魏交之益疑也。且魏信舍事⑳,则赵之谋者必曰:'舍于秦㉑,秦必令其所爱信者用赵㉒。'是赵存而我亡也,赵安而我危也。则上有野战之气㉓,下有坚守之心,臣故恐赵之益劲也。

[注释]①信安君:魏国公族,时任魏相国。 ②为:为了信安君不去秦国。 ③当:适当,迎合需要。一说当通党,即结为党徒。 ④愿:愿意为。陈:陈述。 ⑤其:信安君。下吏:下级官吏。 ⑥要领:斩首。 ⑦令人执事于魏:派遣其他人到魏国为相,代替信安君。 ⑧完:完善,保障。交:邦交。 ⑨益疑:疑虑与猜忌更加严重。 ⑩将以塞赵也:秦召信安君,目的是为了遏制赵国。 ⑪劲:强劲。 ⑫爱习:亲近并非常熟悉。魏信:信安君。 ⑬智能而任用之也:因其聪明智慧而受到重视与信任。 ⑭畏恶严尊秦:畏惧害怕且又非常尊重秦国。 ⑮用:受重用。 ⑯若用:如果重用秦国指定的人。 ⑰舍万乘之事而退:舍弃魏相国之职而退位。万乘之事:指掌握魏

政务大权的相国。　⑱行所不能:做他所做不到的事情。　⑲亲:亲近友好。⑳舍事:放弃执掌魏国政事。　㉑舍于秦:信安君是因为秦国而放弃了魏国之相。　㉒所爱信者用赵:秦一定要使它所喜欢、信任的人受重用于赵国。㉓上有野战之气:指赵国上层人物有与秦进行野外交战的决心。

"大王欲完①魏之交,而使赵小心②乎?不如用魏信而尊之以名③。魏信事王,国安而名尊;离④王,国危而权轻。然则魏信之事主也,上所以为其主者忠矣,下所以自为者厚矣⑤,彼其事王必完⑥矣。赵之用事者⑦必曰:'魏氏之名族⑧不高于我,土地之实不厚于我⑨。魏信以韩、魏事秦,秦甚善之,国得安焉,身取尊焉⑩。今我讲难于秦兵为招质⑪,国处削危之形,非得计⑫也。结怨于外,主患于中⑬,身处死亡之垩,非完事⑭也。'彼将伤其前事⑮,而悔其过行⑯,冀其利⑰,必多割垩以深下⑱王。则是大王垂拱之割垩以为利重⑲,尧、舜之所求而不能得也。臣愿大王察之。"

[注释]①完:巩固。　②小心:谨慎防备。　③用:重用。尊之以名:给予尊贵的名誉。　④离:背离。　⑤自为者厚矣:为自己着想是非常深远的。⑥完:竭尽全力,周到细致。　⑦用事者:执政者。　⑧名族:名门望族,影响魏国政权的大家族。　⑨实:土地上的产物、果实。厚:丰富,多。　⑩身:自身。取:取得。　⑪讲难:讲和遇到困难。一说为构难,发生冲突。招质:箭靶,犹言与秦国发生矛盾,秦兵将会像弓矢射向箭靶一样飞驰而来。　⑫得计:如意的计谋,能够实现的计谋。　⑬中:魏国内部。　⑭完事:完美之事,事情完美的结局。　⑮伤其前事:对过去做过的事情感到遗憾。　⑯悔其过行:为过错的行为感到悔恨。　⑰冀其利:希望得到好处。　⑱下:事,服事。⑲垂拱:垂衣拱手,犹言不费力劳神。利重:得地则受益更大。

○秦楚攻魏围皮氏

秦、楚攻魏,围皮氏①。为魏谓楚王②曰:"秦、楚胜魏,魏王之恐也见亡矣③,必舍④于秦,王何不倍秦而与魏王⑤?魏王喜,必内太子⑥。秦恐失楚,必效⑦城垒于王,王虽复与之⑧攻魏可也。"楚王曰:"善。"乃倍秦而与魏。魏内太子于楚。

[注释]①皮氏:魏邑,在今山西河津市。 ②楚王:楚怀王。 ③魏王:魏襄王。见:表示被动的助词,相当于"被"。 ④舍:放弃,犹言放弃与秦的友好邦交关系。一说舍又作合,联合友好。 ⑤倍:背离,背叛。与:友好。 ⑥内:通"纳",纳送。太子:魏太子,名遫,后即位为魏昭王。遫,音 sù。 ⑦效:进献。 ⑧与之:与秦联合。

秦恐,许①楚城垒,欲与之复攻魏。樗里疾②怒,欲与魏攻楚,恐魏之以太子在楚不肯也,为疾谓楚王曰:"外臣疾使臣谒之③,曰:'敝邑之王欲效城垒,而为魏太子之尚在楚也,是以未敢。王出④魏质,臣请效之,而复固⑤秦、楚之交,以疾⑥攻魏。'"楚王曰:"诺。"乃出魏太子。秦因合魏以攻楚。

[注释]①许:许诺割给。 ②樗里疾:秦惠王异母弟,因其居住的"里"有大樗树,故号樗里疾。樗,音 chū。 ③外臣疾:樗里疾对楚王的自称。谒:拜见。 ④出:送走,使魏太子离开楚国。 ⑤固:巩固,强化。 ⑥疾:速,快速。

○庞葱与太子质于邯郸

庞葱与太子质于邯郸①,谓魏王曰:"今一人言市②有虎,王信之乎?"王曰:"否。""二人言市有虎,王信之乎?"王曰:"寡人疑③之矣。""三人言市有虎,王信之乎?"王曰:"寡人信之矣。"庞葱曰:"夫市之无虎明矣,然而三人言而成虎。今邯郸去大梁④也远于市,而议臣者过⑤于三人矣。愿王察之矣。"王曰:"寡人自为知⑥。"于是辞行,而谗言先至。后太子罢质⑦,果不得见⑧。

[注释]①庞葱:又作庞恭,事不详。太子:魏太子。邯郸:赵国都城。 ②市:市场。 ③疑:疑惑,难以断定。 ④大梁:魏都城,位于今河南开封市。 ⑤过:超过。 ⑥自为知:自己能够察知分辨。 ⑦罢质:取消为质于邯郸的资格。 ⑧果不得见:庞葱果然再也没有得到魏王的召见。

○梁王魏婴觞诸侯于范台

梁王魏婴觞诸侯于范台①。酒酣②,请鲁君③举觞。鲁君兴④,避席择言曰⑤:"昔者,帝女令仪狄作酒而美⑥,进之禹,禹饮而甘⑦之,遂疏⑧仪狄,绝旨酒⑨,曰:'后世必有以酒亡其国者。'齐桓公夜半不嗛⑩,易牙乃煎熬燔炙⑪,和调五味⑫而进之,桓公食之而饱,至旦不觉⑬,曰:'后世必有以味亡其国者。'晋文公得南之威⑭,三日不听朝,遂推南之威而远之,曰:'后世必有以色亡其国者。'楚王登强台而望崩山⑮,左江而右湖⑯,以临彷徨⑰,其乐忘死,遂盟⑱强台而弗登,曰:'后世必有以高台陂池⑲亡其国者。'今主君之尊,仪狄之酒也;主君之味,易牙之调⑳也;左白台而右闾须㉑,南威之美也;前夹林而后兰台㉒,强台之乐也。有一于此,足以亡其国。今主君兼此四者,可无戒与!"梁王称善相属㉓。

[注释]①梁王魏婴:即魏惠王䓨。觞:音 shāng,本意为酒器,引申为饮酒。范台:大梁台之名。 ②酣:酒饮到畅快之时。 ③鲁君:鲁共公。 ④兴:站起身,起立。 ⑤避席择言曰:离开坐席,择善言祝酒。 ⑥帝女:尧或舜的女儿。仪狄:大禹时人。 ⑦甘:甜美。 ⑧疏:疏远。 ⑨绝:拒绝。旨酒:美酒。 ⑩齐桓公:春秋第一个霸主,姓姜,名小白,齐襄公弟。嗛:音 qiè,满足,高兴。 ⑪易牙:齐桓公宠臣雍巫,字易牙,善于烹调。煎:有汁而干曰煎。敖:通"熬",干煎。燔:音 fán,烘烤肉。炙:近火烧烤肉。 ⑫五味:酸、甜、苦、辣、咸的总称。 ⑬旦:日出天亮。觉:醒,睡醒。 ⑭晋文公:春秋晋国国君,名重耳,献公之子,城濮之战后成为春秋霸主。南之威:美女之名,又作南威。 ⑮楚王:楚昭王。强台:章华台,台名,位于今湖北潜江市。崩山:今四川巫山县的巫山。 ⑯左:东边。右:西边。 ⑰彷徨:徘徊,犹言流连忘返。又作方湟、方皇、汸湟,一说为水名,一说为云梦泽。 ⑱盟:发誓,立下誓言。 ⑲陂池:人工修建的湖泊与自然形成的湖泊。 ⑳调:调味,美味。 ㉑白台:美人名。闾须:美人名。 ㉒夹林:供人游览的美景圣地,具体地址不详。兰台:台名,地址不详。 ㉓称善相属:赞成其说得好,并与之共勉。

卷二十四　魏　　三

○秦赵约而伐魏

秦、赵约而伐魏,魏王①患之。芒卯②曰:"王勿忧也。臣请发张倚使谓赵王曰③,夫邺④,寡人固刑弗有也⑤。今大王收⑥秦而攻魏,寡人请以邺事大王⑦。"赵王喜,召相国而命之曰:"魏王请以邺事寡人,使寡人绝秦⑧。"相国曰:"收秦攻魏,利不过邺⑨。今不用兵而得邺,请许⑩魏。"

[注释]①魏王:魏昭王。　②芒卯:齐人,曾担任过魏将军。　③张倚:魏臣。赵王:赵惠文王。　④邺:魏邑,在今河北临漳县。　⑤固刑:又作固形,即形势上必然。有:拥有。　⑥收:联合,拉拢,笼络。　⑦以邺事大王:献上邺邑事奉赵王。　⑧绝秦:断绝与秦的友好邦交。　⑨利不过邺:好处都超不过得到魏邑邺。　⑩许:同意,答应。

张倚因谓赵王曰:"敝邑之吏效①城者,已在邺矣。大王且何以报魏②?"赵王因令闭关绝秦③。秦、赵大恶④。

[注释]①效:献。　②报:回报,报答。　③闭关绝秦:关闭与秦交通联

系的关隘,断绝与秦的往来。　④大恶:产生很深的仇怨。

芒卯应①赵使曰:"敝邑所以事大王者,为完②邺也。今郊③邺者,使者之罪也,卯不知也。"赵王恐魏承秦之怒,遽割五城以合于魏而支秦④。

[注释]①应:回答,应付,敷衍。　②完:保全。　③郊:又作效,献上。　④遽:音jù,立刻,马上。合:联合。支:抗拒。

○芒卯谓秦王

芒卯谓秦王①曰:"王之士未有为之中者②也。臣闻明王不胃③中而行。王之所欲于魏者,长羊、王屋、洛林之地也④。王能使臣为魏之司徒⑤,则臣能使魏献之。"秦王曰:"善。"因任之以为魏之司徒⑥。

[注释]①秦王:秦昭王。　②中者:用事于诸侯国做秦国内应的人,秦国派到其他诸侯国的间谍。　③胃:同"胥",待,等待。　④长羊、王屋、洛林之地也:王屋在今河南济源市,长羊和洛林位于王屋周围地区,具体位置不详。⑤司徒:掌土地与民政之官。　⑥因任之以为魏司徒:秦设法使芒卯担任了魏国司徒之职。

谓魏王曰:"王所患者上地①也。秦之所欲于魏者,长羊、王屋、洛林之地也。王献之秦,则上地无忧患。因请以下兵②东击齐,攘地必远矣③。"魏王曰:"善。"因献之秦。

[注释]①上地:长羊、王屋、洛林以西之地,位于今山西长治市、晋城市一带。　②下兵:由西向东发兵。　③攘:侵夺。远:辽远。

地入数月,而秦兵不下。魏王谓芒卯曰:"地已入数月,而秦兵不下,何也?"芒卯曰:"臣有死罪。虽然,臣死,则契折于秦①,王无以责②秦。王因赦其罪,臣为王责约③于秦。"

[注释]①契:契约,魏献长羊、王屋、洛林之地时与秦的约定。折:撕毁。②责:谴责,斥责。 ③责约:追究秦毁约的责任。

乃之秦,谓秦王曰:"魏之所以献长羊、王屋、洛林之地者,有意①欲与下大王之兵东击齐也。今地已入,而秦兵不可下,臣则死人②也。虽然,后山东之士③,无以利事王者矣④。"秦王懼然⑤曰:"国有事,未澹⑥下兵也,今以兵从。"后十日,秦兵下。芒卯并将⑦秦、魏之兵,以东击齐,启⑧地二十二县。

[注释]①意:打算,意图。 ②死人:将被魏处死之人。 ③后:以后。山东:指华山或崤山以东,与当时的关东含义相近。 ④无以利事王者矣:不会做有利于秦王的事情来服事你了。 ⑤懼然:突然感到惧怕、惊恐。懼,音jué。 ⑥未澹:犹言没有闲暇,未顾得上。澹:音dàn,恬淡。一说澹同"赡",供给。 ⑦并将:统一率领。 ⑧启:开拓,拓展。

○秦败魏于华走芒卯而围大梁

秦败魏于华①,走芒卯而围大梁②。须贾为魏谓穰侯曰③:"臣闻魏氏大臣父兄皆谓魏王④曰:'初时惠王⑤伐赵,战胜乎三梁⑥,十万之军拔邯郸,赵氏不割⑦,而邯郸复归。齐人攻燕,杀子之⑧,破故国,燕不割,而燕国复归。

燕、赵之所以国全兵劲⑨,而地不并⑩乎诸侯者,以其能忍难而重出地也⑪。宋、中山数伐数割⑫,而随以亡。臣以为燕、赵可法⑬,而宋、中山可无为⑭也。夫秦贪戾之国而无亲⑮,蚕食魏,尽晋国⑯,战胜暴子⑰,割八县,地未毕入⑱而兵复出矣。夫秦何厌⑲之有哉!今又走芒卯,入北地⑳,此非但攻梁也,且劫王以多割也,王必勿听也。今王循楚、赵而讲㉑,楚、赵怒而与王争㉒事秦,秦必受之。秦挟㉓楚、赵之兵以复攻,则国救亡不可得也已㉔。愿王之必无讲也。王若欲讲,必少割而有质㉕,不然必欺。'是臣之所闻于魏也,愿君之以是虑事也㉖。

[注释]①华:即华阳,在今河南新郑市。 ②走芒卯:芒卯所率领的魏军败退。大梁:魏都城,在今河南开封市。 ③须贾:魏国大夫。穰侯:名魏冉,楚人,秦宣太后的异父弟,秦昭王母舅。秦武王死后,他拥立秦昭王,初为将军,后担任相国。封于今河南邓州的穰邑,称穰侯,后又加封位于今山东定陶县的陶邑。穰,音 ráng。 ④魏王:魏安釐王。 ⑤惠王:梁惠王。 ⑥三梁:位于今河北肥乡县,一说在今河北唐县。 ⑦割:割地。 ⑧子之:曾任燕相国,燕王哙让君位于子之,太子平和将军市被等人叛乱被挫败,齐宣王乘机攻破燕国,子之被杀。 ⑨国全兵劲:国家完好无缺,军队战斗力强。 ⑩并:被兼并。 ⑪忍难:忍受艰难困苦。重出地:谨慎割地给他国。 ⑫中山:狄人所建之国,位于今河北定州市,被魏灭,后复国,最后被赵所灭。数:数次,多次。 ⑬法:效法,学习。 ⑭无为:不要效法学习。 ⑮贪戾:贪婪暴戾。无亲:不讲亲情友谊。 ⑯尽晋国:魏建国时期所得晋国之地,被秦蚕食殆尽。 ⑰暴子:又作暴子,即韩将暴鸢。一说为地名,具体位置不详。 ⑱毕入:交割完毕。 ⑲厌:满足。 ⑳北地:泛指魏国的北部地区。一说又作北宅,在今河南荥阳市。 ㉑循:顺,顺应楚、赵的需要。讲:讲和。一说循应为遁,回避。 ㉒争:争先恐后。 ㉓挟:挟制。 ㉔不可得也已:是不可能的事情。 ㉕质:派送人质。 ㉖以是虑事:以这种现实为考虑问题的基

点。

"《周书》①曰:'维命不于常②。'此言幸之不可数也③。夫战胜睪子,而割八县,此非兵力之精④,非计之工⑤也,天幸为多矣⑥。今又走芒卯,入北地,以攻大梁,是以天幸自为常也。知者不然⑦。

[注释]①《周书》:《尚书·周书·康诰》。 ②维命不于常:天命不是恒定不变的。 ③幸:上天的宠幸、偏爱。数:屡屡,经常。 ④精:精良。⑤工:精致,精巧。 ⑥天幸为多矣:天命的福佑起了很大的作用,犹言之侥幸、偶然的因素比较大。 ⑦知者不然:智慧,聪明者不会这样认为。

"臣闻魏氏悉其百县胜兵①,以止戍大梁②,臣以为不下三十万。以三十万之众,守十仞③之城,臣以为虽汤、武复生,弗易攻也。夫轻信楚、赵之兵,陵④十仞之城,戴⑤三十万之众,而志必举之⑥,臣以为自天下之始分⑦以至于今,未尝有之也。攻而不能拔,秦兵必罢⑧,阴必亡⑨,则前功必弃矣。今魏方疑⑩,可以少割收也⑪。愿之及楚、赵之兵未任⑫于大梁也,亟⑬以少割收。魏方疑,而得以少割为和,必欲之,则君得所欲矣。楚、赵怒于魏之先己讲也⑭,必争事秦。从⑮是以散,而君后择⑯焉。且君之尝割晋国取地也,何必以兵哉?夫兵不用,而魏效绛、安邑⑰,又为阴启两机⑱,尽故宋⑲,卫效尤惮⑳。秦兵已令㉑,而君制㉒之,何求而不得?何为而不成?臣愿君之熟计而无行危㉓也。"

[注释]①百县:泛指魏国各个县。胜兵:精良必胜之兵。 ②止戍:驻扎

并守卫。③仞:长度单位,八尺为一仞,此指城墙的高度。 ④陵:登,超越,此指登城攻打。 ⑤戴:承受。又作战、犯。 ⑥志:心中的意向。举:攻克。 ⑦天下之始分:天下封邦建国之时,犹言国家起源之初。 ⑧罢:通"疲",疲惫,疲敝。 ⑨阴:即穰侯魏冉的封地陶邑。亡:失去。 ⑩方疑:刚刚感到疑惑,处于疑惑不定之中。 ⑪少割收:通过让魏少割地来拉拢它。⑫任:承担进攻大梁的军事活动。 ⑬亟:急,赶快。 ⑭先己讲也:楚、赵之兵未到之前已经与秦讲和。 ⑮从:纵,合纵。 ⑯后择:合纵散后,再做抉择。 ⑰绛:魏邑,在今山西侯马市。安邑:魏国故都,在今山西夏县。⑱启:开拓。两机:得县启封两个机会。一说为南北两条通道。 ⑲尽故宋:全部占有宋国的旧地。 ⑳效:进献。尤憚:即卫邑单父,在今山东单县。㉑已令:已经下达的命令。一说已令应为可全,意为不受损失。 ㉒制:控制,制约。 ㉓行危:走危险的道路。

穰侯曰:"善。"乃罢梁围①。

[注释]①罢梁围:罢兵而去,解大梁之围。

○秦败魏于华魏王且入朝于秦

秦败魏于华①,魏王且②入朝于秦。周䜣③谓王曰:"宋人有学者④,三年反而名其母⑤。其母曰:'子学三年,反而名我者,何也?'其子曰:'吾所贤者⑥,无过尧、舜,尧、舜名⑦。吾所大者⑧,无大天地,天地名。今母贤不过尧、舜,母大不过天地,是以名母也。'其母曰:"子之于学者⑨,将尽行⑩之乎?愿子之有以易名母也⑪。子之于学也,将有所不行乎?愿子之且以名母为后也⑫。'今王之事秦,尚有可以易⑬入朝者乎?愿王之有以易之,而以入朝为后。"魏王曰:"子患寡人入而不出邪⑭?许绾为我祝曰⑮：'入而不出，请殉寡人以头⑯。'"周䜣对曰："如臣之贱⑰也，今人有谓臣曰，入不测⑱之渊而必出，不出，请以一鼠首为女⑲殉者，臣必不为也。今秦不可知之国也，犹不测之渊也；而许绾之首，犹鼠首也。内⑳王于不可知之秦，而殉王以鼠首，臣窃为王不取㉑也。且无梁孰与无河内急㉒？"王曰："梁急。""无梁孰与无身急？"王曰："身急。"曰："以三者，身，上㉓也；河内，其下㉔也。秦未索㉕其下，而王效其上，可乎？"

[注释]①华：即华阳，在今河南新郑市。　②魏王：魏安釐王。且：将，将要。　③周䜣：魏臣，又作魏敬。䜣：音 xīn。　④学者：学习之人，犹言学生。⑤反：返，返回。名其母：直接呼其母亲的名字。　⑥所贤者：所尊重、推崇、崇尚的人。　⑦尧、舜名：尧、舜都是直呼其名。　⑧大者：认为最伟大的。⑨于学者：于其所学的知识。　⑩尽行：全部付诸于实践。　⑪愿：希望。易名母：改变直呼其母亲名字的做法。　⑫且：暂且，姑且。后：等到以后。⑬易：改变。　⑭患：担忧，忧虑。入：去秦国。出：离开秦国。　⑮许绾：秦臣。祝：通"咒"，诅咒，发誓。　⑯请殉寡人以头：请求以他的头颅来为我魏王殉葬。　⑰贱：低贱，地位低下。⑱不测：深不可测。⑲女：汝，你。⑳内：纳，自魏入秦。　㉑取：采纳。　㉒孰与：与哪一个，何如，两者相比较哪一个更重要。河内：河南沁阳一带。一说为河南省黄河以北地区。急：紧急，重要。　㉓上：最重要。　㉔下：次要，不十分重要。　㉕索：索要。

王尚未听也。支期①曰："王视楚王②。楚王入秦，王以三乘先之③；楚王不入，楚、魏为一④，尚足以捍⑤秦。"王乃止。王谓支期曰："吾始已诺于应侯矣⑥，今不行者欺之矣。"支期曰："王勿忧也。臣使长信侯⑦请无内王，王待臣也。"

[注释]①支期:魏人。 ②视楚王:看楚顷襄王是如何做的。一说为楚考烈王。 ③先之:在楚王之前先到达秦国。 ④一:一致,联合起来。 ⑤捍:抵御。 ⑥始:当初。诺:许诺,答应。应侯:范雎,秦昭王以应为其封地,故称应侯。应:在今河南鲁山县东。 ⑦长信侯:魏相国,亲秦,与应侯关系密切。

支期说于长信侯曰:"王命召相国。"长信侯曰:"王何以臣为①?"支期曰:"臣不知也,王急召君。"长信侯曰:"吾内王于秦者,宁②以为秦邪?吾以为魏也。"支期曰:"君无为魏计,君其自为计③。且安死乎④?安生乎?安穷乎?安贵乎?君其先自为计,后为魏计。"长信侯曰:"楼公将入矣⑤,臣今从⑥。"支期曰:"王急召君,君不行,血溅君襟矣⑦!"

[注释]①王何以臣为:王要求臣做什么。 ②宁:难道。 ③自为计:为自己设计谋划。 ④且安:将怎么。 ⑤楼公:楼缓,赵人,当时为秦相国。入:进入魏国。 ⑥从:陪同楼公去见魏王。 ⑦血溅君襟矣:犹言将有杀身之祸。襟:衣服的胸前部分。

长信侯行,支期随其后。且①见王,支期先入②谓王曰:"伪③病者乎而见之,臣已恐之矣④。"长信侯入见王,王曰:"病甚⑤奈何!吾始已诺于应侯矣,意虽道死⑥,行乎?"长信侯曰:"王毋行矣!臣能得之于应侯⑦,愿王无忧。"

[注释]①且:将,将要。 ②先入:先于长信侯见魏王。 ③伪:假装,伪装。 ④臣:支期。恐:恐吓,威胁。 ⑤甚:非常严重。 ⑥意虽道死:估计虽然有可能死在路途上。 ⑦得之:能使应侯同意魏王不再入秦。

○华军之战

华军①之战,魏不胜秦。明年,将使段干崇割地而讲②。

[注释]①华军:又作华阳,在今河南新郑市。 ②段干崇:魏人。讲:与秦讲和。

孙臣谓魏王曰①:"魏不以败之上②割,可谓善用不胜③矣;而秦不以胜之上割,可谓不能用④胜矣。今处期年⑤乃欲割,是群臣之私而王不知也⑥。且夫欲玺⑦者,段干子也⑧,王因⑨使之割地;欲地者,秦也,而王因使之受玺⑩。夫欲玺者制地⑪,而欲地者制玺,其势必无⑫魏矣。且夫奸臣固皆欲以地事秦。以地事秦,譬犹抱薪而救火也⑬。薪不尽,则火不止。今王之地有尽⑭,而秦之求无穷,是薪火之说也。"

[注释]①孙臣:魏人。魏王:魏安釐王。 ②上:当初,立刻,马上。 ③善用不胜:正确对待失败。 ④用:利用。 ⑤期年:一年。 ⑥私:私自为计。知:知道,察觉。 ⑦玺:印,印章,此犹言得秦封,接受象征着受封的印章。 ⑧段干子:段干崇。 ⑨因:于是,通过他。 ⑩受玺:授予段干崇封地与玺印。 ⑪制地:掌握割地之权。 ⑫无:没有,犹言魏国将要消失。 ⑬譬犹:犹如,好像。薪:柴火。 ⑭有尽:有限,有穷尽的时候。

魏王曰:"善。虽然,吾已许①秦矣,不可以革②也。"对曰:"王独不见夫博者之用枭邪③?欲食④则食,欲握⑤则握。今君劫⑥于群臣而许秦,因曰不可革,何用智之不若枭也⑦?"魏王曰:"善。"乃案⑧其行。

[注释]①许:许诺,答应。 ②革:变更。 ③博:赌博。枭:以五块方木制成的骰子,上边刻有枭、卢、雉、犊、塞五种形象,掷得枭者为胜。 ④食:吃掉其他的子。 ⑤握:握在手中,伺机再发。 ⑥劫:胁迫。 ⑦用智:谋略的运作。枭:犹言赌博者适时使用枭骰。 ⑧案:通"按",止,停止。

○齐欲伐魏

齐欲伐魏,魏使人谓淳于髡①曰:"齐欲伐魏,能解魏患,唯先生也。敝邑有宝璧②二双,文马二驷③,请致④之先生。"淳于髡曰:"诺。"入说齐王曰:"楚,齐之仇敌也;魏,齐之与国也。夫伐与国,使仇敌制其余敝⑤,名丑而实危⑥,为王弗取也。"齐王曰:"善。"乃不伐魏。

[注释]①淳于髡:复姓淳于,名髡。髡,音 kūn。齐之赘婿,传说其人滑稽多变,为齐稷下学士之一。 ②宝璧:精美的玉璧。 ③文马二驷:毛色有文采的骏马八匹。驷:马四匹为驷。 ④致:送,赠送。 ⑤使仇敌制其余敝:言楚国将利用齐国兵将疲惫而伐齐。 ⑥名丑而实危:名声丑陋而又有实际危险。名丑:指齐伐友好邦国魏。实危:指齐有被楚国乘机而伐的危险。

客谓齐王曰:"淳于髡言不伐魏者,受魏之璧、马也。"王以①谓淳于髡曰:"闻先生受魏之璧、马,有诸②?"曰:"有之。""然则先生之为寡人计之何如?"淳于髡曰:"伐魏之事不便③,魏虽刺④髡,于王何益?若诚⑤不便,魏虽封髡,于王何损?且夫王无伐与国之诽⑥,魏无见⑦亡之危,百姓无被⑧兵之患,髡有璧、马之宝,于王何伤乎?"

[注释]①以:因为,因此。 ②诸:相当于"之乎"。 ③便:方便,有利。 ④刺:刺杀。 ⑤若诚:假如确实。 ⑥诽:指责,诽谤。 ⑦见:被。 ⑧被:遭受,蒙受。

○秦将伐魏

秦将伐魏。魏王①闻之,夜见孟尝君②,告之曰:"秦且攻魏,子为寡人谋,奈何?"孟尝君曰:"有诸侯之救,则国可存也。"王曰:"寡人愿子之行③也。"重④为之约车百乘。

[注释]①魏王:魏昭王。 ②孟尝君:田文,此时已经离开齐国,在魏任相国。 ③行:实施。 ④重:严肃认真,郑重。

孟尝君之赵,谓赵王①曰:"文②愿借兵以救魏。"赵王曰:"寡人不能。"孟尝君曰:"夫敢借兵者,以忠王也③。"王曰:"可得闻乎?"孟尝君曰:"夫赵之兵,非能彊于④魏之兵;魏之兵,非能弱于赵也。然而赵之地不岁危⑤,而民不岁死⑥;而魏之地岁危,而民岁死者,何也?以其西为赵蔽也⑦。今赵不救魏,魏歃盟⑧于秦,是赵与强秦为界也⑨,地亦且⑩岁危,民亦且岁死矣。此文之所以忠于大王也。"赵王许诺,为起兵十万,车三百乘。

[注释]①赵王:赵惠王。 ②文:孟尝君田文的自称。 ③以忠王:为了效忠于赵惠王。 ④彊:同"强"。 ⑤地不岁危:土地没有年年被割走的危险。 ⑥民不岁死:百姓没有年年面临着死亡的威胁。 ⑦西为赵蔽:魏在赵的西方,为赵屏蔽秦的威胁。 ⑧歃盟:歃血为盟。歃,音shà,盟会时,饮牲血,或含牲血于口中,或涂牲血于口旁,以示信守誓言的诚意。 ⑨是与强

秦为界也:如果魏与秦成为友好邻邦,那么赵将会与强大的秦国成为交界之国。　⑩且:将,将要。

又北见燕王①曰:"先日公子常约两王之交矣②。今秦且攻魏,愿大王之救之。"燕王曰:"吾岁不熟③二年矣,今又行数千里而以助魏,且奈何?"田文曰:"夫行数千里而救人者,此国之利也。今魏王出国门而望见军④,虽欲行数千里而助人,可得乎?"燕王尚未许也。田文曰:"臣效便计⑤于王,王不用臣之忠计,文请行矣。恐天下之将有大变也。"王曰:"大变可得闻乎?"曰:"秦攻魏未能克之也,而台已燔⑥,游已夺矣⑦。而燕不救魏,魏王折节割地,以国之半与秦,秦必去⑧矣。秦已去魏,魏王悉⑨韩、魏之兵,又西借秦兵,以因⑩赵之众,以四国攻燕,王且何利?利行数千里而助人乎⑪?利出燕南门而望见军乎?则道里近而输又易矣⑫,王何利?"燕王曰:"子行矣,寡人听子。"乃为之起兵八万,车二百乘,以从田文。

[注释]①燕王:燕昭王。　②先日:昔日,以前。公子:孟尝君田文的父亲田婴。一说为燕、魏两国的公子。约:约定,订立盟约。交:邦交关系。③岁不熟:年成不好,歉收。　④国门:城门。望见军:盼望看到救援的军队。⑤便计:简便而有效的计谋。　⑥台:台榭楼阁。燔:音fán,烧,焚烧。⑦游已夺矣:游观景色的闲暇时间已经被剥夺,犹言形势危机,无心情与时间游观景色。　⑧去:撤离。⑨悉:全部出动。　⑩因:借用,利用。　⑪利行数千里而助人乎:好处大于行军数千里帮助他人吗?　⑫道里:路途。输:军饷运输。易:容易,方便。

魏王大说①,曰:"君得燕、赵之兵甚众且亟②矣。"秦王大恐,割地请讲于魏。因归燕、赵之兵,而封田文③。

[注释]①说:通"悦"。 ②亟:速,快。 ③封田文:以土地封赏孟尝君田文。

○魏将与秦攻韩

魏将与秦攻韩,朱己谓魏王曰①:"秦与戎翟②同俗,有虎狼之心,贪戾好利而无信③,不识礼义德行。苟④有利焉,不顾亲戚兄弟,若⑤禽兽耳。此天下之所同知⑥也,非所施厚积德也⑦。故太后母⑧也,而以忧死⑨;穰侯舅也⑩,功莫大焉,而竟逐⑪之;两弟⑫无罪,而再夺之国⑬。此于其亲戚兄弟若此,而又况于仇雠之敌国也⑭。

[注释]①朱己:又作无忌,即信陵君魏无忌。魏王:魏安釐王。 ②戎翟:西部与北部民族的泛称。翟:通"狄"。 ③贪戾:贪婪暴戾。无信:不讲诚信,没有信用。 ④苟:如果,假使。 ⑤若:像。 ⑥同知:共同的认识。 ⑦非所施厚积德也:从来不考虑广施恩惠,厚积德行。 ⑧太后母:秦宣太后。 ⑨以忧死:秦昭王听范雎之说,废秦宣太后,次年,太后忧郁而死。 ⑩穰侯舅也:穰侯,名魏冉,楚人,秦宣太后的异父弟,秦昭王母舅。秦武王死后,他拥立秦昭王,初为将军,后担任相国。封于今河南邓州的穰邑,称穰侯,后又加封位于今山东定陶县的陶邑。穰,音 ráng。 ⑪逐:驱逐,放逐。 ⑫两弟:秦昭王之弟高陵君与泾阳君。 ⑬再夺之国:剥夺封地,再加之放逐。 ⑭况:何况。仇雠:仇怨深重。

"今大王与秦伐韩而益近①秦,臣甚或之②,而王弗识③也,则不明矣。群臣知④之,而莫以此谏,则不忠矣。今夫韩氏以一女子承一弱主⑤,内有大乱。外安能支强秦、魏之兵⑥,王以为不破乎?韩亡,秦尽有郑地⑦,与大梁邻,王以为安⑧乎?王欲得故地⑨,而今负强秦之祸也⑩,王以为利乎?

[注释]①益近:更加接近,犹言秦、魏邦交关系进一步密切。 ②臣:信陵君魏无忌的自称。或:通"惑",疑惑。 ③识:认识到。 ④知:知其利害关系。 ⑤一女子承一弱主:韩惠王年少,母后用事。承:支撑。 ⑥安能:怎么能够。支:抵御。 ⑦郑地:郑国故地,此时郑已亡,其地属韩。 ⑧安:安宁,平安。 ⑨故地:韩所侵占的魏地。 ⑩负强秦之祸也:冒着接近强大秦国可能带来的祸患。

"秦非无事①之国也,韩亡之后,必且便事②;便事,必就易与利③;就易与利,必不伐楚与赵矣。是何也?夫越山蹜河,绝韩之上党④,而攻强赵,则是复阏与之事也⑤,秦必不为也。若道河内⑥,倍邺、朝歌⑦,绝漳、滏之水⑧,而以与赵兵决胜于邯郸之郊,是受智伯之祸也⑨。秦又不敢。伐楚,道涉而谷行三十里⑩,而攻危隘之塞⑪,所行者甚远,而所攻者甚难,秦又弗为也。若道河外⑫,背大梁,而右上蔡、召陵⑬,以与楚兵决于陈⑭郊,秦又不敢也。故曰,秦必不伐楚与赵矣,又不攻卫与齐矣⑮。韩亡之后,兵出之日,非魏无攻矣。

[注释]①无事:不滋生事端,不与其他诸侯国发生摩擦。 ②便事:做最有利于秦国的事情。 ③就:从事。易:最容易,最方便。 ④绝:跨越,越过。上党:首府在今山西长治市,统辖当今山西和顺、榆社以南,沁水流域以东。 ⑤复阏与之事:重复阏与悲剧。公元前270年秦、赵战于阏与,赵奢大败秦军。阏与,在今山西和顺县。阏,音yù。 ⑥道:取道,沿途经过。河内:河南沁阳一带。一说为河南省黄河以北地区。 ⑦倍:通"背",犹言背对着,

背靠。邺:魏邑,在今河北临漳县。朝歌:殷纣的别都,位于今河南淇县。 ⑧漳:漳水,发源于山西长治,分为清漳、浊漳二河,东南流经河南、河北两省交界,在林州市合流为漳河,东南流至河北大名县入卫河。滏:滏水,今称滏阳河,发源于今河北磁县西北石鼓山,在河北沧州的献县与滹沱河汇流。 ⑨受:遭受。智伯之祸:公元前455年,智伯率韩、魏之军围困赵氏晋阳,三年不拔。后赵襄子联合韩、魏灭智伯。 ⑩涉而谷:又作涉谷,自秦至楚的险要之道,起于今陕西丹凤县的武关,东南至位于今河南南阳的宛、邓等地。行:绵延,行军经过。 ⑪危隘:又作黾隘、冥厄,楚国北方险塞,位于今河南信阳与湖北应山之间。 ⑫河外:春秋晋人称黄河以北为河内,黄河以南为河外。战国魏人称黄河以南、黄河以西为河外,大致指黄河以南今陕西华阴至河南陕县一带。战国赵人称黄河以南为河外,大致包括今河南郑州市与滑县一带。 ⑬右:西边。上蔡:在今河南上蔡县。召陵:位于今河南漯河市郾城区。 ⑭陈:在今河南淮阳县。 ⑮又不攻卫与齐矣:卫与齐均在赵、韩、魏之东,故秦暂时没有攻伐它们。

"秦故有怀地刑丘、之城、垝津①,而以之临河内,河内之共、汲莫不危矣②。秦有郑地,得垣雍③,决荥泽④,而水大梁⑤,大梁必亡矣。王之使者大过⑥矣,乃恶安陵氏于秦⑦,秦之欲许⑧之久矣。然而秦之叶阳、昆阳与舞阳、高陵邻⑨,听使者之恶⑩也,随安陵氏而欲亡之⑪。秦绕舞阳之北,以东临许⑫,则南国⑬必危矣。南国虽无危,则魏国岂得安哉?且夫憎韩不受安陵氏可也⑭,夫不患秦之不爱⑮南国非也。

[注释]①怀:在今河南武陟县、温县一带。刑丘:在今河南温县。之城:地址不详。垝津:位于今河南滑县。 ②共:在今河南辉县市。汲:位于今河南卫辉市。 ③垣雍:位于今河南原阳县。 ④荥泽:又作荣泽,位于今河南郑州市一带。 ⑤水大梁:以水灌魏都大梁城。 ⑥大过:犯了一个大的错

误。　⑦恶:得罪,伤害。安陵氏:魏襄王所封的附属小国,位于今河南鄢陵县。　⑧许:地名,在今河南许昌市。一说许非地名,意为许久,言秦已经听到相关传言,早有怨恨在心。　⑨叶阳:在今河南叶县西。昆阳:在今河南叶县北。舞阳:今河南舞阳市。高陵:昆阳的邻近地区,具体位置不详。今陕西有高陵县,曾为汉左冯翊的首府,但与此高陵相去甚远,两者非一地。　⑩恶:中伤秦国的恶言。　⑪随:秦与安陵氏一块。亡之:灭亡魏国。　⑫许:在今河南许昌市。　⑬南国:魏国的南部地区,指今河南许昌市一带。　⑭憎韩不受安陵氏可也:憎恨韩国,不庇护安陵氏尚可以接受。受:又作爱,希望拥有。　⑮爱:喜欢,希望得到。

"异日①者,秦乃在河西②,晋国之去梁也③,千里有余,河山以兰④之,有周、韩而间⑤之。从林军⑥以至于今,秦十攻魏,五入国中,边城尽拔。文台⑦堕,垂都⑧焚,林木伐,麋鹿尽,而国继以围⑨。又长驱梁北⑩,东至陶、卫之郊⑪,北至乎阚⑫,所亡乎秦者,山北、河外、河内⑬,大县数百,名都数十。秦乃在河西,晋国之去大梁也尚千里,而祸若是矣⑭。又况于使秦无韩而有郑地⑮,无河山以兰之,无周、韩以间之,去大梁百里,祸必百此⑯矣。异日者,从⑰之不成矣,楚、魏疑而韩不可得而约也⑱。今韩受兵⑲三年矣,秦挠之以讲⑳,韩知亡,犹弗听,投质㉑于赵,而请为天下鴈行顿刃㉒。以臣之观之,则楚、赵必与㉓之攻矣。此何也?则皆知秦之无穷㉔也,非尽亡㉕天下之兵,而臣㉖海内之民,必不休矣。是故臣愿以从事㉗乎王,王速受㉘楚、赵之约,而挟韩、魏之质㉙,以存韩为务,因求故地㉚于韩,韩必效之。如此则士民不劳而故地得,其功多于与秦共伐韩,然而无与强秦邻㉛之祸。

[注释]①异日:过去。 ②河西:春秋战国时指山西、陕西两省间黄河南段之西,大致包括陕西大荔县、宜川县一带。 ③晋国:指晋国故都绛、魏国故都安邑一带。去:离。梁:魏国都城,位于今河南开封市。 ④兰:通"拦",阻拦。 ⑤间:处于秦与魏之间。 ⑥林军:指公元前238年秦、魏的林乡之战。林乡:在今河南新郑市。 ⑦文台:大梁苑囿中的台名。 ⑧垂都:大梁苑囿中的地名。 ⑨国继以围:都城大梁紧接着就被秦包围。 ⑩梁北:魏国的北部地区。 ⑪陶:在今山东定陶县。卫:即楚丘,在今河南滑县。 ⑫阚:音kàn,位于今山东汶上县。 ⑬山北:东条山之北,大致包括今晋西南地区。河内:河南沁阳一带。一说为河南省黄河以北地区。 ⑭祸若是矣:祸患竟然这样。 ⑮无韩而有郑地:消灭了韩国而占有归韩国所有的郑国故地。 ⑯百此:百倍于此。 ⑰从:合纵。 ⑱疑:猜忌。得而约:得其联合,订立盟约。 ⑲受兵:受秦兵攻伐。 ⑳秦挠之以讲:秦以韩割地讲和为幌子,扰乱韩国。 ㉑投质:提出订立盟约,派出质子。 ㉒鴈行:各个诸侯国像大雁飞行一样组织起来。鴈:同"雁"。顿刃:筑建营垒,准备战斗。 ㉓与:参与合纵。 ㉔无穷:贪得无厌,没有穷尽。 ㉕亡:消灭,使之灭亡。 ㉖臣:臣服。 ㉗事:服事。 ㉘受:接受。 ㉙挟:依靠,依仗,充分利用。质:人质。 ㉚故地:被韩国割去的魏国土地。 ㉛邻:为邻国。

"夫存韩安魏而利天下,此亦王之大时①已。通韩之上党于共、莫②,使道已通,因而关之③,出入者赋④之,是魏重质韩以其上党也⑤。共有⑥其赋,足以富国,韩必德⑦魏、爱魏、重魏、畏魏,韩必不敢反魏。韩是魏之县也⑧。魏得韩以为县,则卫、大梁、河外必安矣。今不存韩,则二周⑨必危,安陵必易⑩。楚⑪、赵楚大破,卫、齐甚畏,天下之西乡而驰秦⑫,入朝为臣⑬之日不久。"

[注释]①大时:重要的机遇。 ②通:交通,联通。共:在今河南辉县市。莫:又作宁,在今河南淇县。 ③关之:设立关卡。 ④赋:征收关税。

⑤是魏重质韩以其上党也:韩国把上党作为重要的礼物送给了魏国。质:通"贽",见面的礼物。　⑥共有:韩魏共同占有、分享。　⑦德:感恩戴德。⑧韩是魏之县也:韩国犹如魏国县。是:犹如。　⑨二周:东周和西周。⑩安陵:魏地,在今河南鄢陵县。易:改变所属之国。　⑪楚:酸辛痛苦。一说楚为衍文。　⑫西乡:乡通"向",犹言向西方。驰秦:竞相到秦国朝觐。⑬入朝为臣:其他诸侯国到秦国称臣朝拜。

○叶阳君约魏

叶阳君约魏①,魏王将封其子②,谓魏王曰:"王尝身济漳③,朝邯郸,抱葛、薛、阴、成以为赵养邑④,而赵无为王有也⑤。王能又封其子问阳姑衣⑥乎?臣为王不取也。"魏王乃止。

[注释]①叶阳君:赵人。一说应为赵奉阳君李兑。约:与魏盟约。②魏王:魏昭王。其子:叶阳君之子。　③济:渡河,渡过。漳:漳水,发源于山西长治,分为清漳、浊漳二河,东南流经河南、河北两省交界,在林州市合流为漳河,东南流至河北大名县入卫河。　④抱:携带着准备献上。葛:古葛国,在今河南宁陵县。薛:薛字之误,在今山东滕州市,一说葛、薛连读,应为葛孽,在今山西翼城县。阴:位于今山东定陶县。成:成阳,在今山东菏泽市。养邑:以赋税收入作为奉养费用的封邑。　⑤赵无为王有也:赵国却没有对魏昭王做任何回报。　⑥问阳姑衣:又作河阳、姑密。河阳:在今河南孟州市。姑密:即姑蔑,位于今山东泗水县。

○秦使赵攻魏

秦使赵攻魏,魏谓赵王①曰:"攻魏者,亡赵之始也。昔者,晋人欲亡虞而伐虢②,伐虢者,亡虞之始也。故荀息以马与璧假道于虞③,宫之奇④谏而不听,卒⑤假晋道。晋人伐虢,反而取虞。故《春秋》书⑥之,以罪虞公⑦。今国莫强于赵,而并齐、秦⑧,王贤而有声者相之⑨,所以为腹心之疾⑩者,赵也。魏者,赵之虢也;赵者,魏之虞也。听秦而攻魏者,虞之为也。愿王之熟计之也。"

[注释]①赵王:赵惠文王。　②虞:周文王时始封,在今山西平陆县,开国之君是古公亶父之子虞仲的后代,公元前655年晋国假道攻虢时灭虞。虢:西周初年始封于陕西宝鸡,厉、宣之际迁到河南三门峡与山西平陆一带。③荀息:晋大夫。假道:借路。　④宫之奇:虞大夫。　⑤卒:最终。　⑥书:记载。　⑦罪:惩罚,谴责其罪行。虞公:虞国的亡国之君。　⑧并齐、秦:与齐、秦并驾齐驱。　⑨贤:有才有德,英明伟大。有声者:声望很高的人。相:担任相国。　⑩腹心之疾:为秦的心腹之患。

○魏太子在楚

魏太子①在楚。谓楼子于鄢陵曰②:"公必且待齐、楚之合③也,以救皮氏④。今齐、楚之理⑤,必不合矣。彼翟子之所恶于国者⑥,无公矣⑦。其人皆欲合齐、秦外楚以轻公⑧,公必谓齐王曰:'魏之受兵⑨,非秦实首伐之也⑩,楚恶魏之事王也⑪,故劝秦攻魏。'齐王故欲伐楚,而又怒其不已善⑫也,必令魏以地听秦而为和。以张子之强⑬,有秦、韩之重⑭,齐王恶之,而魏王不敢据⑮也。今以齐、秦之重,外⑯楚以轻公,臣为公患之。钧之出地⑰,以为和于秦也,岂若由楚乎⑱?秦疾攻楚,楚还兵,魏王必惧,公因寄汾北以予秦而为和⑲,合亲以孤齐,秦、楚重公,公必为相矣。臣意秦王与樗里疾之欲之也⑳,臣请为公说㉑

之。"

[注释]①魏太子:即公子高。　②楼子:魏臣楼廆。鄢陵:在今河南鄢陵县。　③合:联合。　④皮氏:魏邑,在今山西河津市。　⑤理:形势格局,倾向。　⑥翟子:魏人翟强,当时为魏相国。恶于国者:在魏国内中伤他人。⑦无公矣:楼廆被中伤得最厉害,没有人能超过他。　⑧其人:翟强及其党徒。轻公:使楼廆变成无足轻重之人。　⑨受兵:受到秦国军队的攻伐。⑩非秦实首伐之也:实际上并不是秦率先发动进攻的。　⑪恶:厌恶。王:齐王。　⑫怒其不已善:齐恼怒楚不友好于自己。　⑬张子:张仪。强:强悍,蛮横。　⑭重:强力背景下的重压。　⑮据:坚持己见。　⑯外:排斥。⑰钧:平均。出地:割地。　⑱岂若由楚乎:怎么能够由楚国来决定这件事情。　⑲因:利用这个机会。寄:依赖于,通过献出。汾北:汾水以北。一说汾北即为皮氏。　⑳臣意:我预料。秦王:秦昭王。樗里疾:秦惠王异母弟,因其居住的"里"有大樗树,故号樗里疾。樗,音 chū。　㉑说:游说。

乃请樗里子①曰:"攻皮氏,此王之首事②也,而不能拔③,天下且以此轻④秦。且⑤有皮氏,于以⑥攻韩、魏,利也。"樗里子曰:"吾已合⑦魏矣,无所用之⑧。"对曰:"臣愿以鄙心意公⑨,公无以为罪⑩。有皮氏,国之大利也,而以与魏⑪,公终自以为不能守⑫也,故以与魏。今公之力有余守之⑬,何故而弗有也?"樗里子曰:"奈何?"曰:"魏王之所恃者,齐、楚也;所用者,楼廆⑭、翟强也。今齐王谓魏王曰:'欲讲攻于齐王兵之辞也⑮,是弗救矣。'楚王⑯怒于魏之不用楼子,而使翟强为和⑰也,怨颜已绝之矣⑱。魏王之惧也见亡⑲,翟强欲合齐、秦外楚,以轻楼廆;楼廆欲合秦、楚外齐,以轻翟强。公不如按魏之和⑳,使人谓楼子曰:'子能以汾北与我乎?请合于楚外齐,以重公也,此吾事也。'楼子与楚王必疾㉑矣。又谓翟子：'子能以汾北与我乎？必为合于齐外于楚，以重公也。'翟强与齐王必疾矣。是公外得齐、楚以为用㉒，内得楼𪏆、翟强以为佐㉓，何故不能有地于河东㉔乎？"

[注释]①樗里子：即樗里疾。　②首事：第一重要的事情。　③拔：攻陷。　④轻：蔑视，小看。　⑤且：况且。　⑥于以：对于。　⑦合：联合，讲和。　⑧无所用之：不方便使用，没有条件这样做。　⑨以鄙心意公：以我之心度你之腹。　⑩罪：得罪，过错。　⑪以与魏：把皮氏交给魏国。　⑫不能守：秦不能守护、占有。　⑬有余守之：有足够的余力守卫皮氏。　⑭楼𪏆：即楼子。　⑮欲讲攻于齐王兵之辞也：准备攻伐齐国，那仅仅是用兵的借口而已。讲攻：犹言准备，攻伐。　⑯楚王：楚怀王。　⑰和：促使齐、秦讲和。　⑱怨颜已绝之矣：怨恨的面部表情已经表明楚国将要与魏国绝交决裂。　⑲惧也见亡：因看到灭亡的兆头而恐惧。　⑳按：止，制止。和：齐、魏讲和。　㉑疾：速，迅速行动。　㉒外：在外部。用：使用。　㉓佐：辅佐，帮助。　㉔河东：今山西西南部的临汾、永济、解县、霍县、隰县等黄河以东地区。

卷二十五 魏 四

○献书秦王

阙文献书秦王①曰："昔窃闻大王之谋出事于梁②,谋恐不出于计矣③,愿大王之熟计之也。梁者,山东之要也④。有虵⑤于此,击其尾,其首救;击其首,其尾救;击其中身⑥,首尾皆救。今梁王,天下之中身也。秦攻梁者,是示天下要断山东之脊也⑦,是山东首尾皆救中身之时也。山东见亡必恐,恐必大合,山东尚强,臣见秦之必大忧可立而待也⑧。臣窃为大王计,不如南出。事于南方⑨,其兵弱,天下必⑩能救,地可广大,国可富,兵可强,主可尊。王不闻汤之伐桀乎?试之弱密须氏以为武教⑪,得密须氏而汤之服桀矣。今秦国与山东为雠,不先以弱为武教,兵必大挫,国必大忧。"秦果南攻蓝田、鄢、郢⑫。

[注释]①秦王:秦昭王。 ②出事:犹言有事,滋生事端。梁:指魏国。③谋:谋划,策谋。计:认真地考虑计划。 ④山东:华山或崤山以东,与当时的关东含义相近。要:同"腰",人身之中。言魏国所处的位置犹如人的腰部。⑤虵:同"蛇"。 ⑥中身:腰部。 ⑦要:欲。山东之脊:山东六国的脊梁骨。

⑧大忧:重大的忧患。立而待:指日可待,很快到来。　⑨南方:指楚国。
⑩必:一说应为不。又一说为必不。　⑪弱:弱小的。密须氏:侯国密须,先秦时有二。一个为姞姓,在今甘肃灵台县西南,为周文王所灭。另一个为姬姓,在今河南新密市东南,春秋初期尚存。根据《史记·周本纪》记载,西伯周文王伐密须,商汤伐昆吾。此文说汤伐密须可能有误。武教:军事训练与军事教育。　⑫蓝田:今陕西蓝田县。鄢:楚地,今湖北宜城县。郢:楚国都城,在今湖北江陵县。

○八年谓魏王

　　八年,阙文谓魏王曰:"昔曹①恃齐而轻晋,齐伐釐、莒而晋人亡曹②。缯恃齐以悍越③,齐和子乱而越人亡缯④。郑恃魏以轻韩,伐榆关⑤而韩氏亡郑。原恃秦、翟以轻晋⑥,秦、翟年谷大凶⑦而晋人亡原。中山恃齐、魏以轻赵,齐、魏伐楚而赵亡中山。此五国所以亡者,皆其所恃也。非独此五国为然而已也,天下之亡国皆然矣。夫国之所以不可恃者多⑧,其变⑨不可胜数也。或以政教不修⑩,上下不辑⑪,而不可恃者;或有诸侯邻国之虞⑫,而不可恃者;或以年谷不登⑬,稸积⑭竭尽,而不可恃者;或化于利⑮,比⑯于患。臣以此知国之不可必恃也。今王恃楚之强,而信春申君⑰之言,以是质秦⑱,而久不可知⑲。即⑳春申君有变,是王独受秦患也。即㉑王有万乘之国,而以一人之心为命㉒也。臣以此为不完㉓,愿王之熟计之也。"

　　[注释]①曹:西周初年建立的姬姓封国,周武王弟叔振铎为始封之君,都于今山东定陶县的陶丘。公元前487年为宋所灭。　②釐:侯国,又作郑、剺,位于今山东龙口市。公元前567年为齐所灭。莒:西周分封的诸侯国,己

姓,一说曹姓。兹舆期为开国之君,都城计斤,在今山东胶县,春秋初年迁于今山东莒县,公元前431年为楚所灭。 ③缯:姒姓之国,在今山东苍山县,公元前567年为莒灭。悍:通"捍",抗拒。越:越国,姒姓,相传始祖是夏代少康的庶子无余,建都今浙江绍兴的会稽。公元前306年前后被楚灭。 ④齐和子:齐太公田和。越人亡缯:缯亡于莒,此言与史实不符。 ⑤伐榆关:魏攻伐榆关。榆关:楚地,在今河南汝州市。 ⑥原:周王畿内封邑,在今河南济源市,公元前635年周襄王将其赏赐给晋文公,其事与秦、翟无关。翟,通"狄",泛指北方部族。 ⑦年谷大凶:粮食严重歉收。 ⑧夫国之所以不可恃者多:其他国家不可依仗的因素很多。 ⑨变:各种因素千变万化。 ⑩修:整治,治理。 ⑪辑:和,和睦,和谐。 ⑫虞:忧患,料想。 ⑬登:谷物成熟,丰收。 ⑭稸积:储蓄积累。 ⑮化于利:在利益面前改变态度,犹言唯利是图,见异思迁。 ⑯比:近,接近。 ⑰春申君:楚考烈王的令尹黄歇。 ⑱质秦:作为秦的攻击目标。质:椹质,箭靶子。 ⑲久不可知:将来如何无法预料,前途未卜。 ⑳即:假如,一旦。 ㉑即:即使。 ㉒命:国家的命脉,事物的关键。 ㉓完:完善,完备。

○魏王问张旄

魏王问张旄曰①:"吾欲与秦攻韩,何如?"张旄对曰:"韩且坐而胥亡乎②?且割而从天下乎③?"王曰:"韩且割而从天下。"张旄曰:"韩怨魏乎?怨秦乎?"王曰:"怨魏。"张旄曰:"韩强秦乎④?强魏乎?"王曰:"强秦。"张旄曰:"韩且割而从其所强⑤,与⑥所不怨乎?且割而从其所不强,与其所怨乎?"王曰:"韩将割而从其所强,与其所不怨。"张旄曰:"攻韩之事,王自知矣。"

[注释]①魏王:魏安釐王。张旄:魏国重臣。 ②且:将,将要。坐而胥亡:束手待毙,坐等灭亡。胥:待,等待。 ③割而从天下:割地合纵天下诸

侯。 ④韩强秦乎:韩国认为秦国强大吗? ⑤从其所强:跟随它所认为的强国。 ⑥与:联合。

○客谓司马食其

客谓司马食其①曰:"虑久以天下为可一者②,是不知③天下者也。欲独以魏支④秦者,是又不知魏者也。谓兹公⑤不知此两者,又不知兹公者也。然而兹共为从⑥,其说何也⑦?从则兹公重⑧,不从则兹公轻,兹公之处重也,不实为期⑨。子何不疾及三国方坚也⑩,自卖于秦⑪,秦必受子⑫。不然,横者将图子以合于秦⑬,是取子之资⑭,而以资子之雠也⑮。"

[注释]①司马食其:魏臣。食其:音 yì jī。 ②虑久:深思熟虑。一:联合起来一致行动。 ③知:了解,认识。 ④支:抗拒。 ⑤兹公:犹言此人,这个人,在此特指力主合纵之人。 ⑥从:合纵。 ⑦其说何也:对其游说之辞如何评论。 ⑧重:权重天下。 ⑨不实为期:不遵守约定的行动时间。 ⑩疾:速,迅速。及:乘,趁着。方坚:正处于齐力攻秦的时候。 ⑪自卖于秦:暗地背弃合纵,以获得来自秦国的好处。 ⑫受:接受。子:司马食其。 ⑬横者:连横者。图:图谋。 ⑭取子之资:利用你作为资本、砝码,借助于你的力量。 ⑮资:资助,帮助。雠:指连横者。

○魏秦伐楚

魏、秦伐楚,魏王①不欲。楼缓②谓魏王曰:"王不与秦攻楚,楚且与秦攻王。王不如令③秦、楚战,王交制之④也。"

[注释]①魏王:魏襄王。　②楼缓:赵人,后来任秦相国。　③令:使,促使。　④交制之:同时制约秦、楚两国。

○穰侯攻大梁

穰侯攻大梁①,乘北郢②,魏王且从③。谓穰侯曰:"君攻楚得宛、穰以广陶④,攻齐得刚、博以广陶⑤,得许、鄢陵以广陶⑥,秦王不问者,何也?以大梁之未亡也⑦。今日大梁亡,许、鄢陵必议⑧,议则君必穷⑨。为君计者,勿攻便⑩。"

[注释]①穰侯攻大梁:事发生于公元前275年。穰侯:名魏冉,楚人,秦宣太后的异父弟,秦昭王母舅。秦武王死后,他拥立秦昭王,初为将军,后担任相国。封于今河南邓州的穰邑,称穰侯,后又加封位于今山东定陶县的陶邑。穰,音ráng。　②乘北郢:登上北郢之城。乘:登上,攻陷。北郢:楚别邑,在今湖北宜城县。北郢又作北宅,魏邑,在今河南郑州市。　③魏王:魏昭王。且:将,将要。从:顺从,臣服。　④宛:今河南南阳。穰:楚邑,后属韩,治所在今河南邓州市。广:扩大。陶:穰侯今山东定陶县的封邑。⑤刚:在今山东宁阳县。博:又作寿,在今山东莘县和河南范县。　⑥许:今河南许昌市。鄢陵:今河南鄢陵县。　⑦以大梁之未亡也:秦王不过问穰侯不断扩大封地陶这件事情,是因为魏国的都城大梁还没有被攻陷。　⑧许、鄢陵必议:以许、鄢陵来私自扩大封地的事情必然要遭到议论质疑。　⑨穷:困窘,困境。　⑩便:最好,最有利。

○白珪谓新城君

白珪谓新城君曰①:"夜行者能无为奸②,不能禁狗使无吠已③也。故臣能无议④君于王,不能禁人议臣于君

也。"

[注释]①白珪:又作白圭,魏人,仕于秦。一说为周人。新城君:楚人芈戎,秦宣太后同父弟,初封华阳,号华阳君,秦取楚新城后又封新城,号新城君。　②奸:阴谋,犯法作乱。　③吠己:对着自己狂叫。　④议:议论,诽谤。

○秦攻韩之管

秦攻韩之管①,魏王发兵救之。昭忌②曰:"夫秦强国也,而韩、魏壤梁③,不出攻④则已,若出攻,非于韩也必魏也⑤。今幸而于韩⑥,此魏之福也。王若救之,夫解攻者⑦,必韩之管也;致⑧攻者,必魏之梁也。"魏王不听,曰:"若不因⑨救韩,韩怨魏,西合于秦,秦、韩为一⑩,则魏危。"遂救之。

[注释]①管:最初为韩邑,后属于魏,最后入秦,位于今河南郑州市。②昭忌:楚人仕于魏者。　③壤梁:与魏都大梁接壤。一说应为壤挈,意为壤土相连接。　④出攻:发起进攻。　⑤非于韩也必魏也:不进攻韩国,就是必然进攻魏国。　⑥于韩:根据形势的需要而攻伐韩国。　⑦解攻者:解除围攻者。　⑧致:招致。　⑨因:利用这个机会,在这个时刻。　⑩一:联合,一致行动。

秦果释①管而攻魏。魏王大恐,谓昭忌曰:"不用子之计而祸至,为之奈何?"昭忌乃为之见秦王②曰:"臣闻明主之听③也,不以挟私④为政,是参行⑤也。愿大王无攻魏,听臣也。"秦王曰:"何也?"昭忌曰:"山东之从⑥,时合时离,何也哉?"秦王曰:"不识⑦也。"曰:"天下之合也,以王之不必⑧也;其离也,以王之必也。今攻韩之管,国危矣,未卒⑨而移兵于梁,合天下之从,无精于此者矣⑩。以为秦之求索⑪,必不可支⑫也。故为王计者,不如齐赵⑬。秦已制赵,则燕不敢不事秦,荆⑭、齐不能独从。天下争敌于秦⑮,则弱⑯矣。"秦王乃止。

[注释]①释:解除围攻。 ②秦王:秦昭王。 ③听:听政,处理政务。 ④挟私:夹带私心,固执己见。 ⑤参行:参考众人意见,集思广益而行。 ⑥从:合纵。 ⑦识:认识,认知,了解。 ⑧不必:不可测,具体做法他人无法预料。 ⑨卒:结束,结果。 ⑩精:精通,明白。此:指秦释管而移兵于梁。 ⑪求索:贪得无厌地索取。 ⑫支:支撑,负担。 ⑬齐赵:制服赵国。齐:整治。 ⑭荆:楚,西周初年周人称楚为荆蛮。 ⑮天下争敌于秦:诸侯国合而竞相与秦为敌。 ⑯弱:秦与联合起来的诸侯国相比较则秦呈现为弱势。

○秦赵构难而战

秦、赵构难而战①。谓魏王②曰:"不如齐、赵而构之秦③。王不构赵,赵不以毁构矣④;而构之秦⑤,赵必复斗⑥,必重魏;是并制秦、赵之事也⑦。王欲焉而收齐、赵攻荆⑧,欲焉而收荆、赵攻齐,欲王之东长之待之也⑨。"

[注释]①秦、赵构难而战:指公元前260年秦、赵长平之战。构难:发生冲突。 ②魏王:魏安釐王。 ③不如齐、赵而构之秦:不如联合齐、赵,与秦战。构:构难。 ④赵不以毁构矣:赵国不能够以残缺毁折之兵单独与秦构难。毁:折,受到严重损伤。 ⑤而构之秦:魏如果与秦国构难。 ⑥复斗:再次与秦战。 ⑦并制:同时制约、控制。事:举措,行动。 ⑧欲焉:或欲,如果希望。收:拉拢,联合。 ⑨东长:向东方拓展。待:指日可待。

○长平之役

长平之役①,平都君说魏王曰②:"王胡不为从③?"魏王曰:"秦许吾以垣雍④。"平都君曰:"臣以垣雍为空割⑤也。"魏王曰:"何谓也?"平都君曰:"秦、赵久相持于长平之下而无决。天下合于秦,则无赵;合于赵,则无秦。秦恐王之变也,故以垣雍饵⑥王也。秦战胜赵,王敢责⑦垣雍之割乎?王曰:'不敢。'秦战不胜赵,王能令韩出⑧垣雍之割乎?王曰:'不能。'臣故曰,垣雍空割也。"魏王曰:"善。"

[注释]①长平之役:公元前260年秦、赵长平之战。长平:在今山西高平县。 ②平都君:又作平都侯,赵悼王时的封君。魏王:魏安釐王。 ③胡不:为什么不。从:合纵。 ④许:许诺,答应。垣雍:韩所得魏地,位于今河南原阳县。 ⑤空:虚假、假意。 ⑥饵:诱饵,引诱。 ⑦责:索取。 ⑧出:拿出。

○楼梧约秦魏

楼梧约秦、魏①,将令秦王遇于境②。谓魏王③曰:"遇而无相④,秦必置相⑤。不听之,则交恶于秦;听之,则后⑥王之臣,将皆务事诸侯之能令于王之上者⑦。且遇于秦而相秦者⑧,是无齐⑨也,秦必轻王之强⑩矣。有齐者⑪,不若相之⑫,齐必喜,是以有雍者⑬与秦遇,秦必重王矣。"

[注释]①楼梧:又作楼郚,魏臣。约:盟约,订立盟约。 ②秦王:秦武王。遇:会晤。境:两国边境地区。 ③魏王:魏襄王。 ④无相:没有相国陪伴。 ⑤置相:秦知魏暂时没有相国,必然提出要替魏王任命一个相国。 ⑥后:地位居于秦所置魏相国之下。 ⑦将皆务事诸侯之能令于王之上者:所有臣下将致力于服侍那些其他诸侯国所安排的、能够支配魏王的人。 ⑧相秦者:任命秦指定的人为魏相国。 ⑨无齐:失去与齐国的友好邦交关系。 ⑩轻王之强:轻视魏王的实力。 ⑪有齐者:为齐国所信任的人。 ⑫相之:以其为相国。 ⑬有雍者:又作有齐者,即齐国所信任的人。

○芮宋欲绝秦赵之交

芮宋①欲绝秦、赵之交,故令魏氏收秦太后之养地秦王于秦②。芮宋谓秦王曰:"魏委③国于王,而王不受④,故委国于赵也。李郝⑤谓臣曰:'子言无秦⑥,而养秦太后以地,是欺我也,故敝邑收之。'"秦王怒,遂绝赵也。

[注释]①芮宋:魏臣。 ②故令魏氏收秦太后之养地秦王于秦:所以就命令魏国从秦王那里收回奉献给秦宣太后的供养之地。秦太后:秦宣太后。养地:魏国奉献给秦宣太后的供养之地。于秦:又作怒,犹言秦王非常愤怒。 ③委:委托,托付。 ④受:接受。 ⑤李郝:赵臣。 ⑥无秦:不与秦国友好。

○为魏谓楚王

为魏谓楚王①,曰:"索攻魏于秦②,秦必不听王矣,是智困于秦③,而交疏于魏也④。楚、魏有怨,则秦重矣。故王不如顺天下⑤,遂伐齐,与魏便地⑥,兵不伤,交不变,所欲必得矣。"

[注释]①楚王:楚顷襄王。 ②索攻魏于秦:以攻伐魏国为条件向秦索取。 ③智:智慧,计谋。困:困顿,困窘。 ④交:邦交关系。疏:疏远。 ⑤顺天下:诸侯不愿伐魏,应顺从天下诸侯的做法。 ⑥便地:割取都非常简单容易的土地。犹言取得齐地,然后有选择地给予魏国,使楚、魏都得到好处。一说便应为易,即交换。

○管鼻之令翟强与秦事

管鼻之令翟强与秦事①,谓魏王曰②:"鼻之与强③,犹晋人之与楚人也。晋人见楚人之急④,带剑而缓之⑤;楚人恶⑥其缓而急之。令鼻之入秦之传舍⑦,舍不足以舍之⑧。强之入,无蔽于秦者⑨。强,王贵臣也,而秦若此其甚⑩,安可?"

[注释]①管鼻:疑为魏臣楼廛。翟强:魏人,曾为魏相国。 ②谓魏王曰:管廛或管廛之徒告诉魏王。 ③鼻:管廛。强:翟强。 ④急:攻伐紧急。 ⑤带剑而缓之:佩带好宝剑,做好军事准备,但要缓慢而行,伺机而动。 ⑥恶:厌恶,讨厌。 ⑦传舍:驿站,来往行人居住的旅店。 ⑧舍不足以舍之:管廛侍卫众多,途中旅店不足以容纳。 ⑨无蔽于秦者:秦国没有派遣人接待、护卫,言秦轻视翟强。 ⑩甚:过分。

○成阳君欲以韩魏听秦

成阳君①欲以韩、魏听秦,魏王弗利②。白圭③谓魏王曰:"王不如阴侯人说成阳君曰④:'君入秦,秦必留君,而以多割于韩矣。韩不听,秦必留君,而伐韩矣。故君不如安行求质于秦⑤。'成阳君必不入秦,秦、韩不敢合,则王重矣。"

[注释]①成阳君:韩国封君、相国,主张联合秦、魏。　②魏王弗利:魏昭王认为这样对魏国没有好处。　③白圭:又作白珪,魏人,仕于秦。一说为周人。　④阴:暗中派遣。侯人:有封爵之人。一说应为使人,即派遣出使者。　⑤安行求质于秦:徐缓而行,要求秦国派出人质。安、徐,缓慢。

○秦拔宁邑

秦拔宁邑①,魏王令之谓秦王曰②:"王归宁邑,吾请先天下构③。"魏魏王曰④:"王无听。魏王见天下⑤之不足恃也,故欲先构。夫亡宁者,宜割二宁以求构⑥;夫得宁者,安能归宁乎?"

[注释]①宁邑:魏邑,在今河南修武县。　②魏王令之谓秦王曰:魏安釐王派人对秦昭王说。　③先:率先。构:媾和,讲和。　④魏魏王:一说第一个魏字为衍文,王又作冉,即魏冉。　⑤天下:天下各诸侯国。　⑥宜:应该。二宁:两个宁邑,两倍于宁邑的土地。

○秦罢邯郸

秦罢邯郸①,攻魏,取宁邑。吴庆恐魏王之构于秦也②,谓魏王曰:"秦之攻王也,王知其故③乎?天下皆曰王近④也。王不近秦,秦之所去⑤。皆曰王弱⑥也。王不弱二周⑦,秦人去⑧邯郸,过⑨二周而攻王者,以王为易制⑩也。王亦知弱之召攻⑪乎?"

[注释]①罢邯郸:解除对赵都邯郸的包围。　②吴庆:魏臣。魏王:魏安釐王。构:媾和。　③故:原因。　④近:与秦亲近。　⑤去:远,关系疏远。

⑥弱:因与秦疏远,无秦相助,故国力减弱。 ⑦不弱二周:不弱于东、西二周。 ⑧去:撤离。 ⑨过:越过。 ⑩易制:容易制服。 ⑪召攻:招致、引来攻伐。

○魏王欲攻邯郸

魏王①欲攻邯郸,季梁②闻之,中道而反③,衣焦不申④,头尘不去⑤,往见王曰:"今者臣来,见人于大行⑥,方北面而持其驾⑦,告臣曰:'我欲之⑧楚。'臣曰:'君之楚,将奚为北面⑨?'曰:'吾马良。'臣曰:'马虽良,此非楚之路也。'曰:'吾用⑩多。'臣曰:'用虽多,此非楚之路也。'曰:'吾御者⑪善。''此数者愈善,而离楚愈远耳。'今王动⑫欲成霸王,举欲信于天下⑬。恃王国之大,兵之精锐,而攻邯郸,以广地尊名,王之动愈数⑭,而离王⑮愈远耳。犹至楚而北行⑯也。"

[注释]①魏王:魏惠王。 ②季梁:魏臣。 ③中道:半路,中途。反:同"返"。 ④焦:干而卷曲,充满皱折。申:舒展,平整。 ⑤尘:尘土,灰尘。去:洗涤。 ⑥大行:大路,大道。 ⑦方:面向,朝着。持:驾驭。驾:车辆。 ⑧之:至,去。 ⑨将奚为北面:为什么要向北方走。 ⑩用:资用。 ⑪御者:驾车的人。 ⑫动:行动。 ⑬举:举动。信:讲信用,取得信任。 ⑭愈数:次数更多,更加频繁。 ⑮王:王天下,称霸天下。 ⑯行:走,行走。

○周肖谓宫他

周肖谓宫他曰①:"子为肖谓齐王曰,肖愿为外臣②。令齐资③我于魏。"宫他曰:"不可,是示齐轻也④。夫齐不以无魏者以害有魏者⑤,故公不如示有魏。公曰⑥:'王之所求于魏者⑦,臣请以魏听⑧。'齐必资公矣,是公有齐⑨,以齐有魏也。"

[注释]①周肖:又作周霄,魏臣。宫他:周臣,主张亲齐。 ②外臣:身居他国而为齐臣。 ③资:资助,帮助使其受到魏国的重用。 ④示:表示,显示。轻:周肖在魏国受到轻视,不得重用。 ⑤无魏者:没有受到魏国重用的人。有魏者:受到魏国重用的人。 ⑥公曰:建议周肖说。 ⑦王:齐王。求:要求。 ⑧听:听从,答应。 ⑨有齐:受到齐国的资助和重用。

○周冣善齐

周冣善齐①,翟强②善楚。二子者,欲伤③张仪于魏。张子④闻之,因使其人为见者啬夫闻见者⑤,因无敢伤张子。

[注释]①周冣:即周最,周诸公子,此时在魏。善齐:与齐国友好亲近。 ②翟强:魏人,曾为魏相国。 ③伤:中伤,贬毁。 ④张子:张仪。 ⑤因使其人为见者啬夫闻见者:因此,张仪安排他的亲信为传令官的小臣,并使传令官知道有人在随时监督着他。见者:掌引见传令之官。啬夫:小臣。

○周冣入齐

周冣入齐,秦王①怒,令姚贾让魏王②。魏王为之谓秦王曰:"魏之所以为王通③天下者,以④周冣也。今周冣遁⑤寡人入齐,齐无通⑥于天下矣。敝邑⑦之事王,亦无齐累⑧矣。大国欲急兵⑨,则趣赵⑩而已。"

[注释]①秦王:秦昭王。 ②姚贾:魏人,仕于秦。让:责备,谴责。魏

王:魏昭王。 ③通:通达、转达秦国的意图,扩大秦国与他国的联系。
④以:因为,依靠。 ⑤遁:逃避、躲闪。 ⑥无通:信息匮乏,联系少,不了解其他诸侯国的动态。 ⑦敝邑:魏王对魏国的谦称,犹言困乏衰败的魏国。
⑧累:拖累,连累。 ⑨急兵:紧急调兵遣将攻伐齐国。 ⑩趣赵:促使赵国响应秦国,出兵伐齐。趣:催促,促使。

○秦魏为与国

秦、魏为与国①。齐、楚约②而欲攻魏,魏使人求救于秦,冠盖相望③,秦救不出。

[注释]①与国:同祸福之国,友好邦国。 ②约:约定。 ③冠盖相望:使者、车辆相连。冠:帽子,头冠。盖:车篷。 ④秦救:秦国的救兵。

魏人有唐且①者,年九十余,谓魏王②曰:"老臣请出西③说秦,令兵先臣④出可乎?"魏王曰:"敬诺。"遂约⑤车而遣之。唐且见秦王⑥,秦王曰:"丈人芒然⑦乃远至此,甚苦矣。魏来求救数⑧矣,寡人知魏之急矣。"唐且对曰:"大王已知魏之急而救不至⑨者,是大王筹策之臣无任矣⑩。且夫魏一万乘之国,称东藩,受冠带,祠春秋者⑪,以为秦之强足以为与⑫也。今齐、楚之兵已在魏郊⑬矣。大王之救不至,魏急则且割地而约齐、楚,王虽欲救之,岂有及哉⑭?是亡一万乘之魏,而强⑮二敌之齐、楚也。窃以为大王筹策之臣无任矣。"

[注释]①唐且:又作唐雎。魏人,策士。且,音 jū。 ②魏王:魏安釐王。
③出西:出使位于西方的秦国。 ④先臣:在唐且从秦国返回之前。 ⑤约:准备,置办。 ⑥秦王:秦昭王。 ⑦丈人:对老军人的尊称。芒然:疲倦貌。

⑧数:屡次,多次。　⑨至:到达。　⑩筹筴之臣:接受秦任命的官员。筴:同"策"。无任:无能,不称职。　⑪祠春秋:春秋供奉,助秦祭祀。一说为立祠祭祀秦王。　⑫为与:作为依仗、依靠。　⑬郊:城外之地为郊。　⑭岂有及哉:怎么还能来得及。　⑮强:增强。

秦王喟然愁悟①,遽发兵,日夜赴魏。齐、楚闻之,乃引兵而去。魏氏复全,唐且之说也。

[注释]①喟然愁悟:深有感慨,翻然醒悟。

○信陵君杀晋鄙

信陵君杀晋鄙①,救邯郸,破②秦人,存赵国,赵王自③郊迎。唐且谓信陵君曰:"臣闻之曰,事有不可知者,有不可不知者;有不可忘者,有不可不忘者。"信陵君曰:"何谓也?"对曰:"人之憎我也,不可不知也;吾憎人也,不可得而知也④。人之有德⑤于我也,不可忘也;吾有德于人也,不可不忘也。今君杀晋鄙,救邯郸,破秦人,存赵国,此大德也。今赵王自郊迎,卒然⑥见赵王,臣愿君之忘之也。"信陵君曰:"无忌谨受教⑦。"

[注释]①信陵君:魏昭王之少子,安釐王的异母弟,公子无忌。晋鄙:魏将军。　②破:击败。　③自:亲自。　④不可得而知也:他人不能够知道。　⑤德:施恩德。　⑥卒然:突然,忽然。　⑦谨受教:认真接受教诲。

○魏攻管而不下

魏攻管而不下①。安陵人缩高②,其子为管守③。信陵君使人谓安陵君④曰:"君其遣⑤缩高,吾将仕之以五大夫⑥,使为持节尉⑦。"安陵君曰:"安陵,小国也,不能必使其民⑧。使者自往,请使道⑨使者,至缩高之所⑩,复⑪信陵君之命。"缩高曰:"君之幸⑫高也,将使高攻管也。夫以父攻子守,人大笑也。是臣而下⑬,是倍⑭主也。父教子倍,亦非君之所喜也。敢再拜辞。"

[注释]①管:初为韩邑,后属于魏,最后入秦,位于今河南郑州市。下:攻陷。 ②安陵:魏襄王所封的附属小国,位于今河南鄢陵县。缩高:事不详。 ③其子为管守:此时管为秦所有,缩高之子仕于秦,为管的守军首领。 ④安陵君:安陵国的国君,而非楚宣王宠幸臣安陵君。 ⑤遣:派遣到魏。 ⑥五大夫:爵位名,在秦二十等军功爵中为第九级,在魏爵中的等级不详。 ⑦持节尉:军中掌符节的军官。 ⑧必使其民:带有强迫性质的使用民人。 ⑨使道:派人引导、带路。 ⑩缩高:又作缩高。所:住所,居住地。 ⑪复:陈述。 ⑫幸:宠幸,看重。 ⑬是臣而下:因为臣下我而儿子投降,交出管邑。 ⑭倍:通"背",背叛。

使者以报信陵君,信陵君大怒,遣大使①之安陵曰:"安陵之地,亦犹魏也。今吾攻管而不下,则秦兵及我②,社稷必危矣。愿君之生束缩高而致之③。若君弗致也,无忌将发十万之师,以造④安陵之城。"安陵君曰:"吾先君成侯⑤,受诏襄王⑥,以守此地也,手受大府之宪⑦。宪之上篇曰:'子弑父,臣弑君,有常不赦⑧。国虽大赦,降城亡子不得与焉⑨。'今缩高谨解大位⑩,以全⑪父子之义,而君曰'必生致之。'是使我负⑫襄王诏而废大府之宪也,虽死终不敢行。"

[注释]①大使:重要的使者。 ②秦兵及我:管为大梁的屏障,魏攻管而

不下,魏都城大梁将直接受到秦军的威胁。 ③生束:活着捆起来。致之:押解到大梁。 ④造:造访,到,到达。 ⑤成侯:安陵的始封君。 ⑥受诏襄王:接受魏襄王的册封。 ⑦手受大府之宪:亲手接受了魏襄王册封的命令。大府:策书、盟约、法令存放之所。宪:法令。 ⑧常:常刑,固定的刑法。赦:赦免。 ⑨降城亡子不得与焉:以城降人、杀害其儿子者不属于大赦之列。 ⑩解:又作辞,辞谢,推辞。大位:高官。 ⑪全:保全。 ⑫负:违背,背弃。

缩高闻之曰:"信陵君为人,悍而自用也①。此辞反②,必为国③祸。吾已全己④,无为⑤人臣之义矣,岂可使吾君有魏患也。"乃之使者之舍⑥,刎颈而死。

[注释]①悍而自用也:蛮横无理、刚愎自用。 ②此辞反:安陵君的话传到信陵君那里。 ③国:安陵。 ④全己:保全了父子之义和人臣之义。 ⑤为:又作违,违背。 ⑥使者之舍:魏国使者居住的馆舍。

信陵君闻缩高死,素服缟素辟舍①,使使者谢安陵君曰:"无忌,小人也,困于思虑②,失言于君,敢再拜释罪③。"

[注释]①素服缟素辟舍:穿上白色的孝服,避开正殿而居住于外。素:白色。缟:音gǎo,白色的生绢。 ②困于思虑:困惑于一时的考虑,犹言一念之差。 ③释罪:谢罪。

○魏王与龙阳君共船而钓

魏王与龙阳君①共船而钓,龙阳君得十余鱼而涕下。王曰:"有所不安乎?如是,何不相告也?"对曰:"臣无敢不安也。"王曰:"然则何为涕出②?"曰:"臣为王之所得鱼也②。"王曰:"何谓也?"对曰:"臣之始得鱼也,臣甚喜,后得又益大,今臣直③欲弃臣前之所得矣。今以臣凶恶④,而得为王拂枕席⑤。今臣爵至人君⑥,走人于庭⑦,辟人于途⑧。四海之内,美人亦甚多矣,闻臣之得幸于王也,必褰裳而趋王⑨。臣亦犹曩⑩臣之前所得鱼也,臣亦将弃⑪矣,臣安能无涕出乎?"魏王曰:"误!有是心也,何不相告也?"于是布令于四境之内曰:"有敢言美人者族⑫。"

[注释]①龙阳君:魏王的宠幸之臣,一说为宠幸的姬妾。 ②臣为王之所得鱼也:臣下就是像大王您所得到的鱼一样。 ③直:竟然。 ④凶恶:相貌凶狠丑陋。 ⑤拂枕席:犹言服侍起居。拂:掸去灰尘。 ⑥人君:封君。 ⑦走人于庭:使人为其奔忙于庭。 ⑧辟人于途:在路上其他人要避让。辟:通"避"。 ⑨褰:揭起,撩起,提起来。趋:快步投奔。 ⑩曩:音 nǎng,以往,过去,从前。 ⑪弃:被抛弃。 ⑫族:死及其族。

由是观之,近习①之人,其挚谄也固矣②,其自篡繁也完矣③。今由千里之外,欲进美人,所效者庸必得幸乎④?假⑤之得幸,庸必为我用⑥乎?而近习之人相与怨⑦,我见有祸,未见有福;见有怨,未见有德,非用知之术也⑧。

[注释]①近习:亲近熟悉,宠信。 ②挚谄:抓住机会讨好、奉承,或曲意迎合。谄:音 chǎn。固:必然。 ③篡繁:自庇自结于王,犹言巴结逢迎,努力经营。完:完善、完美。 ④效者:进献者。庸:何,为什么。幸:宠幸。 ⑤假:假如,如果。 ⑥我用:为我所利用。我:进献美人者。 ⑦相与怨:相互怨恨。 ⑧用知之术:智慧运作的方法。知:通"智"。

○秦攻魏急

秦攻魏急①。或谓魏王②曰:"弃之不如用之之易也③,死之④不如弃之之易也。能弃之弗能用之,能死之弗能弃之,此人之大过也。今王亡地数百里,亡城数十,而国患不解,是王弃之,非用之也。今秦之强也,天下无敌,而魏之弱也甚,而王以是质秦⑤,王又能死而弗能弃之,此重过⑥也。今王能用臣之计,亏地不足以伤国⑦,卑体不足以苦身⑧,解患而怨报⑨。

[注释]①秦攻魏急:公元前238年,秦攻魏拔数城。 ②魏王:魏景湣王。 ③弃之:战败失去的土地。用之:割地贿赂。易:容易,方便。 ④死之:败死,战死,或为因战败而困于死地。 ⑤质秦:成为秦的攻击目标。质:箭靶子。 ⑥重过:严重的错误。 ⑦亏地:损失土地。伤国:损害国家。 ⑧卑体:卑躬屈膝。苦身:身体受苦。 ⑨报:报仇雪恨。

"秦自四境之内,执法以下至于长輓者①,故毕②曰:'与嫪氏乎?与吕氏乎③?'虽至于门闾④之下,廊庙⑤之上,犹之如是也。今王割地以赂秦,以为嫪毐功⑥;卑体以尊秦,以因⑦嫪毐。王以国赞⑧嫪毐,以嫪毐胜⑨矣。王以国赞嫪氏,太后之德王也⑩,深于骨髓,王之交最为天下上矣⑪。秦、魏百相交也,百相欺也⑫。今由嫪氏善秦而交为天下上,天下孰不弃吕氏而从嫪氏⑬?天下必合⑭吕氏而从嫪氏,则王之怨报矣。"

[注释]①执法以下至于长輓者:从执政的高官到拉车的平民。执法:执

政大臣。长毂:驾车之人。　②毕:尽,全部。　③与:亲近。嫪氏:嫪毐,音lào'ǎi,太后宠幸之人。吕氏:濮阳人吕不韦,时为秦相国。号文信侯,食蓝田十二县。　④门间:里巷,指一般平民居住区。　⑤廊庙:朝廷,国君与大臣议事的场所。廊:殿周围的房子。庙:太庙,祭祀祖先的场所。　⑥以为嫪毐功:因为这次割地是通过嫪毐来进行的,所以功劳应归于嫪毐。　⑦因:通过,利用。　⑧赞:助,资助。　⑨胜:立于不败之地。　⑩太后:秦庄襄王后,秦王政之母。德:感恩戴德。　⑪交:魏与秦的邦交。上:最好,上等。⑫百相欺也:言过去秦、魏的交往都是相互欺骗的。　⑬孰不:为什么不。从:跟随。　⑭合:联合,合作。合,又作舍,舍弃。

〇秦王使人谓安陵君

秦王使人谓安陵君曰①:"寡人欲以五百里之地易②安陵,安陵君其许寡人?"安陵君曰:"大王加惠③,以大易小,甚善。虽然,受地于先生④,愿终守之,弗敢易。"秦王不说。安陵君因使唐且⑤使于秦。秦王谓唐且曰:"寡人以五百里之地易安陵,安陵君不听寡人,何也?且秦灭韩亡魏,而君以五十里之地存者,以君为长者⑥,故不错意⑦也。今吾以十倍之地,请广于君⑧,而君逆⑨寡人者,轻⑩寡人与?"唐且对曰:"否,非若是也。安陵君受地于先生而守之,虽千里不敢易也,岂直⑪五百里哉?"秦王怫然⑫怒,谓唐且曰:"公亦尝闻天子之怒乎?"唐且对曰:"臣未尝闻也。"秦王曰:"天子之怒,伏尸百万,流血千里。"唐且曰:"大王尝闻布衣⑬之怒乎?"秦王曰:"布衣之怒,亦免冠徒跣⑭,以头抢⑮地尔。"唐且曰:"此庸夫⑯之怒也,非士⑰之怒也。夫专诸之刺王僚也⑱,彗星袭⑲月;聂政之刺韩傀也⑳,白虹贯日㉑;要离之刺庆忌也㉒,仓鹰击于殿上㉓。此三子者,皆布衣之士也,怀怒未发,休祲降于天㉔,与臣而将四矣。若士必怒,伏尸二人,流血五步,天下缟素㉕,今日是也。"挺剑而起,秦王色挠㉖,长跪而谢之曰㉗:"先生坐,何至于此,寡人谕㉘矣。夫韩、魏灭亡,而安陵以五十里之地存者,徒以有先生也㉙。"

[注释]①秦王:秦王政。安陵君:魏襄王所封的附属小国安陵的国君,位于今河南鄢陵县,其面积约五十余里。 ②易:交换。 ③加惠:施与恩惠。 ④先生:又作先王,指安陵的始封君成侯。 ⑤唐且:又作唐雎,魏国辩士。且,音jū。 ⑥长者:德高望重的年长者。 ⑦错意:在意。错,通"措"。 ⑧广于君:扩大安陵君的土地。 ⑨逆:对抗,违背。 ⑩轻:轻视,蔑视。 ⑪直:仅仅。 ⑫怫然:愤怒貌。怫,音fú,又音bó,通"勃",勃然。 ⑬布衣:平民。 ⑭免冠徒跣:扔掉帽子,脱掉鞋子,光脚赤足。徒:空,脱去鞋子。跣,音xiǎn,赤脚。 ⑮抢:撞。 ⑯庸夫:懦夫,平庸之辈。 ⑰士:士人。 ⑱专诸:吴国勇士,为阖闾而刺杀吴王僚。王僚,吴王僚,吴王夷昧之子。 ⑲袭:扫过。 ⑳聂政:韩人,家居今河南济源市,为严仲子刺杀韩相国韩傀。韩傀,韩相国,名傀,字侠累。 ㉑白虹贯日:白色的长虹穿过太阳。 ㉒要离:吴人,吴王阖闾欲杀王子庆忌,要离诈以有罪逃亡,令吴王焚烧其妻,走见庆忌,以剑刺之。庆忌,吴国公子。 ㉓仓鹰:即苍鹰。击:搏击。 ㉔休祲:吉祥的征兆。休:吉庆,吉祥。祲:太阳旁边的云气,精气感祥,有人认为属于凶兆。降:降临。 ㉕缟素:白色的孝服。素:白色。缟,音gǎo,白色的生绢。 ㉖色挠:脸上露出屈从退让的表情。挠:屈。 ㉗长跪:两膝着地,直身而跪。谢:谢罪,表示歉意。 ㉘谕:晓,明白。 ㉙徒以:仅仅因为。徒:独,仅仅。

卷二十六　韩　一

○三晋已破智氏

三晋已破智氏①,将分其地。段规谓韩王曰②:"分地必取成皋③。"韩王曰:"成皋,石溜④之地也,寡人无所用之。"段规曰:"不然,臣闻一里之厚⑤,而动千里之权⑥者,地利⑦也。万人之众,而破三军者,不意⑧也。王用臣言,则韩必取郑矣。"王曰:"善。"果取成皋。至⑨韩之取郑也,果从成皋始。

[注释]①三晋:韩、赵、魏。智氏:智伯瑶。　②段规:韩之谋臣。韩王:韩康子虎。　③成皋:位于今河南荥阳市。　④石溜:山多石,水所溜,犹言土地贫瘠,无水干旱。　⑤厚:大。　⑥权:格局、形势变化的关键。　⑦地利:有利的地理形势与位置。　⑧不意:预料不到。言成皋地形险要,隐含着以寡破众的战略意义。　⑨至:到,等到。

○大成午从赵来

大成午①从赵来,谓申不害②于韩曰:"子以韩重我于赵③，请以赵重子于韩，是子有两韩④，而我有两赵也。"

[注释]①大成午：赵相国。 ②申不害：郑国人，任韩相国，主张法、术政治。 ③子以韩重我于赵：您通过韩国增加我在赵国的权势。 ④有两韩：权势加倍，相当于拥有两个韩国。

○魏之围邯郸

魏之围邯郸也，申不害始合于韩王①，然未知王之所欲也，恐言而未必中于王②也。王问申子曰："吾谁与而可③？"对曰："此安危之要④，国家之大事也。臣请深惟⑤而苦思之。"乃微谓赵卓、韩晁曰⑥："子皆国之辩士也，夫为人臣者，言可必用⑦，尽忠而已矣。"二人各进议于王以事⑧。申子微视王之所说以言于王⑨，王大说之。

[注释]①始合：刚刚开始在韩王身边担任职务。韩王：韩昭侯。 ②中：适合于韩王的意愿。 ③吾谁与而可：我与谁联合比较合适。 ④要：关键。 ⑤惟：思，思考。 ⑥微：暗地里，悄悄地。赵卓：韩臣。韩晁：韩臣。晁：同"朝"。 ⑦言可必用：说的话怎么能够一定要被国君采纳。可：岂，岂可。 ⑧进议于王以事：对韩王关心的事情提出自己的看法。 ⑨申子：申不害。说：通"悦"，喜悦，欣赏。

○申子请仕其从兄官

申子请仕其从兄官①，昭侯不许也。申子有怨色。昭侯曰："非所谓学于子者也②。听子之谒③，而废子之道④乎？又亡其⑤行子之术，而废子之谒乎？子尝教寡人循⑥功劳，视次第⑦。今有所求，此我将奚听乎？"申子乃辟舍⑧请罪,曰:"君真其人也⑨!"

[注释]①仕:任命为官。从兄,堂兄,叔伯兄弟。　②非所谓学于子者也:这不正是你所教我的治国之策。　③谒:陈述,禀告,指申不害的政治主张。　④道:治国之道。　⑤亡其:抑或,或是,还是。　⑥循:根据,遵循。　⑦视次第:看安排什么官职。次第:次序,官职。　⑧辟舍:避开正殿而居住于外,此犹言离开坐席。　⑨君真其人也:真是臣下理想中的英明君主。

〇苏秦为楚合从说韩王

苏秦为楚合从说韩王曰①:"韩北有巩、洛、成皋之固②,西有宜阳、常阪之塞③,东有宛、穰、洧水④,南有陉山⑤,地方千里,带甲数十万。天下之强弓劲弩,皆自韩出。谿子、少府时力、距来⑥,皆射六百步⑦之外。韩卒超足⑧而射,百发不暇止⑨,远者达胸⑩,近者掩心⑪。韩卒之剑戟⑫,皆出于冥山、棠谿、墨阳、合伯膊⑬。邓师、宛冯、龙渊、大阿⑭,皆陆断⑮马牛,水击鹄雁⑯,当敌即斩坚⑰。甲、盾、鞮、鍪、铁幕、革抉、呋芮⑱,无不毕具⑲。以韩卒之勇,被⑳坚甲,蹠㉑劲弩,带利剑,一人当百,不足言也。夫以韩之劲㉒,与大王之贤,乃欲西面事秦,称东藩㉓,筑帝宫㉔,受冠带㉕,祠春秋㉖,交臂而服焉㉗。夫羞社稷而为天下笑㉘,无过㉙此者矣。是故愿大王之熟计之也。大王事秦,秦必求㉚宜阳、成皋。今兹效之㉛,明年又益㉜求割地。与之,即无地以给㉝之;不与,则弃前功而后更㉞受其祸。且夫大王之地有尽㉟,而秦之求无已㊱。夫以有尽之地,而逆㊲无已之求,此所谓市㊳怨而买祸者也,不战而地已削矣。臣闻鄙语㊴曰:'宁为鸡口㊵,无为牛后㊶。'今大王西面交臂而臣事秦,何以异于牛后乎?夫以大王之贤,挟强韩之兵,而有牛后之名,臣窃为大王羞之。"

[注释]①楚:又作赵。韩王:韩宣王。　②巩:今河南巩义市。洛:今河南洛阳市。成皋:在今河南荥阳市。　③宜阳:在今河南宜阳县。常阪:位于今陕西商洛市商州区。塞:要塞。　④宛:今河南南阳市。穰:在今河南邓州市。洧水:即今河南双洎河。发源于河南登封阳城山,东流经过新密市、新郑市,又向东南经鄢陵、扶沟两县,在西华县西入颍水。洧,音wěi。　⑤陉山:在今河南新郑市。　⑥黡子、少府时力、距来:溪子,南方少数民族制作的弓箭。少府:本为官府名称,此指少府制作的弓弩。时力:制作时间选择的合适,其力量大于一般弓弩。距来:弓弩强劲,足以拒来犯之敌。　⑦步:长度单位,五尺为一步。　⑧超足:举足踏弩,将弩拉开。　⑨百发不暇止:连射百发而不间歇。　⑩达胸:射中胸部。　⑪掩心:箭中心脏。　⑫剑:能刺、能砍的尖刃双锋短兵器。戟:能刺、能击,戈、矛合为一体的长柄兵器。　⑬冥山:在今河南信阳市,当时为楚、韩分界处。棠谿:在今河南西平县西。墨阳:在今河南淅川县。合伯膊:又作合伯,在今河南西平县西。　⑭邓师、宛冯、龙渊、大阿:皆剑名。邓师:邓国有著名铸剑师,故剑名邓师。宛冯:宛人在今河南荥阳市的冯池铸剑,故剑名宛冯。龙渊、大阿:吴国干将、越国欧冶善铸剑,二人所铸之剑分别称为龙渊、大阿。　⑮断:斩断。　⑯鹄雁:天鹅与大雁。　⑰坚:坚硬的铠甲。　⑱甲、盾、鞮、鍪、铁幕、革抉、吷芮:皆防御性装备。甲:铠甲。盾:盾牌。鞮:音dī,兽皮制的鞋子。鍪:音móu,头盔。铁幕:金属护臂。革抉:皮革制作的射抉,戴在右手拇指上钩弦发箭。吷芮:带绶带的盾。吷:当作"瞂",同"瞂",即盾牌。芮:系盾牌的绶带,吷:音fá。　⑲毕具:全部具备。　⑳被:披,装备。　㉑蹠:音zhí,脚踏。　㉒劲:强大的实力。　㉓藩:臣属之国。　㉔筑帝宫:为秦建筑帝王宫殿,备巡幸之用。　㉕受冠带:接受秦国的服装。冠:帽子。带:腰带。　㉖祠春秋:春秋供奉,助秦祭祀。一说为立祠祭祀秦王。　㉗交臂而服焉:拱手相让,毫不反抗而臣

服于秦。 ㉘羞社稷:使国家蒙受羞耻。笑:嘲笑。 ㉙过:超过。 ㉚求:索求。 ㉛今兹效之:现在这样奉献上。 ㉜益:变本加厉。 ㉝给:音jǐ,供给。 ㉞更:再次,更加严重。 ㉟有尽:有限。 ㊱无已:没有尽头,贪得无厌。 ㊲逆:迎,应对。 ㊳市:购买,交换。 ㊴鄙语:民间俗话。 ㊵宁:宁愿,宁肯。鸡口:鸡嘴,鸡嘴虽小,乃进食之口。 ㊶牛后:牛肛门,牛肛虽大,乃出粪之处。

韩王忿然作色①,攘臂②按剑,仰天太息③曰:"寡人虽死,必不能事秦。今主君以楚王之教诏之④,敬奉社稷以从。"

[注释]①忿然作色:气愤的脸变了颜色。 ②攘臂:捋起袖子。 ③太息:久蓄气而大吁,颇有感慨的深叹。 ④主君:对苏秦的尊称。诏:告诉,告知。

○张仪为秦连横说韩王

张仪为秦连横说韩王①曰:"韩地险恶②,山居③,五谷所生,非麦而豆;民之所食,大抵豆饭藿羹④;一岁不收⑤,民不厌糟糠⑥;地方不满九百里,无二岁之所食⑦。料大王之卒,悉之不过三十万,而厮徒负养⑧在其中矣,为除守徼亭鄣塞⑨,见⑩卒不过二十万而已矣。秦带甲百余万,车千乘,骑万匹,虎挚⑪之士,跿跔科头⑫,贯颐奋戟者⑬,至不可胜计也。秦马之良,戎兵之众,探前趹后⑭,蹄间三寻者⑮,不可称数⑯也。山东之卒,被甲冒胄⑰以会战,秦人捐甲徒裼⑱以趋敌,左挈⑲人头,右挟生虏⑳。夫秦卒之与山东之卒也,犹孟贲之与怯夫也㉑,以重力相压,犹乌获㉒之与婴儿也。夫战孟贲、乌获之士,以攻不服㉓之弱国,无以异于堕千钧之重㉔,集于鸟卵之上,必无幸㉕矣。诸侯不料㉖兵之弱,食之寡,而听从人之甘言好辞㉗,比周以相饰也㉘,皆言曰:'听吾计则可以强霸天下。'夫不顾社稷之长利㉙,而听须臾之说㉚,诖误㉛人主者,无过于此者矣。大王不事秦,秦下甲据宜阳㉜,断绝韩之上地㉝;东取成皋、宜阳,则鸿台之宫㉞,桑林之菀㉟,非王之有已。夫塞㊱成皋,绝㊲上地,则王之国分㊳矣。先事秦则安矣,不事秦则危矣。夫造祸而求福㊴,计浅而怨深㊵,逆秦而顺楚,虽欲无亡,不可得也。故为大王计,莫如事秦。秦之所欲,莫如弱㊶楚。而能弱楚者莫如韩。非以韩能强于楚也㊷,其地势然也㊸。今王西面而事秦以攻楚,为敝邑㊹,秦王必喜。夫攻楚而私其地㊺,转祸而说㊻秦,计无便㊼于此者也。是故秦王使使臣献书大王御史㊽,须以决事。"

[注释]①韩王:韩襄王。 ②险恶:地形险峻,环境恶劣。 ③山居:居住于大山之间。 ④大抵:大都,表示总括一般情况。豆饭:以豆为主食。藿羹:以豆叶做成的带汁食物。 ⑤不收:收成不好,歉收。 ⑥厌:饱。糟糠:酒渣、米糠等粗劣食物。 ⑦二岁:两年。食:粮食储备。 ⑧厮徒:军中杂役之贱者。负养:负担运输军事给养者。 ⑨除:除去。徼亭:边境上的瞭望亭台。鄣塞:屏障要塞。 ⑩见:音xiàn,同"现",现有,看得见的。 ⑪虎挚:像猛虎、雄鹰一样的士兵。挚:通"鸷",鹰、雕、枭等凶猛的鸟。《史记》作虎贲。 ⑫跿跔科头:善于跳跃,不戴头盔的士兵。跿跔:音tú jū,光着脚。科头:光着头,不著兜鍪。 ⑬贯颐奋戟:不怕死奋戟杀敌的士兵。贯:贯穿。颐:面颊,腮。 ⑭探前趹后:马前足向前伸,马后足向前登,犹言马快速奔走。趹:音jué,马奔驰。 ⑮蹄间三寻:马奔驰之快,前后蹄间一跃就能跨出

三寻,犹言善于奔跑的骏马。寻:长度单位,八尺为一寻。 ⑯不可称数:不可胜数,数量太多不计其数。 ⑰被甲冒胄:身披铠甲,头戴兜鍪。 ⑱捐甲徒裎:抛去甲胄,赤身杀敌。捐:舍弃,抛弃。徒:赤脚。裎:音chéng,裸,赤身。 ⑲挈:手提着。 ⑳挟:用胳膊夹着。生房:抓获的俘虏。 ㉑孟贲:又称孟说,秦武王时的秦国大力士。怯夫:懦夫。 ㉒乌获:秦武王时的大力士。 ㉓不服:不甘愿臣服。 ㉔堕:坠落,砸下。钧:重量单位,三十斤为一钧。 ㉕幸:幸免于难。 ㉖料:自我估计。 ㉗从人:合纵之人。甘言好辞:甜言蜜语。 ㉘比周以相饰也:勾结为朋党,相互吹捧作秀。 ㉙长利:长远利益。 ㉚须臾之说:只看眼前暂时利益的道理。 ㉛诖误:贻误,误导。诖:音guà,贻误,连累。 ㉜下甲:向东部发兵。据:占据。 ㉝上地:上党之地。 ㉞鸿台之宫:韩国宫苑,具体位置不详。 ㉟桑林之菀:韩国宫苑,具体位置不详。菀:应为"苑"。 ㊱塞:堵塞。 ㊲绝:断绝。 ㊳分:被分隔,疆土分裂。 ㊴造祸而求福:从祸患中寻找福音。造:就,接近。 ㊵计浅而怨深:计谋粗浅将会制造出深仇大恨。 ㊶弱:削弱,弱化。 ㊷非以:并非,并不是。强:国力强大。 ㊸地势:地理形势与地理位置。然:造就,形成。 ㊹为敝邑:为秦国攻楚。敝邑:张仪对秦国的谦称。 ㊺私其地:韩国占有攻楚所得到的土地。 ㊻说:通"悦",取悦于。 ㊼便:方便,有利。 ㊽御史:国君近臣,掌文书记事等。

韩曰:"客幸而教之,请比郡县①,筑帝宫,祠春秋,称东藩,效②宜阳。"

[注释]①比郡县:把韩国纳入秦国的郡县管理系统。 ②效:献上。

○宣王谓摎留

宣王谓摎留曰①:"吾欲两用公仲、公叔②,其可乎?"对曰:"不可。晋用六卿而国分③,简公用田成、监止而简公弒④,魏两用犀首、张仪而西河之外亡⑤。今王两用之,其多力者内树其党⑥,其寡力者藉⑦外权。群臣或内树其党以擅⑧其主,或外为交以裂其地,则王之国必危矣。"

[注释]①宣王:韩宣王。摎留:韩臣。摎,音 jiū。 ②两用:同时使用。公仲:韩相国公仲朋,又作公仲佣。公叔:韩国公族。 ③六卿:智氏、范氏、中行氏、赵氏、韩氏、魏氏。分:韩、赵、魏三分晋国。 ④简公:齐简公。田成:田成子,名常。监止:又作阚止,齐简公相国子我。 ⑤犀首:公孙衍,魏人,曾任魏相。西河:古称西部地区南北流向的黄河为西河,战国魏在这里设置郡,文侯时吴起曾为西河守。辖境相当于今陕西华阴以北,黄龙以南,洛河以东,黄河以西地区,首府在今山西河津市。之外,西河以外接近秦国的地区。 ⑥多力者:力量强大者。党:朋党、党徒。 ⑦藉:借助。 ⑧擅:擅权,专擅。

〇张仪谓齐王

张仪谓齐王曰①:"王不如资韩朋②,与之逐张仪于魏。魏因相犀首③,因以齐、魏废韩朋④,而相公叔以⑤伐秦。公仲闻之,必不入于齐。据公于魏⑥,是公无患。"

[注释]①张仪谓齐王曰:本句话有缺文,说话人不应该是张仪。齐王:齐威王。 ②资:资助,帮助。韩朋:韩相国公仲朋。 ③魏因相犀首:魏会借这个机会任命犀首为相国。 ④因以齐、魏废韩朋:利用齐、魏的压力罢黜韩相国韩朋。 ⑤以:为了。 ⑥据公于魏:公仲到魏国,依附于张仪。公:指张仪。

〇楚昭献相韩

楚昭献①相韩。秦且攻韩,韩废昭献。昭献令人谓公叔曰:"不如贵昭献以固楚②,秦必曰楚、韩合③矣。"

[注释]①昭献:楚相国,楚、韩结盟后,又任命昭献兼任韩相国。 ②贵:使昭献尊贵。固:巩固楚、韩联盟。 ③合:联合。

○秦攻陉

秦攻陉①,韩使人驰南阳之地②。秦已驰③,又攻陉,韩因割南阳之地。秦受④地,又攻陉。陈轸谓秦王曰⑤:"国形不便故驰⑥,交⑦不亲故割。今割矣而交不亲,驰矣而兵不止,臣恐山东之无以驰割⑧事王者矣。且王求百金于三川⑨而不可得,求千金于韩,一旦而具⑩。今王攻韩,是绝上交而固私府也⑪,窃为王弗取也。"

[注释]①陉:即陉山,在今河南新郑市、新密市一带。 ②驰:退却,撤退。一说驰应读为移,即易换,交换。南阳:韩地,在今河南修武县。 ③驰:进军。 ④受:接受。 ⑤陈轸:齐人,一说为夏人,先后仕于秦、魏、楚。轸,音zhěn。秦王:秦惠王,一说为秦昭王。 ⑥国形不便故驰:国家形势不好所以只得撤退。 ⑦交:邦交。 ⑧驰割:撤退转移与割地。 ⑨三川:黄河、洛河、伊河,大致包括今洛阳、孟津、巩义、荥阳一带。此三川指韩国在这一带的所属之地。 ⑩一旦而具:一天就能准备好。 ⑪上交:最好的邦交国家。固:闭塞,禁锢,限制。私府:外府或藏钱货的府库,在此指韩国。

○五国约而攻秦

五国①约而攻秦,楚王为从长②,不能伤③秦,兵罢而留于成皋④。魏顺谓市丘君曰⑤:"五国罢,必攻市丘,以偿兵费⑥。君资⑦臣,臣请为君止天下之攻市丘。"市丘君曰:"善。"因遣之。

[注释]①五国:韩、赵、魏、卫、楚。 ②楚王:楚怀王。从长:合纵联盟的首领。 ③伤:击败。 ④兵罢:合纵伐秦的军事行动结束。成皋:位于今河南荥阳市。 ⑤魏顺:事不详。市丘君:又作沛丘君,韩国封君。 ⑥市丘:市丘君的封地,在今河南郑州市。偿:补偿。 ⑦资:准备活动经费、物质。

魏顺南见楚王曰:"王约五国而西伐秦,不能伤秦,天下且以是轻王而重秦,故王胡不卜交乎?①"楚王曰:"奈何?"魏顺曰:"天下罢②,必攻市丘以偿兵费。王令之勿攻市丘。五国重王,且听王之言而不攻市丘;不重王,且反王之言而攻市丘。然则王之轻重必明矣。"故楚王卜交而市丘存。

[注释]①胡:为什么。卜交:测试与他国的邦交关系。 ②罢:五国罢兵。

○郑彊载八百金入秦

郑彊载八百金入秦①,请以伐韩。冷向②谓郑彊曰:"公以八百金请伐人之与国③,秦必不听公。公不如令秦王疑公叔④。"郑彊曰:"何如?"曰:"公叔之攻楚也,以几瑟之存焉⑤,故言先楚⑥也。今已令楚王奉几瑟以车百乘居阳翟⑦,令昭献转而与之处⑧,旬⑨有余,彼已觉⑩。而几瑟,公叔之雠也;而昭献,公叔之人也⑪。秦王闻之,必疑公叔为楚也。"

[注释]①郑彊:郑国公族,韩灭郑,为韩人,曾请秦伐韩。金:货币单位,

或以一金为一斤,或以一镒为一斤。　②泠向:秦昭王之臣。　③与国:友好邦国。　④秦王:秦昭王。疑:猜忌,怀疑。公叔:韩公子伯婴。　⑤以几瑟之存焉:因为几瑟在楚国为人质。几瑟:韩太子婴之弟,此时正在楚国做人质,公叔与几瑟争国,两者不合。　⑥先楚:先攻楚国。　⑦已令:已经使。楚王:楚怀王。阳翟:韩邑,今河南禹州市。　⑧令昭献转而与之处:昭献与几瑟不合,故使昭献回心转意,两人友好相处。一说认为,昭献为楚人,仕于韩,而现在楚王则与几瑟居于韩邑阳翟,故曰转,犹言交换。昭献:楚相国,楚、韩结盟后,又兼任韩相国。　⑧旬:十天。　⑩彼已觉:公叔已经察觉到这样做对自己不利。　⑪公叔之人也:公叔的亲近好友。

○郑彊之走张仪于秦

郑彊之走①张仪于秦,曰②仪之使者,必之楚矣。故谓大宰③曰:"公留④仪之使者,彊请西图⑤仪于秦。"故因而请秦王曰⑥:"张仪使人致上庸之地⑦,故使使臣再拜谒秦王。"秦王怒,张仪走。

[注释]①走:赶走,驱逐。　②曰:扬言,告诉他人。　③大宰:楚官,职位在楚令尹、司马之下。　④留:留住,使其使者暂时滞留在楚国。　⑤图:图谋。　⑥因:以此为理由、借口。请:谒见,拜见。秦王:秦武王。　⑦致:送,致送。上庸:春秋为庸国,后成为楚邑,此时已为秦所有,在今湖北竹山县。

○宜阳之役

宜阳之役①,杨达谓公孙显曰②:"请为公以五万攻西周③,得之,是以九鼎印甘茂也④。不然,秦攻西周,天下恶⑤之,其救韩必疾,则茂事败矣⑥。"

[注释]①宜阳之役：公元前308年，秦甘茂攻韩邑宜阳。 ②杨达：韩国人。公孙显：韩臣而仕于秦者。 ③五万：五万人组成的军队。西周：周惠王封其少子班于今河南巩义市的"巩"，号称东周。从此，春秋始有西周、东周。 ④九鼎：大禹征九牧之金，铸造九鼎，因此九鼎象征着国家政权和对九州的统治权力。成汤灭夏王朝之后，迁九鼎于商邑，周武王灭商又迁九鼎于洛邑。战国时期，秦、楚皆有兴师到周求九鼎之事。印：又作抑，抑制，制约。甘茂：上蔡人，一说为下蔡人，时为秦国将领。 ⑤恶：憎恨。 ⑥则茂事败矣：甘茂攻宜阳，天下诸侯紧急救援，甘茂攻而不胜，注定要失败。

○秦围宜阳

秦围宜阳，游腾谓公仲曰①："公何不与赵蔺、离石、祁②，以质许地③，则楼缓④必败矣。收韩、赵之兵以临⑤魏，楼鼻⑥必败矣。韩为一⑦，魏必倍⑧秦，甘茂必败矣。以成阳资翟强于齐⑨，楚必败之⑩。须秦必败⑪，秦失魏，宜阳必不拔矣。"

[注释]①游腾：周臣，姓游，名腾。公仲：韩相国公仲朋，又作公仲佣。 ②与：给予。蔺：在今山西离石县西。离石：位于今山西离石县。祁：在今山西祁县。 ③以质许地：交换已经答应过要交换的土地。质：易地，交换土地。许地：答应过要交换的土地。一说以人质而归赵地。 ④楼缓：赵人，曾为秦相国，在策略上倾向于损害韩国。 ⑤临：兵临魏国。 ⑥楼鼻：即楼廪魏臣，以魏害韩者。 ⑦韩为一：韩与赵联合为一。 ⑧倍：通"背"，背叛。 ⑨成阳：故城今山东曹县。资：以成阳之地帮助翟强。翟强：魏人，曾为魏相国。 ⑩楚必败之：齐、楚为敌，齐得成阳则强，可以败楚，故楚必然要失败。 ⑪须秦必败：等到秦国一定要失败的时候。须：等待。

○公仲以宜阳之故仇甘茂

公仲以宜阳之故，仇甘茂①。其后，秦归武遂②于韩，已而③,秦王固疑甘茂之以武遂解于公仲也④。杜赫⑤为公仲谓秦王曰:"明也愿因茂以事王⑥。"秦王大怒于甘茂,故樗里疾大说杜聊⑦。

[注释]①公仲:韩相国公仲朋,又作公仲佣。宜阳之故:公元前308年,秦甘茂攻韩邑宜阳。 ②武遂:在今山西临汾市。 ③而已:事后不久。 ④秦王:秦昭王。固:必然,自然。疑:猜忌,怀疑。解:缓解,化解,甘茂通过归还武遂之地,与韩相国公仲缓和关系,化解仇怨。 ⑤杜赫:又作杜聊,韩人,一说为楚人。 ⑥明:又作朋,即韩相国公仲朋。因:通过。 ⑦樗里疾:秦惠王异母弟,因其居住的"里"有大樗树,故号樗里疾。樗,音chū。说:悦,喜欢。杜聊:即杜赫。

○秦韩战于浊泽

秦、韩战于浊泽①,韩氏急。公仲明谓韩王曰②:"与国不可恃③。今秦之心欲伐楚,王不如因张仪为和于秦,赂之以一名都④,与之伐楚。此以一易⑤二之计也。"韩王曰:"善。"乃儆⑥公仲之行,将西讲于秦。

[注释]①浊泽:韩地,位于今河南长葛县与禹州市的交界处。 ②公仲明:又作公仲朋,即韩相国公仲朋。韩王:韩宣惠王。 ③与国:友好的盟国。恃:依仗,依靠。 ④赂:赠送。名都:大都邑。 ⑤易:换,交换。 ⑥儆:告诫。

楚王①闻之大恐,召陈轸②而告之。陈轸曰:"秦之欲伐我久矣,今又得韩之名都一而具甲③,秦、韩并兵南乡④,此秦所以庙祠而求⑤也。今已得之矣,楚国必伐矣⑥。王听臣,为之儆四境之内选师⑦,言⑧救韩,令战车满道路;发信臣⑨,多其车,重其币,使信王之救己也⑩。纵⑪韩为不能听我,韩必德王⑫也,必不为鴈行⑬以来。是秦、韩不和,兵虽至,楚国不大病⑭矣。为能听我绝和于秦⑮,秦必大怒,以厚怨⑯于韩。韩得楚救,必轻秦。轻秦,其应秦必不敬⑰。是我困⑱秦、韩之兵,而免楚国之患也。"

[注释]①楚王:楚怀王。 ②陈轸:齐人,一说为夏人,先后仕于秦、魏、楚。轸:音zhěn。 ③具甲:以一都之人为兵,以一都之赋税为兵备。 ④并兵:组成联军。南乡:向南进军,乡:通"向"。 ⑤庙祠而求:在宗庙里祭祀,祈求得到所想要的东西。 ⑥楚国必伐矣:楚国必然被攻伐。 ⑦徼:告诫。选师:选择、集结精兵良将,犹言准备出兵援助韩国。 ⑧言:声称,扬言。 ⑨信臣:亲近、可靠、信任之使臣。 ⑩使信王之救己也:使韩国确信楚王正要去救援它。 ⑪纵:纵然,即使。 ⑫德王:感谢楚王的救援之恩德。 ⑬鴈行:言军队像大雁飞行那样编队而行,攻伐楚国。鴈:同"雁"。 ⑭大病:具有实质性质的威胁、伤害。 ⑮绝和于秦:韩与秦中断友好邦交关系。 ⑯厚怨:深重的怨恨。 ⑰应:应对,对待。敬:恭敬。 ⑱困:困厄,使其陷入困境。

楚王大说,乃儆四境之内选师,言救韩,发信臣,多其车,重其币。谓韩王曰:"弊邑虽小,已悉起之矣。愿大国遂肆意于秦①,弊邑将以楚殉韩②。"

[注释]①遂肆意于秦:马上就可以对秦国任意行事。遂:马上,很快。肆意:任意,随意。 ②殉韩:犹言为了救援韩国,楚国将要以死相拼。

韩王大说,乃止公仲①。公仲曰:"不可,夫以实告②我者,秦也;以虚名救我者,楚也。恃楚之虚名,轻绝强秦之敌,必为天下笑矣。且楚、韩非兄弟之国也,又非素约③而谋伐秦矣。秦欲伐楚,楚因以起师言救韩,此必陈轸之谋也。且王以使人报于秦矣④,今弗行,是欺秦也。夫轻⑤强秦之祸,而信⑥楚之谋臣,王必悔之矣。"韩王弗听,遂绝和于秦。秦果大怒,兴师与韩氏战于岸门⑦,楚救不至,韩氏大败。

[注释]①乃止公仲:制止赂秦一名都,与秦讲和、与秦伐楚的计划。②告:告诉。告又作困,意为困厄。　③素约:一直很稳定的盟约。素:向来,一向。　④且王以使人报于秦矣:况且您已经派使者把割地讲和的计划通报了秦国。　⑤轻:轻视。　⑥信:相信。　⑦岸门:在今河南许昌市。

韩氏之兵非削弱①也,民非蒙愚②也,兵为秦禽③,智④为楚笑,过⑤听于陈轸,失计于韩明也⑥。

[注释]①削弱:军队数量少,战斗力不强。　②蒙愚:蒙昧愚蠢。③禽:通"擒",犹言战败被擒获。　④智:智慧谋略。　⑤过:错误在于。⑥失计于韩明:计谋方面的过失在于没有采纳相国韩明的建议。韩明:即韩相国公仲朋。

○颜率见公仲

颜率见公仲①,公仲不见。颜率谓公仲之谒者②曰:"公仲必以率为阳也③,故不见率也。公仲好内④,率曰好士⑤;仲啬⑥于财,率曰散施⑦;公仲无行⑧,率曰好义⑨。自今以来,率且正言⑩之而已矣。"公仲之谒者以告公仲,公仲遽⑪起而见之。

[注释]①颜率:周人。公仲:韩相国公仲朋。　②谒者:公仲的传令官。③率:颜率的自称。阳:通"佯",伪装,虚伪,不实。　④好内:好色。内:在此指妇人。　⑤率曰好士:颜率宣扬公仲喜欢士人。　⑥啬:吝啬,小气。⑦散施:公仲博散好施。　⑧无行:没有德行,道德品质不好。　⑨好义:公仲讲信用,坚持正义。　⑩正言:实事求是地评价、议论公仲所作所为。⑪遽:立刻,马上。

○韩公仲谓向寿

韩公仲谓向寿曰①:"禽困覆车②。公破韩,辱公仲,公仲收国③复事秦,自以为必可以封④。今公与楚解⑤,中封小令尹以桂阳⑥。秦、楚合,复攻韩,韩必亡。公仲躬率其私徒以斗于秦⑦,愿公之熟计之也。"向寿曰:"吾合秦、楚,非以当⑧韩也,子为我谒⑨之。"

[注释]①韩公仲谓向寿曰:一说是公仲使其他人对向寿说。向寿:秦宣太后族人。　②禽困覆车:因被困而走投无路的野兽能够颠覆车辆,犹言困兽犹斗。禽:泛指各种野兽。　③收国:收拾韩国残局。　④封:得到秦国的封赏。　⑤解:和解,复好。　⑥中封:在楚国中自封。小令尹:楚官职,职掌不详。桂阳:又作杜阳,秦地,位于今陕西麟游县。　⑦躬率:亲自率领。私徒:个人的党徒私属。斗于秦:言将使刺客去秦刺杀向寿。　⑧当:抵抗,应对。　⑨谒:报告,转达。

公仲曰:"秦、韩之交可合也。"对曰:"愿有复①于公。谚曰:'贵其所以贵者贵②',今王之爱习③公也,不如公孙郝④;其知能公也,不如甘茂⑤。今二人者,皆不得亲于事⑤矣,而公独与王主断于国者⑥,彼有以失之也⑦。公孙郝党⑧于韩,而甘茂党于魏,故王不信也。今秦、楚争强,而公党于楚,是与公孙郝、甘茂同道⑨也。公何以异之⑩?人皆言楚之多变也,而公必之⑪,是自为贵⑫也。公不如与王谋其变⑬也,善韩以备之⑭,若此,则无祸矣。韩氏先以国从公孙郝⑮,而后委国于甘茂⑯,是韩⑰,公之雠也。今公言善韩以备楚,是外举不辟雠也⑱。

[注释]①复:重复言之,犹言重申。 ②贵其所以贵者贵:尊重那些应该尊重的人,自己也会受到尊重。 ③爱习:宠爱且了解深刻、情谊深厚。 ④公孙郝:秦国公族,一说为楚大臣。 ⑤甘茂:上蔡人,一说为下蔡人,时为秦国将领。 ⑤亲于事:参与国家政务。 ⑥公:指向寿。主断:专断,专制。 ⑦彼有以失之也:公孙郝、甘茂有他们自身的过失。 ⑧党:结党营私,亲近。 ⑨同道:走着相同的道路,重蹈公孙郝、甘茂的覆辙。 ⑩公何以异之:向寿你与公孙郝、甘茂有什么差别。 ⑪必之:认为楚是言必信,而不是言而无信地多变。 ⑫自为贵:为自己谋取尊贵。 ⑬谋其变:正确应对楚国的权变。 ⑭善:善待。备:备楚之变。 ⑮先:首先。从公孙郝:把国家的权利交给公孙郝。 ⑯委国于甘茂:把国家政权委托给甘茂。 ⑰是韩:这样的韩国,即先由公孙郝掌握权力,后由甘茂掌握权力的韩国。 ⑱外举:举荐可以建立良好邦交关系的诸侯国。辟:回避。

向寿曰:"吾甚欲韩合①。"对曰:"甘茂许公仲以武遂②,反宜阳之民③,今公徒令收之④,甚难。"向子⑤曰:"然则奈何?武遂终不可得已。"对曰:"公何不以秦为韩求颍川⑥于楚,此乃韩之寄地⑦也。公求而得之,是令行于楚而以其地德韩⑧也。公求而弗得,是韩、楚之怨不解,而交走⑨秦也。秦、楚争强,而公过楚以攻韩⑩,此利于秦。"向子曰:"奈何?"对曰:"此善事也。甘茂欲以魏取齐,公孙郝欲以韩取齐,今公取宜阳以为功⑪,收楚、韩以安之⑫,而诛⑬齐、魏之罪,是以公孙郝、甘茂之无事⑭也。"

[注释]①甚欲:非常希望。合:讲和,联合。 ②许公仲以武遂:许诺韩相国公仲归还已经占领的武遂。武遂:在今山西临汾市。 ③反宜阳之民:让逃难的宜阳之民返回故地。一说为取其地而还其民。 ④公:向寿。徒令收之:平白无故地下令收回甘茂的许诺。 ⑤向子:向寿。 ⑥颍川:在今河南许昌市。 ⑦寄地:颍川本为韩地,后被楚占领,故称为寄地,犹言希望收回由他国暂时代管的土地。 ⑧德韩:施恩德于韩国。 ⑨交走:竞相奔走,建立友好邦交关系。 ⑩过楚以攻韩:指责楚国攻伐韩国。过:指责,谴责。 ⑪今公取宜阳以为功:甘茂攻取宜阳,向寿参与谋划,所以攻取韩国宜阳也有向寿的功劳。 ⑫收楚、韩以安之:使楚归还韩国颍川,楚、韩讲和,故曰安。 ⑬诛:诛伐,谴责。 ⑭无事:不得参与秦国政事,失去权势,无事可做。

○或谓公仲曰听者听国

或谓公仲曰:"听者听国①,非必听实②也。故先王听谚言于市③,愿公之听臣言也。公求中立于秦④,而弗能得也,善公孙郝以难甘茂⑤,劝齐兵以劝止魏⑥,楚、赵皆公⑦之雠也。臣恐国之以此为患也,愿公之复求中立于秦也。"

[注释]①听者听国:处理国家事务要听取众人的意见。 ②实:具有实力的权贵。 ③谚言:谚语,俗言。市:市场,肆市。 ④中立于秦:在秦国面前,中立于齐、魏之间。 ⑤善:友善,亲近。难:为难,设置障碍。 ⑥劝齐兵以劝止魏:支持齐国就要勉励齐国停止攻伐魏国。 ⑦公:指韩相国公仲朋。

公仲曰:"奈何?"对曰:"秦王以公孙郝为党于公而弗之听①,甘茂不善于公而弗为公言②,公何不因行愿以与秦王语③?行愿之为秦王臣也公④,臣请为公谓秦王曰⑤:'齐、魏合与离⑥,于秦孰利⑦?齐、魏别与合⑧,于秦孰强?'秦王必曰:'齐、魏离,则秦重;合,则秦轻。齐、魏别,则秦强;合,则秦弱。'臣即曰:'今王听公孙郝以韩、秦之兵应⑨齐而攻魏,魏不敢战,归地⑩而合于齐,是秦轻也,臣以公孙郝为不忠。今王听甘茂,以韩、秦之兵据⑪魏而攻齐,齐不敢战,不求割地而合于魏,是秦轻也,臣以甘茂为不忠。故王不如令韩中立以攻齐⑫,齐王言救魏以劲之⑬,齐、魏不能相听⑭,久离兵史⑮。王欲⑯,则信公孙郝于齐,为韩取南阳⑰,易谷川⑱以归,此惠王之愿也。王欲,则信甘茂于魏,以韩、秦之兵据魏以郄⑲齐,此武王之愿也。臣以为令韩以中立以劲齐⑳,最秦之大急也㉑。公孙郝党于齐㉒而不肯言,甘茂薄而不敢谒也㉓,此二人,王之大患也。愿王之熟计之也。'"

[注释]①秦王:秦昭王。公孙郝为党于公:公孙郝与韩相国公仲结为朋党。 ②弗为公言:不替公仲朋说好话。 ③因:通过,利用。行愿:秦臣。语:捎话,代为转达公仲的话。 ④公:公正无私。 ⑤臣请为公谓秦王曰:请求行愿为公仲告诉秦昭王。 ⑥合与离:联合与分离。 ⑦孰利:哪个最有利。 ⑧别与合:交战与联合。 ⑨应:呼应,响应。 ⑩归地:归还过去占领的土地。 ⑪据:凭借,依靠。 ⑫韩中立以攻齐:韩国中立于齐、魏之间,秦国攻伐齐国。 ⑬齐王言救魏以劲之:齐字为衍文,应为"王言救魏以劲之",即秦昭王声称要救援魏国来增强魏国的斗志。 ⑭相听:彼此相互支持,团结一致。 ⑮久离兵史:长时期遭受战争苦难。离:通"罹",史,当作"事"。 ⑯欲:言欲此还是欲彼。 ⑰南阳:魏地,位于今河南济源市至获嘉

⑱谷川:即谷水,发源于河南新安县,东南汇合涧水,又东至洛阳入洛河。　⑲郄:也作隙,寻找机会攻齐。　⑳劲齐:又作攻齐。　㉑最秦之大急也:是秦国的当务之急。最:首要。　㉒党于齐:亲近于齐国。　㉓薄:与秦王交往浅,地位不高。谒:拜见进言。

○韩公仲相

韩公仲相①。齐、楚之交善②秦。秦、魏遇③,且以善齐而绝齐乎楚④。王使景鲤之秦⑤,鲤与于⑥秦、魏之遇。楚王怒景鲤,恐齐以楚遇为有阴于秦、魏也⑦,且罪景鲤⑧。

[注释]①韩公仲相:公仲朋出任韩国相国。　②交善:邦交关系和睦、友好。　③遇:会晤。　④且以善齐而绝齐乎楚:将要通过与齐建立友好邦交关系而使齐、楚绝交。　⑤王:楚怀王。景鲤:楚臣。之:至。　⑥与于:参与,参加。　⑦恐齐以楚遇为有阴于秦、魏也:担心齐国认为楚臣景鲤参与会晤,暗地里与秦、魏达成密约。阴:暗地,私下。　⑧且:将,将要。罪:治罪惩处。

为谓楚王曰:"臣贺①鲤之与于遇也。秦、魏之遇也,将以合齐、秦而绝齐于楚也。今鲤与于遇,齐无以信②魏之合己于秦而攻于楚也,齐又畏楚之有阴于秦、魏也,必重楚。故鲤之与于遇,王之大资③也。今鲤不与于遇,魏之绝齐于楚明矣④。齐、楚信之⑤,必轻王,故王不如无罪景鲤,以视齐于有秦、魏⑥,齐必重楚,而且疑秦、魏于齐。"王曰:"诺。"因不罪而益其列⑦。

[注释]①贺:祝贺,庆贺。　②无以信:不会相信。　③大资:重要的资

本、凭借。　④于：对于。明：明确。　⑤信之：相信魏绝于齐。　⑥以视齐于有秦、魏：通过景鲤参与秦、魏会晤这件事，明示齐国，楚与秦、魏两国存在着友好的邦交关系。视：同"示"。　⑦益其列：升官加爵。列：次，位。

○王曰向也子曰天下无道

王①曰："向也子曰②'天下无道。'今也子曰'乃且攻燕'者，何也？"对曰："今谓马多力则有矣③，若曰胜千钧④则不然者，何也？夫千钧，非马之任⑤也。今谓楚强大则有矣，若夫越赵、魏而斗兵于燕⑥，则岂楚之任也哉？且非楚之任，而楚为之，是弊⑦楚也。强楚、弊楚，其于王孰便⑧也？"

[注释]①王：魏安釐王。　②向：昔，过去。子：虞卿，赵人，游说之士，曾在赵国为上卿。　③马多力：马的力量很大。有：存在。　④胜千钧：能够承受千钧之重。钧：六十斤。　⑤任：胜任，所能承担得了。　⑥越：越过。斗兵，交战。　⑦弊：损害。　⑧孰便：哪一个更有利。

○或谓魏王王儆四疆之内

或谓魏王①："王儆四疆之内②，其从于王者③，十日之内，备不具者死④。王因取其游之舟上击之⑤。臣为王之⑥楚，王胥臣反⑦，乃行。"春申君⑧闻之，谓使者曰："子为我反，无见王矣。十日之内，数万之众，今⑨涉魏境。"秦使闻之，以告秦王⑩。秦王谓魏王曰："大国有意⑪，必来以是而足矣⑫。"

[注释]①魏王：魏景闵王。　②儆：同"警"，警戒，进入战备状态。疆：

又作疆。　③从于王者:兵械具备,跟随国君征战的人。　④备:兵械装备。具:准备好。　⑤王因取其游之舟上击之:国君也为此而把旌旗穗子系在车辕上,以壮军威。游:旌旗之旒。舟:当为"辀",车辕。击:又作系。　⑥之:至,去。　⑦胥:同"需",待,等待。反:同"返",返回。　⑧春申君:楚考烈王的令尹黄歇。　⑨今:即刻,马上。　⑩秦王:秦王政。　⑪意:进攻魏国的意图。　⑫必来以是而足矣:楚国进攻魏国是必然的,但魏国的军队足以抵抗楚国。

○观鞅谓春申

观鞅①谓春申曰:"人皆以楚为强,而君用之弱②,其于鞅也不然③。先君者④,二十余年未尝见⑤攻。今秦欲踰兵于渑隘之塞⑥,不使⑦;假道两周倍韩以攻楚⑧,不可⑨。今则不然,魏且旦暮⑩亡矣,不能爱其许、鄢陵与梧⑪,割以予秦,去百六十里⑫。臣之所见者,秦、楚斗之日也已⑬。"

[注释]①观鞅:魏人,又作观津人朱英。观津,在今河北武邑县。　②君用之弱:春申君您执政以来楚国变得衰弱了。　③不然:不这样看。　④先君者:春申君之前的执政者。　⑤见:被。　⑥踰兵:军队跨越。渑隘之塞:楚国要塞,即今河南信阳市的平靖关。　⑦不使:没有付诸实施。一说使又作便,意为方便、便利。　⑧假道:借路。两周:东周和西周。倍:通"背",背弃。　⑨不可:不可行。　⑩旦暮:早晨与傍晚,犹言时间很短。　⑪爱:保护,拥有。许:今河南许昌市。鄢陵:在今河南鄢陵县。梧:韩地,在今河南荥阳市的虎牢关附近。　⑫去百六十里:割地之后,秦、楚两军的阵地仅仅相距一百六十里。　⑬秦、楚斗之日也已:秦、楚之战近期就会发生。

○公仲数不信于诸侯

公仲数不信于诸侯①,诸侯锢之②。南委国于楚③,楚王④弗听。苏代⑤为楚王曰:"不若听而备于其反也⑥。明⑦之反也,常仗赵而畔楚⑧,仗齐而畔秦。今四国锢之,而无所入⑨矣,亦甚患之⑩。此方其为尾生之时也⑪。"

[注释]①公仲:韩相公仲朋。数:数次,多次。信:信用,诚信。 ②锢之:不行其说。锢:禁锢,封杀。 ③委国于楚:将国家要事委托、寄托于楚。 ④楚王:楚怀王。 ⑤苏代:河南洛阳人,苏秦之弟,战国纵横家。齐闵王末年曾游说于齐、燕两国,劝燕昭王联秦伐齐。 ⑥备于其反:防备其言而无信,肆意反复。反:反复无常,毫无诚信。 ⑦明:又作朋,韩相国公仲朋。 ⑧仗:依仗。畔:通"叛"。 ⑨入:乘虚而入,犹言诸国均不听其言,没有斡旋的余地。 ⑩甚患之:公仲的心腹大患。 ⑪方:刚刚开始。尾生:古代传说中非常讲信用的人。尾生与一女子相约于桥下见面,女子迟迟未到,尾生一直等候,洪水奔腾而来,尾生却坚持不离去,最后抱着桥柱溺水身亡。此以尾生为例,意为韩相公仲朋已经意识到了不讲信用的坏处,开始悔过。

卷二十七 韩 二

○楚围雍氏五月

楚围雍氏①五月。韩令使者求救于秦,冠盖相望也②,秦师不下殽③。韩又令尚靳④使秦,谓秦王⑤曰:"韩之于秦也,居为隐蔽⑥,出为雁行⑦。今韩已病⑧矣,秦师不下殽。臣闻之,唇揭⑨者其齿寒,愿大王之熟计之。"宣太后⑩曰:"使者来者众矣,独尚子之言是⑪。"召尚子入。宣太后谓尚子曰:"妾事先王⑫也,先王以其髀⑬加妾之身,妾困不疲也⑭;尽置其身妾之上,而妾弗重⑮也,何也?以其少有利⑯焉。今佐⑰韩,兵不众,粮不多,则不足以救韩。夫救韩之危,日费千金,独不可使妾少有利焉。"

[注释]①雍氏:韩邑,在今河南禹州市。 ②冠盖相望:使者、车辆相连。冠:帽子,头冠。盖:车篷。 ③下:向东发兵。殽:崤山,秦岭山脉东段支脉,位于今河南灵宝、陕县南部。 ④尚靳:韩人。 ⑤秦王:秦昭王。 ⑥居为隐蔽:在地理位置与日常事务中为秦国的屏障。 ⑦出为雁行:当有军事行动时,韩国的军队像大雁一样列队随秦军征伐。雁:同"雁"。 ⑧病:处于严重的危机之中。 ⑨揭:举,揭起,掀开。 ⑩宣太后:楚女,惠王之后,昭王

之母,故称太后。 ⑪尚子:尚靳。言是:有道理,说得对。 ⑫先王:秦惠王。 ⑬髀:音 bì,股,大腿。 ⑭困不疲也:虽然很困乏,但不感觉到疲惫。疲又作支,意为体力不支。 ⑮弗重:不觉得沉重。 ⑯少有利:多少有一些好处。 ⑰佐:帮助,救援。

尚靳归书报韩王①,韩王遣张翠②。张翠称病,日行一县。张翠至,甘茂曰:"韩急矣,先生病而来。"张翠曰:"韩未急也,且③急矣。"甘茂曰:"秦重国知王也④,韩之急缓莫不知。今先生言不急,可乎?"张翠曰:"韩急则折而入于楚矣⑤,臣安敢来?"甘茂曰:"先生毋复言也。"

[注释]①韩王:韩襄王。 ②张翠:韩人。 ③且:将,将要。 ④秦重国知王也:秦国国力强盛,国君英明。知:通"智"。 ⑤折而入于楚:转变立场,掉头投奔楚国。

甘茂入言秦王曰:"公仲柄得秦师①,故敢捍②楚。今雍氏围,而秦师不下殽,是无韩也。公仲且抑首而不朝③,公叔④且以国南合于楚。楚、韩为一,魏氏不敢不听,是楚以三国⑤谋秦也。如此则伐秦之形成矣⑥。不识⑦坐而待伐,孰与伐人之利⑧?"秦王曰:"善。"果⑨下师于殽以救韩。

[注释]①公仲柄得秦师:韩相国公仲执掌韩国权柄,并且能够得到秦国的军事支持。柄:权力,权柄。 ②捍:抵抗。 ③抑首而不朝:忧心忡忡,痛心疾首,不听朝事。 ④公叔:韩国公族。 ⑤三国:楚、韩、魏。 ⑥伐秦之形成:攻伐秦国的局面就会形成。 ⑦不识:不知,不知道。 ⑧孰与:何如,还是,两者相比较哪一个更好。伐人:主动攻伐他国。 ⑨果:果然,果真。

○楚围雍氏韩令冷向借救于秦

楚围雍氏,韩令冷向借救于秦①,秦为发使公孙昧入韩②。公仲曰:"子以秦为将救韩乎? 其不乎?"对曰:"秦王③之言曰,请道于南郑、蓝田以入攻楚④,出兵于三川⑤以待公,殆不合⑥,军于⑦南郑矣。"公仲曰:"奈何?"对曰:"秦王必祖⑧张仪之故谋。楚威王攻梁⑨,张仪谓秦王⑩曰:'与楚⑪攻梁,魏折而入于楚。韩固⑫其与国也,是秦孤⑬也。故不如出兵以劲⑭魏。'于是攻皮氏⑮。魏氏劲,威王⑯怒,楚与魏大战,秦取西河之外⑰以归。今也其将扬言救韩,而阴善楚,公恃秦而劲,必轻⑱与楚战。楚阴得秦之不用也⑲,必易与公相支也⑳。公战胜楚,遂与公乘楚㉑,易㉒三川而归。公战不胜楚,塞三川而守之㉓,公不能救也㉔。臣甚恶㉕其事。司马康三反之郢矣㉖,甘茂与昭献遇于境㉗,其言曰收玺㉘。其实犹有约也㉙。"公仲恐曰:"然则奈何?"对曰:"公必先韩而后秦㉚,先身而后张仪㉛。以公不如亟以国合于齐、楚,秦必委国于公以解伐㉜。是公之所以外者仪而已㉝,其实犹之不失秦也。"

[注释]①冷向:秦臣。借救:借兵救援。 ②为发使:为救韩之事派出使者。公孙昧:即公孙郝,秦国公族。 ③秦王:秦昭王。 ④道:取道于。南郑:今陕西南郑县。蓝田:今陕西蓝田县。 ⑤三川:黄河、洛河、伊河,大致包括今河南洛阳、孟津、巩义、荥阳一带。 ⑥殆不合:这样做,两军大概没有会合的可能。 ⑦军于:军队驻扎于,犹言军队滞留在南郑停止不前。 ⑧祖:效法、学习、沿用。 ⑨梁:魏都城大梁,位于今河南开封市。 ⑩秦王:秦惠文王。 ⑪与楚:秦与楚联合。 ⑫固:本来就是。 ⑬孤:孤立。

⑭劲：强，增强。　⑮攻皮氏：楚军进攻魏邑皮氏。皮氏：在今山西河津市。　⑯威王：楚威王。　⑰西河之外：西河，古称西部地区南北流向的黄河为西河，战国魏在这里设置郡，文侯时吴起曾为西河守。辖境相当于今陕西华阴以北，黄龙以南，洛河以东，黄河以西地区，首府在今山西河津市。　⑱轻：轻率。　⑲楚阴得秦之不用也：楚暗地里与秦交往，所以秦将不会为韩所用。　⑳易：变换，改变做法。公：韩相国公仲朋。相支：相互支持，相互依托。　㉑遂与公乘楚：秦与韩相国公仲朋乘楚疲敝而取其地。　㉒易：把三川之地交给韩国。　㉓塞三川而守之：秦在三川之地设防。　㉔公不能救也：三川之地部分为韩地，秦军驻守设防，韩国无法自救。　㉕恶：厌恶，不希望发生。　㉖司马康：秦人。三反：往返三趟。郢：音yǐng，楚国都城，在今湖北江陵县。　㉗甘茂：上蔡人，一说为下蔡人，时为秦国将领。昭献：楚相国，楚、韩结盟后，又任命昭献兼任韩相国。遇：会晤。　㉘其言曰收玺：甘茂与昭献都扬言要收回军印，意为不再进攻韩国。玺：军符。　㉙其实犹有约也：实际上他们已经另有约定。　㉚先韩而后秦：在处理这个问题时一定要立足于韩国自身，把秦国的救援放在第二位。　㉛先身而后张仪：先做好自己的谋划，然后再考虑张仪之故伎，以免上当受骗。　㉜委国于公：把韩国政务托付给韩相公仲朋。解伐：解除可能遭到的攻伐。　㉝是：这样做。外者仪：跳出了张仪的故伎、老圈套。

○公仲为韩魏易地

公仲为韩、魏易地①，公叔②争之而不听，且亡③。史惕④谓公叔曰："公亡，则易⑤必可成矣。公无辞以后反⑥，且示天下轻公⑦，公不若顺之。夫韩地易于上⑧，则害⑨于赵；魏地易于下⑩，则害于楚。公不如告楚、赵。楚、赵恶之。赵闻之，起兵临羊肠⑪，楚闻之，发兵临方城⑫，而易必败矣。"

[注释]①公仲:韩相国公仲朋。易地:交换土地。 ②公叔:韩国公族。③亡:出奔,流亡他国。 ④史惕:韩史官,一说为周史佚的后代。 ⑤易:韩、魏交换土地。 ⑥反:返回韩国。 ⑦示:明示,告诉。轻公:公叔在韩国受到轻视,没有地位。 ⑧上:北方,指位于韩国北方的魏国。 ⑨害:伤害,威胁。 ⑩下:南方,指位于魏国以南的韩国。 ⑪羊肠:赵国要塞,联系山西与中原的要道。今羊肠坂遗址有二,一在今山西长治壶关县的羊肠坂,另一遗址位于今河南沁阳市与山西泽州县交界处的古羊肠坂。 ⑫方城:山名,是楚国的北部要塞,位于今河南叶县,一说在今河南方城县。

○锜宣之教韩王取秦

锜宣之教韩王取秦①,曰:"为公叔具车百乘②,言之楚,易三川③。因令公仲谓秦王④曰:'三川之言⑤曰,秦王必取我。韩王之心,不可解⑥矣。王何不试以襄子为质于韩⑦,令韩王知王之不取三川也。'因以出襄子而德太子⑧。"

[注释]①锜宣:韩臣。锜,音 qí。韩王:韩襄王。 ②公叔:韩国公族。具:备,准备。 ③易三川:交换三川之地。三川:黄河、洛河、伊河,大致包括今河南洛阳、孟津、巩义、荥阳一带。 ④秦王:秦昭王。 ⑤言:三川地方居民传言。 ⑥不可解:闻三川人之言,恐失其地,故来与楚谈条件,或为心里没有一个好的处理方案。 ⑦襄子:秦诸公子中与太子关系不好者。质:人质。 ⑧出襄子:使襄子出居韩为人质国。德太子:使太子感恩戴德。

○襄陵之役

襄陵①之役,毕长谓公叔曰②:"请毋用兵,而楚、魏皆德公之国矣③。夫楚欲置公子高④,必以兵临魏。公何不令人说昭子⑤曰：'战未必胜，请为子起兵以之魏⑥。'子有辞⑦以毋战，于是以太子扁、昭扬、梁王皆德公矣⑧。"

[注释]①襄陵：魏邑，位于今河南睢县。　②毕长：魏人。公叔：韩相国公叔伯婴。　③德：感激，感恩戴德。公之国：公叔之国，即韩国。　④置：立，立其为太子。公子高：魏国公子，当时在楚国为人质，楚国欲立其为魏国太子。　⑤昭子：即昭阳，楚大司马。　⑥起兵以之魏：韩国发兵攻魏国。⑦有辞：有理由，有借口。　⑧太子扁：魏惠王的太子，即后来的魏襄王。昭扬：即楚大司马昭子。梁王：魏惠王。

○公叔使冯君于秦

公叔使冯君①于秦，恐留②，教阳向说秦王曰③："留冯君以善韩臣，非上知④也。主君不如善冯君⑤，而资之以秦⑥。冯君广王⑦而不听公叔，以与太子争⑧，则王泽布⑨，而害于韩矣。"

[注释]①冯君：韩人。　②留：被秦拘留。　③教：告诫。阳向：韩人，事不详。秦王：秦昭王。　④上知：最高明的智谋。知：通"智"。　⑤主君：秦昭王。善：善待。　⑥资之以秦：以秦国来帮助冯君。　⑦广王：大肆宣扬秦昭王。　⑧太子：公子咎。韩公子几瑟、咎、婴都先后称太子，婴早死，秦支持几瑟立为太子，故此太子指的是公子咎。争：争立为太子。　⑨泽布：恩泽美名传播于天下。

○谓公叔曰公欲得武遂于秦

谓公叔曰："公欲得武遂①于秦，而不患楚之能扬河外也②。公不如令人恐楚王③，而令人为公求④武遂于秦。

谓楚王曰:'发重使为韩求武遂于秦。秦王听,是令⑤得行于万乘之主也。韩得武遂以恨秦,毋秦患而得楚。韩,楚之县而已⑥。秦不听,是秦、韩之怨深,而交⑦楚也。'"

[注释]①武遂:在今山西临汾市。 ②扬:动,犹言侵扰。一说扬为"伤"字之误,意为伤害。河外:春秋晋人称黄河以北为河内,黄河以南为河外。战国魏人称黄河以南、黄河以西为河外,大致指黄河以南今陕西华阴至河南陕县一带。战国赵人称黄河以南为河外,大致包括今河南郑州市与滑县一带。 ③恐:恐吓,威胁。楚王:楚怀王。 ④求:索要。 ⑤是令:楚怀王的这个要求。 ⑥楚之县而已:韩国仅仅相当于楚国的一个小县而已。 ⑦交:交好,友好邦交。

○谓公叔曰乘舟

谓公叔曰:"乘舟,舟漏而弗塞①,则舟沉矣。塞漏舟,而轻阳侯之波②,则舟覆矣。今公自以辩于薛公而轻秦③,是塞漏舟而轻阳侯之波也,愿公之察也。"

[注释]①塞:堵塞。 ②轻:轻视,蔑视。阳侯:古代水神。波:水神所掀起的波浪。 ③自以:自己认为。辩:能言善辩,辩又作辨,意为国家治理要好于齐国薛公很多。薛公:田婴,齐威王少子,孟尝君之父,曾为齐相国,封于薛,称薛公,号靖国君。

○齐令周最使郑

齐令周最使郑①,立韩扰而废公叔②。周最患之,曰:"公叔之与周君交③也,令我使郑,立韩扰而废公叔。语曰:'怒于室者色于市④。'今公叔怨齐⑤,无奈何也,必周君而深怨我矣。"史舍⑥曰:"公行矣,请令公叔必重公。"

[注释]①周最:周公子。郑:即韩国。公元前375年韩国灭郑,并将都城从位于今河南禹州市的阳翟迁到位于今河南新郑市的故郑都,所以又称韩为郑。　②立韩扰:立韩扰为相国。韩扰:韩公子,一说韩扰为韩咎之讹。③交:交情,言其相善友好。　④室:家族,室内。色:作色,面部表情愤怒。市:肆廛,市场,犹言室外。　⑤怨齐:使齐国怨恨公叔。　⑥史舍:齐使者,与周最同行。

周最行至郑,公叔大怒。史舍入见曰:"周最固①不欲来使,臣窃强②之。周最不欲来,以为公也③;臣之强之也,亦以为公也。"公叔曰:"请闻其说。"对曰:"齐大夫诸子有犬,犬猛不可叱,叱之必噬④人。客有请⑤叱之者,疾视而徐叱之⑥,犬不动;复叱之,犬遂无噬人之心。今周最固得事足下⑦,而以不得已之故来使,彼将礼陈其辞而缓其言⑧,郑王必以齐王为不急⑨,必不许⑩也。今周最不来,他人必来。来使者无交于公,而欲德⑪于韩扰,其使之必疾,言之必急,则郑王必许之矣。"公叔曰:"善。"遂重周最。王果不许韩扰⑫。

[注释]①固:本来。　②强:勉强使之。　③以为:是为了。公:公叔。④噬:咬,吞。　⑤请:自己请求。　⑥疾视:怒目而视。徐叱:缓慢温和的呵叱。　⑦固得事足下:必须来服事公叔,此为不得不奉命出使的婉转说法。⑧礼陈其辞:以礼表述他的话。缓其言:从容陈述出使的目的。　⑨郑王:韩襄王。齐王:齐闵王。　⑩许:许诺,答应齐国的要求。　⑪德:讨好,施恩德。　⑫果不许韩扰:果然不答应韩扰担任相国。

○韩公叔与几瑟争国郑强为楚王使于韩

韩公叔与几瑟争国①。郑强为楚王使于韩②,矫以新城、阳人合世子③,以与公叔争国。楚怒,将罪之。郑强曰:"臣之矫与之,以为国也。臣曰④,世子得新城、阳人,以与公叔争国,而得全⑤,魏必急韩氏⑥;韩氏急⑦,必县命于楚⑧,又何新城、阳人敢索⑨?若战而不胜,走⑩而不死,今且以至⑪,又安敢言地?"楚王曰:"善。"乃弗罪。

[注释]①韩公叔与几瑟争国:公叔帮助公子咎与公子几瑟争立为相国。②郑强:魏人,游说于秦、楚之间。另有一郑强,郑国公族,韩灭郑,成为韩人。楚王:楚怀王。③矫:假托楚怀王之命。新城:原为韩邑,后被楚占,又被秦取,在今河南伊川县。阳人:楚邑,在今河南汝州市。合:赏赐给公子几瑟,以表示支持。世子:太子,国君的嫡长子,此指公子几瑟。 ④臣曰:听臣下解释为什么要这样做。 ⑤得全:在争当相国斗争中大获全胜。 ⑥魏必急韩氏:魏反对公子几瑟立,而欲立公子咎,所以将会猛烈地攻伐韩国。 ⑦急:危机,紧急。 ⑧县命于楚:把国家的命运寄托于楚国。县,通"悬",悬挂。 ⑨索:索取。 ⑩走:出奔,逃亡。"走"又作幸,幸运,侥幸。 ⑪至:到楚国。

○韩公叔与几瑟争国中庶子强谓太子

韩公叔与几瑟争国。中庶子强谓太子曰①:"不若及齐师未入②,急击③公叔。"太子曰:"不可。战之于国中必分④。"对曰:"事不成,身必危,尚何足以图国之全为⑤?"太子弗听,齐师果入,太子出走⑥。

[注释]①中庶子:太子的属官,侍御左右之臣。强:人名,或即郑强。太子:几瑟。 ②及:趁,乘。入:发兵攻韩。 ③急击:紧急打击,犹言赶紧除掉。 ④国中:指韩国都城之中。分:国家分裂、混乱。 ⑤尚何足以:还怎么能够。全:国家统一稳定。 ⑥出走:逃亡到楚国。

○齐明谓公叔

齐明①谓公叔曰:"齐逐几瑟,楚善②之。今楚欲善齐甚,公何不令齐王谓楚王③:'王为我逐几瑟以穷之④。'楚听,是齐、楚合,而几瑟走也;楚王不听,是有阴⑤于韩也。"

[注释]①齐明:东周臣。 ②善:善待。 ③齐王:齐闵王。楚王:楚怀王。 ④穷之:使几瑟陷入穷苦困顿的境地。 ⑤阴:暗地里帮助。

○公叔将杀几瑟

公叔将杀几瑟也。谓公叔曰:"太子之重公也①,畏几瑟也。今几瑟死,太子无患,必轻公。韩大夫见王老②,冀太子之用事也③,固欲事之④。太子外无几瑟之患,而内收诸大夫以自辅也⑤,公必轻⑥矣。不如无杀几瑟,以恐⑦太子,太子必终身重公矣。"

[注释]①太子:太子咎,一说为太子婴。重:尊重,器重。 ②王老:韩襄王年迈衰老。 ③冀:希望,期望。用事:即位执掌国政。 ④事之:服事、侍奉太子。 ⑤收:收拢,笼络。自辅:为自己的辅佐。 ⑥轻:权势削弱,受到轻视。 ⑦恐:恐吓,要挟。

○公叔且杀几瑟

公叔且杀几瑟也,宋赫①为谓公叔曰:"几瑟之能为乱也,内得父兄②,而外得秦、楚也。今公杀之,太子无患,必轻公。韩大夫知王之老而太子定,必阴③事之。秦、楚若无韩④,必阴事伯婴⑤。伯婴亦几瑟也⑥。公不如勿杀。伯婴恐⑦,必保于公⑧。韩大夫不能必其不入⑨也,必不敢辅伯婴以为乱。秦、楚挟几瑟以塞伯婴⑩,伯婴外无秦、楚之权⑪,内无父兄之众⑫,必不能为乱矣。此便⑬于公。"

[注释]①宋赫:事不详。 ②父兄:指公仲朋等人。 ③阴:暗中。 ④无韩:几瑟死,秦、楚失去了在韩国的代理者,故曰无韩。 ⑤伯婴:韩国诸公子,参与几瑟、咎等人争国斗争。 ⑥伯婴亦几瑟也:伯婴将是另外一个几瑟。 ⑦伯婴恐:伯婴与太子在韩,两人多是几瑟的仇敌,所以只要几瑟存在,伯婴就会处于恐惧之中。 ⑧保于公:请求公叔保全自己的性命。 ⑨必其不入:肯定几瑟不会回到韩国。 ⑩挟:挟持。塞:堵塞,断绝,使其不能够参与国事。 ⑪权:权势。 ⑫众:父兄众人的支持。 ⑬便:政治上的便利与主动权。

○谓新城君曰

谓新城君①曰:"公叔、伯婴恐秦、楚之内②几瑟也,公何不为韩求质子于楚③?楚王听而入质子于韩,则公叔、伯婴必知秦、楚之不以几瑟为事④也,必以韩合于秦、楚矣。秦、楚挟韩以窘魏⑤,魏氏不敢东⑥,是齐孤也。公又令秦求质子于楚⑦,楚不听,则怨结于韩。韩挟齐、魏以眄⑧楚,楚王必重公矣。公挟秦、楚之重,以积德⑨于韩,则公叔、伯婴必以国事公矣。"

[注释]①新城君:楚人芈戎,秦宣太后同父弟,初封华阳,号华阳君,秦取楚新城后又封新城,号新城君。 ②内:纳,送回。 ③为韩求质子于楚:韩国要求楚国送人质到韩国,通过这件事判断楚国对几瑟之事的主张。 ④事:重要的政治事务。 ⑤挟:挟持,裹挟。窘:困窘。 ⑥东:向东方与齐

联盟。　⑦求质子于楚:要求楚国送回韩国的人质几瑟。　⑧眄:音 miǎn,斜眼相看,表示蔑视。　⑨积德:广施恩德。

○胡衍之出几瑟于楚

胡衍之出几瑟于楚也①,教公仲谓魏王②曰:"太子在楚,韩不敢离③楚也。公何不试奉公子咎④,而为之请太子⑤。因令人谓楚王曰:'韩立公子咎而弃几瑟,是王抱虚质⑥也。王不如亟归几瑟。几瑟入,必以韩权报雠于魏⑦,而德王⑧矣。"

[注释]①胡衍:韩人。出几瑟于楚:送几瑟于楚之后返回韩国。　②公仲:韩相公仲朋。魏王:魏襄王。　③离:背离。　④公:又作王,指魏襄王。试奉:尝试着扶持。　⑤为之请太子:请求立公子咎为太子。　⑥虚质:没有价值的人质。　⑦韩权:在韩国的权势。报雠:报仇,雠,同"仇"。　⑧王:楚王。

○几瑟亡之楚

几瑟亡之楚①,楚将收秦而复之②。谓芈戎③曰:"废公叔而相几瑟者楚也④,今几瑟亡之楚,楚又收秦而复之,几瑟入郑⑤之日,韩,楚之县邑⑥。公不如令秦王贺伯婴之立也。韩绝于楚,其事秦必疾⑦,秦挟韩亲魏,齐、楚后至者⑧先亡。此王业⑨也。"

[注释]①亡之楚:流亡于楚国。　②收秦:联合秦国。复:拥立几瑟回到韩国即位。　③芈戎:楚人,秦宣太后同父弟,初封华阳,号华阳君,秦取楚新城后又封新城,号新城君。　④公叔:韩国公族。相:助,相助。　⑤郑:指韩

国。　⑥楚之县邑：韩国犹如楚国的一个县或城邑。　⑦疾：快，急迫，积极。　⑧后至者：后亲秦者。　⑨王业：秦王天下的大业。

○冷向谓韩咎

冷向谓韩咎曰①："几瑟亡在楚，楚王欲复之甚②，令楚兵十余万在方城之外③。臣请令楚筑万家之都于雍氏之旁④，韩必起兵以禁之，公必将⑤矣。公因以楚、韩之兵奉几瑟而内之郑⑥，几瑟得入而德公，必以韩、楚奉⑦公矣。"

[注释]①冷向：又作泠向，秦臣。韩咎：公子咎。　②楚王：楚怀王。甚：非常强烈。　③方城之外：方城以北。方城：山名，楚国的北部要塞，位于今河南叶县，一说在今河南方城县。　④万家之都：有一万户居民的城市。雍氏：韩邑，在今河南禹州市。　⑤将：韩咎为抗楚的将军。　⑥因：借此机会，以此为缘由。内：纳，接纳。郑：即韩国。　⑦奉：侍奉。

○楚令景鲤入韩

楚令景鲤①入韩，韩且内②伯婴于秦，景鲤患之。冷向谓伯婴曰："太子③入秦，秦必留太子而合楚④，以复几瑟也，是太子反弃之⑤。"

[注释]①景鲤：楚怀王的相国。　②内：纳，纳送。　③太子：伯婴。　④留：滞留。合：联合。　⑤反弃之：反而使伯婴失去了太子之位。

○韩咎立为君而未定

韩咎立为君而未定也①，其弟在周，周欲以车百乘重而送之,恐韩咎入韩之不立也。綦母恢②曰:"不如以百金从之,韩咎立,因也以为戒③;不立,则曰来效贼④也。"

[注释]①韩咎:公子咎,后来的韩釐王。未定:没有最后确定。 ②綦母恢:周臣。綦,音 qí。 ③戒:军事馈赠,军饷。 ④效贼:献上作为平定反贼的费用。贼:指公子咎的弟弟。

○史疾为韩使楚

史疾①为韩使楚,楚王问曰:"客何方所循②?"曰:"治列子圉寇之言③。"曰:"何贵④?"曰:"贵正⑤。"王曰:"正亦可为国⑥乎?"曰:"可。"王曰:"楚国多盗⑦,正可以圄⑧盗乎?"曰:"可。"曰:"以正圄盗,奈何?"顷间有鹊止于屋上者⑨,曰:"请问楚人谓此鸟何?"王曰:"谓之鹊。"曰:"谓之乌⑩,可乎?"曰:"不可。"曰:"今王之国有柱国、令尹、司马、典令⑪,其任官置吏,必曰廉洁胜任⑫。今盗贼公行,而弗能禁也,此乌不为乌,鹊不为鹊也。"

[注释]①史疾:韩国精通列子学说的学者。 ②方:方术,法术,学问。循:遵循,沿袭,信奉。 ③治:研究,专攻。列子圉寇:即列子御寇,战国时期郑国人,道法刑名之学的奠基人之一。言:学说。 ④贵:尊贵,重要。⑤正:正名。 ⑥为国:治理国家。 ⑦盗:窃贼与强盗。 ⑧圄:囹圄,把盗贼关进监狱。 ⑨顷间:瞬间,片刻。鹊:喜鹊。 ⑩乌:乌鸦。 ⑪柱国:又称大司马,楚国最高军事长官。令尹:楚国最高军政长官,相当于他国的相国。司马:掌管军政和军赋的长官。典令:掌王命出纳之官。 ⑫胜任:有足够的能力担任。

○韩傀相韩

韩傀相韩①,严遂重于君②,二人相害③也。严遂政议直指④,举韩傀之过⑤。韩傀以之叱之于朝⑥。严遂拔剑趋⑦之,以救解⑧。于是严遂惧诛,亡去,游求人可以报韩傀者。

[注释]①韩傀相韩:韩傀担任韩的相国。韩傀:名傀,字侠累。傀:音kuǐ。 ②严遂:韩臣,字仲子。重:受到器重。 ③相害:相互仇恨,相互伤害。 ④政议直指:议政公正坦诚。政:通"正"。 ⑤过:过错,不足。 ⑥以之:以此,因此。叱:叱责。朝:朝廷。 ⑦趋:追逐。 ⑧以救解:他人救援韩傀才得以解脱。

至齐,齐人或言:"轵深井里①聂政,勇敢士也,避仇隐于屠者之间②。"严遂阴交③于聂政,以意厚之④。聂政问曰:"子欲安用我乎⑤?"严遂曰:"吾得为役之日浅⑥,事今薄⑦,奚敢有请?"于是严遂乃具⑧酒,觞⑨聂政母前。仲子奉黄金百镒⑩,前为聂政母寿⑪。聂政惊,愈怪其厚⑫,固谢⑬严仲子。仲子固进,而聂政谢曰:"臣有老母,家贫,客游以为狗屠⑭,可旦夕得甘脆以养亲⑮。亲供养备⑯,义不敢当仲子之赐⑰。"严仲子辟人⑱,因为聂政语曰:"臣有仇,而行游诸侯众矣⑲,然至齐,闻足下义甚高⑳。故直进㉑百金者,特以为夫人粗粝㉒之费,以交足下之驩㉓,岂敢以有求邪?"聂政曰:"臣所以降志辱身㉔,居市井㉕者,徒幸㉖而养老母。老母在,政身未敢以许人也㉗。"严仲子固让,聂政竟不肯受。然仲子卒备㉘宾主之礼而去。

[注释]①轵深井里:轵,地名,在今河南济源市。深井里,轵地的里巷名。②避仇:逃避仇人。隐:隐居。屠者:屠夫。 ③阴交:暗中交往、结交。④以意厚之:真心诚意地厚待聂政。 ⑤安:怎么。用:使用。 ⑥得:得以,

能够。为役:为聂政服务、做事。日浅:时间很短。 ⑦事今薄:现在服事得也非常不够。薄:轻微,少。 ⑧具:备办。 ⑨觞:音shāng,向他人敬酒。 ⑩仲子:严遂的字。奉:奉献,献上。镒:重量单位,二十两或二十四两为一镒。 ⑪前:上前,到聂政母亲的面前。寿:祝寿,祝福。 ⑫怪:同"怪",责怪,惊奇。厚:厚礼相待。 ⑬固:坚决。谢:谢绝。 ⑭客游:游历,流浪。狗屠:杀狗的屠夫。 ⑮旦夕:早晨与晚上,犹言瞬间,一会儿。甘脆:肥美脆软。养亲:赡养亲人。 ⑯亲供养备:亲人的生活供养齐备。 ⑰义不敢当:按照道理不应该接受。 ⑱辟人:回避、屏去他人。 ⑲行游:游历访问。众:多。 ⑳义甚高:非常讲义气,敢于坚持正义。 ㉑直进:仅仅进献。 ㉒粗粝:粗米,犹言粗茶淡饭。 ㉓骅:同"欢",欢心。 ㉔降志辱身:降低志向,低调做人,委曲求全。 ㉕市井:井边汲水相聚,交易物品,因而成市,故曰市井。市井,犹言市场。 ㉖徒幸:但愿有幸。 ㉗未敢以许人:父母健在,不许诺朋友以死。 ㉘卒备:全部行使完毕。

久之,聂政母死,既葬①,除服②。聂政曰:"嗟乎!政乃市井之人,鼓③刀以屠,而严仲子乃诸侯之卿相也,不远千里,枉④车骑而交臣,臣之所以待之至浅鲜矣⑤,未有大功可以称⑥者,而严仲子举百金为亲寿,我虽不受,然是深知政也⑦。夫贤者以感忿睚眦之意⑧,而亲信⑨穷僻之人,而政独安可嘿⑩然而止乎?且前日要⑪政,政徒以⑫老母。老母今以天年终,政将为知己者用。"

[注释]①既葬:完成葬礼。 ②除服:服丧期满,除去丧礼之服饰,恢复正常衣着。 ③鼓:挥动。 ④枉:委屈,屈就。 ⑤至:达到极点。浅鲜:不深厚与寡少。 ⑥称:与严仲子的厚待相对应。 ⑦知:了解,理解。政:聂政。 ⑧以:因为。感忿:深深根植于心中的愤恨。睚眦:音yá zì,愤怒的瞪大眼睛,怒视。 ⑨亲信:亲近与信任。 ⑩嘿:同"默"。 ⑪要:约请。 ⑫徒以:仅仅因为。

遂西至濮阳①,见严仲子曰:"前所以不许仲子者,徒以亲在。今亲不幸,仲子所欲报仇者为谁?"严仲子具告②曰:"臣之仇韩相傀。傀又韩君之季父③也,宗族盛④,兵卫设⑤,臣使人刺之,终莫能就⑥。今足下幸而不弃,请益具车骑壮士,以为羽翼⑦。"政曰:"韩与卫,中间不远⑧,今杀人之相,相又国君之亲,此其势⑨不可以多人。多人不能无生得失⑩,生得失则语泄⑪,语泄则韩举国而与仲子为雠也,岂不殆⑫哉!"遂谢⑬车骑人徒,辞⑭,独行仗⑮剑至韩。

[注释]①濮阳:今河南濮阳市。 ②具告:具体详细地把事情告诉聂政。 ③季父:年龄最小的叔父。 ④盛:旺盛,兴旺发达。 ⑤设:陈,设置严密。 ⑥就:接近韩傀,刺杀成功。 ⑦羽翼:党徒随从。 ⑧中间不远:韩与卫两地相距不远。 ⑨势:形势,局面。 ⑩多人不能无生得失:人多不可能不产生差错。得失:差错,过失。 ⑪生:产生差错。语泄:言语泄露秘密。 ⑫殆:危险。 ⑬谢:谢绝。 ⑭辞:辞行,告别。 ⑮仗:执,持。

韩适有东孟之会①,韩王及相皆在焉②,持兵戟而卫者甚众。聂政直入,上阶③刺韩傀。韩傀走而抱哀侯,聂政刺之,兼中④哀侯,左右大乱。聂政大呼,所杀者数十人。因自皮面抉眼⑤,自屠出肠⑥,遂以死。韩取聂政尸于市⑦,县购⑧之千金。久之莫知谁子⑨。

[注释]①适:恰巧。东孟:地名,在今河南延津县。会:盛大聚会。 ②韩王:韩哀侯。相:韩傀。 ③阶:台阶。 ④兼中:同时也刺中。 ⑤因:借此机会。自皮面:以剑刺毁自己的脸皮。抉眼:挖出眼睛。 ⑥自屠出肠:自己剖开腹部,露出肠子。 ⑦尸于市:暴其尸体于市场。 ⑧县购:即悬赏。 ⑨谁子:何人。

政姊①闻之,曰:"弟至贤②,不可爱妾之躯,灭吾弟之名③,非弟意也④。"乃之韩。视之曰:"勇哉!气矜之隆⑤。是其轶贲、育而高成荆矣⑥。今死而无名,父母既殁⑦矣,兄弟无有,此为我故也⑧。夫爱身⑨不扬弟之名,吾不忍也。"乃抱尸而哭之曰:"此吾弟轵深井里聂政也。"亦自杀于尸下。

[注释]①政姊:聂政的姐姐。 ②至贤:达到了贤的顶点。 ③灭:泯灭。名:英雄的美名。 ④非弟意也:前来哭认聂政,这不是弟弟希望自己做的。 ⑤气矜之隆:英勇气概之隆盛。矜:自尊、自信。 ⑥轶:超过,超越。贲:即孟贲,秦武王时的勇士。育:即夏育,卫国的勇士,传说能立举千钧。高:高于。成荆:古代勇士。 ⑦殁:音 mò,死。 ⑧此为我故也:聂政"皮面抉眼,自屠出肠"隐瞒姓名,全是为了我。 ⑨爱身:爱自身。

晋、楚、齐、卫闻之曰:"非独政之能①,乃其姊者,亦列女②也。"聂政之所以名施③于后世者,其姊不避菹醢之诛④,以扬其名也。

[注释]①非独政之能:聂政的壮举不仅仅是他一个人的作为能够成就的。 ②列女:又作烈女,刚直,品格高贵之女。 ③施:本义是指旗帜的飘动,在此意为传扬。 ④菹醢:音 zū hǎi,把人剁碎制成肉酱的酷刑。诛:惩罚。

卷二十八 韩 三

○或谓韩公仲

或谓韩公仲①曰:"夫孪子②之相似者,唯其母知③之而已;利害之相似者,唯智者知之而已。今公国,其利害之相似,正如孪子之相似也。得以其道为之④,则主尊而身安;不得其道,则主卑⑤而身危。今秦、魏之和成⑥,而非公适束之⑦,则韩必谋⑧矣。若韩随魏以善秦,是为魏从⑨也,则韩轻矣,主卑矣。秦已善韩,必将欲置其所爱信者⑩,令用事于韩以完之⑪,是⑫公危矣。今公与安成君⑬为秦、魏之和,成固为福,不成亦为福。秦、魏之和成,而公适束之,是韩为秦、魏之门户⑭也,是韩重而主尊矣。安成君东重于魏,而西贵于秦,操右契而为公责德于秦、魏之主⑮,裂地⑯而为诸侯,公之事也⑰。若夫安韩、魏而终身相⑱,公之下服⑲,此主⑳尊而身安矣。秦、魏不终相听者也㉑。齐怒于不得魏,必欲善韩以塞㉒魏;魏不听秦,必务善韩以备秦㉓,是公择布而割也㉔。秦、魏和,则两国德公;不和,则两国争事公。所谓成为福,不成亦为福者也。

愿公之无疑也。"

[注释]①公仲:韩相国公仲朋。 ②孪子:双胞胎,双生子。 ③知:知道,分辨得清楚。 ④得以:能够使用。道:正确的治国方略。 ⑤卑:卑贱,地位低下。 ⑥和成:讲和成功。 ⑦非公适束之:秦、魏讲和,这不是您的功劳。公:韩相国公仲朋。适:努力做到的。束:秦、魏讲和成功,双方都要受到约束。 ⑧谋:采取新的策略应对。 ⑨从:魏国的附属随从。 ⑩必将欲置其所爱信者:秦国必将在韩国安置、重用它所宠爱、信任之人。 ⑪完之:使秦国的利益与意愿完美地实现。 ⑫是:此,这样做。 ⑬安成君:韩宣惠王时的封君,与相国公仲朋共同主张联合秦、魏。 ⑭门户:秦、魏交往的必由之路。 ⑮操:持,握。右契:刻在竹、木简上的契约,分为左右两部分,右契由债权人所执,凭此讨债,左契由债务人所执,待合契还债而用。责德:公仲朋促成秦、魏讲和,有恩德于秦、魏,所以责求秦、魏回报。 ⑯裂地:割地,犹言为诸侯之事作出牺牲。 ⑰公之事也:这是您的分内事务。 ⑱相:为相国。 ⑲下服:国君为上,相国则为下,下服,犹言相国所掌握、处理的事务。 ⑳主:国君。 ㉑不终相听者也:不会始终保持沟通与一致。 ㉒塞:制造障碍,断绝联系。 ㉓务:致力于。备:防备。 ㉔择布而割也:根据形势的变化,选择适当对策。布:以布来比喻形势格局。割:裁剪,比喻对策。

〇 或谓公仲

或谓公仲曰:"今有一举①而可以忠于主,便于国,利于身,愿公之行之也。今天下散②而事秦,则韩最轻矣;天下合③而离秦,则韩最弱矣;合离之相续④,则韩最先危矣。此君国长民之大患也⑤。今公以韩先合于秦,天下随之,是韩以⑥天下事秦,秦之德韩也厚矣⑦。韩与天下朝秦,而独厚取德焉⑧,公行之计,是其于主也至忠矣。天下不合秦,秦令而不听,秦必起兵以诛不服。秦久与天下结怨构难,而兵不决⑨,韩息士民以待其亹⑩,公行之计,是其于国也,大便⑪也。昔者,周佼⑫以西周善于秦,而封于梗阳⑬;周启⑭以东周善于秦,而封于平原⑮。今公以韩善秦,韩之重于两周也无计⑯,而秦之争机⑰也,万于周之时⑱。今公以韩为天下先合于秦,秦必以公为诸侯⑲,以明示天下,公行之计,是其于身大利也。愿公之加务⑳也。"

[注释]①举:举措,做法,谋略。 ②散:分散,不联合。 ③合:联合,合纵。 ④相续:交替发生。 ⑤君国:治理国家。长民:养育人民,繁衍生息。 ⑥以:率领。 ⑦德:感谢,感恩。厚:厚重。 ⑧独厚取德焉:韩国独擅从秦国得到的好处。 ⑨不决:不能最终决定胜负,结束战事。 ⑩息:休养生息。士民:士卒与民人。亹:音 mén,本义为水流夹山处,引申为罅,缝隙,裂缝,此指机会。 ⑪大便:非常多的好处、便利。 ⑫周佼:西周臣。 ⑬封于梗阳:秦封周佼于梗阳。梗阳,原为赵邑,后被秦取,在今山西清徐县。 ⑭周启:东周臣。 ⑮平原:在今山东平原县。 ⑯重于:重要于。无计:许多,没有办法计算。 ⑰争机:争夺各种机遇。 ⑱万于周之时:超过了当年争取东周、西周之时的一万倍。 ⑲以公为诸侯:视公仲朋为诸侯国的国君。 ⑳加务:加倍努力,更加努力地致力于。

〇 韩人攻宋

韩人攻宋①,秦王②大怒曰:"吾爱宋,与新城、阳晋同也③。韩珉与我交④,而攻我甚所爱,何也?"苏秦⑤为韩说秦王曰:"韩珉之攻宋,所以为王也。以韩之强,辅之以宋⑥,楚、魏必恐。恐,必西面事秦。王不折一兵,不杀一人,无事而割安邑⑦,此韩珉之所以祷于秦也⑧。"秦王曰:"吾固患韩之难知⑨,一从一横⑩,此其说何⑪也?"对曰:"天下固令韩可知也⑫。韩故⑬已攻宋矣,其西面事秦,以万乘自辅⑭;不西事秦,则宋地不安矣。中国白头游敖之士⑮,皆积智欲离秦、韩之交⑯。伏轼结靷西驰者⑰,未有一人言善韩⑱者也;伏轼结靷东驰者,未有一人言善秦者也。皆不欲韩、秦之合者何也?则晋、楚智而韩、秦愚也⑲。晋、楚合,必伺⑳韩、秦;韩、秦合,必图晋、楚。请以决事。"秦王曰:"善。"

[注释]①韩人攻宋:韩国为齐国攻宋。韩人:又作韩珉。 ②秦王:秦昭王。 ③新城:原为韩邑,后被楚占,又被秦取,在今河南伊川县。阳晋:原卫地,后属魏,又被秦取,在今山东曹县。同:同等,同样。 ④韩珉:曾为齐相国。交:友好交往。 ⑤苏秦:又做苏代。 ⑥辅之以宋:以宋国辅佐韩国。 ⑦安邑:魏国故都,在今山西夏县。 ⑧祷于秦:为秦祭神祈福,以邀功请赏于秦国。 ⑨患:担忧。难知:变化无常,难以捉摸。 ⑩一从一横:一会儿合纵,一会儿连横。 ⑪何:目的何在,为什么。 ⑫天下固令韩可知也:天下发生的事情一定会证明韩国的方略是稳定的,不是变化无常的。 ⑬故:又作固。 ⑭以万乘自辅:以万乘之国秦作为自己的依托。 ⑮中国白头游敖之士:中原之国的那些头发苍白的游说之人。敖:出游。 ⑯积智:处心积虑,费尽心机。离:离间。 ⑰伏轼结靷:驾车的动作,身子伏在车轼上,手拉着驾马的缰绳。轼:车前的横木。靷:驾车的皮绳、皮带。西驰:向位于西部的秦国奔驰。 ⑱言善韩:说韩国的好话。 ⑲晋:指魏、赵。智:智慧,聪明。愚:愚笨。 ⑳伺:窥,伺机而动。

○或谓韩王

或谓韩王①曰:"秦王欲出事于梁②,而欲攻绛、安邑③,韩计将安出矣④?秦之欲伐韩,以东阚周室⑤,甚唯寐忘之⑥。今韩不察⑦,因欲与秦⑧,必为山东⑨大祸矣。秦之欲攻梁也,欲得梁以临韩⑩,恐梁之不听也,故欲病之以固交也⑪。王不察,因欲中立⑫,梁必怒于韩之不与己⑬,必折⑭为秦用,韩必举⑮矣。愿王熟虑之也。不如急发重使之赵、梁,约复为兄弟,使山东皆以锐师戍⑯韩、梁之西边,非为此也,山东无以救亡,此万世⑰之计也。秦之欲并天下而王之也,不与古同⑱。事之虽如子之事父,犹将亡之⑲也。行虽如伯夷⑳,犹将亡之也。行虽如桀、纣,犹将亡之也。虽善事之㉑无益也。不可以为存,适足以自令亟亡也㉒。然则山东非能从㉓亲,合而相坚如一者,必皆亡矣。"

[注释]①韩王:韩襄王。　②秦王:秦昭王。事:攻伐。梁:魏国。③绛:即新绛,在今山西侯马市。安邑:魏国故都,在今山西夏县。　④韩计将安出矣:韩、魏为邻国,秦攻魏,韩国将采取什么样的对策。　⑤阚:同"窥",窥测、觊觎,伺机图谋。周室:周王室。　⑥甚唯寐忘之:这种担忧只有熟睡的时候才会暂时忘记。　⑦察:明察,了解事情的变故。　⑧与秦:与秦国为好友。　⑨山东:关东六国。　⑩临韩:兵临韩国。　⑪病之:猛烈攻伐魏国,使其受到重创,陷入困境。固交:建立牢靠的邦交关系,使魏国俯首听命。　⑫中立:中立于秦、魏之间。　⑬不与己:不与魏国友好。　⑭折:改变立场,掉转过头。　⑮举:被攻伐,被攻陷。　⑯戍:守卫。　⑰万世:犹言长久。　⑱不与古同:与古代的霸主不一样。　⑲亡之:秦将会消灭那些臣服于它的国家。　⑳伯夷:商末孤竹国君的长子,初孤竹君以次子叔齐为继承人,孤竹君死后,叔齐让位给伯夷,不受,后两人都投奔周。后因反对周武王伐商,武王灭商后,他们又逃避到首阳山,不食周粟而死。　㉑善事之:恭恭敬敬地服事秦国。　㉒适:恰恰,恰好。自令:自己使自己。亟:速,快。㉓从:合纵。

○谓郑王

谓郑王①曰:"昭釐侯②,一世之明君也;申不害③,一世之贤士也。韩与魏敌侔④之国也,申不害与昭釐侯执珪⑤而见梁君,非好卑而恶尊也⑥,非虑过而议失也⑦。申不害之计事,曰:'我执珪于魏,魏君必得志于韩,必外靡⑧于天下矣,是魏弊⑨矣。诸侯恶魏必事韩,是我免⑩于人一之下,而信⑪于万人之上也。夫弱魏之兵,而重韩之权,莫如朝魏。'昭釐侯听而行之,明君也;申不害虑事而言之,忠臣也。今之韩弱于始之韩⑫,而今之秦强于始之秦。今秦有梁君之心矣,而王与诸臣不事为尊秦以定韩者⑬,臣窃以为王之明为不如昭釐侯,而王之诸臣忠莫如申不害也。

[注释]①郑王:韩桓惠王。 ②昭釐侯:韩昭侯。 ③申不害:郑国人,任韩相国,主张法、术政治。 ④敌侔:国力相当。敌:相当。侔:相等,齐等。 ⑤执珪:手执玉珪,这是朝见国君的礼节,此言执珪,犹言很尊敬地朝见魏君。珪:象征等级地位的玉器,多使用在祭祀、朝觐、婚聘等重要的典礼中,形制有上圆下方、上锐下方两种。 ⑥非好卑而恶尊也:这样做不是甘愿卑贱,厌恶自身的尊贵。 ⑦非虑过而议失也:不是考虑过错与研究失误。 ⑧靡:耗费其力。 ⑨弊:凋敝,衰败。 ⑩免:通"俛",俛同"俯",屈身低头。 ⑪信:伸,犹言高居,高高在上。 ⑫今之韩弱于始之韩:当今韩国的衰弱的程度已经远远大于当初的韩国。 ⑬不事为尊秦以定韩者:不致力于以尊重秦国为手段来稳定韩国。

"昔者,穆公一胜于韩原而霸西州①,晋文公一胜于城濮而定天下②,此以一胜立尊令③,成功名于天下。今秦数世强矣,大胜以千数,小胜以百数,大之不王④,小之不霸⑤,名尊⑥无所立,制令无所行⑦,然而《春秋》用兵者,非以求主尊成名于天下也⑧。昔先王之攻,有为名者,有为实者。为名者攻其心⑨,为实者攻其形⑩。昔者,吴与越战,越人大败,保于会稽⑪之上。吴人入越而户抚之⑫。越王使大夫种行成于吴⑬,请男为臣⑭,女为妾⑮,身执禽而随诸御⑯。吴人果听其辞,与成而不盟⑰,此攻其心者也。其后越与吴战,吴人大败,亦请男为臣,女为妾,反以越事吴之礼事越。越人不听也,遂残吴国而禽夫差⑱,此攻其形者也。今将攻其心乎,宜使如吴⑲;攻其形乎,宜使如越。夫攻形不如越,而攻心不如吴,而君臣、上下、少长、贵贱,毕呼霸王,臣窃以为犹之井中而谓曰:'我将为尔求火也⑳。'

[注释]①穆公:秦穆公。韩原:晋地,在今山西芮城县。西州:西部,西方。 ②晋文公:晋献公之子重耳,春秋五霸之一。一胜城濮:指公元前634年城濮之战,晋以少胜多,击败楚军,晋文公成为霸主。 ③尊令:霸主的权威。 ④大:大胜。王:王天下。 ⑤小:小胜。霸:成为霸主。 ⑥名尊:王天下与霸主的尊名。 ⑦制令无所行:诸侯不从其令。 ⑧非以求主尊成名于天下也:不是为了国君的权威与霸主的名义,志于尊王而已。 ⑨心:使其心服。 ⑩形:土地与人民。 ⑪会稽:会稽山,位于今浙江绍兴市。 ⑫户抚之:遍至各家安抚。 ⑬越王:越王勾践。大夫种:春秋越国大夫,氏文,名种,字少禽,辅佐勾践雪会稽之耻,功成不退,被勾践杀。行成:讲和。 ⑭臣:男性奴仆。 ⑮妾:女性奴仆。 ⑯身执禽而随诸御:亲身持着见面礼物禽鸟,跟随在吴国当权者的后边。执禽:执禽鸟为见面礼物。随:跟随。御:吴国的当权者乘坐的车。 ⑰成:讲和。盟:盟约。 ⑱残:摧毁。禽:通

"擒",擒获。夫差:春秋吴国之君。 ⑲宜使如吴:最好的做法就是像吴国那样。 ⑳尔:你。求:寻找。

"东孟之会①,聂政、阳坚刺相兼君②。许异蹴哀侯而殪之③,立以为郑君④。韩氏之众无不听令者,则许异为之先⑤也。是故哀侯为君,而许异终身相⑥焉。而韩氏之尊许异也,犹其尊哀侯也。今日郑君不可得而为也⑦,虽终身相之焉,然而吾弗为云⑧者,岂不为过谋⑨哉!昔齐桓公九合诸侯⑩,未尝不以周襄王之命⑪。然则虽尊襄王,桓公亦定霸矣。九合之尊⑫桓公也,犹其尊襄王也。今日天子不可得而为也,虽为桓公吾弗为云者,岂不为过谋而不知尊哉!韩氏之士数十万,皆戴⑬哀侯以为君,而许异独取相焉者,无他⑭;诸侯之君,无不任事于周室也⑮,而桓公独取霸者,亦无他也。今强国将有帝王之亹⑯,而以国先者⑰,此桓公、许异之类⑱也。岂可不谓善谋哉?夫先与⑲强国之利,强国能王,则我必为之霸;强国不能王,则可以辟⑳其兵,使之无伐我。然则强国事成,则我立帝而霸㉑;强国之事不成,犹之厚德㉒我也。今与㉓强国,强国之事成则有福,不成则无患,然则先与强国者,圣人之计也。"

[注释]①东孟之会:韩国在今河南延津县举行的盛大集会。 ②杨坚:又作杨竖,聂政的助手。相:韩相国韩傀。君:韩哀侯。 ③许异:韩人。蹴:音 cù,踢,踩踏。殪:死,此意为倒地假装死亡。 ④郑君:韩国国君。 ⑤先:率先,带头。 ⑥终身相:终身为相国。 ⑦郑君不可得而为也:韩君的君位是不可能得到的,或言即位为韩国的国君是不可能的。 ⑧云:言,犹言这样说,这样思考。 ⑨过谋:失误的谋略。 ⑩齐桓公:小白,春秋第一

位霸主。合:会合,盟会。 ⑪周襄王之命:以周襄王名义举行盟会。 ⑫尊:极度的尊贵与权威。 ⑬戴:拥戴。 ⑭无他:没有其他原因。 ⑮任事:担任职务,处理政事,此犹言受命于。周室:周王室。 ⑯亹:音mén,本义为水流夹山处,引申为罅、缝隙、裂缝,此指机会。 ⑰以国先者:以国家为先,以国家利益为首要利益。 ⑱类:类似,相同。 ⑲与:给予。 ⑳辟:通"避",躲避、避免。 ㉑我立帝而霸:我拥立强国为帝,而我也因拥立强国有功而称霸。 ㉒厚德:深深的感激。 ㉓与:结交,建立友好关系。

○韩阳役于三川而欲归

韩阳役于三川而欲归①,足强②为之说韩王曰:"三川服③矣,王亦知之乎?役且共贵公子④。"王于是召诸公子役于三川者而归之。

[注释]①韩阳:韩人,疑为韩公子。役:征伐之役。三川:黄河、洛河、伊河,大致包括今洛阳、孟津、巩义、荥阳一带。此三川指韩国在这一带的所属之地。归:撤兵。 ②足强:韩人,事不详。 ③服:服事,犹言形势已经稳定。 ④役且共贵公子:参加三川征伐之役的人们将要共同拥立韩阳等公子为君。贵:使其显贵,此指欲立其为君。

○秦大国

秦,大国也。韩,小国也。韩甚疏①秦。然而见②亲秦,计之③,非金无以也④,故卖美人。美人之贾⑤贵,诸侯不能买,故秦买之三千金。韩因以其金事秦,秦反得其金与韩之美人。韩之美人因言于秦曰"韩甚疏秦。"从是观之,韩亡⑥美人与金,其疏秦乃始益明⑦。故客有说韩者曰:"不如止淫用⑧,以是为金以事秦,是金必行,而韩之疏秦不明。美人知内行⑨者也,故善为计者,不见内行。"

[注释]①疏:疏远。 ②见:音 xiàn,同"现",显示出。 ③计之:设计出表示亲秦的办法。 ④非金无以也:没有资金是无法实施的。 ⑤贾:通"价",价格。 ⑥亡:失去。 ⑦始益明:开始更加明了。 ⑧淫用:奢侈的费用。淫:过多,过分。 ⑨内行:国中的隐事。

○张丑之合齐楚讲于魏

张丑之合齐、楚讲于魏也①,谓韩公仲②曰:"今公疾攻魏之运③,魏急,则必以地和于齐、楚。故公不如勿攻也。魏缓则必战④。战胜,攻运而取之易⑤矣。战不胜,则魏且内⑥之。"公仲曰:"诺。"张丑因谓齐、楚曰:"韩已与魏⑦矣。以为不然⑧,则盖观公仲之攻也⑨。"公仲不攻,齐、楚恐⑩,因讲于魏,而不告⑪韩。

[注释]①张丑:齐臣。合:联合。讲:讲和。 ②韩公仲:韩相国公仲朋。 ③疾:猛烈。运:地名,当今何地不详。 ④缓:缓攻魏国的运地。战:魏与齐、楚战。 ⑤易:容易。 ⑥内:同"纳",纳运于韩。 ⑦与魏:与魏讲和。 ⑧以为不然:齐、楚不以为然。 ⑨盖:大概。观:观察,静观其变。 ⑩恐:畏惧,害怕,担忧。 ⑪告:通告,告知。

○或谓韩相国

或谓韩相国①曰:"人之所以善扁鹊者②,为有臃肿也③;使善扁鹊而无臃肿也,则人莫之为之也④。今君以所事善平原君者⑤,为恶于秦也⑥;而善平原君乃所以恶于秦也⑦。愿君之熟计之也。"

[注释]①韩相国:公仲朋。　②善:善待,友善相待。扁鹊:战国名医,姓秦,名越人,渤海郡人。　③为有臃肿也:因为人们会患上痈疽等疾病,需要扁鹊的医治。臃肿:痈疽,恶性脓疮。　④人莫之为之也:没有人去这样做。⑤所事:所做之事。平原君:赵惠文王弟赵胜,封于东武城,号平原君。东武城位于今山东武城县。　⑥为恶于秦也:因公仲朋仇恨秦国,所以与平原君非常亲近。　⑦善平原君乃所以恶于秦也:与平原君非常亲近,是您之所以被秦仇恨的原因。

○公仲使韩珉之秦求武隧

公仲使韩珉之秦求武隧①,而恐楚之怒也。唐客②谓公仲曰:"韩之事秦也,且以求武隧也,非弊邑之所憎也。韩已得武隧,其形乃可以善楚③。臣愿有言,而不敢为楚计④。今韩之父兄得众者毋相⑤,韩不能独立,势必不善楚。王曰:'吾欲以国辅韩珉而相之可乎?父兄恶珉,珉必以国保楚。'"公仲说,士唐客于诸公⑥,而使之主⑦韩、楚之事。

[注释]①韩珉:又作韩岷,韩人,曾为齐相,主张亲秦。武隧:在今山西临汾市。　②唐客:楚人。　③形:地理形势。善:亲近,友好。　④计:计划,算计。　⑤韩之父兄:韩国公族。得众者:得到众人拥护。相:担任相国。⑥士:又作仕,推荐其为官,介绍给诸公。诸公:各位大臣。　⑦主:主持,掌管。

○韩相公仲珉使韩侈之秦

韩相公仲珉使韩侈之秦①,请攻魏,秦王②说之。韩侈在唐③,公仲珉死。韩侈谓秦王曰:"魏之使者谓后相韩辰曰④:'公必为魏罪⑤韩侈。'韩辰曰:'不可。秦王仕之⑥,又与约事⑦。'使者曰:'秦之仕韩侈也,以重⑧公仲也。今公仲死,韩侈之⑨秦,秦必弗入⑩。入,又奚为挟之以恨魏王乎⑪?'韩辰患之,将听之矣。今王不召韩侈,韩侈且伏于山中⑫矣。"秦王曰:"何意寡人如是之权也⑬!令安伏⑭?"召韩侈而仕之。

[注释]①公仲珉:韩相国,疑为韩珉,一说为公仲朋。韩侈:一说应为韩珉。 ②秦王:秦昭王。 ③唐:位于今河南洛阳市东北。 ④后相:公仲珉死后继任的相国。韩辰:公仲珉死后的新任相国。 ⑤罪:以罪惩处。 ⑥仕之:使韩侈为官。 ⑦约事:相约伐魏。 ⑧重:表示尊重。 ⑨之:至。 ⑩入:允许进入秦国。 ⑪奚:何,什么,怎么。挟:挟持,要挟。 ⑫伏于山中:隐藏在山里,惧怕韩辰罪之。 ⑬何意:为什么认为。权:变,权变,随机应变。 ⑭令按伏:为什么要使韩侈隐藏在山里。

○客卿为韩谓秦王

客卿为韩谓秦王曰①:"韩珉之议,知其君不知异君②,知其国不知异国。彼公仲者,秦势能诎③之。秦之强,首④之者,珉为疾⑤矣。进齐、宋之兵至首坦⑥,远薄梁郭⑦,所以不及⑧魏者,以为成而过南阳之道⑨,欲以四国西首⑩也。所以不者⑪,皆曰以燕亡于齐⑫,魏亡于秦,陈、蔡亡⑬于楚,此皆绝地形⑭,群臣比周以蔽其上⑮,大臣为诸侯轻国也⑯。今王位正⑰,张仪之贵,不得议公孙郝⑱,是从臣不事大臣也⑲;公孙郝之贵,不得议甘戊⑳,则大臣不得事近臣㉑矣。贵贱不相事,各得其位,辐凑㉒以事其上,则群臣之贤不肖㉓,可得而知也。王之明一也㉔。公孙郝尝疾齐、韩而不加贵㉕，则为大臣不敢为诸侯轻国矣。齐、韩尝因公孙郝而不受㉖，则诸侯不敢因群臣以为能㉗矣。外内不相为㉘，则诸侯之情伪㉙可得而知也。王之明二㉚也。公孙郝、樗里疾㉛请无攻韩，陈四辟去㉜，王犹攻之也。甘茂约楚、赵而反敬魏㉝，是其讲我㉞，茂且攻宜阳，王犹校㉟之也。群臣之知㊱，无几于王之明者㊲，臣故愿公仲之国以侍于王㊳，而无自左右㊴也。"

[注释]①客卿：在其他诸侯国从仕为官者，此指韩国的客卿。秦王：秦武王。②异君：他国之君。③讪：音 qū，屈服，制服。④首：兵锋所向。⑤疾：比较轻的病曰疾，此指韩珉善公仲，秦兵指向公仲，而韩珉为之担忧。⑥首垣：又作首垣，魏地，在今河南长垣县。⑦远薄梁郭：远远地迫近大梁城。薄：接近，迫近。梁郭：魏都城大梁的城郭。⑧及：触及。⑨成：魏与齐、宋讲和。过：越过，通过。南阳：位于今河南济源市至获嘉县一带。⑩四国：韩、齐、魏、宋。西首：向西攻秦。⑪不者：不向西攻秦。⑫亡：丧失土地。⑬亡：灭亡。⑭绝地形：交通断绝，在地理形势上失去了与其他地区或诸侯国的联系。或为土地面积大小、地形险峻差异悬殊。⑮比周：结党营私，结为朋党。蔽：蒙蔽，欺蒙。上：国君。⑯大臣为诸侯轻国也：大臣为了得到其他诸侯国重视而轻视、忽略，甚至牺牲本国的利益。⑰位正：正贵贱名位。⑱不得议公孙郝：虽然张仪非常尊贵，但他不能议论公孙郝。公孙郝：秦国公族，一说为楚大臣。⑲从臣不事大臣也：为了避免内外结为朋党，从臣不服事于大臣。大臣：张仪、甘茂等与秦国国君没有血缘关系者。从臣：公孙郝等秦国公族，一说为国君身边的近臣。⑳甘戊：又作甘茂，秦将军。㉑近臣：国君身边的官员。㉒辐凑：比喻人们像车辐集中于车毂一样，聚集在国君的周围。㉓贤不肖：贤与不贤。㉔明：英明。一：第一点。㉕疾：急于得到。不加贵：没有得到齐、韩的厚待。㉖因：利用，通过。不受：秦不接纳齐、韩。㉗能：能力，能量。㉘为：联系，勾结。㉙情伪：真情与假象。㉚二：第二点。㉛樗里疾：秦惠王异母弟，因其居住的"里"有大樗树，故号樗里疾。樗，音 chū。㉜陈四辟去：因为决定不攻

伐韩,排列好的军阵四散而去。陈:列为军阵。辟:通"避"。 ㉝约楚、赵:约楚、赵攻魏。反敬魏:撕毁与楚、赵的约定,反过来却友好地对待魏国。 ㉞讲我:与秦国讲和。 ㉟校:认真研究、权衡攻伐与讲和的利弊。 ㊱知:智谋。 ㊲几:接近。明:英明。 ㊳公仲之国:此指韩国。侍:侍奉。 ㊴无自左右:公仲听从于秦王,而不听身边近臣的意见。

〇韩珉相齐

韩珉相齐,令吏逐公畴竖①,大怒于周之留成阳君也②。谓韩珉曰:"公以二人③者为贤人也,所入之国④,因用⑤之乎?则不如其处小国⑥。何也?成阳君为秦去⑦韩,公畴竖,楚王⑧善之。今公因逐之,二人者必入秦、楚,必为公患。且明公之不善于天下⑨。天下之不善公者,与⑩欲有求于齐者,且收⑪之,以临齐而市公⑫。"

[注释]①公畴竖:齐人,事不详。 ②留:滞留,拘留。成阳君:韩国封君,主张联合秦、魏,此时成阳君出使秦国过周,周人滞留成阳君,故韩珉怒。 ③二人:公畴竖与成阳君。 ④所入之国:公畴竖与成阳君所去的诸侯国。 ⑤用:任用为官。 ⑥处:处于。小国:周。 ⑦去:离开。 ⑧楚王:楚顷襄王。 ⑨明:显示。善于天下:与其他诸侯国友好相处。 ⑩与:联合。 ⑪收:友好接近。 ⑫临齐:到齐国去。市:交易,出卖。公:韩珉。

〇或谓山阳君

或谓山阳君①曰:"秦封君以山阳,齐封君以莒②。齐、秦非重韩则贤③君之行也。今楚攻齐取莒,上及不交齐④,次弗纳于君⑤,是棘齐、秦之威而轻韩也⑥。"山阳君因使之楚。

[注释]①山阳君:韩国封君,封于山阳。山阳:在今河南焦作市。 ②齐封君以莒:齐也有可能将你封于莒。莒:齐今山东莒县。 ③贤:赞赏。 ④上及不交齐:从大的方面看,不能与齐国建立友好邦交。 ⑤次弗纳于君:从小的方面看,很难进入莒地。 ⑥棘:棘手,为难于,因齐、楚强大而感到为难。威:权威,威势。

○赵魏攻华阳

赵、魏攻华阳①,韩谒急于秦②。冠盖相望③,秦不救。韩相国谓田苓曰④:"事急,愿公虽疾⑤,为一宿之行⑥。"田苓见穰侯⑦,穰侯曰:"韩急乎?何故⑧使公来?"田苓对曰:"未急也。"穰侯怒曰:"是何以为公之王使乎⑨?冠盖相望,告弊邑甚急,公曰未急,何也?"田苓曰:"彼韩急,则将变⑩矣。"穰侯曰:"公无见王矣,臣请令发兵救韩。"八日中⑪,大败赵、魏于华阳之下⑫。

[注释]①华阳:在今河南新郑市。一说华阳为韩地,在今河南修武县。 ②谒:告急的使者。急:告急。 ③冠盖相望:使者、车辆相连。冠:帽子,头冠。盖:车篷。 ④韩相国:韩辰。田苓:韩人,事不详。 ⑤疾:快行。 ⑥为一宿之行:连夜赶路,或谓不要着急,按照正常的速度行路。 ⑦穰侯:名魏冉,楚人,秦宣太后的异父弟,秦昭王母舅。秦武王死后,他拥立秦昭王,初为将军,后担任相国。封于今河南邓州的穰邑,称穰侯,后又加封位于今山东定陶县的陶邑。穰,音ráng。 ⑧何故:什么原因。 ⑨是何以为公之王使乎:为什么田苓你为韩王出使。 ⑩变:韩国改变亲秦的立场。 ⑪八日中:第八天的中午,或谓八天之内。 ⑫下:华阳城下。

○秦招楚而伐齐

秦招①楚而伐齐,冷向谓陈轸曰②:"秦王必外向③。楚之齐者④知西不合于秦,必且务⑤以楚合于齐。齐、楚合,燕、赵不敢不听。齐以四国敌秦,是齐不穷⑥也。"向曰:"秦王诚⑦必欲伐齐乎?不如先收⑧于楚之齐者,楚之齐者先务以楚合于齐,则楚必即⑨秦矣。以强秦而有晋⑩、楚,则燕、赵不敢不听,是齐孤矣。向请为公说秦王。"

[注释]①招:招徕,联合。 ②冷向:秦臣。陈轸:齐人,一说为夏人,先后仕于秦、魏、楚。轸,音zhěn。 ③秦王:秦惠王。外向:与楚以外的诸侯国建立友好邦交关系,向秦、楚以外发展。 ④楚之齐者:楚国的亲齐者。 ⑤务:致力于。 ⑥不穷:兵力不屈,军事力量足够抗秦。 ⑦诚:的确,确实。 ⑧收:收买,拉拢。 ⑨即:接近,投靠。 ⑩晋:一说为衍文。

○韩氏逐向晋于周

韩氏逐向晋于周①,周成恢为之谓魏王曰②:"周必宽而反之③,王何不为之先言④,是王有向晋于周也⑤。"魏王曰:"诺。"成恢因为谓韩王曰:"逐向晋者韩也,而还之者魏也,岂如道⑥韩反之哉!是魏有向晋于周,而韩王失之也⑦。"韩王曰:"善。"亦因请复⑧之。

[注释]①韩氏:韩国。向晋:周臣,韩使周驱逐之。 ②成恢:周臣。魏王:魏安釐王。 ③宽:缓,延缓,延迟。反:同"返",返回。 ④先言:提前提出让向晋返周。 ⑤有向晋于周:因促成了向晋返周,魏安釐王必然会得到

向晋的拥戴。 ⑥道:由,通过。 ⑦韩王:韩桓惠王。失之:韩不返向晋于周,韩将失去向晋的支持。 ⑧复:返,使向晋返回周。

○张登请费缍

张登请费缍①,曰:"请令公子年②谓韩王曰:'费缍,西周雠③之,东周宝④之。此其家万金⑤,王何不召之,以为三川之守⑥。是缍以三川与西周戒也⑦,必尽其家以事王。西周恶之,必效先王之器以止王⑧。'韩王必为之。西周闻之,必解子之罪⑨,以止子之事⑩。"

[注释]①张登:中山人。请:谓,告诉。费缍:韩人。缍,音xiè。 ②公子年:又作公子牟,韩国公子。 ③雠:同"仇",仇恨。 ④宝:视其为宝贝,重视。 ⑤家万金:家有万金财产。 ⑥三川:即黄河、洛河、伊河,大致包括今洛阳、孟津、巩义、荥阳一带,时为韩地,韩置三川郡。守:郡守,掌一郡的军事权力。 ⑦以三川与西周戒也:以三川郡为依托,与西周保持高度的戒备。 ⑧效:献上。先王之器:先王流传下来的钟鼎等宝器。止:制止韩国,勿使费缍为三川郡守。 ⑨解:解除,豁免。子:费缍。 ⑩事:费缍为三川郡守之事。

○安邑之御史死

安邑之御史死①,其次恐不得也②。输人为之谓安令曰③:"公孙綦为人请御史于王④,王曰:'彼固有次乎?吾难败其法⑤。'"因遽置之⑥。

[注释]①安邑:韩邑,在今山西运城市东北。御史:县令的下属官员。 ②次:御史的副职。 ③输人:居住在输里之人。输:里名。安令:安邑县令。

④公孙綦:事不详。綦,音 qí。请:为他人请求担任御史。 ⑤败:破坏。法:法度。 ⑥遽:音 jù,速,立刻,马上。置:任命新的御史。

○魏王为九里之盟

魏王为九里之盟①,且复②天子。房喜谓韩王曰③:"勿听之也,大国恶有天子④,而小国利之⑤。王与大国弗听⑥,魏安能与小国立之⑦。"

[注释]①魏王:魏惠王,一说为魏安釐王。九里之盟:公元前344年,魏惠王与诸侯盟会于逢泽,盟会率诸侯朝周天子于成周。九里为成周之地,在今河南登封县,故称其为九里之盟。 ②复:恢复周天子昔日的尊严与权威。③房喜:韩人。韩王:韩昭侯。 ④恶有天子:厌恶天子的存在。 ⑤小国利之:小国认为天子的存在对自己有利。 ⑥弗听:不同意魏国的做法,不参与魏国行动。 ⑦安:怎么。立:恢复周天子的尊严与权威。

○建信君轻韩熙

建信君轻韩熙①,赵敖②为谓建信侯曰:"国形有之而存③,无之而亡者,魏也。不可无而从者④,韩也。今君之轻韩熙者,交善楚、魏也。秦见君之交反⑤善于楚、魏也,其收韩必重矣。从⑥则韩轻,横⑦则韩重,则无从轻矣⑧。秦出兵于三川,则南围鄢、蔡、邵之道不通矣⑨。魏急,其救赵必缓⑩矣。秦举兵破邯郸⑪,赵必亡矣。故君收韩,可以无亶⑫。"

[注释]①建信君:赵孝成王时的封君,为赵孝成王的相国。韩熙:韩臣。②赵敖:赵人。 ③国形有之则存:此指赵与魏为邻国,其形势是两国友好邦

交关系能够存在发展。 ④不可无而从者:指韩国是合纵所不可缺少的诸侯国。 ⑤反:不与韩相交,反而与楚、魏友好。 ⑥从:合纵。 ⑦横:连横。 ⑧则无从轻矣:不存在合纵,赵国就会处于无足轻重的状态。 ⑨鄢:鄢陵,在今河南鄢陵县。蔡:在今河南上蔡县。邵:即召陵,在今河南漯河市郾城区。不通:鄢、蔡、邵交通断绝。 ⑩缓:慢,迟。 ⑪邯郸:赵国都城,在今河北邯郸市。 ⑫亹:音mén,本义为水流夹山处,引申为罅、缝隙、裂缝,此指他国可乘之机。

○段产谓新城君

段产谓新城君曰①:"夫宵行者能无为奸②,而不能令狗无吠己③。今臣处郎中④,能无议君于王⑤,而不能令人毋议臣于君。愿君察之也。"

[注释]①段产:秦人。新城君:楚人芈戎,秦宣太后同父弟,初封华阳,号华阳君,秦取楚新城后又封新城,号新城君。 ②宵行者:半夜走路的人。奸:阴谋,犯法作乱。 ③吠己:狗对着自己狂叫。 ④处:担任,处于这个位置。郎中:国君的左右侍卫。 ⑤君:指新城君。王:指秦昭王。

○段干越人谓新城君

段干越人①谓新城君曰:"王良之弟子驾②,云取千里马③,遇造父④之弟子。造父之弟子曰:'马不千里⑤。'王良弟子曰:'马,千里之马也;服⑥,千里之服也。而不能取千里⑦,何也?'曰:'子缰牵长⑧。故缰牵于事,万分之一也⑨,而难千里之行⑩。'今臣虽不肖,于秦亦万分之一也,而相国见臣不释塞者⑪,是缰牵长也⑫。"

[注释]①段干越人:魏人,时在秦。　②王良:赵简子的驾车人。驾:原意是马负车轭驾车,此指王良御车。　③云:声言,说。取:得到。　④造父:周穆王的驾车人。　⑤马不千里:此马非千里马。　⑥服:车辕两旁的夹木"轭",此指整个马车。一说当时为四马驾一辆车,中间驾辕的两匹马为服。⑦取千里:取得日行千里的成绩。　⑧子:王良的弟子。缫:音 mò,绳子,缫绳。牵长:牵引马的缫绳放得太长。　⑨万分之一:缫绳的长短对于千里之行仅仅有万分之一。　⑩难千里之行:虽然缫绳的长短对于千里之行仅仅有万分之一,但却会使千里马难有千里之行,犹言事情虽小,但意义重大。⑪相国:新城君虽然不是相国,但却有相国的权势,所以称其相国。塞:障碍,言属下设置障碍。　⑫是缫牵长也:这是因为缫绳放得太长,犹言在具体事情方面有失误。

卷二十九 燕 一

○苏秦将为从北说燕文侯

苏秦将为从①，北说燕文侯曰："燕东有朝鲜、辽东②，北有林胡、楼烦③，西有云中、九原④，南有呼沱、易水⑤。地方二千余里，带甲数十万，车七百乘，骑六千疋⑥，粟支十年。南有碣石、雁门之饶⑦，北有枣栗之利，民虽不由田作⑧，枣栗之实⑨，足食于民矣。此所谓天府也。夫安乐无事，不见覆军杀将之忧⑩，无过⑪燕矣。大王知其所以然乎？夫燕之所以不犯寇被兵者⑫，以赵之为蔽⑬于南也。秦、赵五战，秦再胜⑭而赵三胜。秦、赵相弊⑮，而王以全⑯燕制其后，此燕之所以不犯难⑰也。且夫秦之攻燕也，踰云中、九原，过代、上谷⑱，弥埊踵道⑲数千里，虽得燕城，秦计⑳固不能守也。秦之不能害燕亦明矣。今赵之攻燕也，发兴号令，不至十日，而数十万之众，军于东垣矣㉑。度㉒呼沱，涉㉓易水，不至四五日，距㉔国都矣。故曰，秦之攻燕也，战于千里之外；赵之攻燕也，战于百里之内。夫不忧百里之患，而重千里之外，计无过㉕于此者。

是故愿大王与赵从亲㉖,天下为一㉗,则国必无患矣。"

[注释]①从:合纵。 ②朝鲜:今朝鲜半岛。辽东:今辽东半岛。 ③林胡:北方少数民族,活动于今内蒙古包头市一带。楼烦:北方少数民族,活动于今山西北部与内蒙古一带。 ④云中:赵武灵王建置的郡,秦代治所在内蒙古托克托东北,统辖范围约为今山西、陕西两省北部到内蒙古黄河南岸的伊克昭盟。九原:位于今内蒙古包头市。 ⑤呼沱:即滹沱河,发源于山西繁峙县,流经代县、原平县及忻定盆地,转入太行山东坡,至河北献县老河口与滏阳新河汇合入海。易水:源出于河北易县境内,分南易水、中易水、北易水,三支易水汇合后流入南拒马河。 ⑥疋:同"匹"。 ⑦碣石:山名,在今河北昌黎县。雁门:山名,在今山西代县。鴈:同"雁"。饶:富饶的物产。 ⑧由:生活必需品的来源。田作:土地耕作。 ⑨枣栗之实:枣树的果实枣子和栗树的果实栗子。 ⑩忧:忧虑,担忧。 ⑪过:超过。 ⑫犯寇:被寇贼侵犯。被兵:遭受兵燹之祸。 ⑬蔽:屏障。 ⑭再胜:取得二次胜利。 ⑮弊:败,疲困。 ⑯全:完整,没有受到损伤。 ⑰犯难:遭受劫难。 ⑱过:越过。代:郡名,赵地,在今山西代县、河北蔚县一带。上谷:燕地,后设置为郡,包括今河北中部、西北部和西部,秦朝其首府在今河北怀来县。 ⑲弥埊:布满了燕国大地。埊:同"地"。踵道:行人川流不息的道路。踵:脚后跟。 ⑳计:估计,认为。 ㉑军:军队聚集。东垣:赵邑,在今河北石家庄市。 ㉒度:通"渡",渡过。 ㉓涉:步行过水,趟水过河。 ㉔距:至,到达。 ㉕过:过错,失误。 ㉖从亲:亲密合纵。 ㉗一:团结一致。

燕王曰:"寡人国小,西迫①强秦,南近齐、赵。齐、赵,强国也,今主君幸教诏之②,合从以安燕,敬以国从。"于是赍③苏秦车马金帛以至赵。

[注释]①迫:迫近,接近。 ②诏:告诫,教诲。 ③赍:音jī,进献,送给。

○奉阳君李兑甚不取于苏秦

奉阳君李兑甚不取于苏秦①。苏秦在燕,李兑②因为苏秦谓奉阳君曰:"齐、燕离则赵重③,齐、燕合则赵轻。今君之齐④,非赵之利也。臣窃为君不取也。"

[注释]①李兑:因功官赵司寇,后为相国,封为奉阳君。不取于:不赞同于。 ②李兑:李兑的封号为奉阳君,故不应有"李兑"二字。 ③离:不合作。重:力量则强。 ④君之齐:苏秦到齐国谋求齐、燕联合。

奉阳君曰:"何吾合燕于齐①?"

[注释]①何吾合燕于齐:为什么我要让燕与齐联合。

对曰:"夫制于燕者苏子也①。而燕弱国也,东不如齐,西不如赵,岂能东无齐②、西无赵哉?而君甚不善苏秦,苏秦能抱弱燕而孤于天下哉③?是驱④燕而使合于齐也。且燕亡国之余也⑤,其以权立⑥,以重外⑦,以事贵⑧。故为君计,善苏秦则取⑨,不善亦取之,以疑⑩燕、齐。燕、齐疑,则赵重矣。齐王⑪疑苏秦,则君多资⑫。"

[注释]①制:掌握燕国大权。苏子:苏秦。 ②无齐:没有、失去齐国的友好邦交。 ③抱:固守。孤:孤立。 ④驱:促使,驱动。 ⑤亡国之余也:公元前314年齐攻燕国,燕几乎亡国。余:几乎亡国之后的残存。 ⑥其以权立:燕乱,太子平死,赵送燕公子职归国,立为燕昭王,此指燕昭王凭借特殊的机会与手段立为国君。 ⑦重外:重视与他国的邦交关系,借用外部力量。 ⑧贵:权贵。 ⑨取:听取苏秦的意见,与苏秦交往。 ⑩疑:疑惑,迷惑。 ⑪齐王:齐闵王,一说为齐宣王。 ⑫资:有利的条件,依靠。

奉阳君曰:"善。"乃使使①与苏秦结交。

[注释]①使使:派出使者。

○权之难燕再战不胜

权之难①,燕再战不胜,赵弗救。哙子谓文公曰②:"不如以埊③请合于齐,赵必救我。若不吾救,不得不事④。"文公曰:"善。"令郭任⑤以埊请讲于齐。赵闻之,遂出兵救燕。

[注释]①权之难:公元前296年燕、齐战于权,燕败。权:地名,位于河北正定县。 ②哙子:即燕王哙。文公:燕文公。权之难时燕王哙与燕文公早已死,一说哙子当为郭任,文公当为昭王。 ③以埊:通过割地。 ④不得不事:燕、齐联合,则赵的力量就会显得弱,所以,如果现在赵不救援燕国,将来一定要服事于燕国。 ⑤郭任:燕臣,事不详。

○燕文公时

燕文公时,秦惠王以其女为燕太子妇①。文公卒,易王立。齐宣王因燕丧攻之②,取十城。

[注释]①燕太子:即后来的燕易王。妇:妻子。 ②因燕丧攻之:趁燕国为燕文公办理丧事的时候发起进攻。

武安君苏秦为燕说齐王①,再拜而贺,因仰而吊②。齐王桉戈而却曰③:"此一何庆吊相随之速也④?"

[注释]①武安君苏秦:赵惠文王封苏秦为武安君。齐王:齐宣王。②因仰而弔:借仰头庆贺时却讲出了吊唁之辞。弔:同"吊"。③桉:通"按"。戈:又称勾兵,用以勾杀的兵器。卻:同"却",喝令苏秦退下。④一:同一件事情,同一个人。庆吊:庆贺与吊唁哀悼。相随之速:前后变化这么快。

对曰:"人之饥所以不食乌喙①者,以为虽偷②充腹,而与死同患③也。今燕虽弱小,强秦之少婿④也。王利其十城⑤,而深与强秦为仇。今使弱燕为鴈行⑥,而强秦制⑦其后,以招天下之精兵⑧,此食乌喙之类⑨也。"

[注释]①乌喙:毒药,又名乌头、附子。②偷:苟且。③患:祸患。④少婿:最小的女婿,此犹言秦、燕为联姻之邦。⑤王利其十城:指齐伐燕所取的十个城邑。⑥鴈行:像大雁飞行时一样组织好军队。鴈:同"雁"。⑦制:控制,牵制。⑧招:引来。精兵:指秦国的精锐之师。⑨类:类同,一样。

齐王曰:"然则奈①何?"

[注释]①奈:同"奈"。

对曰:"圣人之制事①也,转祸而为福,因败而为功。故桓公负妇人②而名益尊,韩献开罪而交愈固③,此皆转祸而为福,因败而为功者也。王能听臣,莫如归④燕之十城,卑辞⑤以谢秦。秦知王以己之故⑥归燕城也,秦必德⑦王。燕无故而得十城,燕亦德王。是弃强仇而立厚交也。且夫燕、秦之俱事齐,则大王号令天下皆从⑧。是王以虚辞附秦⑨,而以十城取天下也。此霸王之业矣。所谓转祸为福,因败成功者也。"

[注释]①制事:处理事务。 ②负妇人:背负着好内的名声。 ③韩献开罪而交愈固:公元前615年晋、秦河曲之战,赵孟使人用车辆扰乱行军的队伍,韩献执而戮之,赵宣子非但不怪罪韩献,反而以礼待之。此即"开罪而交愈固"。 ④归:齐国归还。 ⑤卑辞:谦卑的言辞。 ⑥以己之故:因为秦王自身原因。 ⑦德:感恩戴德,感激。 ⑧从:服从,听从。 ⑨虚辞:空话,仅仅局限于口头语言。附:归附。

齐王大说,乃归燕城。以金千斤谢其后①,顿首涂中②,愿为兄弟③而请罪于秦。

[注释]①谢其后:归还燕国十城之后,又送金千斤表示感谢。 ②顿首:叩头。涂,泥浆,泥泞。 ③兄弟:兄弟之国。

○人有恶苏秦于燕王者

人有恶苏秦于燕王者①,曰:"武安君②,天下不信人③也。王以万乘下之④,尊之于廷,示天下与小人群⑤也。"

[注释]①恶:谗言陷害。燕王:燕昭王。 ②武安君:苏秦的封号。 ③不信人:不讲信义之人。 ④下:放下万乘之尊的国君的架子礼遇苏秦。 ⑤与小人群:与地位底下、道德水准不高的人打成一片。

武安君从齐来,而燕王不馆①也。谓燕王曰:"臣东周之鄙人②也,见足下身无咫尺之功③,而足下迎臣于郊,显臣于廷④。今臣为足下使⑤,利得十城,功存危燕,足下不听臣者,人必有言臣不信,伤⑥臣于王者。臣之不信,是足下之福也。使臣信如尾生⑦,廉如伯夷⑧,孝如曾参⑨,三者天下之高行⑩,而以事足下,不可乎?"燕王曰:"可。"曰:"有此⑪,臣亦不事足下矣。"

[注释]①馆:安排住宿的馆舍。 ②东周:在今河南洛阳市。鄙人:地位低下、学识浅薄之人。 ③见:当年拜见。足下:燕昭王。 ④显臣于廷:在朝廷名声显赫,位高权重。 ⑤使:出使。 ⑥伤:伤害,陷害。 ⑦信:恪守信用。尾生:古代传说中非常讲信用的人。尾生与一女子相约于桥下见面,女子迟迟未到,尾生一直等候,洪水奔腾而来,尾生却坚持不离去,最后抱着桥柱溺水身亡。 ⑧廉:坚守节操。伯夷:商孤竹君的儿子,拒绝继承君位,周武王伐纣,扣马谏阻。周武王灭商,耻于食周粟,饿死于首阳山。 ⑨曾参:即曾子,名考,字子舆,春秋鲁人,孔子的弟子。 ⑩高行:品行高尚,高风亮节。 ⑪有此:如果确实是这样。

苏秦曰:"且夫孝如曾参,义不离亲一夕宿于外,足下安得使之①之齐?廉如伯夷,不取素飡②,汙武王之义而不臣焉③,辞孤竹之君④,饿而死于首阳之山⑤。廉如此者,何肯步行数千里,而事弱燕之危主⑥乎?信如尾生,期而不来⑦,抱梁柱⑧而死。信至如此,何肯杨⑨燕、秦之威于齐而取大功乎哉?且夫信行者⑩,所以自为⑪也,非所以为人也。皆自覆之术⑫,非进取之道也。且夫三王代兴⑬,五霸迭盛⑭,皆不自覆也。君以自覆为可乎?则齐不益于营丘⑮,足下不踰⑯楚境,不窥于边城⑰之外。且臣有老母于周,离老母而事足下,去自覆之术,而谋进取之道,臣之趣⑱固不与足下合者。足下皆自覆之君也,仆者进取之臣也,所谓以忠信得罪于君者也。"

[注释]①之:指曾参。 ②素飡:无功而食。飡:同"餐"。 ③汙:同

"污",认为武王伐纣是不义之行。不臣:不为武王之臣。 ④孤竹:古国,活动于今河北卢龙县一代。君:君位。 ⑤首阳之山:又名雷首山,位于今山西永济市。 ⑥危主:岌岌可危的国君。 ⑦期而不来:到了约定的时间而不到。 ⑧梁柱:支撑桥梁的柱子,木质的桥墩。 ⑨杨:通"扬",张扬,显示。 ⑩信行者:恪守信用之人。 ⑪自为:为了自己。 ⑫自覆之术:自我完善、独善其身的方法。 ⑬三王:夏禹、商汤、周文王。代兴:交替兴起。 ⑭迭盛:轮换兴盛。 ⑮益:增加,兴旺发达。营丘:齐国始封之地,并建都于此。后改名临淄,在今山东淄博市。 ⑯踰:同"逾",越过,跨越。 ⑰边城:地处边境地区的城邑。 ⑱趣:志趣,情趣。合:契合。

燕王曰:"夫忠信,又何罪之有也?"

对曰:"足下不知也。臣邻家有远①为吏者,其妻私人②。其夫且③归,其私之者忧之④。其妻曰:'公勿忧也,吾已为药酒⑤以待之矣。'后二日,夫至。妻使妾奉卮酒进之⑥。妾知其药酒也,进之则杀主父⑦,言之则逐主母⑧,乃阳僵弃酒⑨。主父大怒而笞⑩之。故妾一僵而弃酒,上以活主父,下以存主母也。忠至如此,然不免于笞,此以忠信得罪⑪者也。臣之事,适不幸而有类妾之弃酒也⑫。且臣之事足下,亢义益国⑬,今乃得罪,臣恐天下后⑭事足下者,莫敢自必⑮也。且臣之说齐,曾不欺之也。使之说齐者,莫如臣之言也,虽尧、舜之智,不敢取也。"

[注释]①远:离家很远的地方。 ②私人:与他人私通。 ③且:将,将要。 ④私之者:与其私通的男子。忧:忧愁,忧虑。 ⑤药酒:毒药炮制之酒。 ⑥卮:圆形的盛酒容器。进:献上酒。 ⑦主父:妾对其丈夫的称呼。 ⑧言:告诉男主人。逐:驱逐。主母:妾对女主人的称呼。 ⑨阳僵弃酒:佯装摔倒,洒酒于地。阳:通"佯",表面,假装。僵:仆,跌倒。 ⑩笞:音 chī,用鞭、杖、竹板抽打。 ⑪得罪:获罪。 ⑫适:恰巧。类:类似,相似。 ⑬亢

义:崇尚信义。益国:为了燕国的发展。 ⑭后:以后。 ⑮自必:自作主张,相机行事。

○张仪为秦破从连横谓燕王

张仪为秦破从①连横,谓燕王②曰:"大王之所亲,莫如赵。昔赵王以其姊为代王妻③,欲并④代,约与代王遇于句注之塞⑤。乃令工人作为金斗⑥,长其尾⑦,令之可以击人。与代王饮,而阴⑧厨人曰:'即酒酣乐⑨,进热歠⑩,即因反斗击之⑪。'于是酒酣乐进取热歠。厨人进斟羹,因反斗而击之,代王脑涂地。其姊闻之,摩笄以自刺也⑫。故至今有摩笄之山⑬,天下莫不闻。

[注释]①从:合纵。 ②燕王:燕昭王。 ③赵王:指赵襄子。代王:代国之君。代:古国,位于今河北蔚县东北。公元前475年为赵襄子所灭,地封给其侄赵周,称为代成君。 ④并:兼并。 ⑤遇:会晤。句注:山名,又称雁门山,位于今山西代县。 ⑥金斗:青铜饮器。 ⑦长其尾:把金斗的手柄制作得很长。 ⑧阴:暗地里。 ⑨酣:饮酒到畅快的时候。乐:高兴。 ⑩歠:音 chuò,羹,汤羹之类。 ⑪因:借机。反:把金斗的手柄倒过来。 ⑫摩:通"磨"。笄:音 jī,用来插住挽起的头发,或插住帽子的簪子。 ⑬摩笄之山:位于今河北涿鹿县。

"夫赵王之狼戾无亲①,大王之所明见知②也。且以赵王为可亲邪?赵兴兵而攻燕,再③围燕都而劫大王,大王割十城乃却以谢④。今赵王已入朝渑池⑤,效河间以事秦⑥。大王不事秦,秦下甲云中、九原⑦,驱赵而攻燕,则易水、长城非王之有也⑧。且今时赵之于秦,犹郡县也⑨。

不敢妄⑩兴师以征伐。今大王事秦,秦王必喜,而赵不敢妄动矣。是西有强秦之援,而南无齐、赵之患,是故愿大王之熟计之也。"

[注释]①赵王:赵武灵王。狼戾:暴戾如狼。无亲:不讲亲情。 ②知:了解。 ③再:两次。 ④卻:同"却",退却,赵兵撤退。谢:燕国谢罪,赵国才撤兵。 ⑤入朝渑池:赵国到渑池朝觐秦国。渑池:今河南渑池县。 ⑥效:献,进献。河间:地在黄河、漳水之间,今河北河间县一带。 ⑦下甲:由西向东进军。云中:赵武灵王建置的郡,秦代治所在内蒙古托克托东北,统辖范围约为今山西、陕西两省北部到内蒙古黄河南岸的伊克昭盟。九原:位于今内蒙古包头市。 ⑧易水:源出于河北易县境内,分南易水、中易水、北易水,三支易水汇合后流入南拒马河。长城:燕国南部的长城,位于今河北易县。 ⑨犹郡县也:赵国犹如秦国的郡县。 ⑩妄:随意,自作主张。

燕王曰:"寡人蛮夷辟处①,虽大男子,裁②如婴儿,言不足以求正③,谋不足以决事。今大客幸而教之,请奉社稷西面而事秦,献常山之尾五城④。"

[注释]①蛮夷:蛮,南方少数民族的泛称。夷:东部少数民族的泛称。燕王自称蛮夷,形容燕国与其他少数民族一样落后。辟处:地处偏僻。辟:通"僻"。 ②裁:仅,仅仅。 ③正:完全正确。 ④常山:即北岳恒山,位于今河北曲阳西北与山西接壤处。尾:北岳恒山的末端,在燕国的西南部。

○宫他为燕使魏

宫他①为燕使魏,魏不听,留之数月。客谓魏王②曰:"不听燕使何也?"曰:"以其乱③也。"对曰:"汤之伐桀,欲其乱也。故大乱者可得其埊,小乱者可得其宝。今燕客④

之言曰:'事苟可听⑤,虽尽宝、地⑥,犹为之也。'王何为不见?"魏王说,因见燕客而遣⑦之。

[注释]①宫他:周人,仕于燕。 ②魏王:魏襄王。 ③乱:燕国内部政治混乱。 ④燕客:宫他。 ⑤事苟可听:燕国提出的问题,如果魏国可以同意。 ⑥尽:使用尽。宝:钟鼎彝器等器物。 ⑦遣:让宫他返回燕国。

○苏秦死其弟苏代欲继之

苏秦死,其弟苏代欲继之,乃北见燕王哙①曰:"臣东周之鄙人也,窃闻王义甚高甚顺②,鄙人不敏③,窃释钼耨而干大王④。至于邯郸⑤,所闻于邯郸者,又高于所闻东周。臣窃负其志⑥,乃至燕廷,观王之群臣下吏⑦,大王天下之明主也。"

[注释]①燕王哙:燕易王之子,名哙。哙:音kuài。 ②义:正义,好的道德品质,合乎社会道德要求的行为。高:高尚,高洁。顺:顺畅,顺乎人心。 ③敏:敏捷,聪明多智。 ④释:放弃。钼:同"锄",松土、锄草农具。耨:音nòu,小手锄,锄草工具。干:参与、追求,求取。 ⑤邯郸:赵国都城,在今河北邯郸市。 ⑥负其志:建立起自己的志向。负:抱持,担当。 ⑦观王之群臣下吏:观察国君的臣下官吏,即可知国君英明与否。

王曰:"子之所谓天下之明主者,何如者也①?"

[注释]①何如者也:英明的君主应该具备什么。

对曰:"臣闻之,明主者务闻其过①,不欲闻其善②。臣请谒王之过。夫齐、赵者,王之仇雠③也;楚、魏者,王之援国④也。今王奉⑤仇雠以伐援国,非所以利燕也。王自虑此则计过。无以谏者⑥,非忠臣也。"

[注释]①过:过错,批评过错的话。　②善:赞扬的话。　③仇雠:仇人。④援国:能够相互支援的友好邦国。　⑤奉:恭恭敬敬地跟随着。　⑥无以谏者:不对燕王的这个错误的决策提出异议。谏:下对上直言规劝。

王曰:"寡人之于齐、赵也,非所敢欲伐也①。"

[注释]①非所敢欲伐也:虽然齐、赵为燕国仇敌,但燕因其强而不敢攻伐。

曰:"夫无谋人①之心,而令人疑②之,殆③;有谋人之心,而令人知之,拙④;谋未发而闻于外,则危。今臣闻王居处不安,食饮不甘,思念报齐⑤,身自削甲扎⑥,曰有大数⑦矣,妻自组甲絣⑧,曰有大数矣,有之乎?"

[注释]①谋人:谋划他人。　②疑:令他产生疑虑。　③殆:危险,接近于失败。　④拙:愚笨。　⑤报齐:报齐伐燕之仇。　⑥自削:自己制作。甲扎:以皮革制成的甲叶。甲:军人穿戴的防护服。　⑦大数:大计,具有战略意义的计划。　⑧组:编制。甲絣:穿连甲的绳子。絣:音bēng。

王曰:"子闻之,寡人不敢隐也。我有深怨积怒于齐,而欲报之二年①矣。齐者,我雠国也,故寡人之所欲伐也。直患国弊②,力不足矣。子能以燕敌③齐,则寡人奉国而委④之于子矣。"

[注释]①二年:已经有了二年。一说二年当作三年。　②直:一直。患:担忧。国弊:国力衰弱。　③敌:抵挡,匹敌。　④委:委托。

对曰:"凡天下之战国七①,而燕处②弱焉。独战③则不能,有所附则无不重④。南附楚则楚重,西附秦则秦重,中附韩、魏则韩、魏重。且苟⑤所附之国重,此必使王重矣。今夫齐王⑥,长主⑦也,而自用⑧也。南攻楚五年,稸积散⑨。西困秦⑩三年,民憔悴⑪,士罢弊⑫。北与燕战⑬,覆三军,获二将。而又以其余兵南面而举五千乘之劲宋⑭,而包十二诸侯⑮。此其君之欲得也,其民力竭⑯也,安犹取哉?且臣闻之,数战则民劳⑰,久师⑱则兵弊。"

[注释]①战国:能攻伐之国。七:七个。 ②处:处于,居于。 ③独战:燕国独立与他国交战。 ④附:依附、联合他国。无不重:将使联合之国力量强大。 ⑤苟:如果,假如。 ⑥齐王:齐闵王。 ⑦长主:年长且久盛不衰之君。 ⑧自用:自恃强大,刚愎自用。 ⑨稸积散:积蓄的财物消耗殆尽。稸,同"蓄"。 ⑩困秦:被秦所困。 ⑪憔悴:身体瘦弱,面色蜡黄。 ⑫士罢弊:士卒疲惫衰弱。 ⑬北与燕战:齐国与北方的燕国相战,指公元前296年权之战。 ⑭余兵:攻燕以外的剩余军队。举:攻伐。 ⑮包:囊括,臣服。十二诸侯:分布于淮、泗之间的小诸侯国。 ⑯竭:耗尽。 ⑰数:屡次,多次。劳:疲劳。 ⑱久师:军队长期作战。

王曰:"吾闻之齐有清济、浊河①,可以为固;有长城、钜防,②足以为塞。诚有之乎?"

[注释]①清济:清澈的济水。济水,在齐国西部边境,为齐、赵的界限。浊河:混浊的黄河。 ②长城:齐国的长城,起于平阴,终于琅邪海岸。钜防:河道上的防守设施,一说又作"钜坊",齐长城的重要关隘,位于今山东平阴县。

对曰:"天时不与①,虽有清济、浊河,何足以为固?民力穷弊②,虽有长城、钜防,何足以为塞?且异日③也,济西不役④,所以备赵也;河北不师⑤,所以备燕也。今济西、河北,尽以役矣,封内弊矣⑥。夫骄主必不好计⑦,而亡国之臣贪于财。王诚能毋爱宠子、母弟以为质⑧,宝珠玉帛以事其左右⑨,彼且德燕而轻亡宋⑩,则齐可亡已。"

[注释]①与:降临。 ②穷弊:贫穷衰弱。 ③异日:昔日。 ④济西:济水以西,今山东菏泽、郓城、张寿一带。不役:不征发徭役、军役,养兵备敌。 ⑤河北:黄河以北齐国接近燕国的地区。不师,不征发军役,养兵备敌。 ⑥封内:齐国疆域之内。弊:人力、物力耗费殆尽。 ⑦骄主:骄横的国君。好计:喜欢并善于计谋。 ⑧母弟:同母兄弟。质:到齐国为人质。 ⑨左右:齐王左右近臣。 ⑩德:感激,感恩戴德。轻:轻视,看得很淡。

王曰:"吾终以子受命于天矣①!"

[注释]①吾终以子受命于天矣:我最终认识到苏代你受命于上天,犹言苏代知天命,明事理。

曰:"内寇不与①,外敌不可距②。王自治其外③,臣自报其内④,此乃亡之之势也⑤。"

[注释]①内寇:内部的乱贼、混乱。与:和,妥善解决。 ②距:通"拒",抵抗。 ③自治其外:亲自谋划齐国之事。 ④臣自报其内:臣下独立处理内部政务。报:本义为断狱,判决。 ⑤之:指燕国。势:形势,格局。

○燕王哙既立

燕王哙①既立,苏秦死于齐。苏秦之在燕也,与其相子之为婚②,而苏代与子之交③。及苏秦死,而齐宣王复用苏代。

[注释]①燕王哙:燕易王之子。 ②其相子之:燕相国,名子之。婚:与子之结为婚姻亲家。 ③交:交往。

燕哙三年,与楚、三晋攻秦,不胜而还。子之相燕,贵重主断①。苏代为齐使于燕,燕王问之曰:"齐宣王何如?"对曰:"必不霸②。"燕王曰:"何也?"对曰:"不信其臣。"苏代欲以激燕王以厚任子之也③。于是燕王大信子之。子之因遗④苏代百金,听其所使⑤。

[注释]①贵重主断:地位尊贵,权势强大,处事独断专横。 ②霸:称霸天下。 ③激:刺激。厚任:重用,给予高官厚禄,赋予重任。 ④遗:送给。⑤听其所使:任凭苏代随意使用。

鹿毛寿①谓燕王曰:"不如以国让②子之。人谓尧贤者,以其让天下于许由③,由必不受,有让天下之名④,实不失天下。今王以国让相子之,子之必不敢受,是王与尧同行也。"燕王因举国属⑤子之,子之大重⑥。

[注释]①鹿毛寿:又作厝毛、潘寿,燕臣,疑为巨鹿人。 ②让:禅让,让出国君位。 ③许由:又作许繇。传说尧把君位让给他,他逃到箕山,耕而食。尧又请他做九州长官,他到颍水边洗耳。 ④有让天下之名:尧有禅让君位于贤者的好名声。 ⑤属:付与,交给。 ⑥大重:权势膨胀。

或曰:"禹授益而以启为吏①,及老②,而以启为不足任天下③,传之益也。启与支党④攻益而夺之天下,是禹名传天下于益,其实令启自取之。今王言属国子之,而吏无非太子人者⑤,是名属子之,而太子用事。"王因收印自三百石吏而效之子之⑥。子之南面行王事⑦,而哙老不听政,顾⑧为臣,国事皆决⑨子之。

[注释]①禹授益而以启为吏:禹传君位于益,而以启为益的下属官吏。益:嬴姓的祖先,善于畜牧和狩猎,助禹治水有功,被选为继承人。禹去世后,禹之子启即继王位,与启发生争夺,为启所杀。一说由于他辞让,启继位。启:禹之子,夏王朝的开国之君,中国古代的第一位世袭君主。 ②及老:到禹年龄大的时候。 ③不足任天下:没有能力承担治理天下的重任。 ④支党:党羽,朋党。 ⑤太子人者:太子的属下。 ⑥收印自三百石吏而效子之:收回年俸禄三百石者的官印交给子之。 ⑦南面行王事:面南而坐,履行国君的权力。 ⑧顾:反,反而,却。 ⑨决:决断。

子之三年①,燕国大乱,百姓恫怨②。将军市被、太子平谋③,将攻子之。储子④谓齐宣王:"因而仆之⑤,破燕必矣。"王因令人谓太子平曰:"寡人闻太子之义,将废私而立公⑥,饬⑦君臣之义,正⑧父子之位,寡人之国小,不足先后⑨。虽然,则唯太子所以令之。"

[注释]①子之三年:子之执政的第三年。 ②恫怨:哀痛怨恨。 ③市被:燕大将军。太子平:燕王哙的太子,名平。谋:联合图谋攻子之。 ④储子:齐相国。 ⑤因:借机。仆:向前跌倒,此犹言发起毁灭性的攻击。 ⑥私:燕王哙传国政于子之。公:太子平的合法即位。 ⑦饬:正,整治,整顿。 ⑧正:匡正。 ⑨不足先后:此为谦虚的外交辞令,言不足为太子平前后奔忙。

太子因数党聚众①,将军市被围公宫②,攻子之,不克;将军市被及百姓乃反攻太子平③。将军市被死已殉④,国构难⑤数月,死者数万众,燕人恫怨,百姓离意⑥。

[注释]①数党聚众:发展党徒,积聚众人。数:点数,计算,此犹言集结。②公宫:王宫。 ③反攻太子平:掉转矛头,攻伐太子平。 ④死已殉:被杀死并且安葬。殉:以人从葬,此指安葬完毕。 ⑤构难:相互仇怨杀戮。⑥离意:人心涣散,一片茫然。

孟轲①谓齐宣王曰:"今伐燕,此文、武之时②,不可失也。"王因令章子将五都之兵③,以因北地之众以伐燕④。士卒⑤不战,城门不闭,燕王哙死。齐大胜燕,子之亡⑥。二年,燕人立公子平⑦,是为燕昭王⑧。

[注释]①孟轲:孟子。 ②此文、武之时:这就像周文王、周武王准备灭商时遇到的好时机。 ③章子:齐人田章。将:率领。五都:齐国的五个大城邑。 ④因:利用,依靠。北地:齐国北部接近燕国的地区。 ⑤士卒:燕国士兵。 ⑥亡:死。 ⑦公子平:又作太子平。 ⑧燕昭王:一说太子平已战死于内乱,燕昭王不是太子平而是公子职。

○初苏秦弟厉因燕质子而求见齐王

初,苏秦弟厉因燕质子而求见齐王①。齐王怨苏秦②,欲囚厉,燕质子为谢乃已③,遂委质④为臣。

[注释]①因:通过,利用。燕质子:燕国在齐国的人质。齐王:齐闵王。②怨苏秦:怨恨苏秦为燕谋齐。 ③谢:谢罪。已:中止囚禁苏代的打算。④委质:犹言委身,将全部身心交付给燕质子。

燕相子之与苏代婚①,而欲得燕权,乃使苏代持质子于齐②。齐使代报③燕,燕王哙问曰:"齐王其伯④也乎?"

曰:"不能。"曰:"何也?"曰:"不信其臣。"于是燕王专任子之,已而让位,燕大乱。齐伐燕,杀王哙、子之。燕立昭王。而苏代、厉遂不敢入燕,皆终归齐,齐善待之。

[注释]①婚:结为婚姻亲家。　②持质子于齐:侍奉燕国人质于齐国。③报:返回燕国报告燕君。　④伯:通"霸",为天下霸主。

苏代过魏,魏为燕执①代。齐使人谓魏王②曰:"齐请以宋封泾阳君③,秦不受。秦非不利有齐而得宋垩也,不信齐王与苏子也④。今齐、魏不和,如此其甚,则齐不欺秦⑤。秦信齐,齐、秦合,泾阳君有宋地,非魏之利也。故王不如东苏子⑥,秦必疑而不信苏子矣。齐、秦不和,天下无变,伐齐之形成矣⑦。"于是出苏代之宋,宋善待之。

[注释]①执:拘留,扣押。　②魏王:魏襄王。　③宋:宋地。泾阳君:秦昭王的同母弟公子市。　④信:相信,信任。苏子:苏代。　⑤齐不欺秦:因齐、魏关系已经相当恶化到这样的程度,齐不可能欺骗秦国。　⑥东苏子:让苏代向东到齐国去。　⑦形:形势,局面。成:成熟,已经形成。

○燕昭王收破燕后即位

燕昭王收破燕后即位①,卑身厚币②,以招贤者,欲将以报雠③。故往见郭隗④先生曰:"齐因孤⑤国之乱,而袭破燕。孤极知燕小力少,不足以报。然得贤士与共国⑥,以雪先王之耻⑦,孤之愿也。敢问以国报雠者奈何?"

[注释]①燕昭王收破燕后即位:燕国被齐所残破之后,燕昭王即位,重整旗鼓,开拓新的局面。　②卑身厚币:放下架子,不讲国君的尊贵,以丰厚的

待遇对待贤者。　③雠:同"仇"。　④郭隗:燕王的重要谋臣。隗,wěi。⑤孤:燕昭王的自称,意为孤家寡人。　⑥共国:共同执掌国政。　⑦先王之耻:燕王哙破国之耻。

郭隗先生对曰:"帝者与师处①,王者与友处,霸者与臣处,亡国与役处②。诎指而事之③,北面④而受学,则百己者至⑤。先趋而后息⑥,先问而后嘿⑦,则什己⑧者至。人趋己趋⑨,则若己⑩者至。冯几据杖⑪,眄视指使⑫,则厮役⑬之人至。若恣睢奋击⑭,呴籍叱咄⑮,则徒隶⑯之人至矣。此古服道致士⑰之法也。王诚博⑱选国中之贤者,而朝其门下⑲,天下闻王朝⑳其贤臣,天下之士必趋于燕矣。"

[注释]①师:老师,太师,辅弼国君处理政务、有大智大勇的高级官员,为三公最尊者。处:相处,交往。　②亡国与役处:亡国之君与左右亲近小人沆瀣一气。役:仆役,小人。　③诎指:折节,屈尊。诎,音 qū,通"屈",弯曲,屈服。事:服事,对待。　④北面:帝王坐南面北,居于臣下的位置。　⑤百己者至:才能超过自己百倍的人蜂拥而来。　⑥先趋而后息:首先起来快步迎接贤者,贤者休息之后自己才敢休息。　⑦先问而后嘿:先请教然后再默然思考。嘿,同"默"。　⑧什己:才能超过自己十倍的人。　⑨人趋己趋:别人先快步走,自己也随之快步走。　⑩若己:与自己一样的人。　⑪冯几据杖:靠着几案,拄着手杖。冯,同"凭",依靠。　⑫眄视指使:目光斜视,随手指点,形容神态傲慢。眄,音 miǎn。　⑬厮役:干粗重杂活的仆役。　⑭恣睢奋击:放纵暴戾,随意挥打。睢:音 suī,仰视,目中无人。　⑮呴籍叱咄:跳踉着大声呵斥。呴:同"吼"。籍:践,践踏。咄:音 duō,呵斥。　⑯徒隶:服劳役的罪犯与服贱役者。　⑰服道:服事有道者。致士:招徕士人。　⑱博:广,大。　⑲朝:朝觐拜见贤者。门下:贤者的门庭之下。　⑳朝:拜访,接见。

昭王曰:"寡人将谁朝而可①?"郭隗先生曰:"臣闻古之君人,有以千金求千里马者,三年不能得。涓人②言于君曰:'请求之③。'君遣之。三月得千里马,马已死,买其首五百金,反以报君。君大怒曰:'所求者生马④,安事死马而捐⑤五百金?'涓人对曰:'死马且买之五百金,况生马乎?天下必以王为能市马⑥,马今⑦至矣。'于是不能期年⑧,千里之马至者三。今王诚欲致士,先从隗始;隗且见事⑨,况贤于隗者乎?岂远千里哉?"

[注释]①谁朝而可:拜访谁最好。 ②涓人:宫中通书、谒出入命之官,一说为宫中负责清洁洒扫的小吏,此泛指国君身边的亲近小臣。 ③请求之:请批准自己去寻求千里马。 ④生马:活生生的千里马。 ⑤捐:抛弃,浪费。 ⑥以:认为,以为。市:买。 ⑦今:马上,近期。 ⑧期年:一年。 ⑨见事:给予优厚的待遇。

于是昭王为隗筑宫而师之①。乐毅②自魏往,邹衍③自齐往,剧辛④自赵往,士争凑⑤燕。燕王吊死问生⑥,与百姓同其甘苦。二十八年,燕国殷富⑦,士卒乐佚轻战⑧。于是遂以乐毅为上将军,与秦、楚、三晋合谋以伐齐。齐兵败,闵王出走于外。燕兵独追北入至临淄⑨,尽取齐宝⑩,烧其宫室宗庙。齐城之不下者,唯独莒、即墨⑪。

[注释]①师之:拜郭隗为师。 ②乐毅:中山国灵寿人。乐羊的后代。燕昭王时任亚卿。公元前284年,率军破齐国,攻下七十余城,因功封于今山东淄博的昌国,号昌国君。燕惠王即位,中齐反间计,改用骑劫为将,乐毅出奔赵国,被封于今河北武邑的观津,号望诸君。死于赵国。 ③邹衍:齐人,战国阴阳家的代表人物。 ④剧辛:赵人,后仕于燕。一说剧辛活动于燕喜

王时,非燕昭王招贤而至。　⑤凑:聚集,奔向。　⑥弔死问生:祭奠死者,慰问生者。弔:同"吊"。　⑦殷富:繁盛富足。　⑧乐佚轻战:快乐安逸,士气旺盛,不怕战争。　⑨北:败北之军。临淄:齐国都城,在今山东淄博市。　⑩宝:钟鼎彝器等镇国宝物。　⑪莒:在今山东莒县。即墨:位于今山东平度市。

○齐伐宋宋急

齐伐宋,宋急。苏代乃遗燕昭王书曰①:"夫列在万乘②,而寄质于齐③,名卑而权轻④。秦、齐助之伐宋,民劳而实费⑤。破宋,残楚淮北⑥,肥大齐⑦,雠强而国弱也⑧。此三者,皆国之大败⑨也,而足下行之,将欲以除害取信于齐也⑩。而齐未加信于足下,而忌⑪燕也愈甚矣。然则足下之事齐也,失所为矣⑫。夫民劳而实费,又无尺寸之功,破宋肥雠⑬,而世负其祸矣⑭。足下以宋加淮北,强万乘之国也⑮,而齐并之,是益一齐也⑯。北夷⑰方七百里,加之以鲁、卫,此所谓强万乘之国也,而齐并之,是益二齐也。夫一齐之强,而燕犹不能支⑱也,今乃以三齐临燕,其祸必大矣。

[注释]①遗:音 wèi,给予,馈赠。书:陈述自己看法的信函。　②列在万乘:处于万乘之国的行列。　③寄质:犹言委质,指燕昭王使其弟襄安君为质子于齐一事。　④名卑而权轻:名声低下,权势轻微。　⑤劳:劳苦。实费:物力耗费。　⑥残楚淮北:因宋与楚国的淮北之地接壤,破宋必然影响到楚国的淮北之地。　⑦肥大齐:强大了齐国。犹言破宋,残楚淮北,又会使齐国进一步强大。肥:与大同义。　⑧雠强而国弱也:仇敌之国强盛而本国衰弱。　⑨大败:伤败国家的大祸。　⑩除害:指破宋。取信:取得信任,建立相互信任的邦交关系。　⑪忌:憎恨,顾忌。　⑫失所为矣:所作所为是失误

的。　⑬雠:指齐国。　⑭世:世世代代。负:荷,承担。　⑮强万乘之国也:宋与楚国的淮北加在一起,超过了一万乘之国。强:强于,超过。　⑯益:增加。一齐:一个齐国。　⑰北夷:依附于齐的山戎、狄。一说为九夷,居住在淮、泗之间的少数民族。　⑱支:支撑,对抗。

"虽然,臣闻知者之举事也①,转祸而为福,因败而成功者也。齐人紫败素也②,而贾十倍③。越王勾践栖于会稽④,而后残吴霸天下。此皆转祸而为福,因败而为功者也。今王若欲转祸而为福,因败而为功乎?则莫如遥伯齐而厚尊之⑤,使使盟于周室⑥,尽焚天下之秦符⑦,约⑧曰:'夫上计⑨破秦,其次长宾之秦⑩。'秦挟宾客以待破⑪,秦王⑫必患之。秦五世以结诸侯⑬,今为齐下⑭;秦王之志,苟得穷齐⑮,不惮以一国都为功⑯。然而王何不使布衣之人⑰,以穷齐之说⑱说秦,谓秦王曰:'燕、赵破宋肥齐尊齐而为之下者⑲,燕、赵非利之也。弗利而势为之者⑳,何也?以不信秦王也。今王何不使可以信者接收燕、赵㉑。今泾阳君若高陵君先于燕、赵㉒,秦有变㉓,因以为质㉔,则燕、赵信秦矣。秦为西帝,赵为中帝,燕为北帝,立为三帝而以令诸侯。韩、魏不听,则秦伐之。齐不听,则燕、赵伐之。天下孰敢不听?天下服听㉕,因驱韩、魏以攻齐,曰,必反㉖宋地,而归㉗楚之淮北。夫反宋地,归楚之淮北,燕、赵之所同利也。并立三帝,燕、赵之所同愿也。夫实得所利,名得所愿,则燕、赵之弃齐也,犹释弊蹝㉘。今王之不收燕、赵,则齐伯必成矣。诸侯戴㉙齐,而王独弗从也,是国伐㉚也。诸侯戴齐,而王从之,是名卑㉛也。王不收燕、赵,名卑而国危;王收燕、赵,名尊而国宁。夫去尊宁而就卑危,知者不为也。'秦王闻若说㉜也,必如刺心然㉝,则王何不务使知士以若此言说秦?秦伐齐必矣。夫取秦,上交也㉞;伐齐,正利也㉟。尊上交,务正利,圣王之事也。"

[注释]①知:通"智"。举事:做大事。 ②紫败素:把质量低劣白色缯染成紫色。齐王好紫衣,齐人皆好之,紫色的缯价格昂贵,朽败、质量低劣的白色缯染成紫色,价格就会倍增。 ③贾十倍:价格高出十倍。贾,通"价"。 ④栖:暂时居住。会稽:会稽山,位于今浙江绍兴市。 ⑤遥伯齐:在遥远的地方尊齐国为霸主,犹言敬而远之。厚尊:以优厚的礼遇和恭敬的态度表达尊重。 ⑥使使:派遣使者。周室:周王室。 ⑦秦符:秦国与他国约盟的信物。 ⑧约:盟约。 ⑨上计:最好的计划、计谋韬略。 ⑩长:长期。宾:通"摈",排斥。 ⑪秦挟宾客以待破:秦国携带着宾客,本欲兼并天下,结果反而是被攻破。 ⑫秦王:秦昭王。 ⑬五世:五代人。结:结交。 ⑭为齐下:居于齐国之下。 ⑮苟得穷齐:如果能够使齐国陷入困境。 ⑯不惮以一国都为功:不害怕以一个大城邑为代价来换取成功。 ⑰布衣之人:没有职官的平民。 ⑱穷齐之说:使齐国陷入困境的策谋或游说之辞。 ⑲肥齐尊齐而为之下者:形成强大齐国、尊重齐国的形势格局,燕、赵甘愿居于齐国之下。 ⑳势为之者:形势必要这样做。 ㉑信者:人们信任的诚信之人。接收:建立联系并进行拉拢。 ㉒泾阳君若高陵君先于燕、赵:派遣泾阳君或高陵君先到燕国、赵国。泾阳君:秦昭王的同母弟公子市。高陵阳君:秦昭王的同母弟。若:或,或者。 ㉓变:背离燕、赵。 ㉔因以为质:顺便让到燕、赵的泾阳君或高陵君作为人质。 ㉕服听:臣服听命。 ㉖反:返还。 ㉗归:归还。 ㉘释:脱掉。弊蹻:破旧的鞋子。蹻,音xǐ,舞鞋,无后跟的小鞋,草鞋。 ㉙戴:拥戴。 ㉚国伐:国家遭受讨伐。 ㉛名卑:名声低下。 ㉜若说:这样的游说之辞。 ㉝如刺心然:心疼如刺。 ㉞上交:最好的外交选择。 ㉟正利:真正的、实实在在的利益。

燕昭王善①其书,曰:"先人尝有德苏氏②,子之之乱,而苏氏去燕。燕欲报仇于齐,非苏氏莫可。"乃召苏氏,复善待之。与谋伐齐,竟③破齐,闵王出走。

[注释]①善:赞赏。　②德:恩德。苏氏:苏秦、苏代、苏厉兄弟。③竟:终于。

○苏代谓燕昭王

苏代谓燕昭王曰:"今有人于此,孝如曾参、孝己①,信如尾生高②,廉如鲍焦、史䲡③,兼此三行以事王,奚如?"王曰:"如是足④矣。"对曰:"足下以为足,则臣不事足下矣。臣且处无为之事,归耕乎周之上埊⑤,耕而食之,织而衣之。"王曰:"何故也?"对曰:"孝如曾参、孝己,则不过养其亲其⑥。信如尾生高,则不过不欺人耳。廉如鲍焦、史䲡,则不过不窃人之财耳。今臣为进取者也。臣以为廉不与身俱达⑦,义不与生俱立⑧。仁义者,自完⑨之道也,非进取之术也。"

[注释]①曾参:即曾子,名参,字子舆,春秋鲁人,孔子的弟子,因父母在不住宿于外。孝己,商王高宗戊丁之子。孝己爱其亲,一夜五次起床,看望亲人衣被的厚薄和枕头的高低是否合适。　②信:讲究信义。尾生高:古代传说中非常讲信用的人。尾生高与一女子相约于桥下见面,女子迟迟未到,尾生高一直等候,洪水奔腾而来,尾生高却坚持不离去,最后抱着桥柱溺水身亡。　③廉:坚守节操。鲍焦:春秋隐士,因不苟同当政者的做法,隐居,耕而食,井而饮,非妻所织不衣。子贡认为这样并不彻底,鲍焦依然要履其地而食其利,鲍焦因此抱树而死。史䲡:卫灵公的大臣子鱼,以忠心为国,以死相谏而著名。䲡:音qiū。　④足:足够,满足。　⑤上埊:周王室统辖下的肥美好田。　⑥其:一说应作耳。　⑦廉不与身俱达:坚守节操不能与自身荣华富

贵同时实现。 ⑧义不与生俱立:讲究信义不能与幸福的生活同时并存。
⑨自完:自我完善。

王曰:"自忧不足乎①?"对曰:"以自忧为足,则秦不出殽塞②,齐不出营丘③,楚不出疏章④。三王⑤代位,五伯改政⑥,皆以不自忧故也。若自忧而足,则臣亦之周负笼耳⑦,何为烦大王之廷耶?昔者楚取章武⑧,诸侯北面而朝。秦取西山⑨,诸侯西面而朝。曩者使燕毋去周室之上⑩,则诸侯不为别马而朝矣⑪。臣闻之,善为事者,先量⑫其国之大小,而揆⑬其兵之强弱,故功可成,而名可立也。不能为事者,不先量其国之大小,不揆其兵之强弱,故功不可成而名不可立也。今王有东乡⑭伐齐之心,而愚臣知之。"

[注释]①自忧:自我忧虑,自我完善。不足:还不够。 ②殽塞:即崤山要塞。崤山:秦岭山脉东段支脉,位于今河南灵宝、陕县南部。殽,音xáo,又作崤。 ③营丘:齐国始封之地,并建都于此。后改名临淄,在今山东淄博市。 ④疏章:又作沮章,水名,今湖北汉水西有章水与沮水,合流后为沮章河,在江陵入长江。 ⑤三王:夏禹、商汤、周文王。 ⑥改政:轮换为霸主。 ⑦之周:回到东周老家。负笼:背上竹笼,带上农具,犹言耕种、种地。 ⑧章武:即疏章。 ⑨西山:位于今河南洛阳龙门。 ⑩曩:音nǎng,从前,以前。燕毋去周室之上:燕国不要离开周王室的土地。上:上地,上好的土地,犹言天下的重要地区。 ⑪别马而朝:每一个诸侯国都要分别驾车朝觐燕、秦、楚。 ⑫量:衡量,评估。 ⑬揆:音kuí,测量,揣测。 ⑭东乡:向东。

王曰:"子何以知之?"对曰:"矜戟砥剑①,登丘②东乡而叹,是以愚臣知之。今夫乌获③举千钧之重,行年八十④,而求扶持⑤。故齐虽强国也,西劳⑥于宋,南罢⑦于楚,则齐军可败,而河间⑧可取。"

[注释]①矜戟砥剑:持戟砥砺剑,犹言秣马厉兵,剑拔弩张,准备伐齐。矜:持。戟:戈与矛为一体的长柄兵器。 ②丘:山丘。 ③乌获:秦武王时的大力士。 ④行年八十:到八十高龄。 ⑤扶持:搀扶照顾。 ⑥劳:疲劳。 ⑦罢:疲敝。 ⑧河间:当为齐国的河间,具体地理位置不详。

燕王曰:"善。吾请拜子为上卿①,奉②子车百乘,子以此③为寡人东游于齐,何如?"对曰:"足下以爱之故与④,则何不与爱子与诸舅、叔父、负床⑤之孙,不得⑥,而乃以与无能之臣,何也?王之论臣,何如人哉?今臣之所以事足下者,忠信也。恐以忠信之故,见罪⑦于左右。"

[注释]①上卿:最尊贵的大臣。 ②奉:送,奉送。 ③以此:以此为基础。 ④故与:所以才给予。 ⑤负床:指倚床而立,不能走路的小孩。负:背,背靠。 ⑥不得:诸舅、叔父与负床之孙不能得到这些。 ⑦见罪:被左右近臣怪罪。

王曰:"安有为人臣尽其力,竭其能,而得罪①者乎?"对曰:"臣请为王譬。昔周之上地②尝有之。其丈夫官③三年不归,其妻爱人④。其所爱者曰:'子⑤之丈夫来,则且奈何乎?'其妻曰:'勿忧也,吾已为药酒而待其来矣。'已而其丈夫果来⑥,于是因令其妾酌⑦药酒而进之。其妾知之,半道而立。虑⑧曰:'吾以此饮吾主父⑨,则杀吾主父;以此事告吾主父,则逐吾主母⑩。与杀吾父、逐吾主母者,宁佯踬而覆之⑪。'于是因佯僵而仆之⑫。其妻曰:'为子⑬之远行来之,故为美酒,今妾奉而仆之。'其丈夫不知,缚其妾而笞⑭之。故妾所以笞者,忠信也。今臣为足下使于齐,恐忠信不谕于左右也⑮。臣闻之曰:万乘之主,不制⑯于人臣。十乘之家,不制于众人。疋夫徒步之士,不制于妻妾。而又况于当世之贤主乎?臣请行矣,愿足下之无制于群臣也。"

[注释]①得罪:获罪。 ②周之上垄:周王室统辖下的肥美好田。 ③官:为官,当官。 ④爱人:爱上他人。 ⑤子:指官人之妻。 ⑥已而:不久。果:果然。 ⑦酌:斟酒。 ⑧虑:思考,考虑。 ⑨主父:妾对其丈夫的称呼。 ⑩主母:妾对女主人的称呼。 ⑪宁:宁愿,宁可。佯:假装。踬:音 zhì,被东西绊倒。覆之:把毒酒倾倒在地。 ⑫僵:倒下。仆:跌倒。 ⑬子:指其丈夫。 ⑭笞。音 chī,用鞭、杖、竹板抽打。 ⑮谕:明白。左右:左右近臣。 ⑯制:受制于。

○燕王谓苏代

燕王谓苏代曰:"寡人甚不喜訑者①言也。"苏代对曰:"周垄贱媒②,为其两誉③也。之④男家曰'女美',之女家曰'男富'。然而周之俗,不自为取妻⑤。且夫处女无媒,老且不嫁;舍媒而自衒⑥,弊而不售⑦。顺而无败⑧,售而不弊者,唯媒而已矣。且事非权不立⑨,非势⑩不成。夫使人坐受成事者⑪,唯訑者耳。"王曰:"善矣。"

[注释]①訑者:骗子。訑:通"诞",欺骗,欺诈。 ②贱媒:被人看不起的媒人。 ③两誉:在男女两边都说好话。 ④之:至,到。 ⑤不自为取妻:不经过媒人自行娶妻。取:通"娶"。 ⑥舍:舍弃。自衒:女子不经媒人

介绍而与男子交往。 ⑦弊而不售:费了很多周折也嫁不出。弊:败,疲困。售:女子得嫁。 ⑧顺而无败:顺应风俗习惯,能够顺利成婚。 ⑨权:权变,权术。立:成功。 ⑩势:权势,形势。 ⑪坐受成事者:无所作为,坐享其成的人。

卷三十 燕　二

○秦召燕王

秦召燕王①,燕王欲往。苏代约②燕王曰:"楚得枳③而国亡,齐得宋而国亡④,齐、楚不得以有枳、宋事秦者⑤,何也？是则有功者⑥,秦之深雠⑦也。秦取天下,非行义⑧也,暴⑨也。

[注释]①燕王:燕昭王。　②约:止,制止。　③枳:巴郡属地,在今重庆市涪陵区。　④齐得宋而国亡:指公元前286年乐毅伐齐一事。　⑤不得:不应该。事秦:臣服于秦。　⑥有功者:指楚得枳,齐得宋。　⑦深雠:齐、楚均为秦深深仇视的国家。　⑧义:正义,信义。　⑨暴:强暴的军事手段。

"秦之行暴于天下,正告①楚曰:'蜀地之甲②,轻舟浮于汶③,乘夏水而下江④,五日而至郢⑤。汉中⑥之甲,乘舟出于巴⑦,乘夏水而下汉,四日而至五渚⑧。寡人积甲宛⑨,东下随⑩,知者不及谋⑪,勇者不及怒,寡人如射隼矣⑫。王乃待天下之攻函谷⑬,不亦远乎？'楚王为是之故,十七年事⑭秦。

[注释]①正告:直接告诉。 ②甲:军队。 ③轻舟:轻便的快船。浮:在水上航行。汶:即岷江,发源于四川岷山弓杠岭和郎架岭,流经都江堰乐山入长江。 ④夏水:夏季岷江水量充足的时候。下江:顺水从上游向下游航行。 ⑤郢:音yǐng,楚国都城,在今湖北江陵县。 ⑥汉中:指今陕西南部和鄂西北汉水流域,首府在今陕西汉中市。 ⑦巴:水名,在四川省东北部。 ⑧五渚:即五浚,长江、湘江、沅水、资水、澧水,及其流域。 ⑨积甲:集结军队。宛:今河南南阳市。 ⑩随:在今湖北随州市。 ⑪知者不及谋:智慧者来不及谋划。 ⑫如:像。隼:音sǔn,又称鹘,鸟类的一科,翅膀窄而尖,上嘴呈钩曲状,背青黑色,尾尖白色,腹部黄色。驯熟后,可以帮助猎取其他动物。 ⑬函谷:即函谷关,在今河南灵宝市。 ⑭事:侍奉。

"秦正告韩曰:'我起乎少曲①,一日而断太行②。我起乎宜阳而触平阳③,二日而莫不尽繇④。我离两周而触郑⑤,五日而国举⑥。'韩氏以为然,故事秦。

[注释]①起:起兵。少曲:韩邑,在今河南沁阳县。 ②断太行:断绝太行山的通道。此指切断太行羊肠坂道,绝韩与上党的联系。 ③宜阳:韩邑,在今河南宜阳县。平阳:在今山西临汾市,韩国墓地所在。 ④繇:音yáo,动摇,摇晃,犹言秦国出兵,韩国在两日之内就会地动山摇,发生大的动荡不安。 ⑤离:离开,出发。两周:东周和西周,即今河南洛阳一带。郑:故郑地,时为韩国都城所在。 ⑥国举:韩国被攻陷。

"秦正告魏曰:'我举安邑①,塞女戟②,韩氏、太原卷③。我下枳④,道南阳、封、冀⑤,包⑥两周,乘夏水,浮轻舟,强弩在前,铦⑦戈在后,决荥口⑧,魏无大梁⑨;决白马⑩之口,魏无济阳⑪;决宿胥之口⑫,魏无虚、顿丘⑬。陆攻则击河内⑭,水攻则灭大梁。'魏氏以为然,故事秦。

[注释]①安邑:魏国故都,在今山西夏县。 ②女戟:魏地,位于太行山

西部,接近韩国,具体位置不详。　③太原:今山西太原市。一说太原当为太行。卷:绝,断绝。　④枳:在今河南济源市。　⑤道:取道于。南阳:今河南济源至获嘉一带,春秋晋地,战国属魏。封:即封陵、风陵渡,在山西芮城县西南端,为晋、陕、豫三省交通要道。冀:在今山西河津市。　⑥包:包围。⑦铦:音xiān,锋利。　⑧决荥口:决荥泽之口,以水淹大梁。荥又作荧,即位于今河南郑州西北的古荥泽。　⑨大梁:魏国都城,在今河南开封市。⑩白马:即黄河的白马津,在今河南滑县。　⑪济阳:魏邑,在今河南兰考县。⑫宿胥之口:古黄河的决口处,位于今河南浚县。　⑬虚:殷墟,在今河南安阳市,一说虚在今河南延津县。顿丘:位于今河南清丰县。　⑭陆:陆地。河内:河南沁阳一带。一说为河南省黄河以北地区。

　　"秦欲攻安邑,恐齐救之,则以宋委于齐①,曰:'宋王②无道,为木人以写寡人③,射其面,寡人地绝兵远,不能攻也。王苟能破宋有④之,寡人如自得之。'已得安邑,塞女戟,因以破宋为齐罪⑤。

　　[注释]①以宋委于齐:秦把攻伐宋国的事情委托给齐。　②宋王:宋王偃。　③为木人写寡人:用木料制作一个秦王的偶像。写:摹画。　④有:占有,拥有。　⑤因以破宋为齐罪:把齐国攻宋作为齐国的罪过。

　　"秦欲攻齐①,恐天下救之,则以齐委于天下曰②:'齐王四与寡人约③,四欺寡人,必率天下以攻寡人者三④。有齐无秦,无齐有秦,必伐之,必亡之!'已得宜阳、少曲⑤,致蔺、石⑥,因以破齐为天下罪。

　　[注释]①齐:又作韩。　②以齐委于天下:把攻伐齐国的事情委托其他诸侯国。　③齐王:齐闵王。约:订立盟约。　④三:三次。　⑤宜阳:韩邑,在今河南宜阳县。少曲:韩邑,在今河南沁阳县。　⑥蔺:在今山西吕梁市离石区。石:即离石,在今山西吕梁市离石区。

"秦欲攻魏,重楚①,则以南阳②委于楚曰:'寡人固与韩且绝矣!残均陵③,塞鄳隘④,苟利于楚,寡人如自有之。'魏弃与国而合于秦,因以塞鄳隘为楚罪。

[注释]①重楚:秦恐怕楚国攻其后,故很尊重楚国。 ②南阳:泛指今河南西南部的南阳、信阳等地,这一带战国时分别属于韩国与楚国。 ③均陵:在今湖北丹江口市。 ④鄳隘:今河南信阳平靖关。鄳,音 méng。

"兵困于林中①,重燕、赵,以胶东委于燕②,以济西③委于赵。赵得讲④于魏,至公子延⑤,因犀首属行而攻赵⑥。兵伤于离石⑦,遇败于马陵⑧,而重魏,则以叶、蔡委于魏⑨。已得讲于赵,则劫⑩魏,魏不为割。困则使太后、穰侯为和⑪,嬴则兼欺舅与母⑫。适燕者⑬曰:'以胶东⑭。'适赵者曰:'以济西。'适魏者曰:'以叶、蔡。'适楚者曰:'以塞鄳隘。'适齐者曰:"以宋。'此必令其言如循环⑮,用兵如刺蜚绣⑯,母不能制⑰,舅不能约⑱。龙贾之战⑲,岸门之战⑳,封陆之战㉑,高商之战㉒,赵庄之战㉓,秦之所杀三晋之民数百万。今其生者,皆死秦之孤也㉔。西河之外、上雒之埊、三川㉕,晋国之祸,三晋之半㉖。秦祸如此其大,而燕、赵之秦者㉗,皆以争事秦说其主㉘,此臣之所大患。"

[注释]①兵:秦国军队。困:被围困。林中:魏地,在今河南新郑市。 ②胶东:今山东济河以东的胶东半岛。委于燕:委托给燕国管理。 ③济西:济水以西,包括今山东菏泽市、郓城县、寿张等县。 ④讲:讲和。 ⑤至:又作质,质子,以公子延为人质。公子延:秦公子,一说为魏公子。 ⑥犀首:公

孙衍,魏人,曾任魏相。属行:连兵相属,犹言连续。　⑦兵:魏国军队。伤:受挫,损伤。　⑧遇败于马陵:公元前341年,魏、齐战于今河南范县的马陵,歼魏军十万,魏将庞涓自杀,魏太子申也被俘杀,魏的国势衰落。　⑨叶:楚地,秦襄王时被秦占,在今河南叶县。蔡:今河南上蔡县。　⑩劫:胁迫,威胁。　⑪困:陷入困境。太后:秦宣太后,楚女,惠王之后,昭王之母。穰侯:名魏冉,楚人,秦宣太后的异父弟,秦昭王母舅。秦武王死后,他拥立秦昭王,初为将军,后担任相国。封于今河南邓州的穰邑,称穰侯,后又加封位于今山东定陶县的陶邑。穰,音 ráng。和:讲和。　⑫赢:又作嬴,胜利。舅:穰侯,魏冉。母:秦宣太后。　⑬适燕者:秦到燕国问罪的使者。适:通"谪",谴责,责备。　⑭以胶东:因为胶东之事。　⑮言如循环:相互为理由,其言无穷,永无尽头。　⑯用兵如刺蜚绣:用兵就像刺绣一样,言其容易。蜚绣:蜚,音 fēi,一种小飞虫,蜚绣指精致的刺绣。　⑰制:制约,控制。　⑱约:约束,制约。　⑲龙贾之战:公元前330年秦败魏于雕阴,擒魏将龙贾。雕阴:在今陕西富县。　⑳岸门之战:公元前314年秦败韩于岸门。岸门:在今河南许昌市。㉑封陆之战:又做封陵之战,公元前303年秦攻魏国封陵。封陵:风陵渡,在今山西芮城县。㉒高商之战:不见记载。　㉓赵庄之战:公元前313年秦攻赵取蔺,擒赵将赵庄。㉔皆死秦之孤也:都是死于秦者遗留下来的孤儿。㉕西河之外:古称西部地区南北流向的黄河为西河,战国魏在这里设置郡,文侯时吴起曾为西河守。辖境相当于今陕西华阴以北,黄龙以南,洛河以东,黄河以西地区,首府在今山西河津县。上雒:即上洛,今陕西商洛市。三川:黄河、洛河、伊河,大致包括今洛阳、孟津、巩义、荥阳一带。秦昭王灭东、西周之后,置三川郡。㉖三晋之半:西河之外、上雒、三川三地占韩、赵、魏整个土地面积的二分之一,均遭受秦侵伐之祸。　㉗之秦者:亲秦之人。㉘说其主:说服自己的国君臣服于秦。

燕昭王不行①,苏代复重于燕。燕反约诸侯从亲②,如苏秦时,或从或不,而天下由此宗苏氏之从约③。代、厉皆以寿死④,名显诸侯。

[**注释**]①不行:不去秦国。 ②反:同"返",返回到。从亲:亲密合纵。③宗:尊崇。 ④寿死:善终,尽享天年,自然死亡。

○苏代为奉阳君说燕于赵以伐齐

苏代为奉阳君说燕于赵以伐齐①,奉阳君不听。乃入齐恶赵②,令齐绝于赵。齐已绝于赵,因之③燕,谓昭王曰:"韩为④谓臣曰:'人告奉阳君曰:使齐不信赵者,苏子也;今齐王召蜀子使不伐宋⑤,苏子也;与齐王谋道取秦以谋赵者⑥,苏子也;令齐守赵之质子以甲者⑦,又苏子也。请告子以请齐⑧,果⑨以守赵之质子以甲,吾必守子以甲。'其言恶矣。虽然,王勿患也。臣故知入齐之有赵累也⑩。出为之以成所欲⑪,臣死而齐大恶⑫于赵,臣犹生也。令齐、赵绝,可大纷⑬已。持臣非张孟谈也⑭,使臣也如张孟谈也⑮,齐、赵必有为智伯者矣⑯。

[**注释**]①奉阳君:赵相国李兑。说燕于赵以伐齐:游说奉阳君使赵与燕联合,共同伐齐国。 ②乃入齐恶赵:苏代到齐国,中伤赵国。一说入齐恶赵者应为苏秦。 ③之:至,苏代来到燕国。 ④韩为:即韩徐为,韩臣。⑤齐王:齐闵王。蜀子:齐将。 ⑥谋道:设计策略计谋。取秦:取得秦国的支持,联合秦国。谋赵:图谋赵国。 ⑦令齐守赵之质子以甲者:使齐国派遣士兵看守赵国人质,限制其在齐国的自由活动。 ⑧告子:告诉韩为。一说告子应为告情,即讲出事情的真相。请齐:请求齐国,要求齐国。 ⑨果:确实,如果确实。 ⑩入齐:苏代到齐国去。赵累:赵国的拖累、牵制。 ⑪出:出行齐国。欲:燕国所希望达到的目的。 ⑫恶:仇恨。 ⑬纷:乱。⑭持:使,使用。张孟谈:赵襄子臣,辅佐赵襄子败智伯。 ⑮使:假使,假如。如:像,像张孟谈一样。 ⑯齐、赵必有为智伯者矣:齐国与赵国必定有一个会像智伯那样被张孟谈打败的人。

"奉阳君告朱谨与赵足曰①:'齐王使公王曰命说曰②,必不反韩珉③,今召之④矣。必不任苏子以事,今封而相之⑤。令不合燕,今以燕为上交⑥。吾所恃者顺⑦也,今其言变⑧有甚于其父,顺始与苏子为雠。见之知无厉⑨,今贤之两之⑩,已矣⑪,吾无齐矣⑫!'

[注释]①朱谨:赵臣。谨:同"欢"。赵足:赵臣。 ②公王曰:又作公玉舟,齐臣。说:为兑之讹,即奉阳君李兑。 ③反:使其返回。韩珉:曾为齐相国。 ④召之:召韩珉来齐。 ⑤封而相之:封苏代爵位、土地,任命其为齐相国。 ⑥上交:最友好的邦交。 ⑦顺:顺子,齐公子,曾在赵为人质。 ⑧变:权变。 ⑨厉:通"疠",恶疮,此犹言害、坏处。 ⑩贤之:作为贤者尊崇。两之:使顺子、苏代同时为相国。 ⑪已矣:全部结束,完了。 ⑫吾无齐矣:概括奉阳君李兑做法的结果:我将会失去齐国。

"奉阳君之怒甚矣。如齐王王①之不信赵,而小人奉阳君也②,因是而倍之③。不以今时大纷之,解而复合④,则后不可奈何也。故齐、赵之合苟可循也⑤,死不足以为臣患⑥;逃不足以为臣耻;为诸侯⑦,不足以为臣荣;被发自漆为厉⑧,不足以为臣辱。然而臣有患也,臣死而齐、赵不循,恶交分于臣也⑨,而后相效⑩,是臣之患也。若臣死而必相攻⑪也,臣必勉之而求死焉⑫。尧、舜之⑬贤而死,禹、汤之知⑭而死,孟贲⑮之勇而死,乌获⑯之力而死,生之物固有不死者乎?在必然之物以成所欲⑰,王何疑⑱焉?

[注释]①王:衍文。 ②小人奉阳君也:犹言奉阳君为不讲信义的小人。 ③因是而倍之:齐因奉阳君的做法而背弃赵国。 ④解而复合:解决天下纷争,重新合纵。 ⑤合:联合,合作。苟:如果。循:沿袭,继续发展下去。

⑥患:担忧,害怕。　⑦为诸侯:为诸侯之君。　⑧被发:披头散发。被,音pī,通"披"。自漆为厉:以漆涂身,使自己像一个麻风病患者。厉:通"疠",恶疮。　⑨恶交分于臣也:如果齐、赵两国不合作联合,两国都会把怨恨发泄在我苏代的身上。　⑩效:效法,模仿。　⑪相攻:齐、赵相互攻伐。　⑫勉:努力,尽力。求死:寻求死亡。　⑬之:至,达到了极点。　⑭知:通"智",智慧。　⑮孟贲:又称孟说,秦武王时的秦国大力士。　⑯乌获:秦武王时的大力士。　⑰在必然之物以成所欲:人是必然要死亡的,人应该以有限的生命去成就所追求的东西。　⑱疑:犹豫。

"臣以为不若逃而去之①。臣以韩、魏循自齐②,而为之取秦③,深结赵以劲之④。如是则近于⑤相攻。臣虽为之累⑥燕,奉阳君告朱谨曰:'苏子怒于燕王之不以吾故⑦,弗予⑧相,又不予卿⑨也,殆⑩无燕矣。'其疑至于此,故臣虽为之不累燕,又不欲王。伊尹再逃汤而之桀⑪,再逃桀而之汤,果与鸣条之战⑫,而以汤为天子。伍子胥⑬逃楚而之吴,果与伯举之战⑭,而报其父之雠⑮。今臣逃而纷齐、赵⑯,始可著于春秋⑰。且举大事者,孰⑱不逃?桓公之难⑲,管仲⑳逃于鲁;阳虎之难㉑,孔子逃于卫;张仪逃于楚;白珪㉒逃于秦;望诸相中山也使赵㉓,赵劫之求 垒,望诸攻关㉔而出逃;外孙之难㉕,薛公释戴逃出于关㉖,三晋称以为士㉗。故举大事,逃不足以为辱矣。"

[注释]①逃而去之:诈罪而逃,离开赵国。　②以韩、魏循自齐:将沿着韩、魏的道路而到齐国。　③之:齐国。一说指韩、魏。取:犹言收,拉拢,联合。　④深结赵以劲之:与赵国建立牢固的友好邦交关系来增强齐国的力量。劲:加强力量,鼓舞斗志。之:齐国。一说指韩、魏。　⑤近于:接近于。　⑥累:拖累,连累。　⑦不以吾故:是因为没有听从我的建议。　⑧予:给予,任命。　⑨卿:大臣。　⑩殆:将要,大概将会。　⑪伊尹:名挚,生于空桑。

汤推荐伊尹于夏桀,伊尹告之以尧舜之道,不听,复归于亳,为商汤相,号阿衡。再:两次。汤:名履,又称成汤,商族部落首领,夏桀无道,武伤百姓,鸣条之战汤灭夏,建立商王朝。桀:夏王朝的亡国之君,暴虐无道。　⑫果:果然,果真。与:参与。鸣条之战:公元前17世纪,商汤与夏桀战于鸣条,夏桀战败逃亡,死于南巢。鸣条:传统认为在今山西运城市,近人则有多种说法。⑬伍子胥:春秋楚大夫,后出奔吴,为阖闾、夫差臣,数谏夫差毋轻信越人,遭太宰嚭谗言,被迫自杀。　⑭伯举之战:公元前506年,吴、楚战于伯举,楚五战五败,吴军攻入楚都郢。伯举:又作相举,在今湖北麻城市。　⑮雠:同"仇"。　⑯逃:苏代诈罪逃出燕国。纷:乱,搅乱。　⑰春秋:泛指"史册"。⑱孰:谁,哪一位。　⑲桓公之难:指公元前685年齐桓公与公子纠争立之事。　⑳管仲:即管子,名夷吾,字仲,齐国颍上人,早期辅佐公子纠,后辅佐齐桓公称霸。　㉑阳虎之难:公元前502年,鲁国孙氏家臣阳虎作难,欲掌握鲁国政权。次年,孔子离开鲁国,周游列国。　㉒白珪:又作白圭,魏人,仕于秦。一说为周人。　㉓望诸:与乐毅同号,疑为中山相国蓝诸君。相中山:为中山相国。　㉔关:赵国边境关卡。　㉕外孙之难:事不详。　㉖薛公释戴逃出于关:孟尝君田文入秦,秦欲杀之,秦幸姬帮其逃出。释戴:又作释载,放弃车辆。关:函谷关,在今河南灵宝市。　㉗称:赞扬,称赞。士:义士。

○苏代为燕说齐

苏代为燕说齐,未见齐王①,先说淳于髡②曰:"人有卖骏马者,比三旦立市③,人莫之知。往见伯乐④曰:'臣有骏马,欲卖之,比三旦立于市,人莫与言,愿子还而视之⑤,去而顾之⑥,臣请献一朝之贾⑦。'伯乐乃还而视之,去而顾之,一旦⑧而马价十倍。今臣欲以骏马⑨见于王,莫为臣先后者⑩,足下有意为臣伯乐乎?臣请献白璧⑪一双,黄金千镒,以为马食⑫。"淳于髡曰:"谨闻命矣。"入言之王而见之,齐王大说⑬苏子。

[注释]①齐王:齐闵王。 ②淳于髡:复姓淳于,名髡。髡,音 kūn。齐之赘婿,传说其人滑稽多变,为齐稷下学士之一。 ③比:连续。旦:太阳刚刚从地面升起的时候,早晨。市:市场。 ④伯乐:善相马者,氏孙,名阳,春秋秦穆公时人。 ⑤还而视之:环绕着马认真地审视。 ⑥去而顾之:离开的时候不断地回头看,犹言恋恋不舍。 ⑦一朝之贾:一个早晨的买卖所得。贾:通"价"。 ⑧一旦:一天之间。 ⑨骏马:自己的看法犹如骏马那样有价值。 ⑩莫为臣先后者:没有人为臣下我前后帮忙。 ⑪白璧:白色玉璧。 ⑫马食:马饲料,犹言礼物不多,仅仅作为马饲料的资费而已。 ⑬说:通"悦",欣赏。

○苏代自齐使人谓燕昭王

苏代自齐使人谓燕昭王曰:"臣闻离齐、赵①,齐、赵已孤②矣,王何不出兵以攻齐?臣请王弱之③。"燕乃伐齐攻晋④。

[注释]①闻:又作间,闻离,即离间。 ②孤:孤立无援。 ③臣请王弱之:臣下请求为王削弱齐国。 ④晋:当为齐国地名,非晋国之晋。

令人①谓闵王曰:"燕之攻齐也,欲以复振古埊②也。燕兵在晋不进,则是兵弱而计疑也③。王何不令苏子将而应燕乎④?夫以苏子之贤,将而应弱燕,燕破必矣。燕破则赵不敢不听,是王破燕而服赵也。"闵王曰:"善。"乃谓苏子曰:"燕兵在晋,今寡人发兵应之,愿子为寡人为之将。"对曰:"臣之于兵,何足以当之⑤,王其改举⑥。王使臣⑦也,是败王之兵⑧,而以臣遗⑨燕也。战不胜,不可振⑩也。"王曰:"行⑪,寡人知⑫子矣。"

[注释]①令人:苏代使人。 ②复振古埊:收复失去的故地,指燕王哙所失之地。 ③兵弱而计疑:因为军事力量弱小,所以迟疑未决。 ④将:为将军帅兵。应:应对,抗御。 ⑤当之:承担,胜任。 ⑥改举:改换人选,任用他人。 ⑦使臣:重用臣下。 ⑧败王之兵:把齐王的军队引向失败。 ⑨遗:音 wèi,给予,馈赠。 ⑩振:救,挽回。 ⑪行:按照安排接受将军的任命。 ⑫知:了解。

苏子遂将,而与燕人战于晋下①,齐军败。燕得甲首二万人②。苏子收其余兵,以守阳城③,而报于闵王曰:"王过举④,令臣应燕。今军败亡二万人,臣有斧质⑤之罪,请自归于吏以戮。"闵王曰:"此寡人之过也,子无以为罪。"

[注释]①晋下:晋城之下。 ②甲首:士兵的头颅。 ③阳城:燕地,在今河北唐县。一说为齐邑,在今河北顺平县。 ④过举:错误的任用、举荐。 ⑤斧质:人伏于砧板上,以斧子斩头,即砍头之罪。质:通"锧",杀人所用的砧板。

明日又使燕攻阳城及狸①。又使人谓闵王曰:"日者齐不胜于晋下,此非兵之过②,齐不幸而燕有天幸③也。今燕又攻阳城及狸,是以天幸自为功也。王复使苏子应之,苏子先败王之兵,其后必务以胜报王矣④。"王曰:"善。"乃复使⑤苏子,苏子固辞,王不听。遂将以与燕战于阳城。燕人大胜,得首三万。齐君臣不亲⑥,百姓离心⑦。燕因使乐毅⑧大起兵伐齐,破之。

[注释]①狸:燕地,在阳城附近。一说为齐邑,在今河北任丘县。 ②兵之过:用兵的过错。 ③天幸:上天的保佑。 ④务:致力于。胜:战胜燕国。报:回报齐王的信任与宽容。 ⑤复使:再次任用。 ⑥不亲:不相互信任、团结。 ⑦离心:民心涣散,离心离德。 ⑧乐毅:中山国灵寿人。乐羊的后代。燕昭王时任亚卿。公元前284年,率军破齐国,攻下七十余城,因功封于今山东淄博的昌国,号昌国君。燕惠王即位,中齐反间计,改用骑劫为将,乐毅出奔赵国,被封于今河北武邑的观津,号望诸君。死于赵国。

〇苏代自齐献书于燕王

苏代自齐献书于燕王曰①:"臣之行也,固知将有口事②,故献御书③而行,曰:'臣贵于齐,燕大夫将不信臣;臣贱,将轻臣;臣用,将多望于臣④;齐有不善⑤,将归罪于臣;天下不攻齐,将曰善为齐谋⑥;天下攻齐,将与齐兼鄹⑦臣。臣之所重处重卯也⑧。'王谓臣曰:'吾必不听众口与谗言,吾信汝⑨也,犹划刬者也⑩。上可以得用于齐,次可以得信于下,苟无死⑪,女无不为也⑫,以女自信可也。'与之言曰:'去燕之齐可也,期⑬于成事而已。'臣受令以任齐⑭,及⑮五年。齐数出兵,未尝谋⑯燕。齐、赵之交,一合一离,燕王不与齐谋赵,则与赵谋齐。齐之信燕也,至于虚北垄行其兵⑰。今王信田伐与参、去疾之言⑱,且攻齐,使齐犬马骀⑲而不言燕。今王又使庆⑳令臣曰:'吾欲用所善㉑。'王苟欲用之,则臣请为王事之。王欲醳臣剞任所善㉒,则臣请归醳事㉓。臣苟得见㉔,则盈愿㉕。"

[注释]①苏代:又作苏秦。燕王:燕昭王。 ②口事:因谗言而产生是非。 ③御书:上奏君王的书信。 ④多望于臣:对臣下寄托更大的希望,要

求做更多的事情。 ⑤不善:恶燕国,做有损于燕国的事情。 ⑥善为齐谋:精心为齐国谋划。 ⑦兼:合在一起,共同。鄂:又作贸,犹言抛弃,出卖。 ⑧重处:慎重行事。重卯:卯,又作卵,言危若累卵,处境危险。 ⑨汝:你。 ⑩划刘:即铲刈,犹言铲除谗言。 ⑪苟无死:如果燕王我不死。 ⑫女无不为:你可以随心所欲,没有什么不能做的事情。女:通"汝"。 ⑬期:期望,希望。 ⑭任齐:在齐国得到重用。 ⑮及:已经达到。 ⑯谋:图谋。 ⑰虚北垒:在齐国北部接近燕国的地区不驻军设防。行其兵:以北地之兵伐他国。 ⑱田伐:燕人。参:燕人。去疾:燕人。 ⑲犬马驶:齐国的犬马都看不起燕国。驶:字书无此字,疑为贱,鄙视,看不起。 ⑳庆:燕臣。 ㉑用:使用,重用。所善:自己认为最好的人。 ㉒醳:通"释",舍弃,抛弃。剸:音zhuān,专擅,独断。任:任用,使用。 ㉓归:回到燕国。醳事:解职,辞去官职,不再参与燕国政事。 ㉔见:回归燕国,见到燕王。 ㉕盈愿:满足了自己的愿望。

○陈翠合齐燕

陈翠①合齐、燕,将令燕王之弟为质于齐②,燕王许诺。太后闻之大怒曰:"陈公不能为人之国③,亦则已矣④,焉有离人子母者⑤,老妇欲得志⑥焉。"

[注释]①陈翠:燕臣。 ②燕王:燕昭王。燕王之弟,疑为燕昭王之弟襄安君。 ③为人之国:辅佐国君治理国家。 ④亦则已矣:也就算了,可以不计较。 ⑤焉有:怎么会有。离:分离,割裂。子母:即母子之情。 ⑥得志:实现自己的意愿,惩处陈翠。

陈翠欲见太后,王曰:"太后方怒子①,子其待之。"陈翠曰:"无害也。"遂入见太后曰:"何臞②也?"太后曰:"赖得先王鴈鹜之余食③,不宜臞④。臞者,忧公子之且为质于齐也⑤。"

[注释]①方:刚刚。子:陈翠。　②何:为什么。臞,音 qú,少肉,瘦,清瘦。　③赖得:依赖得到的。雁鹜之余食:大雁与野鸭遗留下来的食物。鹜:音 wù,野鸭。　④不宜臞:不应该瘦。　⑤且:将,将要。质:人质、质子。

陈翠曰:"人主之爱子也,不如布衣之甚也①。非徒②不爱子也,又不爱丈夫子独甚③。"太后曰:"何也?"对曰:"太后嫁女诸侯,奉以千金,赍④塈百里,以为人之终⑤也。今王愿封公子⑥,百官持职⑦,群臣效忠,曰:'公子无功⑧不当封。'今王以公子为质也,且以为公子功而封之也。太后弗听,臣是以知人主之不爱丈夫子独甚也。且太后与王幸而在⑨,故公子贵⑩;太后千秋之后,王弃⑪国家,而太子即位,公子贱于布衣。故非及⑫太后与王封公子,则公子终身不封矣!"

[注释]①布衣:一般的平民。甚:相差很远。　②徒:独,仅仅。　③独甚:更加过分。　④赍:音 jī,送给。　⑤终:与丈夫白头偕老。　⑥封:封爵与封地。公子:国君诸子。　⑦持职:忠于职守。　⑧功:功劳,对国家的贡献。　⑨在:健在。　⑩贵:尊贵。　⑪弃:撒手人寰,弃国家而死亡。　⑫非及:如果不及时,如果不趁着太后健在。

太后曰:"老妇不知长者①之计。"乃命公子束车制衣为行具②。

[注释]①长者:年长者,指陈翠。　②束车:备车。行具:外出所需要的用具。

○燕昭王且与天下伐齐

燕昭王且与天下伐齐,而有齐人仕于燕者,昭王召而谓之曰:"寡人且与天下伐齐,旦暮出令矣①。子必争之②,争之而不听,子因去而之齐③。寡人有时复合和④也,且以因子而事齐⑤。"当此之时也,燕、齐不两立⑥,然而常独欲有复收之之志若此也⑦。

[注释]①旦暮:早晨到傍晚,比喻在很短时间内。出令:发布伐齐的命令。　②争之:与燕昭王争辩伐齐之事。　③去:离开燕国。之:至,到。④复合和:重新与齐和好。　⑤因子而事齐:通过你与齐国斡旋。　⑥两立:势不两立。　⑦复收之:再次与齐国讲和。之:指齐国。之志若此:与齐重新讲和的想法竟然是这样。之:与齐讲和。志:意想,想法。

○燕饥赵将伐之

燕饥①,赵将伐之。楚使将军之燕,过魏,见赵恢②。赵恢曰:"使除患无至③,易④于救患。伍子胥、宫之奇不用⑤,烛之武、张孟谈受大赏⑥。是故谋者皆从事于除患之道,而先使除患无至者⑦。今予以百金送公⑧也,不如以言。公听吾言而说赵王曰:'昔者吴伐齐,为其饥也,伐齐未必胜也,而弱越乘其弊⑨以霸。今王之伐燕也,亦为其饥也,伐之未必胜,而强秦将以兵承王之西⑩,是使弱赵居强吴之处⑪,而使强秦处弱越之所以霸也。愿王之熟计之也。'"

[注释]①饥:饥荒。 ②赵恢:赵人,仕于魏。 ③除患无至:根除祸患,防患于未然。 ④易:容易,简单。 ⑤伍子胥、宫之奇不用:两人均为除患之人,但他们的除患之策没有被采用。伍子胥,春秋楚大夫,后出奔吴,为阖闾、夫差臣,数谏夫差毋轻信越人,遭太宰嚭谗言,自杀。宫之奇:虞大夫,反对晋国假虞国之道。 ⑥烛之武、张孟谈受大赏:两人均为救患者,所以受到重赏。烛之武:春秋郑国大夫,公元前 630 年,秦、晋围郑,烛之武夜说秦君,拆散秦、晋联盟,解郑之围。张孟谈:赵襄子臣,辅佐赵襄子败智伯。 ⑦先使除患无至者:首先运用除患的办法,使祸患不发生。 ⑧公:楚将军。 ⑨乘其弊:乘吴国疲惫凋敝之时。 ⑩承王之西:以兵击楚王的西部。承:通"乘",侵犯,攻伐。 ⑪处:处境。

使者乃以说赵王①,赵王大悦,乃止。燕昭王闻之,乃封之以地②。

[注释]①以说赵王:以赵恢的看法说服赵王。 ②封之以地:封土地给赵恢。

○昌国君乐毅为燕昭王合五国之兵而攻齐

昌国君乐毅为燕昭王合五国之兵而攻齐①,下②七十余城,尽郡县之以属燕③。三城④未下,而燕昭王死。惠王即位,用齐人反间⑤,疑⑥乐毅,而使骑劫代之将⑦。乐毅奔赵,赵封以为望诸君⑧。齐田单⑨欺诈骑劫,卒败燕军,复收七十城以复⑩齐。燕王悔,惧赵用乐毅承⑪燕之弊以伐燕。

[注释]①昌国君乐毅:中山国灵寿人。乐羊的后代。燕昭王时任亚卿。公元前 284 年,率军破齐国,攻下七十余城,因功封于今山东淄博的昌国,号昌国君。燕惠王即位,中齐反间计,改用骑劫为将,乐毅出奔赵国,被封于今

河北武邑的观津,号望诸君。死于赵国。五国:赵、楚、韩、魏、燕。 ②下:攻陷。 ③尽:所有。属:归属于。 ④三城:聊城、即墨、莒。 ⑤用:听信,中了。反间:离间之计,用计使敌人内部闹矛盾。 ⑥疑:猜忌,怀疑。 ⑦骑劫:接替乐毅的燕将军。代:代替。 ⑧望诸君:赵封乐毅于河北武邑县的观津,号望诸君。望诸是齐国的湖泊名字,因乐毅自齐奔赵,故号称望诸君。 ⑨田单:齐将。 ⑩复:恢复重建。 ⑪承:通"乘",趁着,利用。

燕王乃使人让①乐毅,且谢②之曰:"先王举国而委③将军,将军为燕破齐,报先王之雠④,天下莫不振动,寡人岂敢一日而忘将军之功哉!会先王弃群臣⑤,寡人新即位,左右误⑥寡人。寡人之使骑劫代将军者,为将军久暴露于外,故召将军且休计事⑦。将军过听⑧,以与寡人有郄⑨,遂捐⑩燕而归赵。将军自为计则可矣⑪,而亦何以报先王之所以遇将军之意乎⑫?"

[注释]①让:责备,谴责。 ②谢:谢罪。 ③委:委托,托付。 ④先王之雠:齐伐燕之仇恨。 ⑤会:碰上,碰巧遇到。弃群臣:犹言燕昭王死掉,抛弃群臣。 ⑥误:误导,贻误。 ⑦休计事:休养与研究国家政事。 ⑧过听:听信传言,错误理解。 ⑨郄:又作隙,隔阂。 ⑩捐:舍弃,抛弃。 ⑪自为计则可矣:为自己谋划打算是可以的。 ⑫报:报答。遇将军之意:先王对将军的知遇之恩。

望诸君乃使人献书报燕王曰:"臣不佞①,不能奉承先王之教,以顺左右②之心,恐抵斧质之罪③,以伤先王之明④,而又害于足下之义⑤,故循逃奔赵。自负以不肖⑥之罪,故不敢为辞说。今王使使者数⑦之罪,臣恐侍御者之不察先王之所以畜幸臣之理⑧,而又不白⑨于臣之所以事先王之心,故敢以书对。

[注释]①佞:聪明才智。 ②顺:顺应,适应。左右:燕惠王的左右近臣。 ③抵:抵达,碰到,触犯。斧质:人伏于砧板上,以斧子斩头。质:通"锧",砧板。 ④明:英明,贤明。 ⑤害:损害。义:信义。 ⑥不肖:无德不贤。 ⑦数:数落,责备。 ⑧侍御者:国君身边的近臣。畜:蓄养。幸:宠爱。理:理由,原因。 ⑨白:明白,理解。

"臣闻贤圣之君,不以禄私其亲①,功多者授之;不以官随其爱②,能当之者处之③。故察能④而授官者,成功之君也;论行⑤而结交者,立名之士也⑥。臣以所学者观之,先王之举错⑦,有高世之心⑧,故假节⑨于魏王,而以身得察于燕。先王过举⑩,擢⑪之乎宾客之中,而立之乎群臣之上,不谋于父兄⑫,而使臣为亚卿⑬。臣自以为奉令承教,可以幸无罪矣,故受命而不辞⑭。

[注释]①私其亲:为其亲人、亲信谋取私利。 ②随其爱:随意授职官于其宠爱之人。 ③能当之者处之:有相应才能的人才可以担任适当的职官。 ④能:能力,才能。 ⑤论行:考察人的品行。 ⑥立名之士也:成为名扬天下的士人。 ⑦举错:举措,所作所为。错:通"措"。 ⑧高世之心:超越一般常人的胸怀。 ⑨假节:假借魏王之符节。节:通关的凭证。 ⑩过举:过分地抬举自己,不恰当地举荐了自己。 ⑪擢:音 zhuó,提拔。 ⑫谋:研究,商量。父兄:同姓群臣。 ⑬亚卿:地位仅次于正卿的中央高级官员。 ⑭辞:辞让。

"先王命之曰:'我有积怨深怒于齐,不量①轻弱,而欲以齐为事②。'臣对曰:'夫齐霸国之余教③也,而骤胜之遗事也④,闲⑤于兵甲,习⑥于战攻。王若欲攻之,则必举天下⑦而图之。举天下而图之,莫径于结赵矣⑧。且又淮北、宋地⑨,楚、魏之所同愿也。赵若许⑩,约楚、魏,宋尽力⑪,四国攻之,齐可大破也。'先王曰:'善。'臣乃口受令,具符节⑫,南使臣于赵。顾反命⑬,起兵随⑭而攻齐。以天之道,先王之灵,河北⑮之地,随先王举而有之于济上⑯。济上之军,奉令击齐,大胜之。轻卒锐兵,长驱至国⑰。齐王逃遁走莒⑱,仅以身免。珠玉财宝,车甲珍器,尽收入燕。大吕陈于元英⑲,故鼎反于历室⑳,齐器设于宁台㉑。蓟丘之植㉒,植于汶皇㉓。自五伯㉔以来,功未有及先王者也。先王以为惬其志㉕,以臣为不顿命㉖,故裂地而封之,使之得比乎小国诸侯。臣不佞,自以为奉令承教,可以幸无罪矣,故受命而弗辞㉗。

[注释]①量:计算,考虑。 ②以齐为事:以攻齐报仇为重要任务。 ③霸国之余教:春秋霸主之国的延续,遗留下来了许多相关的思想文化。 ④骤胜之遗事:屡战屡胜的历史功绩依然历历在目。 ⑤闲:通"娴",熟悉,娴熟。 ⑥习:精通,熟悉。 ⑦举天下:联合天下其他诸侯。 ⑧径:途径,捷径。结:联合。 ⑨淮北:淮河以北之地,当时属于齐,一说当时属于宋,为楚欲得之地。宋地:宋国故地,当时属于齐,魏欲得之。 ⑩许:同意燕国的观点。 ⑪宋尽力:宋已亡,其遗民仍然希望复国,所以会尽力支持燕国的行动。 ⑫具:准备。符节:使者出使的凭证。 ⑬顾反命:还返燕国,回复完成使命。 ⑭随:紧接着,随即。 ⑮河北:黄河以北的齐国属地。 ⑯济上:济水之上,大致位于齐国西部边境,为齐、赵的界限。 ⑰至国:到达国家的各个地方。 ⑱齐王:齐闵王。莒:今山东莒县。 ⑲大吕:青铜钟。陈:陈列。元英:燕国宫殿。 ⑳故鼎:齐宣王伐燕时掠走的燕国礼器。历室:燕国宫殿。 ㉑齐器:此次攻伐所得齐国的钟鼎彝器等。宁台:燕国台名。 ㉒蓟丘:燕国都城,在今北京市。植:旗帜之属,一说为植物。 ㉓植:插在,种植于。汶皇:汶水两岸的竹林。汶水:今名大汶水或大汶河。源出山东莱

芜县,西南流至梁山东南入济水。 ㉔五伯:春秋五霸。伯:通"霸"。 ㉕惬其志:称心满意。惬:快意,满足。 ㉖不顿命:不辱使命。顿:坠,放弃。 ㉗辞:辞让。

"臣闻贤明之君,功立而不废①,故著于春秋②;蚤知③之士,名成而不毁④,故称⑤于后世。若先王之报怨雪耻,夷⑥万乘之强国,收八百岁⑦之蓄积,及至弃群臣之日⑧,余令诏后嗣之遗义⑨,执政任事之臣,所以能循法令,顺庶孽者⑩,施及萌隶⑪,皆可以教于后世⑫。

[注释]①废:半途而废。 ②著于春秋:载入史册,留名青史。 ③蚤知:先见之明。蚤:通"早"。 ④毁:身毁,受到人们的诋毁。 ⑤称:称道,称赞。 ⑥夷:攻破,毁灭。 ⑦八百岁:从太公望始封到乐毅伐齐大约八百余年。 ⑧弃群臣之日:燕昭王死亡的时候。 ⑨余令诏后嗣遗义:立下遗诏,要求后代要继承过去的传统。遗义:犹言先王的优良传统。 ⑩顺庶孽者:理顺嫡庶名分,避免庶孽之乱。庶孽:嫡长子以外的其他儿子。 ⑪施及萌隶:施恩惠于一般平民。萌隶:即氓隶,平民。 ⑫教于后世:作为榜样,教化后代。

"臣闻善作者①,不必善成②;善始者,不必善终。昔者五子胥说听乎阖闾③,故吴王远迹至于郢④。夫差弗是也⑤,赐之鸱夷而浮之江⑥。故吴王夫差不悟先论之可以立功⑦,故沉子胥而不悔。子胥不蚤见主之不同量⑧,故入江而不改⑨。夫免身全功⑩,以明先王之迹⑪者,臣之上计也。离毁辱之非⑫,堕⑬先王之名者,臣之所大恐⑭也。临不测之罪,以幸为利者⑮,义之所不敢出也⑯。

[注释]①善作者:善于干事的人。 ②不必善成:不一定就必然成功。

③五子胥:即伍子胥。阖闾:春秋吴国国君光,又作阖庐,屡次大败楚军,后与越王勾践战,兵败伤指而死。 ④远迹:远征的足迹。郢:音 yǐng,楚国都城,在今湖北江陵县。 ⑤夫差:春秋末年吴国君,吴王阖闾之子。公元前484年,艾陵之战夫差大败齐兵。前482年,夫差在今河南封丘的黄池会盟诸侯,越乘虚攻入吴都。后来越再兴兵攻灭吴国,夫差自杀。弗是:认为伍子胥的看法不正确。 ⑥鸱夷而浮之江:阖闾卒,夫差立,伍子胥数谏不听,夫差赐死。伍子胥既死,以皮囊装伍子胥尸体,投于江湖。鸱夷:马皮制成的皮囊。 ⑦悟:明白。先论:贤者的超前预见。 ⑧蚤见:提前预见。不同量:不同肚量,不同的见解。 ⑨入江而不改:伍子胥冤枉怨恨,虽投江而死但依然坚持己见,化为波涛之神。 ⑩免身全功:身免于罪,保全功名。 ⑪先王之迹:燕昭王的伟大历史功绩。 ⑫离:通"罹",遭遇。非:非议,谴责,诽谤。 ⑬堕:毁坏,贬毁。 ⑭恐:恐惧,担忧。 ⑮以幸为利者:以能够幸免于罪为最大的利益。 ⑯义:信义,正义。出:坚持,表现出来。

"臣闻古之君子,交绝不出恶声①;忠臣之去②也,不洁其名③。臣虽不佞,数奉教于君子矣④。恐侍御者之亲左右之说⑤,而不察疏远之行⑥也。故敢以书报,唯君之留意焉。"

[注释]①交:交往,友谊。恶声:恶言伤人,讲伤害对方的坏话。 ②去:离开。 ③不洁其名:毁其君而自解,讲国君的过错为自己解脱。 ④数:多次,屡次。奉教:接受教诲。 ⑤侍御者:国君身边的近臣。亲左右之说:因亲近而相信身边人的看法。 ⑥疏远之行:离燕奔赵,远离燕国的原因。

○或献书燕王

或献书燕王①:"王而不能自恃②,不恶卑名以事强③,事强可以令国安长久④,万世之善计。以事强而不可以为万世,则不如合弱⑤,将奈何合弱而不能如一⑥,此臣之所为山东苦也⑦。

[注释]①燕王:燕昭王。 ②王:身为国君。自恃:不结外援,依靠自己的力量保证国家安全。 ③恶,音wù,厌恶,讨厌,忌讳。卑名:卑下、低贱的名声。事强:服事强国。 ④国安长久:国家长治久安。 ⑤合弱:联合众多的弱国以攻强。 ⑥奈何:怎么应对。如一:团结一致,始终如一。 ⑦山东:指华山或崤山以东的诸侯国。苦:困苦,苦恼,遗憾。

"比目之鱼①,不相得则不能行②,故古之人称之,以其合两而如一也。今山东合弱而不能如一,是山东之知③不如鱼也。又譬如车士之引车也④,三人不能行,索二人⑤,五人而车因行矣⑥。今山东三国弱而不能敌秦⑦,索二国⑧,因能胜秦矣。然而山东不知相索⑨,智固不如车士矣。胡与越人⑩,言语不相知⑪,志意⑫不相通,同舟而凌波⑬,至其相救助如一也。今山东之相与⑭也,如同舟而济,秦之兵至,不能相救助如一,智又不如胡、越之人矣。三物者⑮,人之所能为也,山东之主遂不悟⑯,此臣之所为山东苦⑰也。愿大王之熟虑之也。

[注释]①比目之鱼:即比目鱼,鲽形目鱼类统称,是一种卵圆形扁平的深海鱼类,其突出特征是两眼位于身体的同一侧,有眼的一侧有体色,另一侧为白色。 ②不相得:两只眼睛不在一侧。行:游动。 ③知:智慧,智商。 ④车士:拉车的人。引:挽,拉。 ⑤索二人:再增加二人拉车。 ⑥五人而车因行矣:五个人同心协力拉车,车才能前走。 ⑦三国:韩、赵、魏。敌:抵御,抗衡。 ⑧索二国:增添两个国家。 ⑨不知相索:不知道团结一致,共同抗秦。 ⑩胡:北方少数民族的泛称。越人:南方少数民族的泛称。 ⑪知:理解,听得懂。 ⑫志意:思想,文化观念。 ⑬凌波:乘风破浪,行船

于波涛中。 ⑭与：交往，相处。 ⑮三物者：以上所说的三个例子；比目鱼相得而行、车士引车、胡与越人。 ⑯主：国君。悟：觉悟，认识。 ⑰苦：忧伤，愁苦，困扰。

"山东相合①，之主②者不卑名，之国者可长存，之卒者出士以戍韩、梁之西边③，此燕之上计也。不急④为此，国必危矣，主必大忧。今韩、梁、赵三国以合矣，秦见三晋之坚⑤也，必南伐楚。赵见秦之伐楚也，必北攻燕。物固有势异而患同者⑥。秦久伐韩，故中山⑦亡；今久伐楚，燕必亡。臣窃为王计，不如以兵南合三晋，约戍韩、梁之西边。山东不能坚为此，此必皆亡。"

[注释]①山东相合：山东诸国相互联合。 ②之主：对于诸侯国的国君来说。 ③戍：军队防守。西边：韩、梁西部与秦接壤的地方。 ④急：紧急，抓紧。 ⑤坚：精诚团结，坚不可摧。 ⑥物固有势异而患同者：事物必然有形势不同但祸患相同这种情况。 ⑦中山：狄人所建之国，位于今河北定州市，被魏灭，后又复国，最后被赵所灭。

燕果①以兵南合三晋也。

[注释]①果：果然，果真。

○客谓燕王

客谓燕王曰①："齐南破楚，西屈②秦，用韩、魏之兵，燕、赵之众，犹鞭箠也③。使④齐北面伐燕，即虽五燕不能当⑤。王何不阴⑥出使，散游士，顿⑦齐兵，弊⑧其众，使世世无患。"燕王曰："假⑨寡人五年，寡人得其志⑩矣。"苏子曰:"请假王十年。"燕王说,奉⑪苏子车五十乘,南使于齐。

[注释]①客:来宾,游说之士。近人认为客当为苏秦。燕王:燕昭王。②屈:降服,迫使秦国认输。 ③犹鞭笶也:指挥诸国之兵如用马鞭子御马一样。笶:同"策",马鞭子,鞭打。 ④使:假使,假如。 ⑤当:抵挡,抵敌。⑥阴:暗中,秘密。 ⑦顿:劳累疲敝。 ⑧弊:疲惫,衰落。 ⑨假:给,借给。 ⑩得其志:实现自己的愿望。 ⑪奉:奉送,献给。

谓齐王①曰:"齐南破楚,西屈秦,用韩、魏之兵,燕、赵之众,犹鞭策也。臣闻当世之举王②,必诛暴正乱,举③无道,攻不义。今宋王射天笞埊④,铸诸侯之象,使侍屏匽⑤,展其臂⑥,弹⑦其鼻,此天下之无道不义,而王不伐,王名终不成。且夫宋,中国膏腴⑧之地,隣民之所处也⑨,与其得百里于燕,不如得十里于宋。伐之,名则义,实则利,王何为弗为?"齐王曰:"善。"遂与⑩兵伐宋,三覆⑪宋,宋遂举⑫。

[注释]①齐王:齐闵王。 ②举王:举世之王,犹如春秋时的霸主。③举:攻伐,战胜。 ④宋王:宋王偃。射天笞埊:以弓箭射天神,以杖抽打土地神。 ⑤屏匽:路旁边的厕所。匽,音 yǎn。 ⑥展其臂:展开诸侯偶像的双臂。 ⑦弹:以弹弓击之。 ⑧膏腴:肥沃,肥美。 ⑨隣民之所处也:由齐民邻宋者所居。隣,同"邻"。 ⑩与:又作兴,兴兵。 ⑪覆:击败,打败。⑫举:被攻克,被占领。

燕王闻之,绝交于齐,率天下之兵以伐齐,大战一,小战再①,顿②齐国,成其名。故曰:因其强而强之③,乃可折④也;因其广而广之,乃可缺⑤也。

[注释]①再:两次。 ②顿:劳累疲敝。 ③因其强而强之:依仗自己强大而去逞强。 ④折:折毁,损伤。 ⑤缺:因伤害而缺失、衰微。

○赵且伐燕

赵且伐燕,苏代为燕谓惠王①曰:"今者臣来,过易水②,蚌方出曝③,而鹬④啄其肉,蚌合而拑其喙⑤。鹬曰:'今日不雨⑥,明日不雨,即有死蚌。'蚌亦谓鹬曰:'今日不出⑦,明日不出,即有死鹬。'两者不肯相舍⑧,渔者得而并禽之⑨。今赵且伐燕,燕、赵久相支⑩,以弊大众,臣恐强秦之为渔父也。故愿王之熟计之也。"惠王曰:"善。"乃止。

[注释]①惠王:赵惠文王。 ②易水:源出于河北易县境内,分南易水、中易水、北易水,三支易水汇合后流入南拒马河。 ③蚌:生活在水中的软体动物,有两个椭圆形的外壳,可以开闭。曝:张开外壳晒太阳。 ④鹬:音 yù,水鸟,以水中的小鱼、虾等动物为食。 ⑤拑:同"钳",夹住。喙:音 huì,鸟嘴。 ⑥雨:下雨。 ⑦出:鹬喙从蚌中抽出。 ⑧舍:舍弃,放弃。 ⑨并:一块。禽:通擒,擒获。 ⑩久:长时间,长期。支:支撑,对抗。

○齐魏争燕

齐、魏争燕①。齐谓燕王曰:"吾得赵矣。"魏亦谓燕王曰:"吾得赵矣。"燕无以决之,而未有适予也②。苏子③谓燕相曰:"臣闻辞卑而币重者④,失天下者也;辞倨而币薄者⑤,得天下者也。今魏之辞倨而币薄。"燕因合于魏,得赵⑥,齐遂北⑦矣。

[**注释**]①争燕:争着与燕联合。 ②未有适予:无所适从。 ③苏子:又作苏代,一说为苏秦。 ④辞卑:语言谦虚、低下。币重:礼物厚重。 ⑤辞倨:言辞傲慢。倨:音 jù,傲慢。币薄:礼物轻少。 ⑥得赵:因燕合于魏,形成强势,所以赵不得不支持、接近燕国,故曰"得赵"。 ⑦北:败北。

卷三十一　燕　三

○齐韩魏共攻燕

齐、韩、魏共攻燕,燕使太子请救于楚。楚王使景阳将而救之①。暮舍②,使左右司马各营壁地③,已④,稙表⑤。景阳怒曰:"女⑥所营者,水皆至灭表⑦。此焉可以舍⑧!"乃令徙。明日大雨,山水大出,所营者,水皆灭表。军吏乃服。于是遂不救燕,而攻魏雍丘⑨,取之以与宋。三国⑩惧,乃罢兵。魏军其西⑪,齐军其东,楚军欲还不可得也。景阳乃开西和门⑫,昼以车骑,暮以烛见⑬,通使⑭于魏。齐师怪⑮之,以为燕、楚与魏谋之⑯,乃引兵而去。齐兵已去,魏失其与国,无与共击楚,乃夜遁⑰。楚师乃还。

[注释]①楚王:楚怀王。景阳:楚国名将。　②暮舍:傍晚时军队宿营。③左右司马:楚军中级军官。营:营造,建造。壁:军垒。　④已:完毕。⑤稙表:又作植表,树立华表,以指明方向、路线。　⑥女:汝,你。　⑦水皆至灭表:洪水完全可以淹没华表。　⑧焉:怎么。舍:宿营,住宿。　⑨雍丘:在今河南杞县。雍:音 yōng,同"雍"。　⑩三国:齐、韩、魏。　⑪其西:在楚军的西面。　⑫西:西边。和门:两旁树立旌旗的营垒大门。　⑬烛见:以烛

光把营垒照得通明,一切都暴露无遗。 ⑭通使:使者往来。 ⑮怪:奇怪,疑惑。 ⑯谋之:谋划齐国。 ⑰遁:逃避,逃跑。

○张丑为质于燕

张丑为质于燕①,燕王欲杀之,走且出境②,境吏得丑③。丑曰:"燕王所为将杀我者,人有言我有宝珠也,王欲得之。今我已亡之④矣,而燕王不我信。今子且致我⑤,我且言子之夺我珠而吞之,燕王必当杀子,刳子腹及子之肠矣⑥。夫欲得之君⑦,不可说以利⑧。吾要且死,子肠亦且寸绝⑨。"境吏恐而赦⑩之。

[注释]①张丑:齐臣。质:质子,人质。 ②走:逃跑。且:将要。 ③境吏:守卫边境小官吏。得:抓获。 ④亡之:珠宝已经丢失。 ⑤致我:把我致送给燕王。 ⑥刳:音 kū,剖开。子:境吏。 ⑦欲得之君:要想得到国君的赏识。 ⑧说以利:以好处来取悦。说:通"悦"。 ⑨寸绝:一寸一寸地被割断。 ⑩赦:免罪释放。

○燕王喜使栗腹以百金为赵孝成王寿

燕王喜使栗腹以百金为赵孝成王寿①,酒三日,反②报曰:"赵民其壮者皆死于长平③,其孤④未壮,可伐也。"王乃召昌国君乐间⑤而问曰:"何如?"对曰:"赵,四达⑥之国也,其民皆习⑦于兵,不可与战。"王曰:"吾以倍⑧攻之,可乎?"曰:"不可。"曰:"以三⑨,可乎?"曰:"不可。"王大怒。左右皆以为赵可伐,遽⑩起六十万以攻赵。令栗腹以四十万攻鄗⑪,使庆秦以二十万攻代⑫。赵使廉颇以八万遇栗腹于鄗⑬,使乐乘⑭以五万遇庆秦于代。燕人大败。乐间入⑮赵。

[注释]①燕王喜:燕孝王之子,名喜。栗腹:燕相国。赵孝成王:赵惠文王之子,名丹。寿:祝寿。　②反:同"返"。　③壮者:成年人,青壮年。长平:公元前260年秦、赵长平之战。　④孤:长平之战死者遗留下来的孤儿。⑤昌国君乐间:乐毅之子。乐毅奔赵后,燕又封其子为昌国君。　⑥四达:四通八达,战事频繁。　⑦习:通晓,熟知。　⑧倍:一倍于赵国之兵。　⑨三:三倍于赵国之兵。　⑩遽:快速。　⑪鄗:音hào,赵邑,在今河北柏乡县。⑫庆秦:燕臣。代:代郡,赵地,秦朝时代的首府在今山西代县。　⑬廉颇:赵名将。赵惠文王时任上卿,屡次战胜齐、魏等国。长平之战,坚壁固守三年,后赵孝成王改用赵括为将,大败。赵孝成王十五年,战胜燕军,任相国,封信平君。赵悼襄王时奔魏居大梁,后老死于楚。遇:迎敌。　⑭乐乘:乐毅之族人。　⑮入:投奔。

燕王以书且谢①焉,曰:"寡人不佞②,不能奉顺君意,故君捐③国而去,则寡人之不肖④明矣。敢端其愿⑤,而君不肯听,故使使者陈愚意⑥,君试论⑦之。语曰:'仁不轻绝⑧,智不轻怨⑨。'君之于⑩先王也,世⑪之所明知也。寡人望有非则君掩盖之⑫,不虞君之明罪之也⑬;望有过⑭则君教诲之,不虞君之明罪之也。且寡人之罪,国人莫不知,天下莫不闻,君微出明怨以弃寡人⑮,寡人必有罪⑯矣。虽然,恐君之未尽厚⑰也。谚曰:'厚者不毁人以自益也⑱,仁者不危人以要名⑲。'以故掩人之邪者⑳,厚人之行也;救㉑人之过者,仁者之道也。世有掩寡人之邪,救寡人之过,非君心所望之?今君厚受位于先王以成尊㉒,轻弃寡人以快心㉓,则掩邪救过,难得于君矣。且世有薄于故厚施㉔,行有失而故惠用㉕。今使寡人任㉖不肖之罪,而君有失厚之累㉗,于为君择之也㉘,无所取之。国之有封疆,犹家之有垣墙,所以合好掩恶㉙也。室不能相和㉚,出语邻家㉛,未为通计㉜也。怨恶未见而明弃之㉝,未尽厚也。寡人虽不肖乎,未如殷纣之乱也;君虽不得意乎,未如商容、箕子之累也㉞。然则不内盖㉟寡人,而明怨于外,恐其适足以伤于高而薄于行也㊱,非然也。苟可以明君之义,成君之高,虽任恶名㊲,不难受也。本欲以为明寡人之薄㊳,而君不得厚㊴;扬寡人之辱㊵,而君不得荣,此一举而两失也。义者不亏㊶人以自益,况伤人以自损乎!愿君无以寡人不肖,累㊷往事之美。昔者,柳下惠吏于鲁㊸,三黜而不去㊹。或谓之曰:'可以去。'柳下惠曰:'苟与人之异㊺,恶往而不黜乎㊻?犹且黜乎㊼,宁于故国尔㊽。'柳下惠不以三黜自累,故前业㊾不忘;不以去为心㊿,故远近无议(51)。今寡人之罪,国人未知,而议寡人者遍天下。语曰:'论不修心(52),议不累物(53),仁不轻绝,智不简功(54)。'弃(55)大功者,辍也(56);轻绝厚利者,怨也。辍而弃之,怨而累之,宜在远者(57),不望之乎君也(58)。今以寡人无罪,君岂怨之乎?愿君捐怨,追(59)惟先王,复以教(60)寡人!意君曰(61),余且慝心以成而过(62),不顾先王以明而恶(63),使寡人进不得修功(64),退不得改过,君之所揣(65)也,唯君图之!此寡人之愚意也。敬以书谒之。"

[**注释**]①谢:向乐间谢罪。　②佞:聪明,才智。　③捐:舍弃,抛弃。　④不肖:不孝,不贤。　⑤端其愿:纠正自己的想法。端:纠正,端正。　⑥陈愚意:陈述自己愚蠢的看法。　⑦论;评价。　⑧轻绝:轻率地绝情绝意。

⑨怨:怨恨。 ⑩于:与,对待。 ⑪世:世人,社会。 ⑫望:希望。有非:国君有过错。君:指乐间。掩盖:替国君隐瞒、遮掩。 ⑬不虞:料想不到。明罪之:公开谴责国君的过错。 ⑭过:过错。 ⑮微出:秘密逃出燕国。明怨:公开宣扬对国君的怨恨。弃:抛弃。 ⑯必有罪:一定有做得不对的地方。 ⑰尽厚:非常忠厚。 ⑱厚者:忠厚之人。毁人:损害他人。自益:自己得到好处。 ⑲危人:危害他人。要名:沽名钓誉,谋求好的名声。⑳掩:掩盖。邪:邪恶,错误。 ㉑救:挽救,匡正。 ㉒厚受位:授予高官厚禄。成尊:成就了尊贵。 ㉓快心:称心如意,使自己心中畅快。 ㉔薄于故厚施:以薄情寡义对待过去的宽厚恩惠。 ㉕行有失而故惠用:在行为上有过失,但反而以惠爱的做法去回应。 ㉖任:担负。 ㉗累:拖累,连带。㉘于为,我认为。择之:选择出路、办法。 ㉙合好掩恶:团结一心,家丑不可外扬。 ㉚室:家,家族。和:和睦相处。 ㉛出语邻家:把家中的事告诉邻居。 ㉜通计:常规的做法。 ㉝见:音 xiàn,同现,显示出来。明弃:公开抛弃。 ㉞商容:纣臣,纣暴虐淫乱,商容谏而不听,退隐。箕子:商纣的叔父,名胥余,封于箕。纣暴虐荒淫,箕子强谏而不听,披发佯为癫狂。累:因犯罪而受到惩处。 ㉟盖:又作尽,犹言不尽臣下之责,进行规劝。 ㊱恐其适足以伤于高而薄于行也:这样做,恐怕只能伤害自己的高尚品行,而自己也因为行为不厚道让人们另眼相看。 ㊲恶名:坏名声。 ㊳薄:不忠厚,不厚道。㊴不得厚:也得不到忠厚的名声。 ㊵辱:羞耻、不光彩的事情。 ㊶亏:损害。 ㊷累:连累,犹言忘却,抹杀。 ㊸柳下惠:展氏,名获,字禽。春秋鲁国大夫。食邑柳下。谥惠。任掌管刑狱之官士师,以擅长贵族礼节著称。公元前634年,齐攻鲁,派人到齐劝说退兵。吏:担任官职。 ㊹黜:罢免官职。去:离开鲁国。 ㊺苟:如果。异:不同于他人。 ㊻恶往:不论到哪里。恶:音 wū,何,怎么。 ㊼犹且:同样。 ㊽宁:宁愿。故国:自己的祖国。㊾前业:过去的功绩、事迹。 ㊿心:心中念念不忘的想法,信念。 (51)议:非议。 (52)论不修心:发表言论,坦诚直言,不加修饰。 (53)议不累物:议论问题,不牵连其他无关的问题。 (54)简功:忽视、不承认过去的功劳。 (55)弃:又作简弃,犹言抛弃。 (56)辍也:中止,半途而废。 (57)宜在远者:"辍而弃之,怨而累之"这种情况只是出现在疏远之臣的身上。 (58)不望:不希望。

之:发生在你的身上。 ㊾追:追念,不忘。 ㊿教:教诲。 ㉛意君曰:意度其然,我认为你会这样说。 ㉜余:我。慝心:邪恶之心。以成其过:促成你作出错误的决策。 ㉝顾:顾忌。明而恶:宣扬乐间的罪恶。 ㉞修功:建立功业。 ㉟揣:揣摩,认真思考。

乐间、乐乘怨不用其计,二人卒留赵①,不报②。

[注释]①二人:乐间、乐乘。一说为衍文。卒,最终。 ②不报:不回复燕王的书信。

○秦并赵北向迎燕

秦并①赵,北向迎燕②。燕王③闻之,使人贺秦王④。使者过赵,赵王系之⑤。使者曰:"秦、赵为一,而天下服⑥矣。兹⑦之所以受命于赵者,为秦也。今臣使秦,而赵系之,是秦、赵有郄⑧。秦、赵有郄,天下必不服,而燕不受命矣。且臣之使秦,无妨于赵之伐燕也。"赵王以为然而遣之。

[注释]①并:合,联合。 ②北向迎燕:军队向北进发,以兵迎击燕国。 ③燕王:燕王喜。 ④秦王:秦王政。 ⑤赵王:赵悼襄王。系:拘捕。 ⑥服:折服,臣服。 ⑦兹:指燕国。 ⑧郄:间隙,隔阂。

使者见秦王曰:"燕王窃闻秦并赵,燕王使使者贺千金。"秦王曰:"夫燕无道,吾使赵有之①,子何贺?"使者曰:"臣闻全赵②之时,南邻为秦,北下曲阳③为燕,赵广④三百里,而与秦相距⑤五十余年矣,所以不能反⑥胜秦者,国小而地无所取⑦。今王使赵北并燕,燕、赵同力,必不复受⑧于秦矣。臣切⑨为王患之。"秦王以为然,起兵而救燕。

[注释]①有之:攻占燕国。 ②全赵:秦兼并赵国之前,赵国还是一个完整的诸侯国。 ③曲阳:在今河北曲阳县。 ④广:拓展疆土面积。 ⑤相距:相抗拒。距:通"拒"。 ⑥反:反过来。 ⑦取:物产。 ⑧受:受命,听命。 ⑨切:又作窃,暗地,私下。

○燕太子丹质于秦亡归

燕太子丹质于秦,亡归①。见秦且②灭六国,兵以临易水③,恐其祸至。太子丹患之,谓其太傅鞫武曰④:"燕、秦不两立,愿太傅幸而图之⑤。"武对曰:"秦地遍天下,威胁韩、魏、赵氏,则易水以北,未有所定也⑥。奈何以见陵之怨⑦,欲排其逆鳞哉⑧?"太子曰:"然则何由?"太傅曰:"请入⑨,图之。"

[注释]①亡归:燕太子丹尝质于赵,秦王政生于赵,少时与燕太子丹欢,及政立为王,太子丹又质于秦,秦王政遇太子丹不善,故逃亡归燕。 ②且:将,将要。 ③易水:燕国的南部边界,易水源出于河北易县境内,分南易水、中易水、北易水,三支易水汇合后流入南拒马河。 ④太傅:辅佐弱国君、太子之官。鞫武:又作鞠武,太子丹的太傅。 ⑤幸:亲自。图:图谋。 ⑥未有所定也:局势尚未最终确定。 ⑦见陵之怨:被欺凌而产生怨恨。 ⑧排:又作批,冲击,戏弄。逆鳞:传说龙喉咙下倒长的龙鳞,特别敏感,触动逆鳞者必死无疑。此以逆鳞比喻秦国。 ⑨请入:请太子丹入内休息,不要担忧虑。

居之有间①,樊将军亡秦之燕②,太子容之③。太傅鞫武谏曰:"不可。夫秦王之暴,而积怨于燕④,足为寒心⑤,

又况闻樊将军之在⑥乎!是以委肉当饿虎之蹊⑦,祸必不振⑧矣!虽有管、晏⑨,不能为谋⑩。愿太子急遣樊将军入匈奴以灭口⑪。请西约三晋,南连齐、楚,北讲于单于⑫,然后乃可图也。"太子丹曰:"太傅之计,旷日弥久⑬,心惛⑭然,恐不能须臾⑮。且非独于此也⑯。夫樊将军困穷⑰于天下,归身于丹,丹终⑱不迫于强秦,而弃所哀怜之交⑲置之匈奴,是丹命固卒之时也⑳。愿太傅更虑㉑之。"鞠武曰:"燕有田光㉒先生者,其智深,其勇沉㉓,可与之谋也。"太子曰:"愿因太傅交于田先生㉔,可乎?"鞠武曰:"敬诺。"出见田光,道㉕太子曰:"愿图国事于先生。"田光曰:"敬奉教。"乃造㉖焉。

[注释]①有间:过了一段时间。 ②樊将军亡秦之燕:秦将樊於期得罪于秦王,从秦国逃亡到燕国。於期:音 wū jī。 ③容之:收容,收留樊将军。 ④积怨于燕:因燕太子丹自秦亡归,秦已积怨。 ⑤寒心:心脏颤抖,恐惧。 ⑥在:在燕国。 ⑦是以委肉当饿虎之蹊:收留樊将军,就是把肉放在饿虎经过的路上。委:丢弃,放置。蹊:音 qī,小路。 ⑧振:救,拯救。 ⑨管:管子,即管仲,名夷吾,字仲,齐国颍上人,早期辅佐公子纠,后辅佐齐桓公称霸。晏:即晏婴,春秋齐国夷维人,为齐国卿,后又相齐景公,明智处世。 ⑩谋:避免秦国之祸的办法。 ⑪匈奴:活动在北方的少数民族,又称胡。战国时活动于燕、赵、秦以北地区。灭口:消灭秦国攻燕的借口。 ⑫讲:讲和修好。单于:匈奴的君长。单,音 chán。 ⑬旷日弥久:荒废时间,拖延很长。 ⑭惛:糊涂,迷乱。 ⑮须臾:片刻,立刻见效。 ⑯且非独于此也:况且不仅仅是这些。 ⑰困穷:走投无路。 ⑱终:终归,总不能。 ⑲哀恋之交:因怜悯同情所产生的情谊。 ⑳固:一定。卒:死亡。 ㉑更虑:改变思路,另想其他办法。 ㉒田光:燕人。 ㉓沉:深沉,沉稳。 ㉔因:通过。交:交友,交往。 ㉕道:说,转达太子说的话。 ㉖造:造访太子丹。

太子跪①而逢迎,却行为道②,跪而拂席③。田先生坐定,左右无人,太子避席而请曰④:"燕、秦不两立,愿先生留意⑤也。"田光曰:"臣闻骐骥⑥盛壮之时,一日而驰千里。至其衰也,驽马⑦先之。今太子闻光壮盛之时,不知吾精⑧已消亡矣。虽然,光不敢以乏⑨国事也。所善荆轲⑩,可使也。"太子曰:"愿因先生得愿交于荆轲,可乎?"田光曰:"敬诺。"即起,趋出。太子送之至门,曰:"丹所报⑪,先生所言者,国大事也,愿先生勿泄也。"田光俛⑫而笑曰:"诺。"

[注释]①跪:席地而坐,以臀着脚跟为坐,臀离开脚跟,直起大腿为跪。②却而为道:退行为田光引路,表示恭敬。 ③跪而拂席:席地跪坐的时候太子丹为田光掸除席子,表示尊重。 ④避席:离开坐的席子,站起来说话。请:请教。 ⑤留意:关心,关注。 ⑥骐骥:骏马,千里马。 ⑦驽马:跑不快的劣马。 ⑧精:精力锐气。 ⑨乏:缺失,耽误。 ⑩善:交往的好友,欣赏的人。荆轲:卫国人,卫人称庆卿。游历燕国,燕人叫他荆卿、荆叔,燕太子丹尊其为上卿。 ⑪报:指所谈的情况与想法。 ⑫俛:同"俯",低头,屈身。

俛①行见荆轲,曰:"光与子相善,燕国莫不知。今太子闻光壮盛之时,不知吾形已不逮也②,幸③而教之曰:'燕、秦不两立,愿先生留意也。'光窃不自外④,言足下于太子⑤,愿足下过⑥太子于宫。"荆轲曰:"谨奉教。"田光曰:"光闻长者之行,不使人疑⑦之,今太子约光曰:'所言者,国之大事也,愿先生勿泄也。'是太子疑光也。夫为行使人疑之,非节侠士也⑧。"欲自杀以激⑨荆轲,曰:"愿足下急过太子,言光已死,明不言也。"遂自刭而死。

[注释]①偻:老人的曲背状貌。田光本已年老,做曲背状使老态龙钟的特征更突出。 ②形:身体状况。不逮,不及年轻时的状态。 ③幸:幸运。 ④窃不自外:自己认为与荆轲非常亲近。 ⑤言:举荐。 ⑥过:去探望。 ⑦疑:猜忌,怀疑。 ⑧节:气节,讲究气节。侠士:见义勇为、舍己助人,仗义行侠之士。 ⑨激:激励。

轲见太子,言田光已死,明不言也①。太子再拜而跪,膝下行②流涕,有顷③而后言曰:"丹所请田先生无言者,欲以成大事之谋,今田先生以死明不泄言,岂丹之心④哉?"荆轲坐定,太子避席顿首⑤曰:"田先生不知丹不肖,使得至前⑥,愿有所道⑦,此天所以哀燕不弃其孤也⑧。今秦有贪饕⑨之心,而欲不可足也。非尽⑩天下之地,臣海内之王者⑪,其意不餍⑫。今秦已虏韩王⑬,尽纳⑭其地,又举兵南伐楚,北临赵。王翦将数十万之众临漳、邺⑮,而李信出太原、云中⑯。赵不能支⑰秦,必入臣⑱。入臣,则祸至燕。燕小弱,数⑲困于兵,今计举国不足以当秦⑳。诸侯服秦,莫敢合从㉑。丹之私计㉒,愚以为诚得天下之勇士,使于秦,窥㉓以重利,秦王贪其贽㉔,必得所愿矣㉕。诚得劫㉖秦王,使悉反诸侯之侵地㉗,若曹沫之与齐桓公㉘,则大善矣;则不可,因而刺杀之。彼大将擅兵㉙于外,而内有大乱,则君臣相疑。以其间诸侯㉚,诸侯得合从,其偿破秦必矣㉛。此丹之上愿㉜,而不知所以委命㉝,唯荆卿留意焉。"久之,荆轲曰:"此国之大事,臣驽下㉞,恐不足任使。"太子前顿首,固请无让㉟。然后许诺。于是尊荆轲为上卿㊱,舍上舍㊲,太子日日造问㊳,供太牢异物㊴,间进车骑美女㊵,恣㊶荆轲所欲,以顺适其意㊷。

[注释]①明不言也:表明永远不会泄密。 ②膝下行:跪着以膝行走。③有顷:一会,不久。 ④心:本意。 ⑤顿首:叩头。 ⑥至前:来到荆轲面前,犹言会面。 ⑦道:讲述,倾诉。 ⑧哀:怜悯,可怜。孤:孤立无援的燕国。 ⑨贪饕:贪婪的饕餮。饕餮,传说中凶狠贪食的猛兽。 ⑩尽:全部占有。 ⑪臣:臣服,降服。王:其他诸侯国国君。 ⑫意:心中的贪欲。厌:音yàn,满足,吃饱。 ⑬虏:虏获,俘虏。韩王:韩王安。 ⑭纳:接纳,占有。⑮王翦:战国末年秦将。频阳人,受秦王政重用,先后率军攻破赵国、燕国和攻灭楚国。后封武成侯。频阳:在今陕西富平县。将:率领。漳:发源于山西长治,分为清漳、浊漳二河,东南流经河南、河北两省交界处,在林州市合流为漳河,东南流至河北大名县入卫河。邺:魏邑,在今河北临漳县。 ⑯李信:秦将。太原:今山西太原市。云中:赵武灵王建置的郡,秦代治所在内蒙古托克托东北,统辖范围约为今山西、陕西两省北部到内蒙古黄河南岸的伊克昭盟。 ⑰支:支撑,抗拒。 ⑱入臣:投降称臣。 ⑲数:数次,多次。⑳计:计算,估计。当:抗衡。 ㉑合从:合纵。 ㉒私计:暗自计谋。㉓窥:示之以利,使秦王见而欲得。 ㉔贽:见面的礼物。 ㉕必得所愿矣:燕国一定能够实现它的愿望。 ㉖劫:劫持。 ㉗悉:全部。反:同"返",返还。侵地:被秦侵占之地。 ㉘若曹沫之与齐桓公:像曹沫劫持齐桓公一样。曹沫,春秋时期鲁国人,以武勇事鲁庄公。相传齐君与鲁君在今山东阳谷举行盟会,曹沫持剑相从,挟持齐君订立盟约,收回失地。 ㉙擅兵:掌握军队。㉚以其间诸侯:以秦国内乱之机,离间秦与其他诸侯国的关系。 ㉛偿:如愿以偿。必:必然,一定。 ㉜上愿:最高的愿望。 ㉝不知所以委命:有这样的愿望,但不知道委托给谁。 ㉞驽下:下等的劣马,荆轲以此来比喻自己才能低下。 ㉟无让:不要推辞。 ㊱上卿:最尊贵的大臣。 ㊲舍上舍:居住在最好馆舍里。 ㊳造问:登门问候。 ㊴太牢:一牛、一羊、一猪为太牢。异物:珍奇的食物。 ㊵间:时常,经常。进:进献。 ㊶恣:放纵。 ㊷顺适:顺从适应。意:愿望,要求。

久之,荆卿未有行意。秦将王翦破赵,虏赵王①,尽收其地,进兵北略地②,至燕南界。太子丹恐惧,乃请荆卿曰:"秦兵旦暮渡易水③,则虽欲长侍④足下,岂可得哉?"荆卿曰:"微⑤太子言,臣愿得谒之⑥。今行而无信⑦,则秦未可亲⑧也。夫今樊将军,秦王购⑨之金千斤,邑万家⑩。诚能得樊将军首⑪,与燕督亢⑫之地图献秦王,秦王必说⑬见臣,臣乃得以报太子。"太子曰:"樊将军以穷困来归丹,丹不忍以己之私,而伤长者之意⑭,愿足下更虑之。"

[注释]①虏赵王:公元前228年,王翦拔赵,虏获赵王迁。 ②北:向北。略地:侵占土地。 ③旦暮:早晨到傍晚,比喻在很短时间内。易水:燕国的南部边界,易水源出于河北易县境内,分南易水、中易水、北易水,三支易水汇合后流入南拒马河。 ④长侍:长期侍奉。 ⑤微:无,没有。 ⑥谒之:拜见太子。 ⑦行而无信:到秦国去,没有使秦王相信的凭证。 ⑧亲:接近秦王。 ⑨购:悬赏。 ⑩邑万家:封赏万家之邑。 ⑪首:首级,头颅。⑫督亢:战国时为燕国著名的富饶地区,在今河北涿州市东,跨涿州市、固安县、新城县等地。其中有陂泽,周五十余里,支渠四通,富灌溉之利。亢,音gāng。 ⑬说:通"悦",高兴。 ⑭长者之意:樊将军的情感。

荆轲知太子不忍①,乃遂私见樊於期曰:"秦之遇②将军,可谓深③矣。父母宗族④,皆为戮没⑤。今闻购将军之首,金千斤,邑万家,将奈何?"樊将军仰天太息⑥流涕曰:"吾每念⑦,常痛于骨髓,顾计不知所出耳⑧。"轲曰:"今有一言,可以解燕国之患,而报将军之仇者,何如?"樊於期乃前曰:"为之奈何?"荆轲曰:"愿得将军之首以献秦,秦王必喜而善见⑨臣,臣左手把其袖,而右手揕抗⑩其胸,然则将军之仇报,而燕国见陵之耻除矣⑪。将军岂有意⑫乎?"樊於期偏袒扼腕而进曰⑬:"此臣日夜切齿拊心也⑭,

乃今得闻教。"遂自刎。太子闻之，驰往⑮，伏尸而哭，极哀。既已⑯，无可奈何，乃遂收盛⑰樊於期之首，函封之⑱。

[注释]①不忍：不忍心割樊将军的首级。　②遇：对待，待遇。　③深：仇恨深重，惩罚严厉。　④父母宗族：父母双方的家族。　⑤戮没：杀戮。　⑥太息：深深的长叹。　⑦每念：每当想到。　⑧顾：反复思考。所出：设计出计谋。　⑨善见：非常高兴地接见。　⑩揕：音zhèn，击，以刀、剑、匕首等武器刺。抗：举起。揕抗：犹言以匕首猛刺。　⑪见陵：被欺凌。除：洗雪。　⑫意：想法。　⑬偏袒：解衣袒露一只胳膊。扼腕：以一手握持另一手腕部，表示愤怒、激动。　⑭切齿：咬紧牙齿，表示痛恨。拊心：拍胸膛，表示愤慨。　⑮驰往：驰骋前往。　⑯既已：既然事情已经成了这样。　⑰收盛：收拾装盛。　⑱函封之：用盒子或匣子把樊於期首级封存起来。

　　于是，太子预求天下之利匕首，得赵人徐夫人①之匕首，取之百金，使工以药淬②之，以试人，血濡缕③，人无不立④死者。乃为装遣荆轲⑤。燕国有勇士秦武阳⑥，年十二，杀人，人不敢与忤视⑦。乃令秦武阳为副。荆轲有所待⑧，欲与俱⑨，其人居远⑩未来，而为留待。顷⑪之未发。太子迟之⑫，疑其有改悔，乃复请之曰："日以尽矣⑬，荆卿岂无意⑭哉？丹请先遣秦武阳。"荆轲怒，叱太子曰："今日往而不反⑮者，竖子也⑯！今提一匕首入不测之强秦，仆⑰所以留者，待吾客与俱。今太子迟之，请辞决⑱矣！"遂发。

[注释]①徐夫人：赵人，姓徐，名夫人。　②淬：淬火。把匕首加热到一定温度，然后突然浸在药水中冷却，以增加硬度，并使毒药渗入匕首内部。　③血濡缕：伤口浅小，仅血濡染丝缕。　④立：立刻。　⑤为装：把匕首装好，便于出行携带。遣：派遣人送给。　⑥秦武阳：燕国勇士，荆轲刺杀秦王的助

手。　⑦忤视:对视。　⑧待:等待其他人。　⑨欲与俱:准备与荆轲一块去刺杀秦王。　⑩居远:居住得比较遥远。　⑪顷:很短一段时间。　⑫迟之:认为出发得太晚。　⑬日以尽矣:时间已经不早了,剩余的时间不多了。　⑭无意:无刺杀秦王的念头。　⑮反:同"返",返回。　⑯竖子:小子,愚笨的家伙。　⑰仆:荆轲的自称。　⑱辞决:告辞诀别。

　　太子及宾客知其事者,皆白衣冠以送之。至易水上,既祖①,取道②。高渐离击筑③,荆轲和而歌,为变徵之声④,士皆垂泪涕泣。又前⑤而为歌曰:"风萧萧⑥兮易水寒,壮士一去兮不复还!"复为忼慨羽声⑦,士皆瞋目⑧,发尽上指冠⑨。于是荆轲遂就⑩车而去,终已不顾⑪。

　　[注释]①既祖:祭祀完毕,此指祭祀道路之神。　②取道:选择好行走的路线。　③高渐离:燕人,荆轲的好友。筑:弦乐器,似琴而大。　④变徵之声:变徵为商。徵:音 zhǐ,古代五声音阶之一,相当于简谱"5"。商:古代五声音阶之一,相当于简谱中的"2"。商为五声音阶中最悲伤的音阶。　⑤前:荆轲向前一步。　⑥萧萧:冷酷凄清的风声。　⑦复:又,再。忼慨:同慷慨,情绪激昂。羽:古代五声音阶之一,相当于简谱"6"。羽音调高昂,是五声音阶中表示愤怒的音阶。　⑧瞋目:愤怒地瞪大眼睛。瞋,音 chēn。　⑨发尽上指冠:怒发冲冠。　⑩就车:登车。　⑪终已不顾:直到最终在人们视线中消失,荆轲也没有回头向后看。顾:回头看。

　　既至秦,持千金之资币物①,厚遗秦王宠臣中庶子蒙嘉②。嘉为先言于秦王曰:"燕王诚振畏慕大王之威③,不敢兴兵以拒大王,愿举国为内臣④,比⑤诸侯之列,给贡职⑥如郡县,而得奉守⑦先王之宗庙。恐惧不敢自陈⑧,谨斩樊於期头,及献燕之督亢之地图,函封,燕王拜送于庭,使使以闻大王⑨。唯大王命之。"

[注释]①币物:财币货物。 ②中庶子:秦王左右的侍御近臣,一说为太子属官。蒙嘉,秦将蒙恬之弟。 ③振:通"震",震慑于。畏:畏惧。慕:仰慕。威:威势,权威。 ④内臣:秦王属下的臣民。 ⑤比:并列,排比。⑥给贡职:供给贡献,恪尽职守。 ⑦奉守:供奉与守护。 ⑧自陈:燕王亲自前来陈述。 ⑨使使:派遣使者。闻:禀告,告知。

秦王闻之,大喜。乃朝服①,设九宾②,见燕使者咸阳宫③。荆轲奉樊於期头函,而秦武阳奉地图匣,以次进至陛下④。秦武阳色变振恐⑤,群臣怪之,荆轲顾笑⑥武阳,前为谢⑦曰:"北蛮夷之鄙人⑧,未尝见天子,故振慑⑨,愿大王少假借⑩之,使毕使于前⑪。"秦王谓轲曰:"起⑫,取武阳所持图。"轲既取图奉⑬之,发⑭图,图穷⑮而匕首见。因左手拔秦王之袖,而右手持匕首揕抗⑯之。未至身,秦王惊,自引⑰而起,绝⑱袖。拔剑,剑长,操其室⑲。时怨急⑳,剑坚㉑,故不可立拔㉒。荆轲逐秦王,秦王还柱而走㉓。群臣惊愕㉔,卒起不意㉕,尽失其度㉖。而秦法㉗,群臣侍殿上者,不得持尺兵㉘。诸郎中执兵㉙,皆陈殿下㉚,非有诏不得上。方急时㉛,不及召下兵㉜,以故荆轲逐秦王,而卒惶急无以击轲㉝,而乃以手共搏㉞之。是时侍医夏无且,以其所奉药囊提㉟轲。秦王之方㊱还柱走,卒惶急不知所为,左右乃曰:'王负剑㊲!王负剑!'遂拔以击荆轲,断其左股㊳。荆轲废㊴,乃引㊵其匕首提秦王,不中,中柱。秦王复击轲,被八创㊶。轲自知事不就,倚㊷柱而笑,箕踞㊸以骂曰:"事所以不成者㊹,乃欲以生劫之㊺,必得约契以报太子也㊻。"左右既前斩荆轲,秦王目眩良久㊼。而论功赏群臣及当坐者㊽,各有差㊾。而赐夏无且黄金二百镒,曰:"无且爱我,乃以药囊提轲也。"

[注释]①朝服:穿上朝见群臣的礼服。 ②九宾:举行重大典礼的各种仪仗与礼仪设施。 ③咸阳宫:秦宫殿,位于其都城咸阳。 ④以次:依次,按照顺序。陛下:宫殿的台阶之下。 ⑤色变振恐:惊恐得脸变了颜色。 ⑥顾笑:回头视且嘲笑。 ⑦谢:谢罪。 ⑧北蛮夷:泛指北部少数民族。鄙人:没有见过世面的孤陋寡闻之人。 ⑨振慴:震慑,恐惧害怕。慴:同"慑"。 ⑩假借:宽容,宽缓。 ⑪毕:全部,指荆轲与秦武阳。使:行使觐见礼。前:秦王政面前。 ⑫起:请荆轲与秦武阳起来。 ⑬奉:两只手恭恭敬敬地捧着。 ⑭发:展开,打开。 ⑮穷:地图全部展开。 ⑯揕:音zhèn,击,以刀、剑、匕首等武器刺。抗:举起。揕抗:犹言以匕首猛刺。 ⑰引:退避,躲避。 ⑱绝:断,扯断。 ⑲操其室:剑在剑鞘里。操:把持,握持,犹言卡住。室:剑鞘。 ⑳时惶急:当时既愤恨,又焦急。惶:又作恐,惊恐。 ㉑剑坚:剑在剑鞘里卡得很紧。 ㉒立拔:马上把剑从剑鞘里拔出来。 ㉓还:又作环,环绕。走:跑,逃避。 ㉔惊愕:惊奇震愕。愕:音è,惊讶。 ㉕卒起不意:突然发生意想不到的事情。卒:通猝,突然。 ㉖度:风度,常态。 ㉗秦法:秦国法律规定。 ㉘尺兵:又做尺寸之兵,意为任何兵器。 ㉙郎中:国君的左右侍卫。执兵:手持武器。 ㉚陈:陈列。殿下:宫殿外边的阶梯下边。 ㉛方急时:正在危急时刻。 ㉜不及:来不及。下兵:陈列在殿下的士兵。 ㉝卒惶急无以击轲:事情突然,人们慌张、紧急,没有东西可以击荆轲。 ㉞搏:击,搏击。 ㉟提:掷,投掷。 ㊱方:正在。 ㊲负剑:把剑推到背上,使之易于拔出。 ㊳股:大腿。 ㊴废:受重伤,无法正常行动。 ㊵引:举起。 ㊶八创:八处被击伤。 ㊷倚:靠着。 ㊸箕踞:伸开两腿而坐,形状如簸箕。 ㊹不成者:刺杀不成功。 ㊺生劫之:活着劫持秦王。 ㊻约契:秦王签署的归还秦国所掠土地的契约。报:回报。 ㊼目眩:眼睛昏花,视觉模糊。良久:很长时间。 ㊽当坐者:应该定罪处罚的人。 ㊾差:差别。

于是,秦大怒燕,益发兵诣赵①,诏②王翦军以伐燕。十月而拔燕蓟城③。燕王喜、太子丹等,皆率其精兵东保于辽东④。秦将李信追击燕王,王急,用代王嘉⑤计,杀太子丹,欲献之秦。秦复进兵攻之。五岁而卒灭燕国⑥,而虏燕王喜。秦兼天下⑦。

[注释]①益:增派更多的军队。诣:前往。 ②诏:秦王政命令。 ③蓟城:燕国都城,在今北京市。 ④东保:向东退守。辽东:今辽东半岛。 ⑤代王嘉:赵悼王之子,名嘉,公元前228年秦破赵,公子嘉出奔代,自立为王。 ⑥五岁:五年。卒:终于,最终。 ⑦兼天下:消灭各个诸侯国,统一天下。

其后荆轲客①高渐离以击筑见秦皇帝,而以筑击秦皇帝,为燕报仇,不中而死。

[注释]①客:门客,宾客。

卷三十二 宋　卫

○齐攻宋宋使臧子索救于荆

齐攻宋，宋使臧子索救于荆①。荆王大说②，许救甚劝③。臧子忧而反④。其御⑤曰："索救而得，有忧色何也。"臧子曰："宋小而齐大。夫救于小宋而恶⑥于大齐，此王⑦之所忧也；而荆王说甚⑧，必以坚⑨我。我坚而齐弊，荆之利也。"臧子乃归。齐王果⑩攻，拔宋五城，而荆王不至。

[注释]①臧子：又作臧孙子，宋人。索救：求救。荆：楚国。　②荆王：楚倾襄王。说：通"悦"。　③许：答应。劝：努力，尽力。　④忧：满怀忧虑。反：通"返"。　⑤御：驾车者。　⑥恶：得罪，邦交关系恶化。　⑦王：宋王偃。　⑧说甚：大悦，非常高兴。　⑨坚：坚定抗齐。　⑩齐王：齐闵王。果：果然。

○公输般为楚设机

公输般为楚设机①，将以攻宋。墨子②闻之，百舍重茧③,往见公输般,谓之曰:"吾自宋闻子④。吾欲借子杀王⑤。"公输般曰:"吾义⑥固不杀王。"墨子曰:"闻公为云梯,将以攻宋。宋何罪之有?义不杀王而攻国,是不杀少而杀众。敢问攻宋何义也?"公输般服焉,请见之王⑦。

[注释]①公输般:鲁班,鲁国著名的工匠。机:云梯、撞车、飞石、车弩等战争机械设备。 ②墨子:名翟,春秋宋国人,一说为鲁国人,创立墨家学派,并精通防御之术。 ③百舍:一日行走一百里才到馆舍休息。重茧:脚上磨出了厚厚的茧子。 ④闻子:听说公输般的大名。 ⑤借子杀王:借公输般之手杀人。王:又作人。 ⑥义:讲究仁义。 ⑦请见之王:请墨子见楚惠王。

墨子见楚王①曰:"今有人于此,舍其文轩②,邻有弊舆而欲窃之③;舍其锦绣④,邻有短褐⑤而欲窃之;舍其梁肉⑥,邻有糟糠⑦而欲窃之。此为何若人也?"王曰:"必为有窃疾⑧矣。"

[注释]①楚王:楚惠王。 ②舍:家中。文轩:雕饰精美花纹的车。 ③弊舆:破旧的车。窃:偷盗。 ④锦绣:质地精美、色彩鲜艳的丝织品。 ⑤短褐:粗麻布做的短衣服。褐,音hè。 ⑥梁肉:以梁为饭,以肉为肴,泛指美味佳肴。梁:粟的优良品种。 ⑦糟糠:酒渣、米糠等粗劣食物。 ⑧窃疾:盗窃的怪癖。

墨子曰:"荆之地方五千里,宋方五百里,此犹文轩之与弊舆也。荆有云梦①,犀兕麋鹿盈之②,江、汉鱼鳖鼋鼍为天下饶③,宋所谓无雉兔鲋鱼者也④,此犹梁肉之与糟糠也。荆有长松、文梓、楩、枏、豫樟⑤,宋无长木⑥,此犹锦绣之与短褐也。恶⑦以王吏之攻宋,为与此同类也。"王曰:"善哉!请无攻宋。"

[注释]①云梦:云梦泽,位于湖北省江汉平原的湖泊群,先秦时这一湖泊群的范围长540公里,大致包括今湖南益阳县、湘阴县以北,湖北江陵县、安陆县以南,武汉市以西的广大地区。 ②犀兕:犀牛。兕:雌性犀牛。盈:充满。 ③江、汉:长江与汉水。鼋:音yuán,团鱼,老鳖。鼍:音tuó,扬子鳄。饶:富饶。 ④雉:音zhì,野鸡。鲋鱼:鲫鱼。鲋,音fù。 ⑤长松:高大的松树。文梓:带花纹的梓树。楩:音pián,黄楩木。枏:楠树。豫樟:樟类树木。 ⑥长木:大树,成材的树木。 ⑦恶:又作臣。

〇犀首伐黄

犀首伐黄①,过卫,使人谓卫君②曰:"弊邑之师过大国之郊③,曾无一介之使以存之乎④?敢请其罪。今黄城将下矣,已⑤,将移兵而造⑥大国之城下。"卫君惧,束组三百绲⑦,黄金三百镒,以随使者⑧。南文子止之曰⑨:"是⑩胜黄城,必不敢来;不胜,亦不敢来。是胜黄城,则功大名美,内临其伦⑪。夫在中者恶临⑫,议⑬其事。蒙⑭大名,挟⑮成功,坐御⑯以待中之议,犀首虽愚,必不为也。是不胜黄城,破心⑰而走,归,恐不免于罪矣!彼安敢攻卫以重其不胜之罪哉⑱?"果胜黄城,帅师而归,遂不敢过卫。

[注释]①犀首:公孙衍,魏人,曾任魏相。黄:即黄城,黄为嬴姓古国,位于今河南内黄县,公元前648年被楚灭。 ②卫君:卫平侯。 ③弊邑之师:对魏国军队的外交称呼。大国:指卫国。郊:城外为郊。 ④一介:一个,一位。使:接待外宾的使者。存:慰问,犒劳。 ⑤已:攻下黄城。 ⑥造:到,拜访,犹言兵临。 ⑦束:打成捆。组:绶带,丝带。绲:音gǔn,织成的丝带,又可作为量词捆、束。 ⑧以随使者:使者随身携带。 ⑨南文子:卫大夫。

止:制止。 ⑩是:此,这一次战役。 ⑪伦:等,等级地位的重新排定。 ⑫在中者:国中之臣。恶临:厌恶犀首成功归来。 ⑬议:议论,非议。 ⑭蒙:蒙受,承受。 ⑮挟:携带,拥有。 ⑯坐御:束手待毙。 ⑰破心:伤心,心中恐惧。 ⑱安:怎么。重:加重。

○梁王伐邯郸

梁王①伐邯郸,而征师②于宋。宋君使使者请于赵王③曰:"夫梁兵劲而权重④,今征师于弊邑⑤,弊邑不从⑥,则恐危社稷;若扶⑦梁伐赵,以害赵国,则寡人不忍⑧也。愿王之有以命⑨弊邑。"

[注释]①梁王:梁惠王。 ②征师:征兵。 ③宋君:宋剔成。赵王:赵成侯。 ④劲:强劲,战斗力强。权:权势。 ⑤弊邑:宋使者对宋的自称,犹言衰败疲敝的宋国。 ⑥从:服从,听从。 ⑦扶:助,扶助。 ⑧不忍:与心不忍,不忍心。 ⑨有以命:给宋国想出一个合适借口、办法。

赵王曰:"然。夫宋之不足如①梁也,寡人知之矣。弱赵以强梁②,宋必不利也。则吾何以告子而可乎③?"使者曰:"臣请受边城④,徐其攻而留其日⑤,以待下吏之有城而已⑥。"赵王曰:"善。"

[注释]①如:相当,匹敌。 ②弱赵以强梁:凭借衰弱的赵国对抗强劲的魏国。 ③何以告子而可乎:赵王虽知宋国不会帮助魏国,然而又无辞使宋不听魏国。 ④臣请受边城:请求赵国允许宋国攻伐赵国边境上的一座城邑。 ⑤徐其攻:缓慢地进攻。留其日:长时间进攻,慢慢消耗时间。 ⑥以待下吏之有城而已:等候宋国撤军之后,赵王属下的官吏恢复对该城邑的管辖。

宋人因遂举兵入赵境，而围一城焉。梁王甚说，曰："宋人助我攻矣①。"赵王亦说曰："宋人止于此②矣。"故兵退难解③，德④施于梁而无怨于赵。故名有所加而实有所归⑤。

[注释]①助我攻矣：宋人围赵一边城，故梁王说助我攻赵。 ②止于此：保持在拖延时间的缓慢进攻状态。 ③难解：解决了魏征兵于宋、宋助魏攻赵的难题。 ④德：恩德。 ⑤加：声望提高。归：实际上又有收获。

○谓大尹曰

谓大尹①曰："君日长久矣②，自知政③，则公无事④。公不如令楚贺君之孝⑤，则君不夺太后之事矣⑥，则公常用宋矣⑦。"

[注释]①大尹：宋卿。 ②君日长久矣：宋君一天一天地成熟了起来。 ③自知政：宋君长大成熟，能够独立处理政事。 ④公无事：不需要大尹独断政事。 ⑤贺：祝贺，表示尊敬赞赏。君：宋君。 ⑥君不夺太后之事矣：当时太后参与宋国政治，太后为大尹之母，所以大尹设法保持太后参政的权力不被剥夺。 ⑦公常用宋矣：因太后为大尹之母，只要太后继续参政，大尹也会因此而长期受到重用。

○宋与楚为兄弟

宋与楚为兄弟①。齐攻宋，楚王言救宋②。宋因卖楚重以求讲于齐③，齐不听。苏秦为宋谓齐相曰："不如与之④，以明宋之卖楚重于齐也⑤。楚怒，必绝于宋而事齐，齐、楚合，则攻宋易矣。"

[注释]①兄弟:兄弟之国,表示两国关系密切。 ②楚王:楚顷襄王。言:声言。 ③卖楚重:卖弄、炫耀宋与楚的特殊关系,依仗楚国的强盛。讲:讲和。 ④与之:同意与宋讲和。 ⑤卖楚重于齐也:依仗楚国的强盛而受到齐国的看重。

〇魏太子自将过宋外黄

魏太子自将①,过宋外黄②。外黄徐子③曰:"臣有百战百胜之术,太子能听臣乎?"太子曰:"愿闻之。"客④曰:"固愿效⑤之。今太子自将攻齐,大胜并莒⑥,则富不过有魏,而贵不益⑦为王。若战不胜,则万世无魏⑧。此臣之百战百胜之术也。"太子曰:"诺⑨。请必从公之言而还⑩。"客曰:"太子虽欲还,不得矣⑪。彼利太子之战攻⑫,而欲满其意者众⑬,太子虽欲还,恐不得矣。"太子上车请还。其御⑭曰:"将出而还,与北⑮同,不如遂行⑯。"遂行。与齐人战而死⑰,卒⑱不得魏。

[注释]①魏太子:魏太子申。自将:亲自为将率兵。 ②外黄:宋邑,在今河南民权县,一说在今河南兰考县。 ③徐子:宋外黄人。 ④客:徐子。 ⑤效:献。 ⑥并莒:莒,今山东莒县,位于齐国的东南部,魏位于齐国西边,言从西边破齐,一直进攻到齐国的东南部,尽有齐地。 ⑦益:再增加尊贵,超过。 ⑧万世无魏:如果战败,则太子灭,何魏之有,所以说将"万世无魏"。 ⑨诺:答应的声音,同意,允许。 ⑩还:率军返回。 ⑪不得矣:已经不能够简单地返回魏国。 ⑫彼:魏国战士。利:利于,因太子战,战士可得其利。 ⑬欲满其意者众:希望满足战士心中愿望的人很多。 ⑭御:太子的驾车人。 ⑮北:败北,战败逃跑。 ⑯行:继续进军伐齐。 ⑰与齐人战而死:公元前341年,齐、魏马陵之战,魏太子申生被杀。 ⑱卒:最终。

○宋康王之时有雀生鹯

宋康王①之时,有雀生鹯于城之陬②。使史占之③,曰:"小而生巨,必霸天下。"康王大喜。于是灭滕伐薛④,取淮北⑤之地,乃愈自信,欲霸之亟成,故射天笞地⑥,斩社稷而焚灭之⑦,曰:"威服⑧天下鬼神。"骂国老谏曰⑨,为无颜之冠⑩,以示勇。剖伛之背⑪,锲朝涉之胫⑫,而国人大骇⑬。齐闻而伐之,民散⑭,城不守。王乃逃倪侯之馆⑮,遂得而死⑯。见祥而不为祥⑰,反为祸。

[**注释**]①宋康王:宋王偃的谥号,辟公之子,剔成之弟。 ②雀:麻雀。鹯:通"鹯"。"鹯",音 zhān,猛禽名,亦称晨风,似鸡,青黄色,食鸠、鸽、燕、雀等。陬:音 zōu,隅,角落。 ③史:史官,掌历史记载与占卜等。占:占卜。 ④滕:任姓古国,其祖先奚仲做夏代的车正,传说为车的创造者,居于今山东滕州市。薛:在今山东滕州市。 ⑤淮北:淮河以北之地。 ⑥射天笞地:以弓箭射天神,以杖抽打土地神。 ⑦斩社稷而焚灭之:斩杀并焚烧土地神与谷神的神位。 ⑧威服:以权威、威势制服。 ⑨国老:年老离职的贵族。曰:一说应为者。 ⑩无颜之冠:遮不住前额的帽子,以示武勇。 ⑪伛之背:罗锅的背部。 ⑫锲:刻,截断,折断。朝涉之胫:早晨涉水人的胫骨。 ⑬骇:乱扰,惊恐不安。 ⑭散:溃散。 ⑮倪侯:宋臣。馆:住所。 ⑯得:捕获。死:处死。 ⑰祥:吉祥之兆。不为祥:不做吉祥的事情。

○智伯欲伐卫

智伯①欲伐卫,遗卫君野马四百②,白璧③一。卫君大悦,群臣皆贺,南文子有忧色④。卫君曰:"大国大懽⑤,而子有忧色何?"文子曰:"无功之赏,无力之礼⑥,不可不察也。野马四,百⑦璧一,此小国之礼也⑧,而大国致之,君其图⑨之。"卫君以其言告边境。智伯果起兵而袭卫,至境而反⑩曰:"卫有贤人,先知吾谋也。"

[注释]①智伯:名瑶,春秋晋国执政卿之一。 ②遗:音,wèi,赠送。野马:即良马驹骁。驹骁:音 táo tú。 ③白璧:白色玉璧。 ④南文子:又作宁文子,宋大夫。忧色:脸上露出忧虑的颜色。 ⑤大国大懽:全国都为此事而观庆。懽:同"欢"。 ⑥无力之礼:没有做努力而受到礼遇。 ⑦百:同"白"。 ⑧此小国之礼也:这是小国献给大国的礼物。 ⑨图:图谋,思考。 ⑩反:同"返",返回。

○智伯欲袭卫

智伯欲袭卫,乃佯亡其太子①,使奔卫。南文子②曰:"太子颜为君子也,甚爱而有宠,非有大罪而亡,必有故③。"使人迎之于境④,曰:"车过五乘,慎勿纳⑤也。"智伯闻之,乃止。

[注释]①佯亡其太子:使其太子假装逃亡。佯:假装。亡:逃亡。太子:智伯之子,名颜。 ②南文子:即宁文子,卫大夫。 ③故:原因。 ④境:边境。 ⑤纳:接纳。

○秦攻卫之蒲

秦攻卫之蒲①。胡衍谓樗里疾曰②:"公之伐蒲,以为秦乎?以为魏乎?为魏则善,为秦则不赖③矣。卫所以为卫者,以有蒲也。今蒲入于魏,卫必折于魏④。魏亡西河之外⑤,而弗能复取者,弱也。今并卫于魏,魏必强。魏强之日,西河之外必危。且秦王亦将观公之事⑥。害秦以善魏,秦王必怨⑦公。"樗里疾曰:"奈何?"胡衍曰:"公释⑧蒲勿攻,臣请为公入戒蒲守⑨,以德⑩卫君。"樗里疾曰:"善。"

[注释]①蒲:卫邑,在今河南长垣县。 ②胡衍:卫人。樗里疾:秦惠王异母弟,因其居住的"里"有大樗树,故号樗里疾。樗,音chū。 ③赖:利,好处。 ④卫必折于魏:卫恐秦取蒲,必主动与魏友好相处。 ⑤西河:古称西部地区南北流向的黄河为西河,战国魏在这里设置郡,文侯时吴起曾为西河守。辖境相当于今陕西华阴以北,黄龙以南,洛河以东,黄河以西地区,首府在今山西河津县。之外:西河以外接近秦国的地区。 ⑥秦王:秦昭王。观:观察,考察。公之事:樗里疾的所作所为。 ⑦怨:怨恨。 ⑧释:解除。 ⑨戒:告诫其秦将解除对蒲的进攻。蒲守:蒲邑的守卫长官。 ⑩德:拉拢卫君,使之感恩戴德。

胡衍因入蒲,谓其守曰:"樗里子知蒲之病①也,其言曰:'吾必取蒲。'今臣能使释蒲勿攻。"蒲守再拜,因效金三百镒焉,曰:"秦兵诚去②,请厚③子于卫君。"胡衍取金于蒲,以自重④于卫。樗里子亦得三百金而归,又以德卫君也。

[注释]①病:蒲所处的困境。 ②诚:果真,确实。去:撤离。 ③厚:厚待。 ④自重:自己受到尊重、重用。

○卫使客事魏

卫使客事魏①,三年不得见。卫客患②之,乃见梧下先生③,许④之以百金。梧下先生曰:"诺。"乃见魏王⑤曰:"臣闻秦出兵,未知其所之⑥。秦、魏交而不修⑦之日久矣。愿王博⑧事秦,无有佗⑨计。"魏王曰:"诺。"

[注释]①客:客卿,他国人仕于卫者。事魏:到魏国处理两国事务。②患:忧虑。　③梧下:家有大梧桐树,以居住地的特征为号。先生:对德高望重长者的称呼。　④许:许诺,答应。　⑤魏王:魏襄王。　⑥之:指,至。⑦交而不修:邦交关系没有重新修好。　⑧博:广泛,多方面。博:又作专,专一。　⑨佗:同"他",其他。

客趋出①,至郎门而反曰②:"臣恐王事秦之晚。"王曰:"何也?"先生曰:"夫人于事己者过急③,于事人者过缓④。今王缓于事己者⑤,安能急于事人⑥。""奚⑦以知之?""卫客曰,事王三年不得见。臣以是知王缓也。"魏趋见卫客。

[注释]①客:梧下先生。趋:快步走。　②郎门:宫中之门。　③夫人于事己者过急:人们处事,对与自己有关系的事情总是过于着急。　④于事人者过缓:对于他人的事情总是过于缓慢。　⑤缓于事己者:对自己的事情也是非常的缓慢。　⑥安:怎么能够。事人:他人之事。　⑦奚:怎么。

○卫嗣君病

卫嗣君①病。富术谓殷顺且曰②:"子听吾言也以说③君,勿益损④也,君必善子⑤。人生之所行⑥,与死之心异⑦。始⑧君之所行于世者,食高丽也⑨;所用者,绁错、挈薄也⑩。群臣尽以为君轻国而好高丽,必无与君言国事者。子谓君:'君之所行天下者甚谬⑪。绁错主断⑫于国,而挐薄辅之,自今以往者⑬,公孙氏必不血食矣⑭。'"

[注释]①嗣君:卫平侯之子,秦王贬其号为君。 ②富术:卫人。殷顺且卫人。且,音 jū。 ③说:劝说。 ④益损:增删,增加与减少。 ⑤善子:善待你,重用你。 ⑥人生之所行:健康人的行为。 ⑦与死之心异:与将死之人的心情有差异。 ⑧始:开始,当初。 ⑨食高丽:食用高档美食。一说为贪恋高大娇美的女色。 ⑩缗错、挐薄:卫嗣君的宠臣。缗,音 xiè,同"继"。挐,音 rú。 ⑪谬:音 miù,错误,荒谬。 ⑫主断:专断,独断专行。 ⑬自今以往者:从今以后。 ⑭公孙氏:嗣君为卫鳌之孙,故又称公孙氏。一说公孙氏为卫国的氏。血食:用牺牲祭祀。

君①曰:"善。"与之相印②,曰:"我死,子制之③。"嗣君死,殷顺且以君令相公期④。缗错、挐薄之族皆逐⑤也。

[注释]①君:嗣君。 ②相印:相国的官印。 ③制之:主掌国事。 ④相公期:任命公期为相国。 ⑤逐:驱逐。

○卫嗣君时胥靡逃之魏

卫嗣君时,胥靡①逃之魏,卫赎之百金,不与。乃请以左氏②。群臣谏曰:"以百金之地,赎一胥靡,无乃不可乎?"君曰:"治无小③,乱无大④。教化喻⑤于民,三百之城⑥,足以为治;民无廉耻,虽有十左氏,将何以用之?"

[注释]①胥靡:卫国有罪之贤人,嗣君治其罪。 ②请以左氏:请求以左氏之邑与魏国交换胥靡。左氏:在今山东定陶县。 ③治无小:国家治理得好不在于国家小。 ④乱无大:国家治理得混乱不在于国家大。 ⑤喻:开导,启蒙。 ⑥三百之城:三百家的小城邑。一说应为"三里之城"。

○卫人迎新妇

　　为人迎新妇①，妇上车，问："骖马②，谁马也？"御③曰："借之。"新妇谓仆④曰："拊⑤骖，无笞服⑥。"车至门，扶⑦，教送母⑧："灭灶⑨，将失火。"入室见臼⑩，曰："徙之牖下⑪，妨⑫往来者。"主人笑之。此三言者，皆要言⑬也，然而不免为笑⑭者，蚤晚之时失也⑮。

[注释]①新妇：新娘。　②骖马：车两侧拉边套的马。　③御：驾车人。④仆：即御，驾车人。　⑤拊：音fǔ，打，击，鞭打。　⑥服：车中间驾辕的辕马。　⑦扶：他人扶新妇下车。　⑧送母：送新妇者，或曰伴娘，将要返回娘家，故告诫之。　⑨灭灶：饭后要把炉膛里的火灭掉。　⑩室：房屋。臼：用石头或木头制成，中间凹下的舂米器具。　⑪徙：搬走。牖：音yǒu，窗户。⑫妨：妨碍。⑬要言：重要的话。⑭笑：嘲笑。⑮蚤晚之时失也：失误在于说话的时间、场合不对。蚤，通"早"。

卷三十三 中 山

○魏文侯欲残中山

魏文侯欲残中山①。常庄谈谓赵襄子曰②:"魏并③中山,必无赵④矣。公何不请公子倾以为正妻⑤,因封之中山⑥,是中山复立⑦也。"

[注释]①魏文侯:魏桓子之孙。残:灭,消灭。中山:狄人所建之国,位于今河北定县,被魏灭,后又复国,最后被赵所灭。 ②常庄谈:赵襄子家臣。一说是赵襄子谋臣张孟谈。赵襄子,赵鞅之子,名无恤。 ③并:兼并。 ④无赵:魏既然吞并了中山,随后必然要取赵国。 ⑤公:赵襄子。公子倾:魏君之女。正妻:嫡夫人。 ⑥封之中山:以中山为邑,封给公子倾。 ⑦复立:将中山封给公子倾而不被魏伐,所以称之为"复立"。

○犀首立五王

犀首立五王①,而中山后持②。齐谓赵、魏曰:"寡人羞③与中山并为王,愿与大国伐之,以废其王。"中山闻之,大恐。召张登④而告之曰:"寡人且王⑤,齐谓赵、魏曰,羞与寡人并为王,而欲伐寡人。恐亡其国,不在索王⑥。非子莫能吾救⑦。"登对曰:"君为臣多车重币⑧,臣请见田婴⑨。"中山之君遣之齐。见婴子⑩曰:"臣闻君欲废中山之王,将与赵、魏伐之,过⑪矣。以中山之小,而三国伐之,中山虽益废王⑫,犹且听也⑬。且中山恐⑭,必为赵、魏废其王而务附焉⑮。是君为赵、魏驱羊也⑯,非齐之利也。岂若⑰中山废其王而事齐哉?"

[注释]①犀首:公孙衍,魏人,曾任魏相。立五王:使齐、赵、魏、燕、中山五国称王。 ②后:晚,迟于其他四国。持:持有王号。 ③羞:羞耻于,耻于。 ④张登:中山臣。 ⑤且王:将要称王。 ⑥不在索王:现在的主要问题是国家的存亡,而不是索求王的称号。 ⑦吾救:我被解救。 ⑧重币:丰厚的礼物。 ⑨田婴:齐威王少子,孟尝君之父,曾为齐相国,封于薛,称薛公,号靖国君。 ⑩婴子:田婴。 ⑪过:错,过错。 ⑫益废王:作出重大的让步,废除王的称号。益:大。 ⑬犹且听也:尚且听命,不敢有异议。 ⑭且:况且。恐:恐惧,害怕。 ⑮废其王:废除王的称号。务附:一心一意地依附于赵、魏。 ⑯君:田婴。驱羊:把羊群驱赶到赵、魏的旁边,请其食用。 ⑰岂若:怎么如。

田婴曰:"奈何?"张登曰:"今君召中山,与之遇而许之王①,中山必喜而绝②赵、魏。赵、魏怒而攻中山,中山急而为君难其王③,则中山必恐,为君废王事齐。彼患④亡其国,是君废其王而亡其国,贤于⑤为赵、魏驱羊也。"田婴曰:"诺。"张丑⑥曰:"不可。臣闻之,同欲者相憎⑦,同忧⑧者相亲。今五国相与⑨王也,负海不与焉⑩。此是欲皆在为王,而忧在负海。今召中山,与之遇而许之王,是夺五国而益负海也⑪。致⑫中山而塞四国,四国寒心。必先与之王而故亲之,是君临中山而失四国也。且张登之为人也,善以微计荐中山之君久矣⑬,难信以为利⑭。"

[注释]①遇:会晤。许之王:同意中山称王之号。 ②绝:断绝邦交关系。 ③急:危机,紧急。君:田婴。难其王:责难中山竟然敢与齐共同称王。 ④患:担忧,害怕。 ⑤贤于:胜过,超过,优于。 ⑥张丑:齐臣。 ⑦同欲者:有共同欲望的人们。憎:憎恨。 ⑧忧:忧患,祸患。 ⑨相与:共同。 ⑩负海:指齐国,因齐国临海。不与:不使五国同时称王。 ⑪夺:剥夺。五国:一说应为四国。益负海:夺四国利益而利于齐国。 ⑫致:送,把王的称号送给中山国。 ⑬微计:微不足道的小计谋。荐:献,进献。 ⑭难信:很难相信。利:对齐国有利。

田婴不听。果召中山君而许之王。张登因①谓赵、魏曰:"齐欲伐河东②。何以知之?齐羞与中山之为王甚矣,今召中山,与之遇而许之王,是欲用其兵也。岂若令大国先与之王③,以止④其遇哉?"赵、魏许诺,果与中山王而亲之。中山果绝齐而从⑤赵、魏。

[注释]①因:借此,以这件事为借口。 ②河东:今山西西南部的临汾、永济、解县、霍县、隰县等黄河以东地区,当时其中既有赵地,也有魏地。 ③岂若:怎么如。先与之王:率先与中山国共同以王为称号。 ④止:制止。 ⑤从:服从,依附。

○中山与燕赵为王

中山与燕、赵为王,齐闭关不通中山之使,其言曰:"我万乘之国也,中山千乘之国也,何倨①名于我?"欲割平邑②以赂燕、赵,出兵以攻中山。

[注释]①侔:相等,齐等。 ②平邑:本为赵邑,后齐取之,在今河南南乐县。

蓝诸君①患之。张登②谓蓝诸君曰:"公何患于齐?"蓝诸君曰:"齐强,万乘之国,耻与中山侔名,不惮③割地以赂燕、赵,出兵以攻中山。燕、赵好位④而贪地,吾恐其不吾据⑤也。大者危国,次者废王,奈何吾弗患也?"张登曰:"请令燕、赵固辅中山而成其王⑥,事遂定。公欲之乎?"蓝诸君曰:"此所欲也。"曰:"请以公为齐王而登试说公⑦。可,乃行之。"蓝诸君曰:"愿闻其说。"

[注释]①蓝诸君:又称望诸君,中山国的相国。 ②张登:中山臣。 ③不惮:犹言不惜。惮:畏惧,害怕。 ④好位:非常重视王这个称号。好位又作好背,言燕、赵反复无常,经常背弃盟约。 ⑤吾据:中山国的依靠。 ⑥固:必须,一定。辅:援助,支持。成其王:成就中山称王的希望。 ⑦请以公为齐王而登试说公:假设您蓝诸君就是齐威王,让我张登来尝试游说您。

登曰:"王之所以不惮割地以赂燕、赵,出兵以攻中山者,其实欲废中山之王也。王曰:'然。'然则王之为费且危①。夫割地以赂燕、赵,是强敌②也;出兵以攻中山,首难③也。王行二者,所求④中山未必得。王如用臣之道⑤,地不亏⑥而兵不用,中山可废⑦也。王必曰:'子之道奈何?'"蓝诸君曰:"然则子之道奈何?"张登曰:"王发重使⑧,使告中山君曰:'寡人所以闭关不通使者,为中山之独⑨与燕、赵为王,而寡人不与闻⑩焉,是以隘之⑪。王苟举趾以见寡人⑫,请亦佐君⑬。'中山恐燕、赵之不己据⑭也,今齐之辞云'即佐王',中山必遁⑮燕、赵,与王相见。

燕、赵闻之,怒绝之⑯,王亦绝之,是中山孤⑰,孤何得无废⑱。以此说齐王,齐王听乎?"蓝诸君曰:"是则必听矣,此所以废之⑲,何在其所存之⑳矣。"张登曰:"此王㉑所以存者也。齐以是辞来㉒,因言告燕、赵而无往㉓,以积厚㉔于燕、赵。燕、赵必曰:'齐之欲割平邑以赂我者,非欲废中山之王也;徒欲以离我于中山㉕,而已亲之㉖也。'虽百平邑,燕、赵必不受也。"蓝诸君曰:"善。"

[注释]①为费且危:这种行为不仅耗费高昂,而且还非常危险。 ②强敌:强化敌国的力量。 ③首难:率先发难。 ④所求:所希望得到的东西。 ⑤道:办法,计谋。 ⑥亏:损失。 ⑦废:废止称王。 ⑧重使:权势重,官职高的使者。 ⑨独:单独,独自。 ⑩与闻:听说。 ⑪隘之:闭关断绝使者往来。 ⑫苟:如果。举趾:抬脚,言到齐国见齐王。 ⑬佐君:帮助中山之君。 ⑭已据:同"吾据",自己的依靠。 ⑮遁:逃避。 ⑯绝:断绝友好邦交关系。之:指中山。 ⑰孤:孤立无援。 ⑱废:废止称王的努力。⑲废之:挫败燕、赵、齐制止中山称王的行动。 ⑳存之:中山继续以王为称号。 ㉑此王:中山国称王之号。 ㉒齐以是辞来:齐用这番话告诉中山。㉓因言告燕、赵:把齐国的态度告诉燕和赵。无往:中山国国君不去齐国拜见齐王。 ㉔积厚:努力厚待,注重燕、赵邦交关系的加强。 ㉕徒:仅仅,只是。离:离间。 ㉖亲之:亲近中山。

遣张登往①,果以是辞来。中山因告燕、赵而不往,燕、赵果俱辅中山而使其王。事遂定②。

[注释]①往:前往齐国。 ②定:平定,平息。

○司马憙使赵

司马憙①使赵,为己求相中山②。公孙弘阴知之③。

中山君出④,司马憙御⑤,公孙弘参乘⑥。弘曰:"为人臣,招大国之威⑦,以为己求相,于君何如?"君曰:"吾食其肉,不以分人⑧。"司马憙顿首于轼曰⑨:"臣自知死至矣!"君曰:"何也?""臣抵⑩罪。"君曰:"行⑪,吾知之矣。"居顷⑫之,赵使来,为司马憙求相。中山君大疑公孙弘,公孙弘走出⑬。

[注释]①司马憙:中山臣。憙,音 xǐ。　②相中山:欲为中山相国。③公孙弘:中山臣。阴知:暗中了解到司马憙欲借赵国的外力谋求为相。④出:出行。　⑤御:驾车。　⑥参乘:陪乘,又称车右。　⑦招:招致,援引。威:威势。　⑧不以分人:独食其肉,不与他人,表示对这种做法的极度愤恨。⑨顿首:叩头。轼:车厢前面作为扶手的横木。　⑩抵:当。　⑪行:继续驾车前行。　⑫顷:片刻,很短时间。　⑬走出:逃亡。

○司马憙三相中山

司马憙三相中山①,阴简难之②。田简③谓司马憙曰:"赵使者来属耳④,独不可语⑤阴简之美乎?赵必请之⑥,君⑦与之,即公无内难矣。君弗与赵,公因劝君立之以为正妻⑧。阴简之德公⑨,无所穷矣⑩。"果令赵请,君弗与。司马憙曰:"君弗与赵,赵王必大怒;大怒则君必危矣。然则立以为妻,固无请人之妻不得而怨人者也。"

[注释]①三相中山:司马憙先后为三个国君的相国。　②阴简:中山君宠爱的美人。难之:嫉恨司马憙。　③田简:中山臣。　④属耳:打探,探听。属,音 zhǔ。　⑤独不可语:唯独不可以说。　⑥请之:索要阴简。　⑦君:中山国君。　⑧之:阴简。正妻:嫡夫人。　⑨德:感激。公:司马憙。　⑩无所穷矣:永远感激不尽。

○阴姬与江姬争为后

阴姬与江姬争为后①。司马憙谓阴姬公②曰:"事成,则有土子民③;不成,则恐无身④。欲成之,何不见臣乎?"阴姬公稽首⑤曰:"诚如君言,事何可豫道⑥者。"司马憙即奏书中山王曰:"臣闻⑦弱赵强中山。"中山悦而见之曰:"愿闻弱赵强中山之说。"司马憙曰:"臣愿之⑧赵,观其地形险阻,人民贫富,君臣贤不肖⑨,商敌为资⑩,未可豫陈⑪也。"中山王遣之。

[注释]①阴姬:即阴简。江姬:中山君宠爱的美人。后:王后,即国君的嫡夫人。 ②阴姬公:阴姬的父亲。 ③有土子民:得到封地与统治民人的权力。子:待民如子,统治,管理。子,又作得,言得到封地与民人。 ④无身:丧失生命。 ⑤稽首:叩头至地的跪拜礼。稽,音qǐ。 ⑥事何可豫道者:将要厚报司马憙,但又不可先言。豫道:事先讲清楚。 ⑦闻:听到,犹言集中了许多关于削弱赵国、强大中山国的好主意。 ⑧之:至,去。 ⑨贤不肖:贤与不贤。 ⑩商敌为资:了解、研究敌国的情况作为削弱敌国的参考资料。商:比较,计算,估量。 ⑪豫陈:提前泄露。

见赵王①曰:"臣闻赵,天下善为音②,佳丽③人之所出也。今者,臣来至境④,入都邑⑤,观人民谣俗,容貌颜色,殊无⑥佳丽好美者。以臣所行多⑦矣,周流无所不通⑧,未尝见人如中山阴姬者也。不知者,特⑨以为神,力言不能及也⑩。其容貌颜色,固已过绝人矣⑪。若乃其眉目准頞权衡⑫,犀角偃月⑬,彼乃帝王之后⑭,非诸侯之姬⑮也。"赵王意移⑯,大悦曰:"吾愿请之⑰,何如?"司马憙曰:"臣窃见其佳丽,口不能无道⑱尔。即欲请之,是非臣所敢议,愿王无泄⑲也。"

[注释]①赵王:赵武灵王。 ②善为音:擅长音乐。 ③佳丽:美女。 ④境:赵国境内。 ⑤都邑:大的城邑。 ⑥殊无:确实没有。 ⑦行多:走过很多的路,犹言到过非常遥远的地方。 ⑧周流无所不通:周游各地,没有没到过的地方。 ⑨特:竟然。 ⑩力言不能及也:用尽语言,也无法描绘出阴姬的美丽。 ⑪固:肯定。过:超过。绝人:绝代佳人。 ⑫眉目:眉毛与眼睛。准:鼻子。颊:额头。权:通"颧",颧骨。衡:眉宇。 ⑬犀角:首骨,头形。偃月:额头。 ⑭彼乃帝王之后:阴姬真是帝王之后的相貌。 ⑮姬:嫔妃,侍妾。 ⑯意移:心动,思想发生变化。 ⑰请之:召,请求得到阴姬。 ⑱道:说,讲出来。 ⑲无泄:不要透露司马憙所言阴姬之事。

司马憙辞去,归报中山王曰:"赵王非贤王也。不好道德,而好声色;不好仁义,而好勇力。臣闻其乃欲请所谓阴姬者。"中山王作色①不悦。司马憙曰:"赵强国也,其请之必②矣。王如不与,即社稷危矣;与之,即为诸侯笑③。"中山王曰:"为将奈何?"司马憙曰:"王立为后④,以绝赵王之意⑤。世无请后者⑥。虽欲得请之,邻国不与⑦也。"中山王遂立以为后,赵王亦无请言⑧也。

[注释]①作色:因生气脸变了颜色。 ②必:一定要兑现。 ③笑:嘲笑。 ④后:中山君之后,嫡夫人。 ⑤意:索求阴姬的想法。 ⑥世无请后者:世上没有夺取他国之君嫡夫人的道理。 ⑦不与:礼无请后之义,所以邻国必谴责、反对这种做法。 ⑧请言:索要阴姬说法。

○主父欲伐中山

主父①欲伐中山,使李疵观之②。李疵曰:"可伐也。

君弗攻,恐后天下③。"主父曰:"何以?"对曰:"中山之君,所倾盖与车而朝穷闾隘巷之士者④,七十家。"主父曰:"是贤君也,安可伐?"李疵曰:"不然。举士⑤,则民务名不存本⑥;朝贤,则耕者惰而战士懦⑦。若此不亡者,未之有也。"

[注释]①主父:赵武灵王。 ②李疵:赵臣。观:察看,观察。 ③恐后天下:恐怕其他诸侯国先攻中山,赵国错过攻中山的机会。 ④倾盖与车:因穷闾隘巷路窄不平,颠簸的车篷盖和车身都倾斜了。朝:朝见,召见。穷闾隘巷之士:居住在穷贫简陋小巷里的士人。 ⑤举士:举荐重用士人。 ⑥务名不存本:致力于名声的追求而不安心于农业。本:农业。 ⑦惰:懒惰。懦:懦弱。

○中山君飨都士

中山君飨都士①,大夫司马子期在焉②。羊羹不遍③,司马子期怒而走于楚,说楚王伐中山,中山君亡④。有二人挈⑤戈而随其后者,中山君顾⑥谓二人:"子奚为者也⑦?"二人对曰:"臣有父,尝饿且死,君下壶飡饵之⑧。臣父且死,曰:'中山有事,汝必死之⑨。'故来死君⑩也。"中山君喟然而仰叹⑪曰:"与不期众少⑫,其于当厄⑬;怨不期深浅⑭,其于伤心⑮。吾以一杯羊羹亡国,以一壶飡得士二人。"

[注释]①飨:音 xiǎng,盛宴慰劳。都士:居住在城邑中的士大夫。 ②司马子期:中山人,后为楚昭王卿。在:参加了宴会。 ③不遍:因羊羹较少,不够每人一份,司马子期没有得到。 ④亡:逃亡。 ⑤挈:音 qiè,持,提。 ⑥顾:回头。 ⑦子奚为者也:你们二位这样做是为了什么? ⑧下

壶:取下装食物的容器。飡:同"餐",熟食,食物。饵:吃,食用。 ⑨汝必死之:你们两个一定要以死效力。 ⑩死君:为君而死。 ⑪喟然而仰叹:非常有感慨地仰天长叹。 ⑫与不期众少:给予不计较多少。期:期望,希望。 ⑬其于当厄:恩施的价值不在于多少,而应该在其最困难的时候给予。 ⑭怨不期深浅:怨恨不在于轻重。 ⑮其于伤心:在于伤心的程度。

○乐羊为魏将

乐羊①为魏将。攻中山。其子时在中山,中山君烹②之,作羹致于乐羊。乐羊食之。古今称③之:乐羊食子以自信④,明害父以求法⑤。

[注释]①乐羊:魏将。 ②烹:用鼎烹煮杀人之酷刑。 ③称:称颂。 ④自信:表明自己的诚信。 ⑤明害父以求法:乐羊申明自己宁肯损害父子之道,也要维护军法的尊严。

○昭王既息民缮兵

昭王既息民缮兵①,复欲伐赵。武安君②曰:"不可。"王曰:"前年国虚民饥,君不量③百姓之力,求益④军粮以灭赵。今寡人息民以养士,蓄积粮食,三军之俸有倍⑤于前,而曰'不可',其说何也?"

[注释]①昭王:秦昭王。息民:使民休养生息。缮兵:整治军队。 ②武安君:秦将军白起。 ③不量:不正确估价,超限度使用。 ④益:增加。 ⑤有倍:加倍。

武安君曰:"长平之事①,秦军大尅②,赵军大破;秦人欢喜,赵人畏惧。秦民之死者厚葬,伤者厚养,劳者相飨③,饮食餔馈④,以靡⑤其财;赵人之死者不得收⑥,伤者不得疗,涕泣相哀,戮力同忧⑦,耕田疾作⑧,以生其财。今王发军,虽倍其前,臣料赵国守备,亦以十倍⑨矣。赵自长平已来,君臣忧惧⑩,早朝晏退⑪,卑辞重币⑫,四面出嫁⑬,结亲燕、魏,连好齐、楚,积虑并心⑭,备秦为务⑮。其国内实⑯,其交外成⑰。当今之时,赵未可伐也。"

[注释]①长平之事:公元前262年秦包围韩的上党,上党郡守冯亭地献于赵,引起秦赵在长平大战。赵将廉颇坚守长平三年。后赵国中秦反间计,改用赵括为将,盲目出击,秦将白起在正面诈败后退,以两支奇兵袭击赵军后路,包围赵军,赵军困守四十六日,赵括被射死,赵军四十多万人被俘坑杀。②尅:同"克",战胜。 ③飨:音xiǎng,乡人饮酒,以酒食招待。 ④餔馈:馈赠食物,聚众饮食。餔:音bū,食物,吃。馈,同"馈"。 ⑤靡:消耗,奢侈浪费。 ⑥收:埋葬。 ⑦戮力:共同努力。同忧:共同分担忧愁。 ⑧疾作:奋力劳作。 ⑨十倍:十倍于长平之战。 ⑩忧惧:有浓重的忧患意识与危机感。 ⑪早朝晏退:早晨就开始朝见群臣,很晚才退朝,犹言为政勤勉。晏:迟,晚。 ⑫卑辞重币:对外言辞低调但交往礼物却很厚重。 ⑬四面出嫁:广泛与其他国家结为婚姻关系。 ⑭积虑并心:处心积虑,齐心协力。 ⑮备:防备。为务:为重要事情。 ⑯实:充实。 ⑰成:成功。

王曰:"寡人既以兴师矣。"乃使五校大夫王陵将而伐赵①。陵战失利,亡五校②。王欲使武安君,武安君称疾不行。王乃使应侯③往见武安君,责之曰:"楚,地方五千里,持戟百万。君前率数万之众入楚,拔鄢、郢④,焚其庙⑤,东至竟陵⑥,楚人震恐,东徙而不敢西向⑦。韩、魏相率⑧,兴兵甚众,君所将之不能半之⑨,而与战之于伊阙⑩,

大破二国之军,流血漂卤⑪,斩首二十四万。韩、魏以故至今称东藩⑫。此君之功,天下莫不闻。今赵卒之死于长平者已十七、八⑬,其国虚弱,是以寡人大发军⑭,人数倍于赵国之众,愿使君将,必于灭之矣。君尝以寡击众,取胜如神,况以彊⑮击弱,以众击寡乎?"

[注释]①五校大夫:校为衍文,应为五大夫,即秦二十等军功爵的第九等爵位。王陵:秦将。将:任命为率军伐赵的将军。 ②亡五校:丢失"五校"的军队。校:军队建制单位,八百人为一校。 ③应侯:秦昭王以应地封范雎,故称应侯。应:在河南鲁山县东。 ④鄢:楚地,今湖北宜城县。郢:楚国都城,在今湖北江陵县。 ⑤庙:太庙,此指焚烧夷陵楚先王之墓。 ⑥竟陵:在今湖北潜江县。 ⑦东徙:楚国的重心向东迁徙,由位于今湖北江陵县的郢迁移到位于今河南淮阳县的陈。西向:向西发展。 ⑧相率:一个接一个,前后相继。 ⑨将之:所率领的军队。半之:韩、魏军队二分之一。 ⑩伊阙,今河南洛阳龙门。 ⑪流血漂卤:血流成河,硕大的盾牌在血河上漂流。卤:通"橹",大盾。 ⑫东藩:秦国东部的藩辅之国。 ⑬十七、八:十分之七或十分之八。 ⑭寡人:范雎转达秦昭王命,故称秦昭王为寡人。大军:数量众多的精锐部队。 ⑮彊:强大。

武安君曰:"是时楚王①恃其国大,不恤②其政,而群臣相妒以功③,谄谀用事④,良臣斥疎⑤,百姓心离⑥,城池不修,既无良臣,又无守备。故起所以得引兵深入,多倍⑦城邑,发梁焚舟以专民⑧,以掠于郊野⑨,以足军食。当此之时,秦中士卒,以军中为家,将帅为父母,不约而亲,不谋而信,一心同功,死不旋踵⑩。楚人自战其地,咸顾其家⑪,各有散心⑫,莫有斗志。是以能有功也。伊阙之战,韩孤顾魏⑬,不欲先用其众。魏恃韩之锐,欲推以为锋⑭。

二军争便之力⑮不同,是以臣得设疑兵⑯,以待韩阵⑰,专军并锐⑱,触魏之不意⑲。魏军既败,韩军自溃,乘胜逐北⑳,以是之故能立功。皆计利形势㉑,自然之理,何神之有哉!今秦破赵军于长平,不遂以时乘其振惧而灭之㉒,畏而释之㉓,使得耕稼以益㉔蓄积,养孤长幼,以益其众,缮治兵甲以益其强,增城浚池㉕以益其固。主折节以下其臣,臣推体㉖以下死士。至于平原君之属㉗,皆令妻妾补缝于行伍之间。臣人㉘一心,上下同力,犹勾践困于会稽之时也㉙。以合㉚伐之,赵必固守。挑㉛其军战,必不肯出。围其国都,必不可克。攻其列城㉜,必未可拔。掠其郊野,必无所得。兵出无功,诸侯生心㉝,外救必至。臣见其害,未觌其利。又病㉞,未能行。"

[注释]①楚王:楚顷襄王。 ②不恤:不担忧,犹言不认真对待。 ③相妒以功:从相互嫉妒中得到好处。妒:同"妬"。 ④谄谀:音chǎn yú,曲意迎合,巧言奉承。用事:受到信任重用。 ⑤斥疎:排斥与疏远。疎:同"疏"。 ⑥心离:离心离德。 ⑦多倍:倍,通"背",把许多城邑抛在了背后,犹言攻陷城邑之多,进军速度之快。 ⑧发梁焚舟以专民:拆毁桥梁,焚烧舟船,断绝后退之路,使士卒专心于前进、进攻。 ⑨掠:掠夺。郊:城外。野:郊外更远的地区。 ⑩旋踵:转身撤退。旋:扭转。踵:脚后跟。 ⑪咸:都,全部。顾:眷恋,顾及。 ⑫散心:涣散之心。 ⑬韩孤顾魏:韩国孤立无援,总是希望得到魏国的援助。 ⑭锋:抗击秦军的先锋。 ⑮争便之力:为争取自己处于有利地位所使用的力量。 ⑯疑兵:迷惑敌军之兵。 ⑰以待韩阵:等待机会攻击韩国军队。 ⑱专军并锐:集中精锐部队。 ⑲触:袭击。不意:料想不到的地方。 ⑳逐:追击。北:败北。 ㉑计利形势:计谋、地利、两军的形势对比。 ㉒遂:立即,紧接着。振惧:因惊吓而畏惧。 ㉓畏而释之:因赵国畏惧臣服而放过了它。 ㉔益:增加。 ㉕浚池:疏通修缮护城河。 ㉖推体:委身,以全部身心投入。 ㉗平原君:赵胜。之属:与平原君同一等

级地位的人们。 ㉘臣人:官员和一般平民。 ㉙勾践困于会稽之时:吴王夫差战败越国,越王勾践被困于会稽山上,但吴没彻底消灭越,错过了灭越的最佳时机。越王勾践卧薪尝胆,最终灭吴。 ㉚合:又作今,现在。 ㉛挑:率先发起进攻。 ㉜列城:各个城邑。 ㉝生心:产生其他想法。 ㉞病:武安君白起称自己身体有病。

应侯惭①而退,以言于王。王曰:"微②白起,吾不能灭赵乎?"复益发军,更使王龁③代王陵伐赵。围邯郸八、九月,死伤者众,而弗下。赵王出轻锐以寇其后④,秦数不利。武安君曰:"不听臣计,今果何如?"王闻之怒,因见武安君,彊起之⑤,曰:"君虽病,彊为寡人卧而将之⑥。有功,寡人之愿⑦,将加重⑧于君。如君不行,寡人恨君。"武安君顿首曰:"臣知行虽无功,得免于罪⑨。虽不行无罪,不免于诛⑩。然惟愿大王览臣愚计,释赵⑪养民,以⑫诸侯之变。抚⑬其恐惧,伐其憍慢⑭,诛灭无道,以令诸侯,天下可定,何必以赵为先⑮乎?此所谓为一臣屈而胜天下也⑯。大王若不察臣愚计,必欲快心⑰于赵,以致臣罪,此亦所谓胜一臣而为天下屈者也⑱。夫胜一臣之严⑲焉,孰若胜天下之威大耶⑳?臣闻明主爱其国,忠臣爱其名。破国不可复完,死卒不可复生。臣宁伏受重诛而死㉑,不忍为辱军㉒之将。愿大王察之。"王不答而去㉓。

[注释]①惭:羞惭。 ②微:无,没有。 ③王龁:又作王齮,秦将。 ④赵王:赵孝成王。寇:攻击。后:秦军的背后。 ⑤彊起之:强迫白起从病床上起来。 ⑥彊:勉强。卧而将之:卧床也要率军攻赵。 ⑦愿:实现了国君的美好愿望。 ⑧加重:晋升官爵,增强权势。 ⑨得免于罪:能够免于犯罪。 ⑩诛:谴责,惩罚。 ⑪释赵:放弃伐赵。 ⑫以:应对,对付。

⑬抚:安抚,安慰。　⑭愒慢:骄慢,骄横傲慢。愒:同"骄"。　⑮先:先例,首先开刀者。　⑯一臣屈:屈服于一个臣下,犹言秦王听从了臣下的建议。胜天下:战胜天下诸侯国。　⑰快心:称心,心满意足。　⑱胜一臣而为天下屈者也:迫使一个臣下服从秦王而却屈服于天下诸侯。　⑲胜:战胜。严:威严。　⑳孰若:何如,怎么能比得上。威:威势。　㉑宁:宁愿。伏受:面朝下,背朝上,接受惩罚,犹言无条件地接受。　㉒辱军:非正义的败军。㉓答:应对,反应。去:离去。

近期国学读物要目

国学新读本

诗经　梁锡锋　注说
论语　臧知非　注说
尚书　姜建设　注说
国语　曹建国　张玖青　注说
孔子家语　杨朝明　注说
山海经　郑慧生　注说
墨子　苏凤捷　程梅花　注说
孟子　何晓明　周春健　注说
庄子　曹础基　注说
荀子　杨朝明　注说
韩非子　赵 沛　注说
孙子兵法　赵国华　注说
楚辞　李中华　邹福清　注说
潜夫论　王 健　注说
文心雕龙　戚良德　注说
商君书　徐 莹　注说
战国策　张彦修　注说
淮南子　杨有礼　注说
老子　曹 峰　注说
礼记　杨天宇　注说
吕氏春秋　张福祥　注说
世说新语　赵成林　陈 艳　注说
史通　李振宏　注说
春秋繁露　曾振宇　注说

百年河大国学旧著新刊

河洛方言诠诂　王广庆　著
三统历表　邵瑞彭　著
中国戏剧概论　卢 前　著
晚明思想史论　嵇文甫　著
论语新探　赵纪彬　著

天问研究　孙作云　著
汉魏六朝文学史　李嘉言　著
金艺文志　金登科记考　万曼　著
唐集叙录　万曼　著
中国文学史新编　张长弓　著
汉碑集释　高文　著
袁中郎研究　任访秋　著
东夷杂考　李白凤　著
宋会要辑稿考校　王云海　著
长江集新校　李嘉言　著
高适岑参选集　高文　王刘纯　选著
花间集注　华锺彦　著
庆湖遗老诗集校注　王梦隐　著
曾瑞散曲集校注　李春祥　著
辛弃疾选集　佟培基　选著

于安澜书画学四种
画论丛刊
画史丛书
画品丛书
书学名著选

元典文化丛书
中华第一经——《周易》与中国文化　宋会群　苗雪兰　著
教化百科——《诗经》与中国文化　孙克强　张小平　著
经国治民之典——《周礼》与中国文化　郝铁川　著
哲人的智慧——《老子》与中国文化　高秀昌　龚力　著
圣人箴言录——《论语》与中国文化　李振宏　著
武学圣典——《孙子兵法》与中国文化　龚留柱　著
亚圣思辨录——《孟子》与中国文化　何晓明　著
逍遥之祖——《庄子》与中国文化　白本松　王利锁　著
外王之学——《荀子》与中国文化　张曙光　著
中国帝王术——《韩非子》与中国文化　王宏斌　著
史家绝唱——《史记》与中国文化　邓鸿光　著
诸经总龟——《春秋》与中国文化　涂文学　周德钧　著
管理宝典——《管子》与中国文化　袁闯　著
纵横家书——《战国策》与中国文化　张彦修　著
人仙之间——《抱朴子》与中国文化　徐仪明　冷天吉　著

医学圣典——《黄帝内经》与中国文化　王庆宪　梁晓珍　著
礼乐渊薮——《礼记》与中国文化　黄宛峰　著
词章之祖——《楚辞》与中国文化　李中华　著
星学宝典——《历书天官书》与中国文化　郑慧生　著
天人衡中——《春秋繁露》与中国文化　曾振宇　范学辉　著
王政全书——《吕氏春秋》与中国文化　张富祥　著
神话之源——《山海经》与中国文化　高有鹏　孟芳　著
新道鸿烈——《淮南子》与中国文化　杨有礼　著
史家龟鉴——《史通》与中国文化　曾凡英　著
政事纲纪——《尚书》与中国文化　姜建设　著
春秋弦歌——《左传》与中国文化　龚留柱　著
平民理想——《墨子》与中国文化　苏凤捷　程梅花　著
人伦本原——《孝经》与中国文化　臧知非　著
法典之王——《唐律疏议》与中国文化　徐永康　吉霁光　郑取　著
文论巨典——《文心雕龙》与中国文化　戚良德　著

宋代研究丛书

北宋诗学　张海鸥　著
宋代东京研究　周宝珠　著
宋代地域经济　程民生　著
宋代监察制度　贾玉英　著
宋代官员选任和管理制度　苗书梅　著
宋代地域文化　程民生　著
宋代文学通论　王水照　主编
宋代司法制度　王云海　主编
宋代教育　苗春德　主编
清明上河图与清明上河学　周宝珠　著
宋代文化史　姚瀛艇　主编
黄庭坚与宋代文化　杨庆存　著
宋代交通管理制度研究　曹家齐　著
岳飞和南宋前期政治与军事研究　王曾瑜　著
成圣之道——北宋二程修养工夫论之研究　温伟耀　著
宋代绘画研究　邓乔彬　著

汉语史专书语法研究丛书

《三朝北盟会编》语法研究　刁晏斌　著
《荀子》虚词研究　黄珊　著
《晏子春秋》词类研究　姚振武　著

《聊斋俚曲》语法研究　冯春田　著
《孟子》词类研究　崔立斌　著
《朱子语类辑略》语法研究　吴福祥　著
敦煌变文12种语法研究　吴福祥　著
《吕氏春秋》句法研究　殷国光　著
《尚书》语法论稿　钱宗武　著
《左传》语法研究　何乐士　著
《元典章·刑部》语法研究　李崇兴　祖生利　著
汉语语法史断代专书比较研究　何乐士　著

图书在版编目（CIP）数据

战国策/张彦修注说．—开封：河南大学出版社，2010.9(2015.1重印)
（国学新读本）
ISBN 978-7-5649-0188-2

Ⅰ.①战… Ⅱ.①张… Ⅲ.①中国－古代史－战国时代－史籍－青年读物 Ⅳ.①K231.04-49

中国版本图书馆CIP数据核字（2010）第109892号

责任编辑	贾怀廷	
封面设计	马　龙	

出版发行　河南大学出版社
　　　　　地址　河南省开封市明伦街85号　邮编：475001
　　　　　电话　0371-22825003（营销部）　网址：www.hupress.com
排　　版　河南新华印刷集团有限公司
印　　刷　开封智圣印务有限公司
版　　次　2010年9月第1版　　印　次　2015年1月第2次印刷
开　　本　650mm×960mm　1/16　印　张　46.5
字　　数　583千字　　　　　　　　印　数　1001—2000册
定　　价　83.00元

（本书如有印装质量问题请与河南大学出版社营销部联系调换）